Ventres livres?

MARIA HELENA P. T. MACHADO
LUCIANA DA CRUZ BRITO
IAMARA DA SILVA VIANA
FLÁVIO DOS SANTOS GOMES
(Orgs.)

VENTRES LIVRES?

GÊNERO, MATERNIDADE E LEGISLAÇÃO

editora
unesp

Direitos de publicação reservados à:
Fundação Editora da Unesp (FEU)
Praça da Sé, 108
01001-900 – São Paulo – SP
Tel.: (0xx11) 3242-7171
Fax: (0xx11) 3242-7172
www.editoraunesp.com.br
www.livrariaunesp.com.br
atendimento.editora@unesp.br

Dados Internacionais de Catalogação na Publicação (CIP) de acordo com ISBD
Elaborado por Vagner Rodolfo da Silva CRB-8/9410

V467 Ventres livres? Gênero, maternidade e legislação. / organizado por Maria Helena P. T. Machado ... [et al.]. – São Paulo: Editora Unesp, 2021.

Inclui bibliografia.
ISBN 978-65-5711-068-3

1. Mulheres. 2. Gênero. 3. Maternidade. 4. Legislação. 5. Brasil. 6. Escravidão. 7. Abolição. 8. Mundo Atlântico. 9. Século XVIII. 10. Século XIX. I. Machado, Maria Helena P. T. II. Brito, Luciana da Cruz. III. Viana, Iamara da Silva. IV. Gomes, Flávio dos Santos. V. Título.

2021-2515 CDD: 305.42
CDU: 396

Editora afiliada:

Asociación de Editoriales Universitarias de América Latina y el Caribe

Associação Brasileira de Editoras Universitárias

Sumário

Introdução

Ao nos aproximarmos dos 150 anos da promulgação da Lei do Ventre Livre, que ocorre neste ano de 2021, cabe-nos, como historiadores e historiadoras dos temas da escravidão, emancipação e pós-abolição, lançar o desafio de refletir, para além dos resultados diretos da lei, sobre os impactos desse instituto jurídico nas diferentes modalidades de violência física, sexual, psicológica, simbólica e afetiva que recaíam especificamente sobre a mulher escravizada e sua prole. Desde seus primórdios, a escravidão nas Américas abraçou como princípio fundamental o *partus sequitur ventrem*, estabelecendo o ventre como o próprio lócus da escravidão. Ao contrário do princípio patriarcal que regia as sociedades senhoriais atlânticas, no âmbito da escravidão, era a condição materna – ou do ventre – que definia o cativeiro da prole. A adoção desse princípio implicou a dupla apropriação da mulher escravizada; enquanto trabalhadoras, as mulheres africanas e suas descendentes – assim como seus pares masculinos – produziram a riqueza escravista; como mulheres, seus corpos foram apropriados como reprodutores da escravidão.

Produtoras e reprodutoras da riqueza escravista, para as escravizadas a escravidão implicou um controle estrito de seus corpos; suas funções biológicas e reprodutivas foram amplamente invadidas e exploradas, tornando-se objeto de constantes intervenções escravistas diretas e de seus derivativos, como os saberes médico e jurídico, que penetraram nas esferas mais íntimas do ser dessas mulheres. O estupro generalizado, a concepção, o parto, a amamentação de seus filhos e filhas e os de outrem e a criação da prole foram esferas íntimas assoladas pelos interesses senhoriais, obrigando mulheres e mães a resistir duplamente ao avanço da exploração da escravidão. Se a apropriação do corpo da mulher definiu as possibilidades de reprodução da escravidão, projetos e leis emancipacionistas também se voltaram especialmente ao corpo/ventre da escravizada, definindo-o como território de disputa dos possíveis caminhos de superação da escravidão.

No Brasil, desde a promulgação da Lei de 1871, todo o processo de emancipação e abolição esteve amplamente conectado ao ventre da mulher escravizada, libertanda, liberta ou ainda livre, impactando o sistema de alforrias, os contratos de trabalho, a guarda de filhos(as), as possibilidades de autonomia, as movimentações geográficas e a manutenção dos laços familiares que atravessaram os debates sobre a condição da mulher afrodescendente. Pensando na ampla envergadura desta questão histórica é que concebemos este livro.

No entanto, 1871 alcançou também outros aspectos da escravidão. Ao lado da libertação do ventre, a Lei n.2.040, de 28 de setembro de 1871, apresentava novas disposições legais a respeito do pecúlio dos escravos e do direito à alforria por indenização de preço, estabelecia recursos para um Fundo de Emancipação, concretizando o reconhecimento jurídico de alguns direitos costumeiros e dispunha sobre a guarda e a educação dos ingênuos. Seguindo o caminho já traçado pelo costume das alforrias, a lei estimulava a compra da liberdade jurídica, promovendo ampla transferência da poupança dos escravizados e escravizadas para seus senhores e patronos. Assim, ao mesmo tempo que abriu horizontes novos de acesso à liberdade, consolidou mecanismos jurídicos indenizatórios. A aplicação da lei produziu também contextos que exigiam que libertandos e libertandas se mantivessem em longa dependência de seus (suas) senhores(as) ou patronos(as), fazendo que o(a) trabalhador(a) saísse da escravidão depauperado(a) e sem meios para recomeçar a vida. Na maioria das vezes, tais contratos formais ou informais de compra de alforria impunham a separação de mães e seus filhos e filhas.

O objetivo de *Ventres livres? Gênero, maternidade e legislação* é explorar, pela perspectiva do gênero, da raça e da liberdade, aspectos múltiplos e complexos da escravidão de mulheres no processo de emancipação, tanto no Brasil como em outras sociedades escravistas atlânticas, centrando especialmente nossa problemática em questões vinculadas às violências da escravidão e às resistências apresentadas por essas mulheres. Dessa forma, pretende-se enfocar temas sensíveis como exploração da sexualidade, estupro, filiação, bastardia, feminicídio e infanticídio, bem como suas respostas na forma de resistências, que se desdobravam em formas múltiplas e criativas de organização da sobrevivência física, familiar, social e comunitária.

A Lei de 1871 resultou em importantes processos sociais que afetaram a sociedade brasileira das últimas décadas de vigência da escravidão e do pós-emancipação. Pensando nisso, o livro se abriu igualmente para receber textos que se interessassem em explorar perspectivas de mais longo prazo, de forma a possibilitar a realização de um amplo balanço dos impactos da Lei do Ventre Livre na sociedade brasileira.

À frente, o leitor e a leitora encontrarão uma coletânea que reúne 24 capítulos produzidos por importantes historiadores e historiadoras do Brasil e do exterior que, inspirados por este desafio, responderam com textos inovadores e ousados, na esperança de colaborar com o aprofundamento de nossos conhecimentos e reflexões sobre o impacto da história das mulheres escravizadas no processo de superação da escravidão nas Américas, especialmente no Brasil.

A coletânea está dividida em cinco partes, diferentes mas articuladas. A primeira parte se dedica a estabelecer um espaço ampliado para a discussão da produção de papéis e representações sociais baseados em gênero – generificação – do emancipacionismo e do processo de abolição, sobretudo daquele estabelecido a partir da Lei do Ventre Livre. Consideramos que a Lei do Ventre Livre justificou a emergência de um amplo campo de discursos, práticas sociais e médicas e atuações político-parlamentares especialmente voltadas para mulheres escravizadas, libertandas e libertas. Ao mesmo tempo, e a despeito do peso discursivo e institucional imposto sobre corpos e vidas de mães e de seus filhos e filhas na superação do *partus sequitur ventrem*, esse processo foi socialmente vivenciado e respondido como possibilidade de construção de autonomia feminina e materna, reestabelecimento de laços familiares e oportunidade para edificação de espaços sociais de proteção ao corpo e às crianças dele geradas.

O livro se interessou igualmente em explorar a gama de aspectos e temas que circundam a problemática da libertação do ventre, voltando-se para análise de questões ligadas ao núcleo familiar, às questões jurídicas, àquelas atinentes ao mundo do trabalho, da educação das crianças, entre outras. Preocupou-se, igualmente, em estabelecer a arena atlântica no qual as leis do ventre livre adotadas em diferentes sociedades escravistas acompanharam, em temporalidades diversas, os processos de abolição da escravidão.

Abrindo o livro se encontra o artigo de Marília Ariza, que anuncia a arena de discussão ao qual este livro se reporta. Por meio de densa leitura de fontes, o capítulo propõe caminhos para reflexão sobre dimensões simbólicas e materiais das imbricações entre gênero e a Lei do Ventre Livre, apontando sua incidência sobre corpos femininos negros, seus atributos de feminilidade e maternidade e relacionando-as aos conflitos em torno de trabalho escravo, trabalho livre e tutela. Nota a autora a frequente utilização de termos relativos ao corpo feminino – como ventres e seios – na definição das fronteiras dessa discussão. Mirando a mercantilização do corpo feminino e de seus fluidos, o capítulo a seguir mira a mãe recém-parida. Percorrendo as ruas do Rio de Janeiro no mesmo período, Lorena Telles lança seu olhar para o mercado de amas de leite no pós-Ventre Livre, registrando, com abundância de fontes, o declínio do valor da criança escrava e/ou ingênua e a separação de mães e filhos. Ressaltando que as mazelas de uma maternidade interrompida eram parte do cotidiano dessas trabalhadoras, sem que, no entanto, suas resistências, fugas e protestos tenham sido completamente apagados ou minimizados.

Armados por um olhar atento aos papéis de gênero, Iamara Viana e Flávio Gomes entram na intimidade das senzalas e casebres do século XIX, encontrando não apenas invasões senhoriais e médicas, como também desvelando distopias produzidas no interior das próprias comunidades de escravizados. Revelam corpos auscultados pelos instrumentos da medicina que encontravam apenas ouvidos surdos diante das dores e sevícias cotidianas. Aponta também para feminicídios, avaliando a luta das mulheres atingidas.

Maria Helena Machado e Antonio Alexandre Cardoso partem de um episódio conhecido pela historiografia para inverter sua narrativa. Abraçam o "crime da Baronesa", ocorrido em São Luís do Maranhão em 1876, como oportunidade para contar, com delicadeza, mas realismo, uma história de maternidade, separação de famílias, venda de crianças, sevícias e assassinatos de "escravinhos" de baixo valor monetário, numa cidade impactada pelo declínio da escravidão, pelo advento da Lei do Ventre Livre e pela consolidação do racismo. Ressalta o papel das mulheres trabalhadoras das ruas, muitas possuidoras de poderes extracorpóreos de pajelança, na denúncia dos crimes.

No entanto, maternidade era fundamentalmente um alvo em movimento para muitas mulheres negras. Oportunidades, avaliações, riscos, sucessos e fracassos eram colocados em balanças com pesos desiguais. Partos e condições de trabalho foram variáveis femininas observadas por médicos obstetras, sofrendo mudanças pós-1871. São estas as análises oferecidas por Cassia Roth. Mas a contabilidade materna não era feita só por números. Ter filhos impunha igualmente poder criá-los, não se afastar deles, inventar espaços de permanência e estabilidade. Sueann Caulfield avança nos *tempos da liberdade* mostrando como as questões da paternidade, bastardia, paternalismo e dependência permaneceram ativas durante muito tempo na sociedade brasileira, delineando fronteiras borradas mesmo numa sociedade que não mais permitia a escravidão legal, mas que se manteve cercada de mulheres negras e seus filhos e filhas em estado de vulnerabilidade. Luciana Brito discute como pesquisas recentes produzidas pela historiografia social da escravidão, quando associadas a outros aportes teóricos, como teoria *queer* e feminista negra, podem revelar o cotidiano no qual se forjou a sexualidade e maternidade de mulheres escravizadas. Questiona as narrativas históricas que afirmam que passividade e consensualidade sexual marcaram as relações entre mulheres negras e senhores de escravos. Analisa como mulheres negras respondiam ao fato de seus corpos serem objeto de reprodução e, portanto, aumento da escravaria.

Postos de observação atlântica oferecem outros horizontes, nos quais margens e ventos comuns misturam paisagens e personagens. Na segunda parte, o livro, a partir de um conjunto original de estudos, navega por Cuba, Senegal, Martinica, Uruguai, Argentina, Estados Unidos e outros pontos oceânicos, inventando rotas e circuitos. Mulheres negras – a maioria africanas – produziram inscrições nos seus corpos, deliberaram sobre seus ventres, enxergando futuros em sociedades presentes, cercadas de escravidão. Caroline Passarini não nos deixa esquecer sobre como os debates a respeito do "ventre livre" já estavam presentes nas últimas décadas do século XVIII, diante de legislação nos Estados Unidos e também em partes coloniais escravistas da América Latina. Para as últimas décadas da escravidão, Camillia Cowling recupera Havana e Rio de Janeiro enquanto irmãs na construção de espaços (ou falta deles) para as mulheres negras. Juliana Farias atravessa margens. Somos conduzidos a territórios da África Ocidental, ao Senegal, para encontrarmos mulheres africanas construindo significados de liberdade nas relações de gênero, ocupação e formas de escravização provisória.

Continuamos viagens atlânticas. Letícia Canelas adentra o Caribe francês. Num ancoradouro de abordagens originais conhecemos os projetos de emancipação gradual em 1838, de iniciativa do deputado abolicionista Hippolyte Passy, que, além da liberdade duramente alcançada, implicavam lógicas de "ventre livre" no controle da população negra. Navegando em direção ao Atlântico Sul, temos a companhia segura de Verónica Secreto. Ela nos faz desembarcar em Buenos Aires nas primeiras décadas oitocentistas. Lá está o Regulamento de 1813 que funcionou como um regulador dos debates sobre a maternidade escrava e formas de controle dos libertos nas sociedades coloniais da América escravista meridional. Mostram esses estudos que os debates a respeito da maternidade e das estratégias de controle da população negra livre foram, no mundo da escravidão atlântica africana, atravessados pelas propostas para extinguir o tráfico negreiro. Assim, Enidelce Bertin indica como as "africanas livres" e também as primeiras gerações de libertas africanas alforriadas lutaram para poder controlar sua vida e a de seus filhos. Havia liberdade cercada de escravidão.

Famílias escravizadas foram igualmente *espaços de liberdade*. Delas surgiam horizontes para filhos, netos, sobrinhos, irmãos e cônjuges. Alcançamos a terceira parte da coletânea com dois estudos originais. Chegamos à província da Paraíba com Solange Rocha desvendando as disputas sobre as "crianças ingênuas". Esse embate mostrou-se sempre como um caminho difícil para várias mulheres negras, uma vez que nada adiantava alcançar liberdade sem a autonomia para decidir os destinos dos filhos. Ainda sabemos pouco a respeito do impacto da Lei de 1871 em termos demográficos, ficando em aberto a interrogação sobre a reprodução das mulheres negras num cenário pós "ventres livres". Para casos específicos e determinadas personagens seria possível mostrar o interesse de ter filhos pós-1871? Mulheres negras escravizadas vão conseguir cuidar de seus filhos? Jonis Freire acampa nos planaltos do Sudeste para abordar os impactos dessas transformações a partir das expectativas das próprias comunidades de senzala.

Narrativas e resistências aparecem na quarta parte da coletânea. Surgem enquanto possibilidades de representar o passado sob inscrição das dores, humilhações, desejos e frustrações. Maíra Chinelatto e Jéssyka Costa partem da Amazônia, mais propriamente a província do Amazonas, antiga capitania do Rio Negro. Numa cidade também negra como Manaus, focam nos tortuosos caminhos de liberdade e nos debates sobre o ventre livre, desde 1869 até seus desdobramentos na extinção da escravidão. Através dos rios navegamos para a vizinha província do Grão Pará. José Maia e Marcelo Lobo nos ajudam a desembarcar em Belém e seus arredores de escravidão. Mais bússolas para localizar projetos de mulheres negras que redefiniam a liberdade por meio do controle dos seus ventres no cativeiro, preservando seus sonhos de cuidar dos filhos e filhas. Retomamos o Atlântico para desembarcar no Rio de Janeiro. Lucimar Felisberto abre as portas dos labirintos cartográficos e simbólicos das fugas de mulheres africanas que protegiam seus ventres e projetos de maternidade diante da intolerância que naturalizava a caça aos fugitivos nas narrativas dos anúncios. Voltamos ao norte, Maranhão, mas permanecemos nas folhas dos jornais. Josenildo Pereira e Celeste Ferreira apontam para os debates jornalísticos e para as experiências e expectativas da Lei de 1871.

Partes substantivas das lutas e desfechos das batalhas pela liberdade foram travadas nos tribunais. Não precisamos sacralizar esses locais de disputas nem esquecer as expectativas que fazendeiros, senhores, escravizados e libertos tinham deles. Entramos na quinta parte da coletânea com estudos que examinam os debates jurídicos. Uma história social do direito e dos tribunais revela a permanência de tensões e expectativas nos anos que se seguiram a 1871. Mariana Paes refaz caminhos jurídicos. Senzalas podiam depositar esperanças nos tribunais. Fazendeiros também e quase sempre comemoravam no final. Falar de caminhos e esperanças não significava dizer que eram frutos do acaso, quase sorte ou milagre. Havia estratégias sobre como, quando e com auxílio de quem agir. Lúcia Helena Silva mostra a existência de uma verdadeira "pedagogia da liberdade", na qual a realidade vivida ensinava, mostrava caminhos, sugeria sucessos ou possibilidades. Em torno de 1871, alforrias tornaram-se sinônimos de uma liberdade que escravizadas também "arrancavam" dos seus senhores. Mas nem sempre olhamos com detalhes para os cenários e alguns dos seus protagonistas. Maria Clara Sampaio e Luiz Gustavo Mota recuperam um Luiz Gama, entre outros possíveis, mostrando seu papel de intérprete da lei. Através dessas ações de Gama talvez possamos recuperar os vários sentidos da Lei de 28 de setembro de 1871, inclusive considerando o ponto de vista das próprias escravizadas.

A coletânea fecha abordando as dimensões educativas e tutelares presentes nas estratégias de controle do trabalho e do acesso à educação. E ficamos na Bahia. Ione Sousa e Daiane Oliveira escolhem os sobrados para recuperar relações de domínio informais mas voltadas para a construção de uma educação pela tutela. Levantam dúvidas a respeito do controle das patroas e discute a autonomia de mulheres negras, escravizadas, libertas e, sobretudo, mães querendo se livrar de olhares e sentimentos de domínio dos ex--senhores. Já Jucimar dos Santos entra nas escolas noturnas e ali encontra estudantes negros, discursos abolicionistas e propaganda política.

Ao final, a leitura destes ricos estudos apontam que a Lei do Ventre Livre foi um marco definidor, talvez ainda mais impactante que a própria Lei Áurea. A Lei de 1871 ressaltou a centralidade do ventre e, portanto, da mulher escravizada como figura primordial para a entrada no mundo pós--abolição. Ao fazê-lo, atribui-lhe papéis sociais e funções contraditórias, impondo representações irresolvíveis: enquanto mulher, a escravizada e libertanda só podia ser vítima passiva da brutalidade. Já a contraparte dessa representação resvalava para a imagem da mulher negra lasciva e imoral, socialmente descategorizada para a cidadania e para a maternidade. Aqui os discursos médicos se mostraram centrais. Como mãe, essa mulher negra seria apenas um fantasma; trabalhadora que se ausentava do lar, ela contradizia o papel de mãe prestimosa e anjo da casa, veiculado como ápice do novo ideal de família que emergia no alvorecer da abolição. Representações conflitantes que indicam a dificuldade de conceber a agência histórica de mulheres africanas e afrodescendentes como construtoras de si próprias e cuidadoras de sua prole. Com decisão e persistência, mulheres escravizadas, libertandas e libertas continuaram cavando territórios vários para ser, viver e gerar.

Com tudo isso, e com nada menos que isso, *Ventres Livres?* deixa seu recado: o da centralidade da mulher negra – africana e afrodescendente – na superação da escravidão e na construção de um mundo possível no pós-abolição.

Maria Helena P. T. Machado
Luciana da Cruz Brito
Iamara da Silva Viana
Flávio dos Santos Gomes

Parte I
Ventres em disputa: mulheres e crianças, gênero e violência na escravidão e no pós-abolição

1
Ventre, seios, coração:
maternidade e infância em disputas simbólicas em torno da Lei do Ventre Livre (1870-1880)

Marília B. A. Ariza

> O fenômeno mais admirável da constituição moral do homem é esse tesouro inesgotável de ternura e dedicação do coração materno. Elas que preferem à sua a felicidade dos filhos se irritariam de que a fortuna, não podendo estender seus benefícios a ambos, fosse preferido o objeto em que concentram todas as suas afeições? Não vemos verificarem-se todos os dias alforrias das crias no seio das famílias com exclusão das mães, que entretanto regozijam-se e felicitam-se destas venturas de seus filhos que se tornam novos títulos a sua gratidão com os senhores? Não, não é no seio das mães que se podem encontrar os sentimentos de que se socorrem os escravagistas contra a proposta.[1]

Com essas palavras, o senador Torres Homem, que, àquela altura, depois dos tempos de Timandro, mostrava-se um conservador dedicado à aprovação de uma das mais prementes agendas do governo imperial, conduzia seu discurso na sessão do Senado de 5 de setembro de 1871. O acalorado daquela reunião traduzia a alta temperatura do tema que então capturava atenções públicas de diversas inclinações tratavam os parlamentares da "reforma do elemento servil" encaminhada pelo governo imperial e seu gabinete Rio Branco, a qual daria origem à Lei do Ventre Livre, aprovada dali a poucos dias.

Velhos conhecidos dos estudiosos, a articulação política e o intenso movimento legislativo em torno dos projetos de libertação do ventre não

---

1 Cf. Brasil, *Annaes do Senado do Império do Brasil*, Anno de 1871, Livro 5, p.59.

se fizeram sem sobressaltos – pressões internas e externas se avolumavam desde a década de 1860 para forçá-los à ordem do dia, atendendo a instâncias do próprio imperador.[2] Sem prejuízo de sua evidente relevância para a compreensão geral do tema, a operação da política formal e os bastidores institucionais que levaram à aprovação da lei em questão não são, contudo, aquilo que aqui nos ocupa. Colhendo apoios entusiasmados, a fala exaltada de Torres Homem nos conduz a um outro campo político, de disputas simbólicas envolvendo agentes públicos diversos: trata-se da invocação, na elaboração e nos desdobramentos da lei, de mulheres e crianças negras a partir de uma gramática sentimental de afetos e cuidados maternos.[3]

Embora os projetos e o texto final da lei tenham encaminhado diferentes medidas que, sugerindo a eliminação ordenada e paulatina da instituição servil, tinham por mote estendê-la ao limite das possibilidades, a derrogação do princípio do *partus sequitur ventrem* foi seu elemento estruturante. Como se sabe, sua centralidade na norma que deveria regular a eliminação gradativa da escravidão brasileira não era fruto de ineditismo, tendo sido matéria de debates e produção legislativa em diferentes contextos escravistas americanos.[4] Longe de representar mera coincidência, a convergência de políticas gradualistas a esse princípio encontrava razão de ser justamente no fato de que foi sobre ele que se estruturaram, em dimensão atlântica, as lógicas de reprodução da escravidão. Naturalizada e aparentemente inquestionável, como argumenta Maria Helena Machado, a doutrina romana do *partus sequitur ventrem* impunha às mulheres escravizadas e seu corpo a dupla condição de trabalhadoras e reprodutoras – não apenas de seus filhos, mas da própria escravidão.[5] Longe de escapar aos legisladores do Império, tal duplicidade era cristalinamente evocada no parecer produzido pela

2 A bibliografia sobre o tema é vasta. A título de referência, ver: Conrad, *Os últimos anos da escravatura no Brasil*; Pena, *Pajens da casa imperial*.

3 Dialogo, assim, com as reflexões pioneiras de Martha Abreu: Slave Mothers and Freed Children: Emancipation and Female Space in Debates on the "Free Womb" Law, Rio de Janeiro, 1871, *Journal of Latin American Studies*, v.28, n.3, p.567-80, 1996.

4 Antes da Lei Moret (1871), em Cuba, a libertação do ventre escravo fora legislada no Chile (1811), na República da Antióquia (1812) e na Colômbia (1821), ver: Conrad, op. cit. Sobre a aplicação do princípio por meio das *post-nati bills* nos Estados Unidos, ver Melish, *Disowning Slavery*.

5 Machado, Mulher, corpo e maternidade, in: Schwartz; Gomes, *Dicionário da escravidão e liberdade*, p.334-40. Ver também: Machado, Escravizadas, libertandas e libertas: qual liberdade?, in: Lima; Grinberg; Reis (orgs.), *Instituições nefandas*; Morgan, *Laboring Women*.

comissão especial da Câmara dos Deputados de 1871, que avaliava o projeto de lei encaminhado pelo governo: *"por dois aspectos pode ser considerada a escrava: como meio de reprodução; como instrumento de trabalho"*.[6]

Todavia, a importância medular da mulher e seu corpo no mundo da escravidão não encontrava correspondência na legitimação de sua condição materna. Não obstante os significados atribuídos à maternidade tenham se transformado ao longo da experiência escravista nas Américas – aproximando-se dos modelos sentimentalizados referidos à família nuclear burguesa somente ao longo do século XIX –, os impedimentos à experiência materna, à possibilidade de cuidado dos filhos, à gestão e manutenção, a longo prazo, dos vínculos familiares, foram desde sempre impostos a mulheres escravizadas. Uma criativa historiografia dedicada ao escrutínio das implicações entre escravidão e gênero tem apontado uma miríade de desafios ao livre exercício da maternidade, em suas diferentes manifestações, sob o cativeiro: as separações forçadas, o retorno precoce ao trabalho de mulheres puérperas, a impossibilidade de amamentar os filhos, entregues aos cuidados de terceiros e a alimentação inapropriada, e a negligência senhorial, de modo extensivo, com a vida de bebês e crianças escravizados que, no mais das vezes, os condenavam à morte prematura, eram implicações recorrentes e cruéis de ter filhos sob a escravidão. O recurso a abortamentos e infanticídios, matéria delicada, de compreensão tão desafiadora, expressava cabalmente a natureza limítrofe dessas experiências.[7] Dando substância à interdição dessa condição materna, ideações da brutalidade de mulheres africanas e crioulas, de seu limitado vínculo afetivo e pequeno investimento no cuidado dos filhos – por sua vez, seres especialmente robustos que dispensavam excessos de zelo e atenção – atravessavam o universo simbólico forjado pela literatura de viagem colonial, pelos discursos médicos fortalecidos ao longo do século XIX e formas diversas de representação cultural.[8]

---

6 Cf. Parecer da Comissão Especial apresentado à Câmara dos Senhores Deputados na sessão de 30 de junho de 1871, Rio de Janeiro: Typographia Nacional, 1871.

7 Para uma rica amostra de estudos recentes, ver: Cowling et al. (orgs.), *Motherhood, Childlessness and the Care of Children in Atlantic Slave Societies*. Ver também, entre outros: Bush, African Caribbean Slave Mothers and Children: Traumas of Dislocation and Enslavement Across the Atlantic World, *Caribbean Quarterly*, v.56, n.1-2, p.69-94, 2010; Turner, *Contested Bodies*; Telles, *Teresa Benguela e Felipa Crioula estavam grávidas*.

8 Machado, Mulher, corpo e maternidade, in: Schwartz; Gomes, *Dicionário da escravidão e liberdade*, op. cit.; Morgan, *Laboring Women*, op. cit.; Wallace-Sanders, *Mammy*; Telles, op. cit.

Nesse sentido, as propostas e debates sobre a "reforma do elemento servil" baseada na libertação do ventre, sua ulterior consolidação em lei e as condições e negociações em torno de sua implementação apresentavam novidade ao promover, mesmo com interesses enraizados na condução de um processo controlado, indenizatório e tutelar de abolição, o reconhecimento simbólico da maternidade e da infância escravizadas. Longe de defender genuinamente o elo entre mães e filhos cativos, ao fraturar a lógica de reprodução da escravidão pelo ventre, a medida remetia esses sujeitos à condição de partícipes de categorias universais de maternidade e infância. Isso se fez, seguramente, por linhas bastante tortas, discriminando-se entre maternidades mais ou menos probas e infâncias mais ou menos resguardadas, sobretudo nos anos que sucederam à aprovação da lei e anteciparam momentos periclitantes do processo de abolição.[9]

A compreensão dessa virada simbólica não pode prescindir da atenção a outras instâncias que colaboravam para a construção dessas categorias sociais e suas representações. Voltemos às palavras de Torres Homem, que, nada inocentes, apesar da performance aparentemente espontânea do orador, endereçam termos em que crianças e mulheres escravizadas eram "pensadas" e "faladas" nos momentos de acirramento das lutas por emancipação. Metaforizada na imagem do "coração materno", expressão das qualidades afetivas definitivas da mulher, a mãe escravizada reclamada pelo senador era, como as demais, esteio moral das futuras gerações, sempiterna fonte de "ternura e dedicação", subalternizada pela condição materna e, por extensão, pelos próprios filhos, em cuja felicidade encontrava contentamento que suplantava a sua própria em importância e significado. Diante da libertação dos filhos, a gratidão seria a expressão mais genuína de seu amor – e a melhor recompensa que proprietários poderiam colher em momentos tensos de contestação da escravidão.[10]

---

9 Martha Abreu argumenta que o reconhecimento da maternidade e da família escrava seriam como "efeitos colaterais positivos" da oposição escravista à lei, redundando na formalização de direitos disputados por escravizados e na afirmação de sua humanidade pelo Estado imperial (Abreu, op. cit.).

10 Sobre alforrias, sua ritualização como dádiva e intersecções com gênero, ver: Schwarcz, Dos males da dádiva: sobre ambiguidades no processo da abolição brasileira, in: Cunha; Gomes, *Quase-cidadãos*, p.23-54; Cowling, O Fundo de Emancipação "Livro do Ouro" e as mulheres escravizadas: gênero, abolição e os significados da liberdade na Corte, anos 1880, in: Xavier et al. (orgs.), *Mulheres negras no Brasil escravista e do pós-emancipação*.

Uma outra passagem da manifestação de Torres Homem ilumina a moldura de uma retórica que, habilmente empregada na defesa da reforma brasileira do elemento servil, estava longe de ser original. Encerrando seu discurso naquela sessão, ele dobrava a aposta na teatralidade da defesa da libertação do ventre:

> Esses milhares de mulheres que ao curso de três séculos tantas vezes amaldiçoaram a hora da maternidade e blasfemaram da Providência, ao verem os frutos inocentes de suas entranhas condenados às misérias da escravidão [...] elevarão agora seus braços e suas preces ao céu invocando as bênçãos divinas para os que lhes abrirão o caminho da liberdade e da ventura social. Estas expressões de gratidão dos pobres aflitos valem mais do que os anátemas do rico impenitente, mais que os ataques dos poderosos que não souberam achar meios de prosperidade senão na ignomínia e sofrimento de seus semelhantes![11]

Voltam à carga referências a mulheres cujos padecimentos maternos eram amplificados pela longa escravização, por eles levadas a amaldiçoar os sagrados desígnios que lhes providenciavam frutos do ventre. A linguagem religiosa evocada em menções à Providência, às blasfêmias, às bênçãos divinas e anátemas, descreve não apenas a maternidade desgraçada pelo cativeiro, como também a gratidão, aos céus e aos senhores, pela libertação dos filhos. As dimensões sacralizantes dessa maternidade encontravam, afinal, tradução mais encarnada nas referências feitas pelo tribuno às "entranhas" maternas, explicitamente evocadas. Assim como na passagem anterior, que recorria ao "seio das mães" – referência a seu grupo e meio, mas também ao vínculo simbiótico entre mulheres e seus rebentos consubstanciado na amamentação –, o orador deixava claro que não apenas no coração e espírito, mas também no corpo, se inscrevia a maternidade escravizada.

Tomadas como exemplo de retórica recorrente à época, essas manifestações evidenciam importantes matrizes das representações maternas esgrimidas em embates públicos em torno da libertação do ventre. Por um lado, expressa-se a forte influência do abolicionismo sentimentalizado britânico e norte-americano que circulou pelo espaço atlântico nos Oitocentos dando contornos feminilizados à retórica antiescravista. Nesse vocabulário

11 Cf. Brasil, *Annaes do Senado*, op. cit., p.61.

político, do qual faziam parte o sofrimento e os afetos maternos, a gratidão, a inocência infantil, a ética e os sentimentos cristãos, mães escravizadas e seus filhos eram signos poderosos que sintetizavam a universalidade e semelhança que irmanavam a todos os sujeitos – tornando imoral a propriedade de uns sobre outros.[12]

Por outro lado, alusões ao corpo feminino acenavam a outra dimensão das apreensões de maternidade que, àquele momento, adquirira grande relevância social, impregnando discursos e práticas escravistas e antiescravistas no Império: tratava-se da emergência de concepções familiares aburguesadas, profundamente identificadas a discursos médico-higienistas, que metaforizavam a própria nação moderna e sua genealogia. Nesse arranjo, crianças e mulheres recebiam papéis de destacada importância, quais fossem, respectivamente, os de gérmen da reprodução familiar – por extensão, social – e de zeladoras do bem-estar e bom encaminhamento dessas gerações renovadoras.[13] Os lugares de importância a que mulheres e crianças eram lançados, contudo, não redundavam na efetiva subversão de hierarquias patriarcais de gênero – como adverte Anne McClintock, a metáfora familiar da nação supunha a naturalização da subordinação de mulheres e crianças ao poder e governo masculinos, que restavam, nos mundos privado e público, como a autoridade final.[14]

Tal modelo plasmava-se à emergência da medicina e da "ordem médica", masculina e branca, que, se afirmando como gestora da saúde física e moral do corpo social, buscava fundir-se ao próprio Estado, prescrevendo remédios aos males diversos que emanavam de uma sociedade escravista. Nessas condições, a medicina se estabelecia como instância tutelar à qual o zelo e as tarefas maternas deveriam estar submetidos, reelaborando concepções de maternidade não apenas em termos de vocação amorosa abnegada, mas também em sua materialização corpórea – o que se fazia a partir das intervenções da medicina ginecológica e obstétrica sobre corpos femininos e da celebração do aleitamento materno, objeto de crescentes campanhas públicas

---

12 Cowling, *Conceiving Freedom*; Clapp; Jeffrey (orgs.), *Women, Dissent, & Anti-Slavery in Britain & America, 1790-1865*.

13 Costa, *Ordem médica e norma familiar*; Vailatti, *A morte menina*; Muaze, *A descoberta da infância*.

14 McClintock, *Couro imperial*.

na segunda metade do século.[15] Não se tratava, certamente, de confundir a natureza maternal inscrita na carne, trazida ao mundo pelas "entranhas", com a sexualização do corpo materno: um balanço algo contraditório se produzia em representações de uma maternidade de ares ao mesmo tempo transcendentais e materializados.

Se a tutela masculina se afirmava sobre mães subalternizadas a pais de família, médicos, filhos, a seu papel social e devir natural incontornável, também a criança carecia de direção e controle. Diferenciada do resto do corpo social, a infância passava a ser compreendida como categoria específica, merecedora de cuidados particulares, ensejando um conjunto ampliado de saberes normativos e prescrições que nelas reconheciam a natureza ambígua de célula da fortuna e da corrupção futuras.[16] Em tempos de consolidação da puericultura e da pediatria, era aos médicos que cabia o verdadeiro conhecimento sobre o corpo da mãe e da criança, e, por extensão, sobre os adequados cuidados com a infância; a seu mando e orientações, as mães de uma sociedade sanitarizada deveriam obedecer.[17]

Era a essa teia complexa de sentidos essencializados que se referiam muitas das representações esgrimidas na elaboração da Lei do Ventre Livre e posterior negociação de seus significados na prática jurídica e social. Noções aparentemente estanques de maternidade e infância mobilizadas nesse cenário, contudo, estiveram muito distantes de condensar apreensões unívocas do arcabouço simbólico das disputas formais e informais em torno do ventre escravizado e sua libertação; partindo de um léxico partilhado, diferentes agentes sociais enfileiraram representações variadas dos cuidados e afetos que uniriam mães e filhos, traduzindo o espírito de suas necessidades ou conveniências.

Acompanhando o movimento da imprensa da Corte em 1871 – mais especificamente, as discussões sobre o "ventre livre" encontradas na imprensa de

---

15 Ver, entre outros: Telles, op. cit.; Machado, Entre dois Beneditos: histórias de amas de leite no ocaso da escravidão, in: Xavier; Faria; Gomes (orgs.), *Mulheres negras no Brasil escravista e do pós-emancipação*, p.199-213; Martins, *No seio do debate*; Carula, Perigosas amas de leite: aleitamento materno, ciência e escravidão em *A Mãi de Familia*, *Hist-Cien. Saúde-Manguinhos*, v.19, p.197-214, 2012; Schwartz, *Birthing a Slave*.

16 Os discursos jurídicos tinham também grande importância na circulação de tais apreensões da infância, como procurei demonstrar: Ariza, *Mães infames, filhos venturosos*. Ver também: Pinheiro, *A civilização do Brasil através da infância*.

17 Pereira, *História da Pediatria no Brasil de final do século XIX a meados do século XX*.

oposição ao projeto do governo –, Martha Abreu já havia apontado a existência de ambiguidades simbólicas nas disputas em torno da elaboração da lei. Conforme demonstra, os artifícios retóricos utilizados por defensores do projeto encaminhado à avaliação da Câmara pelo gabinete conservador, aqui identificados pelo exemplo de Torres Homem, foram também esgrimidos por firmes opositores dos planos do governo. Em seus discursos, a defesa do direito de propriedade sobre o corpo da mulher escravizada, seu útero e seus frutos, era pareada a apelos pela salvaguarda da família escrava, ameaçada pela separação de mães e filhos e pelos maus sentimentos que emergiriam de seus diferentes estatutos de liberdade. Tal cizânia, acentuada pela ruptura dos vínculos de gratidão de libertos a ex-senhores, levariam, fatalmente, à rebeldia escrava e ao caos social.[18]

Era justamente a essas alegações que palavras como as que abrem este capítulo reagiam. Sublinhando a gratidão, candura e devoção da mãe cativa, reputavam infundada a suposição de que a liberdade dos rebentos a elas causasse sentimentos que não os mais nobres, como os de "rivalidade, despeito e inveja". Argumentos do tipo se repetiram nos debates da comissão especial da Câmara que emitiu pareceres sobre a lei em 1870 e 1871. Uma passagem do último desses pareceres assim descreve o amor irremediável que dava à mãe escravizada qualidades estoicas que jamais admitiriam a malquerença a seus filhinhos livres:

> Que ideia formam das mais santa das afeições! A mulher, feliz e orgulhosa de ter dado à luz um ser igual ao seu ser; enamorada da sua obra, que prefere a todas as obras da criação; heroína do afeto; capaz de dedicação sem termo, de coragem, de sacrifícios, a que o homem com todo o seu orgulho se não abalançaria, mulher-mãe [...].[19]

Disputado entre opositores e apoiadores da lei, o signo do amor materno seria, segundo estes últimos, conducente não à inveja e à dissolução da ordem social, mas ao bom e seguro encaminhamento de um processo de abolição

18 Abreu, op. cit.

19 No limite desses sentimentos apaixonados, o infanticídio, apresentado pela oposição como perigo decorrente da cupidez de mães escravizadas diante dos filhos livres, no parecer favorável da Câmara surgia como recurso desesperado para poupar os rebentos ao cativeiro. Cf. Brasil, *Annaes do Senado*, op. cit., p.38.

apaziguado pelo coração grato e aquecido das mães felizes. Empregados na defesa ou ataque aos projetos de libertação do ventre, os esforços de naturalização da maternidade e dos indeléveis vínculos entre mulheres e seus filhos, emanantes da fusão de corpos físicos e comunitários patrocinada pela medicina, mostravam nesses embates sua substância efetivamente discursiva. A depender dos interesses que nelas se defendessem, alegorias essencializantes da mãe e da criança estariam vocacionadas a destinos antagônicos, contrariando a ideia de uma natureza intransigente.

Afirmando-se sobretudo ao longo da segunda metade do século, tais ideações de maternidade e infância ensejavam argumentos que reapresentavam, simbolicamente e em novos termos, corpos femininos e infantis negros e escravizados. Sobretudo no caso das mulheres escravizadas, a incorporação à condição universal da "mulher-mãe" suspendia discursivamente a ambiguidade da dupla sujeição do corpo feminino à escravização – no ambiente dessas disputas, mães cativas não eram mais apenas corpos sobredeterminados por trabalho e reprodução; eram, também, corpos que guardavam e nutriam, objetiva e metaforicamente, os frutos de seu ventre.

Manifestação mais explícita desse câmbio simbólico – cuja brevidade e limitação prática fizeram-se evidentes logo depois da aprovação da lei – não poderia ser outra se não o elogio à amamentação. Referências à necessidade do aleitamento de crianças ingênuas por suas mães escravizadas aparecem com alguma frequência nos pareceres da Câmara de 1870 e 1871, e também nos jornais que davam ampla publicidade aos debates legislativos, incorporados ao cotidiano do público leitor. Em comentário crítico acerca da proposta do governo imperial encaminhada em 1871, o *Diario de S. Paulo* apresentava a seguinte defesa da necessidade de que filhos de ventre livre permanecessem com as mães até os 8 anos, sob tutela senhorial:

> Pelas leis da natureza a mãe é obrigada a amamentar, criar e tratar os entes, a que deu nascimento, e essa obrigação é também para ela um direito e um prazer: porque todas as mães veem em seus filhos uma parte de si mesmas [...] nada pode substituir na criação dos recém-nascidos nem o leite materno o mais próprio para fortalecê-lo, nem os cuidados assíduos e incessantes de uma mãe para com o ente mais fraco da criação, a fim de livrá-los dos perigos e moléstias. [...] entregar estes entes fracos a cuidados de pessoas estranhas, indiferentes à sorte dos

> menores [...] seria desconhecer as leis da natureza, separar os filhos de suas mães, únicas interessadas em tratá-los: seria expô-los a uma morte certa e prematura.[20]

Os ecos das crescentes preocupações da emergente medicina pediátrica, ocupada dos corpos infantis doentios numa sociedade com altíssimos índices de mortalidade neonatal e na primeira infância, são mais do que audíveis nesta e em outras passagens.[21] Nos debates acerca da reforma do elemento servil, contudo, tinham lugar ainda outras prescrições sobre aqueles que eram entendidos como indivíduos frágeis e de especial valor, potenciais regeneradores do tecido social: acepções de cuidados com a infância estendiam-se, também, aos domínios da instrução e da formação moral. No caso das crianças contempladas pela lei que prenunciava a eliminação da escravidão, ambos os domínios se referiam, evidentemente, à constituição de trabalhadores que, embora não propriamente escravizados, se conformassem a papéis sociais subalternizados estritamente definidos.[22]

Uma vez estabelecido, o problema da substituição de mão de obra e sua identificação aos ingênuos era referido em termos algo oblíquos. Assim, se nos pareceres da Câmara a tutela senhorial sobre ingênuos é anunciada como medida indenizatória, é também apresentada como obrigação ou produto de uma "sociedade de cuidados" estabelecida entre proprietários e mulheres escravizadas.[23] O parecer de 1871 defendia que senhores e escravizadas estariam implicados na tarefa de criar os ingênuos nos anos tenros, uma vez que a mãe natural, bem semovente, deveria ser "*por certo lapso de tempo, mãe civil*", para manutenção do "*recém-nascido próximo a quem o gerou*".[24] Nessas condições, a preservação da autoridade senhorial sobre ingênuos até os 21 anos de idade seria duplamente benéfica: aos senhores, por constituir um "*penhor de subordinação*"; aos "menores", como eram

20 Cf. Hemeroteca Digital da Biblioteca Nacional, *Diario de S. Paulo*, 30 nov. 1877, p.1.

21 Pereira, op. cit.; Vailatti, *A morte menina*.

22 Fonseca, *A educação dos negros*; Souza, "Porque um menor não deve ficar exposto a ociosidade": tutelas e soldadas e o trabalho de ingênuos na Bahia (1870-1890), in: Machado; Castilho (orgs.), *Tornando-se livre*, p.189-211; Portela, *Iniciativas de atendimento para crianças negras na província de São Paulo (1871-1888)*; Lucas, *"Pelo progresso do paiz": projetos para educação de ingênuos na imprensa paulista em fins do século XIX*.

23 Cf. Parecer da Comissão Especial apresentado à Câmara dos Senhores Deputados na sessão de 30 de junho de 1871, Rio de Janeiro: Typographia Nacional, 1871, p.34.

24 Ibid., p.37.

chamados, por preservar seu bem-estar sem prejuízo da condição futura de liberdade.[25]

Em sentido contrário, como demonstra Martha Abreu, opositores da lei alertavam para a fuga de ingênuos de espírito rebelde que não suportariam assistir à escravização dos pais – lesando, assim, tutela e direito indenizatório senhoriais. A fragilidade da autoridade senhorial, desse modo, acarretaria a dissolução moral dos filhos apartados dos pais, transformados em vagabundos, ladrões e andarilhos, para malefício de toda a sociedade. Opositores acusavam, ainda, os maus-tratos e abandonos a que ingênuos poderiam ser submetidos por senhores desditosos dos encargos com a criação daqueles que não seriam, efetivamente, seus cativos.[26]

Endereçando a necessidade civilizatória de eliminar a escravidão pelo ventre ou denunciando seus iminentes perigos, avaliações divergentes da proposta do governo encaravam os desafios implicados no encaminhamento dado aos ingênuos. Revelavam-se, nesse sentido, limites e insuficiências das alegorias que celebravam a maternidade escravizada: se as imagens da mãe cativa amorosa, sofredora, física e espiritualmente inseparável de seus filhinhos serviam à discussão da libertação do ventre, não tinham a mesma efetividade simbólica na elaboração de projetos de controle de mão de obra livre e liberta.

Uma coleção diversificada de prescrições de cuidados com os pequenos egressos do cativeiro passava, então, a fomentar um movimento duplo. De um lado, filhos de ventre livre eram incluídos na categoria extensa e emergente da "infância" carente de cuidados maternos. Crianças livres e mulheres escravizadas se uniam na ideação da simbiose "mãe-filho"; o amor materno desmesurado, zeloso e irremovível; sua consubstanciação no aleitamento materno; o exemplo de virtude; o acolhimento no seio da família escravizada – que supunha, por certo, um ideal familiar de moldes nucleares aburguesados – correspondiam, assim, às providências de afeto e cuidado que deveriam assistir a esses sujeitos como a quaisquer outras crianças e suas mães.[27] As representações da maternidade desinteressada e

---

25 Ibid., p.43.

26 Abreu, op. cit., esp. p.578.

27 Sobre as circunstâncias específicas e traumáticas nas quais se constituíam experiências maternas e familiares sob a escravidão, ver: Livesey, Conceived in Violence: Enslaved Mothers and Children Born of Rape in Nineteenth-Century Louisiana, *Slavery & Abolition*, v.38, n.2,

da infância robustecida de mulheres e crianças cativas, longamente consolidadas, ficavam momentaneamente desbotadas nas batalhas simbólicas da emancipação gradual.

De outro, a essas crianças e mães em particular eram designados lugares específicos numa sociedade espelhada em um modelo familiar cujos limites de classe e raça se faziam crescentemente evidentes nas décadas finais do século.[28] Como observa Daniela Portella, o clamoroso debate que acompanhava o processo de elaboração da lei pouco considerava as condições de vida efetivamente experimentadas por crianças escravizadas ou nascidas de ventre livre. Era ao futuro que se remetiam as preocupações com as mesmas – cuidá-las significava guardar seu papel subordinado na ordem escravista em desagregação.[29] Assim, o fim da reprodução da escravidão e sua virtual terminação punham aos senhores de escravizados, proprietários de mães extremosas e seus filhos carentes de proteção, a necessidade de fazer, dos últimos, mão de obra disciplinada e controlada.

Nos anos que se seguiram à aprovação da lei, especialmente naqueles que imediatamente anteciparam ou sucederam à chegada dos ingênuos aos 8 anos de idade, essa dimensão prática dos sentidos de cuidados com a infância tornou-se ainda mais pronunciada, mobilizando particulares, agentes e instituições públicas em disputas acerca dos direitos, deveres e sentidos de criar, tratar e educar ingênuos.[30] Nos debates que ocupavam páginas de jornais em circulação na província de São Paulo, especialmente interessada no encaminhamento de soluções eficientes para a crise de mão de obra anunciada na lavoura cafeicultora, os argumentos sobre virtudes ou vícios da libertação do ventre agora cediam espaço a discussões sobre a educação dos pequenos rio-brancos.[31] O problema da escassez de braços, que acompanhara desde o princípio os debates sobre a lei, era diretamente remetido à viabilidade do

p.373-91, 2017; Turner, The Nameless and the Forgotten: Maternal Grief, Sacred Protection and the Archive of Slavery, *Slavery & Abolition*, v.38, n.2, p.232-50, 2017.

28 Ariza, Bad Mothers, Laboring Children: Emancipation, Tutelage and Motherhood in São Paulo over the Last Decades of the 19th Century, *Slavery & Abolition*, v.38, n.2, p.408-24, 2017; Id., *Mães infames, filhos venturosos*.

29 Portela, *Iniciativas de atendimento para crianças negras na província de São Paulo (1871-1888)*.

30 Sobre as diferentes apreensões de "cuidar" e "educar" mobilizadas no Parlamento, jornais e congressos agrícolas de 1878 e atribuindo responsabilidades diversas a agentes públicos e privados, ver: Fonseca, op. cit., p.54.

31 Sobre projetos para educação de ingênuos, instituições asilares, colônias agrícolas ver: Fonseca, op. cit.; Souza, op. cit.; Lucas, op. cit.

aproveitamento da mão de obra de ingênuos, a serem conduzidos por particulares ou instituições públicas aos caminhos da morigeração, da moralidade e disciplina adequadas a trabalhadores de um corpo social nacional saudável e modernizado que emergiria com o fim da escravidão.

A alteração do eixo dos debates sobre o ventre livre referia-se, desse modo, às negociações em torno dos sentidos de infância praticados nas aplicações da lei – ou em sua rápida obsolescência, como sugeriam as práticas de exploração e aluguel de ingênuos denunciadas na imprensa.[32] A representação de pequenos desprotegidos dependentes do desvelo materno era pareada ou superada nos debates públicos pela representação de trabalhadores a serem moralmente talhados, infundidos dos bons princípios que a liberdade disciplinada lhes devia ensinar. Diferentes infâncias desenhavam seus contornos naquele contexto, superando a passagem efêmera dessas crianças por um universo simbólico partilhado, agora mais e mais racializado e atravessado por distinções de classe.[33]

Do mesmo modo, a maternidade negra glorificada perdia parte de sua substância discursiva fora dos círculos mais estritamente organizados em torno do combate à escravidão. Certamente, como observou Camillia Cowling, o imaginário sobre a maternidade mobilizado por agentes diversos, entre os quais mulheres escravizadas que reclamavam a garantia dos sentimentos e prerrogativas maternos numa linguagem liberal de disputa por direitos, marcou profundamente o abolicionismo sentimental e feminilizado das décadas finais da escravidão atlântica.[34] Em sentido ampliado, o signo materno seguiu forte e representativo dos anseios e projetos de nação moderna e sanitarizada que se deveria estabelecer com o fim prenunciado da escravidão. No entanto, em manifestações encontradas na imprensa paulista, por exemplo, associações antes frequentes entre o "divino materno" e mulheres negras e escravizadas dava mostras de arrefecimento nos anos subsequentes à aprovação da lei.

Bom exemplo é a contribuição feita ao *Almanach Litterario Paulista* de 1879 pelo eminente dr. Domingos Jaguaribe, destacado quadro da política imperial e membro do gabinete Rio Branco. Em texto intitulado "A respeito

---

32 Ariza, *Mães infames, filhos venturosos*; Lucas, op. cit.

33 Sobre a exploração de ingênuos e as intersecções entre classe e raça no discurso sobre a infância trabalhadora e desvalida, ver: Ariza, *Mães infames, filhos venturosos*.

34 Cowling, op. cit.

das mães", simpático à promoção da educação feminina e elogioso das virtudes do aleitamento materno, Jaguaribe enfileirava loas para adjetivar a maternidade promotora da civilização: "fonte de toda a felicidade e berço da humanidade", "é a mãe quem dá a fôrma do futuro cidadão [...]; dela provem o caráter de seus filhos e destes a importância de sua pátria".[35] Ao endereçar a importância dos carinhos e cuidados maternos, assinalava como sua tarefa "conceber, nutrir e criar o homem", asseverando que "a criancinha no mundo só tem o arrimo de sua mãe, esta é quem a veste, quem a nutre, quem a sustenta em seus braços e ensina os primeiros passos que vão fortificando e fazendo o homem".[36] A doce responsabilidade materna não escapava nem às "mães paupérrimas", assim por ele referidas, que igualmente tinham de dar aos filhos "conselhos e exemplos". A amamentação, finalmente, era um propósito não apenas natural, como também divino – um mutualismo sanguíneo e espiritual entre mãe e filho, unidos pelo afeto e desvelo:

> Deu-lhe o criador dois seios, é neles que ela tem o alimento, e só deles que pode viver a pobrezinha [criança]; para que ela sugue o leite, que é quase o sangue materno, que depois vae ser o sangue do filho, é preciso que ela o coloque em seus braços, que olhe, na posição mais sublime da mulher, o fruto de seu ventre [...] no ato do aleitamento, pelo qual vae do seu seio para o corpo do filho o próprio sangue e a própria vida [...].[37]

O reforço à maternidade simultaneamente sagrada e encarnada não era bandeira original de Domingos Jaguaribe. Projetam-se de seu texto, contudo, sugestões argutas do processo de distanciamento entre mulheres e crianças negras, escravizadas ou egressas da escravidão, e representações normativas da maternidade e infância. Embora acenando às mães empobrecidas, referidas de forma genérica e passageira em tom de exceção, o texto ignora as mães negras que, poucos anos antes, ocupavam importante papel nos debates públicos sobre a emancipação gradual promovida pelo

35 Cf. Hemeroteca Digital da Biblioteca Nacional, A respeito das mães, *Almanach Litterario Paulista*, V Anno, p.48-54, 1879. Disponível em: <http://memoria.bn.br/DocReader/docreader.aspx?bib=829668&pagfis=1088>. Acesso em: 2 jun. 2021.

36 Ibid., p.49. Note-se, nesse sentido, a evidente generificação da infância engendradora da renovação e modernização nacionais, sempre referida em termos masculinos.

37 Ibid., p.50.

ministério integrado pelo autor. Nesse caso, o silêncio mais dizia sobre o embranquecimento subsumido ao modelo da "mãe de família" aburguesada do que convocava noções plurais de maternidade compatíveis com uma sociedade escravista. Fora do jogo simbólico necessário à aprovação ou rejeição da lei, mulheres negras e escravizadas poderiam mais facilmente ser omitidas do debate, sutilmente apagadas dos registros de universalidade materna do início daquela década.

De forma mais agressiva, embora igualmente codificada, um artigo publicado na seção de variedades do *Diario de S. Paulo*, em 1877, endereçava em termos raciais àquilo que era entendido e defendido em jornais, periódicos médicos e debates parlamentares como a mais importante face dos cuidados e carinhos maternos – a amamentação. Principiando pela evocação da mulher virginal de "cabelos de ouro" que trocava a coroa de esposa por uma angélica grinalda materna de luz celestial, o artigo seguia atacando aquelas que, enjeitando os próprios filhos, cediam criminosamente ao emprego de amas de leite como suas nutrizes.[38] A estas, se reportava como "mulheres que alugavam os seios para alimentar filhos de estranhos", "talvez estrangulando" os próprios rebentos. A referência não era feita diretamente a mulheres escravizadas – e, embora tenha se configurado no Império como tarefa mormente a elas incumbida, o aleitamento mercenário, assim chamado pela medicina da época, de fato recrutou mulheres empobrecidas de outras origens sociais. Ainda assim, a citação ao íntimo relacionamento estabelecido entre aleitamento mercenário e mulheres negras é bastante sugestiva:

> Que insondável e escura não será, em muitos casos, a alma dessas apelidadas amas, e de que verdadeiramente são escravos os que lhes pagam. Que seios mercenários, oh mães, alimentem vossos filhos [...] – são eles enjeitados. Enjeitados e repelidos do calor do seio maternal para os regalos do colo madrasto de uma fera muitas vezes.[39]

Sob a sombra da escravidão, amas de leite feéricas de alma "escura", reais subjugadoras da família branca, eram em tudo contrárias à essência superior

38 Cf. Hemeroteca Digital da Biblioteca Nacional, *Diário de São Paulo*, Variedade, As mãis, 30 nov. 1877, p.1. Disponível em: <http://memoria.bn.br/DocReader/docreader.aspx?bib=709557&pasta=ano%20187&pesq=&pagfis=13723>. Acesso em: 2 jun. 2021.

39 Ibid., p.50.

da amamentação praticada na verdadeira maternidade. Certamente, campanhas pelo aleitamento materno das últimas décadas do cativeiro assumiram tons muito mais virulentos ao atacar diretamente não apenas a prática do aleitamento mercenário, como também suas principais praticantes, mulheres negras e escravizadas.[40] O que interessa, especialmente, na passagem recortada do diário paulista é menos a ilustração de tais ataques, e mais as frestas abertas à observação de um movimento simbólico sutil e correlato: sendo os cuidados providos por amas uma perversão das vocações maternas, sua racialização ensejava a íntima vinculação entre a maternidade ruim, desprovida das virtudes genuínas do zelo e do afeto, e as mulheres negras de forma ampliada.

Conforme argumentei anteriormente, a construção alegórica da mãe negra desprovida de capacidades materiais, morais e afetivas adequadas para o cuidado dos filhos tomou força nas décadas finais da escravidão e também no imediato pós-abolição na cidade de São Paulo – e também alhures, como sugerem outras pesquisas.[41] Levadas ao campo da prática social, alimentando embates judiciais em torno do controle da mão de obra de crianças libertas ou ingênuas, as representações de virtude materna disputadas durante a elaboração da Lei do Ventre Livre encontravam-se, nos anos subsequentes, em grande medida desidratadas de sua força política. No momento em que as preocupações com a falta de braços, o ônus da criação dos ingênuos e o desejo de manutenção de rigorosas hierarquias sociais abaladas pelo acirramento da emancipação se ampliavam, atormentando autoridades públicas e camada proprietária, a mãe negra sofredora era obliterada pela imagem da mulher incapaz de conduzir os filhos à condição de cidadãos livres, ordeiros e trabalhadores. Deslocadas dos debates sobre o melhor futuro reservado aos ingênuos, mães negras seriam substituídas, como cuidadoras, por senhores de escravos, contratantes à soldada e tutores, que assumiam então as responsabilidades elevadas – e os benefícios igualmente significativos – da criação de seus filhos.

Suas péssimas qualidades maternas eram escandidas em autos de tutela e contratos de soldada que, sob a batuta de Juízos de Órfãos de diferentes

---

40 Martins, *No seio do debate*; Carula, Perigosas amas de leite: aleitamento materno, ciência e escravidão em *A Mãi de Familia*, *Hist-Cien. Saúde-Manguinhos*, v.19, p.197-214, 2012.

41 Ariza, *Mães infames, filhos venturosos*; Cowling, op. cit.; Souza, op. cit.; Urruzola, *Faces da liberdade tutelada*; Geremias, *Ser "ingênuo" em Desterro*.

localidades, arregimentavam ingênuos, libertos e filhos de mulheres negras, em geral, para o trabalho em serviços domésticos e casas de negócios. Pobreza, temperamentos irascíveis, propensão aos vícios e à vadiagem, além, é claro, da completa ausência do genuíno amor materno, eram predicados a elas comumente atribuídos. Em 1881, a liberta Fortunata, de Desterro, tinha a tutela do filho Antonio, ingênuo de 6 anos, judicialmente reclamada por um pleiteante que, qualificando a si próprio como proprietário conhecido na cidade, contrapunha-se à mãe do pequeno, mulher miserável, sem "recursos físicos e morais", "solteira e possuidora de vida irregular".[42] No mesmo ano, na Corte, outra Fortunata – dessa vez uma menina parda, de 9 anos – tinha a tutela reclamada em termos semelhantes pelo ex-senhor de sua mãe, a "preta Minervina", por ele descrita como "entregue ao vício da embriaguez" após a alforria. Já o demandante da tutela da ingênua Eurica, também de 6 anos, "levado pela estima" nutrida por sua família à pequena e dispondo-se a pagar-lhe a devida soldada, descrevia sua mãe como mulher que "procede mal e tem moradia incerta".[43]

Em São Paulo, em 1884, achaques semelhantes eram imputados à liberta condicional Joanna: fugindo à prestação dos serviços devidos por sua alforria e levando consigo o filho ingênuo Luiz, de 4 anos, era descrita pelo ex-senhor como "não tendo meios de tratar do mesmo que corre perigo de morrer ao desamparo" – circunstâncias que o impeliam à solicitação da tutela do pequeno.[44] Breves, os adjetivos que descreviam a incapacidade de Joanna para manter consigo o filho falavam eloquentemente sobre os interesses implicados na solicitação feita à justiça. Afastando Luiz da mãe e retomando o controle sobre a criança, cujos pequenos serviços poderiam ser, se não imediatamente, muito em breve aproveitáveis, o proprietário lesado poderia forçar o retorno de Joanna a seus domínios. A desforra contra a liberta condicional ingrata inscreve-se nas entrelinhas de uma linguagem econômica de atenção à infância desprotegida.

Na mesma cidade, em abril de 1888, pouco antes de consumada a abolição, Josepha, outra liberta condicional desagradecida da benevolência senhorial, via a tutela da filha Trinea, de 8 anos, ser requerida à justiça. Talvez por

---

42 Geremias, op. cit., p.89-90.

43 Urruzola, op. cit., p.84-5.

44 Cf. Juízo de Órfãos, Autos de Tutela, C05455/9047, 1884.

puro despeito, o proprietário lesado abria mão dos serviços de Josepha, mas reclamava os cuidados da ingênua, "a quem o suplicante e sua senhora têm criado com afeto", com o único objetivo de "evitar que a filha da mesma fique dentro de bares viciada o que necessariamente acontecerá se permanecer em tal companhia".[45] Ainda naquele ano, já após 13 de maio, o empregador informal de Antonio, "ingênuo de 10 anos de idade, filho natural de Maria, ex-escrava", acorria ao Juízo para garantir legalmente a tutela do menino, a quem vinha "aplicando a escola" e "pagando ordenado para seu vestuário e devida decência". Aparentemente receoso de que Maria retomasse o filho a seus cuidados, desejava tornar-se tutor de Antonio, cuja mãe "é incapaz de tê-lo em sua companhia, já porque não tem capacidade de educá-lo tão convenientemente como o suplicante, que tem toda a paciência, e mesmo, quer educá-lo já o pondo em um ofício para sua garantia futura".[46]

A contraposição construída pelo pleiteante entre suas boas intenções e qualidades e a incompetência materna de Maria – não apenas inepta para educá-lo apropriadamente, como desprovida de serenidade maternal e interesse em formar um bom trabalhador – é exemplar das dimensões simbólicas renovadas que os cuidados com a infância ganhavam diante das disputas pelo controle sobre mulheres e crianças egressos da escravidão. Se mulheres negras – grande parte delas liberta, em busca de autonomia e recusando a continuidade de laços de sujeição vividos sob o cativeiro – deixavam de incorporar atributos feminilizados da maternidade devotada e infinitamente afetuosa, eram homens bem ou medianamente estabelecidos que, requerendo a tutela de seus filhos, emergiam como sujeitos probos e aptos ao zelo necessário à infância desprotegida.

A masculinização dos cuidados com a infância expressava-se num vocabulário menos sentimentalizado, mais sóbrio e referido a manifestações de autoridade, decência e culto às virtudes civilizatórias do trabalho. Passagens em que candidatos a tutores e contratantes à soldada de crianças negras se apresentavam como "aptos a tratar da educação e das pessoas dos tutelados como bons pais de família", "homens trabalhadores, de família constituída, de costumes morigerados, e que sempre deram bom trato a seus pupilos", ou expressões equivalentes, eram pareadas aos compromissos formais da

45 Cf. Juízo de Órfãos, Autos de Tutela, C05456/6104, 1888.

46 Cf. Juízo de Órfãos, Autos de Tutela, C05457/6198, 1888.

linguagem contratual que supunha a obrigação vaga de oferecer comida, remédio, vestuário e, eventualmente, módicas soldadas.[47] Essa genérica economia de responsabilidades registrava-se de maneira sintética e exemplar nos autos de contratação dos serviços domésticos de Paulina, "órfã menor de 12 a 13 anos de idade", filha da liberta Lúcia, registrados em 1880 em Barra do Rio do Contas, província da Bahia: seu contratante comprometia--se "dar-lhe suficiente tratamento, fazer de tudo mais se compadecendo com a educação da mesma".[48]

Num mundo aturdido pelos conflitos que emergiam com o ocaso da escravidão, no qual era fundamental produzir novos discursos para manter velhas hierarquias, os verdadeiros guardiões da infância passavam a ser homens brancos proprietários ou recém-desapossados de escravizados. Sempre moralizados, os ideais de cuidados com a infância mobilizados nas disputas pelo controle da mão de obra infantil passavam de registros calcados em predicados femininos, vastamente empregados na produção da Lei do Ventre Livre, à inscrição de qualidades masculinas. Nos dois casos, tais propriedades emanavam de papéis sociais normativos aburguesados, avalizados por discursos médicos e jurídicos de pretensões modernizantes.

Nos embates entre essas duas matrizes simbólicas atravessadas por marcadores de raça, classe e gênero, a representação da mãe branca emergia como fiel da balança, contraponto direto à maternidade negra. Eram imagens construídas a partir do mesmo arcabouço de atributos maternos, mas com valências diferentes. Oposta à mulher negra pública e sem virtudes, a mãe branca, doméstica e discreta, cultivava o amor puro e desinteressado pelas crianças negras trabalhadoras resguardadas na segurança material, moral e afetiva do seu lar, "amamentando-os em seus seios e estimando-os demasiadamente".[49] Seu efeito discursivo era o de ressaltar a inadequação da maternidade negra e, no limite, sublinhar os dons superiores da família branca. Quando a oposição simbólica entre a boa e a má mãe, ambas racializadas, não era explicitamente enunciada, registrava-se sorrateiramente na elisão da mãe negra, de

47 Cf. Juízo de Órfãos, Autos de Tutela, C05455/6002, 1888; Autos de Tutela, C05455/6051, 1888. Sobre a elaboração dos moldes contratuais da arregimentação do trabalho de menores de idade na cidade de São Paulo no século XIX, ver: Ariza, *Mães infames, filhos venturosos*, esp. cap.4.

48 Souza, op. cit., p.202.

49 Cf. Juízo de Órfãos, Autos de Tutela, C05455/6051, 1888.

seus sentimentos de amor e desejos de cuidar dos próprios filhos. Era o caso de Alexandrina, escrava alugada havia quase uma década por uma senhora da Corte a um proprietário paulistano, mãe da pequena ingênua Ricarda, então com quase 2 anos de idade. O locatário peticionava a tutela da criança nos seguintes termos:

> Foi ela [Ricarda] criada pela mulher do suplicante, que não tendo filhos, adoptou a dita menor; e até a data presente a Senhora da escrava não despendeu um reis sequer na criação da menor Ricarda. Agora pretende a mesma senhora a entrega de sua escrava, ao que de modo algum nega-se o peticionário, e a menor Ricarda, ao que opõe-se [...]. O suplicante e sua família curam com desvelo da criação, educação e futuro da menor; e ele está pronto a dar todas as garantias, e a exibir em juízo qualquer soma para indenização [...] desde que não seja vedado criar e educar a dita menor, que nasceu e até hoje vive no seio de sua família.[50]

A sobreposição dos sentimentos do peticionário e sua esposa aos de Alexandrina é cortante. A separação de mãe e filha implicada na devolução da escravizada à sua proprietária no Rio de Janeiro e na manutenção da ingênua em poder dos querelantes paulistas era promovida sem meios-tons que dessem aparência mais sensível a sofrimentos maternos de mulheres escravizadas que, pouco antes, eram falados com tanta veemência. O verdadeiro afeto emanava da mãe senhorial sem filhos – a outra, mãe escravizada, era quase personagem acidental no relato de um amor ameaçado. Sem reclamar os serviços de Ricarda, embora argumentado nos autos estar disposto a constituir-lhe pecúlio e indenizar a senhora da Corte pela propriedade perdida, o que o peticionário reivindicava era a apropriação dos direitos maternos alheios – apropriação definida por sua condição masculina, e também, por critérios de humanidade, pela pessoa de sua esposa.[51]

Nos anos posteriores à Lei do Ventre Livre, assim, produzia-se uma reinvenção da separação simbólica entre a mulher negra e escravizada, seu ventre e os frutos do mesmo. Em outros termos, repunha-se a dupla sujeição da mulher escravizada e o não reconhecimento de sua condição materna, discursivamente suspensos nos debates que encaminharam a aprovação da lei.

---

50 Cf. Juízo de Órfãos, Autos de Depósito, C05354/001, 1874.

51 Sobre a emergência do sentido de direitos maternos, ver: Cowling, op. cit.

Uma vez desafiados na prática os efeitos da eliminação do *partus sequitur ventrem*, engendrava-se simbolicamente uma espécie de retorno à contradição inscrita em corpos aos quais, embora reprodutores da escravidão em sentido literal e encarnado, não eram admitidas as prerrogativas fundamentais da maternidade: cuidar dos filhos, como fosse possível; tê-los consigo, como fosse possível; forjar-lhes um presente e um futuro. Desligados das funções maternas por discursos e políticas sociais de racialização e exploração, seus corpos eram reduzidos, então, à condição unidimensional de corpos trabalhadores.

Não há exemplo mais explícito dos significados práticos fulminantes dessa fratura do que aquele oferecido pelas amas de leite. Nas décadas de 1870 e 1880, de intensa condenação pública da conspurcação racial produzida pelo aleitamento mercenário, o mercado de aluguel de amas escravizadas expandia-se em centros urbanos como Recife, Belém e Rio de Janeiro, fazendo que, no mais das vezes, essas mulheres fossem afastadas dos próprios filhos ou obrigadas a negligenciá-los em favor do zelo para com crianças senhoriais.[52] Como argumenta Maria Helena Machado, metaforizando em diversas e conhecidas imagens a ilusão de uma escravidão edulcorada e afetiva, amas e seus filhos ausentes por certo representaram de forma mais apurada os enigmas de maternidades negras nas quais dor, luto, afeto e alegria fundiam-se, em permanente tensão.[53]

A título de conclusão, algumas ressalvas a esse quadro triste se impõem. De fato, as disputas simbólicas em torno do ventre livre e dos significados da maternidade culturalmente concebida a partir de noções de afeto e cuidados ensejaram a construção de representações culturais racializadas, instrumentalizadas na preservação da ordem social escravista diante da emancipação. Seria impreciso e empobrecedor, contudo, sustentar que essas voltas em torno dos parafusos do amor e do zelo maternos se fizeram à distância das agências de mulheres negras. Engajadas na defesa de sentidos próprios de ser mãe sob a escravidão e a liberdade, conscientes e partícipes da politização de

52 Telles, op. cit.; Martins, *Amas de leite e mercado de trabalho feminino*; Silva, *Nem mãe preta, nem negra fulô*; Gutierres, *No colo da ama de leite*.

53 Machado, Entre dois Beneditos: histórias de amas de leite no ocaso da escravidão, in: Xavier; Faria; Gomes (orgs.), *Mulheres negras no Brasil escravista e do pós-emancipação*; Turner, The Nameless and the Forgotten: Maternal Grief, Sacred Protection and the Archive of Slavery, *Slavery & Abolition*, v.38, n.2, p.232-50, 2017.

seus corpos e de suas experiências maternas nas décadas que encaminharam a abolição, elas construíram também, mesmo diante de enormes desafios, formas de carinho, cuidado, convivência e comunhão na defesa dos vínculos delicados e profundos que as uniam a seus rebentos.[54]

54 Machado, op. cit.; Cowling, op. cit.; Telles, op. cit.

2

Mães e amas de leite nas malhas dos interesses escravistas:

mercado urbano de aluguel, abandono e morte de bebês ingênuos no Rio de Janeiro (1871-1888)

Lorena Ferres Telles

"Vende-se ou aluga-se por 25$ uma escrava, preta crioula, sadia e desembaraçada, boa cozinheira do trivial, lava bem, engoma e cose; grávida de 4 a 5 meses do terceiro parto, própria para ama dando o filho para criar-se."[1] Em 8 de maio de 1880, os destinos desta e de outras mulheres anônimas foram colocados no mercado. Em suas poucas linhas, o senhor oferecia a mulher grávida para ser alugada para serviços domésticos. Indicava, ainda, que haveria interessados em comprá-la ainda gestante para servir futuramente como ama de leite, sugerindo o provável destino daquele bebê que nem viera ao mundo. A menção aos dois partos anteriores qualificava a experiência da escravizada e futura ama no trato com bebês, e seus filhos, caso estivessem vivos, não a acompanhariam na venda. Em 1880, nove anos depois da promulgação da Lei do Ventre Livre – que instituía a proibição da separação de mães escravizadas de suas crianças nascidas a partir da lei, chamadas ingênuas –, o senhor indicava sem nenhum embaraço o que foi uma prática comum entre os escravistas quando as mães eram alugadas como amas de leite: desfazer-se dos bebês. Mulheres africanas e descendentes foram geralmente anunciadas como amas sem qualquer menção aos filhos, constando nos jornais uma "boa ama de leite, de 4 meses", "uma excelente ama de leite, sadia", "uma preta para ama, com muito e bom leite".[2]

---

1 *Gazeta de Notícias*, 8 maio 1880.

2 *Jornal do Commercio*, 1º jan. 1877.

A prática do aluguel, consistindo na transferência temporária do uso da força de trabalho da(o) escravizada(o), foi comum nas cidades oitocentistas brasileiras e um dos mais conhecidos negócios da escravidão urbana, prosperando nas cidades sobretudo no século XIX.[3] Um mercado de venda, compra e destacadamente aluguel de mulheres como amas de leite foi documentado em diversas cidades brasileiras, dentre elas Salvador e Recife, alcançando a maior proporção na cidade do Rio de Janeiro.[4]

Durante os últimos meses da gravidez ou logo após o parto, quando uma mulher branca das camadas médias e abastadas necessitava dos serviços de uma ama de leite, desprovida de uma mulher nutriz em meio a suas próprias cativas, era comum que recorresse aos numerosos anúncios nos periódicos locais. Repetindo os padrões de criação de filhos entre as aristocracias europeias, que empregavam mulheres empobrecidas como amas de leite, as mulheres brancas escravistas delegaram, desde o período colonial, a amamentação e a série de cuidados fatigantes com os bebês e crianças pequenas a mulheres africanas e crioulas escravizadas, prática comum a outras sociedades escravistas nas Américas.[5] A crença na fragilidade das mulheres brancas, consideradas pela medicina hipocrática como doentias e seu leite como fraco e pouco nutritivo, em oposição ao mito da robustez e da abundância do leite entre as africanas e suas descendentes,[6] concorreu para a adoção dessa prática, que impactou de maneira singular as vivências da maternidade para africanas e crioulas e as possibilidades de sobrevivência de suas filhas e filhos. Incidindo sobre as práticas de amamentação e desmame entre as mulheres cativas, que quando não foram impedidas pelos senhores aleitaram suas crianças por mais de um ano, essa ocupação colocou esse

3 Souza, Escravizados, livres e endividados: os criados domésticos e seus arranjos de trabalho na cidade do Rio de Janeiro entre 1850 e 1888, in: Freire; Carula (orgs.), *Raça, gênero e classe: trabalhadores(as) livres e escravizados(as) no Brasil.*

4 Sobre o mercado de aluguel e as experiências de mães africanas e crioulas como amas de leite no Rio de Janeiro, ver: Martins, *Amas de leite e mercado de trabalho feminino*; Telles, *Teresa Benguela e Felipa Crioula estavam grávidas*, cap.5. Nas cidades de Recife e Salvador, ver: Maciel, *Nem mãe preta, nem negra fulô.*

5 Mauad, A vida das crianças de elite durante o Império, in: Priore (org.), *História das crianças no Brasil*, p.160; Fildes, *Wet Nursing*. Sobre a ocupação de ama de leite nas fazendas sulistas dos Estados Unidos e em Cuba, ver: Wallace-Sanders, *Mammy*; Franklin, *Women and Slavery in Nineteenth-Century Colonial Cuba*, p.125-46.

6 Imbert, *Guia medico das maes de familia*, p.48-51; Leitão, *Hygiene da infancia*, p.19.

alimento vital e os cuidados como focos de uma cruel disputa entre o seu bebê e o das famílias locatárias.[7]

Estudos baseados no mercado de mulheres escravizadas como amas de leite demonstraram a ampla prevalência do expediente do aluguel em detrimento da venda, tendência que se acirrou nos anos posteriores ao fim do tráfico.[8] A partir de 1850, quando os portos africanos se fecharam definitivamente, um novo contexto se desenhou com a acelerada diminuição do número de escravizadas e de proprietários na cidade.[9] A concentração das cativas urbanas entre os setores mais abastados aponta para a multiplicação de lares dos setores médios e remediados com poucas ou nenhuma escravizada, situação que veio favorecer os senhores mais ricos que passaram a lucrar com os altos aluguéis proporcionados pelas mulheres cativas, que estiveram vulneráveis a serem inseridas no mercado quando dessem à luz ou estivessem amamentando os seus bebês. Já as mulheres escravizadas pelos menores proprietários, que eram altamente dependentes da prestação direta de seus serviços domésticos e da futura exploração dos filhos ingênuos – que segundo a Lei do Ventre Livre deveriam prestar serviços obrigatórios aos senhores das mães até os 21 anos – afastaram-se das possibilidades de serem alugadas e terem de amamentar a prole alheia.[10]

A exploração exclusiva das mães e o desprezo com relação às vidas dos bebês negros por parte das famílias que as alugavam caracterizou o perfil dessa relação de trabalho. Na década de 1870, mulheres livres, libertas e estrangeiras empobrecidas, em sua maioria portuguesas originárias das ilhas de Açores e da Madeira, constituíam a população feminina predominante na cidade, que encontrava no trabalho doméstico a sua sobrevivência. Porém,

---

7 Na cidade do Rio de Janeiro, durante o século XIX, os padrões de riqueza da família proprietária, as rotinas de trabalho e os espaços pelos quais circularam impactaram as estratégias e práticas de amamentação entre as africanas e crioulas, que aliaram o desempenho de diversas tarefas ao aleitamento, atando seus bebês às costas. Mulheres africanas, embarcadas majoritariamente dos portos dos atuais Congo e Angola, poderiam amamentar suas crianças por até dois anos, ao passo que a amamentação poderia se estender a mais de um ano também entre as crioulas. Cf. Telles, "Por ter um filho de cinco meses que não a priva de trabalhar": mulheres escravizadas, amamentação e trabalho urbano no Rio de Janeiro (1830-1888), in: Freire; Carula (orgs.), *Raça, gênero e classe*; Telles, *Teresa Benguela e Felipa Crioula estavam grávidas*, cap.6.

8 Martins, *Amas de leite e mercado de trabalho feminino*, p.44; Martins, *No seio do debate*, p.135.

9 Soares, *O "Povo de Cam" na capital do Brasil*, p.77.

10 Telles, *Teresa Benguela e Felipa Crioula estavam grávidas*, cap.6.

a preferência das mulheres das camadas médias e abastadas recaiu sobre as escravizadas no mercado de amas de leite. Bárbara Martins documentou, para a segunda metade do XIX, o aumento da presença de mulheres brancas na oferta de serviços de amas de leite, que totalizaram 26% de sua amostragem, com destaque às mulheres estrangeiras. Segundo a amostragem de Luiz Martins para o ano de 1872, 175 cativas, 11 brancas e apenas 4 libertas/negras livres ofereceram seus serviços como amas nos jornais, o que parece sugerir tanto a preferência das mulheres ricas em se servirem das mulheres escravizadas, vulneráveis a serem destituídas dos filhos, como a resistência entre as mulheres libertas e livres pobres em se desfazerem dos seus.[11]

O censo de 1872 aponta para as pressões que recaíram sobre as mulheres cativas no período. Elizabeth Carneiro calculou que 16.326 dentre 24.053 mulheres escravizadas – 19.957 brasileiras e 4.096 africanas – foram recenseadas em 1872 entre 16 e 40 anos de idade, 6% da população total do município. Essas jovens e mulheres adultas poderiam ser exploradas como amas de leite por parte das 52.301 mulheres livres naquela mesma faixa etária, pertencentes às classes remediadas, médias e abastadas, situação que se acirrou na década da abolição com a diminuição do número de cativas na cidade.[12]

Porém, o contexto que se desenhou depois da promulgação da Lei do Ventre Livre colocou as mulheres escravizadas e seus bebês diante de uma situação ainda mais adversa. Se até 1871 os direitos de propriedade e as possibilidades futuras de escravização acendiam nos senhores interesses na guarda e na sobrevivência dos bebês, a lei produziu mudanças nesse cenário. Ao estipular a libertação dos ingênuos depois dos 21 anos, os senhores mais abastados se desinteressaram do dispêndio de qualquer cuidado aos bebês, quando suas mães poderiam ser alugadas pelas famílias locatárias dispostas a pagar o dobro do preço pelos serviços exclusivos da mulher cativa sem seu filho. Instituindo aos senhores a obrigatoriedade, mediante penalidade de multa, da inscrição dos bebês ingênuos em livros de matrículas, enquanto os párocos, na ocasião do batismo, estariam "obrigados a ter livros especiais

11 Ao candidatar-se ao posto de ama de leite nos jornais, as mulheres livres e libertas empobrecidas precisavam explicitar que abdicariam de seus filhos, podendo ainda oferecer seus serviços a menor preço quando estivessem acompanhadas deles, o que poderia implicar demora ou dificuldades em conseguir trabalho. Martins, *Amas de leite e mercado de trabalho feminino*, p.52-3; Martins, *No seio do debate*, p.163.

12 Carneiro, *Procura-se uma "preta com muito bom leite, prendada e carinhosa"*, p.263.

para o registro dos nascimentos e óbitos dos filhos de escravas",[13] a Lei de 1871 foi frequentemente burlada. A lei veio reconhecer direitos, ainda que limitados, às mães escravizadas e a seus bebês e crianças ingênuas. Porém, para aquelas colocadas ao aluguel no Rio de Janeiro, significou letra morta.

Nas décadas de 1870 e 1880, quando a crise do escravismo se anunciava, no contexto da ascensão dos movimentos abolicionistas e da diminuição da população escravizada na cidade, as elites urbanas continuaram aferradas à prática de coagirem mulheres negras escravizadas a amamentarem seus filhos, apesar das campanhas dos médicos em favor do aleitamento materno.

Desde a fundação da Faculdade de Medicina do Rio de Janeiro em 1832, discursos médicos passaram a ser divulgados em teses de conclusão de curso, em manuais de higiene infantil, na imprensa diária e em revistas femininas, visando incentivar o aleitamento entre mulheres brancas das elites a partir de uma nova imagem da função materna, enquanto dever sagrado no interior de um novo projeto de sociedade que se desejava próximo aos padrões burgueses europeus.[14] Ao mesmo tempo, esses mesmos médicos elencavam um sem-número de razões físicas e morais, como "a má saúde habitual", "afecções orgânicas", "moléstias mentais", "histeria e epilepsia", além da "predisposição mais ou menos remota" a tais doenças, que dispensariam a mãe branca do aleitamento. Justificava-se, então, o emprego de mulheres africanas e descendentes alugadas, a despeito da ascensão dos discursos médicos sanitaristas contrários a elas, visto que o leite de animais e a alimentação com papinhas eram, segundo os médicos, reconhecidamente nefastos para a saúde dos recém-nascidos e, logo, descartados pelas elites.[15] Nas décadas finais do século, quando os médicos acirravam suas críticas às mulheres escravizadas, reportando-se a elas como agentes privilegiados de corrupção da família branca e como vetores de contágio de todo tipo de doenças, as mulheres brancas das elites e classes médias permaneceram aferradas à prática do aluguel, que se disseminou na cidade do Rio de Janeiro ao longo da segunda metade do século, atravessando a década de 1870 e chegando às portas da abolição.

13 Lei n.2.040, de 28 de setembro de 1871. Disponível em: <http://www.planalto.gov.br/ccivil_03/leis/lim/lim2040.htm>. Acesso em: out. 2020.

14 Martins, *No seio do debate*.

15 Telles, *Teresa Benguela e Felipa Crioula estavam grávidas*, cap.5.

A partir de anúncios comerciais e de fuga e da crônica policial publicados na imprensa diária carioca, além de teses de conclusão de curso da Faculdade de Medicina do Rio de Janeiro, nos debruçamos, na primeira parte deste artigo, sobre a rede de interesses escravistas, protagonizados por senhoras(es), locatárias(os), parteiras, médicos, traficantes e donos de agências de aluguel, que recaiu sobre mulheres escravizadas durante a gravidez e após o parto, e que provocou a separação e a morte de seus bebês depois de 1871. Na segunda parte do texto, iluminamos as tensões, as formas de enfrentamento e de resistência das mulheres escravizadas diante das adversidades de um mercado que colocava seu leite e a sobrevivência de suas filhas e filhos no centro da disputa.

Separações, mortes e abandono

Dia 7 de janeiro de 1880, leitores do *Jornal do Commercio* poderiam encontrar 51 anúncios de mulheres escravizadas colocadas ao aluguel para serviços domésticos. Além dos anúncios de locação de homens cativos e de algumas mulheres brasileiras livres, libertas, estrangeiras e estrangeiros que ofereciam seus serviços, oito mulheres escravizadas foram ali anunciadas como amas de leite. Naquele mesmo mês, encontramos menções a mães cativas oferecidas "por 38$, por levar uma ingênua de sete meses", e outra, "por 30$, por levar uma filha".[16] Indício de suas conquistas e pressões sobre seus senhores, amparadas pela Lei de 1871, raras foram, porém, as mulheres que como elas puderam levar consigo seus bebês. Conforme estudos destacaram, a separação entre as mães e seus filhos foi uma das características das práticas escravistas relativas ao aluguel, não apenas para ama de leite. Era comum que as mulheres, quando alugadas para serviços domésticos, adentrassem sós as casas dos locatários, acarretando separações temporárias de filhos maiores e crianças desmamadas que permaneciam nas casas senhoriais. Porém, no caso das mulheres alugadas como amas, a separação dos seus bebês impactou as possibilidades de sobrevivência destes que precisavam de leite materno para sobreviver.[17]

---

16 *Jornal do Commercio*, 5 jan. 1880; Id., 26 jan. 1880.

17 Entre os bebês das escravizadas e mulheres livres e libertas trabalhadoras, as enfermidades que provocaram sua morte estiveram intimamente relacionadas à privação do leite materno,

Analisando 600 anúncios de venda, aluguel e compra de mulheres cativas para amas de leite entre 1830 e 1888, Bárbara Martins ressaltou a sistemática separação das mães de seus bebês quando inseridas no mercado de locação, ao longo de todo o período: 92% dos anúncios de aluguel não lhes faziam qualquer menção.[18] As exigências de atenção e suprimento de leite exclusivos aos bebês brancos e a indiferença com relação à sobrevida da criança negra motivaram as famílias locatárias a pagar mais caro pelas amas sem seus filhos. Sua presença era indesejada igualmente porque tomar conta de dois bebês poderia impedir a realização de uma série de outras ocupações que as escravizadas também desempenhavam quando foram alugadas como amas, cuidando da lavagem de roupas e mesmo da cozinha, quanto mais remediada e numerosa fosse a família locatária.[19] Assim, por trás do silenciamento com respeito a seus filhos nos anúncios de aluguel, mães africanas e crioulas enfrentaram separações temporárias de crianças maiores, mas irreversíveis quanto a seus bebês. Quais os destinos dessas crianças?

Até a Lei do Ventre Livre, as possibilidades da futura escravização dos bebês cativos acenderam entre os médios e maiores proprietários interesses quanto à sua sobrevivência. Enquanto as mulheres eram alugadas, os bebês poderiam permanecer na casa dos senhores, sujeitos à fome e à alimentação inadequada, podendo ser deixados sob os cuidados precários de outra cativa ou trabalhadora. Na falta de alguém que pudesse se ocupar do bebê, jornais publicados nas décadas de 1850 e 1860 documentaram um mercado de venda de bebês, logo depois do fim do tráfico, conforme indicam os anúncios "Compra-se uma negrinha ou pardinha recém-nascida", "Vende-se uma pardinha de 3 meses de idade".[20] Foi comum, no contexto posterior ao fim do tráfico, o expediente da entrega dos bebês das cativas às chamadas amas de criação. Essas mulheres livres pobres ocupavam-se deles em seu próprio domicílio em troca de um ganho mensal: "Dá-se a criar um moleque de 16 dias de nascido", "Dá-se a criar uma crioulinha de 6 meses",

---

ao desmame precoce e às práticas de alimentação com papinhas indigestas, feitas com bananas, farinhas e água contaminada, ligados às políticas senhoriais e aos regimes de trabalho das mulheres na cidade. Cf. Telles, *Teresa Benguela e Felipa Crioula estavam grávidas*, cap.5.

18 Martins, *Amas de leite e mercado de trabalho feminino*, p.44.

19 Ibid., p.49.

20 *Diario do Rio de Janeiro*, 2 jul. 1850; Id., 26 jul. 1850.

"Toma-se uma criança parda ou preta para amamentar-se".[21] Em 1863, no contexto da valorização das crianças escravizadas com o fim do tráfico africano, um senhor investia na criação do bebê, dando "a criar um crioulinho de 3 meses, pagando-se 15$".[22]

Assim, se até 1871 os direitos de propriedade sobre os bebês e as possibilidades futuras de sua escravização acendiam nos senhores o interesse em mantê-los vivos – seja conservando-os em suas casas, colocando-os no mercado de venda, ou investindo nos pagamentos mensais às amas livres –, a Lei do Ventre Livre produziu mudanças nesse cenário. Os altos preços que alcançaram os aluguéis das mães desde 1860 e as possibilidades de lucros imediatos conjugaram-se ao desinteresse e ao desprezo com relação às vidas dos bebês ingênuos depois de 1871, levando os senhores a decidirem pelo abandono: nas ruas, praças, escadarias de igrejas, praias e, sobretudo, na Roda dos Expostos. Essa instituição da Igreja católica, conhecida também como Casa da Roda ou Casa dos Expostos, acolhia bebês indesejados por nascerem em famílias muito pobres ou por serem frutos de relações fora do casamento legitimado pela Igreja, tendo sido amplamente utilizada pelos escravistas.[23]

Assim, ao sancionar a libertação das filhas e filhos das escravizadas, a Lei do Ventre Livre teve como um de seus efeitos o aumento do abandono de bebês negros na Roda dos Expostos, conforme ressaltou um estudante de medicina, referindo-se ao aumento dos bebês de cor preta e parda deixados na instituição: "a irmã superiora disse-nos que isso começou a dar-se com maior frequência de setembro do ano atrasado em diante, o que nos leva a considerá-la consequência da nova lei do elemento servil".[24] Lana Lima e Renato Venâncio notaram que, sobretudo depois da promulgação da lei, o número de bebês negros entregues à Roda triplicou: de 1864 a

21 Id., 22 mar. 1850; Id., 2 jul. 1850; *Jornal do Commercio*, 7 jul. 1850.

22 *Diario do Rio de Janeiro*, 14 dez. 1863.

23 Em formato cilíndrico e de madeira, a roda foi adaptada no muro das instituições, contendo uma janela aberta para o lado externo e um espaço no interior que recebia o bebê. O cilindro era rodado para o interior dos muros, quando desaparecia a criança aos olhos externos, garantindo o anonimato de quem a depositava. Sobre as crianças abandonadas na Roda dos Expostos, ver: Marcilio, *História social da criança abandonada*.

24 Cunha, *Do aleitamento natural, artificial e mixto em geral, e particularmente do mercenario em relação ás condições da cidade do Rio de Janeiro*, p.83.

1881, o número de criança negras saltou de aproximadamente 30 para 90 por ano.[25]

A francesa Marie Josephine Mathildes Durocher, formada pela primeira turma do curso para parteiras criado em 1832 na Faculdade de Medicina e única mulher aceita como membro da Academia Nacional de Medicina no século XIX, dirigia suas críticas à ganância e à crueldade dos senhores com relação às mulheres cativas e aos bebês.[26] Alugadas em prantos, muitas foram forçadas por fazendeiros a migrar da roça ainda mal restabelecidas do parto, lá deixando seus bebês, parentes e comunidades, rumo à casa das locatárias:

> Se são da roça mandam a parida para a cidade ainda mal restabelecida; se são da cidade geralmente mandam as crianças para a roda, onde são tratadas sabe Deus como! E alugam a recém-parida ainda em prantos e não restabelecida do trabalho do parto.[27]

As mulheres poderiam ser alugadas com seus bebês e com eles permanecer apenas temporariamente, havendo famílias que especificavam a preferência por amas com o filho. Visando alugá-las com antecedência, antes que a locatária desse à luz, ou para manter o leite da cativa caso o bebê branco tivesse dificuldades em mamar, o bebê negro seria logo apartado da mãe. Em defesa da qualidade do leite e da saúde do bebê branco, médicos defendiam que eventualmente as mães escravizadas poderiam manter seus bebês consigo por alguns dias: "Já fizemos ver a vantagem que resulta da presença do filho da ama por alguns dias, tendo por fim desingurgitar os seios, que às vezes ficam distendidos, de tal sorte a causar vivas dores à mesma".[28] No mesmo texto, eram criticadas as práticas senhoriais costumeiras de afastar o bebê da mãe "sob pena de alteração ou diminuição do leite"; "Quantas vezes não se vê entre nós secar-se o leite as amas somente pelo desgosto que lhes causa a separação de seus filhos?!".[29]

---

25 Lage; Venâncio, O abandono de crianças negras no Rio de Janeiro, in: Priore, (org.), *História da criança no Brasil*, p.69-70.

26 Mott, *Parto, parteiras e parturientes*, p.128-9.

27 Durocher, Carta da parteira Durocher, *Annaes Brasilienses de Medicina*, Tomo XVII, n.5, p.207, set. 1865.

28 Cunha, op. cit., p.65.

29 Ibid., p.57.

A despeito das críticas dos médicos com relação ao recurso às mulheres alugadas, eles recomendavam, para garantir a saúde das crianças brancas, que a época do parto da locatária e da cativa fossem semelhantes, mas que a criança das escravizadas não acompanhasse as mães. Assim, valorizavam mulheres no pós-parto, destituídas dos filhos e que produzissem leite de poucos dias ou meses, o que implicou, para elas, separações de seus bebês ainda recém-nascidos, de semanas ou com alguns meses de vida.

Uma classe minoritária de parteiras europeias encontrou na cidade escravista as oportunidades de atender aos interesses senhoriais. As "casas de maternidade", geralmente a própria residência da parteira, eram os estabelecimentos em que foram recebidas mulheres escravizadas nos últimos tempos de gestação. Compartilhando moradias e as casas de maternidade, situadas na região central da cidade, essas mulheres brancas, parte delas instruídas segundo os princípios da obstetrícia em cursos na Europa, lucravam com as diárias de internação, com a assistência aos partos das mulheres cativas, como intermediárias no aluguel e com a tarefa de sumir com o bebê.[30]

O suíço Charles Pradez, em meados da década de 1870, recorreu a uma parteira francesa como intermediária. A partir de seu relato, entrevemos as estratégias da parteira tentando ludibriar Rose a respeito dos destinos do seu bebê: "Você pode dizer que tem sorte! O senhor aqui precisa de uma ama e veio buscar você; você vai para uma boa casa, com belo jardim, [...] alimenta o menino branco, lindo como um anjo e ainda recebe de presente, dinheiro! Que beleza!". Rose indagava sobre o destino de seu filho, ao que a parteira respondia: "Vamos! Vamos! Não comece a criar caso, agora, com seu filho; você sabe muito bem que o senhor tomará conta dele, vai enviá-lo para o campo, onde nada lhe faltará".[31]

As fontes médicas indicam que das casas de maternidade saíam as parteiras com os bebês nos braços rumo à Roda dos Expostos. Um estudante de medicina descrevia as práticas de desaparecimento dos bebês em uma maternidade, que ocorria enquanto a mãe descansava após o parto. Depois de desperta, ela desabava em prantos e em grande tristeza:

---

30 Pimenta; Barbosa, O ofício de parteira no Rio de Janeiro imperial, *Revista de História Regional*, v.21, n.2, p.490, 2016.

31 Pradez, *Nouvelles études sur le Brésil*, p.195-202.

> Adormecida a pobre parturiente, quando ela procurava pelo sono recuperar as forças exaustas no doloroso trabalho de parto, tiravam-lhe o seu inocente filhinho, e mandavam colocá-lo na roda; mais tarde, quando a desgraçada acordada procurava com ansiedade o fruto de suas entranhas e que sabia que ele havia sido levado para a roda, desfazia-se em lágrimas, e mergulhava-se em uma grande tristeza.[32]

Em 1873, a recorrência dessas práticas cruéis foi documentada nas teses de medicina, em que se afirmava que "a maior parte das pretas" eram subtraídas dos filhos: "as crianças apenas nascidas são imediatamente levadas para a roda".[33] Essas mulheres permaneciam pouco tempo com os bebês, pois a Roda chegava a receber bebês negros com o cordão umbilical recém-cortado.[34]

Diante da alegada impossibilidade de as mães brancas aleitarem e à obstinada adesão dos senhores aos lucros proporcionados pelas escravizadas, a penetração dos discursos higienistas passaram a acender nas famílias locatárias o medo do contágio sem comprometer a prática de continuarem alugando mulheres escravizadas sem seus filhos. O caráter provisório e instável da presença das mulheres alugadas e desconhecidas no seio das famílias locatárias impossibilitava a realização de um escrutínio minucioso da vida das cativas, atiçando as suspeitas dos médicos, para quem exames médicos seriam os modos mais seguros para o controle sobre as amas e sobre a qualidade de seu leite. Desde a década de 1870, médicos passaram a buscar apoio público para a regulamentação da ocupação de amas de leite e para a realização compulsória de exames médicos como condição para a contratação da ama. Em 1876, no Rio de Janeiro, foi formulado um projeto que previa a abertura de uma clínica que oferecesse exames médicos gratuitos nas mulheres. O artigo 9º previa que "nenhum senhor poderá forçar sua escrava a amamentar criança alheia e, quando ela aceda a esse mister, ficará seu filho garantido, segundo o disposto no §1º do artigo 1º da Lei de 28 de setembro de 1871".[35] Nenhuma das iniciativas obteve sucesso duradouro

---

32 Neves, *Do aleitamento natural, artificial e mixto*, p.37-8.

33 Milward, *Do aleitamento natural, artificial e mixto*, p.25.

34 Cunha, op. cit., p.84.

35 Figueiredo, Projecto de Regulamentação das amas de leite, *Gazeta Medica da Bahia*, ano VIII, n.11, p.498-504, nov. 1876.

durante o Império, diante da resistência dos senhores visto que o diagnóstico poderia resultar-lhes em danos pecuniários.[36]

Em 1873, um estudante sinalizava para a valorização dos aluguéis e o decréscimo do número de cativas na cidade, "de tal sorte que em breve somente as pessoas abastadas é que poderão pagar amas".[37] As malhas dos interesses escravistas que recaíram sobre as escravizadas e seus filhos incluíram como intermediários os donos das casas de comissão, que lucravam com as taxas sobre as operações comerciais através da compra, venda e aluguel de mulheres nutrizes. Um estudante referiu-se, em 1874, a mulheres nutrizes que foram levadas às agências pela iniciativa dos senhores.[38]

Na década final do regime, a cidade via reduzir rapidamente a população de escravizados, de 32.103 em 1884 – dentre os quais 16.320 eram mulheres – a aproximadamente 29 mil em 1885 para 7 mil em 1888, devido às alforrias, mortes e sobretudo em virtude da venda para as fazendas de café.[39] Em 1880, Feliciana foi subtraída de sua filha logo após o parto. Ela foi conduzida grávida à maternidade da francesa Jeanne Grangent, que ocupava três andares de um edifício à rua da Assembleia, e que recebia, segundo anúncio publicado em 1878, pensionistas livres e escravas.[40] Em 1880, o jornal *Gazeta da Tarde* divulgava os serviços prestados pela francesa na assistência ao parto de Feliciana, "incumbida de um papel importante: logo que a escrava tivesse o parto a criança seria lançada por ela à casa dos expostos".[41] O autor denunciava, então, o sofrimento de Feliciana, que conseguia, mediante sua pressão e a dos antiescravistas, ser vendida junto com a filha para uma fazenda. A crônica policial concluía destacando os destinos dos bebês negros separados das mães nas décadas finais do regime, que eram abandonados na Roda e deixados desassistidos nas praias:

---

36 Sobre os projetos de regulamentação de amas de leite no Rio de Janeiro, cf. Carneiro, *Procura-se uma "Preta com muito bom leite, prendada e carinhosa"*, p.97-8 e 208.

37 Cunha, op. cit., 52.

38 Reis, *Do aleitamento natural, artificial e mixto*, p.33.

39 Conrad, *Os últimos anos da escravatura no Brasil (1850-1888)*, p.346-7; Soares, *O "Povo de Cam" na capital do Brasil*, p.36-7, 53.

40 Pimenta; Barbosa, O ofício de parteira no Rio de Janeiro Imperial, *Revista de História Regional*, v.21, n.2, p.485-510, 2016, esp. p.505.

41 *Gazeta da Tarde*, 30 dez. 1880.

> O senhor de Feliciana está para Minas. Alguém ouviu dizer que se precisasse da filha da escrava não mandaria esta para a casa da parteira: entregá-la-ia aos cuidados de uma comadre. E acrescentou:
>
> – O filho, ou para a casa dos expostos ou para a praia???

Em 1884, Apolonia deu à luz seu filho, que nasceu sem vida ou foi assassinado pela parteira. Um rondante da rua Evaristo da Veiga prendia a italiana Nathalia Migoni,

> que queria pôr na casa dos expostos o cadáver de um recém-nascido, do sexo masculino, filho de Apolonia, escrava de Joaquim Inacio Bitencourt, morador em Santa Tereza. A autoridade declarou Nathalia ser parteira e residir à rua do Passeio n.66 e que a parturiente Apolonia era sua pensionista.[42]

Qual a sorte dos bebês negros que eram abandonados na Santa Casa ainda com vida? Ali, também mulheres escravizadas, que tinham de se ocupar de mais de um bebê, eram alugadas para amamentá-los, sendo que, segundo estudos indicam, sobre as crianças deixadas na instituição incidiram as mais elevadas taxas de mortalidade, sobretudo nos períodos de epidemia.[43] A documentação interna da Santa Casa registrou os nomes dos senhores e das mulheres alugadas na Santa Casa entre as décadas de 1840 e 1880, havendo presença significativa de homens ricos e abastados, constando a nobreza cafeicultora, presidentes de províncias, deputados, senadores, desembargadores, ministros, conselheiros de Estado e médicos entre os locadores.[44] Os bebês deixados na Roda poderiam ser delegados aos cuidados das amas externas, havendo grande chance de morrer, visto que muitas dessas mulheres livres pobres, por não terem leite, os alimentavam com água e farinha.[45]

Além dos escravistas de médias e maiores fortunas, das parteiras europeias e dos donos de casas de comissão, médicos congraçaram seus interesses aos senhoriais e aos dos locatários. Lucrando com as diárias e o valor sobre o

42 *Gazeta de Noticias*, 10 fev. 1884.

43 Lage; Venâncio, op. cit., p.99.

44 Carneiro, *Procura-se uma "Preta com muito bom leite, prendada e carinhosa"*, p.50; Soares, *A escravatura na misericórdia: subsídios*, p.117-8.

45 Gonçalves, *Que regimem será mais conveniente para a criação de expostos da Santa Casa de Misericórdia*, p.12.

parto das escravizadas, as "casas de saúde", como eram chamadas as clínicas privadas dos médicos, eram os ambientes nos quais as escravizadas foram internadas, estando vulneráveis à atuação de homens brancos e isoladas de suas redes de solidariedade durante o parto. Desses estabelecimentos, sairiam rumo à casa dos locatários, sem seus bebês. Um estudante referiu-se às cenas que se passaram em uma casa de saúde onde ele foi interno: "e que se repetem diariamente nas maternidades"; "Quantas lágrimas e misérias não seriam poupadas se muitas mães abrissem seu coração aos sentimentos de igualdade que devem nivelar todas as mulheres, livres ou escravas, pobres ou ricas, perante a conservação de seus filhos!".[46]

Além dos estabelecimentos privados dos médicos, instituições criadas na década de 1880 para a prática dos estudantes da Faculdade de Medicina, inicialmente na Maternidade Municipal e depois nas enfermarias de partos e problemas ginecológicos da Santa Casa de Misericórdia, financiadas com verba municipal e doações, destinavam seus leitos à assistência obstétrica gratuita, recebendo jovens cativas grávidas para ali darem à luz. A partir do regulamento da Maternidade Municipal e do mapa demonstrativo de parturientes de 1881 e 1882, constituído majoritariamente por mulheres escravizadas, entrevemos a quais interesses a maternidade veio também servir. No projeto encaminhado à Câmara, José Rodrigues dos Santos integrou aos serviços da maternidade "um núcleo de amas para o serviço particular".[47] No regulamento, ele estabeleceu, ainda, que aquelas que fossem destinadas ao aluguel deveriam se "sujeitar aos regulamentos das amas", e os filhos abandonados deveriam ser "recolhidos à Casa dos Expostos".[48]

Muitas das mulheres que foram internadas nas casas de maternidade, nas casas de saúde e nas enfermarias para ensino prático da Faculdade de Medicina na década de 1880 desconheciam a existência desse tipo de estabelecimento e nascimentos que não fossem domiciliares e assistidos por parteiras. Diante da diminuição das escravizadas urbanas e do incremento da demanda por amas de leite e trabalhadoras domésticas de aluguel, mulheres grávidas ou com bebês, das províncias do Norte, Nordeste e Sul do país, caíram nas malhas do tráfico interno, forçadas a migrar de sítios, roças e outras cidades e

46 Martins, *Hygiene da primeira infancia*, p.41.

47 Arquivo Geral da Cidade do Rio de Janeiro, Fundo Câmara Municipal, Série Casas de Saúde e Maternidade, Notação 46-2-32, f.5.

48 Ibid., f.7.

atravessar o país a pé em comboios, ou em navios, rumo às casas de comissão e agenciadores do trabalho doméstico na Corte.[49] Robert Conrad documentou os cálculos dos escravistas sobre as mães crioulas, migrantes do tráfico: "A 50 mil-réis por mês, calculou, uma ama de leite comprada no Norte por 400 a 600 mil-réis dava a ganhar 900 em 18 meses e, depois, podia ser vendida a 1.500 mil-réis".[50]

Em 1884, com os avanços do movimento abolicionista, o jornal *Gazeta da Tarde* levantava-se contra o "torpe explorador de mães escravas". Um artigo referia-se aos destinos dos filhos das escravizadas, bebês negros que poderiam ser vistos abandonados à própria sorte, nas praças públicas e nas ruas, podendo ser assassinados tão logo nascessem: "Em sua ganância vão até o infanticídio; quer no momento da parturição, quer por abandono da criança nas ruas, nas praças públicas, e até nos monturos esterquilínios". Segundo o articulista, os senhores deveriam ser levados às barras dos tribunais, tratando-se, às vésperas da abolição, de um "barão ou comendador, alugador de escravas". Sugeria que se inquirisse à mulher ama de leite:

> – Onde está seu filho?
> Invariavelmente a resposta é assim:
>
> – A Parteira é quem sabe.
> – Foi atirado na roda.
> – Ficou lá na Fazenda.[51]

Em tese publicada em 1884, um estudante justificava "a grande procura de amas, motivada por grande número de mães fracas e doentes, que não podem amamentar". Criticava a ganância dos senhores que obrigavam as cativas "a prestarem-se a duas e até mais amamentações consecutivas".[52] Em 1886, outro estudante referiu-se às atitudes dos fazendeiros nas províncias

---

49 Estima-se que, entre 1851 e o início da década de 1880, cerca de 200 mil escravizados foram forçados a migrar para as lavouras cafeeiras do Sudeste brasileiro, e também para a cidade do Rio de Janeiro; ver: Slenes, The Brazilian Internal Slave Trade, 1850-1888: Regional Economies, Slave Experience and the Politics of a Peculiar Market, in: Johnson (coord.), *The Chattel Principles: Internal Slave Trades in the Americas, 1808-1888*, p.325-71.

50 Conrad, op. cit., p.67.

51 *Gazeta da Tarde*, 19 maio 1883.

52 Camarano, *Da alimentação nas primeiras idades*, p.41.

do Sudeste do país que concentravam a grande maioria das escravizadas. Mães crioulas, às portas da abolição, foram forçadas a abandonar as fazendas, seus bebês, famílias e comunidades para serem alugadas como amas de leite na Corte:

> Frequentemente vêm mulheres escravas do interior das províncias, especialmente Minas Gerais, S. Paulo e Rio de Janeiro, para se alugarem como amas, tendo deixado seus filhos nas fazendas donde saíram, quase sempre entregues aos cuidados daqueles que interessam-se pela sua morte, para poupar-lhes o trabalho da criação, porque a lei de 28 de setembro não permite que depois de 21 anos possam fazer deles negócio como mercadoria...[53]

A documentação médica nos aproxima das tragédias que se abateram sobre os bebês e sobre as mulheres escravizadas colocadas ao aluguel nas décadas finais do século XIX no Rio de Janeiro. Quais as atitudes dessas mulheres diante desse cenário? Saberiam elas dos projetos de seus senhores, das parteiras, dos médicos e das possibilidades da morte e do abandono que reservavam aos seus? Quais as oportunidades de outros destinos para elas e seus bebês nessa cidade, residência e palco dos interesses escravistas mais arraigados, mas também dos abolicionistas e simpatizantes de sua causa, além da maioria da população livre e liberta que se avolumava nas décadas finais do século?

Lamentos e resistências

> Atenção. Está fugida há 10 dias a parda Floriana, altura regular, gorda, parda clara, olhos castanhos escuros, sem dentes na frente superior, trajando bem como se fosse livre, e está grávida de 8 para 9 meses; supõe-se acoitada em casa do pai do filho pelas imediações da rua da Misericórdia...[54]

Em fevereiro de 1881, Floriana estava prestes a dar à luz quando escapou da casa do senhor. Ela contou com o apoio do companheiro e de suas redes

---

53 Veiga, *Das condições que explicam a mortalidade das crianças na cidade do Rio de Janeiro*, p.36.
54 *Gazeta de Notícias*, 10 fev. 1881.

de solidariedade com livres ou libertos que a ela ofereceram os bons trajes que lhe ocultariam a barriga e a condição de escrava, bem como um local seguro para que ela desse à luz o bebê ingênuo. Os anúncios envolvendo a fuga de mulheres às vésperas do parto dão visibilidade às diversas tensões que o momento do parto e os dias imediatamente posteriores colocavam para mulheres cativas. Podemos suspeitar que muitas dentre elas visavam esquivar-se da ocupação de ama de leite de aluguel, ou ao menos garantir que o destino de seus filhos após o parto não fosse o desamparo das ruas ou a Roda.

Diante das cenas que podemos imaginar a partir das teses de medicina e dos jornais, é certo que essas mulheres, que trabalharam até o momento do parto, circulando pela cidade com cestos com roupas e tabuleiros contendo quitandas, junto a outras escravizadas e libertas nas beiras dos córregos, buscando água nas fontes e chafarizes com pesadas tinas à cabeça e fazendo compras nos mercados e armazéns, encontraram bebês negros abandonados ou mesmo sem vida nas ruas, praças, nas praias e nas portas das igrejas.[55] Convivendo nas moradias senhoriais com homens e mulheres livres, libertos e escravizados, encontravam parentes, companheiros e comadres nas casas. Ganhando as ruas, cruzavam com conhecidos nas habitações coletivas e em outros espaços da comunidade afrodescendente na cidade. Talvez elas próprias e conhecidas suas tivessem sido alugadas como amas de leite e perdido os filhos nessas circunstâncias. As redes de apoio e a solidariedade fundadas no parentesco, nas relações com suas comadres e nas relações amorosas com os pais dos filhos foram fundamentais para que elas pudessem afastar-se dos senhores e dos seus projetos.

Em abril de 1880, Leandra, "parda, do Norte, idade 20 anos" fugiu grávida de algum sobrado na cidade do Rio de Janeiro:

> [...] nessa ocasião ela estava grávida e consta-me que teve uma filha, a qual está com ela, e no mês de fevereiro desapareceu um outro filho dela de nome Luiz, idade 11 anos, [...] muito espevitado na fala, consta-me que está também com ela; foram vistos para o lado da Cidade Nova, suponho que anda como livre e nome mudado.[56]

---

55 Telles, *Teresa Benguela e Felipa Crioula estavam grávidas.*
56 *Gazeta de Noticias*, 11 abr. 1880.

Vendida e separada de sua família desde alguma província do Norte ou Nordeste do país, ela deu à luz uma menina longe de seu senhor, e arrebanhou depois do parto seu filho Luiz, provavelmente ingênuo que foi acompanhando a mãe rumo à Corte. É provável que o senhor errava a idade do filho ou da mãe, que dificilmente teria dado à luz o menino em 1870, antes da Lei do Ventre Livre e quando ela seria uma menina de 9 anos, mas é certo que se manter unida a ele fazia parte de seus planos. Em 1881, Vicência, crioula de 24 anos, "rosto muito mal encarado", quando fugiu estava grávida de oito meses. Segundo seu senhor, ela encontrava esconderijo e proteção em algum cortiço nas vizinhanças da travessa do Senado, ou no bairro das Laranjeiras, e o bebê poderia ter nascido nas mãos de sua avó: "está pejada com 8 meses, tem os seios muito grandes, rosto muito mal encarado, cabelos cortados curtos [...] foi acoutada em algum cortiço da vizinhança, e é provável que procure o bairro das Laranjeiras, onde tem a mãe".[57] Já Venância foi vendida grávida aos 18 anos do Piauí. Viajando no navio a vapor rumo à Corte, ela desembarcou no dia 17 de abril de 1874, e o senhor logo anunciava no *Jornal do Commercio* a fuga da jovem parda, de "cabelos anelados, dentes limados nas pontas", então entre três e quatro meses de gravidez. Em 25 de agosto de 1879, fazia seis meses que Julieta desaparecia das vistas de sua senhora. A moça de "andar desembaraçado", "quando fugiu já estava grávida há cinco meses". Três anos depois, em 16 de dezembro de 1882, sua senhora tinha esperanças de reencontrá-la. Segundo o anúncio, a jovem de 20 anos teria sido auxiliada em sua fuga bem-sucedida por um "copeiro ou cozinheiro": "acredita-se que ela e o sedutor se passaram à província do Rio ou de S. Paulo".[58] Escapar de seus escravizadores e dos captores que, com anúncios em mão, estariam em seu encalço, implicava mudar de cidade e mesmo de província, rompendo laços de parentesco e amizade. Já permanecer na cidade e em seus arredores abria possibilidades constantes de reescravização, ao que a maioria delas respondeu mudando de roupas, provavelmente ocultando a barriga e a identidade, buscando apoio e proteção.

Outras mulheres fugiram das casas das parteiras, como "a preta Maria", com sinais "de queimadura nas mãos e muito prosa", que, em 1872, desapareceu da rua da Carioca, da casa da parteira francesa Daude/Daure,

57 *Gazeta de Noticias*, 6 abr. 1881.
58 *Gazeta de Noticias*, 16 dez. 1882.

levando uma capa roxa. Outras escaparam da casa dos senhores, como Turíbia, que no dia 7 de julho de 1887, pelas cinco e meia da tarde, recobrava suas forças e partia da rua do Senado, n.21, "levando em sua companhia um recém-nascido".[59]

Quais os destinos possíveis dessas mulheres fugitivas depois dos partos, com recém-nascidos nos braços ou atados às costas? Algumas poderiam retornar à casa dos senhores, sem seus bebês. Dar à luz e contar com uma comadre livre, com posses, que batizasse a criança como órfã e que pudesse se encarregar do bebê, foi a estratégia de uma escravizada na Bahia para livrar seu filho de sua senhora e de seus projetos que poderiam envolver, na cidade do Rio de Janeiro, o sumiço do bebê, para que a mãe fosse alugada como ama de leite.[60] Elas poderiam permanecer com os filhos, instaladas e transitoriamente escondidas nas moradias coletivas e nas casas das comadres e companheiros nos bairros centrais de concentração negra e africana, precisando também lutar pela sobrevivência. De roupas e trajes mudados, poderiam circular pela cidade com os bebês atados às costas, vendendo quitandas pelas ruas, carregando água, lavando ou porventura alugando-se como cozinheiras e para serviços domésticos como livres, junto aos filhos. Outras fizeram como Felipa, "crioula, moça, robusta", "feições alegres", que fugiu em agosto de 1871 "pejada e com a barriga bastante crescida, demonstrando muita proximidade de dar à luz".[61] A moça, descrita pelo senhor como "desobediente, atrevida e de conduta repreensiva", mobilizava seus contatos, andando "sempre com pessoas de sua parcialidade, para não ser suspeita e apreendida". Esquivando-se de seus captores por três anos, em 1874 ela conseguiu o apoio de um homem livre que a representou na justiça, entrando com uma ação de liberdade para si e seus filhos, visto que a Lei do Ventre Livre instituía também o direito dos escravizados à autocompra, sem revogação senhorial por ingratidão.[62] Havia ainda outra alternativa: dirigir-se com suas filhas e filhos à Casa de Detenção, a fim de prestar queixas quanto aos maus-tratos dispensados por seus senhores, amparadas pela Lei de 1871

59 *Jornal do Commercio*, 19 ago. 1872; Id., 20 ago. 1872 apud Carneiro, *Procura-se uma "Preta com muito bom leite, prendada e carinhosa"*, p.255; *Jornal do Commercio*, 16 jul. 1887.

60 *A Reforma*, 17 ago. 1869.

61 *Jornal do Commercio*, 20 jan. 1872.

62 Telles, *Teresa Benguela e Felipa Crioula estavam grávidas*, p.155.

e pelo ambiente antiescravista a elas favorável. Em 1882, Pulchéria, nascida no Rio de Janeiro, afastou-se de seu senhor dirigindo-se à Detenção com seu filho recém-nascido, de apenas quinze dias. Maria, crioula de Sergipe, 25 anos, serviços domésticos, dirigiu-se à Casa de Detenção com Catarina, de 5 meses, e Claudemira, de 5 anos.[63]

A maioria delas, no entanto, encontraram-se em circunstâncias tão desfavoráveis que, com filhos menores, sem redes de proteção e temendo as represálias dos senhores, talvez se sentissem desencorajadas a empreender uma fuga. Outras, talvez, foram enganadas por seus senhores, que as esperaram vulneráveis depois do parto, com o filho já encaminhado pela parteira à Roda, para, então, conduzi-las à casa dos locatários. As teses de medicina documentaram os sentimentos de tristeza, de abatimento e os atos de revolta destas mulheres diante de seus lutos e dessa forma de violência escravista. Em 1873, um estudante evocava os atos de mulheres alugadas para cuidar de bebês brancos nessas condições:

> Umas, a fim de fazer calar a cria durante a noite e não se incomodarem acordando para lhe dar o seio, abandonam a criança o dedo que esta chupa, entretendo-se assim, ou então uma boneca de pano que ela conserva na boca durante toda a noite; outras em vez do leite que o menino reclama dão-lhe beliscões.[64]

Na década da abolição, quando um discurso abolicionista de tom humanitário passou a conceber as cativas como impossibilitadas de exercerem o direito "natural" à maternidade, mulheres migrantes do tráfico interno e das fazendas, separadas dos filhos e de seus parentes, movidas pela raiva e pelo desejo de vingança, desferiam nos bebês brancos "beliscões, palmadas, empuxões".[65] Um dos maiores dramas vividos por elas foi certamente não saberem o destino de seus filhos. Como deixa entrever o conto "A mãe escrava", publicado no periódico *A Mãi de Família* em 1880,[66] destinado às mulheres brancas abastadas, em que Clara, ama de leite alugada, dirigia-se a um feiticeiro para descobrir o paradeiro da criança.

---

63 Apud Santos, *Páginas da vida: experiências maternais de mães negras no antes e no pós-Lei do Ventre Livre. Rio de Janeiro, 1869-1888.*

64 Sampaio, *Do aleitamento natural, artificial e mixto*, p.24.

65 Urculu, *Hygiene da primeira infancia*, p.52.

66 *A Mãi de Família*, ano 2, n.10, p.79, maio 1880.

***

Nas décadas de 1870 e 1880, pouco tempo depois do nascimento de seus filhos, mulheres crioulas e uma minoria de africanas escravizadas enfrentaram os avanços das famílias senhoriais e locatárias sobre seu leite e seus serviços. Para essas mulheres, serem alugadas como amas de leite impactou violentamente seus laços familiares, os valores e práticas ligados à amamentação, ao desmame, às formas de convívio e aos rituais de nascimento e morte de suas crianças. Enfrentaram a trágica realidade de serem escravizadas e alugadas por mulheres brancas para quem delegar a elas o ato considerado desabonador e cansativo de amamentar e se ocupar dos bebês representava, no período de crise da instituição, fonte de renda, *status* social e ostentação.

Aproximamo-nos das tensões vividas por mulheres crioulas do Norte e Nordeste do país, separadas de seus parentes ainda grávidas, dando à luz nos estabelecimentos dos brancos, coagidas a dirigirem-se à casa de escravistas desconhecidos, sem saber ao certo onde estariam seus filhos. Famílias locatárias pagaram altas somas pelo leite e pelo trabalho providos por Apolonia, Feliciana e mulheres anônimas descritas nos anúncios comerciais como sadias e com bom leite, anúncios que ocultavam a realidade de que se comercializavam mulheres imersas em grande tristeza e revolta, pouco dispostas a agradar, quando os laços escravistas já se esgarçavam, os que tratavam com indiferença e desprezo a vida de seus filhos. Amparadas pelo ambiente antiescravista e por suas comadres, mães e companheiros, Felipa, Leandra, Vicência e Floriana buscaram desvencilhar-se das redes de interesses escravistas que sobre elas recaíram fugindo com suas grandes barrigas nos últimos meses de gravidez, trocando os nomes e as roupas, enfrentando com coragem o medo das represálias senhoriais caso fossem capturadas. Quando a Lei do Ventre Livre golpeava o escravismo em suas bases, a população de livres e libertos se avolumava e o mercado de aluguel recrudescia, mulheres em sua maioria crioulas, filhas e netas de africanas, experienciaram, na cidade, mais um de seus lutos, diante da indiferença e do desprezo das classes escravistas com relação a seus bebês quando não serviam mais a seus interesses, abandonados e deixados à morte sem batizado, funeral nem registro de matrícula.

3
Senzalas e casebres sob sevícias: violência, feminicídios, médicos e corpos

Iamara Viana
Flávio Gomes

Em meados de 1831, o *Semanário de Saúde Pública*[1] publicava na Corte notícias sobre uma experiência médica. Eram as observações do médico João Álvares Carneiro sobre a "obliteração congênita e quase inteira da vagina, e concepção efetuada apesar dela". Sem qualquer menção de nome falava de "uma preta de nação Calabar". Tal preta Calabar, que na "maior parte do tempo vivia na roça, foi forçada por um caboclo em um lugar solitário". Fora vítima de um estupro. Segundo Álvares Carneiro, a escravizada "ocultou esse sucesso a sua senhora, a qual, sabendo que ela tinha a vagina obstruída, e vendo-lhe crescer o ventre, julgou-a afetada de alguma moléstia interior". O que fez a proprietária com sua cativa? Segundo a notícia, ela "lhe administrou por algum tempo vários remédios caseiros", mas, como tais "meios não produzissem efeito", ela veio até a cidade e consultou Álvares Carneiro "sobre a enfermidade de sua escrava, o qual reconheceu a existência" daquela gravidez indesejada. A sua proposta era fazer uma cirurgia de "dilatação da vagina". Certamente para um público leitor cativo dos periódicos médicos que circulavam na Corte, Álvares Carneiro descreveu os procedimentos, detalhando como lidou com a tal "obstrução", as dores (narra como "susto") até o parto.

1 *Semanário de Saúde Pública*, v.10, 1831. Esse episódio também aparece mencionado em Telles, *Teresa Benguela e Felipa Crioula estavam grávidas*, p.79-80.

Não sabemos mais nada dessa história e os dramas envolventes. Narrativas sobre os corpos dos escravizados – especialmente das mulheres – abundaram nos periódicos médicos na Corte do Rio de Janeiro entre as décadas de 1830 a 1870. Revelam muito das expectativas médicas, ansiedades dos comerciantes e fazendeiros e quase nada sobre escravizados(as). Escondem dramas e violências vividas em senzalas e casebres diante de estupros, doenças, maternidades e sobre seus corpos invadidos por médicos, seus olhares e as mais tantas violências físicas e mentais.

As faces das violências impostas – físicas e psicológicas – às africanas escravizadas são imensuráveis e ainda desconhecidas. Incorporam os temas sensíveis e urgentes da historiografia de localizar não apenas corpos e castigos, mas também as dores e seus portadores. Escravizados africanos de diferentes origens – que adentraram compulsoriamente as Américas via tráfico – compuseram e construíram riquezas, heranças culturais e se reconstruíram também. Afinal, a escravidão retirou-lhes casa, família, filhos, companheiros, bens pessoais, mas nunca humanidade e identidade. Reconstruir experiências e ressignificar culturas foi também manter corpos e mentes vivos diante de ameaças e invasões permanentes.

Corpos invadidos entre visões médicas

Nas décadas de 1830 e 1840, o Rio de Janeiro – a maior cidade africana atlântica cercada por escravidão – foi também espaço para diálogos cruzados e encontros que podiam juntar interesses de traficantes, senhores, comerciantes com expectativas dos africanos e percepções médicas. Jean-Baptiste Alban Imbert, médico francês, doutor em medicina pela Universidade de Montpellier – uma das mais antigas instituições do ensino da medicina e almejada por muitos estudantes brasileiros – chegou ao Brasil em 1831.[2] Foi o primeiro estrangeiro a ter seu diploma reconhecido pela Academia de Medicina do Rio de Janeiro. Atendia, assim, o protocolo necessário à época em virtude da Lei de 3 de outubro de 1832, que dava "nova organização às atuais Academias médico-cirúrgicas das cidades do Rio de Janeiro, e

2 Viana, *Corpos escravizados e saber médico*.

Bahia".[3] Para cumprir o artigo 14 da mencionada lei, apresentou e sustentou publicamente uma dissertação.[4] O médico francês, seguindo o estatuto da Academia Brasileira de Medicina do século XIX, foi aceito como membro titular em 15 de outubro de 1835, com o nome "abrasileirado" de João Baptista Albano Imbert.

Nascido em Le Beausset, sul da França, Imbert teve rápida trajetória acadêmica, tornando-se membro honorário da Sociedade Real de Medicina de Marseille e cirurgião ajudante maior da Marinha Imperial Francesa. No Rio de Janeiro, três anos após sua chegada, escreveu o *Manual do fazendeiro: ou tratado doméstico sobre as enfermidades dos negros, generalizado às necessidades médicas de todas as classes*. Oito anos mais tarde, em 1839, publicou uma segunda edição. Segundo suas próprias palavras, a reedição ocorreu após o "grande sucesso" do primeiro exemplar.[5] Publicada pela Tipografia Nacional do Rio de Janeiro e aumentada em mais um volume, era composta por introdução, dez títulos e quarenta capítulos, todos organizados por seções ou classes, totalizando 688 páginas. Manual robusto, poderia ser adquirido pelo custo de 8 mil réis e ser encontrado na própria casa de Imbert (rua da Quitanda, n.61) ou na casa de Laemmert, livreiro, na mesma rua n.77, e também na de Agostinho de Freitas Guimarães, rua do Sabão, n.26.[6]

Também atuando como membro efetivo das Sociedades Auxiliadoras da Indústria Nacional (Sain) e de literatura do Rio de Janeiro, Imbert publicou ainda *Ensaio higiênico sobre o clima do Rio de Janeiro* (1837), *O charlatanismo: uma palavra sobre o charlatanismo e os charlatães* (1837) e *Guia médico das mães de família ou A infância considerada na sua hygiene, suas moléstias e tratamentos* (1843). Na Academia, apresentou duas memórias: *Quelques Réflexions sur la sensibilité* e *Des Consultations cliniques de ce qu'ells sont à Rio de Janeiro et de ce qu'elles devraient être*.[7] Segundo Carlos da Silva Araújo, exerceu a medicina no Rio de Janeiro até 1843.[8]

Por motivos de doença, Imbert encerra suas atividades no Brasil, retornando à França. Uma edição do *Diário do Rio de Janeiro* publicou que J. J.

---

3 Imprensa Nacional, Coleção das Leis do Império do Brasil, Lei de 3 de outubro de 1832.

4 Imbert, *As hemorrhoidas*.

5 Imbert, *Manual do fazendeiro*, t.I, p.VI.

6 Ibid.

7 Cf. Imbert, *O charlatanismo: uma palavra sobre o charlatanismo e os charlatães*, p.XI.

8 Araújo, *Fatos e personagens da história da medicina e da farmácia no Brasil*, p.224.

Dodsworth realizaria um leilão na rua da Alfândega, onde obras literárias médicas e outros bens de Imbert seriam vendidos.[9] De fato, com o agravamento de sua saúde, Imbert solicitou ao seu curador a venda de alguns dos escravizados que possuía na Corte. Foi o que aconteceu em 17 de janeiro de 1845 por meio de um leilão extraordinário realizado na rua da Quitanda, n.112, sobrado. Frederico Guilherme da ordem de *C. Tanière* foi o responsável pela venda de "duas raparigas que costuram, engomam e lavam de sabão; um molecão, bom boleeiro e de boa forma; e um preto cozinheiro, idoso".[10] Segundo o noticiário, Imbert "tinha reservado estes escravos na esperança de voltar ao Brasil, porém achando-se impedido pelo mau estado de sua saúde, resolveu-se a dar ordens para que sejam arrematados impreterivelmente".[11] Imbert faleceu em 17 de junho de 1850, às nove horas da noite, em Le Beausset, aos 63 anos de idade.[12]

Em mais de uma década no Rio de Janeiro, Imbert foi um observador privilegiado de uma sociedade escravista urbana. Atuando como médico e sendo proprietário de escravizados, potencializou os processos de escrita de manuais. Apontaria possibilidades de intervenções e conhecimentos adquiridos sobre os corpos dos escravizados. Sua visão médica – e de outros naquele contexto – operava na construção discursiva racional sobre as expectativas de vida, tratamentos e cura de doenças de africanos diante das mortalidades do tráfico – no contexto já ilegal – e das primeiras décadas de adaptação. Com um discurso médico e também uma experiência naquela sociedade escravista, Imbert se colocava como alguém que poderia salvar vidas, negócios e investimentos. Ao adentrar no Império do Brasil se deparou com os primeiros processos de institucionalização da medicina. Disputas entre diferentes ambientes e agentes das artes de curar geravam conflitos e negociações. Para a população, barbeiros, curandeiros, parteiras, sangradores e cirurgiões eram preferidos aos médicos acadêmicos.[13] Não só devido ao número reduzido de profissionais formados por instituições oficiais ocorriam escolhas por

9 *Diário do Rio de Janeiro*, 20 jul. 1843.

10 Id., 17 jan. 1845.

11 Ibid.

12 Archives Départementales du Var. Draguignan, França.

13 Sobre a relevância de feiticeiros, barbeiros e curandeiros apontamos o trabalho de Regina Xavier sobre Mestre Tito em Campinas, sua inserção naquela sociedade e suas complexas sociabilidades, possibilitando atender e curar um rico fazendeiro, proprietário de fazendas e escravizados (Xavier, *Religiosidade e escravidão, século XIX*).

diferentes agentes – dentre os quais africanos, crioulos, livres, libertos e escravizados – que dominavam os saberes das artes de curar. Diferentes culturas e visões de mundo eram relevantes nesse processo, onde nem sempre a doença era vista de modo negativo, mas como parte do processo necessário de cura.

Imbert era personagem de tempos em mudanças. Representava, dentro desse mosaico, o grupo de médicos com base no neo-hipocratismo, "uma concepção ambientalista da medicina baseada na hipótese da relação intrínseca entre saúde-doença, ambiente e sociedade". De acordo com a teoria, "a medicina neo-hipocrática apoiava-se em dois conceitos básicos: o de constituição médica e o de topografia médica". O primeiro atrelava-se às "possíveis relações de causa e efeito entre determinadas características do meio ambiente natural e social e a manifestação coletiva de uma determinada doença". O segundo estava conectado "com as implicações entre as diferentes doenças observadas numa mesma área geográfica".[14] Estas eram as questões e conceitos vislumbrados em seu manual, principalmente ao elaborar reflexões sobre o que denominava África, seus habitantes e enfermidades; tudo comparado a uma ideia de Europa também construída.

Teorias, ideias e experiências estavam misturadas. As descrições de Imbert sobre as "moléstias" dos escravizados eram também narrativas construídas para atender as demandas de comerciantes e proprietários de cativos.[15] Mas é possível pensar em outras chaves de leitura e encontrar subtextos nos quais aparecem expectativas dos escravizados, em meio a dores, aflições, espantos e pavor. É fundamental considerar contextos como os das transformações desencadeadas com a legislação antitráfico do segundo quartel do século XIX. Também ali emergiam narrativas que procuravam interferir e normatizar corpos: sobretudo de mulheres e crianças. A dificuldade em se recompor demograficamente devido ao alto preço dos escravizados africanos provocara reflexões sobre a gravidez, a amamentação e a mortalidade dos escravizados.[16]

---

14 Sigaud, *Do clima e das doenças do Brasil ou estatística médica deste Império*, p.17.

15 Imbert, *Manual do fazendeiro*.

16 Campbell, Work, Pregnancy and Infant Mortality among Southern Slaves, *Journal of Interdisciplinary History*, v.14, n.4, p.793-812, 1984; Follett, "Lives of Living Death": The Reproductive Lives of Slave Women in the Cane World of Louisiana, *Slavery & Abolition*, v.26, n.2, p.289-304, 2005; Knight, Mistresses, Motherhood, and Maternal Exploitation in the

Mesmo escravizadas, mulheres – muitas e quase sempre anônimas – não deixavam de compartilhar valores, códigos e cosmovisões constantemente ameaçados por interesses comerciais e imposições senhoriais. O capítulo XXXV do título IX do *Manual do fazendeiro* de Imbert é dedicado ao corpo feminino. Se inicialmente não aponta distinções raciais entre mulheres, as diferenças surgem ao descrever origem e sua relação com o que denomina "civilidade". Iniciando pela puberdade, "quando esta passagem se verifica em conformidade das leis prescritas pela natureza, notável mudança é a que então se opera tanto no físico como no moral das donzelas, às quais, sem distinção de cor, damos um lugar especial neste capítulo". Embora o médico garanta não fazer diferenças de cor entre o sexo feminino, elas aparecem ao longo de sua narrativa. Apontava ser fundamental conhecer o seu funcionamento para minimamente controlar a reprodução, descrevendo, dessa forma, em pormenores, os traços físicos e suas mudanças corpóreas, que indicariam transformações da infância para a juventude, a primeira menstruação e todas as alterações indicativas de que o corpo feminino estivesse pronto para uma possível gestação.[17] Assim,

> chegada esta época desenvolve-se o seu corpo em todos os sentidos; a dilatação das cadeiras faz com que a cintura pareça mais airosa; novos e macios contornos prestam graças aos braços e ao pescoço; a aquisição de maior quantidade de tecido celular aumenta o volume dos peitos, os quais se revestem de uma forma semiesférica que tanto agrada à vista; um dos mais belos ornatos da mulher, os cabelos crescem à vista de olhos; harmonizam-se as feições do rosto; o todo enfim, do formato físico apresenta um aspecto que mais não pertence à infância, da qual então se acha a donzela afastada por uma distância imensa, apesar de na véspera estar ainda talvez toda entregue aos gostos e às graças do estado infantil.[18]

As leis da natureza, se observadas, apontariam a notável mudança no físico das "donzelas". A descrição das modificações corporais ajudaria a identificar mulheres escravizadas suscetíveis à procriação. Afinal, a maturidade do

---

Antebellum South, *Journal of Women's History, on-line*, v.1, n.30, 2018; e Turner, *Contested Bodies*.

17 Sobre a visão médica acadêmica acerca do corpo escravizado feminino, ver: Viana, op. cit., p.273.

18 Imbert, *Manual do fazendeiro*, t.II, tít.IX, cap.XXXV, p.242.

corpo estaria perceptível a olhos treinados, ao observar a alteração do volume do quadril, do pescoço, dos cabelos e seios. Percebe-se aí também o modo – uma orientação – pelo qual o homem branco europeu observava corpos femininos. Podemos pensar nos elementos valorizados nos imaginários desses corpos – mulheres negras – que talvez fossem utilizados para explicar "a exaltação sexual da escrava" e/ou os "ataques sexuais" na escravidão africana atlântica nas Américas.[19] A seção II, "Do parto, precedido de algumas observações succintas, acerca de certos erros e prejuízos, que tendem a paralisar o progresso da população entre os africanos escravizados", Imbert apresenta objetivamente erros e futuros prejuízos que inviabilizavam a reprodução da população de escravizados. O parto realizado por parteiras ou "comadres", que geralmente acompanhavam a "futura mãe antes, durante e depois da chegada da criança", foi apresentado como um dos fatores.[20] Parteiras faziam parte do universo cultural feminino, mas, para o médico francês, elas deveriam ser rejeitadas. Afinal, se erros já aconteciam com "gente civilizada", o que pensar sobre as "negras, que por sua condição se acham colocadas fora do alcance da civilização, escapar a todos estes inconvenientes?". Eram consideradas inconvenientes que causavam – em grande medida – prejuízos patrimoniais: mãe e filho escravizados. Assim, as mulheres negras seriam mais vulneráveis aos rituais e beberagens das parteiras não experimentadas. A narrativa inicial de Imbert era pela desqualificação de tais partos sem atenções e procedimentos. De modo que, uma "mulher com dores de parto" deveria ser logo atendida e nunca ter "a desgraça de estar cercada por três ou quatro parteiras", pois iria "suportar mil e diversas posições, a tomar toda a espécie de beberagens, e a fazer movimentos, contrações, e esforços mal calculados".

---

19 Carneiro, Gênero, raça e ascensão social, *Revista Estudos Feministas*, Florianópolis, v.3, n.2, 1995. Entre as referências e a resenha de Lorena Telles, ver: Altink, Deviant and Dangerous: Pro-Slavery Representations of Jamaican Slave Women's Sexuality, c.1780-1834, *Slavery & Abolition*, v.26, n.2, p.271-88, 2005; Brown, *Good Wives, Nasty Wenches and Anxious Patriarchs*; Burnurd, The Sexual Life of an Eighteenth-Century Jamaican Slave Overseer, in: Smith (org.), *Sex and Sexuality in Early America*; Camp, *Closer to Freedom*; Campbell; Elbourne (orgs.), *Sex, Power and Slavery*; Jennings, "Us Colored Women Had to Go Through A Plenty": Sexual Exploitation of African-American Slave Women, *Journal of Women's History*, v.1, n.3, p.45-74, 1990; e King, "Prematurely Knowing of Evil Things": The Sexual Abuse of African American Girls and Young Women in Slavery and Freedom, *Journal of African American History*, v.99, n.3, p.173-96, 2014.

20 Rohden, Histórias e tensões em torno da medicalização da reprodução, *Revista Gênero*, Niterói, v.6, n.1, p.213, 1° sem.2006.

Imbert descreveria minuciosamente um caso, acompanhado por ele, no qual uma escravizada sofria as dores do parto.

> Uma jovem negra isolada, a quem assistimos já no fim de um parto natural, assim nos explicou o que se passara antes de chegarmos a seu lado: Logo que se principiaram as dores, viu-se cercada por quatro negras oficiosas. Uma delas meteu-se lhe entre as pernas, e aí exerceu manejos muito dolorosos; a segunda colocou-se à cabeceira do seu pobre leito, e enterrando os dedos na boca da vítima, junto com outras gritava, fazendo todas quatro uma estrondosa algazarra: "Puxa, puxa fulana"... A despeito, porém, destas barbaridades, pouco ou nenhum progresso fazia o parto. Aos gritos sucederam as lágrimas, despojaram-se de seus rosários, lançaram-lhos ao pescoço, e entraram a recitar ladainhas, recomendando a negra que se roga a Deus pelo seu bom sucesso, que elas julgavam pouco provável. Estavam as coisas neste estado quando chegamos, e havendo verificado o estado das partes, reconhecido a posição natural da criança, e reanimando o moral já sucumbido da mulher, felizmente deu ela à luz pouco tempo depois, e sem mais novidade, um moleque bem gordo e são.[21]

Embora a contragosto, Imbert reconhecia – embora não tenha visto – o papel das parteiras negras no interior das senzalas. Ele narrou com detalhes àquilo que não viu, pois apenas uma "jovem negra isolada" já no "fim de um parto natural" que foi atendida por ele lhe "explicou" – provavelmente bem depois – "o que se passara antes" com ela. O que Imbert só ouviu foi reproduzido com detalhes e significados. Atuação de parteiras no plural e não uma personagem singular de outras narrativas sobre partos. Imbert falou de uma mulher que começando a parir estava "cercada por quatro negras oficiosas", tendo cada uma determinada função. Assim, senzalas sujas, desumanizadas pela crueldade da escravidão, seus utensílios e arquitetura davam lugar – em várias narrativas – ao espaço das comunidades de senzalas. Relações materiais e imateriais de arranjos de parentesco e rituais certamente estavam em jogo nesses momentos de parto, especialmente em senzalas do Vale do Paraíba no Rio de Janeiro, com a onda demográfica de africanos recém-chegados.

21 Imbert, *Manual do fazendeiro*, t.II, p.250-1.

A narrativa de Imbert capturava momentos rituais da comunidade ao redor da mulher escravizada grávida e prestes a parir como "estrondosa algazarra", "gritos", "lágrimas", "rosários" e "ladainhas". O próprio Imbert admitiu o sucesso daquele ritual físico e mental do parto da mulher escravizada, pois "felizmente deu ela à luz pouco tempo depois, e sem mais novidade, um moleque bem gordo e são", isso a "despeito das barbaridades" anteriores a sua chegada ali. Os seus conhecimentos médicos acadêmicos foram postulados como superiores aos conhecimentos dos escravizados, quiçá com dimensões africanas. Afinal, bastou sua chegada, a verificação do estado da grávida e da posição da criança, para que a escravizada reanimasse "o moral", logo depois dando à luz um menino saudável. Talvez as orações, os rosários e as ladainhas – Imbert as define por "gritarias" – fossem, para além do ritual e crenças, um alento naquele momento e proporcionado por perspectivas comunitárias e rituais. Parceiras e "comadres" – conhecidas ou não – estavam entre os seus. Fato é que uma mulher negra estaria a escolher outras quatro mulheres negras para realizar seu parto. Uma escolha realizada dentro da senzala.

Após a descrição do sucesso de um parto, que poderia ter terminado em tragédia para a mãe e para a criança, Imbert se dedica a ensinar aos fazendeiros como agir quando uma escravizada estivesse em trabalho de parto, visando não perder a mãe, nem a criança. Mesmo que isso contrariasse a cultura do parto e do corpo feminino, um interdito naquelas primeiras décadas do século XIX.

> À vista deste fato julgai, Fazendeiros, o muito que o vosso interesse, e o da humanidade exigem que vos acauteleis contra todas estas práticas perigosas e cruéis, que um falso zelo, e uma estúpida ignorância inspiram às negras que assistem aos partos de suas parceiras. Deveis a este respeito observar a mais ativa vigilância, e assim que alguma das vossas escravas sentir as primeiras dores de parto fazei-a colocar numa posição cômoda em cima de um colchão mais alto da cabeça do que dos pés. Esperai que nesta posição a negra tenha evacuado as águas, introduzi depois, mas com cuidado, o dedo untado de azeite na vagina, e procurai ver se a criança apresenta a cabeça. Não será preciso muita penetração para com facilidade disto vos certificardes, sentindo em contacto com o dedo um

> corpo redondo, e um pouco duro: estando o feto nesta boa posição, deixai obrar a natureza, não tereis que arrepender-vos.[22]

Devido, primeiro aos seus interesses e, posteriormente, aos da "humanidade", o fazendeiro deveria, por cautela, se contrapor às ações, práticas e procedimentos das parteiras. E mais: deveria deter conhecimentos sobre o corpo feminino, exigidos para que pudesse iniciar as atenções à escravizada em trabalho de parto. Ensina Imbert:

> Mas, como ao mesmo tempo seja urgente acabar com o parto, cumpre mandar chamar um Cirurgião, ou uma Parteira experimentada, porque em tal caso a natureza carece de socorro, assim como quando o feto apresenta um pé, um braço, uma nádega; ou ainda quando pela má conformação da mãe, perfeitamente se conhece que ela não pode ter um parto natural. Não se dando algumas destas circunstâncias como a civilização não infundiu ainda nas negras fraqueza e frouxidão, nos partos delas, outra vez o repetimos se vale a natureza de seus próprios recursos.[23]

Para além da desqualificação, Imbert sugeria aos fazendeiros o desmanchar dos cenários comunitários – que envolviam rituais e práticas culturais – dos partos nas senzalas. Especialmente em situações de partos complicados. No lugar de "negras oficiosas" – qual seja, outras mulheres africanas e crioulas –, deveriam ser convocadas para um parto: "um Cirurgião, ou uma Parteira experimentada". Não ocorrendo nenhum dos infortúnios descritos, a natureza deveria seguir seu curso. Importa destacar o olhar do médico relativo à resistência das escravizadas à dor, justamente por não serem "civilizadas". Os gastos com um cirurgião e medicamentos não eram poucos, o que poderia significar prejuízo para os fazendeiros, em especial aqueles pequenos proprietários. Não sendo as mulheres negras dadas à "fraqueza e frouxidão", tal gasto não seria necessário. Os corpos das mulheres escravizadas seriam mais resistentes às dores, pelo fato de serem negras, africanas. A resistência à dor apontada por Imbert remete para outras questões acerca do corpo feminino escravizado, quais sejam, o trabalho

---

22 Ibid., p.251.
23 Ibid., p.251-2.

rural, a violência do castigo e o estupro. Narrativas fortemente construídas influenciando o modo pelo qual aqueles corpos femininos podiam ser tratados dentro e fora das senzalas. Força e resistência à dor foram relacionadas à raça e à condição de africanos(as) não serem civilizados. Portanto, resistentes seriam ao parto e às violências da escravidão.

Das senzalas e casebres: projetos, distopias e espaços

Para as áreas urbanas e em fontes eclesiásticas – devassas sobre divórcios, envolvendo africanos, crioulos, escravizados e libertos –, as violências da escravidão surgem por meio de narrativas em torno de tensões, conflitos sexuais, familiares e conjugais.

Logo no início dos Oitocentos – 1801, especificamente –, apareceram denúncias em torno da solicitação de divórcio entre Maria do Rosário, uma crioula forra, e Januário Bernardo, preto liberto. Foram convocadas diversas testemunhas, pois havia versões muito conflitantes. Maria alegava "ser maltratada de pancadas" e de "seu marido meter meretrizes em casa para mau efeito". Januário carregou mais nas tintas. Afirmou ter "recebido em matrimônio" Maria do Rosário "vivendo conjugalmente o espaço de quatro anos", sendo que tratava "a dita sua mulher com todo o amor, e ternura, sem lhe faltar com o preciso e necessário". As confusões teriam começado em meados de 1799, mais precisamente em 11 de agosto, pois teria sido "seduzida a Suplicada sua mulher, por uma irmã sua Gertrudes parda", quando então "se retirou da companhia do Suplicante concebendo-lhe ódio". Não querendo a separação, Januário teria localizado sua esposa e a convencido a voltar para casa. No ano seguinte, novo abandono, levando ela "toda a sua roupa" sendo "seduzida" mais uma vez "por sua irmã", passando a "tratar ilicitamente" sob adultério com "Manoel Maurício, homem pardo, e outro Joaquim Nunes de Macedo, com graves escândalos da vizinhança". Novas tentativas de trazer a esposa de volta – certamente com violências e coação – foram acompanhadas de confrontos físicos, pois Januário alegou que "foi desatendido de palavras, e nomes, chegando ao excesso de lutarem as punhaladas", porém "não pôde conseguir a condução da mesma sua mulher". O mais interessante foram os argumentos de identidade e honra acionados. Segundo Januário, embora ele fosse "de cor sem autorização senhorial preta, não deixa de conservar aqueles estímulos de honra, vendo-se envergonhado, e vexado por tais insultos". Ainda assim "pelo amor que conserva à dita sua mulher, não tem animosidade de proceder contra ela na conformidade de Direito, por mais se injuriar de tão enormes insultos". Com a ajuda da Justiça eclesiástica parecia querer reatar o casamento. E admitiu – com a artilharia das acusações – ser difícil, pois sabia que Maria do Rosário,

> precavendo-se de vidro miúdo para lançar na comida e água do uso do Suplicante, chegando ao excesso de que estando adormecido, animar-se a mesma Suplicada sua mulher e a introduzir lhe uma pouca de pedra infernal pelo membro viril, cujo fato bem o reconheceu o Cirurgião-Mor Joaquim de Santana, que assistiu ao Suplicante neste conflito, e o curou. Querendo, pois o Suplicante corrigir estes tão perniciosos acontecimentos admoestando, e exortando a dita sua mulher esta o desatendia com palavras, e ameaças indecentes ao estado conjugal, até que finalmente, se ausentou por este pretexto, seduzida da tal irmã.[24]

Em 1815, as acusações de agressões surgiriam de Celestina Maria, uma africana forra, uma quitandeira. Dizia que "sendo nesta Corte casada com João Luiz, de nação Angola, e vivendo como mulher honesta, e de quitanda para arranjo da sua casa, e seu marido pelo contrário a trata com sevícias, e palavras indecorosas". O africano João – um carpinteiro – estava sendo acusado de "sevícia pública". Sua esposa solicitava não só o divórcio alegando estar "em perigo a sua vida" como queria "ser depositada para segurança da sua vida". Entre as testemunhas, Aleixo José dos Santos, um africano forro, alfaiate que morava na mesma casa do casal admitiu que João Luiz "a maltratava dando-lhe pancadas com o vergalho", mas que tais conflitos começaram com os ciúmes, pois ele desconfiava que a africana Celestina "estivesse tendo algum tipo de envolvimento com um seu parente, natural de São Tomé". Eis aqui a primeira incongruência de informações no processo que talvez esconda inúmeras subjetividades dessas convivências e conflitos maritais entre africanos. Suas identidades e arranjos étnicos na escolha de redes de afeto, mundos do trabalho e mesmo nas escolhas religiosas e linguísticas. O acusado João Luiz ora apareceu como sendo de Angola ora como sendo de São Tomé. Outra testemunha ratificaria na mesma direção. Manoel

---

24 Arquivo da Cúria Metropolitana do Rio de Janeiro, Processo n.60, 1801.

Pinheiro, um "preto forro, crioulo de Angola", solteiro, morador na Praia dos Mineiros, e que "vive de sua loja de barbeiro", garantiu que João Luiz "era natural de São Tomé". Já o pardo Januário da Cunha, solteiro, morador na rua da Quitanda – que "vive de seu ofício de alfaiate" – justificou a agressividade costumeira daquele africano por andar ele sempre "embriagado de bebidas espirituosas" e estar "sem serviço".[25]

No mesmo ano conflitos mobilizaram o casal Tereza Maria de Lima – uma preta forra de nação mina, que era viúva de João Pinheiro – e Pedro de Souza, um pardo forro, também viúvo.[26] Ela alegava estar casada "há mais de dezoito anos". E "em todo o tempo" viveu com o seu marido e "sempre o tratou com muito respeito, amizade, amor, e sempre se portou com muita decência, e honra, sem dar motivos de ser por ele depreciada, e ofendida". Seu esposo não cumpria "as obrigações devidas, e próprias de um chefe de família" como "manter-se na conservação, e aumento dos bens do casal". Ao contrário:

> antes se deixou entregar ao ócio, e dissipação dos bens com extravagâncias; vendendo, e gastando com suas amásias, e com bebidas que toma em demasia, até perder o juízo; e ainda conserva uma amásia, de quem tem uma filha, e mora para o bairro do Catete, cujo nome dirão as testemunhas, que requeridas sejam perguntadas com individuação a este respeito, e se escreva quanto disserem ainda que seja fora do articulado, e a bem destes, e mais artigos. Porque não obstante a paciência de que se revestiu sempre a Autora para sofrer o Réu, persuadida que este meio era capaz de o mudar dos costumes, e reformar a sua extravagante vida, nada pôde conseguir, porque o Réu concebeu um mortal ódio contra a Autora, só andava em dar fim aos bens que ela levou, e o houve do seu primeiro marido; quando a Autora resistia a essas entregas dava-lhe pancadas, ameaçava de a matar, arremessava contra a Autora quanto tinha na mão, e a sua

25 Arquivo da Cúria Metropolitana do Rio de Janeiro, caixa 0011, Processo n.270, 1815.

26 Para estudos sobre africanas ocidentais e suas distinções – utilizando fontes eclesiásticas de Devassa de Divórcio e testamentos –, ver: Faria, Mulheres forras – riqueza e estigma social, *Tempo, Revista do Departamento de História, UFF*, Niterói, v.5, n.9, p.65-92, 2020; Id., Sinhás pretas: acumulação de pecúlio e transmissão de bens de mulheres forras no Sudeste escravista (séculos XVIII-XIX), in: Fragoso (org.), *Escritos sobre história e educação*; Farias, *Mercados minas*; Graham, Ser mina no Rio de Janeiro do século XIX, *Afro-Ásia*, Ceao, n.45, p.25-65, 2012; e Paixão; Gomes, Histórias das diferenças e das desigualdades revisitadas: notas sobre gênero, escravidão, raça e pós-emancipação, *Estudos Feministas*, v.3, n.16, p.949-64, 2008.

> vista; quis com uma espada matá-la; dava coices, murros pelo rosto, e pancadas pelo corpo; proferia palavras obscenas e injuriosas, e irritantes contra a Autora. Porque tendo já o Réu consumido os bens, que a Autora levou para o Casal, e vendido escravos para gastar nos seus desperdícios, quis também vender uma escrava de nome Maria, única, que somente restava no Casal, e porque a Autora impugnou, e opôs-se a essa venda, rompeu o réu em grande desesperação, e blasfêmias, pancadas, e despeitos, que obrigaram a Autora procurar segurança a sua pessoa, fazendo-se depositar, justificando sevícias.[27]

Cerca das oito testemunhas se dividiram. O casal Maria Feliciana e Vicente Lauriano, ambos "brancos", foram diretos. Ela "confirmou o vício de embriaguez" do pardo João e o acusou de ter "se amasiado com uma mulher chamada Emerenciana", além de ter tentado vender a escrava Maria, de Angola, que pertencia ao casal. Seu esposo Vicente tanto afirmou ser verdade que o casal tinha dois escravos como ter visto algumas agressões, tal qual "cuspir-lhe na cara e chegar-lhe ao nariz vasos imundos". Outro branco, Felipe Pinheiro da Silva, chegou a dizer que houve ocasiões de tentar intervir nas brigas do casal. O preto Felisberto da Costa Vale asseverou que o pardo João não tinha ofício e em muitas ocasiões se deixava "alucinar com bebidas espirituosas". A versão sobre o adultério de João seria repetida pela quitandeira Domiciana Rosa, uma forra, crioula, solteira, moradora no Beco dos Ferreiros: não só João andava em concubinato com a crioula Emerenciana como com ela tinha uma filha.

Em setembro de 1857, a africana mina Angélica da Conceição denunciava mais uma vez seu marido Moisés Joaquim, também um africano mina, posto que "por muitas vezes" tinha "recebido do réu seu marido pancadas".[28] Um ano antes num processo solicitara divórcio, detalhando a sua vida conjugal e as agressões sofridas, não só aquelas físicas. Admitia ser casada em "face da Igreja conforme as disposições do Sagrado Concílio Tridentino, e Constituição do Bispado, em nove de maio de 1841". Nesse período – quase dezesseis anos –, teria ela vivido com seu esposo "por muitos anos em boa paz, não lhe dando motivo algum de maltratar". A situação teria mudado com a descoberta de adultério, pois tendo "criado em casa

---

27 Arquivo da Cúria Metropolitana do Rio de Janeiro, Processo n.260, 1815.

28 Arquivo da Cúria Metropolitana do Rio de Janeiro, Libelo de Divórcio, Processo n.1727, 1858.

uma crioula, de nome Maria, órfã, amigou-se o Réu [seu esposo] com ela". Não aceitando e tendo "conhecimento desse comércio ilícito, e criminoso, tirou-a de casa, e a levou para a casa de um seu compadre e amigo". Porém, seu esposo "continuou a viver com essa crioula livre, e dela teve um filho; e nunca mais teve comunicação com a Autora, nem mais se ajuntaram conjugalmente", mas mesmo assim "maltratara a Autora sua mulher de pancadas, de forma que teve doente por muito tempo em consequência desse trato sevicioso".[29] As testemunhas apresentadas reforçariam suas denúncias. A moradora na rua das Marrecas, Alexandrina Isabel, natural do Rio de Janeiro, solteira, de 24 anos de idade – que "vive de lavar e de costuras" –, afirmou que a africana liberta Angélica tinha sido "escrava de seus pais e que eles a forraram a fim de que pudesse casar com o réu". Sobre as agressões, disse que ao visitá-la "em uma ocasião, na Praia Grande, soube que o réu agredira a autora com um pau e a deixou com três costelas quebradas por causa dessa agressão". Seriam "contumazes e continuaram até o dia em que ela retornou para a sua casa, no Rio de Janeiro". As causas dos conflitos foram decorrência de o africano Mateus "estar amancebado com a crioula Maria, sua afilhada". Outra testemunha foi o português José Joaquim Saraiva Vieira Perdigão, um negociante, morador na praça do Castelo, n.7. Garantiu que os africanos eram casados não só por "ter visto a sua certidão de casamento", mas porque moravam "em uma casa de sua propriedade na Praia Grande". Sobre os conflitos, disse "que era público as agressões que a autora sofria e que ele e muitos vizinhos a acudiam e que a violência que era praticada era derivada do caso que o réu mantinha com a crioula Maria".[30]

No mesmo ano, mais conflitos conjugais apareceriam num outro libelo de divórcio. A disputa era entre dois africanos ocidentais, Isabel Maria da Conceição e Fortunato Ribeiro, ambos "pretos minas". Eram casados havia apenas seis anos. Não só casaram na paróquia de Santana, como lá tinham sido batizados. Seriam *malungos*, como sugeriu Borucki para as estruturas e redes de casamentos em Montevidéu?[31] A africana Isabel começou atacando, pois, sendo "casada *in facie ecclesiae* com o Réu Fortunato Ribeiro e sempre lhe foi sujeita, e obediente e o tratou com toda a amizade como cumpre a uma

29 Arquivo da Cúria Metropolitana do Rio de Janeiro, Libelo de Divórcio, Processo n.1206, 1857.
30 Arquivo da Cúria Metropolitana do Rio de Janeiro, Libelo de Divórcio, Processo n.1206, 1857.
31 Borucki, Shipmate Networks and Black Identities in the Marriage Files on Montivideo, 1768-1803, *Hispanic American Historical Review*, v.93, n.2, p.205-38, 2013.

mulher casada". Mas não houve qualquer reciprocidade. Em vez disso, seu marido Fortunato esteve "longe de cumprir com os deveres maritais", no caso dando "o necessário sustento e casa ao contrário". De modo oposto era ela "quem o sustentava a ele, e sobre isso ainda tinha de pagar-lhe as dívidas que contraía, chegando ao ponto de ser preciso vender a Autora uma de duas escravas que possuía", abrindo mão de bens para pagar dívidas contraídas pelo réu, seu esposo. Dívidas realizadas por ser ele "um completo vadio, vivendo dia e noite nas casas de jogo". As tensões do casal foram além, chegando à tentativa de assassinato, posto ter o réu tentado "tirar a vida com uma faca alta noite". O motivo fora a negação de sua mulher de lhe dar "todos os dias pela manhã parte dos dinheiros que granjeava em suas quitandas e por vezes foi a Autora espancada pelo Réu por lhe não querer dar todo o dinheiro que tinha e que lhe era preciso para o giro do seu tráfego". O adultério uma vez mais aparece no relato e certamente contribuíra para o aumento das violências maritais. Segundo a autora, o réu "se achava concubinato com uma escrava da Autora a única que lhe resta de nome Benedita, e tendo a Autora desconfiança que o Réu mesmo assim a vendesse para alimentar seus vícios" agiu rapidamente na tentativa de garantir sua única escravizada e possível fonte de renda, de modo que "não só levou-o ao Delegado da Polícia para não poder dispor dela, como fê-la pôr em depósito".[32] Não pretendendo arriscar sua vida uma vez mais, Isabel coloca-se em depósito.

Mais uma vez as justificativas apareceriam com detalhes nos relatos das testemunhas. Houve mesmo alguém que presenciou fatos, como Vicente Cândido do Rosário, um "empregado no Foro", que afirmou que "um dado dia na Rua Estreita de São Joaquim, por volta de duas horas da madrugada, ouvira gritos de mulher vindo de uma casa e que, minutos depois, viu que o réu seu conhecido agarrava a autora pelo pescoço com o objetivo de asfixiá-la". Ele e mais José Rufino da Costa, um africano, tentaram acudir e "ouviram da própria autora que este tipo de agressão era recorrente, pois ela se recusava a entregar dinheiro para que o réu sustentasse os seus vícios". Contra qualquer acusação infundada, o tal Vicente garantiu que a africana Isabel era quitandeira e vivia "com decência e honestidade". Enquanto isso, o africano José Rufino sentenciaria Fortunato, o marido africano agressor, dizendo que ele era "um homem conhecido por seus maus costumes, pois por

32 Arquivo da Cúria Metropolitana do Rio de Janeiro, Libelo de Divórcio, Processo n.1204, 1857.

várias vezes o viu jogar com outros companheiros no Morro da Conceição". A testemunha Henrique José da Silva foi além, pois ouvira do próprio acusado – certa vez ao encontrá-lo – que "não estava mais em companhia de sua esposa e que sentia somente falta do dinheiro com o qual ela o supria diariamente, bem como atualmente estava morando com a sua escrava Benedita".

Sigaud apontava "o ciúme, os castigos injustos, a nostalgia" como fatores pelos quais os negros se deixavam morrer.[33] Mas também poderiam levar a práticas violentas entre diferentes sujeitos envolvidos. O ciúme, certamente, motivou intrigas e crimes nas áreas urbanas e nas senzalas rurais. O modo pelo qual o corpo da mulher escravizada é pensado reflete o quão violento poderia ser o castigo aplicado.

Embora pouco explorados – em alguns dos principais estudos clássicos sobre escravidão e criminalidade –, são abundantes os episódios de mulheres negras escravizadas ou libertas marcadas pela violência masculina nas próprias senzalas, em crimes que envolviam sexo, traição, ciúmes e conflitos conjugais.[34] Em 1868, numa fazenda em Valença, Manoel Glória, pertencente ao grande fazendeiro José Gonçalves de Moraes, acabaria envolvido em dois assassinatos. Ao fugir, foi perseguido por Antônio, um escravizado crioulo, acabando por matá-lo. Sua fuga fora motivada pela morte de Herculana, uma escravizada com quem ele mantinha "relações amorosas", porém ela "não lhe correspondia". Foi julgado e condenado as galés perpétuas.[35] Em Valença e nas limítrofes Vassouras e Paraíba do Sul – principais municípios cafeeiros fluminenses –, ocorreriam mais crimes de feminicídio semelhantes na mesma década. Seis anos antes, 1862, na vizinha Vassouras, o cativo Vicente matara a escravizada Carolina, com quem mantinha "rixas constantes". Sem autorização senhorial, Vicente fora "pegar canas na roça", sendo imediatamente denunciado por Carolina. Vicente a agrediu, matando-a para se vingar, sendo condenado à prisão perpétua, mas teve a sentença revista pela Corte de Apelação, transformada em quinhentos açoites e obrigado a carregar ferros no pescoço.[36]

---

33 Sigaud, *Do clima e das doenças do Brasil*.

34 Algranti, *O feitor ausente*; Chalhoub, *Visões da liberdade*; Lara, *Campos da violência*; Machado, *Crime e escravidão*; Mattos, *Das cores do silêncio*.

35 Arquivo Nacional do Rio de Janeiro (ANRJ), Corte de Apelação, Processo n.6049, caixa 3696, Valença, 1868.

36 ANRJ, Corte de Apelação, Processo n.4092, caixa 3668, Vassouras, 1862.

Na outra vizinhança, Paraíba do Sul, um feminicídio teve enredo familiar mais complexo. O cativo Antônio assassinou a golpes de foice a preta Generosa. Ambos eram cativos de Florentino Martins Esteves. O motivo do crime foi uma filha de Generosa, chamada Antônia. Antônio tinha dado 20 mil-réis ao esposo de Generosa, o africano Francisco, pois queria se casar com a sua enteada Antônia. Isso mesmo. Francisco não era o pai de Antônia, mas sim marido de Generosa e intermediava a possibilidade de casamento. Porém Antônio, depois, seria avisado que apenas era o senhor que autorizava casamentos de cativos. E pior: Francisco não queria devolver o dinheiro. Antônio se vingaria da futura sogra, no caso Generosa, pois desconfiava que ela tentava impedir tal união. Foi julgado, condenado a quinhentos açoites e a andar com ferros no pescoço por doze anos.[37] Vingança também foi o motivo de outro crime ocorrido em Valença, em 1883. O escravizado pardo Antônio Ivo, de 25 anos e nascido em Pernambuco – assim provavelmente trazido pelo tráfico interprovincial –, assassinou a facadas a africana Romana. Segundo testemunhas arroladas, a preta Romana havia sido amásia de Antônio Ivo, mas o relacionamento acabara por iniciativa dele. Ainda assim viviam "em rixas constantes" e todos na senzala já estavam acostumados com as brigas deles, que não mais viviam juntos. Foi num 13 de maio de 1883, durante a noite, que Antônio Ivo foi até a senzala de Felix para pedir "um pouco de feijão". Ali encontrou Romana, que passou a xingá-lo. Começaria o conflito. Antônio Ivo resolveu se afastar, indo para a senzala de Maria. Continuaria a confusão, a ponto de Maria expulsar Antônio Ivo da sua senzala. Fala-se que Romana teria ameaçado dar umas "bofetadas" em Antônio Ivo. Este se aborreceu com aquilo, pegando uma faca, matando Romana.[38]

***

Vários estudos têm ampliado olhares e procurado perspectivas para analisar as relações de gênero e as mulheres escravizadas.[39] Diante dos *mundos* da violência e da opressão das sociedades escravistas, mulheres negras – cativas,

37 ANRJ, Corte de Apelação, Processo n.754, caixa 111, Paraíba do Sul, 1867.

38 ANRJ, Corte de Apelação, Processo n.655, maço 202, Valença, 1883.

39 Para os primeiros estudos de Giacomini, *Mulher e escrava*; Mott, *Submissão e resistência*. Houve também perspectivas pioneiras de Dias, *Quotidiano e poder em São Paulo no século XIX*; Priore, *A mulher na História do Brasil*; Id., *Ao sul da história do corpo*.

libertas e livres – foram fundamentais para criar e organizar comunidades reais e simbólicas de proteção, autoestima, afeto e saberes para africanos e crioulos em áreas rurais e suburbanas.[40] Houve episódios – muitas vezes silenciados em fontes que até aqui têm sido consideradas – que indicam como mulheres tentavam impedir a venda de filhos e companheiros, ameaçando senhores com o suicídio e ou infanticídio. Procurava-se assim – não sem conflitos que podiam ser originados nas próprias senzalas – edificar espaços, *tempos*, territórios e ambiências para famílias estendidas e redes de parentesco e alianças nas senzalas, casebres e ruas. Não poucas conseguiram inserções – materiais e psicológicas – junto aos espaços senhoriais (maiores evidências são para as mucamas e amas de leite) da casa-grande e podiam obter informações fundamentais para os projetos das comunidades escravas.[41] Não significariam acomodações e submissões. Por exemplo, para várias partes do Caribe aparecem visões de fazendeiros sugerindo a maior agressividade das mulheres em comparação aos homens escravizados.[42] Quais os espaços? Casas-grandes, senzalas ou nas ambiências do próprio trabalho, doméstico ou nas ruas?[43] Entre ações, comportamentos e práticas, as mulheres escravizadas seriam importantes agentes na manutenção e recriação de formas culturais únicas.[44] Seriam fundamentais na transmissão de crenças e valores nas senzalas.[45] Bases culturais africanas e crioulas – incluindo dimensões de gênero, autonomia e autoridade – seriam reinventadas e transformadas permanentemente.[46] Imagens de amas de leite ou mucamas fragilizadas diante da violência sexual e abuso

---

40 Ellison, Resistance to Oppression: Black Women's Response to Slavery in the United States, *Slavery & Abolition*, v.4, n.1, p.56-63, 1983.

41 Ver vários estudos em: Xavier; Farias; Gomes (orgs.), *Mulheres negras no Brasil escravista e do pós-emancipação*.

42 Bush, Towards Emancipation: Slave Women and Resistance to Coercitive Labour Regimes in the British West Indian Colonies, 1790-1838, in: Richardson, *Abolition and its Aftermath*, p.29-31.

43 Graham, *Proteção e obediência*; Soares, As ganhadeiras: mulheres e resistência negra em Salvador no século XIX, *Afro-Ásia*, Ceao; UFBA, n.17, p.57-71, 1996; e Telles, *Libertas entre sobrados*.

44 Bush, "The Family Tree Is Not Cut": Women and Cultural Resistance in Slave Family Life in the British Caribbean in: Okihiro, Gary Y. (ed.), *Resistance: Studies in African, Caribbean, and Afro-American History*, p.117-31.

45 Id., *Slave Women in Caribbean Society, 1650-1838.*

46 Fox-Genovese, Strategies and Forms of Resistance: Focus on Slave Women in the United States, in: Okihiro, op. cit., p.147-52. Ver também: Beckles, *Natural Rebels*; Gaspar; Clark Hine, *More than Chattel*.

senhorial têm sido revistas por abordagens que também têm considerado os poderes físicos, intelectuais e espirituais das mulheres, tanto africanas como crioulas, incluindo os embates no interior das comunidades de senzalas, com maridos, parentes e companheiros de trabalho. As mulheres escravizadas – na vida cotidiana, como parteiras, na maternidade e mesmo cuidando de roças e manifestando interesses, desejos, sonhos e planos – reconstruíram suas vidas e os mundos a sua volta cercados de escravidão. Não apenas nos embates em torno da manutenção da família, as mulheres tiveram que se impor diante de mecanismos de coerção, violência, sujeição e poder da sociedade escravista, diante de senhoras, fazendeiros, feitores e seus maridos.

São vários os estudos de escravidão atlântica que têm destacado experiências e projetos das mulheres escravizadas.[47] E como elas construíam espaços – para além da maternidade e ambiente familiar – da cultura material e da organização econômica comunitária.[48] Ajudariam a derrubar obstáculos da escravidão e construir pontes seguras para atravessar para a liberdade. Muitas vezes, essas experiências significaram o exercício de poderes femininos fundamentais para a permanente recriação das comunidades em que estavam inseridas e ajudaram a manter. Estariam em jogo culturas, integridade física e psicológica, dimensões de maternidade, práticas de amamentação ou contraceptivas. Além disso, relações de poder e hierarquias, incluindo sexualidade, formas de trabalho, de moradia e de simbologias corpóreas. Afora qualquer romantismo, é possível recuperar sentidos e significados das experiências de mulheres escravizadas. Tanto nos ataques à sua integridade física, emocional, afetiva, sexual, como no seu papel na reconstrução de ambientes de autoestima e identidades: confecção de roupas, preparo coletivo de alimentos, produção da cultura material etc. para as comunidades de

---

47 A tese de doutorado de Lorena Telles apresentou uma importante resenha historiográfica dos estudos de escravidão atlântica que vêm destacando a agência da mulher escravizada na vida cotidiana das comunidades em que viviam (Telles, *Teresa Benguela e Felipa Crioula estavam grávidas*).

48 A partir da resenha historiográfica de Lorena Telles, podemos destacar os estudos de: Brown, *Good Wives, Nasty Wenches and Anxious Patriarchs*; Camp, *Closer to Freedom*; Campbell; Elbourne (orgs.), *Sex, Power and Slavery*; Campbell; Miers; Miller (orgs.), *Women and Slavery*, v.2: *The Modern Atlantic*; Moitt, *Women and Slavery in the French Antilles, 1635-1848*; Morrisey, *Slave Women in the New World*; Scully; Paton (orgs.), *Gender and Slave Emancipation in the Atlantic World*; Terborg-Penn; Rushing (orgs.), *Women in Africa and the African diaspora*; White, *Ar'n't I a Woman?*

senzalas a sua volta. Podiam manter e reconstruir laços familiares, incluindo seus significados culturais.

Contudo, sem tentar adentrar senzalas e seus territórios simbólicos ou sem identificar dimensões rituais, materiais e étnicas – e outras tantas experiências femininas –, continuaremos a conhecer pouco sobre as relações de gênero na sociedade escravista. Não raro seria possível reconhecer o papel feminino no planejamento de fugas, na obtenção de informações sobre vendas e transferências indesejáveis. Mesmo no planejamento de revoltas, fosse providenciando suprimentos, logística e informações. Não cooperadoras no trabalho diário, muitas vezes eram castigadas severamente. Nas áreas rurais – nas quais a maior parte estava empregada nas plantações – através da linguagem e da música educavam seus filhos, considerando elementos fundamentais de identidades construídas. As funções das mulheres no interior das senzalas podiam representar a reconstrução permanente de aspectos culturais e materiais e, portanto, na edificação das comunidades. Sendo a espinha dorsal na constituição de laços familiares, tinham o papel-chave na transmissão oral das crenças e valores em gestação.

4
Geminiana e seus filhos:
escravidão e morte; maternidade e infância na São Luís (MA) da década de 1870[1]

Maria Helena Pereira Toledo Machado
Antonio Alexandre Isidio Cardoso

Nas primeiras horas da manhã do dia 14 de novembro, quando corria o ano de 1876, Geminiana, vinda de sua casa à rua do Mocambo, encontrou o saimento de um enterro à altura da rua Grande. A jovem, preta e liberta, que apenas recentemente comprara sua alforria, sobrevivia como criada de aluguel e vendeira nas ruas de São Luís. Embora o caixão fosse fechado, notou logo Geminiana que o esquife era pequeno, do tamanho que se faz para os anjos,[2] e que vinha com cadeado e chave à vista.[3] Era também visível a ausência de qualquer adereço que distinguisse quem lá jazia; na verdade, como viria a descobrir mais tarde, a urna havia sido montada às pressas, ainda antes do amanhecer, tendo como único enfeite um paninho azul como forro.[4] Não havia cortejo, apenas quatro escravos carregadores sustentavam o modesto féretro, e, em passo apressado e silenciosamente, buscavam chegar o mais rápido possível à Capela de São José, pertencente a Santa Casa de Misericórdia e contígua ao cemitério do Gavião, localizado em área afastada do centro da cidade. Para Primo (ou Firmo, como sugere parte dos depoimentos), Geraldo, Anísio e João, a tarefa parecia pesada demais, não pelo peso que carregavam, ora

---

1 O trabalho que se segue é parte de livro de mesmo título em fase de finalização.

2 Sobre enterramento de crianças, ver: Vailati, *Morte menina*.

3 Autos Crimes da Baronesa, 1876-1877, São Luiz: Ministério Público do Estado do Maranhão, 2009 (doravante ACB/MPEMA), depoimentos de Geminiana, p.111-2.

4 ACB/MPEMA, depoimento de João Marcelino Romeu, p.103.

nos ombros ora na cabeça, mas pelas circunstâncias excepcionais e, de todo, nebulosas que cercavam a morte do escravinho[5] que carregavam.

Alarmada, como não podia deixar de se sentir, Geminiana parou os carregadores perguntando de onde saíra o féretro, e escutou o que já temia, o enterro pertencia ao sobradão de dona Ana Rosa. Com seus piores temores praticamente confirmados, saiu em busca de sua mãe e correu para o cemitério já acompanhada por Simplícia, mulher forra jornaleira de aproximadamente 60 anos, escravizada no passado pela família Teixeira Belfort. Todos os indícios faziam supor que quem jazia no esquife era o escravinho Inocêncio, filho de Geminiana, criança que tinha por volta de 8 anos de idade, adquirida por Ana Rosa Viana Ribeiro havia pouco mais de três meses.

Chegando à capela, buscou pelo caixão onde jazia o corpo da criança. Foi encontrá-lo no depósito, uma vez que o capelão ainda não havia chegado, e, mesmo que lá estivesse, nada se podia fazer, uma vez que faltavam registro e bilhete que legalizariam o enterramento. A mãe pediu para que os carregadores abrissem o caixão. No entanto, estes resistiram: Dona Ana Rosa havia ordenado claramente que só o destrancassem na presença do capelão, na hora da encomenda do corpo. Em seguida, deviam fechá-lo novamente e devolver a chave a ela. Geminiana protestou dizendo que, "não tendo visto seu filho em vida, queria vê-lo na morte". O esquife lhe foi então aberto e sua suspeita foi confirmada, a criança morta era Inocêncio. Alguns dizem que foram os carregadores por moto próprio que facultaram à mãe a visão do filho morto, outros afirmam que foi o capelão quem mandou abrir o caixão. O mais provável é que ambas as situações sejam verdadeiras: o escravo Primo, portador da chave, pode ter permitido à mãe, à revelia do que lhe fora ordenado, uma visão rápida e discreta do cadáver do filho; em seguida, a mando do capelão que chegava para a cerimônia de encomendação do corpo do escravinho, os carregadores abriram oficialmente o esquife, deixando que a mãe pudesse ver com mais vagar o corpo do filho.[6]

---

5 O termo "escravinho" foi utilizado em vários trechos do processo. O qualificativo também apareceu nos jornais que comentaram o caso. Yuri Costa considera que o uso do termo no processo de Inocêncio funcionou como recurso de sensibilização sobre a infância escravizada, que raramente ou nunca merecia adjetivos que denotassem sua condição infantil ou carente de cuidados especiais. No entanto, o denominativo também traz em si uma apreciação do limitado valor social ou econômico dessa criança. Ver: Costa, *Celso de Magalhães e a justiça infame*, p.278.

6 ACB/MPEMA, depoimentos de Primo, Anísio, Geraldo e João, p.17-110.

A visão mais detida da criança morta chocou os presentes. Conta Geminiana que encontrou o corpo do filho vestido pelo hábito e por baixo deste apresentava calça e camisa de riscado, com os braços pendendo ao lado do corpo – e não enclavinhados acima do peito como é o costume. Quando procurou acomodar as mãos da criança na posição correta, notou que os pulsos estavam machucados como se tivessem sido amarrados por cordas. Desvestindo o cadáver, Geminiana e Simplícia, a avó, puderam comprovar que o corpo de Inocêncio estava coberto por cicatrizes de castigos – algumas mais antigas e outras muito recentes –, sendo visíveis ferimentos nos braços, costas e cotovelo.[7] Um pouco mais tarde, o exame de corpo de delito atestou que a criança portava um número significativo de cicatrizes, escoriações, queimaduras, provocadas por cordas, chicote e outros instrumentos, havia sofrido uma hemorragia cerebral, tinha pés e mãos inchados, além de estar visivelmente subnutrida e apresentar prolapso do reto e feridas no ânus.[8]

Apesar da pressa com que Ana Rosa Viana Ribeiro havia planejado encerrar "o incômodo", forma como ela mesma conceituou a morte da criança sob seu domínio, as circunstâncias não a favoreceram. Desde a constatação da iminência do falecimento do escravinho, passou a tramar formas de livrar-se de qualquer aborrecimento.[9] Manobrou confiando em seus privilégios socioeconômicos e na reputação de sua linhagem. Sendo proveniente das principais famílias escravistas de Codó, interior do Maranhão, e casada com Carlos Fernando Ribeiro, chefe do Partido Liberal da província, devia ela estar convencida de que a morte da criança não passaria de mais um inconveniente a ser encoberto – como já havia ocorrido em diversas outras ocasiões, vide a ocorrência da morte de Jacinto, irmão mais novo de Inocêncio, de apenas 5 ou 6 anos, também falecido sob seu domínio. Entretanto, o enterramento de Jacinto ocorrera sem ensejar procedimentos legais.[10]

Este não foi o caso da morte de Inocêncio. Ainda no início da noite, em 13 de novembro, quando ouviu da criança o ronco da morte, Ana Rosa mandou

---

7 ACB/MPEMA, depoimentos de Geminiana, p.111-2.

8 ACB/MPEMA, 1º exame de corpo de delito, p.157-60.

9 ACB/MPEMA, depoimento de Dona Ana Rosa Ribeiro Viana, p.173-80.

10 Diversas testemunhas do processo afirmam que d. Ana Rosa torturava escravos e escravas rotineiramente. Alguns nomes são mencionados, como o da escrava Militina, que teve todos os seus dentes arrancados por ter sorrido ao senhor, e Carolina, que sofreu castigos imoderados. O caso foi assumido pelos irmãos de d. Ana e discutido em Lenine Nequete, *O escravo na jurisprudência brasileira*, p.61-77.

chamar seu médico particular, dr. Santos Jacinto, o qual, tendo visto a criança ainda moribunda, aparentemente não viu nenhum problema para redigir, logo após o falecimento e sem realizar um exame físico circunstanciado, um atestado de óbito que certificava que o menino morrera de causa natural. Segundo o médico, a morte teria sido provocada por hipoemia intertropical, doença vulgarmente conhecida como amarelão, e disenteria, tudo, segundo o doutor, causado pelo vício da criança de comer terra.[11] Tais assertivas repetiu ele no segundo exame de corpo de delito feito sob sua responsabilidade, realizado cinco dias após o falecimento, a partir da exumação do cadáver da criança.[12] Nos momentos que precederam a morte, d. Ana Rosa pediu ainda que o médico lhe pusesse à disposição um seu escravo mais velho, certamente de confiança, Sebastião dos Santos Jacinto, para auxiliar nas tratativas que planejava para se livrar do problema o mais pronto possível.

Tentou ela, em primeiro lugar, enviar a criança moribunda para fora de sua residência. Escolheu a casa da mulata Olímpia, que por vezes trabalhava como criada alugada no sobrado. Esta, porém, declinou, dizendo-se com achaques, "um doente não pode cuidar de outro".[13] A senhora, então, mandou chamar Gregória Rosa Salustiana, mulher negra e criada alugada que havia trabalhado no sobrado semanas antes, e que entrou em serviço da casa poucas horas antes do falecimento. Sebastião e Gregória tornaram-se, assim, as únicas testemunhas do falecimento e do preparo do corpo do escravinho Inocêncio. No entanto, ambos apresentaram depoimentos vagos e inconsistentes, embora tenham deixado escapar alguns detalhes bastante sugestivos do que ocorria naquele sobrado. Por exemplo, de que Inocêncio

---

11 Em 1835, o dr. Cruz Jobim caracterizou a hipoemia intertropical como uma doença derivada do clima úmido, que, atacando as classes mais baixas, sobretudo os escravos, apresentaria sintomas como disenteria, anemia e aerofagia. Mais tarde, outros médicos estabeleceram a conexão dessa pretensa doença com a presença do verme *Ancylostoma duodenale* no intestino dos doentes. O hábito ou "vício" de comer terra, adotado por muitos escravos, aparece ora como causador ora como sintoma desta, oferecendo uma explicação para tal prática, considerada por senhores extremamente danosa. O dr. Xavier Sigaud alude também ao máculo, como uma doença própria dos negros, provocando disenteria e dilaceração do reto e ânus. Ver: Edler, Opilação, hipoemia ou ancilostomíase? A sociologia de uma descoberta científica, *Varia História*, v.32, p.48-74, 2004; Sigaud, *Du Climat e des maladies du Bresil ou statistique médicale de cette Empire*, p.130-2.

12 ACB/MPEMA, Auto de Exumação e de Corpo de Delito, p.323-8.

13 ACB/MPEMA, depoimentos de Olímpia Francisca Ribeiro e do escravo Sebastião dos Santos Jacinto, p.115-9 e 156-9.

quando morreu encontrava-se deitado em sua cama habitual, que se resumia a um pano no chão colocado no primeiro quarto no corredor da varanda do sobrado e contíguo aos aposentos de Ana Rosa, e que vestia apenas uma camisa curta azul.

Pelo menos havia sido banhado naquele dia, embora não conste que esse cuidado, corriqueiro para uma criança sofrendo de disenteria com evacuação de fezes com sangue, lhe fosse regularmente oferecido. Isto porque, na tarde daquele dia, o menino havia sido encontrado caído no quintal sob sol inclemente, desmaiado e sujo de fezes, como declarou Zuraida Guterres, escrava de d. Maria Clara Guterres, outra criada alugada pelo vizinho, e que foi cedida para atender a emergência. Compassiva, pegou a criança, lavou-a delicadamente, inclusive o ânus dilacerado, vestiu-a com uma camisa limpa mais longa, alimentou-a com fubá, e colocou-a de volta no quarto.[14] Ao que tudo indica, em seus últimos momentos, a criança estava sozinha, já que Olímpia garantiu que nada viu, pois fora mandada comprar café, e Sebastião declarou que estava em caminho da casa de Olímpia.

Dona Ana Rosa tentou se livrar do menino de todas as maneiras possíveis, não apenas mandou Sebastião à casa de Olímpia para convencê-la a receber a criança quando esta começava a expirar, como, logo após a morte, reenviou o mesmo mensageiro agora com o pedido de que sua criada acolhesse o cadáver para os ritos fúnebres, o que, novamente, Olímpia declinou. Ana Rosa concluiu então que o melhor seria realizar um enterramento às pressas, logo no amanhecer, às seis horas da manhã, com caixão fechado de forma a driblar possíveis testemunhas. Longe dos olhos do público, haveria tempo para a realização apenas de uma rápida cerimônia final que cumprisse os ritos mínimos exigidos, realizando um enterramento sem maiores delongas. Ana Rosa pretendia evitar a disseminação ainda maior dos rumores que já havia bastante tempo repercutiam os constantes maus-tratos infligidos aos escravos do sobrado da rua São João. E a morte do escravinho Jacinto, irmão mais novo de Inocêncio, ocorrida a 27 de outubro, menos de um mês antes do falecimento da segunda criança, tinha, decerto, acirrado ainda mais o falatório do povo.

Não que a senhora tenha dado mostras de estar particularmente preocupada com o assunto; ou, se estava apreensiva a respeito das consequências

14 ACB/MPEMA, Depoimento de Zuraida Guterres, p.259-61.

da segunda morte de uma criança em sua casa e em tão pouco tempo, fez questão de não o demonstrar. Para pessoas como ela, oriundas de famílias abastadas e poderosas assentadas no interior da província com *plantations* escravistas e que se tornaram proprietárias de extensa mão de obra escrava muito rapidamente, tudo parecia permitido. Nascida na ribeira do rio Itapecuru, a futura baronesa do Grajaú provinha de uma das regiões mais dinâmicas do interior do Maranhão, na qual a expansão da cotonicultura e da rizicultura havia andado de mãos dadas com o rápido incremento na formação de plantéis escravistas, adquiridos a crédito ou consignados ao pagamento na colheita.[15] A pressão senhorial pela produtividade se concretizou com a adoção de altos índices de castigos e exploração brutal do trabalho. Além disso, Ana Rosa era casada com o dr. Carlos Fernando Ribeiro, chefe do Partido Liberal e possuidor de vasta propriedade escravista em Alcântara.[16]

Ventre Livre e o ocaso da escravidão na Atenas brasileira

De fato, entre o último quartel do século XVIII e meados do XIX, a expansão das *plantations* de arroz e algodão coalharam o interior da província com escravos africanos importados a baixo custo. Como mostrou Walter Hawthorne, o tráfico de escravos entre a costa da Alta Guiné e o Maranhão, no curto espaço de não mais que cinquenta anos, povoou áreas de expansão da monocultura com escravos africanos, que alimentaram a implantação de *plantations* caracterizadas por regimes de trabalho brutais. A própria velocidade da transformação da economia e das relações sociais na província pode ter justificado a adoção de padrões de tratamento particularmente espoliativos. Os fazendeiros foram beneficiados pelo baixo custo de reposição dos plantéis até as primeiras décadas do século XIX, e em face das pressões do abastecimento do mercado inglês pelo algodão, a classe senhorial adotou padrões altamente predatórios de tratamento da força de trabalho.[17]

---

15 Assunção, *De caboclos a bem-te-vis*, p.361.

16 Costa, *Celso de Magalhães e a justiça infame*, p.169-80.

17 Hawthorne, *From Africa to Brazil*.

Não por acaso, o Maranhão ficou marcado igualmente pela emergência de revoltas populares e por uma aguerrida resistência escrava. A guerra civil da Balaiada (1838-1841), reprimida a ferro e fogo pelas tropas legalistas, estremeceu as estruturas sociais locais. Embora tenha sido alardeada como cruzada pacificadora das elites periféricas, disciplinadora de sertanejos insubmissos e destruidora de quilombos, reencaminhando os fugidos ao domínio senhorial, deixou a província imersa em visíveis contradições e enfraquecida economicamente.[18] Quilombos, invasão de fazendas, fugas em massa, ameaças de revolta foram constantemente reportadas por senhores e autoridades, atravessando praticamente todas as décadas do século XIX. A revolta de Viana, em 1867, embora tenha sido a mais visível manifestação da resistência escrava, uma vez que associava importante quilombo, invasão de fazendas e fugas de escravos, permanece apenas como um dos episódios no constante enfrentamento da rebeldia dos escravos.[19]

No século XIX, o tema recorrente tratado pelos *letrados* da província era o da decadência. A ascensão e descenso das economias exportadoras de arroz e algodão, que por carência de estrutura e modernização técnica e financeira não se sustentaram diante da competição de outras áreas, foi interpretada como uma longa decadência, que exauria a província de suas forças econômicas e sociais.[20] Comprando escravos a prazo, os fazendeiros sempre estiveram na mão dos comerciantes, situação que perigosamente fragilizou as finanças dos plantadores logo que os preços dos escravos entraram em curva ascendente. O que mostram os estudos da agroeconomia maranhense é que, esgotados os ciclos rápidos de exportação, a produção se reorientava para o mercado interno, sem necessariamente declinar.[21]

A partir da metade dos Oitocentos, o Maranhão passou de comprador de escravos para vendedor para o Sul cafeeiro. A mudança dos indicadores econômicos e perda dos trabalhadores escravizados, associada à inserção periférica do Maranhão na política imperial, se refletiu na consolidação de uma

18 Magalhães, Memória histórica e documentada da Revolução da Província do Maranhão (1839-1840), com ensaio inicial de Luiz Felipe Alencastro, ensaio que está publicado em: Alencastro, Memórias da Balaiada, *Novos Estudos Cebrap*, n.23, p.14-66, mar. 1989.

19 Gomes; Machado, Revolta em três tempos: Rio de Janeiro, Maranhão e São Paulo, século XIX, in: Gomes; Reis, *Revoltas no Brasil escravista*.

20 Faria, *Mundos do trabalho no Maranhão Oitocentista*, p.41-52.

21 Almeida, *A ideologia da decadência*, p.59-140.

classe senhorial diuturnamente confrontada com sua própria fragilidade, reflexo da insegurança de seu poder dominial e político. Segundo Matheus Gato de Jesus, a elite maranhense aderiu ao pacto imperial muito a contragosto, preservando como contradiscurso o apego a padrões europeizados, especialmente de herança lusitana, difundida pela maciça presença portuguesa.[22] Houve entre as elites locais um processo de enaltecimento de círculos intelectualizados, cultores de valores aristocráticos, reforçados diante dos revezes de uma classe senhorial em constante medo da perda dominial.[23] A situação explicaria também o apego das camadas sociais mais abastadas ao mito de São Luís como a Atenas brasileira, dedicada mais às belas-letras e aos saraus literários, vista pelas elites como muito acima da ignorância dos tambores da Casa das Minas no Querebentã de Zomadônu ou das pajelanças e brinquedos de cura dos africanos e seus descendentes da cidade. No entorno desse mundo exclusivo, vicejava uma São Luís negra, composta por pessoas livres, libertas, libertandas ou escravas que trafegavam pelas suas ruas, se incumbindo de todas as tarefas.

Casos como o de Ana Rosa Viana Ribeiro representariam, assim, momentos de explosão de pânico das elites proprietárias devido ao enfraquecimento das relações de domínio senhorial. Certo código de conduta, baseado em regras de decoro e polidez, compunha a base de normas informais vigentes entre a própria classe senhorial, que propugnava que senhores e senhoras resolvessem seus problemas com os escravizados(as) de maneira discreta, na intimidade de suas propriedades, apresentando-se sempre às vistas do público como seres que exalavam superioridade e paternalismo. Quebrando as regras de conveniência, tais eventos – como a morte dos irmãos escravinhos Jacinto e Inocêncio – geravam mal-estar e expunham os limites da hegemonia da classe senhorial. Em outras circunstâncias e lugares, episódios de extrema violência senhorial também incorreram em reprovação não só dos pobres, mas também dos poderosos.[24]

Mantendo a tendência de diminuição da população cativa, o censo de 1872 calculou que, na província, apenas 20% da população era mantida em cativeiro. São Luís, por exemplo, contava com quase 25 mil habitantes livres,

---

22 Jesus, *Racismo e decadência*, p.16-58.
23 Ibid.
24 Machado, *Crime e escravidão*, p.76-7.

mas apenas 7 mil escravizados, perfazendo em torno de 20% da população, quantitativo assemelhado ao cálculo geral do conjunto demográfico maranhense. No entanto, entre a população livre, os brancos apareciam em franca minoria, compondo pretos e pardos em torno de 60% da população.[25] Como comentou Matheus Gato de Jesus, a rápida erosão da escravidão na província, e especialmente na capital, associada à prevalência de população preta e parda teria justificado a emergência e reforço de estratégias de discriminação racial pela cor.

A Lei do Ventre Livre certamente veio acirrar as tensões sociais em São Luís. Desde os primórdios, o princípio do *partus sequitur ventrem*, significando que o filho segue o *status* materno, estabeleceu a continuidade da escravidão. Produtora e reprodutora da riqueza escravista, a mãe escravizada não teve nunca seus direitos maternos reconhecidos. Como já mostraram estudos consolidados, a mulher escravizada interessava como reprodutora, mesmo quando o baixo custo de reposição da mão de obra não justificava os investimentos senhoriais específicos que sustentassem a reprodução natural. O nascimento e sobrevivência de crianças escravizadas sempre foi percebido pelos senhores como fato positivo, se não pelo que estas podiam representar em termos monetários, certamente pelo tipo de negociação que possibilitavam, permitindo à classe senhorial manejar os comportamentos dos escravizados. A separação dos filhos foi, sempre, um dos principais temores das mães escravizadas, que procuravam minimizar conflitos e tensões de forma a evitar o máximo possível a separação forçada de seus filhos e filhas pela venda ou doação.[26] O próprio caráter central da maternidade na Lei do Ventre Livre, que liberta os nascidos após a promulgação desta e legisla sobre o direito legal à guarda das crianças, sugere que o processo emancipacionista era concebido a partir do ventre da escravizada.[27]

Já em 1869, com a promulgação do Decreto n.1.695, ficava proibida a venda em separado de mães e filhos e filhas menores de 15 anos. Já a Lei de 1871 mantinha a proibição da separação das famílias, embora estabelecesse

25 Recenseamento Geral do Brasil, 1872, Província do Maranhão. Disponível em: <https://biblioteca.ibge.gov.br/visualizacao/monografias/GEBIS%20-%20RJ/Recenseamento_do_Brazil_1872/Imperio%20do%20Brazil%201872.pdf>. Acesso em: 18 out. 2020.

26 Morgan, *Labouring Woman*, p.107-43.

27 Lei do Ventre Livre. Disponível em: <http://www.planalto.gov.br/ccivil_03/leis/lim/lim2040.htm>. Acesso em: 18 out. 2020.

a idade de 12 anos para a proibição de venda das crianças sem a mãe.[28] No entanto, como rezava a lei, as mães que se alforriassem e que tivessem filhos de até 8 anos poderiam mantê-los sob sua guarda, situação que raramente ocorreu, como se pode verificar em inúmeros autos de reclamação que registraram a quase impossibilidade de manutenção da guarda da criança pequena pela mãe liberta.[29] Entre 8 e 21 anos, o(a) ingênuo(a) ficava sob tutela senhorial ou poderia ser entregue aos cuidados do Estado, o que muito raramente acontecia. Além disso, a lei consolidava o direito de os escravizados adquirirem sua liberdade mediante a apresentação em juízo de parte de seu valor e negociação da indenização do restante por meio de contratos de trabalho.[30] No entanto, a libertanda ou liberta era obrigada a deixar sua prole escravizada ou ingênua maior de 8 anos sob o domínio senhorial, de fato separando, mais uma vez, mães e filhos(as). De fato, o que aconteceu após 1871 pode ser compreendido como um longo processo de erosão do poder materno por parte da mãe alforriada. Cada vez com maior intensidade, passou a ser vista pelas autoridades como uma mãe despreparada para exercer o sagrado dever da maternidade.[31]

Jacinto e Inocêncio: escravinhos, não ingênuos

A trama que envolveu a venda das duas crianças pequenas em separado da mãe remonta aos princípios do ano de 1876 e bem ilustra os dramas vividos pelas escravizadas que se alforriavam. Embora tanto as fontes de época quanto boa parte dos historiadores atuais ressaltem os aspectos emancipacionistas e liberatórios da Lei do Ventre Livre, sublinhando os artigos que facilitavam a compra de alforria, na verdade, a implementação da lei facultava a separação de mães e seus filhos e filhas. Este foi o caso de Geminiana.

Antes da mudança para a cidade de São Luís, Geminiana e seus filhos – Zaira de 12 anos e os meninos, Inocêncio e Jacinto – tinham vivido por alguns

28 Decreto n.1.695, de 15 de setembro de 1869. Disponível em: <https://www2.camara.leg.br/legin/fed/decret/1824-1899/decreto-1695-15-setembro-1869-552474-publicacaooriginal-69771-pl.html>. Acesso em: 18 out. 2020.

29 Papali, *Escravos, libertos e órfãos*, p.28-9; Haack, *Sobre silhuetas negras*, p.112-31.

30 Ariza, *O ofício da liberdade*.

31 Id., *Mães infames, filhos venturosos*.

anos na vila de Rosário, no interior da província, situada às margens do baixo curso do rio Itapecuru. Embora estivesse sob o domínio do dr. Luiz Miguel Quadros, a propriedade da família provinha da esposa, Maria Thereza Tavares Belfort. Seu pai, o comendador José Joaquim Tavares Belfort, era proprietário do Engenho Recurso, sito em Rosário. Falecido o casal proprietário, o comendador Tavares Belfort tornou-se inventariante e administrador (tenedor) do espólio. Foi provavelmente nessa ocasião que Geminiana e seus filhos passaram a viver no citado engenho. O inventário teve seu juízo em São Luís, já que a família possuía bens na localidade. Como o comendador resolveu se desfazer de alguns escravos para pagar o passivo do inventário, este teve que levá-los à capital para serem avaliados e anunciados em editais na praça da cidade. Geminiana e seus filhos compunham o lote.

Nesse ínterim, Geminiana apresentou o seu valor em juízo e se alforriou.[32] Embora não haja referências que expliquem como a escrava conseguira juntar seu pecúlio, podemos apresentar hipóteses. Uma delas é a de que sua mãe, Simplícia Maria da Conceição Teixeira Belfort, ex-escrava da família do inventariante e que naquela altura vivia em São Luís ganhando a vida como jornaleira, pudesse ter comprado a alforria da filha com uma possível poupança individual duramente amealhada. Outra possibilidade é que Geminiana possuísse pecúlio próprio acumulado no desempenho de trabalhos realizados como pajé. Como demonstra o processo subsequente que envolveu Geminiana, em São Luís, ela participava do círculo íntimo da liberta Amélia Rosa, conhecida como a rainha da pajelança.[33]

Ao adquirir sua alforria, Geminiana teve que deixar para trás seus três filhos. Zaira, a mais velha, descrita nos autos como uma "negrinha" de 12 anos mais ou menos, foi vendida rapidamente. Restaram os dois meninos pequenos. Por meses as crianças foram anunciadas em edital sem que aparecesse comprador. Em meados de junho, no entanto, os dois foram adquiridos pela firma Silva & Teixeira, cujos proprietários eram donos de uma padaria. Embora os padeiros portugueses tenham declarado no processo criminal que compraram as crianças por achá-las "bonitinhas", logo descobriram que nem Jacinto nem Inocêncio tinham qualquer utilidade, já que

32 ACB/MPEMA, Depoimento de dr. José Joaquim Tavares Belfort, p.120-5.

33 Ferretti (org.), *Pajelança no Maranhão no século XIX*. Agradecemos a Flávio Gomes a generosidade de nos ter alertado para a existência dessa publicação e, mais ainda, por ter ele próprio localizado nos arquivos maranhenses esse incrível processo.

eram muito pequenos para trabalhar no negócio e apenas ficavam em torno do balcão para ganhar guloseimas. Realisticamente avaliando, os padeiros devem ter feito a aquisição apenas como investimento. Há indícios de que um dos proprietários da padaria era também negociante de escravos.[34]

Em 9 de agosto daquele ano, o destino dos dois pequenos foi selado. Contra qualquer bom senso, ambas as crianças foram vendidas para dona Ana Rosa Viana Ribeiro, legendariamente conhecida na cidade como torturadora de escravos. Em praticamente três meses ambas estavam mortas e todos – sobretudo as camadas populares – discutiam a céu aberto a respeitos dos crimes ocorridos no sobrado da rua São João. Falava-se muito, os boatos corriam soltos, a tal ponto que o subdelegado da Segunda Jurisdição teve que solicitar a pronta realização do exame de corpo de delito no cadáver de Inocêncio, que aguardava em seu caixãozinho barato a hora de descansar. Tal revolta ocasionara o assassinato da criança que a inspeção do corpo por um médico e um farmacêutico causou tumulto. Uma multidão se espremeu na sala do cemitério onde o exame começava, com as mulheres do povo "de balaio na mão" vociferando contra a senhora, causadora de tão horrível crime.[35] Entre elas encontrava-se Geminiana, mais do que provavelmente ladeada por suas companheiras da pajelança. Tal alvoroço fizeram aquelas que carregavam o balaio dos serviços mais duros e desclassificados que foram expulsas da sala. Continuaram o protesto nas ruas da cidade, dificultando o acobertamento da revoltante morte de Inocêncio, que feria até os bons princípios cristãos das elites da cidade.

Aos olhos do público

Como se vê, em pouco tempo, a notícia indesejada por Ana Rosa Viana Ribeiro já estava na boca do povo. Uma morte de criança cativa, ocorrência ordinária no cotidiano local, crescentemente ganhava proporção e publicidade incomuns. A pressão do vozerio no cemitério não se fez sentir somente em seus arredores. Comentários sobre o crime circularam nas praças, nos

---

34 Almeida, *O crime da baronesa*, p.44, nota 18.

35 ACB/MPEMA, Depoimento de José Maria da Rocha Andrade, p.238-41.

armazéns e até nos teatros, como confirma o relato de David Freire da Silva, despachante da alfândega, uma das testemunhas arroladas no caso.[36]

O sagrado domínio senhorial teve seus dias de escárnio moral. A vida privada de uma abastada senhora dona de sobradão foi exposta aos olhos do público. A sordidez da sociedade escravista ludovicense, escamoteada sob o verniz da boa educação da Atenas brasileira, passou a ser objeto de devassa. O povo das ruas, que pulsava em miríades de ganhadores, vendeiras, carpinas, aguadeiros, tigreiros, testemunhou momentaneamente o mundo virar de ponta-cabeça.

Não tardou até o promotor substituto, delegado Antonio Gonçalves de Abreu iniciar uma investigação contra a senhora de escravos. Ele convocou os carregadores do caixão, as criadas alugadas da casa, alguns transeuntes que presenciaram o alarde das ruas, a mãe e a avó de Inocêncio, dentre outras pessoas, para exporem seus testemunhos em juízo. O conteúdo das informações levantadas apontou diversas pistas sobre a violenta vida privada de Ana Rosa, posicionada na denúncia da promotoria como única suspeita da autoria das sevícias e maus-tratos que levaram à morte de Inocêncio.

A peça acusatória foi dirigida ao juiz do 3º Distrito Criminal de São Luís, que deu prosseguimento a uma extensa acareação. O conteúdo da primeira etapa de interrogatórios, com 26 pessoas inquiridas, foi publicado na íntegra no *Diário do Maranhão* em 24 de novembro de 1876, maximizando o debate público também na arena da imprensa.[37] Quando o caso já estava famoso, entrou em cena o promotor público titular, Celso Tertuliano da Cunha Magalhães, membro de notabilizada família com lastro no Partido Conservador, que, amparado na denúncia de seu antecessor, sustentou a acusação nos tribunais.

Após consultar as informações adensadas pela promotoria, o magistrado José Manoel de Freitas, ante a excepcionalidade da denúncia contra uma das mais altas representantes da aristocracia local, considerou a acusação inconclusiva. Foi declarada a impronúncia da ré em 23 de janeiro de 1877, livrando-a momentaneamente da investigação.[38] Entretanto, Celso Magalhães recorreu ao Tribunal da Relação do Maranhão, reforçando a peça

36 ACB/MPEMA, Depoimento de David Freire da Silva, p.149-50.

37 Hemeroteca Digital da Biblioteca Nacional (HDBN), *Diário do Maranhão*, n.991, 26 nov. 1876, p.1-6.

38 ACB/MPEMA, Sentença de Impronúncia, p.433-6.

acusatória, incrementada com um aporte nos argumentos sobre a causa da morte da criança. Foram sublinhadas as repetidas e severas agressões físicas contra o escravinho, agravadas pela má alimentação e falta geral de cuidados asseverados nos exames de corpo de delito, tudo isso acompanhado por um histórico de outros casos que circulavam de boca em boca havia tempos, e que envolviam diretamente atos de violência de Ana Rosa contra seus escravos e escravas.

Diante do reforço das alegações, a instância superior do Judiciário maranhense acabou reconsiderando a denúncia, revertendo seu desfecho. Ana Rosa foi declarada incursa e suscetível às penas do artigo 193 do Código Criminal, pelo crime de homicídio.[39] O chefe da polícia, José Mariano da Costa, obedecendo à nova decisão judicial, deflagrou a diligência que encarcerou Ana Rosa. Esta permaneceu presa poucos dias, entre 13 e 22 de fevereiro de 1877,[40] enquanto seu advogado trabalhava para contragolpear os argumentos da acusação da promotoria, que levou à prisão uma das mais ricas senhoras de escravos de São Luís. A condenação incomum ligou o sinal de alerta sobre as possibilidades de represália oficial aos maus-tratos e práticas cruéis contra escravizados. A decisão do Tribunal da Relação tensionou os ânimos da aristocracia da velha ilha do Maranhão, somando mais elementos ao contexto de crise do sistema escravista que dava sinais de exaustão na já debilitada economia agroexportadora local.

Na década da Lei do Ventre Livre, a província testemunhou um decréscimo substancial de sua força de trabalho escravizada. Contudo, conforme aponta Josenildo de Jesus Pereira, diante da derrocada do cativeiro, as relações de dominação no Maranhão entraram em processo de recomposição, conservando sua estrutura desigual e excludente.[41] O aparato legal oitocentista, pouco afeito à proteção de pessoas egressas da escravidão, acompanhou tal tendência. Mesmo acusando uma abastada representante da elite de São Luís, as alegações que a levaram à prisão não apresentaram defesa da população escravizada ou liberta em âmbito geral, nem mesmo flertaram com perspectivas abolicionistas, ausentes tanto na composição dos textos de

---

39 ACB/MPEMA, Pedido de prisão e decisão judicial, p.375.

40 ACB/MPEMA, Secretaria de Polícia do Maranhão, p.539.

41 Pereira, *As representações da escravidão na imprensa jornalística do Maranhão na década de 1880*, p.126.

acusação como no pedido de prisão decorrido da etapa inquisitorial.[42] A leitura do processo revela a utilização por parte do promotor de um vocabulário humanitário paternalista, o qual cuidadosamente mantém os pobres envolvidos no processo, principalmente a mãe e a avó de Inocêncio, envoltos em um discurso de total passividade e vitimização. Estão todos – ou melhor, todas as Geminianas de São Luís – à espera da defesa heroica e desinteressada da autoridade. Retórica pura: conforme indícios presentes nos autos, a morte de Inocêncio foi mais alardeada e combatida pelo povo das ruas do que pela justiça maranhense.

Ana Rosa e sua família temiam o escândalo maximizado pelos "boatos que se propalavam contra ela", ameaçadores de sua posição social e poderio político. Por isso, imediatamente após o alvoroço da prisão, foram iniciadas investidas para libertar a abastada prisioneira. O advogado de defesa, Francisco de Paula Duarte, recorreu dando vazão a diversas manobras, bem detalhadas em um estudo de Luciana Meireles Reis.[43] A apelação teve base no argumento da morte natural da criança, supostamente justificada no segundo exame de corpo de delito, que inadvertidamente contou com a participação do médico particular de Ana Rosa e que havia expedido o atestado de óbito, o dr. Antonio dos Santos Jacinto. Este ressaltou, além das escoriações, a presença de quatro ancilóstomos no duodeno, vistos como prova do "vício de comer terra", que teria ocasionado uma morte por causas naturais. A tese foi imediatamente rebatida em acalorados debates nos jornais, refutadas particularmente pelo dr. Augusto Teixeira Belfort Roxo, famoso médico da cidade, que propugnou ser impossível que a pequena presença de vermes pudesse ter levado Inocêncio a óbito, asseverando as contumazes agressões físicas e as péssimas condições de alimentação como causas que levaram a termo a vida da criança.[44]

Mesmo diante do sólido contra-argumento do dr. Roxo, a defesa se fiou na tese dos castigos moderados, socialmente legitimados como direito senhorial, asseverando que a morte teria sido ocasionada pelo alegado agravamento da verminose e não pela contumaz violência praticada contra a criança.[45] A essa altura, notícias sobre as idas e vindas do processo ocupavam quase diariamente

42 ACB/MPEMA, Fase judicial preliminar, p.193-431.

43 Reis, *Um crime contra escravo numa sociedade escravista*.

44 HDBN, *O Paiz*, n.216, 15 dez. 1877, p.2.

45 ACB/MPEMA, Alegações finais da defesa, p.293-315.

a arena da imprensa ludovicense, acompanhando o falatório já presente nas ruas. Mesmo diante dos comentários malfazejos sobre a conduta privada de Ana Rosa, os arrazoados de seu advogado Francisco de Paula Duarte acabaram sendo plenamente acatados pelo júri. A ré foi inocentada e teve seu nome riscado do rol dos culpados em pouco tempo.

Em seu cerne, a estratégia da defesa buscou deslegitimar a investigação desde o princípio, classificando-a como uma "devassa difamatória", na qual "menos se inquiriu o delito do que a vida privada, a conduta doméstica, as relações íntimas da acusada".[46] A argumentação buscou defender o "mundo da casa" diante do julgamento público das ruas.[47] O advogado valeu-se das prerrogativas de defesa do âmbito privado, terreno onde a vontade da proprietária tinha peso legal diante da justiça. Tais alegações convenceram o júri e o juiz da 1ª Vara e presidente do Tribunal do Júri, Umbelino Moreira D'Oliveira Lima, que inocentou a acusada.[48]

Mesmo com o desfecho favorável à ré, o murmúrio das ruas continuou incômodo, tornando-se ainda mais ruidoso com o crescente reforço dos impressos.[49] Ao comentarem partes inteiras do processo, os periódicos serviram como caixas de ressonância do trágico destino de Inocêncio. Os chocantes testemunhos de Geminiana e sua mãe Simplícia, somados aos demais relatos que detalharam a morte de seu filho, foram estampados nas páginas de jornais. O vozerio das mulheres captado nos depoimentos fez coro à aflição da mãe, uma mulher preta, vendeira, liberta, assemelhada socialmente a muitas outras que enchiam as ruas de São Luís. A imagem da súplica de Geminiana diante do filho morto e trancado num caixão a posicionava como mais um alvo da inclemência de Ana Rosa.

No plano discursivo uma mulher pobre liberta aparecia publicamente como vítima da vileza de uma dama da elite maranhense. A equação precisava ser invertida. Pouco tempo após a morte de seus filhos, Geminiana se viu imbricada em outro processo judicial, dessa vez não somente na condição de informante. Em novembro de 1877, a mãe de Jacinto, Inocêncio e Zaira, foi enredada num escândalo que tomou mais uma vez o falatório local. Uma

46 Ibid., p.302.

47 Sobre o "mundo da casa" representativo do direito e da ambiência privada de senhores no século XIX, cf. Mattos, *O Tempo Saquarema*.

48 ACB/MPEMA, Sentença absolvitória, p.612.

49 HDBN, *O Paiz*, n.222, 22 dez. 1876, p.2.

jovem de nome Joanna, escravizada pela família Araújo Trindade, apareceu coberta de feridas e sangrando, pedindo socorro pelas ruas. Geminiana foi apontada como autora das sevícias juntamente com outras mulheres escravas e libertas. Estas participavam de um grupo de pajés, chefiadas por Amélia Rosa, conhecida como a "Rainha da Pajelança".

Geminiana: preta liberta, vendeira e pajé

Geminiana Maria dos Santos compareceu à Cadeia Pública em 18 de novembro de 1877 para ser interrogada. O subdelegado do 1º Distrito da capital, Raimundo Joaquim César, iniciou o auto de perguntas com a identificação da suspeita, que declarou ter 28 anos de idade, estar solteira e atuar como vendedora de tabuleiro, tendo sua residência situada na rua do Mocambo. Na sequência, quando foi questionada especificamente sobre o tema do inquérito, respondeu não ter participação nos espancamentos de Joanna; que era sua conhecida, pois esta habitava a mesma casa de sua filha mais velha, Zaira, escrava dos mesmos senhores da jovem seviciada.[50]

As investigações também atingiram outras oito mulheres, Rita Helena, Brasilísia, Simôa dos Anjos, Geralda, Catharina, Herculana e Maria, todas associadas à principal acusada, Amélia Rosa, afamada por sua atuação como pajé. Tratava-se de um grupo de escravas e libertas que trabalhavam ao ganho como vendeiras, lavadeiras e em serviços domésticos. O cotidiano do trabalho escravo e/ou dependente na capital do Maranhão conectava a rotina dessas personagens e também estruturava seus contatos e redes de solidariedade. Essas mulheres faziam parte da paisagem social das ruas, nas quais enfrentavam a labuta, negociavam suas mercancias e constituíam suas táticas de sobrevivência e defesa. Suas vozes ajudaram a espalhar informações sobre os atos de crueldade que tiveram como consequência a prisão temporária da futura baronesa de Grajaú.[51]

Para Mundicarmo Ferretti, que também analisou o processo em tela, podem-se localizar nos autos indícios da ligação entre a condenação pública

---

50 Ferretti (org.), *Pajelança no Maranhão no século XIX*, p.82.

51 Ana Rosa Viana Ribeiro recebeu o título de baronesa de Grajaú em 1884, em decorrência da concessão honorífica ao seu marido, Carlos Fernando Ribeiro, titulado como barão de Grajaú. Cf. Almeida, *O crime da baronesa*, p.21.

da senhora de escravos e a posterior perseguição das mulheres pretas como forma de retaliação à mãe do menino seviciado.[52] A investigação teve peso na tentativa de desarticulação da imagem da mãe supliciada pela morte dos filhos, atribuindo-lhe papel central no caso das cruéis torturas que atingiram Joanna. A denúncia ainda foi agravada pela associação da acusada com práticas religiosas populares, altamente depreciadas à época.

Tudo leva a crer que tamanha sanha persecutória contra Geminiana indicasse o incômodo causado por suas agências em defesa de sua família. As mortes trágicas de Inocêncio e Jacinto não parecem ter esmorecido a mãe enlutada, que continuava em combate por Zaira, sua filha, por meio dos laços de sociabilidade com suas companheiras de labuta neste e no outro mundo. A jovem escravizada servia na mesma casa que Joanna, a suposta vítima do grupo de mulheres pajés. Como estaria agindo Joanna em relação à filha sobrevivente de Geminiana? Estaria ela também a mando de Ana Rosa e seu advogado ameaçando Zaira? Apaziguar os mortos continuando a sobreviver à vida dura de mulher forra em São Luís só era possível por meio das redes de ajuda mútua, aqui enredadas na magia dos trabalhos de pajelança.

Tais práticas eram bastante disseminadas no Maranhão, conhecidas usualmente como "pajelança de negro", nome também atribuído às brincadeiras de tambor, que se espraiaram entre os ritos do terecô, da mina e do catimbó, com raízes que remontavam à histórica relação entre sociedades africanas, indígenas e o catolicismo popular, conectados ao longo do espoliativo processo colonial lusitano.[53]

Geminiana aparece no processo como pajé que recebia o rei dom Sebastião, entidade referente ao monarca português desaparecido aos 24 anos de idade na Batalha de Alcácer-Quibir, no norte da África, em 1578.[54] A figura do jovem monarca lusitano, cujo corpo nunca foi encontrado, se faz presente até hoje na encantaria maranhense, que trabalha com potências extracorpóreas, denominadas como encantados. Para Martina Ahlert, tais entidades teriam passado pela vida sem morrer, ou seja, perderam seu corpo e se

52 Ferretti (org.), *Pajelança no Maranhão no século XIX*, p.52.

53 Id., *Encantaria de "Barba Soeira"*, p.30.

54 De acordo com estudos de Joel Andrade, uma série de manifestações populares incorporaram a traumática morte do rei a um infindável repertório de crenças, que se espalhou pelo mundo atlântico através do "sebastianismo", cujos adeptos ritualizavam o retorno do rei, que traria consigo a redenção de todos os males. Conferir Andrade, *Os filhos da lua*.

encantaram, desaparecendo das vistas de seus contemporâneos, visitando o plano físico paulatinamente para dançar e trabalhar em rituais de cura.[55]

Como se vê, os sentidos históricos atribuídos à pajelança têm suas raízes na coercitiva amalgamação sociocultural engendrada nos mundos do trabalho da escravidão de populações africanas e indígenas. Cantos e tambores, muitas vezes silenciados, conseguiram atravessar o tempo, incomodando os códigos de civilidade da Atenas brasileira nos fins do século XIX. Amélia Rosa, líder do grupo de Geminiana, já havia sido presa em 13 de outubro de 1876 por atuar no ofício de cura atendendo doentes e promovendo encontros e danças misteriosas, classificadas em nível oficial como práticas de feitiços e crendices.[56] Sua fama de curandeira e feiticeira era bastante conhecida em São Luís, onde possuía muitos consulentes, especialmente entre as camadas populares.[57] Segundo os autos, quando "inspirada", Amélia Rosa apresentava-se como Leopoldina, rainha de Taba. Na condição de liberta, empunhava seus saberes/poderes de curadora, atraindo seguidores e pacientes.

Foi nesse ensejo que Joanna, escrava da família Araújo Trindade, teria buscado os préstimos da pajé. Durante a investigação, especialmente no auto de perguntas à ofendida, a jovem afirmou que foi à casa da curadora, na travessa dos Barqueiros, para tratar umas "tontices que estava sofrendo".[58] Mas, segundo seu testemunho, em vez de aliviar os sintomas, Amélia Rosa iniciou uma sessão de castigos, ajudada diretamente por Geminiana, que teria agravado ainda mais os maus-tratos, amarrando Joanna e desferindo fortes golpes no corpo da ofendida. Nesse sentido, o exame de corpo de delito confirmou a ocorrência de pancadas violentas na cabeça e na caixa torácica, queimaduras e ferimentos produzidos por arma cortante, com danos físicos que inabilitariam a jovem ao trabalho por sessenta dias.

A liberta Amélia Rosa também foi interrogada pelo subdelegado do 1º Distrito da Capital. Apresentou-se como Leopoldina, afirmou ter 46 anos

---

55 Ahlert, *Cidade relicário*. Sobre outros vieses da pajelança e encantaria ver também: Maués, *Padres, pajés, santos e festas*; Slater, *Dance of the Dolphin*.

56 Ferretti (org.), *Pajelança no Maranhão no século XIX*, p.48.

57 Caso congênere de um afamado feiticeiro também tomou o debate público na cidade do Rio de Janeiro no final do século XIX. Tratava-se de José Sebastião da Rosa, mais conhecido como Juca Rosa. Sobre a trajetória do referido personagem, conferir: Sampaio, *A história do feiticeiro Juca Rosa*.

58 Auto de perguntas feitas a preta Joanna; e Auto de perguntas à ofendida, in: Ferretti (org.), *Pajelança no Maranhão no século XIX*, p.73-4, 114-5.

de idade, ser solteira e viver de suas costuras e vendas. Em sua defesa asseverou que Joanna chegou a sua casa às cinco horas da manhã berrando, com comportamento muito agitado. Em socorro da visitante, mandou comprar medicamentos e um vomitório. Como não obteve sucesso, tomou o entendimento de que Joanna estava "endemoniada", pois falava uma língua desconhecida e batia sozinha na própria cabeça. A pajé então preparou-lhe um banho de folhas de pacova cozida e cajá, com defumação de incenso e mostarda, o que ajudou a acalmar momentaneamente a consulente. Afirmou ainda que Joanna pegou uma tesoura e cortou os próprios cabelos, alardeando que estava escutando um forte zumbido, talvez obra do diabo em sua cabeça, pedindo para ser queimada com a chama de uma vela.[59]

Herculana, mãe de Amélia Rosa, liberta de 60 anos, que trabalhava como lavadeira e morava com a filha, também foi ouvida durante a fase dos depoimentos. Segundo seu testemunho, Joanna bateu na porta de sua residência "berrando como bode". Após ser iniciado o tratamento com banhos e defumadores, esta teria caído sobre as brasas, e na ocasião confessado que tinha planos de matar Amélia Rosa. A trama envolvia um suposto mandante do assassinato, Francisco de Paula Duarte, advogado que defendeu Ana Rosa Viana Ribeiro no processo resultante da morte do menino Inocêncio. Caso executasse o pedido, Joanna seria recompensada, ganhando uma casa e uma quantia em dinheiro. Ao saber da conspiração, Amélia Rosa teria iniciado os castigos como forma de represália à ameaça de morte, fazendo uso de cordas e chamas de vela para seviciar a jovem escrava.[60]

Na mesma linha de argumentação, seguiu o testemunho de Rita Helena, liberta de 55 anos, lavadeira, que também estava presente na casa da travessa dos Barqueiros. Quando presenciou a cena, benzeu a consulente, negando-se a participar da sessão de castigos. Diante de Rita Helena, Joanna teria declarado que tinha "dois vidros de veneno" para matar a pajé. Ao observar a gravidade da situação, a frequentadora da casa fez o seguinte alerta a Amélia Rosa: "rapariga, bota Joanna para fora, porque ela está procurando a justiça para tua casa, isto é para te comprometer".[61]

---

59 Auto de perguntas feitos a Amélia, in: Ibid., p.72-3.

60 Auto de perguntas feitas a Herculana Maria da Conceição Viveiros, in: Ibid., p.71-2.

61 Auto de perguntas feitas a liberta Rita, in: Ibid., p.83. Obs.: Os supostos vidros de veneno foram examinados a pedido da polícia, e o líquido dos recipientes foi identificado como goma de batata.

A investigação continuou até abril de 1878, ouvindo repetidas vezes todas as mulheres envolvidas, além de outras testemunhas. Diversos indícios nas falas indicaram o envolvimento de terceiros, vide o caso do advogado Francisco de Paula Duarte, que nem mesmo foi instado a depor no caso. Para Mundicarmo Ferretti, é válido questionar se a extensa articulação judicial que ajudou a livrar a senhora de escravos da cadeia não teria agido também para a condenação do grupo de Amélia Rosa, tendo como alvo principal Geminiana.[62] Em sua defesa, a mãe de Jacinto, Inocêncio e Zaira articulou depoimentos evasivos diante do inquérito persecutório, negando veementemente sua participação no caso. Negou igualmente seus trabalhos de pajelança, provavelmente antevendo o fortalecimento dos argumentos da acusação, que mesmo assim a classificaram como uma "segunda Amélia Rosa", posicionando-a como uma mulher violenta e perigosa.

Ao final do processo, na tentativa de livrar suas companheiras, a famosa pajé de São Luís assumiu a culpa sozinha, apresentando-se como única responsável pelos ferimentos em Joanna. Contudo, a confissão não absolveu suas parceiras, que também foram consideradas culpadas pelas sevícias causadas na escrava da família Araújo Trindade. Amélia Rosa e Geminiana foram consideradas incursas no art. 205 do Código Criminal, autuadas pelas ofensas físicas, a primeira em grau máximo, condenada a 9 anos e 4 meses de prisão mais multa, e a segunda em grau médio, a 5 anos e 3 meses mais multa. Foram também condenadas Catharina, Rita Helena, Brasilísia, Herculana e Maria.

* * *

A contraofensiva da família Ribeiro foi além das mulheres pretas, atingindo também outros envolvidos no processo que levou a futura baronesa de Grajaú à prisão. Foi articulada uma investida contra Celso Tertuliano da Cunha Magalhães, promotor público ligado ao Partido Conservador e em parte responsável pelas peças acusatórias que levaram a senhora de escravos à cadeia. Quando o marido de Ana Rosa Viana Ribeiro, graúdo político das hostes do Partido Liberal, assumiu interinamente a presidência da província em 1878, demitiu sumariamente o promotor em ato de ofício, nomeando

62 Ibid., p.52.

em seu lugar o bacharel João Pires da Fonseca. Tudo leva a crer que o desligamento de Magalhães alcançou um duplo objetivo, pois, ao minar a posição de poder daquele que havia ajudado a condenar a matriarca dos Ribeiro, também estava enfraquecendo um nome ligado ao Partido Conservador maranhense. A demissão demonstrou a força do clã de Ana Rosa, que, após a humilhação pública, buscou defender sua reputação entre a elite ludovicense. Coincidentemente, pouco tempo depois de seu desligamento da promotoria, Celso Magalhães apresentou sérios problemas de saúde, morrendo em junho de 1879.

Cumpre notar que, antes de sua demissão e posterior falecimento, Magalhães participou da acusação contra Amélia Rosa, Geminiana e as demais participantes do grupo de pajés. Embora tenha tomado parte na acusação que condenou temporariamente a senhora de escravos da família Ribeiro, o promotor não era necessariamente um entusiasta da emancipação da população negra maranhense ou defensor de suas causas sociais. Além disso, segundo Yuri Costa, Magalhães era seguidor de Nina Rodrigues e um dos maiores defensores das doutrinas raciais e eugenistas no Maranhão, cujas ideias pregavam a inferioridade racial de populações negras e indígenas.[63]

Enquanto a família Ribeiro manobrava para derrubar o promotor e seus outros adversários, Amélia Rosa, Geminiana e suas companheiras permaneciam presas na cadeia pública. Sobre a estadia das pajés no presídio existem interessantes referências produzidas pelo chefe de polícia, Cândido Pereira Franco, que fez uma visita à prisão para fiscalizar as condições físicas do cárcere e o cotidiano das detentas. Em ofício destinado ao presidente da província em 1880, o dirigente da polícia fez uma reclamação formal sobre o comportamento das mulheres, que mesmo reclusas não se separaram de seus filhos. Geminiana, que nessa altura já era mãe de outra criança pequena, mantinha seus laços maternos apesar das terríveis perdas que sofrera. Como agravante, a autoridade escreveu que considerava acintoso que numa "casa destinada à expiação de culpa" vivessem as sentenciadas "com a cabeça enfeitada com flores naturais".

O ápice das críticas do chefe de polícia, publicadas no jornal *O Tempo*, se referiu às comemorações do aniversário de Amélia Rosa na prisão, ocorrido no dia 29 de agosto de 1880. As mulheres e seus filhos "fizeram grande

63 Costa, *Celso de Magalhães e a justiça infame*, p.224.

vozerio no pátio interno", com danças e cantos que celebravam mais um ano de vida da pajé.[64] Pereira Franco ficou particularmente escandalizado diante da rainha da pajelança ornada com laços de fita e flores no cabelo. Seu testemunho nos fornece pistas de que, mesmo condenadas pela justiça da Atenas brasileira, as redes de sociabilidade das mulheres libertas e escravas continuaram vivas, incomodando autoridades e a sociedade senhorial na São Luís oitocentista.

64 Testemunho referenciado em Ferretti (org.), *Pajelança no Maranhão no século XIX*, p.54. Disponível para consulta em HDBN, *O Tempo*, 30 mar. 1878, p.2-3.

5
O trabalho do parto:
trabalho escravo, saúde reprodutiva e a influência da Lei do Ventre Livre no pensamento obstétrico, séculos XIX e XX

Cassia Roth

Em 1823, José Bonifácio de Andrada e Silva, "o Patriarca", o naturalista português que se transformou em estadista brasileiro, propôs à Assembleia Geral Constituinte do Brasil uma lei que regulamentava a escravidão na nova nação independente.[1] Sua legislação procurava acabar com o comércio transatlântico de escravos, como um primeiro passo de uma emancipação gradual, controlada e pacífica, que não deveria ser disruptiva em relação ao processo econômico ou à paz política e civil.[2] Assim, sua ênfase na abolição do tráfico de escravos era acompanhada por propostas que visavam incentivar a reprodução endógena da população escravizada e criar uma força de trabalho "interna" [*home-grown*] mais laboriosa e obediente.[3] Para isso, antes da abolição, ele procurou estimular o comércio transatlântico de mulheres escravizadas por meio de incentivos fiscais (artigo 1) – um esforço para resolver o desequilíbrio sexual que existia nesse comércio – e recompensar com a liberdade as mulheres escravizadas que haviam tido e criado cinco filhos (artigo 19). Para apoiar a reprodução biológica, a proposta introduziu um tratamento especial para mulheres grávidas e lactantes (artigo 18):

1 Atualizei a grafia das citações para o português atual.
2 Andrada e Silva, *Representação à Assembleia Geral Constituinte e Legislativa do Império do Brasil sobre a escravatura*, p.1.
3 O termo *home-grown* vem de Turner, Home-Grown Slaves: Women, Reproduction, and the Abolition of the Slave Trade, Jamaica 1788-1807, *Journal of Women's History*, v.23, n.3, p.39-62, 2011.

> A escrava, durante a prenhes e passado o terceiro mês, não será obrigada a serviços violentos e aturados; no oitavo mês só será ocupada em casa; depois do parto terá um mês de convalescença; e passado este, durante um ano, não trabalhará longe da cria.[4]

Quando lido em conjunto com a legislação proposta como um todo, que se concentrava em alterar a forma de obtenção de pessoas escravizadas por meio do comércio transatlântico para a reprodução baseada no Brasil, o artigo 18, enfatizando tanto cargas de trabalho mais leves durante a gravidez quanto um período de descanso pós-parto, tratava menos de prover saúde às mulheres escravizadas e mais de garantir a reprodução biológica de uma força de trabalho escrava. Andrada e Silva acreditava que uma população crioula (de escravizados nascidos no Brasil) seria mais complacente e, quando eventualmente libertada, mais produtiva e eficiente.[5] Embora a legislação de Andrada e Silva nunca tenha se tornado lei, o alvo de sua proposta – a capacidade reprodutiva da mulher escravizada para o nascimento de uma nova força de trabalho – marcou as discussões sobre o futuro e o eventual fim da escravidão ao longo do século seguinte.

A proposta de Andrada e Silva, que vinculava a reprodução tanto à legislação abolicionista (o fim do comércio transatlântico) quanto à continuidade de uma força de trabalho cativa (uma população escrava nascida no Brasil), preparou o cenário para a Lei do Ventre Livre de 1871, que separava as mulheres escravizadas de sua capacidade de reprodução, tanto em termos retóricos quanto físicos. Entre outras coisas, após a sua aprovação, a lei determinou condições para a libertação dos filhos nascidos de mulheres escravizadas, efetivamente "descorporificando" as mulheres escravizadas, separando seus ventres do restante de seus corpos e vidas.[6] A lei, assim como as tentativas anteriores de acabar com o comércio transatlântico, também tinha o objetivo de criar e manter uma força de trabalho dócil, dessa vez os filhos libertados

4 Andrada e Silva, op. cit., p.17.

5 Ibid., p.6-8.

6 Sobre a lei, ver: Chalhoub, *Visões da liberdade*; Id., *Machado de Assis, historiador*; Cowling, *Conceiving Freedom*; Pena, *Pajens da Casa Imperial*; Perussatto, *Como se de ventre livre nascesse*; Rosa, Filial Freedoms, Ambiguous Wombs: *Partus Sequitur Ventrem* and the 1871 Brazilian Free Womb Law, *Slavery & Abolition*, v.41, n.2, p.377-94, 2019; Roth, From Free Womb to Criminalized Woman: Fertility Control in Brazilian Slavery and Freedom, *Slavery & Abolition*, v.38, n.2, p.269-86, 2017.

de mulheres escravizadas. Porém, essa "lógica baseada no ventre" repercutiu ainda muito depois de 1871, e mesmo após a abolição definitiva, em 1888.[7] De fato, tornou-se um princípio central da saúde materno-infantil no início do século XX e influiu profundamente na maneira como os campos médicos em consolidação, a ginecologia e a obstetrícia, viam a maternidade, o aborto e, finalmente, o estatuto de cidadania de mulheres de todas as cores.

No século XIX, a retórica em torno das capacidades reprodutivas das mulheres escravizadas foi racializada na medida em que somente mulheres de cor eram escravizadas e, portanto, qualquer legislação relacionada a seus corpos se referia especificamente às mulheres negras. A legislação para acabar com a escravidão não precisava mencionar a cor da pele. No entanto, como defendo neste capítulo, a legislação – como o plano proposto por Andrada e Silva ou a própria lei – apenas discutia o estatuto legal das mulheres escravizadas e nunca incluía explicitamente a raça ou a cor da pele. Dessa forma, os obstetras do século XX foram capazes de integrar suas mensagens em discursos nacionalistas sobre a importância da capacidade reprodutiva da mulher para o futuro do Brasil como nação, discursos nos quais, aparentemente, a raça não era uma questão. Os obstetras incluíram todas as mulheres, independentemente da cor da pele ou classe social, em sua ênfase retórica pela melhoria da saúde reprodutiva da mulher com o objetivo de assegurar o surgimento de uma raça brasileira forte e, é claro, de trabalhadores nacionais.[8]

Assim, a profissão obstétrica manteve uma abordagem retórica mais "inclusiva" em relação à reprodução da mulher brasileira por meio de várias iterações da ciência racista: primeiramente o racismo científico do final do século XIX, que criou uma hierarquia do desenvolvimento humano baseada no fenótipo; depois a teoria do branqueamento, vigente no Brasil da virada do século XIX para o XX, para a qual tanto a imigração de brancos quanto a miscigenação levariam a um país mais branco; e, finalmente, o movimento eugênico dos anos 1920 e 1930, que, embora focado principalmente em medidas preventivas como a melhoria da higiene, no período que antecedeu a Segunda Guerra Mundial também incluiu vertentes mais racistas.[9]

---

7 A citação é de Cowling, Debating Womanhood, Defining Freedom: The Abolition of Slavery in 1880s Rio de Janeiro, *Gender & History*, v.22, n.2, p.287, 2010.

8 Roth, *A Miscarriage of Justice*, p.16-19, 46-53.

9 Sobre o racismo científico e o branqueamento, ver: Schwarcz, *O espetáculo das raças*; Skidmore, *Black into White*; Corrêa, *As ilusões da liberdade*. Sobre a eugenia, ver: Souza, Por uma

Além disso, na prática, a retórica de longa data que separava a mulher do seu útero influenciou o tratamento clínico de todas as mulheres por parte dos obstetras, mas se fez sentir particularmente nos casos das mulheres pobres de cor, que constituíam a maioria da clientela nos hospitais de ensino onde esses homens aperfeiçoavam suas habilidades.

Este capítulo traça a lógica do ventre livre em relação aos conceitos interligados de reprodução biológica e produtividade do trabalho ao longo de mais de um século, desde a independência do Brasil no início do século XIX até a expansão da saúde pública durante o governo republicano do início do século XX. Veremos como ocorreu a separação – feita por médicos e profissionais do direito – entre a mulher escrava e o seu corpo reprodutor, em nome da criação de uma força de trabalho brasileira mais aperfeiçoada. Para isso, examina como os médicos brasileiros discutiram a saúde materno-infantil em três momentos diferentes: antes da Lei do Ventre Livre; após sua aprovação e até a abolição em 1888; e depois, nas décadas seguintes à abolição e até o século XX. Ao fazer isso, examina a continuidade da influência da Lei do Ventre Livre muito depois do fim da escravidão, muitas vezes em esferas distantes dos campos de plantio ou dos salões da legislatura. Somos instados a considerar de que forma a separação jurídica entre o útero de uma mulher e o restante do seu corpo, feita durante a escravidão e em nome da geração de uma força de trabalho produtiva, teve profundas consequências para discussões médicas posteriores sobre saúde reprodutiva e, mais especialmente, sobre o acesso ao aborto nas décadas que se seguiram. Dessa forma, defendo que tanto a retórica que separa o útero e o feto da mãe quanto as desigualdades estruturais reais e duradouras resultantes da instituição da escravidão no Brasil continuam a afetar os debates sobre saúde reprodutiva, raça e gênero no Brasil.

---

nação eugênica: higiene, raça e identidade nacional no movimento eugênico brasileiro dos anos 1910 e 1920, *Revista Brasileira de História da Ciência*, v.1, n.2, p.146-66, 2008; Id., A eugenia brasileira e suas conexões internacionais: uma análise a partir das controvérsias entre Renato Kehl e Edgard Roquette-Pinto, 1920-1930, *História, Ciências, Saúde – Manguinhos*, v.23, supl., p.93-110, 2016; Stepan, *"The Hour of Eugenics"*; Wegner; Souza, Eugenia "negativa", psiquiatria e catolicismo: embates em torno da esterilização eugênica no Brasil, *História, Ciências, Saúde – Manguinhos*, v.20, n.1, p.263-88, 2013.

"Seria bom que não nascesse um só crioulo na extensão do Império"[10]

Nas décadas que se seguiram às tentativas legislativas de Andrada e Silva, os manuais de agricultura e os conselhos médicos pouco divergiam da ênfase do estadista em um melhor tratamento para as mulheres escravizadas grávidas e lactantes. Afinal, Andrada e Silva vinculou a introdução de melhores condições de vida para as mulheres escravizadas ao fim do tráfico negreiro transatlântico (e, portanto, à necessidade subsequente de reproduzir biologicamente a força de trabalho escrava), e embora tenha sido proibido pela primeira vez em 1831, esse comércio continuou por vinte anos sem interrupção.[11] Embora tenha havido notáveis exceções, a população escravizada brasileira não se reproduzia biologicamente (o que é atribuído a altas taxas de mortalidade em vez de baixas taxas de fertilidade).[12] Porém, não era somente a morte de crianças escravizadas que contribuía para essa tendência. Os obstetras brasileiros frequentemente se referiam a problemas de saúde reprodutiva, como aborto e natimortalidade entre os escravizados, como outra razão para a dependência do país do comércio transatlântico.

Um estudante de medicina argumentava, em 1845, que muitas mulheres escravizadas abortavam como "consequência da severidade de certos senhores, que muitas vezes nimiamente austeros não reparam no estado de gravidez destas infelizes, e as punem rigorosamente, como se o mísero inocente que elas trazem em seu seio, incorresse também em suas faltas?!"[13] Não levando em consideração a normalização do estudante de medicina tanto do "mau" comportamento da mulher escravizada quanto da resposta "natural" de alguns proprietários de escravos (por vezes exagerada), que respondiam a insubordinações com punição física, as palavras do estudante

---

10 Taunay, *Manual do agricultor brazileiro*, p.16.

11 Sobre o tráfico ilegal, ver: Bethell, *The Abolition of the Brazilian Slave Trade*; Chalhoub, *A força da escravidão*; Conrad, *World of Sorrow*; Rodrigues, *De costa a costa*.

12 Bergad, *Slavery and the Demographic and Economic History of Minas Gerais, Brazil, 1720-1888*; Falci, *Escravos do sertão*; Paiva, *População e economia nas Minas Gerais do século XIX*; Paiva; Libby, Caminhos alternativos: escravidão e reprodução em Minas Gerais no século XIX, *Estudos Econômicos*, v.25, n.2, p.203-33, 1995; Teixeira, Família escrava, sua estabilidade e reprodução em Mariana, 1850-1888, *Afro-Ásia*, v.28, p.179-220, 2002.

13 Reis, *Dissertação médico-legal sobre o aborto precedida de algumas considerações acerca dos motivos que em geral levam as mulheres a provocá-lo e meios de o prevenir*, p.3.

merecem atenção em relação à maneira como separa categoricamente o corpo da mulher escravizada das suas capacidades reprodutivas. O estudante de medicina elevou o "mísero inocente" acima de sua mãe, cujo corpo era essencial para a sua sobrevivência, criando uma separação retórica que estaria no centro da Lei de 1871.

A maioria dos conselhos práticos dados aos proprietários de escravos sobre reprodução biológica, na primeira metade do século, se enquadraram nas propostas de Andrada e Silva, embora, como indicam os escritos do estudante de medicina, faltem evidências convincentes para saber em que medida os proprietários de escravos seguiram esses conselhos.[14] Mas, mesmo os que aconselhavam um melhor tratamento, não necessariamente apoiavam a reprodução endógena da população brasileira de escravos. Na década de 1830, Carlos Augusto Taunay, em seu *Manual do agricultor brazileiro*, se apresentava menos entusiasmado do que Andrada e Silva com as implicações políticas e demográficas da reprodução biológica da população escravizada, mas ainda preconizava um melhor tratamento geral tanto para homens quanto para mulheres escravizados, com vistas a criar um novo tipo de força de trabalho, de pessoas mais "ansiosas" para servir.[15] "A América devora os pretos", escreveu Taunay; "se a contínua importação os não recrutasse, em breve a raça desapareceria de entre nós".[16] Taunay via isso como positivo, argumentando que "seria bom que não nascesse um só crioulo na extensão do Império".[17] Taunay expressou sérias preocupações de que o governo, em suas tentativas de acabar com o comércio escravista e criar uma população escrava nascida no Brasil, interferisse na prerrogativa individual dos proprietários de escravos de tratar suas propriedades escravizadas como achassem mais conveniente. Propostas como a que Andrada e Silva havia apresentado na década anterior eram perigosas tanto para o poder da classe dos senhores quanto para o futuro demográfico do Brasil.

Apesar de seu medo de um crescimento desenfreado de "pretos" no país, Taunay enfatizou que, se o proprietário individual de escravos quisesse reproduzir seus escravos, deveria ter esse direito. Estimular o casamento

---

14 Ver: Imbert, *Manual do fazendeiro, ou tratado doméstico sobre as enfermidades dos negros, generalisado às necessidades medicas de todas as classes*, t.2, p.257.

15 Taunay, *Manual do agricultor brazileiro*, p.16-7.

16 Ibid., p.16.

17 Ibid.

entre escravizados, e até mesmo uniões estáveis extramatrimoniais, era uma forma de garantir a reprodução natural: "o dono de uma fazenda não quer freiras nem frades, [e] sim *uma raça* de trabalhadores robustos, obedientes e pacíficos".[18] A questão não era apenas obter mais trabalhadores, mas obter mais do *tipo certo* de trabalhadores. Taunay pretendia criar "uma nova geração, mais instruída, jeitosa, disciplinada e virtuosa do que a que veio da Costa, [que] suprirá as faltas desta, e pouco a pouco a substituirá inteiramente".[19]

As próprias ações das pessoas escravizadas demonstravam a falácia da lógica de Taunay, construída sobre suposições racistas da inferioridade dos negros e da capacidade das elites de "domar" os escravizados. Em 1827, por exemplo, a parda livre, Felizarda, de 57 anos de idade, solicitou à justiça de São João d'El Rei, Minas Gerais, a liberdade de seus seis filhos adultos: Iria, Cosme, Rosaura, Jacinto, Lizardo e Thereza.[20] O curador de Felizarda, baseando seu caso no princípio de *partus sequitur ventrem*, argumentou que o registro batismal de Felizarda de 1782 omitiu seu estatuto legal, o que significava que ela havia nascido livre. Dessa forma, seus filhos também nasceram livres: "como se livres nascessem do ventre de sua Mãe". Embora Felizarda tivesse conseguido comprar sua própria liberdade dez anos antes, seus filhos permaneceram escravizados por sua antiga dona. O caso foi uma tentativa de libertá-los e recuperar os custos da compra de sua própria liberdade.

Felizarda e seus filhos haviam nascido no Brasil e assim, segundo Taunay, deveriam ser mais "dóceis" e ansiosos para servir o seu proprietário. Mas a ex-proprietária de Felizarda reclamou na justiça da insubordinação desta em levar o caso à corte e em incitar o mau comportamento de seus filhos, que permaneciam sob o poder da proprietária. A proprietária se sentiu ofendida pelo fato de que Felizarda só agora estava tentando libertar seus filhos: "agora me inquieta para mostrar que tanto ela [Felizarda] como os filhos que nasceram em meu poder já eram forros". A proprietária descrevia os filhos de Felizarda, antes do processo de liberdade, como "mansos e pacíficos como muitos próprios escravos". Mas o processo havia mudado tudo. "O diabo" havia penetrado no coração de Felizarda e, como resultado, ela havia incitado

18 Ibid., p.17, grifos meus.

19 Ibid.

20 Arquivo Nacional (AN), Rio de Janeiro, BU.0.RCI.0001, Microfilme AN_009_2006, 1827.

todos os seus filhos a "uma revolução". Thereza, em particular, era problemática, insultando sua proprietária "com palavras indecorosas".

Embora Felizarda não tenha tido sucesso na libertação de seus filhos, suas persistentes tentativas para fazê-lo contrariam a prescrição de Taunay sobre o suposto comportamento de uma população escravizada nascida no Brasil. A filha de Felizarda, Thereza, por exemplo, que usava "palavras indecorosas" contra seu proprietário, era uma crioula de terceira geração (pelo menos os seus avós maternos haviam nascido no Brasil) e claramente causou problemas ao seu proprietário. O processo de liberdade de Felizarda também mostrou o problema que havia na libertação de apenas alguns membros de famílias escravizadas. Nesse caso, Felizarda conseguiu alcançar sua própria liberdade, mas a separação de seus filhos, talvez uma forma diferente de descorporificação, levou-a a lutar pela liberdade deles.

Ainda que falsa, a ênfase de Taunay em uma nova "raça", que fosse "disciplinada e virtuosa", e que teria origem, em parte, com o melhor tratamento das mulheres escravizadas durante a gravidez e a amamentação, funcionou paralelamente à proposta de Andrada e Silva. Embora Taunay tenha promovido os direitos de propriedade individual, enquanto Andrada e Silva se concentrou na intervenção do governo, a mensagem subjacente, de que a criação de trabalhadores disciplinados ocorreria por meio da intervenção direta no corpo das mulheres, teria influência duradoura.

Quando o comércio transatlântico finalmente parou em 1850, os proprietários de escravos, médicos e parlamentares compreenderam plenamente a importância das capacidades reprodutivas das mulheres escravizadas para determinar a continuação ou o fim da instituição.[21] Embora a crise de mão de obra na região cafeeira em expansão do Sudeste tenha sido resolvida principalmente por meio do comércio interprovincial de escravos, e não por uma mudança contínua e marcante nas tendências reprodutivas biológicas, o ventre escravizado (se não a mulher escravizada) foi de grande importância em todas as discussões sobre o futuro da instituição.[22] Dessa forma, nos anos que seguiram ao fim do comércio transatlântico de escravos, mas antes

21 Santos, "Slave Mothers", *Partus Sequitur Ventrem*, and the Naturalization of Slave Reproduction in Nineteenth-Century Brazil, *Tempo*, v.22, n.41, p.467-87, 2016; Telles, Pregnant Slaves, Workers in Labour: Amid Doctors and Masters in a Slave-Owning City (Nineteenth-Century Rio de Janeiro), *Women's History Review*, v.27, n.6, p.924-38, 2018.

22 Castro, *Das cores do silêncio*, p.116.

da aprovação da lei, os proprietários de escravos e médicos debateram como "criar" escravos e reproduzir sua força de trabalho. O manual de agricultura do padre Antonio Caetano da Fonseca de 1863 enfatizava que "a raça africana tem a mesma propriedade para a reprodução como a raça branca".[23] A continuada incapacidade da população escravizada de se reproduzir era, portanto, devida ao tratamento severo que recebiam. O manual, baseado em sua experiência como agricultor em Minas Gerais, assim como seus colegas mencionados anteriormente, enfatizava também a necessidade de tratamento diferenciado para mulheres escravizadas grávidas e em período de amamentação.[24] Como escreveu Fonseca, "na ocasião do parto a escrava deve merecer a mesma atenção que merece a sua senhora, e o recém-nascido os mesmos cuidados que os seus jovens senhores". Esse tratamento, segundo Fonseca, era para promover tanto a "humanidade" quanto "o nosso interesse".[25]

Parece que os ventres de mulheres escravizadas que não reproduziram com sucesso os "interesses" de seus proprietários ainda poderiam servir a outros propósitos. Os médicos, por exemplo, aperfeiçoavam suas habilidades nos corpos – e úteros – das mulheres escravizadas. Em 1856, no teatro de anatomia da Faculdade de Medicina do Rio de Janeiro foi apresentada uma palestra sobre o caso de uma "preta" sem nome que morreu durante o parto.[26] O médico que a atendeu tinha aplicado o fórceps "imperitamente" com tanta força que "se rasgara a vagina e exercera-se uma compressão tão forte sobre o colo do útero que esse se achava bastantemente equimosado".[27] Tragicamente, a mulher torturada morreu. Durante a apresentação, "o cadáver desta infeliz, que fora vítima desta aplicação tão mal dirigida, serviu de objeto para as demonstrações anatômicas".[28] Embora essa mulher não tenha tido

23 Fonseca, *Manual do agricultor dos generos alimenticios ou methodo da cultura mixta destes gêneros nas terras cansadas pelo systema vegeto-animal; modo de criar e tratar o gado; e um pequeno tratado de medicina domestica para os fazendeiros. Seguido de uma exposição sobre a cultura do algodão herbaceo*, p.101.

24 Ver também: Werneck, *Memoria sobre a fundação e costeio de uma fazenda na provincia do Rio de Janeiro*, p.23.

25 Fonseca, *Manual do agricultor*, p.99.

26 A ficha médica não especificava se ela era escravizada. Entretanto, como Hebe Mattos de Castro demonstrou, o termo "preta" era sinônimo de escravizada em documentos judiciais até meados do século. Eu presumo o mesmo (Castro, *Das cores do silêncio*, p.42).

27 Academia Imperial de Medicina, Sessão Geral em 28 de outubro de 1856, *Annaes Brasilienses de Medicina*, v.11, n.4, p.80, 1857.

28 Ibid.

sucesso em reproduzir mais corpos negros, seus órgãos reprodutivos ainda permitiram que os médicos reproduzissem seus conhecimentos, o que eles esperavam que ajudasse a melhorar a saúde reprodutiva de outras mulheres escravizadas no futuro. Afinal de contas, crianças vivas significavam a continuidade da força de trabalho.

"A Lei de 28 de setembro de 1871 extinguiu o ventre escravo"[29]

Após a aprovação da lei, os médicos eram quase unânimes em sua crença de que esse era um passo crucial e importante na abolição da escravidão, considerada por eles, em meados dos anos 1870, como moralmente corruptora para o país. Como argumentou um médico em 1876, "a emancipação do ventre escravo foi um grande passo para a extinção do elemento servil. Foi sim, um grande passo para o sistema bárbaro e desumano de [se] extinguir".[30] Como a Lei de 1871 condicionou a liberdade apenas às crianças nascidas de mães escravizadas, e não às próprias mães, discussões como essas continuaram a separar retoricamente a mulher de seu próprio ventre, passando depois a separar efetivamente a mãe da criança. Assim, as discussões médicas sobre a lei e suas consequências sobre a fertilidade e mortalidade entre a população escrava e livre separaram violentamente as funções reprodutivas da mulher, e, mais especificamente, o seu ventre de seu corpo e de sua experiência encarnada de maternidade.

Como observei em outro artigo, os médicos e legisladores acreditavam que a lei acabaria com as supostas práticas de aborto e infanticídio das mulheres escravizadas.[31] Durante a preparação da lei, por exemplo, um médico discutiu a mortalidade neonatal e infantil na Academia Imperial de Medicina, a principal associação médica do país, com sede na capital imperial do Rio de Janeiro, argumentando que o aborto praticado pela mulher escravizada

29 Teixeira, Causas da mortalidade das crianças no Rio de Janeiro, *Annaes da Academia de Medicina*, v.3, n.2, p.249, 1887.

30 Lobo, Memória apresentada a Academia Imperial de Medicina, *Annaes Brasilienses de Medicina*, v.28, n.6-7, p.279, 1876.

31 Roth, From Free Womb to Criminalized Woman: Fertility Control in Brazilian Slavery and Freedom, *Slavery & Abolition*, v.38, n.2, p.269-86, 2017.

era uma das principais causas dessa mortalidade: "Tantas e tão repetidas vezes lançam mão desses meios [abortivos], na desventura da escravidão, as pobres mães escravas, ou para subtrair-se a castigos ferozes, ou para sufocar esse novo gérmen de escravidão".[32] Vários anos após a aprovação da lei, um estudante de medicina confirmou seu efeito nas taxas de infanticídio: "A Lei de 28 de setembro de 1871, libertando o ventre, nulificou uma das causas mais frequentes de infanticídio".[33] Tendo seus "ventres" libertos, inferiu esse estudante de medicina, as mulheres escravizadas não queriam mais matar seus filhos recém-nascidos.

Em seus escritos, os médicos continuaram a separar as mulheres escravizadas de suas capacidades reprodutivas; eles também continuavam a aprimorar suas habilidades clínicas nos corpos das mulheres escravizadas nos hospitais-escola, onde essas mulheres compunham a maioria de seus pacientes, ou na casas particulares dos proprietários de escravos que pagavam por seus serviços.[34] Após a promulgação da lei, a pequena ala obstétrica da Santa Casa do Rio de Janeiro, por exemplo, serviu principalmente às mulheres escravizadas. Seu estatuto de hospital-escola significava que apenas as mais necessitadas entravam por suas portas. Os médicos daquela época entenderam que as mulheres que dispunham de meios para dar à luz em casa na presença de um médico ou parteira licenciada recusavam-se a ter seu corpo usado como campo de treinamento para a incipiente elite médica da cidade.[35]

Os escritos dos obstetras que se formaram na Santa Casa do Rio de Janeiro indicam por que mulheres pobres de cor não gostavam de dar à luz no hospital. Um estudante de obstetrícia e ginecologia que estagiou no hospital discutiu, em 1887, como as mulheres negras sentiam menos dor durante o parto e davam à luz mais facilmente do que as parturientes brancas.[36] Apesar de sua posição "científica" a respeito das diferenças raciais no parto, ele

---

32 Azevedo, Memoria lida na Academia Imperial de Medicina... ao discutir-se as causas da mortalidade das crianças, na sessão de 26 de julho de 1869, *Annaes Brasilienses de Medicina*, v.21, n.3, p.119-20, 1869.

33 Pereira, *Infanticídio*, p.50.

34 Barreto, Maternidade para escravas no Rio de Janeiro (1850-1889), *Revista de História Regional*, v.21, n.2, p.389-406, 2016; Martins, *Visões do feminino*, p.146-9; Telles, Pregnant Slaves, Workers in Labour: Amid Doctors and Masters in a Slave-Owning City (Nineteenth-Century Rio de Janeiro), *Women's History Review*, v.27, n.6, p.924-38, 2018.

35 Castilho, *Hygiene da primeira infancia*, p.66.

36 Ferreira, *Do parto e suas consequências na especie negra*.

apresentou sem qualquer crítica os estudos de caso de várias mulheres negras e mestiças que haviam sofrido, de fato, partos dolorosos e difíceis. Em 20 de abril de 1884, por exemplo, a preta Henriqueta, de 17 anos, deu entrada na maternidade. Seis dias depois, a primípara entrou em trabalho de parto.[37] O exame manual revelou mau posicionamento fetal, com o bebê em posição pélvica (os pés apontando primeiro). De acordo com o relatório, cerca de meia hora depois, o bebê tinha se movido e agora estava "encurvado", com os dois pés e a cabeça se apresentando no colo uterino. O estudante de medicina indagou qual teria sido a razão por trás dessa "revolução fetal". Segundo seu professor, ela não teria sido "espontânea", mas teria ocorrido devido à "circunstância de terem muitos alunos palpado e malaxado o ventre da parturiente [Henriqueta] com o intento de reconhecerem a situação do feto". As "pressões alternadas exercidas através do ventre sobre o feto, que não se insinuava por ser estreita a bacia, deviam forçosamente deslocar o conteúdo do útero em vários sentidos".[38] O relatório registrou a sua capacidade reprodutiva (defeituosa) como sendo o problema: a pélvis de Henriqueta era estreita. O estudante de medicina prestou menos atenção crítica às intervenções excessivas dos obstetras presentes. A filha de Henriqueta nasceu morta, e a própria Henriqueta sofreu uma prolongada infecção puerperal, só deixando o hospital três meses depois. Aqui foi a pélvis de Henriqueta, e não seu ventre, que atraiu a atenção do obstetra. De tal forma que esse quase a matou e contribuiu para a morte de sua filha.

Embora as discussões médicas anteriores a 1871 acreditassem que a lei reduziria as taxas de mortalidade infantil, os estudiosos mostraram que esse não era necessariamente o caso.[39] Os médicos contemporâneos também comentaram esse fato, na maioria das vezes atribuindo a culpa aos proprietários de escravos. Um estudante de medicina escreveu, em 1882, que as autoridades tinham que reprimir os proprietários que "mandam lançar na roda ou abandonam os ingênuos" para alugar suas mães como amas de leite.[40] Um proprietário de escravos carioca citou despesas proibitivas como

37 Ibid., p.44.

38 Ibid., p.45.

39 Moreira, Ingênuas mortes negras: doenças e óbitos dos filhos do ventre livre (Porto Alegre, RS, 1871-1888), *Revista Territórios & Fronteiras*, v.6, n.2, p.91-108, 2013.

40 Vieira, *Hygiene da primeira infância*, p.68.

justificativa para abandonar o recém-nascido ingênuo de sua escrava Maria.[41] Em 1874, o proprietário primeiro tentou deixar a criança no orfanato da Santa Casa da Misericórdia, que se recusou a ficar com o recém-nascido em razão de seu estatuto legal; para a Santa Casa, a "roda" era para crianças abandonadas e não para ingênuos. O proprietário declarou que tanto a mãe quanto o bebê estavam doentes, e ele não tinha condições de cuidar de ambos, particularmente porque Maria não tinha condições de amamentar seu filho. Meses mais tarde a criança morreu de bronquite. As ações dos proprietários de escravos separavam definitivamente mãe e filho escravizados.

A ênfase dos médicos nas taxas de mortalidade de ingênuos estava ligada à ideia de trabalho. Como as elites que condenavam o comércio transatlântico de escravos antes de 1850 tinham argumentado meio século antes, muitos pensadores consideravam a Lei de 1871 como uma oportunidade para criar uma força de trabalho "domesticada", que, além de ter nascido no Brasil, era ativa e trabalhadora, uma vez que não era mais escravizada. Como Hebe Mattos argumentou de forma convincente, a Lei do Ventre Livre era "fortemente ligada a um projeto de controle legal da força de trabalho livre" e as elites políticas tinham a intenção de garantir uma "transformação do trabalho ordenada e eficiente".[42] Os legisladores não conseguiram perceber que separar mãe de filho, ou desconsiderar completamente a mãe, rompeu os laços familiares de maneira violenta e irrevogável, e assim acabou por minar esses "esforços". Em 1882, por exemplo, um proprietário de escravos libertou Benedicto, de 12 anos (nascido um ano antes da promulgação da lei), depois que sua mãe, a escrava Ludovina, morreu. De acordo com sua petição aos tribunais, o proprietário havia ensinado Benedicto a ler e escrever, mas, "em consequência da idade", Benedicto havia se voltado para a "vadiagem" e era "incorrigível e[m] não querer dedicar-se ao emprego ou ofício algum". Por isso, a antiga dona de Benedicto o estava abandonando. Ingênuos também não tinham sorte melhor. Em 1886, por exemplo, a polícia prendeu o menor ingênuo Querino. O dono da falecida mãe de Querino, Joanna, disse à polícia que ele havia abandonado "seu escravo" Querino há cerca de um ano "por ser ele muito vadio e que nunca mais o teve em sua companhia nem

---

41 Arquivo Nacional, ZM, M.2287 N.467, 1874.

42 Castro, *Das cores do silêncio*, p.216.

quer saber dele".[43] Sendo um "ingênuo", Querino não poderia ter mais de 15 anos. Os registros não detalham quando sua mãe Joanna morreu, mas o dono dela não queria assumir a responsabilidade de seu filho libertado e via Querino como "muito vadio", exatamente o oposto de um trabalhador industrioso e obediente.

"Uma verdadeira greve do ventre"[44]

A abolição definitiva da escravidão em 1888 e a queda do Império um ano depois, que deu início ao primeiro governo republicano do Brasil, a República Velha (1889-1930), não acabou com as discussões médicas ou jurídicas sobre a capacidade reprodutiva das mulheres ou a criação de uma industriosa força de trabalho. Na verdade, a capacidade reprodutiva das mulheres escravizadas, e as medidas para protegê-las, continuaram a influenciar o pensamento obstétrico durante boa parte da República Velha. Como as pesquisas têm demonstrado, os esforços de saúde pública destinados a melhorar a saúde reprodutiva da mulher, reduzir as taxas de mortalidade infantil e hospitalizar o parto cresceram exponencialmente nas primeiras décadas do século XX.[45]

Na retórica de defesa de seus novos esforços, os principais obstetras brasileiros se basearam diretamente nas referências e na linguagem dos debates sobre mulheres escravizadas do século XIX. Para expandir o atendimento pré-natal às classes populares e trabalhadoras, os médicos brasileiros

43 Arquivo Nacional, ZM, M.2282 N.1692, 1886.

44 Magalhães apud Academia Nacional de Medicina, A questão medico-legal do aborto provocado, *Revista de Gynecologia e d'Obstetricia e da Pediatria*, v.15, n.2, p.75, 1921.

45 Sobre a hospitalização do parto, ver: Amaral, Mulheres, imprensa e higiene: a medicalização do parto na Bahia (1910-1927), *História, Ciências, Saúde – Manguinhos*, v.15, n.4, p.927-44, 2008; Barreto, Dar à luz no Rio de Janeiro da *belle époque*: o nascimento das maternidades (1870-1920), in: Sanglard et al. (orgs.), *Filantropos da nação*, p.185-202; Marques, A Maternidade Hilda Brandão de Belo Horizonte: medicina e caridade, *Gênero*, v.6, n.1, p.157-72, 2005; Medeiros, A dinâmica hospitalar da Maternidade Dr. João Moreira, em Fortaleza, nas primeiras décadas do século XX, *História, Ciências, Saúde – Manguinhos*, v.20, n.3, p.963-81, 2013; Mott, Assistência ao parto: do domicílio ao hospital (1830-1960), *Projeto História, São Paulo*, v.25, p.197-219, dez. 2002; Roth, *A Miscarriage of Justice*, p.55-79. Sobre cuidados pré e pós-natais e saúde infantil, ver: Otovo, *Progressive Mothers, Better Babies*; Roth, *A Miscarriage of Justice*, p.80-105; Sanglard; Ferreira, Médicos e filantropos: a institucionalização do ensino da pediatria e da assistência à infância no Rio de Janeiro da Primeira República, *Vária História*, v.26, n.44, p.437-59, 2010.

recorreram explicitamente à proposta legislativa de Andrada e Silva de 1822. O estudante carioca de medicina Bernardo Pinto Filho, por exemplo, abordou pela primeira vez o tema em sua dissertação de 1923 sobre a necessidade de expandir o atendimento pré-natal e obstétrico público na cidade do Rio de Janeiro. "Ao Brasil", assim inicia Pinto Filho, "cabe a glória de ter primeiro levantado o brado em favor da assistência à mulher mãe".[46] Foi Andrada e Silva, afinal de contas, quem "não se esqueceu também de, em 1822, exteriorizar o seu pensamento em prol da escrava grávida num dos seus muitos projetos, estipulando verdadeiras regras de puericultura intrauterina".[47]

A ideia circulou por toda a comunidade obstétrica. Um ano depois, por exemplo, o obstetra carioca Octavio Rodrigues Lima retomou o argumento, alegando que "o Brasil, que, coisa curiosa, foi o precursor da proteção à mulher grávida, pois já em 1822, José Bonifácio de Andrada e Silva, apresentava à Constituinte do Império um projeto de lei, que em um dos seus artigos zelava pela escrava durante a gestação". Apesar da proposição precoce dessa intervenção, continuou Rodrigues Lima, um século depois o Brasil ainda estava tentando "solucionar a questão".[48] O obstetra paulista Raul Briquet argumentou o mesmo. A assistência maternal era uma questão médica, social e legislativa. Em relação à lei, Briquet invocou novamente Andrada e Silva: "A 'legislativa'... ainda não é completa, embora caiba a José Bonifácio a prioridade da proteção legislativa à engravidada pobre".[49] Embora Briquet tenha introduzido a proposta legislativa de Andrada e Silva como uma proposta "sobre a escravatura", e citado na íntegra o artigo 18, ele engenhosamente incorporou a questão da escravidão na questão mais ampla da assistência à saúde materno-infantil das mulheres pobres, vinculando as ideias de Andrada e Silva à saúde ("engravidada pobre") e não à escravidão.[50] Esses médicos também esqueceram de mencionar que a proposta de Andrada e Silva não foi transformada por lei e nem foi seguida pelos proprietários de escravos.

---

46 Pinto Filho, *Assistencia obstetrica domiciliaria*, p.25.

47 Ibid., p.25-6.

48 Lima, Assistencia à mãe pobre, *Revista de Gynecologia e d'Obstetricia e da Pediatria*, v.18, n.2, p.47, 1924.

49 Briquet, A obstetrícia, suas falhas e aspirações, *Revista de Gynecologia e d'Obstetricia e da Pediatria*, v.19, n.5, p.166, 1925.

50 Ibid.

Talvez o mais importante, a lógica do ventre livre que retoricamente separava as funções reprodutivas de uma mulher de seu próprio corpo, era uma característica central dos debates médicos para reprimir os abortos ilegais, que incluíam referências explícitas à lei. Por exemplo, a discussão dos médicos sobre a expansão dos serviços públicos de saúde obstétrica para mulheres pobres se baseou na retórica do ventre livre e fez lembrar os debates do século XIX sobre o suposto impacto da Lei do Ventre Livre nas taxas de aborto e infanticídio entre mulheres escravizadas. A médica Antonieta Morpurgo argumentou em 1913 que o atendimento obstétrico domiciliar gratuito era crucial para proteger a vida do feto. Sem ela, as mulheres pobres, "essas infelizes mães" que não podiam sustentar mais filhos, sacrificavam seus filhos e a si mesmas "em troca de [*sic*] libertação do ventre".[51]

Outros obstetras se referiram explicitamente à lei. No debate de quase quatro anos sobre abortos ilegais que ocorreu na principal associação médica do país, a Academia Nacional de Medicina (ANM), de 1918 a 1922, Fernando Magalhães, conhecido por muitos como "o pai" da obstetrícia brasileira, argumentou a favor da pessoalidade fetal [na lei].[52] Ele se baseou inicialmente na lei romana, que "considera o feto *in* [*sic*] útero protegido pelas leis penais", e como tal "impõe a penalidade no aborto".[53] O precedente romano de *partus sequitur ventrem*, naturalmente, foi o princípio orientador da Lei de 1871, que Magalhães usou como prova da longa história brasileira de proteção dos direitos fetais. "Entre nós", prosseguia Magalhães, "no tempo da escravatura, a alforria alcançava a vida intrauterina".[54]

Como venho demonstrando, a elevação dos direitos fetais acima dos da mãe feita por Magalhães foi baseada tanto em sua religião católica quanto em novas leis civis que protegiam os direitos fetais desde a concepção.[55]

---

51 Morpurgo, Assistencia obstetrica domiciliaria, *Revista de Gynecologia e d'Obstetricia e da Pediatria*, v.7, n.11, p.75, 1913.

52 Sobre o debate, ver: Rohden, *A arte de enganar a natureza*, p.98-104; Roth, *A Miscarriage of Justice*, p.106-13; Silva, Reprodução, sexualidade e poder: as lutas e disputas em torno do aborto e da contracepção no Rio de Janeiro, 1890-1930, *História, Ciências, Saúde – Manguinhos*, v.19, n.4, p.1.241-54, 2012.

53 Magalhães apud Academia Nacional de Medicina, A questão medico-legal do aborto provocado, *Revista de Gynecologia e d'Obstetricia e da Pediatria*, v.15, n.2, p.69, 1921.

54 Ibid.

55 Roth; Teixeira, From Embryotomy to Cesarean: Changes in Obstetric Operatory Techniques in Nineteenth- and Twentieth-Century Urban Brazil, *Bulletin of the History of Medicine*, v.95, n.1, p.24-52, primavera 2021; Roth, *A Miscarriage of Justice*, p.118-25.

Mas é claro que ele se baseou na retórica do ventre livre para reforçar ainda mais sua posição. O que talvez seja mais importante é que essa expressão retórica afetou a forma como tratava seus pacientes – particularmente as mulheres pobres de cor que formavam a clientela do hospital-escola do Rio de Janeiro, a Maternidade Laranjeiras, onde aperfeiçoou suas habilidades cirúrgico-obstétricas no início do século XX.[56] Os registros clínicos do hospital demonstram como sua posição ideológica se traduziu em intervenções médicas. Em novembro de 1924, Magalhães atendeu a uma "preta" de 26 anos que foi admitida em Laranjeiras devido a um parto obstruído por uma deformidade pélvica. Esse foi o primeiro filho dessa mulher sem nome (todos os registros das pacientes excluíam o nome da mãe por razões de privacidade), e Magalhães, então um ávido defensor de cesáreas para qualquer parto difícil, realizou a cirurgia, mencionando a possibilidade de ruptura uterina. A cirurgia não foi fácil, e Magalhães extraiu o feto "com grande dificuldade".[57] Ele primeiro tentou usar as lâminas do fórceps para extrair o bebê, mas, após repetidas tentativas fracassadas, virou o instrumento e usou suas alças para dar à luz o natimorto. Em vez de suturá-lo após o parto, Magalhães decidiu usar o útero dessa mulher como ferramenta didática. Magalhães relatou que chamou todos os residentes para a cabeceira da mulher, onde "esta paciente foi tocada por todos os assistentes e estudantes presentes por ser verificada a existência do anel de Bandl. Verificação manual da cavidade uterina por cerca de vinte pessoas".[58]

A paciente morreu doze dias depois. Magalhães nunca incluiu a causa exata da morte em sua ficha clínica final, mas observou que ela sofreu uma infecção após o parto cirúrgico, provavelmente causada pelo toque excessivo dos órgãos reprodutivos da mulher. Não podemos tentar eludir a culpa, atribuindo-a a mal-entendidos científicos. No mundo inteiro, a profissão obstétrica já havia incorporado completamente a teoria dos germes e a bacteriologia em seu ensino e prática por quase meio século. Magalhães e os outros residentes muito provavelmente lavaram suas mãos (a nota clínica

---

56 Barreto; Oliveira, Cidade, assistência e saúde: as maternidades entre o privado e o público no subúrbio do Rio de Janeiro (1889-1930), *Delaware Review of Latin American Studies*, v.17, n.2, 2016; Roth, *A Miscarriage of Justice*, p.62-4.

57 Magalhães apud Rolindo, Registro da clinica obstetrica de novembro 1924, *Revista de Gynecologia e d'Obstetricia e da Pediatria*, v.18, n.12, Paciente 20.877, p.469-70, 1924.

58 Ibid. Ver: também Roth, *A Miscarriage of Justice*, p.98-9.

não incluía esse detalhe, mas relatórios clínicos muitas vezes omitem práticas de assepsia e antissepsia devido à sua natureza breve), mas eles também conheciam o perigo de intervenções excessivas poderem causar infecção puerperal. Nesse caso, os obstetras examinaram o útero dessa mulher sem nome, e como ele reproduzia o conhecimento médico, era visto como separado da mulher e, portanto, como mais importante do que sua integridade corporal e do que a sua *vida*. Na morte, o útero continuou a predominar no relatório clínico. Para aproveitar plenamente a paciente para fins de ensino, Magalhães e seus residentes realizaram uma autópsia. Novamente, abriram o útero: "Pela abertura do útero que praticamos nesta ocasião por uma incisão mediana verificamos estar o endométrio completamente necrosado principalmente ao nível dos orifícios internos das trompas... Terminado o presente exame foi recomposto o cadáver".[59]

Os obstetras da época republicana também vincularam suas intervenções nos corpos reprodutivos das mulheres a questões de trabalho, agora dissimuladas em uma linguagem nacionalista. Enquanto os debates do século XIX se concentraram na criação de novos tipos de escravos (dóceis e nascidos no Brasil) e depois, após a Lei de 1871, de novos tipos de trabalhadores (obedientes e industriosos), os debates republicanos que empregavam a mesma retórica se concentraram na criação de uma força de trabalho "brasileira". Alguns obstetras, de fato, chegaram a apoiar a regulamentação da reprodução de todos os brasileiros (independentemente da cor da pele) contra a vinda de imigrantes brancos, em nome da coesão nacional. Octavio Rodrigues Lima, ao dar continuidade a sua defesa de oferecer assistência gratuita à maternidade às mulheres empobrecidas, argumentou que somente fomentando a reprodução endógena a nação teria sucesso: "Como poderemos ter um Brasil forte, unido e próspero sem termos Brasileiros!!! A falta de braços é um dos maiores obstáculos ao nosso progresso material". A imigração, "tão onerosa para os cofres públicos e tão dissolvente da nossa nacionalidade", não era a resposta.[60]

Essa discussão sobre uma força de trabalho nacionalista estava fundamentada na ideia de uma nova "raça" brasileira, baseada menos no fenótipo e mais

---

59 Magalhães apud Rolindo, op. cit., p.470.

60 Lima, Assistencia à mãe pobre, *Revista de Gynecologia e d'Obstetricia e da Pediatria*, v.18, n.2, p.46, 1924.

nas ideias de cidadãos produtivos e obedientes que agiriam de acordo com as normas tradicionais de gênero – homens trabalhadores e mulheres reprodutoras prolíficas. Embora perspectivas racistas de hierarquias raciais espreitassem sob a superfície dos discursos "sem raça", eles não eram, ao menos na profissão obstétrica, seu propósito principal. O estudante de medicina Bernardo Pinto Filho assim argumentou em suas tentativas de instituir serviços de saúde mais abrangentes para mães e crianças pobres no Rio de Janeiro: "Este despertar tão cedo do sentimento brasileiro [a proposta de Andrada e Silva], interessando-se pelo futuro da raça, não se soube até hoje corresponder com atos satisfatórios ao nosso adiantamento social".[61]

Talvez não seja surpresa que Magalhães tenha sido também um forte defensor desse ponto de vista. Como escreveu em seu manual de obstetrícia *Clínica obstétrica*, de 1933, "a obstetrícia não instrui só na prática de proteger a parturição; reclama também como observâncias das regras do dever racial".[62] Essa "regeneração racial" exigia uma intervenção intensiva por parte do médico. A mulher deve se dedicar (e o seu útero) à reprodução, mas o médico deve orientá-la:

> A vida renova-se no ventre das mulheres e a elas pertence o maior privilégio humano – o doloroso privilégio de preparar uma criatura. Abre-se um novo rumo na obstetrícia social: o capítulo dos atributos e das obrigações raciais.[63]

Magalhães não estava defendendo intervenções clínicas explicitamente racistas; na verdade, ele era um defensor, pelo menos em termos retóricos, da mistura racial no Brasil.[64] Ao contrário, ele queria uma raça brasileira, uma raça baseada em normas conservadoras de gênero e em opiniões de longa data sobre uma força de trabalho obediente. Sua ardente retórica antiaborto no debate médico ocorrido na década anterior, durante o qual afirmou que as mulheres cariocas estavam se envolvendo em "uma verdadeira greve do ventre", ressalta muito bem como a retórica sobre trabalho (greve) e reprodução (ventre) permaneceu entrelaçada na imaginação dos obstetras.[65]

---

61 Pinto Filho, *Assistencia obstetrica domiciliaria*, p.25.

62 Magalhães, *Clínica obstetrica: novas lições*, p.345.

63 Ibid.

64 Roth, *A Miscarriage of Justice*, p.51.

65 Magalhães apud Academia Nacional de Medicina, A questão medico-legal do aborto provocado, *Revista de Gynecologia e d'Obstetricia e da Pediatria*, v.15, n.2, p.75, 1921.

***

No século XIX, as discussões jurídicas e médicas sobre a legislação abolicionista – do final do comércio transatlântico até a Lei do Ventre Livre – se basearam na manutenção de uma força de trabalho interna disciplinada e obediente. A criação dessa força de trabalho dependia naturalmente das capacidades reprodutivas das mulheres escravizadas. Como o seu objetivo era uma força de trabalho dependente e não o fim da escravidão, os pensadores de elite fragmentaram os corpos reprodutivos das mulheres escravizadas. A mãe escrava permaneceu escrava; o único aspecto importante do ciclo reprodutivo foi o nascimento de uma nova trabalhadora dócil, escrava ou livre. Essa separação do ventre da mulher permaneceu como parte importante do pensamento obstétrico depois de 1888. Na verdade, ela dominou as discussões obstétricas sobre a assistência pré-natal e o aborto até o século XX.

Felizarda, Ludovina, Joanna, Maria, Henriqueta e a paciente anônima 20.877 não experimentaram suas vidas reprodutivas e as responsabilidades e os privilégios maternos que as acompanhavam como separados do restante de si mesmas personificado nos seus corpos. As constantes tentativas legais de libertar seus filhos, a tragédia ou talvez a sensação de alívio após um parto natimorto, a dor de trabalhos e partos difíceis – causados em parte por intervenções médicas antiéticas baseadas na ciência racista –, esses "lapsos" no conhecimento histórico não diziam respeito a mulheres negras apartadas de seus ventres, mas de mulheres negras lutando contra formas de opressão que queriam exatamente isso. Honrá-las integralmente, e as suas lutas; é dessa forma que devemos contar suas histórias.

6
DE INGÊNUO A FILHO DE CRIAÇÃO:
A INCORPORAÇÃO DE CRIANÇAS DE PAIS BRANCOS E MÃES NEGRAS NO CASA-GRANDE NO PÓS-ABOLIÇÃO[1]

Sueann Caulfield

Os historiadores frequentemente vasculham os arquivos judiciais em busca de fontes para realizarem suas pesquisas de micro-história, atentos à possibilidade de que tais evidências possam desafiar as narrativas construídas por gerações anteriores de cientistas sociais. Eu esperava, por exemplo, que uma leitura minuciosa das ações judiciais sobre paternidade no Brasil contestasse a paradigmática família patriarcal brasileira, notadamente ressaltada por Gilberto Freyre em *Casa-grande e senzala* (1933).[2] De acordo com Freyre, o caráter nacional foi formado por meio de uma constelação de relações íntimas entre a casa-grande, onde residia o senhor com vários membros da família extensa, incluindo domésticos escravizados, e a senzala, onde moravam os outros trabalhadores escravizados com suas famílias. Em particular, Freyre enfatiza as uniões sexuais entre os patriarcas descendentes de portugueses e as trabalhadoras domésticas, fossem indígenas ou mulheres negras escravizadas, mas também os laços entre crianças brancas e suas babás negras e crianças negras e as senhoras ou senhores brancos. Essas

---

1 Minha pesquisa não teria sido possível sem o apoio generoso das historiadoras Lorena Féres da Silva Telles, Angélica Vicente, chefe do arquivo judicial do Tribunal de Justiça do Estado de São Paulo, e Ana Queila Pereira da Cruz, arquivista do Museu de Jaú. Agradeço também a Paulina Alberto, Hussein Fancy, Brodie Fischer, Keila Grinberg, Susan Juster, Valerie Kivelson, Mariana Muaze, Leslie Pincus, Helmut Puff, Rebecca Scott, Paolo Squatriti e Tara Zara pelos comentários extremamente perspicazes das versões anteriores deste ensaio.

2 Freyre, *Casa-grande & senzala*.

relações produziriam uma população intrincadamente estratificada, forjariam vínculos de intimidade e afeição, que sustentariam a fusão das culturas portuguesa, africana e indígena e moderariam a hostilidade gerada pela violência da colonização e escravidão.

Desde o início da década de 1980, as conclusões de Freyre sobre a harmonia racial foram contestadas por numerosas pesquisas acadêmicas que evidenciaram a presença constante e sistemática de várias formas de racismo e de violência ao longo da história do Brasil. A sua visão monolítica da sociedade colonial também foi questionada pela historiografia, que constata uma variedade de arranjos familiares e domésticos ao longo dos quase quatro séculos de escravidão no Brasil.[3] Mesmo assim, *Casa-grande e senzala* continua a ser referência obrigatória pela sua perspicácia em relação ao papel fundamental das relações íntimas, biológicas ou não, e dos complexos laços afetivos na formação do patriarcado escravocrata brasileiro, como também na sua evolução no pós-abolição.[4]

As ações de reconhecimento de paternidade do início do século XX, através de uma perspectiva micro-histórica, nos ajudam a entender essa evolução. Esse tipo de litígio, proibido pelo Parlamento imperial em 1847, foi reintroduzido pelo Código Civil de 1916. Na década seguinte ao código, as investigações de paternidade, geralmente acompanhadas por pedidos de pensão alimentícia ou disputas sobre herança, tornaram-se comuns. Na maioria dos casos, não havia muita diferença entre a posição social do filho e do suposto pai. Em alguns casos, no entanto, o filho descreve a sua criação dentro de uma família rural, que replicava o modelo descrito por Freyre, em que seu suposto pai ocupava um lugar no topo da pirâmide, a mãe permanecia na base e o filho possuía uma posição mal definida entre os dois. Este geralmente afirmava que seu pai o reconhecia como tal, pelo menos

---

3 Ver o importante ensaio de Mariza Corrêa, Repensando a família patriarcal brasileira, *Cadernos de Pesquisa*, n.37, p.5-16, maio 1981. Elizabeth Anne Kuznesof analisa os debates entre historiadores sobre o peso dos valores patriarcais em toda a sociedade colonial em Sexuality, Gender and the Family in Colonial Brazil, *Luso-Brazilian Review*, v.30, n.1, p.119-32, 1993. Para uma discussão da historiografia sobre família e gênero no período da escravidão, com foco no século XIX, ver: Caulfield; Schettini, Gender and Sexuality in Brazil since Independence, in: Beezley (org.), *The Oxford Research Encyclopedia of Latin American History*. Sobre a violência inerente ao paternalismo, ver o clássico texto de Lara, *Campos da violência*.

4 Para uma discussão dos estudos recentes sobre Freyre, ver: Castro, *Gilberto Freyre e* Casa-grande & senzala*: historiografia & recepção*, 16 maio 2012.

tacitamente. Mas, dentro da família extensa paterna, ele ocupava o lugar tênue de filho de criação.

O presente capítulo relata como esse modelo familiar marcou a vida de duas crianças beneficiadas pela Lei de 1871. Suas histórias aparecem nas respectivas ações de investigação de paternidade, uma iniciada no Rio de Janeiro em 1917 e a outra em Jaú, São Paulo, em 1923.[5] Em cada uma delas, o autor nasce de ventre livre e é tirado dos braços da mãe negra ainda escravizada para ser criado "no seio da família" do seu suposto pai branco.[6] Uma série de circunstâncias e decisões individuais trilharam os caminhos que levaram um deles ao empobrecimento, ao alcoolismo e à morte prematura, enquanto o outro alcançou uma posição social razoável e sucesso econômico. Seus destinos divergentes, no entanto, não apagam as semelhanças impressionantes entre as duas histórias. Cada menino foi criado pela irmã de seu suposto pai e ambas as mulheres eram vistas como religiosas e caridosas. Como filhos de criação de suas respectivas tias, os dois foram tratados como se fossem da família. Enquanto cresciam, pairava diante de cada um deles a promessa tácita de eventual reconhecimento de paternidade, que incluía os benefícios materiais de um verdadeiro filho. Na vida adulta, esses filhos ilegítimos estiveram rodeados por relações familiares tensas e expectativas de gratidão que revelam a fragilidade e o custo emocional de sua posição relativamente privilegiada em suas famílias e comunidades.

Filhos de criação "na época da escravidão"

A ubiquidade em todas as classes sociais da prática de circulação de crianças – expressão que engloba a variedade de formas pelas quais as crianças são incorporadas temporária ou permanentemente em famílias que não são as de seus pais biológicos – está amplamente documentada ao longo

5 Arquivo Nacional, Rio de Janeiro, Corte de Apelação – 20, Apelação civil, Investigação de Paternidade, 1917-1923, apelante, Gustavo Nunes Cabral, apelado, Henrique Gonçalves, n.3.663, maço 413, gal. C [daqui em diante, AN, RJ, Investigação de Paternidade, Gustavo Nunes Cabral]; Museu de Jaú (MJ), Juízo de Direito da Comarca do Jaú, 2º cartório, Investigação de Paternidade, autor, José de Assis Bueno, réu, Francisco de Assis Bueno, réu, 1929-1931, [daqui em diante, MJ, Investigação de Paternidade, José de Assis Bueno].

6 A frase aparece em vários depoimentos em MJ, Investigação de Paternidade, José de Assis Bueno.

da história do Brasil. No caso de crianças escravizadas nos séculos XVIII e XIX, os senhores frequentemente se referiam a elas com o termo "crias da casa" e formavam relações próximas com elas, especialmente quando a distância social entre os dois não era grande. Entre os exemplos mais interessantes está a prática observada por Sheila Faria na sua pesquisa sobre os testamentos deixados por africanas forras em Minas Gerais e Rio de Janeiro: as testadoras libertavam algumas, ou às vezes todas, pessoas que mantinham como escravas, mas favoreciam na herança as "crias", sobretudo as do sexo feminino. Também existem muitos exemplos de "crias" que foram alforriadas enquanto conviviam com seus senhores. A expectativa por parte dos senhores de escravos de que "seus" forros manteriam laços afetivos e uma dívida de gratidão pelo resto da vida era especialmente forte quando os libertos tinham sido crias da casa.[7]

"Filhos de criação" geralmente distinguiam-se das "crias". Um filho de criação podia ser parente sanguíneo ou de outra família de condição social semelhante à dos senhores, além de dependentes ou empregados de condição inferior. A ligação entre os filhos de criação e os pais adotivos raramente era legalizada. Na verdade, a adoção formal era tão incomum que o autor do primeiro compêndio de direito de família do Brasil, publicado em 1869, observou que não era necessário comentar sobre o tema, pois havia "caído completamente fora de prática aqui, como ocorreu em toda a Europa".[8] No entanto, esse comentário não refletia exatamente a realidade, como demonstrou a historiadora Alessandra Moreno ao descobrir um punhado de registros de adoção de portugueses e brasileiros no final do século XVIII e do início do século XIX. Os autos revelam um procedimento burocrático complexo, que incluía a aprovação do Supremo Tribunal de Lisboa e o consentimento por escrito de todos os herdeiros legais dos pais adotivos, uma vez que a adoção podia qualificar uma criança para a sucessão. Certamente, essa opção foi procurada por poucos. Em vez disso, os pais e as mães de criação geralmente estabeleciam relações informais que englobavam, em

7 Faria, *Sinhás pretas, damas mercadoras*; Graham, Being Yoruba in Nineteenth-Century Rio de Janeiro, *Slavery & Abolition*, v.32, n.1, p.1-26, 2011. Sobre as expectativas de gratidão, ver: Abreu, Slave Mothers and Freed Children: Emancipation and Female Space in Debates on the "Free Womb" Law, Rio de Janeiro, 1871, *Journal of Latin American Studies*, v.28, n.3, p.567-80, 1996; Chalhoub, *A força da escravidão*.

8 Pereira, *Direitos de família*, p.172.

diferentes medidas, a exploração do trabalho, a educação, a proteção, o afeto e o ressentimento.[9] A relação de poder entre o adulto e o filho de criação era invertida no caso de mulheres escravizadas ou livres pobres que criavam os filhos dos senhores ou outras crianças. No período pós-abolição, representações nostálgicas de mães de criação escravizadas nas figuras da "mãe preta" e da "preta velha" transformaram essas figuras em ícones romantizados da tradicional família escravagista.[10]

À medida que a escravidão entrou em declínio no final do século XIX, a tutela e os contratos de soldada se tornaram mecanismos legais cada vez mais procurados pelos senhores para manterem o acesso ao trabalho infantil e às relações de dependência.[11] Os contratos de tutela há muito eram firmados no caso de crianças abandonadas aos cuidados de instituições religiosas, que as entregavam para serem criadas por famílias em troca de educação e pagamento de uma soldada pelo trabalho a ser realizado depois que completassem doze anos de idade.[12] A expectativa de que as crianças e adolescentes contribuíssem para a economia doméstica ainda era generalizada em grande parte do mundo no final do século XIX. No Brasil, no entanto, a exploração do trabalho infantil teve uma função de singular importância nas estratégias de manutenção do controle da mão de obra na passagem de escravidão para o trabalho assalariado. Assim, em vez de simplesmente liberar os filhos nascidos do ventre livre, a Lei de 1871 introduziu uma nova condição de nascimento para eles, a de "ingênuo". Em troca do custo dispendido na criação do ingênuo, que não podia ser separado da sua mãe antes de cumprir 8 anos de idade, a lei concedia ao proprietário, que ainda mantinha a mãe

9 Moreno, *Vivendo em lares alheios*; Lewin, *Surprise Heirs*.

10 Ver: Machado, Entre dois Beneditos, in: Xavier; Farias; Gomes (orgs.), *Mulheres negras no Brasil escravista e do pós-emancipação*, p.199-213; Muaze, Maternidade silenciada: amas de leite no Brasil escravista, século XIX, in: Lima; Osório (orgs.), *Do tráfico ao pós-abolição*, p.360-92; Muaze, Da ama de leite à mãe preta: arte, literatura, história e memória, in: Batalha; Rocha (orgs.), *Literatura, história e pós-colonialidade*, p.83-114. Esse fenômeno tinha vários contornos em diferentes sociedades escravocratas, como mostra a recente coletânea de Cowling et al., *Motherhood, Childlessness and the Care of Children in Atlantic Slave Societies*.

11 Ariza, *Mães infames, filhos venturosos*; Azevedo, A tutela e o contrato soldada: a reinvenção do trabalho compulsório infantil, *História Social*, v.3, p.11-36, 1996; Meznar, Orphans and the Transition from Slave to Free Labor in Northeast Brazil: The Case of Campina Grande, 1850-1888, *Journal of Social History*, v.27, n.3, p.499-515, 1994.

12 Moreno, *Vivendo em lares alheios*.

no cativeiro, o direito de lucrar com o trabalho da criança até que atingisse a idade de 21 anos.[13]

Segundo Freyre, os filhos dos senhores com suas escravizadas contavam invariavelmente como crias e filhos de criação da casa-grande. Alguns deles, inclusive, gozavam de certos privilégios ou eram tratados como se fossem da família, mesmo sem serem assumidos ou reconhecidos legalmente pelo pai nem terem direito à herança. Essa foi a situação descrita por Gustavo Nunes Cabral, quando entrou com a ação para demandar o reconhecimento de paternidade, no Rio de Janeiro, em 1917, e por José Assis Bueno ao fazer o mesmo em Jaú, São Paulo, em 1929.

Filho natural ou filho de criação? Educação, *status* e afeto como prova de paternidade

1. *Gustavo Nunes Cabral*

Gustavo Nunes Cabral nasceu em São João do Macaé, no estado do Rio de Janeiro, em 1886. O padre que o batizou, aos três meses de idade, registrou a criança no livro de ingênuos da freguesia, constatando que o bebê era "filho natural de Umbelina, escrava de D. Lauriana Rosa da Conceição, que declarou desistir dos direitos que a lei lhe confere sobre o dito ingênuo".[14] A condição de "filho natural" significava que o bebê nasceu de pais solteiros, mas não de "coito danado e punível" (adultério, sacrilégio ou incesto) e, portanto, podia ser reconhecido pelo pai.

Trinta e um anos mais tarde, quando Gustavo entrou na justiça para pedir o reconhecimento de paternidade, seu advogado alegou que tal desistência por parte da sua jovem mãe escravizada fora arranjada por dona Teresa Nunes Cabral. A viúva, tempos depois do batismo, tirou o menino da mãe para criá-lo na sua fazenda. As testemunhas chamadas pelo advogado afirmaram que a viúva agira assim "porque tanto ela, dona Teresa como sua filha dona Regina... tinham certeza de que Gustavo era filho de Sabino Nunes Cabral,

---

13 Brasil, Lei n.2.040, de 28 de setembro de 1871. Disponível em: <http://www.planalto.gov.br/ccivil_03/leis/lim/LIM2040.htm>. Acesso em: 13 dez. 2017.

14 AN, RJ, Investigação de Paternidade, Gustavo Nunes Cabral, 24.

filho de dona Teresa e irmão de dona Regina". Essa certeza também explicaria por que dona Regina aceitou ser a madrinha de Gustavo. Segundo o advogado de Gustavo, a mãe, Umbelina, teria consentido porque entendeu que Gustavo seria recebido na casa de sua abonada família paterna como filho natural.[15] Mas a ambiguidade gramatical do assento de seu batismo permitiu que o advogado adversário elaborasse outra interpretação: não foi Umbelina que abrira mão dos direitos sobre o ingênuo, mas sim a senhora que a mantinha escravizada. De acordo com esse advogado, foi "por ato de generosidade da senhora de sua mãe" que Gustavo foi entregue à caridosa viúva, tornando-se seu filho de criação.[16]

Seja como filho natural ou filho de criação, Gustavo foi morar na casa-grande da família de fazendeiros. Seu suposto pai, Sabino, faleceu quando Gustavo tinha 5 anos. Se Sabino tivesse reconhecido Gustavo como seu filho natural, ele teria herdado uma parte considerável da fortuna da família.[17] Como isso não aconteceu, já que Sabino não deixou testamento nem teve outros filhos, o seu espólio passou para a sua mãe, dona Teresa. Quando ela morreu, seis anos mais tarde, a propriedade passou para sua única filha sobrevivente, Regina, irmã de Sabino e madrinha de Gustavo, que recebeu o menino de 11 anos junto com a herança. Criou-o ao lado de outros quatro filhos de criação, arranjo tão corriqueiro que a questão de por que as crianças não eram criadas pelas próprias mães não aparecia nos documentos. Como era comum, Gustavo mantinha uma relação filial com sua mãe biológica. O sustento e educação do menino, porém, ficaram por conta da mãe de criação.

A educação que dona Regina deu a Gustavo consistia em muito mais do que a oportunidade de frequentar um colégio particular. Como era de se esperar das mulheres da elite, dona Regina sempre cuidou da rede social da família.[18] Ela usou seus contatos para conseguir um emprego para Gustavo na cidade, quando ele tinha 16 anos, e o instruiu sobre como se comportar para progredir. As inúmeras cartas que dona Regina lhe escreveu durante os primeiros seis anos longe de casa (1902-1907), as quais Gustavo guardou

---

15 Ibid., 24314-318v, 315.

16 Ibid., 247-275, 267v.

17 Sabino já havia herdado a sua porção legítima do seu pai. Se Gustavo tivesse sido reconhecido como filho natural de Sabino, teria herdado todos os bens dele, como também, seis anos mais tarde, teria dividido com Regina os bens da mãe de Sabino.

18 Graham, *Patronage and Politics in Nineteenth Century Brazil*.

por mais de uma década, foram incluídas em seu processo. As cartas revelam o esforço contínuo por parte de dona Regina para educá-lo e arranjar-lhe um bom emprego, ao mesmo tempo que lhe ensinava boas maneiras como meio de um rapaz da sua condição ascender socialmente. Sua primeira carta expressava imensa satisfação com a notícia de que Gustavo havia começado a trabalhar como auxiliar de farmácia. Ela pedia que enviasse, em seu nome, um abraço ao amigo que havia lhe garantido a "colocação". Também fez questão de saber se Gustavo já lhe havia agradecido: "pois que ele deu muitos passos e faz muitos sacrifícios para te arrumar" o emprego.[19]

À primeira vista, esta parece ser uma ordem corriqueira de um adulto para um adolescente, natural da educação que, em geral, os filhos recebem dos pais ou responsáveis. No contexto histórico que moldou a relação de Regina e Gustavo, no entanto, a "educação" diária sobre o comportamento apropriado potencialmente carregava um peso adicional. Ao tirar Gustavo de sua mãe escrava, a mãe de Regina também libertou Gustavo de suas obrigações como ingênuo. Assim, seu *status* se assemelhava mais ao de liberto do que do nascido livre. Ensinar uma criança liberta a ser agradecida tinha um peso adicional no contexto da antiga prerrogativa senhorial, mantida no período imperial, de reescravizar pessoas que se havia alforriado, caso estas não demonstrassem a devida gratidão.[20] Como ficou evidente nos discursos contrários à Lei do Ventre Livre, que defendiam a alforria como uma concessão dos senhores e não do Estado, a gratidão e deferência dos libertos aos antigos senhores eram imprescindíveis à disciplina do alforriados e, portanto, à ordem social após a escravidão.[21] A carta de Regina exprime essas preocupações, ao lembrar Gustavo para ser "muito obediente para teu patrão, e mais superiores", ao mesmo tempo que o instrui a "apresenta[r] meus respeitos" aos mesmos, no intuito de relembrar-lhes da ligação de Gustavo com ela.[22] No ano seguinte, ela elogiou Gustavo por saldar uma dívida, lembrando-o de que "o homem mentiroso e sem crédito não vale nada na sociedade".[23]

19 AN, RJ, Investigação de Paternidade, Gustavo Nunes Cabral, 73.

20 Almeida, *Código Filipino ou Ordenações e Leis do Reino de Portugal*, Lv.4, tit.63, p.863.

21 Abreu, Slave Mothers and Freed Children: Emancipation and Female Space in Debates on the "Free Womb" Law, Rio de Janeiro, 1871, *Journal of Latin American Studies*, v.28, n.3, p.567-80, 1996.

22 AN, RJ, Investigação de Paternidade, Gustavo Nunes Cabral, 73v.

23 Ibid., 69.

Essas e outras cartas demonstram a constante preocupação de dona Regina de que Gustavo fosse insuficientemente grato, desobediente e não merecedor de crédito. Através das cartas, ela tentava persuadi-lo a ser "econômico" e a cultivar seus relacionamentos pessoais, lembrando-o de seu próprio afeto, generosidade e transmitindo notícias de vizinhos e parentes que mandavam lembranças. Ela frequentemente repreendia Gustavo por não responder prontamente as cartas, por não perguntar sobre sua saúde após uma doença, ou por deixar de enviar condolências a amigos ou parentes que passaram por dificuldades. Em uma das correspondências agradecia-lhe por colocar flores no túmulo de sua "adorada e Santa Mãe", enquanto enfatizava com irritação, "você nunca quer me ouvir e seguir os meus conselhos".[24] Outra carta reitera a mesma mensagem: "se me estimas lembra-te sempre dos meus conselhos".[25] Implorando constantemente para ele "ter juízo", dona Regina revela sua apreensão com relação às atitudes do seu afilhado, assim como aos limites da sua disposição de usar sua influência a seu favor. Depois de uma aparente altercação, ela escreve, "acho muito justa a vontade que tens de melhorar de emprego e ordenado, mas fica certo que precisa paciência e persistência". Insinuando que era justamente isso que faltava a ele, dona Regina disse que não iria fazer o favor que ele havia pedido, "e o motivo já te disse verbalmente".[26] Em suas cartas mais furiosas, ela repreendeu Gustavo por ter ultrapassado os limites durante as visitas à sua casa: em uma ocasião, com 18 anos, Gustavo matou um porco sem primeiro consultá-la; outra vez, quando tinha 20 anos, levou uma espingarda.[27]

Em 1917, cerca de uma década depois de sua última carta a Gustavo, dona Regina faleceu intestada. Uma prima qualificou-se como única herdeira e iniciou o inventário, que foi interrompido pela ação de Gustavo, alegando que, como sobrinho da falecida, era ele o parente mais próximo na linha de sucessão. Os documentos não indicam se, antes da morte de Regina, Gustavo havia se manifestado insatisfeito com o seu não reconhecimento como herdeiro pela família do pai. Contudo, a morte de Regina ocorreu no momento em que entrou em vigor o Código Civil de 1916, que permitia que os filhos

24 Ibid., 79, 86, 82.

25 Ibid., 79, 86, 82.

26 Ibid., 80v.

27 Ibid., 71, 86.

naturais demandassem tal reconhecimento na justiça, pela primeira vez desde meados do século XIX.

O direito dos filhos naturais de pedir o reconhecimento da paternidade vem de longa data na legislação ibérica. Desde a era medieval, a coroa portuguesa concedia esse direito aos filhos naturais dos plebeus que, uma vez reconhecidos, tinham os mesmos direitos patrimoniais dos legítimos. Não podem herdar nem serem reconhecidos pelos pais os filhos adúlteros, incestuosos ou sacrílegos, ou os filhos naturais de pai ou mãe nobre. Seguindo as tradições do direito romano, o reconhecimento da maternidade era presumido, assim como o marido era o presumido pai dos filhos de sua esposa, o que poderia ser contestado em circunstâncias muito limitadas. O reconhecimento paterno de filhos naturais, entretanto, exigia prova. A investigação judicial de paternidade a pedido de filhos naturais era, portanto, um procedimento comum durante a partilha dos bens de um falecido pai. Na falta de documentação escrita, as autoridades consideravam como prova os depoimentos de testemunhas que confirmavam que o suposto pai havia se comportado publicamente como tal, principalmente dando à criança seu sobrenome e afeto, e cuidando dela e da sua educação.[28]

Muito mais preocupantes eram os filhos naturais que exigiam o reconhecimento de homens que não queriam assumir a paternidade. Filhos nascidos de mulheres escravizadas ou pobres raramente tinham meios de entrar com uma ação de investigação de paternidade na justiça. Em geral, faziam um acordo tácito ou explícito de permanecerem calados em troca de qualquer apoio que o pai, ou sua família, oferecessem voluntariamente.

A criação de Gustavo seguia um padrão antigo em que os pais da elite, ou suas famílias, sustentavam e "educavam" seus filhos ilegítimos, às vezes trazendo-os para viverem com suas famílias, mas sem elevá-los ao *status* de membros da família. Mesmo assim, são inúmeros os exemplos de pais cujo apoio permitiu que seus filhos ilegítimos alcançassem uma posição social mais alta do que a de suas mães. Embora, como observou o viajante francês do século XIX Auguste Saint-Hilaire, existam "homens livres de nossa raça, de alma bastante cruel para deixar os próprios filhos sujeitos à escravidão", também existiam outros que, por afeto, consciência ou por temor a Deus,

28 Lewin, *Surprise Heirs*, v.1; Caulfield, From Liberalism to Human Dignity: The Transformation of Marriage in Brazil, in: Moses (org.), *Ties that Bind*, p.27-53.

libertavam as crianças na pia batismal ou por testamento, embora raramente reconhecessem sua paternidade.[29]

A partir do final do século XVIII, vários juristas buscaram amenizar as penalidades impostas aos filhos ilegítimos, argumentando que representavam uma punição injusta de inocentes e promoviam a concentração de riqueza e poder nas mãos de poderosas famílias extensas. Depois que o Brasil se tornou um império independente em 1822, esses argumentos foram revividos como parte de reformas liberais mais amplas. No entanto, na década de 1830, os apelos para expandir os direitos dos filhos ilegítimos foram cada vez mais abafados pelos argumentos em favor da proteção de famílias legítimas contra "herdeiros surpresa", enquanto conservadores argumentavam que um declínio da autoridade moral e a expansão do acesso popular aos tribunais locais havia produzido escândalos no lugar de justiça.[30] Debates semelhantes ocorreram na França revolucionária e nas Américas, geralmente resultando em restrições mais severas aos filhos ilegítimos.[31] O Brasil aderiu à tendência em 1847, quando o Parlamento rescindiu o direito dos filhos naturais de exigirem o reconhecimento paterno no tribunal. Como explica Linda Lewin, a Lei de 1847 refletia a crescente insegurança das famílias da elite branca em um momento em que o tráfico de escravizados continuava a aumentar, as revoltas de escravos se multiplicavam e, mais importante, a probabilidade de abolição em um futuro não distante significava que a população urbana livre de cor logo constituiria uma maioria e os libertos, ao contrário dos escravizados, podiam levar ações à justiça. Além disso, em um clima político e econômico em que os mecanismos mais antigos para manter a hierarquia social estavam sob ataque e os jovens começavam a ter mais autonomia em relação à família extensa, a possibilidade de um marido reconhecer os filhos tidos fora do casamento era vista como uma ameaça crescente. Assim, a Lei de 1847

29 Saint-Hilaire, *Segunda viagem a São Paulo e quadro histórico da província de São Paulo*, citado em Iansen, Os senhores que mantinham seus filhos como escravos, *História e outras histórias* (blog), 19 jul. 2011; Lewin, *Surprise Heirs*, v.1; Silva, Senhores e pais: reconhecimento de paternidade dos alforriados na pia batismal na Freguesia de Nossa Senhora do Pilar de São João Del-Rei (1770-1850), in: Colóquio do Laboratório de História Econômica e Social (Lahes), 1, 13 jun. 2005, *Anais do...*

30 Lewin, *Surprise Heirs*, v.2.

31 Milanich, To Make All Children Equal Is a Change in the Power Structures of Society: The Politics of Family Law in Twentieth Century Chile and Latin America, *Law and History Review*, v.33, p.767, 2015; Fuchs, Seduction, Paternity, and the Law in Fin de Siècle France, *The Journal of Modern History*, v.72, n.4, p.944-89, 2000.

protegeu as famílias legítimas de serem forçadas a acomodar tais crianças, não apenas privando os filhos naturais do direito de demandar o reconhecimento paterno, mas também proibindo os homens casados de reconhecê-los voluntariamente. Os homens solteiros ainda podiam reconhecer a paternidade dos filhos naturais, mas apenas por escrito, por meio de um documento legal.[32]

As discussões sobre os direitos dos filhos ilegítimos continuaram fervilhando na doutrina jurídica e na jurisprudência do final do século XIX e as disputas sobre a herança paterna frequentemente chegavam à imprensa. O debate reapareceu no início da Primeira República (1890-1930), atingindo seu auge durante a longa revisão legislativa que antecedeu a aprovação do primeiro Código Civil brasileiro em 1916. O resultado foi um acordo: o código restaurou os direitos dos filhos naturais de demandar o reconhecimento do pai na justiça se conseguissem provar que, ao tempo da concepção, "a mãe estava concubinada com o pretendido pai", ou ele a havia raptado, ou manteve "relações sexuais com ela", sendo a última condição entendida como relações forçadas.[33] Muitos juristas defendiam a inclusão da "posse de estado de filiação" no projeto do código definido pelos critérios do direito romano: *nomen* (a criança recebeu o nome do pai), *tractatus* (era tratada como filho pelo pai) e *fama* (a paternidade era de conhecimento público). Segundo os defensores do conceito, essas indicações sociais de paternidade eram consistentes tanto nas tradições brasileiras quanto no direito "moderno", tendo sido incorporadas aos códigos civis de Portugal e de outras nações "civilizadas". Embora os legisladores conservadores tenham retirado essa disposição da versão final do código, a posse de estado reaparecia nos tribunais, como veremos no caso de Gustavo Nunes.

Iniciado apenas um mês após a entrada em vigor do novo Código Civil, o processo de Gustavo evidencia a ambiguidade das condições exigidas para que um filho natural pudesse demandar o reconhecimento da paternidade. Cada uma das partes incluiu longas discussões sobre o que significava "viver em concubinato" e a natureza das relações sexuais entre mulheres negras e homens brancos ricos, sob a vergonhosa instituição da escravidão. No entanto, o advogado baseou seus argumentos principalmente na "posse de

---

32 Lewin, *Surprise Heirs*, v.2, p.286-304.

33 Art. 363, Código Civil dos Estados Unidos do Brasil, Lei n.3.071, de 1º de janeiro de 1916, *Diário Oficial da União*, 5 jan. 1916. Disponível em: <http://www.planalto.gov.br/ccivil_03/leis/l3071.htm>. Acesso em: 16 nov. 2020.

estado" de Gustavo. O advogado ressaltou que Sabino e sua família sempre trataram Gustavo como filho e que essa relação era "pública e notória", embora a família não o reconhecesse formalmente. Como prova, o advogado trouxe cinco testemunhas que haviam sido escravizadas pela família de Sabino e também uma mulher que cresceu ao lado de Gustavo como filha de criação de Regina. As testemunhas corroboraram a afirmação de que "todos na roça sempre sabiam" que Sabino era seu pai, e que Sabino "nunca escondeu esse fato". Confirmaram que Gustavo foi criado na casa-grande, onde era tratado de maneira diferenciada dos demais filhos de criação, pelo "carinho especial" e educação que recebeu da tia, incluindo a matrícula em escola particular e ajuda com suas tarefas escolares, e pelo seu sobrenome.

O advogado adversário replicou que a mãe de Gustavo não poderia ter vivido em concubinato com Sabino, porque este residia na cidade na época da concepção e refutou a alegada "posse de estado". Segundo as testemunhas chamadas por ele, Gustavo nunca havia sido reconhecido como parente pela família. Adotou o sobrenome dela "como muitos ex-escravos, por gratidão". Dona Regina foi madrinha de Gustavo e "mãe de criação" por profunda devoção e caridade, a mesma motivação que explicava por que outras crianças pobres haviam sido criadas "dentro da família". O carinho inegável que demonstrava por Gustavo era explicado por ela não ter filhos próprios e por sua generosidade de espírito. A falta de gratidão de Gustavo e seu vício com a bebida desiludiram dona Regina de tal forma que ela o expulsou de casa, levando consigo essa decepção para o túmulo.[34]

De acordo com a certidão de óbito de Gustavo,[35] ele, de fato, bebia demais: o documento indica que ele morreu de pancreatite provocada pelo álcool, em 1920, logo após dar entrada do recurso no Tribunal de Apelação. O juiz da primeira instância já havia decidido contra Gustavo por motivos técnicos. Em primeiro lugar, quando o suposto pai morreu, em 1891, a lei não permitia aos filhos naturais demandar o reconhecimento da paternidade na justiça. E, de qualquer maneira, já havia expirado o prazo para ele requerer a herança paterna e o espólio tinha passado por muitas mãos. O tribunal de apelação confirmou a sentença, recusando-se a resolver não apenas se Sabino

34 AN, RJ, Investigação de Paternidade, Gustavo Nunes Cabral, 38, 68, 271-3.

35 Ibid., 364. Esse documento indica que a cor de Gustavo é "branco". É a única vez que a cor dele aparece no processo.

era o pai de Gustavo, mas também várias questões jurídicas levantadas por ambas as partes durante a ação: o que significava "concubinato" e como se manifestava na escravidão? A "posse de estado" poderia provar a filiação? Que tipo de tratamento ou evidência de "estado" distinguia o filho natural de um filho de criação?[36]

2. *José Assis Bueno*

José Assis Bueno tinha 53 anos em 1929, quando entrou com uma ação de reconhecimento de paternidade na comarca de Jaú, interior de São Paulo, alegando ser filho natural de Francisco Assis Bueno. Os paralelos entre a sua história de vida e a de Gustavo Nunes aparecem logo no início do processo, em que fica evidente que José nascera do ventre livre de uma jovem mãe escravizada e que a senhora que tinha domínio sobre sua mãe abriu mão dos direitos que a Lei de 1871 lhe conferia em relação a ele. No caso de José, que nasceu em dezembro de 1876, o registro foi feito no cartório civil em vez da igreja. Não houve um livro específico para assentos dos ingênuos, e o escrivão nem anotou a condição escravizada da mãe. A condição de José aparece na última frase: "Sendo liberto o recém-nascido mencionado neste assento".[37]

A senhora que libertou José do ônus de ter nascido ingênuo, mantendo sua mãe (como também seus avós) no cativeiro era dona Teresa Assis Bueno, herdeira da fortuna de uma das famílias mais ricas da próspera região cafeeira. Foi a própria dona Teresa que, mais tarde, se encarregou da criação de José, levando-o para morar dentro da casa-grande de sua fazenda, onde também residia Francisco, irmão de Teresa e suposto pai do menino. A mãe do menino, Dina, continuou vivendo na senzala da fazenda com seu marido, Jonas, também escravizado por dona Teresa. Quando cresceu, José entendeu que o casamento de sua mãe com Jonas, celebrado oito dias antes do seu nascimento fora forçado, arranjado pela família de seu pai para esconder a verdade e proteger a sua honra e patrimônio. Para reforçar a ficção jurídica, um dos irmãos de Francisco, na qualidade de padrinho de José, registrou o bebê como "filho legítimo de Jonas e de sua mulher Dina", fato que tornaria

36 Ibid., 288-97, 390-1.

37 MJ, Investigação de Paternidade, José de Assis Bueno, v.1, fl.7.

questionável seu direito de demandar o reconhecimento como filho natural de Francisco.[38]

Em 1923, quase meio século depois desses acontecimentos, dona Teresa fez um testamento em que aparecem como legatários "Dina e seu marido Jonas", que receberiam "o usufruto da chácara ... onde atualmente eles residem". Fora as despesas para um funeral simples, missas para a sua alma e a dos seus pais e legados modestos para a igreja da cidade, dona Teresa deixou o restante da sua fortuna "aos sete filhos de Dina, casada com Jonas", que ela instituiu como seus "únicos e universais herdeiros". Para as "de sexo feminino" – ou seja, as cinco irmãs – dona Teresa tomou precauções especiais. Além de indicar que elas deveriam receber de forma inalienável as propriedades na cidade e de valor mais estável, ela incluiu várias provisões que garantiam que as mulheres não perderiam controle dos bens para seus maridos, caso fossem casadas: as propriedades não podiam ser juntadas com as do casal e elas teriam "a livre e geral administração com a exclusão expressa dos maridos", proibindo ainda que estes tivessem "usufrutos em caso algum, mesmo por falecimento dos herdeiros".[39]

Quando dona Teresa faleceu em 1926, aos 77 anos, parecia que Jaú inteiro ficou de luto pela perda da bondosa senhora. No entanto, a abertura do seu testamento provocou tumulto entre o ramo branco da família Assis Bueno. Uma das irmãs de dona Teresa, junto com vários sobrinhos, entrou na justiça para contestar o testamento, mas o sobrinho que dona Teresa escolheu para ser seu testamenteiro se manteve fiel à tia e, no final, seus desejos foram respeitados. Cada um dos seis filhos adultos de Dina – José e suas cinco meias-irmãs mais novas – recebeu bens avaliados em 250.000 mil-réis, uma considerável fortuna.[40]

Ao instituir como seus únicos herdeiros os filhos da mulher que ela havia mantido em cativeiro, o testamento de Teresa foi incomum, embora não sem precedentes. Existem inúmeros exemplos na historiografia de senhores de escravos dos séculos XVIII e XIX que deixaram seus bens para as "crias da casa", embora essa prática fosse mais comum entre pequenos proprietários

38 Ibid.

39 Ibid., v.1, fl.22-5.

40 Um dos sete filhos de Dina já havido morrido. Museu de Jaú, Juízo de Direito da Comarca do Jaú, 1º Cartório, Inventário, Teresa de Assis Bueno, maço 48-A, registro 1.7.2.904, fl.5, 1926.

do que entre os senhores de famílias brancas e ricas, como Teresa.[41] Frequentemente, esses legados parecem ter resultado de negociações em que trocava-se uma promessa de herança por serviços e cuidados até a morte e além.[42] Teresa parece ter seguido esse padrão de codependência com Dina e suas filhas. Quando seu inventário ficou parado por causa da contestação dos familiares da falecida senhora, as filhas de Dina pediram uma verba mensal do espólio, afirmando que "sempre viveram na companhia de dona Teresa, que as criou, educou e deu de tudo que elas precisavam, e agora não tinham meios de subsistência".[43] Ou seja, as cinco herdeiras, então na casa dos 30 e 40 anos, uma das quais casada e duas enviuvadas, continuaram a tomar parte da família de Teresa. Não fica claro se todas as irmãs, ou algumas delas, estavam morando dentro da casa-grande e desde quando. Contudo, na ação de José, é evidente que só ele, entre os filhos de Dina, foi criado em sua companhia desde pequeno. Mas, ao que parece, as irmãs cuidaram da casa e de sua senhora na velhice. Dona Teresa aparentemente fornecia "tudo que elas precisavam" em vez de pagar-lhes um salário, já que não estão listadas entre os empregados assalariados no inventário, quase todos colonos italianos.

A evidente intimidade de Teresa com Dina, a sua preocupação em proteger as suas herdeiras "de sexo feminino" de seus possíveis maridos e a própria decisão de não se casar, podem ter algo a ver com a sua experiência de ter crescido em uma casa patriarcal com pelo menos quatro irmãos agressivos e instáveis. Pelo menos foi assim que a família Assis Bueno foi retratada em 1921 pelos peritos que realizaram um exame de sanidade mental no seu irmão Francisco, a pedido da esposa do mesmo. No histórico familiar do paciente, os médicos especialistas observaram que tanto seu pai quanto cinco dos seus irmãos, além dele mesmo, sofreram de depressão maníaca

41 Slenes, Brazil, in: Paquette; Smith (orgs.), *The Oxford Handbook of Slavery in the Americas*, p.111-33.

42 Reis, *Death Is a Festival Funeral Rites and Rebellion in Nineteenth-Century Brazil*; Faria, *Sinhás pretas, damas mercadoras*; Graham, Being Yoruba in Nineteenth-Century Rio de Janeiro, *Slavery & Abolition*, v.32, n.1, p.1-26, 2011; Id., *Caetana Says No*. Para uma discussão de uma situação de mútua dependência entre uma senhora e suas criadas escravizadas em Buenos Aires, ver: Alberto, Liberta by Trade: Negotiating the Terms of Unfree Labor in Gradual Abolition Buenos Aires (1820s-30s), *Journal of Social History*, v.52, n.3, p.619-51, 1º jan. 2019.

43 Museu de Jaú, Juízo de Direito da Comarca do Jaú, 1º Cartório, Inventário, Teresa de Assis Bueno, maço 48-A, registro 1.7.2.904, fl.109, 1926.

caracterizada por surtos de paranoia e violência, sendo que um se enforcou e outros dois morreram em decorrência de brigas armadas. O laudo conclui que a família sofria de sífilis congenital e declara que Francisco era "incapaz de dirigir sua pessoa e administrar seus bens".[44]

José entrou com sua petição de investigação de paternidade oito anos depois que a esposa de Francisco conseguiu a sua interdição e passou a administrar seus bens, tirando essa função de José. A petição afirmou que Francisco, "quando na plenitude da sua capacidade... sempre manifestava ao autor a intenção de reconhecê-lo para os efeitos da sucessão", mas que a sua esposa e curadora, "no intento de prejudicar o autor [José], e burlar a ação que lhe compete... tem alienado já grande parte, senão máxima parte do patrimônio do seu marido e curatelado, ... realizando negócios apressados e reinosos, em benefício de parentes e protegidos, mais em detrimento dos direitos do autor, que é o único filho do réu".[45]

Como prova do direito de José de demandar o reconhecimento do pai, seu advogado caracterizou a relação de sua mãe com seu suposto pai como típico dos abusos sexuais sofridos por mulheres escravizadas e submetidas ao "concubinato", fato difícil de provar, já que a lei proibia o depoimento da mãe ou de outros parentes próximos. O advogado conseguiu intimar o padrasto, Jonas, alegando que ele não era parente consanguíneo, mas Jonas repetidamente não compareceu nas datas marcadas. Outra testemunha fundamental, segundo o advogado, teria sido a "mãe adotiva" de Dina, "mulher quase centenária, ex-escrava [que] criou a desventurada cativa... mãe do autor e vítima indefesa da sensualidade do seu senhor moço, o réu Francisco de Assis Bueno". Essa testemunha, "industriada e subornada por parentes ambiciosos do réu", segundo o advogado de José, também não compareceu, por ter sido "ocultada por seus brancos".[46]

Ao não conseguir provar o concubinato do suposto pai com a mãe, o advogado focou na "posse do *status* de filiação" de seu cliente. Chamou oito testemunhas, todas pessoas próximas da família Assis Bueno "há muitíssimos anos", sendo seus antigos trabalhadores escravizados, colonos, vizinhos ou amigos de infância de Francisco ou de José. Seus depoimentos sustentaram

---

44 MJ, Investigação de Paternidade, José de Assis Bueno, v.1, fl.30-42.

45 Ibid., v.1, fl.3-4.

46 Os depoimentos estão transcritos em MJ, Investigação de Paternidade, José de Assis Bueno, v.2, fl.96-104, 328-9.

as alegações de José sobre a paternidade sempre assumida por Francisco e seus familiares, que o criaram "dentro da casa-grande" e o trataram "não como mero empregado", mas "como parente" e "protegido da casa".[47] As testemunhas unanimemente afirmaram a "fama pública e notoriedade" dessa paternidade, fato que era conhecido e falado "por empregados e ex-escravos", "colonos e pretos", ou então "por todos nesta fazenda e na cidade".[48] Até algumas das testemunhas que depuseram contra José admitiram que "o povo" ou "todos" diziam que Francisco era seu pai, embora uma delas tenha indicado que, "conquanto não tenha ouvido de pessoas de destaque social é exato que corre entre gente de povo miúdo".[49] As testemunhas de ambas as partes também concordaram que Dina e Jonas "eram escravos e moravam na senzala na Fazenda Santo Antônio, fazenda essa que hoje pertence aos filhos de Dina e Jonas", enquanto, "desde tenra idade", José "foi criado e cresceu não na senzala, mas na casa dos seus brancos, sendo cuidado por dona Teresa".[50] Segundo uma testemunha que na época estava escravizada, Francisco "não consentia que José frequentasse a companhia dos escravos, sendo ele criado no seio da família do mesmo réu".[51]

Ao que tudo indica, Francisco preparou seu filho natural para o trabalho de "seus brancos". Na infância, quando não estava na escola, o menino costumava trabalhar ao seu lado na fazenda, chamando os bois de guia, enquanto Francisco servia de carroceiro. Mais velho, José tomou conta da supervisão dos trabalhadores libertos e firmou contratos com colonos italianos, ao mesmo tempo que abriu negócios na cidade com o apoio financeiro de Francisco. Quando José tinha cerca de 40 anos, assumiu a administração dos bens de Francisco.[52] Sua procuração, transcrita no processo, dava-lhe total autonomia sobre os negócios de Francisco, habilitando-o a mover os fundos nas suas contas bancárias e gerenciar as suas diversas propriedades e negócios. José parece ter sido um empresário e administrador habilidoso.

---

47 Ibid., v.2, fl.328-9; v.1, fl.102, 104-5.
48 Ibid., v.1, fl.96-104, 98v.
49 Ibid., v.1, fl.79v-80, 99.
50 Ibid., v.1, fl.79-79v, 98v-99.
51 Ibid., v.1, fl.98v-99, 152.
52 Ibid., v.2, fl.436.

Como comentaram várias testemunhas, ele já era rico antes mesmo de receber a herança de Teresa.[53]

Respondendo às perguntas do advogado de José, tanto as suas testemunhas quanto as da esposa de Francisco descreveram as características físicas de vários membros da família Assis Buenos de forma consistente: Francisco era "homem branco, bem assim a família de que ele descende" e "ao contrário Jonas e Dina são pretos retintos, e de cabelos carapinhados, bem assim são completamente pretos os filhos de Jonas e Dina; em contraste com as pessoas referidas o autor Jose é mulato, meio calvo, e cabelos crespos". Várias testemunhas também concordam com o advogado ao dizerem que "dois negros retintos" não podiam produzir um "mulato claro" como José.[54] Grande parte do litígio centrava-se na exigência, do advogado de José, de um "exame comparativo das pessoas": José e Francisco. Mas o advogado adversário conseguiu obstruir seus esforços, primeiro recusando o acesso a Francisco ou às fotos dele, depois alegando que o estado da ciência para a determinação da paternidade tornava esses exames inúteis e, por fim (segundo o advogado de José), pressionando ou subornando os médicos peritos da cidade de Jaú que haviam concordado em fazer o exame a desistirem "para esconder a vergonha da gente [de Francisco], gente rica".[55] O obstáculo maior, que ficou sem explicação, foi a recusa de Dina, mãe de José, de fornecer seu sangue para o exame. Os peritos acabaram fazendo um exame do sangue de José e Francisco, com resultados inconclusivos.[56]

A controvérsia sobre o exame pericial continuou sem solução, mesmo depois que cada advogado conseguiu um parecer pericial do maior especialista do país em determinação forense de paternidade, dr. Flamínio Fávero, da Universidade de São Paulo. No primeiro parecer, Fávero confirmou que a ciência da época não dispunha de meios para determinar a paternidade, limitando-se a excluí-la ou então a indicar a probabilidade em alguns casos.[57] No segundo, o mesmo perito confirmou que dois pais "verdadeiramente negros" não poderiam gerar um filho mulato, acrescentando que a alta incidência de "mestiçagem" no país garantia que "em pouco tempo terá

53 Ibid., v.1, fl.79.
54 Ibid., v.1, fl.86, 144, 169.
55 Ibid., v.2, fl.199-450; esp. fl.250-1, 262, 278, 358-9, citação em 359.
56 Ibid., v.2, fl.336-7.
57 Ibid., v.2, fl.297-301.

inteiramente desaparecido a raça negra no Brasil". Porém, não tendo os elementos para comparar José a Francisco (sangue e exame físico ou fotográfico), não podia opinar sobre a alegada paternidade.[58]

A classificação racial, as habilidades profissionais e o sucesso econômico de José o diferenciavam das cinco filhas de Dina, que permaneceram dependentes de dona Teresa. O gênero pode explicar as diferenças na educação que receberam José e as irmãs e nas respectivas posições sociais alcançadas, embora a afirmação de que a diferenciação se devia ao fato de José ser filho de Francisco pareça muito provável.[59] Talvez por causa dessas diferenças, o relacionamento de José com as irmãs era conflituoso, fato evidenciado pela ação que elas moveram contra ele para conseguir o pagamento de uma pequena dívida (5.000 mil-réis).[60]

Apesar das fortes evidências de que José foi a vida toda conhecido como filho de Francisco e do parecer do maior especialista do país em provas biológicas de paternidade, indicando que José não poderia ser filho de Jonas, a sentença do juiz de direito da comarca de Jaú julgou improcedente a ação. Descartando a evidência testemunhal – "excessiva", a seu ver – que confirmava a história de vida contada pelo autor, o juiz observou que as testemunhas não precisavam as datas da "concubinagem" da sua mãe com o alegado pai e, portanto, a "fama pública" não constituía prova suficiente. O juiz admitiu que, de acordo com a doutrina, as circunstâncias de "ter sido o autor tratado como filho pela irmã" de Francisco e da "grande estima que [Francisco] dedicou ao autor, ao ponto de entregar ao mesmo a administração dos seus bens" poderiam provar a paternidade. Mas concluiu que, no caso de José, essas circunstâncias "não têm valor algum, e isso porque: tradição da antiga família brasileira votar estima aos seus bons servidores escravos. A preta velha, a ama de leite a chamada mãe preta, que com tanta graça sabia estropiar os contos maravilhosos de Perrault, anda por aí na lira dos poetas e faz jus a monumento".[61] Em acordão não unânime, em 1933, o

58 Ibid., v.2, fl.345-51.

59 Não há informações sobre o filho já falecido de Dina na documentação.

60 Não localizei essa ação, mas ela é referenciada na ação movida pelo advogado contratado por José, que acusa o cliente pelo não pagamento dos seus serviços. MJ, Juízo de Direito da Comarca do Jaú, 2º Cartório, Ação de Cobrança, autor, Fausto Guryer Azevedo, réu, José de Assis Bueno, 1928.

61 MJ, Investigação de Paternidade, José de Assis Bueno, v.2, fl.476-84, 483. O juiz talvez se refira à campanha que existia na época para erigir um monumento à mãe preta. Ver: Alberto,

Tribunal de Justiça do Estado de São Paulo confirmou a sentença, condenando José ao pagamento das consideráveis custas judiciais acumuladas nos quase cinco anos do litígio.[62]

Conclusão

As investigações de paternidade iniciadas por Gustavo Nunes e José Assis Bueno oferecem pistas para entender a continuidade do costume de acolher e educar crianças de mães escravizadas dentro da família extensa branca na primeira geração depois da abolição. Essas crianças raramente alcançavam a classe social dos pais de criação, com os quais mantinham relacionamentos desiguais que combinavam em diferentes medidas amor, afeto, dependência, servidão e ressentimento. Entre esses filhos de criação, os que eram filhos naturais de algum dos homens brancos da família poderiam ocupar uma posição privilegiada. No entanto, as histórias de Gustavo Nunes e José Assis Bueno ilustram os obstáculos que enfrentavam se tentassem demandar reconhecimento e direitos como membro da família.

No caso de Gustavo Nunes, as cartas de dona Regina revelam como a educação do filho de criação incluía a instrução sobre a gratidão e a deferência adequadas à sua posição nas relações de clientelismo. As limitações que dona Regina impunha a Gustavo quando ele não se comportava de acordo com sua vontade e sua decisão de não lhe transferir parte do patrimônio familiar quando falecesse, muito menos durante sua vida, também ilustra como os filhos de criação eram diferenciados dos filhos de família, mesmo quando eram parentes de sangue. No caso de José Assis Bueno, a educação oferecida por seu suposto pai, juntamente com o gênero e a cor clara de José, colocaram-no em uma posição muito mais elevada do que suas irmãs, mesmo que elas estivessem entre as protegidas da sua mãe de criação. Esse favorecimento, junto com o aparente talento de José para os negócios, permitiu-lhe alcançar sucesso econômico, mas não o reconhecimento como filho da família da casa-grande.

Of Sentiment, Science and Myth: Shifting Metaphors of Racial Inclusion in Twentieth-Century Brazil, *Social History*, v.37, n.3, p.261-96, ago. 2012.

62 Investigação de Paternidade, Acórdão, n.19.420, *Revista dos Tribunais*, v.92, p.446-50, nov. 1934. Essa publicação inclui o acórdão e o voto vencido de um dos desembargadores.

7
Mulheres negras e escravidão:
reflexões sobre agência, violências sexuais e narrativas de passividade

Luciana da Cruz Brito

São da cor do mar, da cor da mata
Os olhos verdes da mulata
São cismadores e fatais, fatais
E no beijo ardente, perfumado
Conserva o cravo do pecado
De saborosos cambucás

(*Olhos verdes*, canção de Vicente Paiva, 1951)

Eu juro você vai me pagar
Cada lágrima que eu chorei
Eu guardei só pra te dar
E você vai beber no inferno
No inferno

Eu sou a preta que tu come e não assume
E não é questão de ciúmes
Tampouco de fé
Por acaso eu não sou uma mulher?

(*Ain't I a Woman*, canção de Luedji Luna, 2020)

No ano de 2020, o projeto DNA do Brasil divulgou os primeiros resultados de uma pesquisa que visa conhecer as características genéticas da população brasileira.[1] Entender o produto da diversidade racial do país, fruto da tão celebrada "miscigenação", seria uma das principais razões do interesse dos pesquisadores e pesquisadoras. As análises do material genético das primeiras 1.247 pessoas revelou um resultado parcial impressionante. Foram confirmados dois dados já conhecidos: o tráfico transatlântico trouxe para o Brasil uma diversidade enorme de nações africanas e a miscigenação racial teve grande impacto na formação do povo brasileiro. A informação nova revelada pelos dados da pesquisa foi a seguinte: a miscigenação se deu de forma bastante assimétrica em termos de gênero e raça. De acordo com as características genéticas das pessoas pesquisadas, no que diz respeito ao DNA mitocondrial materno, ficou evidente que na população brasileira ele é 36% herdado das mulheres africanas e 34% das mulheres indígenas. Da mesma forma, é salutar destacar outra informação divulgada na pesquisa: o DNA masculino do povo brasileiro é 75% europeu, ou seja, o homem branco foi o grande promotor, do lado paterno, do processo de formação do povo brasileiro. Enquanto homens africanos representam 14,5% do nosso DNA paterno, o homem indígena quase não deixou descendentes, sendo ele responsável por 0,5% do DNA da população brasileira.

O desequilíbrio desses números divulgados no século XXI, e que refletem nossa matriz histórico-genética, acabam por consolidar o homem branco como principal reprodutor masculino, o que só corrobora o que

1 Sobre o projeto DNA do Brasil, ver: Alves, Estudo com 1.200 genomas mapeia diversidade da população brasileira, *Folha de S.Paulo*, 23 set. 2020. Disponível em: <https://www1.folha.uol.com.br/ciencia/2020/09/estudo-com-1200-genomas-mapeia-diversidade-da-populacao-brasileira.shtml>. Acesso em: 19 jul. 2021; Escobar, Cientistas vão desvendar receita genética do povo brasileiro, *Jornal da USP*, 10 dez. 2019. Disponível em: <https://jornal.usp.br/ciencias/ciencias-da-saude/cientistas-querem-desvendar-receita-genetica-do-povo-brasileiro/>. Acesso em: 19 jul. 2021; Id., DNA preserva história de populações escravizadas no genoma dos brasileiros, *Jornal da USP*, 04 nov. 2020. Disponível em: <https://jornal.usp.br/ciencias/ciencias-biologicas/dna-preserva-historia-de-indigenas-e-escravos-no-genoma-dos-brasileiros/>. Acesso em: 19 jul. 2021; Bezerra, Uma nação se faz na cama? Como projeto que analisou o DNA dos brasileiros comprovou nossa origem violenta e miscigenada, 04 dez. 2020. Disponível em: <https://www.uol.com.br/tilt/reportagens-especiais/dados-do-genoma-de-brasileiros-revelaram-violento-processo-miscigenacao/#cover>. Acesso em: 19 jul. 2021.

tem já demonstrado tanto parte das pesquisas desenvolvidas nas ciências humanas quanto têm denunciado os movimentos sociais: estupro e violência sexual foram práticas corriqueiras no Brasil escravista, uma realidade que foi romantizada e negada pelo imaginário social e até mesmo pela intelectualidade brasileira durante muito tempo.

Nesse sentido, este capítulo parte de um esforço incipiente de problematizar aspectos sensíveis ou difíceis acerca do tema da escravidão, amenizadas por narrativas que celebram a tal "miscigenação racial". Embora essa seja uma versão muito comum e dominante nos discursos oficiais e escolar, na literatura de uma época, na teledramaturgia e no imaginário social, pretendo dialogar com a historiografia social da escravidão para pensar outras versões desse passado, que viu seu caráter violento apaziguado por discursos comprometidos com a negação da desigualdade racial do Brasil. Coloco no eixo desse debate a crença na passividade das mulheres negras, que seriam corresponsáveis, junto com as mulheres indígenas, pelos resultados presentes no histórico do nosso DNA. Com isso, pretendo discutir se seria possível compreender o cotidiano dessas mulheres e sobretudo esquadrinhar os seus sentimentos na época que a sociedade brasileira se formava num contexto escravista, de forma tão desequilibrada e desigual.

Senhores desabusados e escravas submissas: o mito da passividade

Em *Casa-grande e senzala*, livro publicado pelo sociólogo Gilberto Freyre em 1933, ele reconhecido como um dos maiores intérpretes do Brasil, o autor lança seu olhar sobre o cotidiano das casas-grandes para falar da formação da sociedade brasileira colonial e escravista. Utilizando tom saudosista, tenta encontrar equilíbrio no ambiente patriarcal, descrito como ao mesmo tempo conflituoso e harmonioso. Para tanto, Freyre fazia um malabarismo para tornar possível a existência de um cenário afetuoso, mesmo que atravessado por intensa desigualdade de todas as ordens. O que se celebra nessa narrativa é o protagonismo do patriarca branco como grande referência de virilidade desse universo, que servia de pequena amostra da sociedade brasileira. De acordo com Richard Miskolci, nesse projeto heterossexualmente compulsório, no qual a reprodução tem importância fundamental, as mulheres, sobretudo as mulheres negras, foram relegadas a um lugar de "passividade histórica", uma vez que seus corpos eram objeto de um controle bastante rígido.[2]

Seguindo essa tendência, dentre as várias crenças sobre a norma sexual vigente nas casas-grandes, em *Casa-grande e senzala* sustentam-se as noções de passividade da mulher escravizada e do seu consentimento ao sexo com os seus proprietários. Vejamos como essa noção da passividade das mulheres foi utilizada para atenuar a violência sofrida por elas quando vítimas supostamente submissas de senhores ativos, tanto do ponto de vista do poder senhorial que controla o trabalho quanto da sexualidade e portanto do corpo e dos desejos.

> A escassez de mulheres brancas criou zonas de confraternização entre vencedores e vencidos, entre senhores e escravos. Sem deixarem de ser relações – as dos brancos com mulheres de cor – de "superiores" com "inferiores" e, no maior número de casos, de senhores desabusados e sádicos com escravas passivas, adoçaram-se, entretanto, com a necessidade experimentada por muitos colonos de constituírem família dentro dessas circunstâncias e sobre essa base.[3]

Freyre usa o verbo "adoçar" para descrever o sexo entre senhores e mulheres escravizadas, equacionando o desequilíbrio de poder e as possíveis questões levantadas sobre as circunstâncias nas quais se firmaram essas relações através do erotismo e do romance. Por outro lado, podemos reconhecer que esses encontros foram marcados por profunda complexidade e orientados por interesses diversos. De acordo com Saidiya Hartman, as práticas e ações de recusa de mulheres negras contra o heteropatriarcado e a violência sexual apontam como desejo, poder e violência operam juntos como mecanismo de dominação e mediação dos conflitos. Ainda segundo Hartman, a retirada da condição de violência na vida sexual das mulheres negras, no silêncio das casas-grandes, chamadas por Freyre de espaços de "erotismo", evidencia como a subalternidade foi marcante na sexualidade desenvolvida dentro do cativeiro. Mesmo sem negar a agência dessas mulheres, que criaram diversas estratégias para sobreviver e, minimamente, preservar-se da forma possível nesse ambiente, podemos afirmar que a própria vulnerabilidade da condição

---

2 Miskolci, *O desejo da nação*, p.46.
3 Freyre, *Casa-grande & senzala*.

de vida das mulheres negras potencializou a violência sexual. A ausência de leis que condenassem o estuprador deixou-as à sua própria sorte e da sua comunidade para que criassem estratégias de proteção de mulheres e meninas, até quando isso fosse possível.[4]

Bem antes de Freyre, já em 1900, Afonso Celso, advogado, escritor, membro do Instituto Histórico e Geográfico Brasileiro (IHGB) e da Academia Brasileira de Letras (ABL), já havia escrito uma obra que seria conhecida como uma "cartilha da nacionalidade brasileira", o livro *Por que me ufano do meu país*. Nessa obra, o autor afirmaria que "as negras eram geralmente amas de leite dos filhos dos brancos e, obrigadas a abandonar a própria prole pela alheia, tratavam esta com o devotamento e carinho extraordinários".[5] Com isso, Afonso Celso justificava que o trabalho desinteressado do africano, os sentimentos afetivos e sua resignação inabalável eram provas de que, diferente dos Estados Unidos, no Brasil, jamais havia existido preconceito de cor.

A propriedade do senhor que estava impressa inclusive no seu direito de propriedade sobre o corpo fez da violência sexual parte do processo de domínio e domesticação de mulheres e também de homens negros; afinal, como afirma o próprio autor: "Não há escravidão sem depravação sexual". Portanto, concordamos com o que diz Angela Davis sobre a sexualidade e o trabalho das mulheres negras escravizadas: "o estupro, na verdade, era uma expressão ostensiva do domínio econômico do proprietário e do controle do feitor sobre as mulheres negras na condição de trabalhadoras".[6]

Sendo a narrativa da consensualidade fundamental para atenuar os atos gerados pelo domínio completo do senhor nas casas-grandes, a ideia da passividade das mulheres seria fundamental também na construção da ideia da autoridade absoluta do patriarca, fosse para condená-la ou, de alguma forma, celebrá-la. Novamente, Hartman nos faz refletir sobre como seria o exercício da sexualidade e das subjetividades das mulheres negras nas casas-grandes, uma vez que, sendo essa uma realidade que nos escapa dos registros documentais, torna-se difícil mensurar quando o suposto

---

4 Hartman, Seduction and the Ruses of Power, *Callaloo*, v.19, n.2, Emerging Women Writers, v.esp., primavera 1996.

5 Celso, *Por que me ufano do meu país*. A obra está disponível no *site* da Biblioteca Brasiliana Guita e José Mindlin.

6 Davis, *Mulheres, raça e classe*, p.21.

consentimento era muito mais fruto de relações sustentadas na coerção, no medo e na subjugação.[7]

A literatura abolicionista, aquela não autobiográfica, fez amplo uso do estigma da passividade da mulher escravizada diante da agência sexual dos senhores de escravos. Em *A cabana do pai Tomás*, publicado em 1854 pela abolicionista Harriet B. Stowe, o perfil passivo e submisso da personagem Elisa, uma mulher negra, mestiça, escravizada, que vivia no ambiente da casa-grande, refletiria aquele típico das escravizadas diante da violência sexual senhorial. Diferente dessa representação, a historiadora Sasha Turner fala-nos da necessidade de, ao menos, reconhecermos a existência de sofrimentos inatingíveis e indecifráveis produzidos pelas relações entre senhores e suas escravizadas, ao mesmo tempo que devemos reconhecer que as mulheres não ficaram impassíveis diante das investidas senhoriais.[8] Turner cita, por exemplo, a autobiografia de Harriet Jacobs, publicada em 1861 e que descreve, dentre outras coisas, as estratégias de Jacobs, uma jovem mulher escravizada, para resistir ou se proteger do assédio e violência sexual do seu senhor, o que se tornou mote da sua fuga para a região norte dos Estados Unidos. Também podemos citar a história de Celia, mulher escravizada que vivia no estado do Missouri e que matou o seu proprietário após ser estuprada por ele repetidas vezes, desde o dia em que foi comprada.[9]

No Brasil, a historiografia da escravidão também tem revelado episódios de mulheres que resistiram à violência, ao abuso sexual e ao estupro, reivindicando a posse da sua sexualidade e do seu corpo. A historiadora Isabel Reis, por exemplo, evidencia episódios de fugas e até mesmo de suicídios e infanticídios através dos quais essas mulheres, de forma extrema, impunham suas vontades.[10] Sandra Graham, no livro *Caetana diz não*, revela a história de uma mulher escravizada que foi até as últimas instâncias possíveis por recusar-se a casar com um homem que não era do seu agrado.[11]

---

7 Hartman, Seduction and the Ruses of Power, *Callaloo*, v.19, n.2; Emerging Women Writers, v.esp., primavera 1996.

8 Turner, The Nameless and the Forgotten: Maternal Grief, Sacred Protection, and the Archive of Slavery, *Slavery & Abolition*, v.38, n.2, p.232-50, 2017.

9 Hartman, Seduction and the Ruses of Power, *Callaloo*, v.19, n.2; Emerging Women Writers, v.esp., primavera 1996.

10 Reis, Relações de gênero no cotidiano de mulheres negras na Bahia oitocentista, in: Xavier; Farias; Gomes (orgs.), *Mulheres negras*, p.172-85.

11 Graham, *Caetana diz não*.

A vida dessas mulheres escravizadas e suas reações ao cativeiro se alinham ao que afirma a pesquisadora Marisa Fuentes sobre a forma como as narrativas de poder acabaram por influenciar os registros históricos. Como a produção intelectual preocupada em escrever uma versão harmoniosa das relações raciais brasileiras foi fortemente influenciada pelas narrativas de poder, ela também apagou episódios que se desejava que fossem silenciados e esquecidos. Sobre as possibilidades de autonomia financeira utilizadas por mulheres escravizadas e libertas, Fuentes afirma que narrativas de passividade, submissão e paralisia diante da violência acabam por reforçar a ideia de que a única possibilidade de liberdade considerada para mulheres negras eram aquelas vinculadas às barganhas sexuais. Destituindo essas "barganhas" do campo do sistema de dominação sexual, essas realidades foram romantizadas numa narrativa que colocava o homem branco como objeto de sedução da pessoa escravizada.[12]

A historiografia nos revela que foram bem diversas as estratégias e meios utilizados por mulheres negras, escravizadas ou libertas, para adquirir autonomia financeira. Muito atentas à dinâmica do comércio e economia da sociedade escravista, as ganhadeiras, as conhecedoras de práticas religiosas, comerciantes, amas de leite, membros de irmandades religiosas que promoviam ajuda mútua, encontraram formas de trazer a liberdade para um horizonte próximo. A historiadora Juliana Farias, por exemplo, pesquisou os empreendimentos de mulheres minas nos mercados do Rio de Janeiro, e foi para garantir o monopólio desse comércio que brigaram entre si e com maridos pouco promissores, de quem muitas vezes se divorciaram.[13] Elas também questionavam na justiça medidas legais que causavam um impacto negativo nos seus negócios, fonte fundamental da sua autonomia financeira.[14]

Também encontrei mulheres negras, tanto escravizadas quanto libertas, que, na cidade de Salvador e no Recôncavo Baiano, monopolizavam mercados que traziam ganhos financeiros e impactavam a economia das cidades em que viviam. A maioria delas, de acordo com seus testamentos e registros

12 Fuentes, *Dispossessed Lives*, p.5, 50-4.

13 Farias, Sob o governo das mulheres: casamento e divórcio entre africanas e africanos minas no Rio de Janeiro do século XIX, in: Xavier; Farias; Gomes (orgs.), *Mulheres negras*.

14 Soares, As ganhadeiras: mulher e resistência negra em Salvador no século XIX, *Revista Afro-Ásia*, n.17, p.57, 1996.

cartoriais, compraram sua própria alforria. Destaco aqui o caso de Sabina da Cruz, africana que viveu na Bahia durante o levante dos malês e que já era alforriada, dona de escravos, de imóveis e vivia do comércio de produtos africanos.[15] Muito atenta ao valor de uma delação à revolta muçulmana no ano de 1835, Sabina concedeu à polícia informações importantes sobre a revolta e conseguiu barganhar benefícios para si. Na Paraíba do século XIX, a historiadora Solange Rocha conta a trajetória de mulheres que foram à justiça reivindicar sua liberdade, brigando judicialmente contra os filhos dos seus antigos senhores, que rompiam acordos firmados entre elas e seus proprietários antes de morrer.[16]

Se as alforrias condicionais acabavam criando uma corrente de subserviência que prendia libertas aos seus senhores e senhoras durante muito tempo, e mesmo tendo que ceder e dissimular relações de submissão e afeição, elas ainda apostavam nesse caminho como uma forma de conseguir a liberdade. Por isso, mesmo pagando pela sua alforria, acreditavam que podiam conquistar a liberdade, que no registro do documento eram justificadas por seus senhores como fruto de "bons serviços", "obediência" e "afeição". Portanto, mais do que significar um desejo de servir, mulheres escravizadas, nas palavras de Rocha, tiveram que "vestir as máscaras" e convencer seus donos de que "mereciam" a liberdade.

Ainda assim, é importante tanto problematizar quanto reconhecer, sem romantização, que o sexo pode ter sido sim parte de um jogo de barganha na esperança da troca pela liberdade ou um cativeiro menos rígido. Outro tabu que é importante questionarmos é o da heteronormatividade dos senhores de escravos. O historiador Lamonde Aidoo afirma, por exemplo, que a noção de "macho viril" desse senhor branco omitiu seu intercurso com homens negros.[17] Condenado pela Inquisição e pela Igreja católica, o sexo entre senhores e escravizados é evento que deixou poucos registros documentais. Desses registros, Aidoo encontrou informações sobre estupro de meninos e de homens, às vezes sob promessas de liberdade em troca de sexo. Na obra de Freyre, por exemplo, essa relação aparece na forma da "amizade"

---

15 Brito, *Temores da África*.

16 Rocha, Mulheres escravizadas na Paraíba oitocentista: trabalho, contradições e lutas por liberdade, in: Xavier; Farias; Gomes (orgs.), *Mulheres negras*, p.84-97.

17 Aidoo, *Slavery Unseen: Sex, Power and Violence in Brazilian History*.

entre "moleques" e senhores meninos, na qual esses últimos já faziam seus primeiros exercícios de penetração nos primeiros.[18]

> Não havia casa onde não existisse um ou mais moleques, um ou mais curumins, vítimas consagradas aos caprichos de nhonhô... eram-lhe o cavalo, o leva-pancadas, os amigos, os companheiros, os criados.[19]

Poucos são os registros documentais que relatam as investidas dos senhores sobre os homens negros para saciar seus desejos sexuais. Um raro registro foi encontrado pelo historiador Clissio Santana, que encontrou um episódio que se passou na cidade de Cachoeira em 1854, quando o escravizado Liandro foi surrado a mando de Antônio Soares Veigas, homem branco e rico negociante senhor de escravos.[20] De acordo com o curador de Liandro, o mesmo fugiu da casa do homem poderoso e bem relacionado porque o mesmo o havia convidado para "servir aos costumes de inversão da ordem natural do sexo masculino, para satisfazer os seus delírios e depravações...". Ainda segundo o curador, Liandro não costumava ter relações sexuais com homens. Esse raro registro só foi documentado porque acabou virando um caso de justiça, uma vez que Liandro não era propriedade do seu abusador. Além disso, ele denunciou Antônio Veigas e resistiu, e por isso foi chicoteado em praça pública, uma vez que, numa sociedade escravista, negar submeter-se às vontades dos patriarcas era cometer um grande agravante à ordem social, ainda que os desejos desse senhor contrariassem os códigos dessa própria ordem.

De grandes reprodutoras a mães: o ventre e a maternidade

A intelectual e ativista Lélia Gonzales faz uma importante reflexão sobre a mulher negra no Brasil escravista. A mesma mulher era explorada do ponto

18 Ibid., p.52-6.

19 Freyre, *Casa-grande e senzala*, p.218.

20 Santana, Uma linha estreita: cor, escravidão e liberdade no Recôncavo Baiano nas últimas décadas do século XIX, in: Pires; Santana; Santos (orgs.), *Bahia: escravidão, pós-abolição e comunidades quilombolas*, p.69-86.

de vista do trabalho, do sexo e, através do sexo, da sua capacidade de reproduzir mais pessoas escravizadas, gerando mais riqueza para seus senhores, fossem eles grandes proprietários ou não.[21] Assim, a violência sexual se insere no campo das práticas de controle do corpo e como mecanismo de reprodução da escravaria. Presente na obra de Freyre é a noção de "mulatos", filhos de mucamas e "mães pretas" e senhores brancos, que foram criados no ambiente patriarcal "como se fossem filhos" e como "irmãos de criação", recebendo afeto e instrução sob as benesses de relações paternalistas. Ainda de acordo com Freyre, essas mulheres teriam sido recompensadas por causa do seu "ventre gerador".

> Desde logo salientamos a doçura das relações de senhores com escravos domésticos, talvez maior no Brasil do que em qualquer outra parte da América... a casa-grande fazia subir da senzala para o serviço mais íntimo e delicado dos senhores uma série de indivíduos: amas de criar, mucamas, irmãos de criação dos meninos brancos. Indivíduos cujo lugar na família ficava sendo não o de escravos, mas o de pessoas de casa. Espécie de parentes pobres nas famílias europeias... à mesa patriarcal das casas-grandes sentavam-se como se fossem da família numerosos mulatinhos, crias, malungos, moleques de estimação. Alguns saíam de carro com os senhores, acompanhando-os aos passeios como se fossem filhos.[22]

Andrea Livinsey, historiadora, demonstra como relações que supostamente poderiam conferir proteção e privilégios poderiam aprofundar ainda mais os sentimentos de ódio, posse e controle dos senhores sobre as mulheres escravizadas com quem tiveram filhos.[23] Livinsey ainda nos chama a refletir sobre a ideia da "escolha" da mulher escravizada, dentro das suas possibilidades e limites de autonomia sobre o corpo nesse contexto escravista. Mais uma vez, podemos falar em escolhas? Em consensualidade? Quais os limites impostos a essas mulheres, uma vez que o estupro, o castigo físico ou com o trabalho mais pesado e a venda e separação dos filhos eram elementos de barganha numa "negociação" pelo sexo? A manutenção dos vínculos familiares, as estratégias de controle sobre suas crianças e a reivindicação do direito ao

---

21 Gonzales, *Lélia Gonzales*, p.190-214.

22 Freyre, *Casa-grande e senzala*, p.225.

23 Livesey, Conceived in Violence: Enslaved Mothers and Children Born of Rape in Nineteenth-Century, Louisiana, *Slavery & Abolition*, v.38, n.2, p.373-91, 2017.

exercício da maternidade, sobretudo após a promulgação da Lei do Ventre Livre, têm sido evidenciadas pela historiografia brasileira.

A Lei do Ventre Livre, de 28 de setembro de 1871, também abriu um campo de disputa entre as mães das crianças ingênuas e senhores e senhoras que resistiam a abrir mão do trabalho delas e de entregá-las às suas mães. Argumentos baseados no afeto, nas relações de cuidado e de amor pela "cria nascida nas suas casas-grandes" eram justificativas empregadas na justiça por senhores, senhoras e tutores para manterem as crianças no trabalho forçado, se possível, até completarem 21 anos ou até depois da Lei do 13 de maio. A historiadora Ione Celeste de Sousa pesquisou essas histórias. Meninas e meninos ingênuos, nascidos após a Lei de 1871 ficavam sob o poder e a autoridade dos senhores até completarem 8 anos, com a responsabilidade de "criá-los", o que não significava oferecer educação escolar.[24] O uso dos serviços dos ingênuos gerou disputas judiciais entre as mães de meninas empregadas sobretudo no serviço doméstico e meninos que trabalharam nas lavouras até quando adultos. Se, nessa disputa, senhores e senhoras, além de tutores, alegavam ter melhores condições que as mães e avós dos órfãos de cuidar dessas jovens, essas mães e avós deixavam bem nítida a determinação de arrancar seus filhos e filhas da autoridade e exploração vigentes nas casas-grandes.

As histórias de "mulatinhos futuros doutores" que foram beneficiados pelo apadrinhamento de senhores e senhoras que nutriam laços afetivos por eles também foi algo tratado pela historiografia que se dedica aos estudos do paternalismo, da racialização e das relações complexas desenvolvidas entre ex-senhores e pessoas libertas. É importante pontuar que os termos "mulato" e "mulata" carregam significados que vão além da variação da grafia para denominar um homem ou uma mulher. A variação do gênero também demonstra que ser uma "mulata" coloca a mulher numa determinada condição imediatamente associada ao prazer sexual. Já o mulato, esse pode, quando protegido pelos membros da casa-grande, até tornar-se doutor: essa seria uma prerrogativa unicamente masculina.[25]

---

24 Sousa, Porque um menor não deve ficar exposto à ociosidade, origem de todos os vícios: tutelas e soldadas e o trabalho dos ingênuos na Bahia, 1870-1900, in: Machado; Castilho (orgs.), *Tornando-se livre: agentes históricos e lutas sociais no processo de abolição*, p.189-212.

25 Figueiredo, Carta de uma ex-mulata a Judith Butler, *Periódicus*, Salvador, v.1, n.3, maio-out. 2015. Sobre a importância de utilizar a categoria gênero nos estudos sobre escravidão, ver o

Em um importante artigo, a historiadora Wlamyra Albuquerque discute a inserção social de um desses mulatos oriundos da casa-grande para falar da trajetória do engenheiro Teodoro Sampaio. Baiano de Santo Amaro da Purificação, Teodoro nasceu no Engenho Canabrava, de onde partiu aos 10 anos para estudar no Rio de Janeiro. Filho de uma mulher liberta e de, ao que tudo indica, um padre, de acordo com Albuquerque, Teodoro Sampaio se insere muito bem nas descrições de Freyre das "crias" tratadas com doçura pelas sinhás. Além da mãe, quando partiu ainda menino para a capital do Império, Teodoro deixou para trás três irmãos, todos escravizados. Assim, o jovem mulato bastardo, a quem o próprio Gilberto Freyre considerou ser um perfeito representante da "eminência parda" brasileira, a despeito de ser livre, estava atrelado a fortes vínculos que o conectavam à escravidão.[26]

Teodoro Sampaio, de vez em quando, ou quase sempre, era lembrado das suas origens, já que na sua infância ele havia sido um dos muitos "molecotes" que viviam na casa da família Costa Pinto, proprietária do engenho onde nasceu. Insultos racistas e impedimentos ao seu avanço profissional foram constantes na sua trajetória, marcada por sucessos, decepções, ataques preconceituosos e atos de benevolência da família Costa Pinto, que aqui e ali tentava protegê-lo ou favorecê-lo mobilizando seu prestígio e relações poderosas no ambiente político.

Quanto à mãe de Teodoro Sampaio, a liberta dona Domingas, ela poderia seria uma das mulatas disponíveis e passivas que pariam "crias" que se tornariam a parte bastarda, subalterna e trabalhadora das *plantations* do Brasil escravista. A despeito do filho engenheiro, Domingas ainda aguardou muito tempo para ver libertos outros três filhos, graças ao compromisso daquele outro que viu partir aos 10 anos. A dinâmica paternalista ainda a amarraria à família Costa Pinto a ponto de, quem sabe, envelhecer sendo a mãe preta da abastada família. Talvez, ao mesmo tempo que "grata" pela educação do filho engenheiro, ela nutria a agonia por esperar tanto pela liberdade dos outros três. Os sentimentos mais íntimos de Domingas não estão

---

artigo de Reis, Gênero: uma categoria útil para a história da escravidão no Brasil, *Interfaces Científicas-Humanas e Sociais*, Aracaju, v.6, n.2, p.11-28, out. 2017.

26 Albuquerque, Teodoro Sampaio, "eminência parda" e a "cor não luzidia": negócios da liberdade e parcialização no tempo da abolição, in: Sampaio; Lima; Balaban (orgs.), *Marcadores da diferença*.

registrados em lugar algum, assim como também não estão as circunstâncias em que engravidou.

Ainda assim, parece-nos bastante significativo relacionar a noção da sociedade brasileira como uma grande *plantation* com a vida de Domingas. Questionamo-nos se ela concordaria com a versão harmoniosa da história de negros, brancos e "mulatos" que formariam a nação. Concordando ou não, ou ainda que concordando em parte, Domingas nos mostra que sua experiência como mulher e mãe escravizada acabaria por compor os diversos e possíveis cenários, todos eles bastante complexos, mas que nos dariam pistas de como chegamos às características histórico-genéticas que resultaram no povo brasileiro como ele é.

Conclusão

Dentro das casas-grandes habitavam dores profundas que marcavam a vida das mulheres negras escravizadas. Essas dores e demais sentimentos não estão registrados nos arquivos, e por isso deixaram espaço para especulações e versões desse cotidiano comprometidas com diversos interesses, sobretudo aqueles ligados a uma narrativa nacionalista, heteronormativa e patriarcal. Contudo, a história social da escravidão nos permite apontar outras versões do passado escravista e das relações entre famílias patriarcais e famílias escravizadas. No caso das mulheres negras escravizadas, sabemos hoje que essas mulheres foram apartadas dos seus filhos, adoeceram, morreram de parto, perderam seus filhos para a venda ou para a morte. Sofreram abortos espontâneos ou não e também perderam suas crianças ainda nos primeiros dias de vida ou ao longo da infância. Algumas delas cometeram infanticídios porque se recusavam a viver a maternidade na escravidão. As dores de perdas, que se misturavam, talvez, a sentimentos de alívio, também geravam traumas naquelas mulheres que não foram mães ou que não puderam exercer a maternidade. Porém, ao mesmo tempo que devemos considerar que o corpo dessas mulheres negras era instrumento de abuso, violências, barganhas e reprodução, devemos também considerar que havia transgressões da sexualidade mesmo no cativeiro. Para além dos senhores, certamente elas também tinham suas próprias vontades, e, se não as satisfizeram, pelo menos projetaram seus desejos para outras possibilidades sexoafetivas, e não à que respondia às fantasias das elites das casas-grandes. A documentação histórica está farta de exemplos que nos indicam isso.

Portanto, as vivências de mulheres negras nas plantações, nas senzalas e nas casas-grandes geraram experiências, talvez muitas vezes indescritíveis. Diante do silêncio dessas vozes nos arquivos, nas fontes e nos registros, cabe-nos fazer um exercício de fabulação crítica[27] para conjecturar sobre o que possivelmente lhes aconteceu, e, mais do que isso, o que sentiam e o que pensavam. Esse exercício especulativo qualificado pelas pesquisas históricas pode permitir que tenhamos um outro olhar sobre nosso passado, reconhecendo seu cotidiano de exploração e extrema violência, além de coerções, intimidações, estupros e abusos. Esse olhar, quando livre de comprometimento com uma versão da história do povo brasileiro que omita e atenue seus conflitos, pode nos permitir seguir um novo caminho para pensar o nosso passado, talvez nos conduzindo a uma reconciliação com ele mesmo. A pesquisa DNA do Brasil nos mostra um retrato familiar, no qual fica evidente que mulheres negras e indígenas foram responsáveis por parir a nação, literalmente. Homens negros e indígenas foram castrados nesse processo. Mulheres brancas foram ao mesmo tempo submetidas e preservadas, e o homem branco, sobretudo aquele europeu, tinha o domínio financeiro, religioso, sexual e legal sobre todas elas e eles.

---

27 Hartman, Venus in Two Acts, *Small Axe*, v.12, n.2, p.1-14, jun. 2008.

Parte II
Ventres livres em perspectiva atlântica

8
As primeiras experiências de ventre livre no mundo atlântico:
Norte dos Estados Unidos e América Latina (1780-1842)

Caroline Passarini Sousa

Em 28 de setembro de 1871, o Brasil aprovava a Lei do Ventre Livre; um ano antes, Cuba havia aprovado legislação muito similar, a Lei Moret. Os dois últimos bastiões da escravidão no mundo atlântico apontavam, assim, para um fim lento e gradual, no qual faziam "livres" os ventres e os frutos dos ventres de mulheres negras escravizadas. Com processos extremamente complexos, os dois casos precisam ser analisados com maior atenção; contudo, é preciso lembrar que, com exceção da Revolução do Haiti e da Guerra Civil dos Estados Unidos, as medidas tomadas de norte a sul do continente americano em relação à abolição da escravidão foram marcadas, invariavelmente, pelo gradualismo. Aqui, voltaremos a atenção para duas regiões que, de modo muito semelhante ao Brasil e a Cuba, conduziram seus processos de abolição com políticas graduais centradas, majoritariamente, nos ventres de mulheres escravizadas.

O *século das abolições* pode ser dividido em três momentos: de 1780 a 1804, no Norte dos Estados Unidos e Canadá britânico; nos territórios hispânicos da América do Sul entre 1811-1842; no Caribe espanhol (Cuba e Porto Rico) e Brasil em 1870 e 1871. Excluiremos neste estudo o Sul dos Estados Unidos, onde a escravidão se encerrou por meio de um conflito violento, e os casos mais tardios como Brasil e Cuba na segunda metade do século XIX, que, como já mencionado, são demasiado importantes e precisam ser analisados separadamente. Aqui trataremos dos casos do Norte dos Estados Unidos e da América Latina hispânica, entre 1780 e 1842. Estas foram as primeiras experiências de ventre livre nas Américas, ambas ligadas às guerras coloniais e ao surgimento de sociedades independentes. Nosso objetivo é analisar a emergência da noção de *ventre livre*, evidenciando sua crescente importância dentro do processo de abolição da escravidão no continente americano.

Ventre e escravidão: uma herança materna

O desmonte da instituição escravista, por meio de leis que interferiram diretamente no corpo de mulheres escravizadas e em seus filhos, longe de mero acaso, sublinha a importância do gênero nesse processo e, principalmente, reflete sua centralidade para a consolidação da escravidão enquanto um sistema atlântico. Isso porque o estabelecimento do sistema escravista em diferentes sociedades ao longo das Américas se deu por intermédio do princípio *partus sequitur ventrem*. Proveniente do direito romano, cimentado como a base jurídica do mundo ibérico, ele legitimava a escravização pelo ventre escravo: *o parto segue o ventre*. Em outras palavras, a condição de escravidão atrelava-se, impreterivelmente, à descendência das populações africanas pela via materna. O princípio serviu como meio de justificar a escravização daqueles nascidos nas colônias, e que não haviam sido transportados da África pelo tráfico internacional. Ele foi adotado desde a fundação das primeiras colônias portuguesas e espanholas, enquanto as colônias inglesas demoraram mais para firmá-lo como uma regra geral.

Na América do Norte, o primeiro estatuto foi criado com a intenção de regular relações sexuais entre pessoas de diferentes "raças" e solucionar o problema que circundaria uma geração de filhos cuja cor e *status* seria difícil definir, qual seria o *status* de pessoas miscigenadas. Respondendo à seguinte questão: "o filho de um homem inglês com uma mulher negra deveria ser considerado escravo ou livre?",[1] os legisladores da Virgínia em 1662 penalizaram os descendentes de mulheres negras, sobre os quais recaía definitivamente a hereditariedade escrava: "promulgada e declarada por esta grande assembleia, *todas as crianças nascidas neste país devem ser consideradas livres*

1 Morgan, *Partus sequitur ventrem*: Law, Race, and Reproduction in Colonial Slavery, *Small Axe: A Caribbean Journal of Criticism*, v.22, n.1 (55), p.1-17, mar. 2018.

ou escravas de acordo com a condição de suas mães".[2] O princípio, imposto como lei, serviu para ratificar a hereditariedade da condição escrava para africanas e seus descendentes, definida como algo ineludível também na América inglesa.[3]

As disputas que envolveram o *partus sequitur ventrem* ao longo de sua aplicação em sociedades escravistas do mundo atlântico são fundamentais para compreender o papel central de mulheres escravizadas dentro da história da escravidão e abolição. A importância do ventre escravo, nesse sentido, vem sendo ressaltada por diferentes autoras nos últimos anos, pois, no contexto escravista do Novo Mundo, a maternidade dessas mulheres se tornou o veículo pelo qual significados raciais acabaram se concretizando; através de seus ventres, a escravidão foi sendo passada de geração a geração por séculos, reafirmando assim o poder de brancos sobre negros, e, mais especificamente, de homens brancos sobre mulheres negras.[4]

A preponderância materna para a definição da linhagem escravizada foi, contudo, uma "inversão" da norma vigente entre a camada branca e livre de sociedades escravistas, nas quais apenas o pai era responsável por conceder *status* e legitimidade aos seus descendentes; ele era o chefe de família, com autoridade inquestionável sobre esposas, filhos, criados, agregados e, evidentemente, escravizados. Nesse contexto, a legislação acaba interferindo diretamente nas dinâmicas escravistas observadas entre os diferentes sexos, já que, para definir a condição jurídica de uma pessoa como escrava, importava apenas a condição de suas mães. O direito de propriedade seguiu sendo assegurado, independentemente das circunstâncias em que elas engravidassem. No fim das contas, os filhos das mulheres escravizadas foram considerados frutos do crescimento das propriedades dos senhores.[5]

Dentro desse escopo, a segurança física e sexual dessas mulheres esteve a todo momento em risco, e elas precisaram lidar com dimensões específicas da escravidão, como o estupro, sem qualquer proteção legal[6] ou de seus

2 Ibid.

3 Machado, Mulher, corpo e maternidade, in: Schwarz; Gomes (orgs.), *Dicionário da escravidão e liberdade*, p.334-40.

4 Morgan, *Partus sequitur ventrem*: Law, Race, and Reproduction in Colonial Slavery, *Small Axe: A Caribbean Journal of Criticism*, v.22, n.1 (55), p.1-17, mar. 2018, esp. p.12.

5 Id., *Laboring Women*, p.82-3.

6 Como eram propriedades de alguém, legalmente falando, as mulheres escravizadas não podiam ser estupradas; quando a violação era lida como um crime, era como dano à propriedade, e o lesado era seu proprietário. Ver: Block, *Rape and Sexual Power in Early America*.

senhores. Assim, há um reforço do poder patriarcal dos proprietários de escravos, especialmente sobre as mulheres escravizadas.[7] O *partus sequitur ventrem* foi um mecanismo que realçou a diferenciação sexual entre a população escrava, reservando às mulheres um papel único, em que eram duplamente exploradas pelo regime de escravidão: eram produtoras e reprodutoras da riqueza escravista.[8] Por isso, compreender o *partus sequitur ventrem* como fundador das relações escravistas e de gênero nas Américas, implica também reconhecê-lo como um dispositivo legitimador de uma infinidade de violências, físicas e simbólicas, a que mulheres escravizadas estiveram expostas. Os processos de escravização e abolição no continente acabam evidenciando uma cultura atlântica da escravidão, em que mulheres negras e seus ventres foram essenciais.

Na segunda metade do século XVIII há uma mudança nos discursos relativos à escravidão, em que preceitos morais e humanitários passam a ser evocados em favor dos escravizados. A instituição escravista passa a ser compreendida como algo imoral, e a primeira dimensão atacada pelo nascente movimento abolicionista britânico foi a do tráfico transatlântico. Acabar com o tráfico significava acabar com um comércio imoral que, em última instância, estimulava a crueldade dos senhores e a desvalorização da vida dos escravizados, porque realizava uma reposição massiva de trabalhadores e trabalhadoras africanas. O fechamento do tráfico obedeceu aos contextos próprios de diferentes localidades, mas em 1807 o Parlamento inglês e o Congresso Federal dos Estados Unidos aprovaram leis que previam o fim do tráfico para seus territórios a partir do ano seguinte.[9]

É dentro desse quadro de massiva propaganda abolicionista contra o tráfico atlântico, que começa a se concretizar como uma ameaça real à escravidão, que novas medidas precisam ser pensadas: por um lado, é preciso manter a produtividade do trabalho, e, por outro, encaminhar o fim da escravidão. Nesse novo contexto, a habilidade reprodutiva das mulheres cativas passa a ser apresentada como uma espécie de "ponto de equilíbrio" que, se bem-sucedida, permitiria acabar com o tráfico de escravos, oferecendo uma

7 Cowling, *Concebendo a liberdade*, p.111.

8 Machado, Mulher, corpo e maternidade, in: Schwarz; Gomes (orgs.), *Dicionário da escravidão e liberdade*, p.329.

9 Klein, *The Atlantic Slave Trade*, p.191-200.

possibilidade de reposição de mão de obra pelo nascimento de novos cativos. Nas ilhas britânicas do Caribe isso ficou evidente nas políticas natalistas empregadas, que iam desde uma série de estímulos à reprodução, como tempo maior de descanso no trabalho, tempo maior de recuperação após o parto, tempo de amamentação adequado; até recompensas materiais e promessa de liberdade pelos serviços prestados.[10]

Ainda que não libertassem o ventre escravo, as políticas britânicas no Caribe o colocavam no centro de suas reformas coloniais. Ao se voltarem para as mulheres escravizadas e seu potencial reprodutivo, tanto escravistas como abolicionistas buscavam atender seus próprios interesses, em uma mudança de discurso em que elas passam a ser identificadas como uma figura materna para seus filhos. De reprodutoras da escravidão, as mulheres cativas passavam a agentes fundamentais de uma emancipação possível aos olhos das camadas proprietárias, as quais ainda assim ofereceriam tremenda resistência.[11]

Analisaremos especificamente as leis aprovadas no Norte dos Estados Unidos e em parte da América Latina até a primeira metade do XIX, porque elas, em conjunto com a proibição do tráfico, constituem uma fase inicial do quadro de abolições nas Américas. Partimos, assim, de um contexto em que as primeiras experiências de abolição gradual estão sendo aprovadas, em concomitância com o surgimento e a consolidação do discurso abolicionista

10 Serviços prestados: quantidade de filhos vivos. Ver: Altink, *Representations of Slave Women in Discourses of Slavery and Abolition, 1780-*1838; Turner, *Contested Bodies*.

11 As disputas em torno das políticas graduais foram muito acirradas, e a classe proprietária dificilmente aceitava abrir mão dos seus direitos de propriedade. Ainda que a melhoria das condições de vida dos escravizados, e principalmente das escravizadas com vistas à reprodução, significasse uma mudança nas visões sobre a crueldade da escravidão e humanidade das pessoas escravizadas, para os proprietários essas políticas significavam não abrir mão da propriedade, com chances de expandir seu cabedal humano. Por mais que os discursos mudassem ao longo do tempo, a camada proprietária se agarrava à possibilidade de manutenção do *status quo*, dificultando sempre que possível medidas que visassem emancipar os cativos. Nas ilhas do Caribe inglês, por exemplo, os senhores não conseguiam abrir mão completamente das mulheres escravizadas grávidas enquanto trabalhadoras, e mesmo com políticas pró-natalistas, os índices de fertilidade se mantiveram muito baixos, até a abolição definitiva em 1838. Ver: Turner, *Constested Bodies*, cap.1 e 3; Bush, Hard Labor, in: Gaspar; Hine (orgs.), *More Than Chattel*, p.193-217; Klein; Engerman, Fertility Differentials between Slaves in the United States and the British West Indies, *The William and Mary Quarterly*, v.35, n.2, p.357-74, 1978.

britânico; por isso, ambos os casos são pensados em um quadro distinto daquele observado posteriormente na segunda metade do século.[12]

Apesar de muitas especificidades locais, tanto o Norte dos Estados Unidos quanto a América Latina hispânica compartilham questões mais abrangentes em relação ao fim da escravidão. Ambos estiveram envoltos em disputas e guerras contra suas antigas metrópoles, em que os colonos mobilizaram uma linguagem repleta de conceitos de liberdade e escravidão, colocando-se como "escravos" de suas metrópoles, que lutavam pela independência como meio de consolidar a liberdade política. Nessa perspectiva, as doutrinas dos "direitos naturais" do homem e da universalidade da liberdade proclamada trouxeram discussões que ultrapassaram os limites da luta pela independência estritamente política, tanto nos Estados Unidos quanto na América Latina. A participação de contingentes negros, escravizados e libertos, nos exércitos foi imprescindível. A guerra, de modo geral, fortaleceu o poder de barganha dos cativos porque reduziu o controle dos senhores, possibilitou fugas, proporcionou a milhares de escravizados a oportunidade de obter a liberdade por meio do serviço militar, e essa participação foi fundamental para a aprovação de programas graduais de emancipação.[13]

Nos Estados Unidos, a Guerra de Independência significou um aprofundamento de disputas regionais relacionadas à escravidão. Alguns estados mais dependentes do trabalho escravizado não estavam dispostos sequer a discutir medidas graduais de emancipação; no pós-independência, Norte e Sul dos Estados Unidos acabaram se defrontando com a questão. Enquanto o Norte passa a aprovar legislações emancipacionistas, há uma expansão da agricultura de *plantation* em larga escala no *Deep South*, o que tornou a escravidão ali muito mais extensa do que em qualquer uma das regiões durante todo o período colonial.[14] É preciso ressaltar que estamos nos debruçando sobre sociedades que, ao contrário de Brasil, Cuba e Sul dos Estados Unidos, não foram sociedades propriamente escravistas; eram sociedades cuja

---

12 Brasil e Cuba estão em um contexto muito diverso e complexo, e o Sul dos Estados Unidos não aprovou qualquer lei relacionada ao ventre, uma vez que o fim da escravidão se deu por meio da guerra civil. Sendo assim, nenhum desses lugares será analisado aqui.

13 Andrews, *América Afro-Latina, 1800-2000*, p.88.

14 O *Deep South* ou "Sul profundo", refere-se à região que mais dependeu da *plantation* e mão de obra escravizada, sobretudo quando houve um recrudescimento e expansão da escravidão nos Estados Unidos, após a invenção do descaroçador de algodão.

economia não dependia completamente do trabalho escravo e do que ele produzia.[15] Comum também às *sociedades com escravos*[16] foi a porcentagem relativamente baixa de trabalhadores escravizados destinados aos seus territórios pelo tráfico internacional.[17]

Ainda que o Norte dos Estados Unidos e a América Latina hispânica não fossem sociedades com grandes contingentes de escravos em economias de *plantation*, a escravidão, além de presente em seus cotidianos, foi assentada, como em toda a América, pelo princípio da hereditariedade materna da escravidão, rompido pelas primeiras leis de abolição gradual. Assim, a libertação do ventre veio, majoritariamente, atada a esquemas de trabalho forçado que tinham como pano de fundo um discurso sobre a necessidade de preparar e adaptar a população negra para a vida em liberdade. Esse discurso serviu como mecanismo de tutela e controle sobre os libertos, estendendo o período de servidão e impedindo sua integração à sociedade livre.[18]

Norte dos Estados Unidos

O Norte dos Estados Unidos compreende os estados da Nova Inglaterra e as antigas "colônias do centro"; nessa região, os estados que se propuseram a discutir a questão da escravidão mais detidamente acabaram libertando os filhos de mulheres escravizadas. Cria-se a noção de *ventre livre*, em que mães permanecem escravas, enquanto seus ventres passam a gerar crianças supostamente livres. Os estados analisados: Pensilvânia, Connecticut, Rhode Island, Upper Canada, Nova York e Nova Jersey promulgaram leis

---

15 O nível de dependência da escravidão variou em função do grau de integração de cada uma dessas regiões à economia de exportação internacional, e da disponibilidade, principalmente na América Latina, de mão de obra indígena em cada uma delas. Ver: Andrews, *América Afro-Latina*, p.43.

16 Ver a diferenciação entre *sociedades escravistas* e *sociedades com escravos* em Berlin, *Many Thousands Gone*.

17 Doze por cento do total de africanos trazidos para as Américas foram destinados aos territórios da Coroa espanhola e 3,6% para a América do Norte. Dados tirados de: Liberato; Candido; Lovejoy; Soulodre-La France, Laços entre a África e o mundo atlântico durante a era do comércio de africanos escravizados: uma introdução, in: *Laços atlânticos*.

18 O gradualismo foi uma constante nesses processos porque os escravizados eram vistos como perigosos, inimigos, tolos, incapazes, ainda que dotados de humanidade. Por isso, ainda que livres, precisariam ser controlados.

post nati[19] para libertar as gerações futuras. Essas experiências acabaram definindo uma base que será usada posteriormente em outros lugares, inclusive no caso brasileiro, quase um século mais tarde. Esses são indícios de que, a despeito das particularidades de cada lugar, existiu uma cultura atlântica também em relação à abolição, que permitiu a elaboração de mecanismos de controle ao longo desses processos.

No Norte, as organizações religiosas desempenharam um papel ativo, quando não decisivo, no processo de emancipação, a mais notável delas – quaker – vinha de uma longa tradição no estado da Pensilvânia, fator importante para que se encaminhasse a abolição gradual ali.[20] Apesar disso, o declínio rápido da escravidão no fim do século XVIII no estado se deu por fatores como o declínio demográfico da população negra, vendas para outros estados, renovação da mão de obra com trabalhadores brancos, duras taxas sobre a importação de escravos, alta mortalidade e fugas, que, combinados, teriam contribuído de maneira complexa para o declínio da escravidão primeiro na Filadélfia – maior cidade do estado – e depois na Pensilvânia.[21] A solução mais viável para a escravidão nos debates pareceu ser a manumissão dos escravizados mais jovens, que deveriam cumprir um período de servidão legal, uma vez que a geração atual, segundo a visão da época, não estaria "preparada" para a liberdade.[22] O trabalho forçado, como forma de indenização pela liberdade, preservava assim o direito de propriedade e permitia que as classes proprietárias seguissem controlando a população negra.

A Lei de Emancipação Gradual (*Gradual Emancipation Act*), de 1780, emancipava crianças negras que nascessem de mulheres escravizadas, mas requeria que elas servissem aos senhores de suas mães até os 28 anos, estes seriam obrigados a educá-los e "prepará-los" para a liberdade. Caso as crianças não fossem registradas, seriam libertadas.[23] Era comum que senhores vendessem os cativos para estados do sul, e, neste contexto, os senhores passaram a transportar mulheres grávidas para outros estados para que as crianças nascessem escravas, não podendo ser emancipadas pela Lei de 1780.

19 "Após o nascimento", em uma tradução livre.

20 Zilversmit, *The First Emancipation*, p.124-6.

21 Nash, *Freedom by Degrees*, p.75-6.

22 Zilversmit, *The First Emancipation*, p.126-7.

23 Pensilvânia, *An Act for the Gradual Abolition of Slavery*. Disponível em: <https://avalon.law.yale.edu/18th_century/pennst01.asp>. Acesso em: 19 jul. 2021.

Em vista disso, uma ação conjunta da Sociedade Abolicionista da Pensilvânia e da Sociedade dos Amigos colheu cerca de 2 mil assinaturas pedindo uma emenda à Lei de 1780, para tornar ilegal navios negreiros na Filadélfia, os quais estariam facilitando o transporte de crianças nascidas de escravas após 1780 para estados escravistas, e proibir a venda de mulheres grávidas para estados do Sul, onde suas crianças nasceriam escravas.[24]

A emenda Uma Lei para Explicar e Alterar a Lei Intitulada "Uma Lei para a Abolição Gradual da Escravatura" (*An Act to Explain and Amendan act entitled "An Act for the Gradual Abolition of Slavery"*), de 1788, foi expedida para prevenir "males e abusos surgidos a partir da lei aprovada em 1780". Ela proibiu proprietários de transportarem mulheres e escravizadas grávidas para outro estado com a intenção de que seus filhos nascessem escravos, estipulou multas para o sequestro de escravos e proibiu a separação de famílias negras por mais de dez milhas.[25] Os dispositivos mobilizados pela lei evidenciam uma infinidade de métodos empregados para burlá-la e impedir a emancipação concreta da população negra. A lei de 1780 e a emenda de 1788, conquistada também por libertos,[26] acabaram criando um ambiente hostil aos proprietários de escravos, sobretudo na Filadélfia, onde se consolidou uma comunidade negra forte e significativamente grande no Norte.[27]

No século XIX, a população negra se encontrou em um novo sistema de trabalho forçado, com experiências distintas para homens e mulheres. Na Filadélfia, as mulheres escravizadas eram empregadas majoritariamente como domésticas, o que, apesar da preferência por homens escravizados, fazia que houvesse uma divisão geográfica sexual dos cativos em que as mulheres se concentravam na cidade.[28] Segundo Erica Dunbar, a proporção de manumissões passou a se alterar na década de 1790, quando homens passaram a ser mais libertados do que mulheres. Além disso, de 1780 a 1820, havia predomínio de mulheres negras entre os servos contratados na cidade;

---

24 Nash, *Freedom by Degress*, p.107-8.

25 Pennsylvania Legislation Relating to Slavery, *Adams County History*, v.9, art.8. Disponível em: <https://cupola.gettysburg.edu/ach/vol9/iss1/8>. Acesso em: 19 jul. 2021.

26 A comunidade negra da Filadélfia participou ativamente das petições, mesmo antes da lei de 1788.

27 A população negra livre da cidade quadruplicou entre 1783 e 1790, quando o primeiro censo federal realizado apontou a existência de 183 domicílios negros independentes, contendo 950 pessoas; desses lares, 14% eram liderados por mulheres (Nash, *Forging Freedom*, p.76).

28 Dunbar, *A Fragile Freedom*, p.12-3.

elas cumpriam períodos mais longos de contrato e, portanto, passavam a maior parte de suas vidas como servas.[29] Em suma, as mulheres negras da Filadélfia foram as últimas a conquistar sua liberdade. Isso porque, no processo de desmantelamento da escravidão, os últimos a libertar seus escravos foram aqueles que os utilizavam no serviço doméstico, trabalho ocupado majoritariamente por mulheres.

Em Connecticut,[30] a lei de abolição gradual de 1784 é, na verdade, uma emenda ao Ato sobre Servos Escravos Indígenas, Mulatos (*molatto*) e Negros (*An Act Concerning Indian, Molatto, and Negro Servants and Slaves*), segundo a qual crianças nascidas a partir do dia 1º de março daquele ano não poderiam ser mantidas em condições de servidão/escravidão.[31] Ao atingir 25 anos, elas deveriam ser livres, independentemente do *status* de suas mães ou parentes no momento do nascimento. O documento delimitou um sistema complexo de apreensões, multas, castigos físicos e outras punições para a população negra em diferentes atividades consideradas ilegais. Para aqueles nascidos antes de março de 1784, a manumissão era uma das poucas saídas do cativeiro, e ainda assim a decisão de libertar seguiu sendo prerrogativa inquestionável dos proprietários. A cláusula de abolição em si, para Joanne P. Melish, constrói uma oposição entre acabar com a escravidão e preservar direitos individuais, que seriam estritamente brancos, e dos quais escravos e libertos permaneceriam excluídos, independentemente de seu *status* ao fim da escravidão.[32] Mesmo as crianças que seriam futuramente libertadas permaneceram num limbo de trabalho mandatório e sem compensação, em que não eram escravas, não eram servas contratadas e, com certeza, não eram livres. Além disso, escravos e crianças podiam ser vendidos para fora do estado até 1792, quando uma lei estipulou multas para a exportação de cativos.

Simultaneamente, Rhode Island também aprovava lei semelhante em 1784, mas esta apresentava uma retórica mais idealista, refletindo a influência

---

29 Ibid., p.28.

30 Ao lado de Rhode Island, Connecticut era o estado com maior concentração de escravos da região da Nova Inglaterra.

31 Acts and Laws of the State of Connecticut in America, p.234-5. Disponível em: <https://archive.org/details/actsandlawsstat00lawgoog/page/n255/mode/2up>. Acesso em: 19 jul. 2021.

32 Segundo Joanne P. Melish, a lei de Connecticut, ao regular os comportamentos de pessoas negras e mestiças, livres ou não, codificou um *status* legal permanente de diferença. Ver: *Disowning Slavery*, p.70.

quaker daqueles que a rascunharam e do discurso revolucionário sobre os direitos naturais aplicado ao problema da escravidão.[33] A Lei Autorizando a Manumissão de Negros, Mulatos (*mollattoes*) e outros para a Abolição Gradual da Escravidão (*An Act Authorizing the Manumission of Negroes, Mollattoes, & others, and for the Gradual Abolition of Slavery*)[34] declarava que nenhuma criança nasceria escrava nos limites do estado a partir de 1º de março de 1784, extinguindo a "escravidão para a vida", ou a escravidão de crianças "em função da condição de suas mães". As crianças serviriam aos proprietários das mães até os 18 anos se fossem meninas, e até os 21 anos os meninos; o poder público seria responsável por mediar contratos de trabalho. Além disso, a lei de Rhode Island foi a única a tratar da maternidade e do convívio entre mães e filhos diretamente em seu texto:

> E, considerando que *a Humanidade requer que as Crianças* declaradas livres, conforme supracitado, *permaneçam com suas mães um tempo conveniente após seu nascimento*, para permitir, portanto, àqueles que reivindicam o serviço de tais mães manter e apoiar tais crianças de maneira apropriada, é promulgado ainda *que tal apoio e manutenção serão por conta da respectiva cidade onde residem e são assentados*, desde que as respectivas câmaras municipais possam vincular tais crianças como aprendizes, ou de outra forma providenciar seu apoio e manutenção.[35]

Evocando ideias de humanidade e direitos fundamentais, que reforçavam a necessidade de crianças permanecerem com suas mães por um determinado período de tempo, a lei destina o encargo financeiro dos cuidados aos municípios, como uma forma de certificar seu cumprimento. É possível que a tentativa de financiar o tempo de convivência obrigatória entre mães e filhos procurasse coibir possíveis vendas e subsequentes separações. A própria ideia de estipular um tempo mostra que talvez as separações fossem mais comuns do que se tem registro, já que, apesar de ter direito ao serviço

---

33 Além de possuir uma grande concentração de cativos, Rhode Island era um pilar do tráfico de escravos; quando sua lei de abolição gradual foi aprovada, os mercadores de escravos do estado transportaram mais de 70 mil escravos para as Américas Ver: Clark-Pujara, *Slavery, Emancipation and Black Freedom in Rhode Island, 1652-1842*.

34 Assembleia Geral, *An Act Authorizing the Manumission of Negroes, Mullattoes, & others, and for the Gradual Abolition of Slavery, 1784*. Disponível em: <http://sos.ri.gov/virtualarchives/items/show/71>. Acesso em: 19 jul. 2021.

35 Ibid., tradução minha.

das crianças, os senhores poderiam dispor do trabalho das mães como lhes parecesse melhor. É possível também que a condição financeira de alguns pequenos proprietários não permitisse o cuidado e o suporte dessas crianças, que possivelmente morreriam cedo, e por isso o poder público tenta subsidiar a sobrevivência das crianças.

Segundo Christy Clark-Pujara, os anúncios dos anos 1790 divulgavam fugas de mulheres com filhos menores de 4 anos,[36] o que sugere uma tentativa de livrar os filhos dos anos de trabalho, ou mesmo de que, para as mães, essas crianças teriam poucas chances de sobreviver nesse contexto; talvez 4 anos fosse a idade da separação. Contudo, uma emenda aprovada em 1785 transferiu toda a responsabilidade financeira em relação às crianças para o poder privado. Os senhores seriam responsáveis pelas crianças, com direito aos seus serviços sem necessidade de contrato ou supervisão, aproximando-as do mesmo *status* de servidão indeterminado de Connecticut.[37]

Em 1793, o Upper Canadá (Canadá britânico), que fazia divisa com o estado de Michigan, também aprovou lei semelhante, proibindo a entrada de escravos no território e libertando crianças nascidas de mulheres escravizadas, com prestação de serviço até 25 anos.[38] Nova York e Nova Jersey eram cruciais para o sucesso abolicionista na região Norte, porque nos dois estados havia um forte discurso a favor da escravidão e da propriedade, sobre a má conduta dos libertos e seu despreparo para liberdade, além de pouca organização abolicionista. Nova York em 1799, e Nova Jersey em 1804, aprovaram leis muito similares às de suas predecessoras, declarando livres crianças nascidas de mães escravas, com cláusula de prestação de serviço aos senhores das mães, devendo então ser providas e educadas por eles.[39] No entanto,

---

36 Clark-Pujara, *Slavery emancipation*, p.108.

37 Melish, *Disowning Slavery*, p.72-3.

38 *Upper Canadian Act Against Slavery, Newark, 1793*. Disponível em: <http://www.archives.gov.on.ca/en/explore/online/alvin_mccurdy/big/big_03_anti_slavery_act.aspx>. Acesso em: 19 jul. 2021. O Upper Canadá acabou se consolidando, posteriormente, como um refúgio de escravizados, nos primórdios do que seria a famosa Underground Railroad. Ver: Cooper, Acts of Resistance: Black Men and Women Engage Slavery in Upper Canada, 1793-1803, *Ontario History*, v.99, n.1, p.5-17, 2007.

39 *An Act for The Gradual Abolition of Slavery, Nova York, 1799*. Disponível em: <http://www.teacharchives.org/wp-content/uploads/2013/12/1799-act.pdf>. Acesso em: 19 jul. 2021; *An Act for The Gradual Abolition of Slavery, Nova Jersey, 1804*. Disponível em: <https://tile.loc.gov/storage-services/service/rbc/rbpe/rbpe09/rbpe099/0990100b/0990100b.pdf>. Acesso em: 19 jul. 2021.

as leis desses estados se diferenciaram por garantirem aos senhores o direito de abandono, mediante taxa de reembolso. Assim, as crianças poderiam ser mandadas para outros senhores, ou de volta para os mesmos após reembolso, nas mesmas condições anteriores. Isso levou autores a caracterizarem essa cláusula como um esquema disfarçado de compensação do qual os senhores se aproveitaram.[40]

As leis de emancipação aprovadas pelos estados do Norte dos Estados Unidos, ainda que reconhecessem a humanidade e igualdade dos escravizados, reforçavam visões sobre a dependência e corrupção moral da população negra de modo geral. A solução encontrada foi libertar gerações futuras, que passariam longos anos em sistemas de servidão muito semelhantes às condições anteriores da escravidão; e, ainda assim, a educação das crianças ficaria a cargo de antigos proprietários, acomodados às práticas escravistas. Os estatutos de emancipação gradual acabaram criando uma categoria conceitualmente nova de liberdade e "cidadania" (ou de não cidadania), que não seria igual para brancos e negros.

América Latina

As leis de ventre livre, no contexto de formação das repúblicas latino-americanas e guerras de independência, foram aprovadas tanto no início dos conflitos, como forma de estimular a participação negra e escravizada, como no fim dos conflitos, de modo a recompensar o serviço militar prestado, encaminhando a abolição. Tanto a proibição do tráfico quanto as leis de ventre livre foram cheias de idas e vindas; o tráfico foi reativado em algumas regiões, enquanto lugares como Colômbia, Peru, Uruguai e Venezuela acabaram estendendo o tempo de serviço dos libertos.[41] Quando se tornam independentes, os países latino-americanos tinham exemplos de experiências já consolidadas pelos estados do Norte dos Estados Unidos, local visitado por muitos dos líderes dos movimentos de independência e com o qual

40 A cláusula de abandono foi imprescindível para que as leis fossem aprovadas. Ver: Zilversmit, *The First Emancipation*; Harris, *In the Shadow of Slavery*.

41 Andrews, *América Afro-Latina*, p.96.

mantinham um comércio que, além de mercadorias e serviços, incluía também livros e ideias.[42]

O Chile iniciou sua experiência autônoma em 1810, quando uma primeira junta de governo se estabeleceu em Santiago. É no contexto de um conflito quase permanente entre facções políticas e aprofundamento revolucionário que, em outubro de 1811, o recém-organizado Congresso Nacional do Chile decreta o fim do tráfico de escravos e a liberdade do ventre cativo. Ao proibir a entrada de novos escravos, a lei declarava livres os filhos de escravas, como um alento aos que ainda permaneceriam em cativeiro. Para evitar a venda de mulheres grávidas, declarava "igualmente livres seus ventres", e por consequência os "produtos" deles.[43] A lei modificou o repertório dos discursos até então manejados por agentes da justiça, escravizados e senhores, sendo comum nos litígios perpetrados por mães, escravizadas ou libertas, a oposição entre a figura de uma mãe amorosa e um senhor tirânico e cruel.[44] O Chile foi o primeiro, dentre os latino-americanos, a implementar uma legislação gradual, e sua influência pôde ser identificada em lugares que faziam menção à lei chilena e tomaram caminho semelhante, em especial na região do Rio da Prata.[45]

Em janeiro de 1813, a liberdade do ventre foi decretada para crianças nascidas a partir do dia 31 de janeiro do mesmo ano, no Primeiro Congresso Constituinte das Províncias Unidas do Rio da Prata. Posteriormente, o Regulamento para a Educação e Exercício dos Libertos (*Reglamento para la Educación y Ejercicio de los Libertos*)[46] sublinhou o caráter condicional e extremamente limitado da liberdade "concedida". Nele, as crianças eram

---

42 Cópias da Constituição Federal e da Declaração de Independência traduzidas para o espanhol foram enviadas para a região por comerciantes norte-americanos. Lynch, As origens da independência da América espanhola, in: Bethell (org.), *História da América Latina*, p.67.

43 Chile, Colección de las leyes i decretos del gobierno desde 1810 hasta 1823: Publicada con la autorización i revisión competente, *Gaceta Ministerial*, p.29. Disponível em: <https://babel.hathitrust.org/cgi/pt?id=uc1.a0009177874&view=1up&seq=34>. Acesso em: 19 jul. 2021.

44 Undurraga, La esclavitud en los registros judiciales y en las leyes de libertad (Chile, 1810-1823), in: Márquez (org.), *América en diásporas*, p.113-29.

45 A publicação, em dezembro de 1811, de um resumo das providências tomadas pelo Chile em relação à escravidão pela *La Gaceta de Buenos Aires* dá indícios de algum trânsito de informações. Candioti, Abolición gradual y libertades vigiladas en el Río de la Plata: la política de control de libertos de 1813, *Corpus* [*on-line*], v.6, n.1, p.1-16, 2016.

46 *Registro oficial de la República Argentina: tomo primero 1810-1821*, p.200-1. Disponível em: <http://cdi.mecon.gob.ar/greenstone/collect/registr1/index/assoc/HASH8387.dir/doc.pdf>. Acesso em: 19 jul. 2021.

consideradas libertas – não livres, a distinção é fundamental porque abre um novo repertório para que se regule a vida das crianças emancipadas. Os libertos eram pessoas supostamente redimidas de uma servidão da vida toda e teriam uma dívida com seus antigos senhores quando fossem libertados, portanto, funcionaria como se no ventre materno as crianças fossem escravas e o senhor tivesse concordado em libertá-las ao nascer.[47] O patronato sobre as crianças foi justificado como uma forma de garantir que os proprietários das mães se responsabilizassem pela sobrevivência e pelos cuidados das crianças em seus anos iniciais, guardando muitas semelhanças com a escravidão:

> Art. 5º – *Quando se vende uma escrava que tem um filho liberto, a criança deve passar ao controle do novo senhor junto com a mãe*, caso o liberto ainda não tenha completado 2 anos. Após este período, *caberá ao vendedor a decisão* sobre mantê-lo consigo ou transferi-lo ao comprador junto com a escrava.[48]

Ao autorizar a separação de mães e filhos quando as crianças completassem 2 anos, o patronato conserva aos libertos a barreira da escravidão à constituição de famílias. A decisão sobre os destinos tanto das mães quanto dos filhos cabia inteiramente aos senhores, e ainda que a justificativa fosse garantir o cuidado das crianças por pessoas que supostamente teriam melhores condições financeiras, isso não era garantido. De acordo com Magdalena Candioti, o que as contendas judiciais mostram são pais e patronos disputando incansavelmente os cuidados das crianças, sobretudo quando os pais já não viviam mais com os filhos.[49] As disputas também envolviam questões geográficas. Por mais que a Lei do Ventre Livre de 1813 tenha valido no Uruguai, por exemplo, as constantes disputas na região acabaram produzindo uma coexistência e entrecruzamento de autoridades, e, portanto, instabilidade.[50] Os escravizados conheciam essa realidade.

---

47 Candioti, op. cit., p.5.

48 *Registro oficial de la República Argentina: tomo primero 1810*-1821, p.201. Tradução minha.

49 O índice de crianças que não viviam com seus pais era muito maior entre crianças negras, o que sugere uma alta circulação dessas crianças sem maiores complicações. Andrews, *The Afro Argentines of Buenos Aires, 1800-1900*.

50 Entre 1817-1828, houve um recrudescimento da escravidão e retrocesso de medidas abolicionistas em função da ocupação luso-brasileira na região. Cf. Borucki, *Abolicionismo y tráfico de esclavos en Montevideo tras la fundación republicana (1829-1853)*, p.34.

Segundo Magdalena Candioti, Petrona era uma escravizada de Santa Fé que havia sido vendida para uma senhora de Buenos Aires, que, pouco tempo depois de comprá-la, planejava se mudar para Montevidéu. Petrona, que estava no início de uma gravidez não anunciada durante sua venda, se recusou a ir porque isso arriscaria a liberdade de seu filho. O caso foi levado à justiça. A senhora propôs fornecer uma carta de alforria à criança como garantia de liberdade, o representante legal de Petrona recusou, alegando não ser possível conceder a liberdade a alguém que já era livre;[51] ademais, já existiam proibições tanto ao transporte de escravas grávidas como a viagens de libertos que ainda não tivessem atingido a idade de sua emancipação.[52]

Esse caso, em conjunto com o regulamento dos libertos, permite observar por um lado como as instituições jurídicas criaram e tentaram mediar categorias de liberdade no período de independência e abolição; e, por outro, como as populações escravizadas estavam a todo momento tensionando e usando o aparato jurídico em favor da sua liberdade concreta. O Regulamento buscou estipular um tempo mínimo para a amamentação em seu 4º artigo: "a lactação dos bebês libertados deverá durar no mínimo doze meses". Comparando-o com a autorização de venda separada, entendemos como a reprodução da população negra e a formação de uma mão de obra gratuita, e depois barata, estão intimamente ligadas, de forma que importa fornecer o mínimo para que essas crianças sobrevivam, a despeito de seus laços e parentesco. Um olhar ampliado sobre as tentativas de famílias, e principalmente de mães, em assegurar a condição prevista pela lei aos seus filhos, evidencia a circulação das leis para além do círculo das elites e os conflitos em torno de diferentes acepções de liberdade.

Em abril de 1814, o governo da Antioquia, atual Colômbia, aprovou a Lei de Liberdade dos Partos (*Ley de Libertad de Partos*), declarando livres os filhos nascidos de escravas a partir de 20 de abril do mesmo ano, os quais, para compensar os proprietários de suas mães – que se comprometeriam com

---

51 Magdalena Candioti, Free Womb Law, Legal Asynchronies, and Migrations: Suing for an Enslaved Woman's Child in Nineteenth-Century Río de la Plata, *The Americas*, v.77, n.1, 2020, p.73-99, 2020.

52 Ibid., decreto de novembro de 1821, de Buenos Aires; outros lugares como Entre Rios e Córdoba passaram leis similares.

a manutenção das crianças –, precisariam servi-los até os 16 anos.[53] Apesar da curta duração, pois em 1816 tropas espanholas assumem o controle da região até 1820, a lei de 1814 foi fundamental porque serviu de base para a lei aprovada definitivamente em 1821, e principalmente porque permaneceu tendo "efeito", na medida em que os escravizados seguiram utilizando-a nos tribunais, pleiteando a liberdade de seus filhos.[54] Em 1821, na república bolivariana da Gran Colômbia (Colômbia, Venezuela e Equador), a "nova" Lei de Liberdade dos Partos, Manumissão e Abolição do Tráfico (*Libertad de Partos, Manumisión y Abolición del Tráfico de Esclavos*) diferiu pouco daquela de 1814: estendeu o tempo de serviço das crianças para 18 anos e reforçou a proibição ao tráfico internacional.

> Art. 3º – Se, antes de atingir a idade especificada, *os pais, parentes ou outros estranhos quiserem tirar a criança ou jovem, filho de escravo, do poder do senhor de sua mãe, pagarão a ele quantia justa* pela alimentação fornecida, o que será firmado por acordo particular ou de acordo com a mediação de um juiz. [...]
>
> Art. 5º – *Nenhum escravo pode ser vendido para fora da província em que se encontra, caso haja separação de pais e filhos*; essa proibição só existirá enquanto os filhos não atinjam os anos da puberdade.[55]

Os artigos 3º e 5º dão margem para a ação de familiares ao estipular que os pais da criança, ou parentes, poderiam retirá-las do poder do senhor, contanto que pagassem quantia justa pelas despesas anteriores; e que as crianças não poderiam ser vendidas caso isso significasse a separação de pais e filhos. Abrem-se, então, duas questões: primeiro, a importância da possibilidade de manutenção de famílias libertas prevista por lei, mediante indenização; segundo, quando o artigo estende a possibilidade a "outros

---

53 Ley sobre la manumisión de la posteridad de los esclavos africanos, y sobre los medios de redimir sucesivamente a sus padres, extendida y propuesta para su sanción a la Cámara de Representantes del Pueblo por el excelentísimo dictador, *Colección Bicentenario – La construcción de la patria nuestra: la Nueva Granada después de 1810*, 1814, p.87-90.

54 Chaves; Palacio, Los usos de las leyes de libertad de vientres de 1814 y 1821 entre los esclavos antioqueños. Ejemplos e indicios para una hipótesis de trabajo, *Memorias: Revista Digital de Historia y Arqueología desde el Caribe colombiano*, v.16, n.41, p.81-102, maio-ago. 2020.

55 Tradução minha. Congreso de Cúcuta, Acta 84, Sesión del día 19 de julio de 1821. Disponível em: <http://www.bdigital.unal.edu.co/4546/1116/ACTAS_DEL_CONGRESO_DE_C%C3%9ACUTA,_1821.html>. Acesso em: 20 jul. 2021.

estranhos", é possível que isso possibilitasse a organização de um mercado em torno dessas crianças, o que significaria a fragmentação de famílias. Os escravizados que reclamavam o acesso à manumissão para si e para seus filhos na justiça mostram como as populações cativas colocaram a lei em prática desde 1814 até a década de 1840.[56] Na Gran Colômbia, a vigência das leis patrióticas durante a restauração espanhola causou tensões, e, apesar das disputas em torno da questão, o artigo 15 da lei de 1821 favorecia a liberdade dos nascidos durante o governo republicano de 1814: "são declarados perpétua e irrevogavelmente livres todos os escravos e nascidos de escravas que obtiveram sua liberdade por força de leis e decretos dos diferentes governos republicanos".

A lei aprovada pelo Peru em 1821 veio atrelada à declaração de independência e também foi responsável por declarar o fim do tráfico de escravos. Reconhecendo como livres os filhos nascidos de mulheres escravizadas, a lei previu a publicação de um regulamento. Publicado ainda no mesmo ano, o regulamento estipulava detalhadamente as obrigações dos senhores: "criar e educar, instruir nos princípios religiosos do Estado e nas obrigações com a pátria".[57] Os libertos deveriam saber ler, escrever e ter um ofício industrial para que pudessem ser "independentes", "úteis à comunidade" e, principalmente, ao Estado. Os senhores, movidos pela humanidade, deveriam cuidar e educar as crianças, ao passo que elas, como símbolo de gratidão, serviriam os "amos" de suas mães até completarem 20 anos se mulheres, e até 24 anos os homens.[58] A lei de liberdade do ventre se estendia aos lugares que estavam sob ocupação das forças espanholas, o que no momento incluía a Bolívia, que havia voltado a ser considerada parte do Peru após a separação do Prata.[59]

A primeira constituição da Bolívia, independente em 1825, previu que os cativos deveriam ser livres por direito, mas só poderiam sair da casa de seus senhores quando uma lei especial regulamentasse sua situação.[60] Os cativos

---

56 Chaves; Palacio, Los usos de las leyes de libertad de vientres de 1814 y 1821 entre los esclavos antioqueños. Ejemplos e indicios para una hipótesis de trabajo, *Memorias: Revista Digital de Historia y Arqueología desde el Caribe colombiano*, v.16, n.41, p.81-102, maio-ago. 2020, esp. p.90.

57 Decreto dado em Lima, 24 nov. 1821, p.244-5. Disponível em: <https://play.google.com/books/reader?id=AodMAAAAcAAJ&hl=pt&pg=GBS.PR1>. Acesso em: 25 jun. 2021.

58 Ibid.

59 Crespo, *Esclavos negros en Bolivia*, p.98-101.

60 Urbina, Bolívar y su propuesta constitucional de 1826, *Revista de la Facultad de Derecho*, n.53, p.173-243, 2000.

foram declarados livres – sem discussão ou distinção entre livres e libertos –, porém deveriam permanecer com os antigos proprietários, os *patrones*, para indenizá-los. A lei ainda previa o fim do tráfico e designava os cuidados com os libertos à polícia, para "velar por sua conduta"; os libertos que chegassem aos 55 anos, ou fossem libertados aos 50 sem quitar sua dívida, ficariam isentos dela. Uma nova Constituição boliviana foi sancionada em agosto de 1831, o princípio do solo livre foi reforçado, e declarava-se que não nasceriam mais escravos no país. Segundo o artigo 156: "ninguém nasce escravo na Bolívia desde 6 de agosto de 1825. Segue proibida a introdução de escravos em seu território". Sem quaisquer outras provisões relacionadas à escravidão, a Constituição considerava que já não nasciam mais escravos no país desde 1825, data da independência boliviana.

Como dito, embora a Lei do Ventre Livre de 1813 tenha vigorado em partes do Uruguai, as constantes disputas na região dificultavam uma coerência em sua aplicação, que ficou a cargo dos tribunais. Assim, os senhores tiveram êxito em se aproveitar ao máximo da possessão dos filhos de suas escravizadas.[61] O período de dominação luso-brasileira, por exemplo, determinou a inoperância das medidas de emancipação gradual, período em que houve um aumento da população escrava devido ao estabelecimento de estancieiros brasileiros na região.[62] Em setembro de 1825, ano da independência do Uruguai, foi sancionada uma lei de proibição ao tráfico, que simultaneamente declarou a liberdade dos ventres, com regulamento a ser produzido posteriormente. A demora do regulamento acabou contribuindo para que a lei não fosse cumprida. Em 1830, a Constituição uruguaia reafirmou o compromisso de 1825, segundo o artigo 131: "no território do Estado, ninguém mais nascerá escravo; segue proibido para sempre seu trânsito e introdução na República".[63]

A escravidão seria abolida definitivamente no Uruguai em 1842; no entanto, essa lei antevia o recrutamento de "varões úteis" para o serviço armado e um sistema de patronato específico para mulheres negras. Somente

61 Frega, Caminos de libertad en tiempos de revolución: los esclavos en la Provincia Oriental Artiguista, 1815-1820, in: Betancur; Boruck; Frega (orgs.), *Estudios sobre la cultura afro-rioplatense*, v.1, p.45-66.

62 Borucki, *Abolicionismo y tráfico de esclavos em Montevideo*, p.34.

63 Tradução minha. Constituição do Uruguai, 1830. Disponível em: <https://archivos.juridicas.unam.mx/www/bjv/libros/4/1739/5.pdf>. Acesso em: 25 jun. 2021.

em 1853 o patronato sobre os filhos de mulheres escravizadas seria abolido. Segundo Rachel Caé,

> *O patronato era expresso como forma de amparar as escravas para que elas pudessem ter algum meio de subsistência até a sua emancipação total* e também como um intervalo preparatório para favorecer o exercício da liberdade e a integração social. Na prática, essa lógica estava longe de corresponder à realidade. [...] os patronos teriam exercido diversas formas de resistência à liberdade de suas "pupilas", seja qual fosse a sua idade. *A emancipação da maior parte destas mulheres se estendeu* [...] *muitas tiveram que solicitar sua liberdade na justiça.*[64]

Em 1842, o Paraguai aprovou a Lei do Ventre Livre (*Ley del Vientre Libre*), que libertava a partir do ano seguinte os filhos de mulheres escravas, que deveriam servir e permanecer com os senhores de suas mães até que completassem 24 anos se mulheres, e 25 quando homens.[65] Ainda que não tenha tido a importância social e econômica observada em outros países da América, pois o número de escravos no país era muito reduzido, a lei paraguaia encerrou um ciclo de medidas abolicionistas tomadas de norte a sul no continente. A crise aberta com as disputas em torno das independências norte e sul-americanas se encerra com o encaminhamento da questão da escravidão, panorama muito diferente do observado no Brasil e em Cuba, que passam a se isolar cada vez mais no cenário internacional.

Considerações finais

Analisamos aqui as primeiras políticas de abolição gradual do continente americano. De modo geral, com poucas variações, elas combinaram a proibição do tráfico de escravizados com medidas de libertação dos ventres escravos e, consequentemente, das gerações futuras. Contudo, essas legislações não

---

64 Caé, *Escravidão e liberdade na construção do Estado Oriental do Uruguai*, p.74.

65 Ley Estableciendo la Libertad de Vientre, 1842, *Revista del Paraguay, Ciencias, Literatura y Artes*, Buenos Aires, año I, n.1, p.530-1, jan. 1891. Disponível em: <https://books.google.com.br/books?id=PKQoAAAAYAAJ&pg=PA532&dq=%22todo+tr%C3%A1fico+de+esclavos%22+paraguay+1842&hl=en&sa=X&redir_esc=y#v=onepage&q&f=false>. Acesso em: 25 jun. 2021.

libertaram um escravo vivo sequer; ainda que em algumas delas houvesse mecanismos que facilitassem as manumissões, todas mobilizaram mecanismos de controle sobre a população negra liberta. Desse modo, é possível dizer que o processo de abolição nas Américas obedeceu a uma cultura atlântica que, assim como o processo de estabelecimento da escravidão, foi gestada pelo corpo de mulheres escravizadas. Se antes os ventres das cativas foram lidos como lócus da escravização, passaram, então, a agentes do processo de emancipação, responsáveis pelo nascimento de uma nova geração, negra e supostamente livre.

Apesar de serem centrais para o processo de emancipação que se desenhava tanto no Norte dos Estados Unidos quanto na América Latina hispânica, as mulheres negras parecem ter sido as últimas a sair da escravidão. No contexto das guerras, muito homens negros foram libertos em virtude do alistamento ou mortos nos campos de batalha, o que fez que o perfil sexual de manumissões se invertesse; os filhos e filhas de escravizadas, que não eram legalmente escravos, se veriam livres dentro de vinte ou trinta anos. Nesse contexto, as mulheres negras foram as que permaneceram por mais tempo escravizadas,[66] sobretudo aquelas que trabalhavam como domésticas nas cidades; como vimos, existiu até sistema de patronato específico para mulheres no Uruguai.[67]

Enquanto essas primeiras experiências estavam sendo colocadas em prática, emergia com força um discurso abolicionista na Inglaterra que passava a advogar, para além dos valores humanitários, em favor da virtude e castidade feminina de mulheres escravizadas, que estariam sendo corrompidas pelos vícios da instituição escravista, sobretudo mães que sofriam com a separação de seus filhos. É nesse contexto que as mulheres escravas passam a ser alçadas ao papel de mães de seus filhos e a separação passa a ser uma marca distintiva da crueldade da escravidão. Então o "direito" à maternidade das mulheres escravizadas seria fundamental para que mães e filhos se afastassem cada vez mais do cancro da escravidão, sinalizando para a construção de uma nova sociedade.

Segundo a Lei Moret e a Lei Rio Branco, respectivamente:

66 Drescher, *Abolição*, p.274; Andrews, *América Afro-Latina*.
67 Caé, *Escravidão e liberdade*.

> *Sequer podem ser vendidas crianças menores de quatorze anos separadas de suas mães*, nem os escravos que estejam unidos pelo casamento.
>
> Se a mulher escrava obtiver liberdade, *os filhos menores de oito anos que estejam em poder do senhor dela* [...] *lhe serão entregues.* [...] No caso de alienação da mulher escrava, *seus filhos, menores de doze anos, a acompanharão.*[68]

As experiências de Brasil e Cuba, no fim do século XIX, dão pistas de uma penetração maior do discurso sobre a maternidade escrava, quando comparadas às primeiras legislações aqui visitadas. Mostram-se mais favoráveis ao proibir a separação de mães e filhos, com a possibilidade de a mãe se libertar e permanecer com o filho, no caso brasileiro. É possível dizer que a circulação de informação pelo atlântico pode ter influenciado os processos, tanto por meio dos discursos abolicionistas quanto pelas experiências anteriores. Os debates e discursos à época da aprovação das leis favoreciam as mães negras, escravizadas e libertas; contudo, os estudos do pós-abolição vêm mostrando que na prática a teoria acabou sendo outra.[69]

---

68 Lei Moret, disponível em: Ortiz, Los negros esclavos: estudio sociológico y de derecho público, *Revista Bimestre Cubana L Y 27*, Havana, p.495-8, 1916; Lei Rio Branco, n.2.040, 28 set. 1871. Disponível em: <http://www.planalto.gov.br/ccivil_03/leis/lim/lim2040.htm>. Acesso em: 25 jun. 2021.

69 Ariza, *Mães infames, rebentos venturosos.*

9
Mulheres escravizadas, ventres livres: Havana e o Rio de Janeiro, 1870-1888

Camillia Cowling

> *[Peço que Vossa Excelência] ordene que, sem demora, minha filha Tomasa seja devolvida a esta Capital, pois aqui ela tem um filho, nascido há pouco tempo, e, hoje mesmo, o sr. Salgado, com força, tentou arrancar de seus braços o pequeno netinho...*
>
> José Silva e Margarita Miranda ao
> Excmo. Sr. Capitán General
> Havana, 31 mar. 1880

> *Catarina, que não descende de ventre escravo, ... é reduzida ao cativeiro, para que o* senhor *pudesse [...] explorar desassombradamente a desamparada vítima desse hediondo crime... Bem tardia vem a reparação a que tem direito, não só a apelada, como a sociedade...*
>
> Catarina por seu curador
> Rio de Janeiro, 5 mar. 1888

Introdução: duas mulheres, duas leis de "ventre livre", duas cidades atlânticas

Em março de 1880, em Havana, os *pardos* livres José Silva e Margarita Miranda, que declararam ser os avós de uma adolescente *parda*, Tomasa, de

17 anos, fizeram uma demanda em nome da menina.[1] Eles denunciaram que um tal d. Jesús Salgado, irmão e representativo de d. Luis Salgado, o pretendido senhor de Tomasa, havia levado a menina desde a cidade capital, onde ela normalmente residia, para a cidade de Cárdenas, a aproximadamente 150 km de distância, onde ela "vive fechada em uma casa".[2] Protestaram por dois motivos. Primeiro, Tomasa estava ainda esperando uma sentença sobre seu *status* legal. A *Junta Provincial* de Havana já havia se pronunciado recentemente em favor de sua liberdade, após outra demanda que ela havia feito, em que alegou que o pretendido senhor não a havia matriculado corretamente sob os termos da Lei Moret, a lei espanhola de "ventre livre" promulgada em 1870, e, assim, que não era possível demonstrar que ela era legitimamente escravizada.[3] O pretendido senhor apelou à *junta* superior, a *Junta Central*, que ainda não havia dado seu parecer. Segundo, os avós protestaram porque em Havana ela havia deixado um filho pequeno, Aurelio, que tinha só um ano, de que José e Margarita haviam cuidado desde que nascera, enquanto a filha escravizada trabalhava. Disseram que, ao levar a mãe a Cárdenas, Salgado a separou do filho, ato proibido pela Lei Moret, que não permitia a separação de mães escravas de seus filhos menores de 14 anos.[4] Indignados, os avós pediram que as autoridades coloniais mandassem que, "sem demora, minha filha Tomasa seja devolvida a esta Capital, pois aqui ela tem um filho, nascido há pouco tempo, e, hoje mesmo, o sr. Salgado, com força..., tentou arrancar de seus braços o pequeno netinho".

---

1 Expediente promovido por Tomasa esclava de d. Luis Salgado en solicitud de libertad por haber sido prostituida por su amo, *Arquivo Nacional de Cuba* (ANC), legajo 3516, expediente Ae, 1880. Ambas as cartas enviadas em nome de José e Margarita foram escritas por outra pessoa, que não colocou seu nome, porque eles eram analfabetos; uma delas foi assinada com uma cruz.

2 Não está claro como receberam essa informação, mas ela confirma que existiam comunicações entre pessoas livres na cidade capital e seus parentes escravizados levados a lugares distantes na ilha.

3 Sidney Chalhoub observou que, no Brasil, o *status* legal dos filhos de mulheres escravizadas não foi estabelecido de maneira exata pelos parlamentares que elaboraram a Lei de 1871, e que esse *status* teve que ser negociado posteriormente, na aplicação prática da lei. Embora os debates sobre a Lei Moret, na Espanha, fossem distintos, aqui também, em diferentes sentidos, a interpretação da lei foi moldada por lutas jurídicas depois de sua promulgação. Portanto, vale a pena usar aspas para o termo "ventre livre" para Cuba além de para o Brasil. Chalhoub, *Machado de Assis, historiador*, p.171-82, 266-9.

4 Para o texto da Lei Moret de 1870, ver: Ortiz, *Los negros esclavos*, p.317-20.

Alguns anos mais tarde, em setembro de 1887, na cidade do Rio de Janeiro, outra demanda de liberdade começou: essa vez, na sede imperial brasileira, distante quase 6.500 quilômetros de Havana, e com uma trajetória histórica muito diferente da ilha caribenha onde vivia Tomasa. Apesar dos contextos diferentes, as similaridades entre os dois casos chamam a atenção. Catarina, crioula, "fula", disse por seu curador que seu pretendido senhor, Brás Augusto Jacques Cortes, africano liberto de "setenta e tantos anos", morador à rua do Hospício e negociante de quitanda, a mantinha em "injusto e ilegal cativeiro", pois ela "não descende de ventre escravo".[5] Como evidência, o curador, o conhecido advogado e abolicionista Aristides Spínola, apresentou a matrícula de Catarina, feita em 1886, mandada pela Lei Saraiva-Cotegipe de 1885.[6] Segundo Spínola, essa nova matrícula não havia sido feita corretamente, porque ela não incluiu os detalhes da "matrícula especial", feita anteriormente, por mandado da Lei Rio Branco de 1871, que deveriam ser incluídos. O curador notou, aliás, que Catarina foi matriculada como de "filiação desconhecida",[7] o que "ocultou o berço da libertanda". Ou seja, ele ocultou o *status* da mãe, ou, melhor dito, o *status* de seu ventre, era o que determinava se Catarina era livre ou escrava. Assim, Catarina devia ser "declarada livre, conforme, em casos análogos, tem decidido esse juízo e a Relação do distrito".

Outra semelhança importante com o caso de Tomasa foi uma menção, embora muito breve, de que, quando Catarina foi vendida a Cortes em 1878, foi acompanhada por um pequeno filho, Víctor, chamado de ingênuo no documento. A decisão sobre a liberdade ou escravidão de Catarina potencialmente teria um impacto no *status* legal dele também. Tanto no caso de Catarina como no de Tomasa, em Cuba, o vínculo entre ventre e escravidão/liberdade, já alterado pelas "leis de ventre livre" que se promulgaram em cada país em 1870-1871, conectava as histórias de três gerações de pessoas sujeitas à escravidão.

5 Brás Augusto Jacques Cortes (Apelante)/Catarina por seu curador (Appellada), *Arquivo Nacional do Brasil* (ANB), Corte de Apelação: Escravos (CAE), maço 216, n.3.284, fls.2, 7, 9, 12, 52-3v, 58, 1887.

6 Sobre os curadores, ver: Grinberg, *O fiador dos brasileiros*, p.253-77.

7 Brás Augusto Jacques Cortes (Apelante)/Catarina por seu curador (Appellada), *Arquivo Nacional do Brasil* (ANB), Corte de Apelação: Escravos (CAE), maço 216, n.3.284, fl.9, 1887.

Graças ao trabalho inovador de vários historiadores de Cuba e do Brasil nas últimas décadas, sabemos que foi só através de longas lutas de indivíduos escravizados e suas famílias que as provisões das leis no papel foram sendo definidas e aplicadas na prática.[8] O que os dois exemplos aqui discutidos enfatizam é que, no centro de muitas dessas disputas, se encontravam as mulheres cujos ventres supostamente "gestavam" a liberdade, colocadas nessa posição até certo ponto graças ao elo legal entre o ventre e o *status* de escravidão/liberdade que sempre existiu, e também ao fato de que a escravidão foi uma condição profundamente marcada por conceitos de gênero, além de outras categorias de diferença humana.[9] Depois de 1870-1871, as lutas legais da última geração de mulheres escravizadas do mundo atlântico para procurar a liberdade ou melhorar suas condições ressaltam que o "ventre" não era só um conceito legal abstrato, mas uma parte inseparável dos corpos de mulheres reais, que vivenciaram e contribuíram para as transformações da época, dentro dos tribunais mas também fora deles.[10]

Leis de "ventre livre" no contexto atlântico

Catarina e Tomasa vivenciaram dois processos, simultâneos e bastante comparáveis, de abolição gradual da escravidão através do "ventre". Após o

8 Por exemplo: Castro, *Das cores do silêncio: os significados da liberdade no sudeste escravista – Brasil século XIX*; Chalhoub, *Visões da liberdade: uma história das últimas décadas da escravidão na Corte*; Grinberg, *Liberata, a lei da ambiguidade: as ações de liberdade da Corte de Apelação do Rio de Janeiro no século XIX*; Machado, *O plano e o pânico: os movimentos sociais na década da abolição*; Mendonça, *Entre a mão e os anéis: a Lei dos Sexagenários e os caminhos da abolição no Brasil*; Pena, *Pajens da Casa Imperial: jurisconsultos, escravidão e a Lei de 1871*; Díaz; Fuentes, *Estrategias de libertad: un acercamiento a las acciones legales de los esclavos en Cuba (1762-1872)*; Scott, *Slave Emancipation in Cuba: The Transition to Free Labour, 1860-1899*.

9 Lerner, Women and Slavery, *Slavery & Abolition*, v.4, n.3, p.173-98, 1983.

10 Para comparações mais detalhadas da função de gênero nos processos de abolição, de algumas das quais este capítulo oferece um resumo, ver: Cowling, *Concebendo a liberdade*. Para importantes obras recentes sobre gênero e emancipação no Brasil, ver, por exemplo: Machado, Between Two Beneditos: Enslaved Wetnurses amid Slavery's Decline in Southeast Brazil, *Slavery & Abolition*, v.38, n.2, p.320-36, 2017; Ariza, Bad Mothers, Labouring Children: Emancipation, Tutelage and Motherhood in São Paulo in the Last Decades of the Nineteenth Century, *Slavery & Abolition*, v.38, n.2, p.408-24, 2017; Xavier; Farias; Gomes (orgs.), *Mulheres negras no Brasil escravista e do pós-emancipação*; Telles, *Mulheres negras e trabalho doméstico em São Paulo (1880-1920)*.

fim da guerra civil nos Estados Unidos (1861-1865), Cuba e o Brasil eram as únicas grandes sociedades escravistas restantes das Américas.[11] O Brasil já tinha uma longa experiência histórica de escravidão em grande escala, mas a exportação do café intensificou e mudou o panorama da escravidão, enquanto Cuba, que não teve escravidão em grande escala até as últimas décadas do século XVIII, experimentou uma transformação demográfica e econômica a partir desse momento, graças ao *boom* do açúcar.[12]

Embora o *timing* fosse parecido, as respectivas circunstâncias políticas que moldariam o curso da abolição foram muito diferentes. No caso de Cuba, a "pérola das Antilhas" espanholas, a questão de escravidão foi sempre interligada com a questão da relação com a Espanha. Uma rebelião anticolonial estalou no lado oriental da ilha em 1868 e continuou até 1878 (seguida por um conflito mais breve em 1879). De fato, a primeira "abolição" da escravidão foi declarada pelos rebeldes, no território controlado por eles.[13] Ao mesmo tempo, desde a década de 1860, um movimento abolicionista importante se desenvolveu na Espanha, que encontraria ecos em Cuba, embora as organizações e publicações políticas fossem geralmente proibidas na colônia.[14] Em contraste, no Brasil imperial, a escravidão teria que ser abolida desde *dentro* de uma sociedade escravista.[15] Aqui, a abolição foi o resultado de uma combinação complexa de mudanças políticas e sociais, nas quais se destaca a contribuição do movimento abolicionista, organizado em âmbito regional e não só nacional, e com a participação ativa de setores populares, inclusive pessoas escravizadas, como importantes agentes sociais.[16]

---

11 Em Porto Rico, a outra colônia caribenha espanhola, a escravidão foi abolida em 1873. Vários historiadores começaram a comparar as histórias da escravidão cubana e brasileira. Por exemplo: Berbel; Marquese; Parron, *Escravidão e política*; Marquese, *Feitores do corpo, missionários da mente*; Mata, Sentidos da liberdade e encaminhamento legal da abolição: Bahia e Cuba – notas iniciais, *Revista de História Comparada*, UFRJ, v.5, n.1, p.66-90, 2011; Schmidt-Nowara, Empires against Emancipation: Spain, Brazil and the Abolition of Slavery, *Review: Journal of the Fernand Braudel Centre*, v.31, n.2, p.101-19, 2008.

12 Tomich, The Second Slavery: Bonded Labour and the Transformation of the Nineteenth-Century World Economy, in: Ramírez (org.), *Rethinking the Nineteenth Century*, p.103-17.

13 Bonilla, *Azúcar y abolición*, p.164-91, 201-8.

14 Schmidt-Nowara, "Spanish" Cuba: Race and Class in Spanish and Cuban Antislavery Ideology, 1861-1868, *Cuban Studies/Estudios Cubanos*, v.25, p.101-22, 1997; Schmidt-Nowara, *Empire and Antislavery*; Sartorius, *Ever Faithful*.

15 Azevedo, *Abolitionism in the United States and Brazil*, p.14-9.

16 Entre a vasta historiografia sobre abolição, ver: Albuquerque, *O jogo da dissimulação*; Alonso, *Flores, votos e balas*; Castilho, *Slave Emancipation and Tranformations in Brazilian Political*

Apesar das diferentes circunstâncias políticas, nos dois países uma solução comparável foi adotada para enfrentar a questão da escravidão. Sempre conscientes um do outro e dos antecedentes e padrões atlânticos, e visando a uma transição gradual, os legisladores espanhóis e brasileiros promulgaram, após acaloradas discussões nos seus respectivos parlamentos, "leis de ventre livre": a Lei Moret (1870) e a Lei Rio Branco (1871).[17] Em tese, os filhos de mulheres escravizadas que nascessem após a promulgação das leis não compartilhariam mais o *status* de escravidão das mães e seriam, em algum momento futuro, livres. Assim, a transição legal aconteceria através dos corpos, e especificamente dos ventres, de mulheres como Tomasa e Catarina.

A grande controvérsia provocada em ambos os países pela promulgação dessas leis se devia ao fato de que elas revogaram (em tese) o princípio romano de *partus sequitur ventrem*, no qual o ventre "transmitia" o *status* legal de mãe para o(a) filho(a). Esse princípio, aplicado em todos os territórios americanos escravistas, constituía uma peça-chave para a reprodução da escravidão, que, em tese, a declaração de "ventre livre" iria quebrar.[18] Na prática, como sabemos, não era tão simples assim. Essas crianças eram obrigadas a servir aos senhores das mães, em condições que não diferiam da escravidão, até a idade de 18 (em Cuba) ou 21 (no Brasil).[19] Assim, um novo campo de batalhas

---

Citizenship; Castilho; Cowling, Bancando a liberdade, popularizando a política: abolicionismo e fundos locais de emancipação na década de 1880 no Brasil, *Afro-Ásia*, v.47, p.161-97, 2013; Conrad, *The Destruction of Brazilian Slavery, 1850-1888*; Fraga, *Encruzilhadas da liberdade*; Machado; Castilho (orgs.), *Tornando-se livre*.

17 Sobre as influências e conexões entre a Espanha e o Brasil: Castilho, Brisas atlánticas: la abolición gradual y la conexión brasileña-cubana, in: Lovejoy; Cáceres (orgs.), *Haití: revolución y emancipación*, p.128-39; Lamounier, *Between Slavery and Free Labour*, p.20. Para precedentes das leis de "ventre libre", em Cuba e no Brasil, mas também em outros países, ver: Chalhoub, *Machado de Assis, historiador*, p.139-55; Conrad, *The Destruction of Brazilian Slavery*, p.90; Ortiz, *Los negros esclavos*, p.298-307; Pena, *Pajens da Casa Imperial*, p.286.

18 Sobre *partus sequitur ventrem*: Cowling, Debating Womanhood, Defining Freedom: The Abolition of Slavery in 1880s Rio de Janeiro, *Gender & History*, v.22, n.2, p.284-301, ago. 2010; Dorsey, Women without History: Slavery and the Politics of *Partus Sequitur Ventrem* in the Spanish Caribbean, *Journal of Caribbean History*, v.28, n.2, p.165-207, 1994; Millward, "That All Her Increase May be Free": Enslaved Women's Bodies and the Maryland Manumission Law of 1809, *Women's History Review*, v.21, n.3, p.363-78, 2012; Morgan, *Labouring Women*; Pena, *Pajens da Casa Imperial*.

19 Para críticas sobre as insuficiências das leis de "ventre livre", e das intenções francamente conservadoras dos legisladores e manobras dos senhores de escravos, ver: Barcia, Táctica y estrategia de la burguesía esclavista en Cuba ante la abolición de la esclavitud, *Anuario de Estudios Americanos*, v.43, p.111-26, 1986; Conrad, *The Destruction of Brazilian Slavery*, cap.6

legais para definir e aplicar as leis se abriu. Durante quase duas décadas, em uma continuação de um processo que começou antes, o terreno da lei e jurisprudência seria reclamado e mudado por diferentes agentes sociais e legais, e em particular pelos escravos.[20] Subsequentemente, na década de 1880, outras leis abririam novos espaços para esse tipo de negociação legal. Na Espanha, a Lei de Patronato (1880) estabeleceu uma data final para a escravidão cubana (passo muito mais radical do que era possível politicamente no Brasil naquele momento). No Brasil, a Lei Saraiva-Cotegipe de 1885 (o resultado de um longo e difícil processo político que, graças à ascensão do governo do barão de Cotegipe, acabou sendo muito mais conservador do que a proposta original) "libertou" os escravos sexagenários e estabeleceu novos mecanismos de autocompra.[21] Porém, vale dizer que, mais do que nada, foi o princípio do "ventre livre", não só no mundo do direito, mas também em discussões sociais mais amplas, que marcou o período da abolição em ambos os países. Esse fato, entre outros fatores, colocou não só o ventre como noção abstrata, mas as próprias mulheres de cujos corpos os ventres faziam uma parte inseparável, no centro das buscas legais de liberdade. Nesse sentido, vale a pena voltar às histórias de Tomasa e de Catarina.

Demandas de mulheres na época do "ventre livre": Tomasa e Catarina

A "época de ventre livre", por assim dizer, teve implicações importantes para Tomasa, em Cuba, e para Catarina, no Brasil. Existem diferenças importantes entre os dois casos, mas as similaridades chamam a atenção.

---

e 7, p.90-117; Lamounier, *Between Slavery and Free Labour*, p.19, 300-4, 319-21. Para uma perspectiva que questiona as expectativas dos historiadores sobre a velocidade de emancipação considerada por eles "aceitável", ver: Dauwe, *A libertação gradual e a saída viáve*, cap.1.

20 Sobre esse processo antes e depois da década de 1870: De La Fuente, Slave Law and Claims-Making in Cuba: The Tannenbaum Debate Revisited, *Law and History* Review, v.22, n.2, p.339-67, verão 2004; Id., Slaves and the Creation of Legal Rights: *Coartación* and *Papel*, *Hispanic American Historical Review*, v.87, n.4, p.659-92, nov. 2007; Scott, *Slave Emancipation in Cuba*; Díaz; Fuentes, *La cesión de patronato*; Díaz; Fuentes, *Estrategias de libertad*; ver também as referências da nota 8.

21 Sobre o processo político, ver: Alonso, *Flores, votos e balas*, cap.8, p.280-329; Castilho, *Slave Emancipation*, cap.5, p.137-60. Sobre a negociação da lei por pessoas escravizadas, ver: Mendonça, *Entre a mão e os anéis*.

Primeiro, o ventre estava na pauta em ambos os processos, porque o *status* da mãe de cada mulher era fundamental para determinar o *status* da filha. Essa atenção às condições de nascimento já existia antes de 1870-1871, graças ao *partus sequitur ventrem*, mas, com as novas obrigações contidas nas leis de "ventre livre" de "matricular" as pessoas escravizadas, a atenção se focou novamente no "berço" do indivíduo em questão: sua genealogia e passado, em termos pessoais e sociais. Da mesma maneira que o *partus sequitur ventrem*, o que importava aqui não era o pai, mas a mãe. No caso de Tomasa, ela fez uma demanda em 1879 sobre não haver sido matriculada corretamente segundo a Lei Moret, e a *Junta Provincial* a declarou livre; porém, Jesús Salgado apelou à *Junta Central*, que ainda não havia chegado a uma conclusão quando Margarita e José fizeram seus pedidos em março de 1880. Em termos do *status* legal de Tomasa, o que importava era o *status* da mãe na hora de dar à luz a filha. O fato de que Margarita já era livre em 1880 não necessariamente demonstrava que Tomasa houvesse nascido de "ventre livre" havia mais de duas décadas, mas a presença de Margarita, já livre e morando perto da filha escravizada e capaz de fazer demandas em nome dela, constituía um símbolo importante de transição familiar da escravidão para a liberdade.

Catarina, no Rio de Janeiro, não teve tanta sorte. Ela, como Tomasa, não era nativa da cidade onde a demanda foi feita. No caso de Tomasa, ela havia chegado a Havana em algum momento da década de 1870 desde a Cuba central. No caso de Catarina, ela teria chegado à Corte desde a Bahia, em algum momento antes de 1878. Cortes declarou que a comprou em 1878, já na Corte, com duas outras jovens da mesma procedência.[22] Cortes também disse que havia conhecido o pai de Catarina (não está claro se isto foi na Bahia ou já no Rio), mas que o pai depois faleceu e que ele, Cortes, "ignora... qual a sua mãe".[23] Para o curador, este era um detalhe bastante conveniente para o pretendido senhor, pois só o *status* legal da mãe conferia liberdade ou escravidão.

Aqui, parece importante pensar não só nos argumentos legais do processo sobre ventres livres e ventres escravizados, mas também reparar no

---

22 Brás Augusto Jacques Cortes (Apelante)/Catarina por seu curador (Appellada), *Arquivo Nacional do Brasil* (ANB), Corte de Apelação: Escravos (CAE), maço 216, n.3.284, fls.14-7, 1887.

23 Ibid., fl. 12-12v.

que a leitura de documentos como estes nos sugere sobre as experiências vividas por Catarina. De uma maneira ou outra, provavelmente durante a viagem traumática de norte a sul, ela perdeu seus laços de família, em uma experiência compartilhada com milhares de outras pessoas escravizadas da época.[24] "Perder a mãe", na visão da historiadora e escritora Saidiya Hartman, representa uma experiência de trauma multifacetada, desde aspectos pessoais e íntimos até questões de genealogia e a perda de um passado pessoal e social.[25] Catarina "perdeu" a mãe em cada um desses sentidos. O que importava em termos estritamente legais era o segundo. Segundo o curador, Cortes "ocultou o berço da libertanda" para que Catarina não pudesse demonstrar seu *status* legal real.[26] Porém, como será discutido mais adiante, além de argumentos legais, ideias sociais mais amplas sobre amor maternal e imagens de doloridas separações de mães e filhos já eram comuns quando se falava, no mundo atlântico em geral, de escravidão e liberdade, e elas eram muito familiares aos curadores, advogados e juízes.

A segunda maneira em que podemos traçar a operação de "lógicas de ventre livre" nessas duas histórias é quando pensamos na própria condição materna de cada mulher.[27] No caso de Tomasa, embora a demanda não fosse diretamente a respeito do filho, Aurelio, a separação mãe-filho que eles sofreram (proibida pela Lei Moret) quando Salgado a levou a Cárdenas formou a parte mais forte das demandas feitas pelos avós em março de 1880.[28] Essa consideração fez que as autoridades agissem de maneira mais urgente:

24 Para algumas reflexões sobre as implicações dessas viagens, que eram diferentes para homens e mulheres, Graham, Slavery's Impasse: Slavery Prostitutes, Small Time Mistresses, and the Brazilian Law of 1871, *Comparative Studies in Society and History*, n.33, p.671, 680-1, 1991; Graham, Another Middle Passage? The Internal Slave Trade in Brazil, in: Johnson (org.), *The Chattel Principle*, p.291-324; Slenes, The Brazilian Internal Slave Trade, 1850-1888: Regional Economies, Slave Experience, and the Politics of a Peculiar Market, in: Johnson (org.), *The Chattel Principle*, p.325-70.

25 Hartman, *Lose your Mother*.

26 Brás Augusto Jacques Cortes (Apelante)/Catarina por seu curador (Appellada), *Arquivo Nacional do Brasil* (ANB), Corte de Apelação: Escravos (CAE), maço 216, n.3.284, fl.29v, 1887.

27 Este termo, usado por Hebe Mattos em seminário da pós-graduação da UFF, 2004, é uma forma útil de encapsular como o conceito do "ventre livre" mudou o terreno legal, mas também social e cultural.

28 Alguns anos depois da promulgação da lei, graças às iniciativas legais de outras mães, essa proibição foi estendida, na prática jurisprudencial, a mulheres libertas separadas de seus filhos ingênuos. Ver: Cowling, *Concebendo a liberdade*, p.160-9.

mandaram que Tomasa fosse devolvida a Havana, e a polícia foi informada. Mesmo assim, houve bastante demora, e foi necessário que os avós enviassem mais uma carta em junho de 1880, denunciando a "injustiça e malignidade do vil Salgado". Finalmente, Salgado devolveu Tomasa a Havana, onde ele também recebeu uma multa de 25 pesos, acontecimento pouco comum em processos desse tipo. Ao discutir as implicações legais do caso, o *síndico* que representava Tomasa, ao parecer, distinguiu entre "tipos" de separação mãe-filho: "enquanto Tomasa permanecia em Havana, ... podia deixar de ter o filho ao seu lado, porque era fácil vê-lo, se ela quisesse, e assegurar seu bom trato; mas isto não era possível quando ela foi trasladada a Cárdenas, ficando o filho aqui".[29] Por um lado, o *síndico* reconheceu que separações por largas distâncias eram inaceitáveis; por outro, ele parecia defender as separações que ocorriam dentro da mesma cidade. Pelo menos, o princípio de não separar mães de filhos pequenos era difícil discutir. Inclusive o próprio Jesús Salgado, em sua declaração, em que negou as alegações dos avós, aceitou que Tomasa, como mãe, era "com quem [Aurelio] devia estar sempre".

No caso de Catarina, são os silêncios sobre o destino do filho, Víctor, que reverberam mais fortemente. Ele aparece uma só vez, anotado como ingênuo de 1 ano de idade, "cabra", acompanhando Catarina quando ela foi vendida a Cortes em 1878. Depois, ele desaparece. Talvez tenha falecido: tragédia muito possível, considerando a alta taxa de mortalidade infantil da população escrava do século XIX, e também que ele era ainda muito pequenino quando foi levado ao Rio desde a Bahia, em condições que são difíceis de saber com precisão, mas, com certeza, eram muito pouco adequadas para um bebê.[30] É também possível que ele fosse vendido separado da mãe, ato bastante comum apesar das proibições da Lei de 1871. De qualquer forma, apesar de que o resultado sobre o *status* de Catarina teria implicações importantes para seu filho, ele permaneceu nos bastidores do processo. Muitas vezes, os silêncios sobre as experiências da maternidade – corporais, emocionais, individuais e coletivas – das mulheres que aparecem em demandas legais sobre o "fruto" de seus ventres são mais eloquentes do que as informações concretas.

---

29 Sobre os *síndicos procuradores* em Cuba, que jogavam um papel que se aproximava do papel dos curadores no Brasil, ver: Díaz; Fuentes, *Estrategias de libertad*, v.1, p.137-80.

30 Karasch, Anastácia and the Slave Women of Rio de Janeiro, in: Lovejoy (org.), *Africans in Bondage: Studies in Slavery and the Slave Trade*, p.81-6, 100.

Qual era o contexto mais amplo de processos como os dois discutidos neste capítulo? De fato, tanto Tomasa em Havana quanto Catarina, no Rio, não se achavam sós nessas lutas pela liberdade na época do "ventre livre". As grandes cidades atlânticas em que fizeram suas demandas continham, havia muito tempo, uma forte presença de mulheres escravizadas e libertas. Havana e o Rio de Janeiro compartilhavam essa característica com outras cidades das Américas escravistas, desde Charleston a Lima, e desde Paramaribo a San Juan.[31] As mulheres urbanas participavam em proporções altas de uma longa tradição de buscar a liberdade através de meios oficiais: desde autocompras e manumissões até demandas legais e petições oficiais.[32] Depois das "leis de ventre livre" em Cuba e no Brasil, essas tradições foram ampliadas e mudadas.

As coleções e mostras disponíveis de processos como os de Catarina e Tomasa se prestam mais a análises qualitativas que quantitativas. Entre a população escravizada, somente uma pequena porcentagem conseguia fazer um requerimento desse tipo. Aliás, embora cada vez mais processos de liberdade estejam sendo identificados, talvez nunca saibamos quantos processos foram perdidos. Mas, dentro dos acervos disponíveis, as mulheres aparentemente jogavam um papel numericamente muito significativo entre as ações cíveis durante as últimas duas décadas da escravidão.[33] Esse papel é, também, muito maior do que a presença feminina em outros tipos de documentação

---

31 Ver, por exemplo, Gaspar; Hine (orgs.), *Beyond Bondage*.

32 Ver, por exemplo: Castañeda, Demandas judiciales de las esclavas en el siglo XIX cubano, *Temas*, v.5, p.60-5, jan.-mar. 1996; Schultz, *Tropical Versailles*, p.165-76.

33 No caso do Rio de Janeiro, a base de dados da Corte de Apelação do Rio de Janeiro, compilada por Keila Grinberg e generosamente compartilhada comigo, contém trinta ações cíveis sobre liberdade, iniciadas por indivíduos de sexo identificável, na Corte, entre 1871 e 1888. Ver: <http://www.ceo.historia.uff.br/c.php?c=banco_dados>. Entre esse pequeno número, 27 (90%) são mulheres escravas. A representação tão alta de mulheres nesse período reflete, em parte, a série de processos legais iniciados na Corte durante a década de 1870 por prostituição. Nas décadas anteriores, de 1850-1870, entre 34 processos feitos por indivíduos identificáveis por sexo ou por grupos de pessoas do mesmo sexo, 16 (47%) o foram por mulheres e 18 (53%) por homens. Para a análise de Grinberg das ações, ver: Grinberg, *Liberata*. Para Havana, em uma amostra de 710 petições, feita no acervo *Miscelánea de Expedientes*, Arquivo Nacional de Cuba, iniciadas principalmente na cidade de Havana por indivíduos identificáveis por sexo, 1870-1886, 64% foram iniciadas por mulheres. As coleções em outros acervos do Arquivo Nacional de Cuba sugerem o mesmo fenômeno. Para mais detalhes, ver: Cowling, *Concebendo a liberdade*, Introdução e cap.2.

sobre iniciativas dos escravos, por exemplo os processos criminais, em que as mulheres representam uma minoria.[34]

A presença de mulheres em demandas por terceiros, especialmente seus filhos, também se destaca muito.[35] Como aparece nos casos de Tomasa e Catarina, em muitas ocasiões uma demanda que começava sobre uma mulher individual acabava tratando de questões sobre seus filhos. Cada petição ou demanda foi arquivada de maneira separada, individual, mas elas emanavam de um importante contexto social mais amplo. Examinar as redes de comunicação e sociabilidade das mulheres urbanas revela como suas iniciativas legais eram moldadas por práticas e conhecimentos sociais, e especialmente por outras mulheres a seu redor.[36] As mulheres representavam aproximadamente a metade da população escravizada de cada cidade nas décadas do "ventre livre".[37] Porém, as escravas ficavam particularmente concentradas em áreas específicas, onde existia uma forte demanda de mão de obra feminina, e onde, em muitas ruas, havia pelo menos uma escrava doméstica em cada casa. Perto dessas mulheres escravas, encontravam-se altas concentrações de mulheres livres ou libertas, que ofereciam conhecimentos, às vezes, e um exemplo concreto às escravizadas de como seria a vida delas na liberdade.[38]

Discursos e ideias sobre maternidade escrava

Ao falar de ventres, separações de mães e filhos e de maternidade em geral, as escravas litigantes e seus representativos apelavam a conceitos legais, mas

---

34 Por exemplo, em uma coleção de 24 processos criminais iniciados na Corte entre 1851 e 1879, somente 8% dos réus escravos eram mulheres. Para mais detalhes, ver: Cowling, *Concebendo a liberdade*, Introdução e cap.2.

35 Entre a amostra do acervo *Miscelánea de Expedientes*, 130 demandas foram iniciadas explicitamente em favor de outra pessoa, geralmente um filho ou outro parente. Entre elas, 105 (81%) foram iniciadas por mulheres.

36 Para a importância das ações legais como processo coletivo e não só individual, ver: Mendonça, *Entre a mão e os anéis*, p.263-4.

37 Pezuela, *Diccionario geográfico, estadístico, histórico de la Isla de Cuba*, v.3, p.8-9, 349; Iglesias, El censo cubano de 1877 en sus diferentes versiones, *Santiago*, v.34, p.214, jun. 1979; Brasil, *Recenseamento da população do municipio neutro e província de Paraná a que se procedeu em 1º de agosto de 1872*, p.1-61; Conrad, *The Destruction of Brazilian Slavery*, p.286.

38 Para análises estatísticas de ruas e bairros das duas cidades que indicam a concentração de mulheres escravizadas e libertas e as redes de sociabilidade que essas realidades demográficas criavam, ver: Cowling, *Concebendo a liberdade*, cap.5 e 7.

também a conceitos que estavam sendo discutidos para além dos tribunais. A maternidade escrava virou um elemento muito significativo em discursos antiescravistas e abolicionistas em geral, não só no Brasil, na Espanha ou em Cuba, mas no mundo atlântico em geral. Imagens emotivas procuravam estimular sentimentos de empatia com os escravos entre os leitores ou membros da plateia, inspirados no repertório e estilo de campanhas abolicionistas anteriores, em outras partes do mundo atlântico, como a Grã Bretanha ou nos Estados Unidos.[39] Essa estratégia estava em parte vinculada com a incorporação à empreitada abolicionista de novos elementos sociais antes excluídos da esfera da política formal, inclusive as mulheres.[40] Discussões de sofridas mães escravas e suas crianças se encontravam entre as mais emocionalmente fortes e mais repetidas imagens abolicionistas, reinterpretadas para diferentes fins e em diferentes contextos em ambos os lados do Atlântico.[41]

Por exemplo, no mundo espanhol, a proibição, na Lei Moret de 1870, de separação de mães e filhos deve ser vista como, em parte, uma resposta a críticas já existentes sobre a crueldade e frequência dessas separações.[42] Uma vez promulgada a nova lei, as imagens de separações continuaram a ser fundamentais aos argumentos antiescravistas, que agora se concentravam no fato de que a lei não estava sendo cumprida. Em 1879, o abolicionista espanhol M. Baron Fortacín lamentou que "[em Cuba] o filantropo escuta os ais de lamento do filho separado da mãe, e esta do homem que é seu apoio, e a

39 Para uma análise comparativa de movimentos abolicionistas, ver: Drescher, Brazilian Abolition in Comparative Perspective, *Hispanic American Historical Review*, v.68, n.3, p.429-60, ago. 1988. Para mais detalhes sobre o abolicionismo espanhol e seus ecos em Cuba, a comparação com o Brasil e aspectos de gênero de ambos, ver: Cowling, *Concebendo a liberdade*, cap.4 e 6.

40 Castilho, *Slave Emancipation and Transformations*; Kittleson, Women and Notions of Womanhood in Brazilian Abolitionism, in: Scully; Paton (orgs.), *Gender and Slave Emancipation in the Atlantic World*, p.99-120; Kittleson, Campaign of All Peace and Charity: Gender and the Politics of Abolitionism in Porto Alegre, Brazil, 1846-1888, *Slavery and Abolition*, v.22, p.83-108, 2001; Schmidt-Nowara, *Empire and Antislavery*, cap.4 e 5.

41 Sobre campanhas abolicionistas anteriores, ver: Hoganson, Garrisonian Abolitionists and the Rhetoric of Gender, 1850-1860, *American Quarterly*, v.45, n.4, p.558-95, dez. 1993; Midgeley, *Women Against Slavery*. Sobre as conexões internacionais abolicionistas, ver, por exemplo, Azevedo, *Abolitionism in the United States and Brazil*, p.6; Alonso, *Flores, votos e balas*; Bethell; Carvalho (orgs.), *Joaquim Nabuco e os abolicionistas britânicos*.

42 Para uma das críticas: Manzano, The Sugar Estate, in: Madden (org.), *Poems by a Slave in the Island of Cuba, Recently Liberated*, p.42; para análise das separações, Franklin, *Women and Slavery in Nineteenth-Century Colonial Cuba*, cap.5.

todos do seu lar".[43] Em Havana, no mesmo ano, o jornalista Adolfo Márquez Sterling aproveitou uma breve abertura na censura colonial para fundar um jornal liberal, *La Discusión*.[44] Durante sua curta existência, o jornal publicou uma série de artigos abolicionistas que frequentemente focavam o tema de separação de mães e filhos.[45]

No Brasil, as longas e acaloradas discussões parlamentares sobre a lei finalmente promulgada em 1871 envolveram políticos que, apesar de suas diferenças políticas, se apoiaram de maneira geral em argumentos sobre mães escravas e seus filhos.[46] Já promulgada a lei, a formação do movimento abolicionista desde 1880 também se fundamentou, em boa medida, no argumento de que a Lei de 1871 havia sido insuficiente e que não estava sendo cumprida.[47] A partir desse argumento geral, muita atenção foi dada à questão específica dos artigos da lei sobre separações de mães e filhos. Em 1880, o primeiro número do jornal *O Abolicionista* lamentou, por exemplo, "os anúncios para a compra e venda de criaturas humanas, ... o aluguel das mães, separadas dos filhos, para amas de outras crianças, especulação tão torpe como lucrativa".[48] Assim, a questão da separação de mães e filhos e discussões mais amplas sobre a maternidade de mulheres escravas formavam uma parte central dos debates sobre escravidão e liberdade gradual em geral. Ao invocar a separação de famílias, ou a "ocultação" do "berço" de uma pessoa escravizada, as mulheres litigantes e seus representantes implicitamente faziam referência a esse mundo discursivo mais amplo, que conferia significados sociais aos argumentos legais.

Contudo, os discursos abolicionistas, que procuravam estimular nos seus leitores e ouvintes reações de empatia e compaixão pelos sentimentos maternais de mulheres escravizadas, coexistiam com outras ideias, mais

---

43 Fortacín, *La abolición de la esclavitud*, p.7. Para uma análise de imagens de lar e família no abolicionismo espanhol da década de 1860: Schmidt-Nowara, Spanish Cuba: Race and Class in Spanish and Cuban Antislavery Ideology, 1861-1868, *Cuban Studies/Estudios Cubanos*, v.25, p.101-22, 1997, esp. p.114-6.

44 Sobre essa abertura: Scott, *Slave Emancipation in Cuba*, p.136-7; Sartorius, *Ever Faithful*, cap.4.

45 Os artigos foram republicados em: Sterling; Giralt, *En nombre del honor y de Dios: folleto*.

46 Abreu, Slave Mothers and Free Children: Emancipation and Female Space in Debates on the "Free Womb" Law, Rio de Janeiro, 1871, *Journal of Latin American Studies*, v.28, n.3, p.567-80, 1996.

47 Castilho; Cowling, Bancando a liberdade, popularizando a política: abolicionismo e fundos locais de emancipação na década de 1880 no Brasil, *Afro-Ásia*, v.47, p.161-97, 2013.

48 A nossa missão, *O Abolicionista*, 1º nov. 1880, p.1.

abertamente racistas, que tendiam a excluir essas mesmas mulheres, uma vez libertas, de definições de "boa" maternidade.[49] Portanto, para as mulheres escravizadas, a busca de liberdade ou outras conquistas, como a guarda dos filhos, por exemplo, era sempre complicada. Em um exemplo do Rio de Janeiro de 1886, uma liberta, Josepha, tentou libertar sua filha ingênua, Maria, da obrigação de servir aos anteriores senhores de Josepha. Alegou que eles não estavam dando à filha os cuidados estipulados nas leis de 1871 e 1885. A tentativa fracassou, apesar dos depoimentos de várias testemunhas, que haviam visto Maria faminta e vestida de farrapos pedindo comida nas tabernas ou que confirmaram que Josepha, que morava perto de Maria, era a pessoa que principalmente cuidava dela e a alimentava. Na sentença, o juiz lembrou que "o ex-senhor da referida Josepha adquiriu... direito aos serviços de Maria, por força do art. 1º da Lei de 28 de setembro de 1871". Além disso, ele fez um julgamento mais subjetivo sobre a capacidade maternal de Josepha: "a mãe da mesma menor, há pouco tempo liberta e amasiada, não está de certo nas condições de dar-lhe boa educação e dispensar-lhe mais cuidados".[50] Ele fez referência a ideias derivadas do racismo "científico", em ascensão naquele momento na América Latina, que tendiam a negar, e temer, a capacidade maternal de mulheres de cor, especialmente daquelas com experiências recentes da escravidão.[51] Eram justamente esses preconceitos que os discursos sobre amor maternal e prevenção de separação na retórica abolicionista tentavam combater. Porém, as duas tendências coexistiam, frequentemente, no pensamento de indivíduos ou organizações. O conhecido jornal abolicionista *Gazeta da Tarde*, por exemplo – publicação bastante radical e que condenava constantemente os sofrimentos de escravas, abusadas fisicamente e separadas dos filhos pequenos –, tinha outra coluna "humorosa", que zombava dos costumes rudes e pouco "femininos" de mulheres pobres da Corte, muitas delas implicitamente negras, e que provavelmente incluíam libertas.[52] De maneira mais ampla, um debate continuava, nessas

49 Para uma análise mais detalhada, Cowling, *Concebendo a liberdade*, cap.6.

50 Josepha/José Gonçalves de Pinho, ANB, Juízo de Órphãos, ZM, n.2.198, maço 2.292, fl.50, 1884.

51 Graham, A abolição na cidade: amas-secas, contaminação e controle, in: Andrade; Fernandes (orgs.), *Atualidade e abolição*, p.75-90; Cunha, Criadas para servir, in: Cunha; Gomes (orgs.), *Quase-cidadão*, p.377-417.

52 Cowling, *Concebendo a liberdade*, cap.7.

décadas, não só sobre o ventre e a abolição em si, mas também sobre o papel das mulheres ex-escravas na sociedade pós-emancipação.[53]

Aqui, é importante notar outra ressalva: como sabemos, a maioria das mulheres escravizadas não chegariam a ter filhos. Para essas mulheres, a ênfase legal e discursiva no tema de maternidade como símbolo de feminilidade e, por extensão, humanidade plena, poderia até excluí-las dessas definições, que estavam sendo criadas e debatidas como parte do processo de abolição.[54] As demandas sobre ventres e maternidade tinham mais peso jurídico e social nessas décadas que demandas sobre outras áreas da experiência geral feminina da escravidão, por exemplo os sistemáticos abusos corporais cometidos contra elas. Aqui, é importante notar que, como parte das demandas de Tomasa e também de Catarina, seus pretendidos senhores foram acusados de haver prostituído essas mulheres jovens, de pele clara. Porém, a acusação de Tomasa foi julgada improcedente, supostamente por falta de evidências, apesar do depoimento de uma testemunha, uma mulher negra. No caso de Catarina, o curador acusou Cortes de haver forçado ela e outras mulheres à prostituição, "explorando a mocidade, o desamparo, a fraqueza das vítimas de sua sórdida ganância ".[55] Porém, Spínola não fez dessa acusação o ponto principal de seus argumentos. Graças à combinação de preconceitos de raça de gênero, era relativamente fácil convencer aos juízes que escravas haviam praticado prostituição, mas era mais difícil convencê-los de que havia sido por obrigação.[56] No processo de outra mulher escravizada, que acusou o senhor de prostituição forçada no Rio em 1872,

53 Cowling, Debating Womanhood, Defining Freedom: The Abolition of Slavery in 1880s Rio de Janeiro, *Gender & History*, v.22, n.2, p.284-301, ago. 2010. Sobre a tutela e as dificuldades que as mulheres libertas experimentavam em conseguir a guarda dos filhos, ver: Ariza, Bad Mothers, Labouring Children: Emancipation, Tutelage and Motherhood in São Paulo in the Last Decades of the Nineteenth Century, *Slavery & Abolition*, v.38, n.2, p.408-24, 2017.

54 Paton, Maternal Struggles and the Politics of Childlessness under Pronatalist Caribbean Slavery, *Slavery & Abolition*, v.38, n.2, p.251-68, jun. 2017.

55 Brás Augusto Jacques Cortes (Apelante)/Catarina por seu curador (Appellada), *Arquivo Nacional do Brasil* (ANB), Corte de Apelação: Escravos (CAE), maço 216, n.3.284, fl.12v, 1887.

56 Entre os vários processos abertos no Rio na década de 1870 sobre prostituição de mulheres escravizadas, a maioria recebeu sentenças de liberdade nos tribunais de primeira instância, mas estas foram depois revogadas pelo tribunal superior. Ver: Lauderdale Graham, Slavery's Impasse: Slavery Prostitutes, Small Time Mistresses, and the Brazilian Law of 1871, *Comparative Studies in Society and History*, 33, p.671, 680-1, 1991. Sobre prostituição nessa época, ver também: Caulfield, O nascimento do mangue: raça, nação e prostituição no Rio de Janeiro, 1850-1920, *Tempo*, v.9, p.43-63, 2000.

o advogado do senhor perguntou: "se a autora, a instâncias e pedido dela, entregava-se à prostituição, que culpa tem o réu da ninfomania que sofre a autora? À prostituição entrega-se essa casta de gente natural e comumente em casa dos senhores e fora; e quem pode impedir?". O juiz aceitou essa lógica e julgou improcedente a demanda.[57]

"Mandão portanto que se ponha à causa perpétuo silêncio": 150 anos depois das leis de "ventre livre"

Duas semanas depois da promulgação da "Lei Áurea", depois das comemorações tumultuosas nas ruas, uma decisão rápida e prática foi tomada pela Corte de Apelação no Rio de Janeiro. A apelação feita por Brás Cortes, contra a primeira sentença no caso de Catarina, que a havia declarado livre, se declarou "extinta". Portanto, foi mandado que se guardasse "perpétuo silêncio" sobre esse assunto.[58]

O que significava esse "silêncio" nas vidas e circunstâncias de cada mulher? No caso de Catarina, a sentença de liberdade, pronunciada em outubro de 1887 pelo juiz da 2ª Vara Cível, foi mantida. Mas o "silêncio" ajudou a garantir que não soubéssemos mais em que consistia essa liberdade. A última notícia sobre a paragem de Catarina foi quando ela foi oficialmente "depositada", em setembro de 1887, com "o cidadão Carlos Bernardino de Moura". Podemos assumir que sua vida na cidade, antes e depois da liberdade legal, não foi fácil. Com certeza, ela continuaria a trabalhar para outras pessoas, em condições de pobreza, precariedade e dependência social e econômica. Existem outros silêncios, ainda mais tristes em sua história: a perda da mãe, se em algum momento a havia conhecido, além do pai, mencionado brevemente nos documentos; e, talvez pior, o silêncio sobre o destino de seu filho, Víctor. Silenciadas nessas fontes, essas tragédias foram vivenciadas por mulheres como Catarina, como parte da trajetória das lutas legais que é mais fácil decifrar.[59]

---

57 Eva, escrava, por seu curador, ANB, CA caixa 3.686, apelação 14.133, fl.47-9, 1872.

58 Brás Augusto Jacques Cortes (Apelante)/Catarina por seu curador (Appellada), *Arquivo Nacional do Brasil* (ANB), Corte de Apelação: Escravos (CAE), maço 216, n.3.284, fl.58, 1887.

59 Sobre os silêncios, nos arquivos e na historiografia, sobre os aspectos psicológicos, para as mães das crianças que morriam na infância, ver: Turner, The Nameless and the Forgotten:

Os silêncios aparecem, também, no exemplo cubano de Tomasa. Não sabemos o que houve com o filho, Aurelio, embora pareça provável que ele continuasse a viver sob os cuidados de Margarita e José. A desaparição que mais chama a atenção é da própria Tomasa. Depois de ser devolvida a Havana em junho de 1880, ela fugiu, provavelmente para a "cidade esconderijo".[60] Podemos imaginar um final um pouco mais feliz para ela, talvez, do que para Catarina: que, com o apoio dos pais, ela conseguisse a liberdade (na prática, se não em termos legais) para si, e que pudesse ficar com, ou perto de, Aurelio. Mas ela mesma não estava ainda formalmente livre, e o Gobierno General observou que, sob a mesma Lei Moret que havia moldado o curso de seu processo legal, Jesús Salgado ainda tinha o direito de apelar contra Margarita e José por abrigar *patrocinados*.[61] Conseguir a guarda de filhos e as condições de realmente cuidar deles continuariam a ser tarefas difíceis, inclusive depois da abolição.

Porém, essas histórias também nos lembram das expectativas e ideias da última geração de mulheres escravas do mundo atlântico, sobre o que as leis e princípios da "liberdade" do ventre prometiam, para elas e em particular para seus filhos, a quem passariam essas noções. Essas esperanças e definições da liberdade datavam desde antes das leis de "ventre livre". Em Cuba, em 1868, por exemplo, uma mulher escravizada, chamada também Tomasa, denunciou o estupro violento de sua filha pequena por um homem branco. Disse Tomasa que a filha, que tinha só 6 anos, "ainda não tinha a idade para tanto sofrimento". Mas, também enfatizou que sua filha "é livre". Assim, ela invocou as esperanças de que a liberdade prometia que sua filha pudesse escapar dos abusos corporais que eram comuns para as mulheres escravizadas, inclusive, talvez, a própria Tomasa.[62] Alguns anos mais tarde, também em Cuba, a liberta Ramona, em uma demanda de liberdade por seus filhos, protestou que, apesar das provisões sobre educação de ingênuos contidas na Lei Moret e na subsequente Lei de *Patronato*, "[a meus filhos] não foi

---

Maternal Grief, Sacred Protection, and the Archive of Slavery, *Slavery & Abolition*, v.38, n.2, p.232-50, jun. 2017.

60 Esse termo, utilizado por Sidney Chalhoub para descrever a cidade do Rio de Janeiro, é igualmente aplicável a Havana. Chalhoub, *Visões da liberdade*, p.212-5, 235-9; Chapeaux, *Los cimarrones urbanos*, p.5-14.

61 Termo que se usava para os anteriormente escravos após a lei de 1880 de *patronato*.

62 Expediente criminal formado por violación de la negrita libre Candelaria Oña (Escribanía de Del Río), ANC, ME, leg.2.889, expediente Am, 1871 [o caso se iniciou em 1868].

ensinado nada além de, como ocorria antigamente, ... ser como burros, para trabalhar e ser úteis a seus Senhores".[63] Exemplos como estes sugerem que, apesar das intenções conservadoras das leis e das fraudes gerais em sua aplicação, as leis de transição e o conceito de "ventre livre" tinham um significado importante para essas mulheres, especialmente quando pensavam em seus filhos. Essa consciência de que as leis mudavam sim alguma coisa, marcando a diferença entre períodos históricos e gerações, se expressa em uma entrevista feita em Rio Claro, São Paulo, em 1987, de d. Maria Francisca Bueno, centenária, cem anos depois da abolição. Ela declarou: "eu, quando vim ao mundo, a minha mãe foi ventre-livre, não era escrava".[64]

63 Documento conteniendo instancia de Ramona Oliva, sobre sus hijos [*sic*] María, Fabiana y Agustina, ANC, ME, leg.3.724, expediente T, 1883.

64 Rios; Mattos, *Memórias do cativeiro*, p.164.

10
Resgates em família? Escravidão, gênero e liberdade (Senegal – século XIX)[1]

Juliana Barreto Farias

"Resgates forçados"

Em 1836, uma ordenança real foi publicada no Senegal regulando o chamado "resgate forçado dos escravos" (*"rachat forcé des esclaves"*), ou seja, o direito do cativo de comprar a sua própria liberdade, e também a de seus pais, filhos ou cônjuges, mediante pagamento em dinheiro. Nessa mesma ordenação, igualmente se regulamentava o "pecúlio dos escravos" (*"pécule des esclaves"*), uma prática já costumeira nas cidades de Saint-Louis e Gorée. Entretanto, com o despacho ministerial, "escravos dos dois sexos", com idade acima de 21 anos, ficavam legalmente aptos a se tornar proprietários de espécies definidas como móveis pelo Código Civil.

---

1 Este artigo apresenta resultados parciais de um projeto de pesquisa mais amplo, sob o título "Entre *signar* e *senharas*: gênero, escravidão e liberdade na Senegâmbia (séculos XVIII e XIX)", desenvolvido no âmbito do estágio pós-doutoral em História da África no Centro de História da Universidade de Lisboa, no período de março de 2018 a março de 2019, com uma bolsa de Pós-Doutorado no Exterior (PDE) do Conselho Nacional de Desenvolvimento Científico e Tecnológico (CNPq). As pesquisas foram realizadas em arquivos e instituições do Senegal, da França e de Lisboa. Atualmente, prossigo com as investigações nos acervos e arquivos do Senegal, como investigadora integrada ao projeto Slafnet – Escravatura em África: Um Diálogo entre Europa e África, vinculada ao Centro de História da Universidade de Lisboa e à Universidade Cheikh Anta Diop, em Dacar, com financiamento do Horizont 2020 – Research and Innovation Framework Programme, Marie Sklodowska-Curie Actions.

Por intermédio do procurador real, o cativo podia depositar os recursos numa poupança constituída para esse fim e, através desse mesmo intermediário, retirar parte ou todo o depósito. Desde que justificasse ser o legítimo "possuidor do dinheiro". No caso dos "resgates forçados", se não houvesse acordo com o senhor ou a senhora, o juiz real ouviria todos os envolvidos até que se estimasse um valor para a libertação. No entanto, para isso, o homem ou a mulher escravizada(o) também deveria comprovar a posse legítima de soma suficiente para comprar sua liberdade. Não seriam admitidos aqueles que tivessem sofrido uma ou mais condenações por roubo ou por guardar bens roubados, e ainda por crimes qualificados pela lei criminal relativa a escravos.[2]

De acordo com o historiador senegalês M'Baye Gueye, após a publicação dessa ordenança, houve um aumento considerável dos "resgates forçados" no Senegal. Entre 1840 e 1847, por exemplo, foram registradas 567 alforrias pagas na cidade de Saint-Louis. Certamente esses números estavam abaixo da realidade, uma vez que muitos senhores nem sempre achavam necessário entregar os "atos de liberdade" conferidos pela autoridade administrativa àqueles que se resgatavam. De todo modo, conforme acrescenta Gueye, essas alforrias eram conquistadas "apenas" por quem tinha uma boa qualificação profissional, a exemplo dos *laptots* (como eram chamados os marinheiros). Além disso, complementa o autor, ainda que as mulheres e as crianças constituíssem a principal mão de obra escravizada em Saint-Louis e Gorée, elas não tinham os "recursos suficientes para recuperar a sua própria liberdade".[3]

Nessa época, as possessões coloniais francesas na costa ocidental africana consistiam apenas nas bases insulares de Saint-Louis e Gorée e em alguns fortes ao longo do rio Senegal e da costa superior da Guiné. E, desde 1818, não eram mais um *comptoir* (espécie de entreposto comercial) da França, e sim espaços coloniais, com orçamento próprio e governador e funcionários enviados diretamente de Paris. As duas ilhas senegalesas contavam

2 Archives Nationales d'Outre-Mer (doravante Anom), Projets d'Ordenances concernant le pécule des esclaves, le rachat forcé; avis de conseils coloniaux, 1836. Diferente das colônias de Guadalupe e da Martinica, os assentamentos coloniais franceses na África Ocidental eram governados por decretos do rei, as chamadas ordenanças reais.

3 Gueye, Des Affranchissements définitifs à l'émancipation de 1848, in: Dorigny (org.), Les Abolitions de l'esclavage: de L. F. Sonthonax à V. Schoelder 1793, 1794, 1848, *Actes du VIII Coloque International tenu à l'Université de Paris*, p.361-2.

aproximadamente com 18 mil moradores, dos quais mais da metade eram escravizados que não se dedicavam a uma agricultura de exportação.[4] Bem diferente das colônias nas Antilhas, que chegavam a reunir, cada uma, mais de 70 mil escravizados.

Ao examinar as alforrias por "resgate forçado" na Martinica, por exemplo, a historiadora Letícia Canelas assinala que, se as liberdades regulares conquistadas nas décadas de 1830 e 1840 raramente foram temas da historiografia sobre as colônias francesas, os cativos e cativas que se libertavam mediante pagamento aparecem ainda menos nesses estudos, mormente em breves citações ou referências pontuais aos efeitos causados pela Lei Mackau, que instituiu ali o direito dos cativos de se resgatarem. Para a autora, decerto essas lacunas se explicam pelo curto período de existência da lei, estabelecida entre o final de 1845 e princípios de 1847, praticamente às vésperas da abolição da escravidão (1848).[5] A esse diagnóstico, posso acrescentar que, embora o "resgate forçado" já estivesse regulamentado no Senegal desde 1836, as experiências de liberdade na colônia francesa na costa africana praticamente não são comparadas ou mesmo mencionadas em análises similares sobre as ilhas de Martinica e Guadalupe.[6]

De outra parte, Canelas também ressalta que, na década de 1840, o aumento das ações de liberdade levadas aos tribunais locais e mesmo à Corte de Cassação, em Paris, por mães cativas e alforriadas e seus advogados, em luta pela libertação de filhos e outros familiares, acabou gerando mais "resgates facilitados". Incentivados pelos resultados bem-sucedidos daqueles processos, algumas famílias escravizadas pareciam preferir as negociações por intermédio do "resgate forçado".[7] Sem precisar esperar o longo desenrolar das ações, podiam tentar firmar um valor para suas alforrias. Ora, desde 1836, cativas e cativos no Senegal já dispunham de uma lei que permitia que

4 No censo realizado em 1845, por exemplo, dos 9.849 escravos registrados no Senegal, 6.008 viviam em Saint-Louis e 3.735, em Gorée (Becker; Schmitz; Chastanet, *Les Premiers recensements au Sénégal*).

5 Canelas, *Escravidão e liberdade no Caribe francês: a alforria na Martinica sob uma perspectiva de gênero, raça e classe (1830-1848)*, p.382.

6 Cf. Flory, Alforriar sem libertar: a prática do "resgate" de cativos africanos no espaço colonial francês no século XIX, *Revista Mundos do Trabalho*, v.3, n.6, jul.-dez. 2011.

7 Os artigos da Lei Mackau referentes ao pecúlio dos escravos e ao resgate forçado eram muito similares às ordenanças promulgadas no Senegal em 1836. Para a discussão sobre a lei e os resgates forçados na Martinica, ver a detalhada análise de Letícia Canellas, *Escravidão e liberdade no Caribe francês*, p.382-420.

se resgatassem mediante pagamento. Certamente isso explica por que tão poucos levaram suas demandas até a corte metropolitana.[8] Era mais fácil – e, sobretudo, mais rápido – negociar diretamente com seus senhores. Ou, caso isso não fosse possível, arbitrar judicialmente um valor por sua liberdade.

* * *

Meu objetivo, neste capítulo, é justamente tentar compreender em que medida as mulheres escravizadas em Gorée e Saint-Louis tinham, de fato, acesso à liberdade através dos "resgates forçados". Como previsto na própria lei, esse também era um "projeto familiar", que envolvia mães, filhas, filhos, pais e outros parentes? Mulheres e crianças tinham menos acesso à alforria, porque não tinham "recursos suficientes para recuperar a sua própria liberdade", como aponta M'Baye Gueye? Ou estamos diante de casos de sub-registros? De acordo com a historiadora Hilary Jones, essa era uma prática recorrente entre as autoridades francesas no Senegal, que, normalmente, registravam estatísticas apenas para a "população útil masculina das cidades". Entretanto, ainda conforme a autora, isso também parece comum entre alguns estudiosos. Diversas análises sobre a vida em Saint-Louis no século XIX, por exemplo, encobrem os papéis das mulheres muçulmanas, assim como raramente abordam as escravizadas a partir de suas próprias trajetórias e personalidades individuais.[9]

Ao investigar essas hipóteses, recorro a um conjunto amplo de fontes, coligidas em arquivos e instituições de pesquisa do Senegal e da França,

8 O advogado e abolicionista Adolphe Gatine, que esteve à frente de boa parte dessas ações na Corte de Cassação em Paris, fez uma contabilidade desses processos, após a primeira sentença vitoriosa da ex-cativa Virginie, de Guadalupe. Entre pelo menos 1845 e 1848, chegou a um total de 34 famílias e 120 indivíduos que tiveram sua liberdade assegurada. Nesse conjunto, estavam 5 famílias e 16 pessoas em Guadalupe; 25 e 36, na Martinica, respectivamente. No Senegal, ele cita apenas o caso de Fatema, escrava que se resgatou por 500 francos, mas cuja filha Guelada não foi libertada por sua senhora, a *signare* Guillemain. Seu caso foi levado por Gatine à corte francesa, em fevereiro de 1845. Até o momento, só localizei essa ação de liberdade em que mãe liberta luta pela alforria de sua filha nos tribunais de Saint-Louis e, posteriormente, da metrópole. Mas essa é uma investigação ainda em andamento. Gatine, *Causes de liberté*; Id., *Nombreuses libérations au cours de l'année judiciaire 1844-1845*, p.13-6. Cf. Canelas, *Escravidão e liberdade no Caribe francês*, p.287-97.

9 Jones, Women, Family & Daily Life in Senegal: Senegal's Nineteenth-Century Atlantic Towns, in: Candido; Jones (orgs.), *African women in the Atlantic world*, p.233.

como inventários, registros notariais, censos populacionais e ocupacionais e processos judiciais. Dessa diversificada documentação, gostaria de destacar alguns registros fundamentais para o exame aqui proposto. Em primeiro lugar, cabe assinalar que, desde pelo menos as últimas décadas do Setecentos, localizamos alforrias (*affranchissements*) concedidas a cativos no Senegal em atos notariais registrados no *greffe*, o escritório do governador, considerado a "única autoridade judicial" de Saint-Louis e Gorée. Embora alguns autores tenham sistematizado parte desses atos de libertação (classificados em gratuitos, condicionais e por resgate), com a dispersão dos registros em inúmeros volumes de *Actes Notairés*, esse ainda é um trabalho a ser consolidado.[10]

De todo modo, para complementar essas discussões sobre alforria, e notadamente sobre os "resgates forçados", disponho de uma fonte "excepcional": um inquérito sobre a abolição da escravidão realizado entre os meses de janeiro e abril de 1844. Proposto pelo governador francês Louis-Edouard Bouet-Villaumez, que assumira a administração do Senegal no ano anterior, sua ideia era, fundamentalmente, saber o que a população pensava sobre a emancipação em Saint-Louis e Gorée. Para tanto, 31 questões foram formuladas por uma comissão de "habitantes notáveis" das duas cidades, incluindo negociantes franceses e "nativos" e também funcionários do governo. Porém, conforme destacaram, nem todos seriam inquiridos da mesma forma: as perguntas seriam modificadas "*de acordo com a posição e o grau de inteligência* daqueles a quem serão endereçadas [o grifo é meu]". Seguindo essa suposta hierarquia, decidiu-se ouvir, em primeiro lugar, europeus e "nativos" ("*indigènes*") e, por fim, os "negros" ("*noirs*"), livres e cativos.[11] Entre as tantas

10 Esses volumes de atos notariais estão conservados nos Archives Nationales du Sénégal e, em alguma medida, nos Archives Nationales d'Outre-Mer, na cidade francesa de Aix-en-Provence. Para o século XVIII, há diversas alforrias organizadas no códice 4Z2, no arquivo do Senegal. Para o século XIX, venho coligindo esses registros, que se encontram dispersos pelas dezenas de volumes de atos notariais para Gorée e Saint-Louis, que se iniciam nas primeiras décadas do Oitocentos. Há algumas lacunas nessas séries conservadas nos acervos senegaleses e franceses, sobretudo por conta do período em que o Senegal esteve sob domínio da Grã-Bretanha. Assim, os arquivos do período inglês estendem-se por dois interlúdios: de 1763 a 1779, depois de 1809 a 1815. Muitos dos documentos desses intervalos de tempo foram transferidos para Londres. Agradeço aqui ao professor Jean Hébrard, que me cedeu os arquivos digitalizados das alforrias do século XVIII.

11 As 362 pessoas entrevistadas em Saint-Louis e Gorée podem ser assim divididas, de acordo com as categorias (chamadas de "raça" e "classe") registradas no próprio documento: Negociantes europeus: 39; Negros livres (*Noirs libres*): 166; Negros cativos (*Noirs captifs*): 52; Negras livres (*Nègresses libres*): 7; Negros recém-libertos (*Nègres nouvellement affranchis*): 10;

questões e análises suscitadas por essa extensa enquete, algumas das quais já explorei em outros textos, interessam-me, neste capítulo, as declarações de ex-escravos e também de homens e mulheres escravizados sobre suas condições de trabalho, sua vida familiar e, sobretudo, sobre como poderiam conquistar – e conquistaram! – a libertação da escravidão.[12]

Gênero e escravidão

> Em consideração ao fato de ter sido comprada pelo meu tio Gobé com o objetivo de casar com ela [...] ele teve uma criança com a Labou acima mencionada [...] o último desejo do meu tio foi o de a libertar.[13]

> Pelo meu trabalho, me resgatei; eu comprei minha esposa e, em seguida, meus três filhos, no final dos quais eu tinha uma casa e um barco. Foi assim que entendi o trabalho livre e o bem da liberdade. [...] Há felicidade real apenas com liberdade.[14]

Estes são pequenos trechos de depoimentos de dois "negros livres" de Gorée e Saint-Louis, expressos em momentos diferentes de suas vidas. O primeiro deles, Charles Moussa, fala da cativa Labou Sarr, uma "herança"

Cativas (*Captives*): 16; *Signares* (*Dames indigènes*): 49; Habitantes notáveis (em geral, "mestiços"): 23. Anom, Senegal XIV, 13, Commission de enquête – Questions relatives à l'abolition de l'ésclavage, 1844, 5 parties.

12 Minhas primeiras análises desse inquérito estão em: Farias, "Não há cativo que não queira ser livre!": significados da escravidão e da liberdade entre marinheiros do Senegal, século XIX, *Varia Historia*, Belo Horizonte, v.36, n.71, maio-ago. 2020; Id., O *laptot* e a *signare*: gênero, escravidão e liberdade (Senegal, século XIX), in: Reginaldo; Ferreira (orgs.), *África, margens e oceanos*. Apesar da riqueza dessa documentação, poucos estudiosos exploraram o inquérito em detalhes. Entre os trabalhos que também examinaram trechos do documento, podemos destacar: Pasquier, *Le Sénégal au milleu du XIXe siècle*; Roger, A Propos de l'émancipation des esclaves au Sénégal en 1848, *Revue Français e d'Histoire d'Outre-Mer*, Hommage à Robert Delavignette, t.54, n.194-7, p.188-208, 1967; Gueye, Des Affranchissements définitifs à l'émancipation de 1848, in: Dorigny (org.), Les Abolitions de l'esclavage: de L. F. Sonthonax à V. Schoelder 1793, 1794, 1848, *Actes du VIII Coloque International tenu à l'Université de Paris VIII*, p.358-70.

13 Archives Nationales du Sénégal (doravante ANS), 1 Z, 21, 7 maio 1821.

14 Anom, Senegal XIV, 13, Commission de enquête – Questions relativas à l'abolition de l'ésclavage, 1844, 5 parties.

de seu tio Gobé, em maio de 1821. Mais de vinte anos depois, Gabav Fontoura, um ex-escravo, dava suas opiniões sobre cativeiro e liberdade à comissão do inquérito de 1844, recordando como comprara sua própria alforria, e também as de sua mulher e de seus filhos, dos quais não sabemos os nomes.

Embora de naturezas diferentes, esses registros trazem algumas características em comum: ambos mencionam formas de obtenção da liberdade e parecem indicar que as mulheres "precisavam" do auxílio de outros, homens sobretudo, para conseguir se libertar. Somente quando Gobé faleceu, em 1821, sua mulher Labou, com quem tivera um filho, poderia ser libertada com a ajuda de seu sobrinho. Já Gabav, que trabalhava como *laptot*, teria juntado recursos suficientes para livrar toda a família do cativeiro e ainda comprar alguns bens, descobrindo assim que "felicidade real" existia "apenas com liberdade".

Ainda não tenho informações mais detalhadas sobre todos eles: quando exatamente se casaram ou de que modo; em que ano o *laptot* Fontoura se resgatara e a seus familiares; por que Gobé não libertou Labou enquanto eram casados ou mesmo se o filho dos dois era cativo também. Mas essas breves referências a suas vidas nos levam a questionar se as mulheres escravizadas dependiam mesmo de maridos e parentes para se alforriar. Ou se a liberdade era também um projeto familiar, como se regulamentou na ordenança real de 1836? Para começar a destrinchar essas questões, parece-me essencial avaliar as atividades executadas por homens, mulheres e mesmo crianças escravizadas nas duas ilhas senegalesas. Em que medida as relações (desiguais) de gênero influíam em atividades e comportamentos ou abriam possibilidades para homens e mulheres escravizados, e também a seus senhores e senhoras?

Mesmo que restrito a Gorée, um inquérito realizado na cidade em 1847 é meu ponto de partida para conhecer os ofícios e serviços ocupados por cativos e cativas no Senegal. Embora os números e mesmo as especializações da população escravizada variassem entre as duas ilhas, os padrões e a multiplicidade de atividades apresentadas a seguir também se verificam na cidade de Saint-Louis.[15] Assim, do conjunto que foi contabilizado, traçou-se

---

15 Embora venha realizando uma análise conjunta das duas cidades senegalesas, é preciso destacar algumas diferenças importantes. Em primeiro lugar, é preciso apontar a importância que Saint-Louis foi adquirindo ao longo dos anos na colônia francesa do Senegal, firmando-se como o centro de um "império" mercantil em expansão nas primeiras décadas do século XIX, um dos "portos de comércio mais importantes da África ocidental", impulsionado pela

um perfil ocupacional de 983 homens e 1.407 mulheres, com idades que iam dos 14 aos 60 anos. Entre os primeiros, destacavam-se, em termos quantitativos, cativos marinheiros (312), pedreiros (118), tecelões (107), operários (92), marceneiros (90), carpinteiros de navios (73), cozinheiros (59), criados (28), ferreiros (15), tanoeiros (10), padeiros (7), comerciantes (5), fogões (4), alfaiates (4) e 44 escravos "sem habilidade particular" (sem profissão). Já no grupo feminino sobressaíam batedoras de milho (*pileuses*), que eram esmagadoramente majoritárias, com 965 registros; lavadeiras (274), costureiras (51), serventes (24), comerciantes (5) e 51 mulheres escravas "sem habilidades particulares".[16]

O que primeiro salta aos olhos nesse conjunto de dados é a alta especialização da população escravizada, que detinha uma espécie de "monopólio virtual" sobre muitos ofícios. Ao mesmo tempo, fica evidente que os homens recebiam, mais frequentemente, uma formação especial. E isso também pode ser constatado quando observamos mais de perto as crianças e jovens descritos no mesmo censo. Em Gorée, 79 meninos cativos, com menos de 14 anos de idade, foram registrados como aprendizes em ofícios. Por sua vez, todas as meninas e também 479 rapazes com mais de 14 anos foram apontados como sem quaisquer habilidades particulares. Como boa parte das mulheres ocupava-se em serviços domésticos, a instrução se dava de maneira informal, com práticas e conhecimentos fornecidos por outras cativas e cativos e também por mulheres livres que viviam no continente. Contudo, aquelas empregadas como costureiras e cozinheiras também eram tidas como trabalhadoras qualificadas, já que, muitas vezes, tinham experiências especiais com alfaiataria e cozinha europeias, que lhes permitiam produzir produtos comercializáveis ou mesmo alugar sua mão de obra,[17] conforme veremos mais adiante.

---

crescente produção e exportação da goma arábica. Por outro lado, localizamos mais recenseamentos e registros detalhados sobre a população de Gorée do que a de Saint-Louis. A maior difusão do catolicismo entre os habitantes de Gorée teria contribuído para um cumprimento mais rigoroso das leis francesas, que os obrigavam a registrar nascimentos e mortes e a executar inquéritos administrativos. Ao passo que, em Saint-Louis, a resistência dos moradores aos esforços europeus contava com o incentivo do conselho dos marabutos (líderes religiosos muçulmanos) da cidade e de suas imediações. Cf. Searing, *West African slavery and Atlantic commerce*, p.179 e nota 61, p.241.

16 ANS, 3 G 2/124, Gorée: Etat Civil, Piece 2, 1847. Cf. Searing, *West African slavery and Atlantic commerce*, p.179.

17 ANS, 3 G 2/124, Gorée: Etat Civil, Piece 2, 1847. Cf. ibid.

Se até aqui conseguimos identificar uma multiplicidade de atividades em que cativas e cativos eram empregados, essas contagens populacionais raramente apresentavam estimativas mais detalhadas sobre proprietárias e proprietários dessa população escravizada. Apesar dessas lacunas, alguns registros nos permitem algumas avaliações e conclusões. Dessa forma, os chamados *habitants* de Saint-Louis e Gorée eram seus principais donos e donas, o que incluía "negros livres" ("*noirs libres*"); "damas nativas" (conhecidas como *signares*); "gentes de cor" ("*gens de couleur*"), forma pela qual os "mestiços" ou "mulatos" também eram referidos; e ainda os chamados "habitantes notáveis".[18]

Nesse grupo, as *signares* se destacavam. Com seu título derivado da expressão portuguesa *senhora*, essas mulheres senegalesas quase sempre se uniam, nos chamados "matrimônios à moda da terra", a comerciantes ou agentes coloniais europeus, formando famílias "mestiças" e acumulando um expressivo patrimônio, que incluía propriedades, embarcações e cativos. De acordo com uma lista elaborada pela historiadora Nathalie Reyss para as cidades de Saint-Louis e Gorée em 1844, entre os 36 *habitants* que mais possuíam cativos, 22 eram *signares*. Eram donas de 830 homens e mulheres escravizados, numa média de 37 para cada uma.[19] Em geral, eles compunham uma espécie de unidade de trabalho em torno de um senhor ou senhora. Quem estava ligado aos negócios da goma possuía cativos de habilidades variadas, capazes de atender às diversas necessidades de suas atividades comerciais. Já os "pequenos escravistas" tendiam a se concentrar em um setor específico.

A *signare* Elizabeth Diop podia ser considerada uma das grandes proprietárias de Gorée. Falecida em 18 de outubro de 1837, um inventário dos seus bens, deixados para filhos menores e maiores de idade, foi apresentado no notário da cidade menos de um mês depois. Como outras mulheres

18 Termo por vezes tido como controverso, *habitant* indicava, em um sentido amplo, os "negros" e "mestiços" (homens e mulheres) envolvidos em atividades comerciais ou na administração colonial das duas cidades, que tinham alguma relação com a cultura francesa e ocupavam uma posição de relevo na sociedade senegalesa. De algum modo, quase todos estavam ligados ao trato da goma no rio Senegal e, segundo Roger Pasquier, eram, especialmente negociantes, tratistas e *signares*, a camada superior da "burguesia senegalesa". Cf. Pasquier, *Le Sénégal au milleu du XIXe siècle*; Farias, O *laptot* e a *signare*: gênero, escravidão e liberdade (Senegal, século XIX), in: Reginaldo; Ferreira (orgs.), *África, margens e oceanos*.

19 Reyss, *Saint-Louis du Sénégal à l'époque pre-coloniale*, p.144, 463.

negociantes de Gorée e Saint-Louis, ela também conservara um patrimônio constituído por casa, um barco com o nome *La Marie*, tecidos, títulos, joias e quarenta cativos e cativas.[20] Para os propósitos desta análise, interessa esmiuçar as informações desses homens, mulheres e crianças escravizados. Não havia um modelo para essas descrições, mas, em geral, eram enumerados seus nomes, idades, profissões e algumas observações importantes.

Do grupo indicado no inventário de Elizabeth, havia 5 homens, 17 mulheres e 18 crianças. Entre os adultos, apenas os homens tiveram suas atividades declaradas: (3) marinheiros; (1) pedreiro e (1) tecelão. As mulheres, com idades que iam dos 15 aos 50 anos (com um predomínio na faixa dos 30 e 40 anos), não tiveram suas profissões registradas. Mas sabemos que a jovem Madiguéne, de 15 anos, estava naquele momento na cidade de Rufisque. Assim como Sira, "mulher de 40 anos", que se encontrava na "grande terra", ou seja, no continente. Por ali também estava Badon, um menino de 13 anos, descrito como tecelão. E dois cativos marinheiros, Satir, de 30 anos, e Sidy, de 25 anos, haviam igualmente saído da casa de Elizabeth Diop: enquanto o primeiro desertara para Saint-Marie, na Gâmbia, o mais jovem permanecia embarcado, trabalhando como remador. Como é possível verificar em outros inventários e também em diferentes registros notariais, era comum que homens e mulheres escravizados se deixassem ficar por algum tempo no interior do continente ou mesmo na vizinha Gâmbia, para onde muitas *signares* migraram nas décadas de 1830 e 1840. E isso sem serem reclamados por senhores ou senhoras.

Seja como for, ao atentarmos para as crianças, confirmamos que as relações desiguais entre gênero e trabalho escravo eram iniciadas já na infância. Das 17 listadas, 7 eram meninas e 10 meninos. E seis entre estes foram apontados como aprendizes: (4) de tecelão e (2) de carpinteiro. O mais novo

20 Embora Roger Pasquier mencione os patrimônios reunidos por *signares* nas décadas de 1840 e 1850, vale comparar o inventário de Elizabeth Diop, de 1837, com as descrições apresentadas pelo historiador, pois revelam um mesmo padrão. Veja-se, por exemplo, o caso de Marie Descombes, que morreu em dezembro de 1843 e tinha 34.340 francos, dos quais duas casas e terrenos representavam 70,47% desse valor; cativos, 21,10%, joias, 6,43%, e o restante, ou 2%, linho, roupas e mobiliário. Já Caty Bischopp, falecida em dezembro de 1847, deixou 10.387 francos, dos quais 57,76% eram referentes à propriedade imobiliária; 24,55%, a escravos, e 3,6%, a joias. Ver: Pasquier, *Le Sénégal au milleu du XIXe siècle*, t.2, p.524-6. Cf. Farias, O *laptot* e a *signare*: gênero, escravidão e liberdade (Senegal, século XIX), in: Reginaldo; Ferreira (orgs.), *África, margens e oceanos*; Kane Lo, *De la Signare à la Diriyanké sénégalaise*.

tinha apenas 4 anos e o mais velho, 10 anos. Entre as meninas, com idades que variavam entre 4 e 7 anos, não se indicou qualquer tipo de instrução. Havia ainda duas "crianças pequenas", Tara e Elizabeth, ambas com apenas 6 meses. Não há notícias sobre pais ou mães desses meninos e meninas, mas certamente eles – ou apenas elas? – estavam entre os adultos escravizados. Talvez o que mais chame atenção seja a tenra idade com que essas crianças, nascidas cativas, eram treinadas em um ofício. A média de idade desses aprendizes era de apenas 5 anos. E, lamentavelmente, essa não era uma realidade apenas na residência de Elizabeth Diop.[21]

De um jeito ou de outro, para quase todas as *signares*, era "pela escravidão que o trabalho" ocorria. Entrevistadas na pesquisa realizada em Gorée e Saint-Louis em 1844, elas se mostraram enfaticamente contrárias à emancipação, pois alegavam que, sem o "trabalho escravo", seu "verdadeiro meio de subsistência", elas e suas famílias não teriam como sobreviver. Seja como for, cabe ressaltar que, para comprovar o que diziam, fizeram questão de enumerar os valores recebidos pelo trabalho de seus "cativos negros". Como uma espécie de representante das outras "damas nativas", Marie Escal, *signare* que atuava no trato da goma e nos negócios de Galam, foi a primeira a detalhar uma contabilidade sobre o "trabalho escravo". E, como era "experiente", lembrou que todo *habitant* possuía um certo número de cativos, entre os quais "homens de todos os estados" ("*hommes de tous les états*"), incluindo tratistas da goma[22] que, se fossem "habilidosos", eram procurados e bem pagos. Na sequência, esboçou uma espécie de "tabela" conforme a "profissão de cada um". Contudo, tratou de advertir: só falava

21 ANS, Inventário Elizabeth Diop, Gorée, 1837.

22 O termo em francês é "*traitans de gomme*", que pode ser traduzido em português como comerciante, negociante ou tratante, aquele que trabalha no trato da goma. Mas *commerçant* (comerciante, em francês) e *merchant* (que poderíamos traduzir como negociante ou mercador) eram, na hierarquia mercantil de Saint-Louis, categorias diferentes e superiores aos *traitans*. Por outro lado, o substantivo tratante tem, atualmente, um sentido pejorativo na língua portuguesa, indicando, sobretudo, aquele que faz negócios ardilosamente, trapaceia. Assim, toda vez que me referir aos *tratains de gomme*, sejam homens livres ou cativos, os chamarei de tratista. Sigo aqui as indicações do historiador Luís Felipe de Alencastro, que, ao comentar os usos do termo no livro *O trato dos viventes*, destaca que "usa a palavra *tratista*, corrente no Rio Grande do Sul, como sinônimo de negociante, em vez do substantivo *tratante*, cujo sentido, hoje, além de ser outro, é pejorativo na língua portuguesa" (Alencastro, *O trato dos viventes*, p.16). Para acompanhar as hierarquias no trato da goma em Saint-Louis e nas regiões vizinhas, ver: Pasquier, *Le Sénégal au milieu du XIXᵉ siecle*, p.690-700.

do "preço dado para alugar". Os resultados seriam muito "melhores" se ela pudesse explicar as "vantagens que devemos tirar de nossos cativos quando nossos recursos nos permitem aplicar sua inteligência ao cuidado de nossos próprios interesses".

De todo modo, os tratistas de goma podiam ser alugados por 150 francos por mês, e mais 20 francos por cada mil gomas tratadas. O comércio nas escalas do rio Senegal durava uns sete meses, o que resultava num total de 1.050 francos. Como chegavam a acumular 40 mil litros de goma, havia uma adição de 800 francos. Ao final de um ano, obtinham recursos em torno de 1.850 francos. Outros cativos, que exerciam uma "indústria similar", mas como carpinteiros, calafates ou pedreiros, rendiam taxas em torno de 70 ou 60 francos por mês. Alguns desses homens escravizados, "desafiando o ofício", podiam ser contratados como *laptots* ou para construir embarcações, e cada um conseguia trazer de volta para a senhora "uma *quantia mensal* [grifo do original] aproximadamente igual à participação anual de capital que pode ser dada pelo valor representativo do cativo". Ou seja, o valor que receberiam de indenização pela libertação de um homem escravizado corresponderia ao que recebiam em apenas um mês pelo aluguel de um cativo contratado. E ainda havia aqueles que vendiam mercadorias em Cayor, Walo e outros "países do rio", ganhando 50 francos mensais. Ao encerrar esses meticulosos cálculos, ela voltou a insistir: se a emancipação removesse todos esses "recursos aos quais nossos meios de subsistência estão intimamente conectados", elas estariam expostas a muitos "infortúnios".

Deixemos de lado a retórica senhorial das *signares*. Aqui, nesta parte do capítulo, interessam-me as informações sobre cativos, cativas e seus ofícios. E como Marie Escal bem frisou, falava do "preço dado a alugar" por cada um dos serviços. Embora pudessem empregar homens e mulheres escravizados em diferentes atividades, especialmente aquelas realizadas no interior de suas casas ou lojas, elas preferiam alugá-los a outros negociantes, tratistas ou a companhias comerciais. E alugá-los significava receber valores que também seriam divididos com os próprios cativos e cativas, inclusive essas somas eram chamadas de "salários". Segundo o historiador Mamadou Kane, essa era uma "prática imemorial" no Senegal. E talvez os próprios escravizados possam nos *dizer* o que isso de fato representava.

Trabalho e liberdade

Em 1844, os membros da comissão do inquérito sobre a abolição foram até as *escales* (espécie de mercados temporários que se armavam para a negociação da goma) no rio Senegal para entrevistar cativos e libertos que trabalhavam ali. Embora as mulheres empregadas como *pileuses* também seguissem nesses comboios, apenas homens escravizados, que atuavam como *laptot*, foram ouvidos. Além disso, poucos entrevistadores sabiam falar wolof (a língua da maior parte da população negra das ilhas e dos próprios marinheiros) e, por isso, tiveram que recorrer a intérpretes. Como mesmo assim não conseguiam entender todas as respostas, eles alegaram que eram os entrevistados que, pelo contrário, não compreendiam as questões. Afora um ou outro que se estenderam mais do que o previsto inicialmente, suas declarações foram apresentadas a partir de uma espécie de *transcriação*, entremeada de citações literais e breves comentários sobre o comportamento de alguns dos escravizados. De qualquer maneira, é possível fazer uma análise conjunta de seus depoimentos, destacando situações que se repetem, pequenas histórias de vida e mesmo considerações que foram além do proposto pela comissão.[23]

Quando instados a falar, boa parte dos marinheiros do rio fez questão de comentar sobre a partida de Saint-Louis e o trabalho no rio Senegal, quanto ganhavam por essas viagens e de que forma garantiam sua sobrevivência. Alguns deles recebiam roupas e alimentos de seus senhores. Outros tinham que se arranjar com o que ganhavam praticando ofícios diversos. Coumaja Pierre Sara havia nascido em Galam e, desde 1827, vivia como cativo em Saint- Louis.[24] Trabalhando como *laptot*, ganhava 20 francos por mês:

---

23 Para uma análise mais detalhada sobre a "metodologia diferenciada" usada pelos membros da comissão, ao longo do inquérito de 1844, ver: Farias, "Não há cativo que não queira ser livre!": significados da escravidão e da liberdade entre marinheiros do Senegal, século XIX, *Varia Historia*, Belo Horizonte, v.36, n.71, maio-ago. 2020; Id., O *laptot* e a *signare*: gênero, escravidão e liberdade (Senegal, século XIX), in: Reginaldo; Ferreira (orgs.), *África, margens e oceanos*.

24 Dos 33 cativos apontados, 19 tiveram seus locais de nascimento indicados, e 11 deles vinham do distante "país de Galam", de onde também eram levados muitos dos homens e mulheres escravizados que seguiam para o Caribe francês. A expressão "país de Galam", utilizada pelos europeus, não corresponde a mesma extensão geográfica entre os autores. Para Carrère, Galam se refere a duas grandes províncias, Guidiaga e Kassô. Já o abade Boilat incluiu apenas a primeira. Essa é também a definição dada pelo tenente Flize e, segundo Roger Pasquier, parece ser a mais aceita. Flize, *Le Gadiaga*, Moniteur du Sénégal, n.42, 15 jan. 1857. Cf. Chastanet,

ficava com 10 e o restante entregava a sua senhora. Se fosse libertado, tinha uma certeza: "voltar ao meu país porque meu pai é um chefe de aldeia, onde sou mais estimado que em Saint-Louis". Famoussa também era procedente de Galam, mas, ao chegar a Saint-Louis, foi nomeado de Alexandre. Pintava velas de navios e outras embarcações e dizia não receber nada de seu senhor. Mas garantia usar "da melhor maneira possível" o que ganhava e guardava.

Por esses registros, não conseguimos inferir se esses *laptots* viviam em casas ou "cabanas", como costumavam chamar, próximas a seus senhores. Mesmo assim, salta aos olhos a autonomia e a mobilidade de que dispunham. Para começar, eles ficavam meses labutando no rio Senegal, quase sempre longe do domínio senhorial. Também recebiam um "salário" que, em geral, era concedido em dinheiro, bens ou peças de guiné[25] por quem alugava o cativo. Quando o pagamento era feito por terceiros, eles retinham apenas a metade, já que a outra parte ficava para seu senhor.

Algumas trajetórias deixam mais evidentes as diferentes possibilidades que esses homens escravizados encontravam com o trabalho nos rios, na cidade e mesmo em outras paragens atlânticas. Diferente da maior parte dos *laptots* entrevistados, Amon Shala teve seu depoimento registrado no padrão de perguntas e respostas. Em sua apresentação, ele foi descrito desta forma: "nasceu em Galam, vive em Saint-Louis desde 1816, é *laptot* por profissão e pertence ao sr. Alin, prefeito de Saint-Louis, grande proprietário, comerciante e cavaleiro da Legião de Honra". Será que as credenciais de seu senhor influíram nos questionamentos? De qualquer maneira, ao ser perguntado sobre como fazia para sustentar sua família, ele afirmou o seguinte:

> Meu senhor, durante a saída para o trato [da goma], me dá dois pedaços de guinés, de uma vez por todas, e é com estes dois pedaços de guiné, e mais o produto da venda que me diz respeito nas *escales*, que sustento minha família; minha esposa também está trabalhando como *pileuse* (pilando o milho).

L'État du Gadiaga de 1818-1858 face à l'expansion comercial e française au Sénégal, p.303; Pasquier, *Le Sénégal au milleu du XIXe siècle*, t.1, p.94.

25 Principal moeda de troca no trato da goma, as chamadas peças de guiné (*guinée*, em francês) eram tecidos de algodão, originários da costa de Cormandel, no leste da Índia. Ao longo do rio Senegal, eram muito apreciadas pelos mouros, e sua cotação acompanhava as flutuações do próprio comércio da goma. Cf. Duchon-Doris Junior, *Commerce des toiles bleues dites guinées*, p.3-4 *ss.*; Bouet-Willaumez, *Commerce et trate des noirs aux cotes occidentales d'Afrique*, p.6-10.

Só que os investigadores insistiam: "mas como você vive quando não há negócio, ou quando termina o trato?".

> Eu não incluí outros recursos além daqueles que eu posso obter com dois pedaços de guiné e aqueles que minha esposa ganhe, passe e trabalhe para meu senhor. Muitos donos de cativos, no Senegal, não lhes dão absolutamente nada e deixam que eles se virem como quiserem.

Shala era daqueles *laptots* que recebiam recursos para sua subsistência e ainda ganhava a mais com a venda do que lhe dizia "respeito nas *escales*", talvez no próprio negócio da goma. Ao contrário de outros escravizados no Senegal, cujos "donos" os obrigavam a se virarem como quisessem ou conseguissem. Esses, como Amon Shala igualmente indicava, também podiam se ocupar em outros ofícios em Saint-Louis e assim angariar fundos para si próprio e sua família. Outra opção estava no comércio de milho e demais gêneros alimentícios realizado entre as ilhas e o continente. Todo ano, entre 400 e 1.000 toneladas de painço desciam o rio. Nesse ponto, é preciso apontar outra informação destacada por Shala, extrapolando um pouco as declarações contidas no inquérito e recorrendo a outros registros. O *laptot* indicou que sua mulher – também escravizada, mas não nomeada – ocupava o ofício de *pileuse*, com o qual podia obter recursos extras.

Embora as atividades dos marinheiros dos rios e do mar fossem fundamentais para a economia e para a própria manutenção da vida nas ilhas, o trabalho feminino – praticamente invisível no inquérito – também era essencial. É certo que muitos entrevistados mencionam, quase sempre sem dizer seus nomes, mulheres, mães, filhas ou parentes com quem compartilhavam experiências de cativeiro e liberdade. Ainda assim, suas trajetórias pareceram não importar muito aos membros da comissão. E mesmo nas estatísticas ou registros mais detalhados sobre o trabalho cativo (lembremos da contabilidade feita pela *signare* Marie Escal). De qualquer modo, elas eram maioria entre a população escravizada que trabalhava nas casas das ilhas senegalesas. Em Saint-Louis, o painço, milho miúdo ou milheto, era o alimento básico da população. No processo de preparação, seus grãos precisavam ser descascados e batidos para se obter os diferentes tipos de farinha usados para fazer cuscuz (em wolof, *cere*) ou mingau (em wolof, *laax*).

Assim, a atividade de *pileuse*, de pilar ou bater o milho, era um dos trabalhos femininos mais solicitados. E essas mulheres que preparavam a comida nas cidades e nos mercados à beira do rio podiam exercer múltiplas funções, entre as quais as de cozinheiras e lavadeiras nas tripulações das embarcações que subiam até Galam. Assim como os *laptots*, elas também aproveitavam essas viagens para obter ganhos extras com essas atividades ou mesmo no comércio de grãos.

Talvez seja o momento de retraçar os fios das histórias desveladas até aqui. Comecei essas indagações passando rapidamente pelas vidas de Labou Sarr e da mulher de Gabav Fontoura, de quem nem sabemos o nome. Não tenho informações sobre as atividades que elas realizaram enquanto cativas em Saint-Louis e Gorée. Mas temos ideia do que era possível para conseguir recursos extras e ter um pouco mais de autonomia. Se as atividades exercidas por homens escravizados foram mais regularmente enumeradas e descritas, as das mulheres escravizadas ou libertas – como já havia apontado Hilary Jones – eram, quando muito, sugeridas. Entretanto, isso não quer dizer que elas não tivessem oportunidades similares às dos homens, mesmo que em proporções diferentes ou menores. Cozinheiras, costureiras e *pileuses* também tinham acesso a "salários", que, ao final, podiam ser economizados e usados para si próprias ou para outros familiares. Inclusive para comprar a própria liberdade ou a de seus filhos, filhas, sobrinhos...

Assim, a ordenança real de 1836 só veio ratificar, ao regulamentar o pecúlio dos escravos, uma prática já costumeira em Saint-Louis e Gorée. Conforme acompanhamos, o sistema de trabalho nas ilhas sempre favoreceu a formação de uma reserva financeira, especialmente entre os escravizados com ofícios especializados. Dessa forma, por mais que os senhores resistissem à nova lei, que, no limite, podia levar à liberdade de cativos e cativas, era uma situação que já não tinham como evitar. Mas o despacho de 1836 continha outras determinações que, em verdade, vinham provocando discussões entre senhores e autoridades.

Ainda no final da década de 1820, o governo francês solicitou ao governador do Senegal que fizesse consultas para avaliar as opiniões em torno da concessão aos escravos do direito de se resgatar. Na sessão de 4 de maio de 1829 do Conselho privado de Saint-Louis, Pellegrin, prefeito da cidade e porta-voz dos proprietários, disse que a medida proposta era inoportuna, porque certamente prejudicaria os cativos. Com sua retórica senhorial, oferecia a seguinte justificativa: se a medida fosse adotada, a "boa vontade universal dos senhores" (*"l'universelle bienveillance dont les maîtres"*) diminuiria, já que, guiados apenas pelo desejo de se libertarem, os cativos não lhes ofereceriam mais nada.

Na sequência, foi contestado pelo presidente do tribunal, Butignot, para quem o projeto provocaria uma "revolução feliz na moral" (*"une hereuse révolution dans les moeurs"*). Se quisessem obter sua alforria, os cativos poupariam dinheiro. Agindo assim, eles iriam impor a si mesmos uma grande disciplina, que seria como uma preparação para sua vida futura como homens livres. Alguns conselheiros refutaram essas declarações, alegando que essas "especulações filantrópicas" colocariam em risco as relações entre senhores e escravos e criariam um clima de suspeita.

No final das contas, o que estava em jogo era o direito de propriedade. Para os senhores, conceder aos escravos a faculdade de se resgatar seria uma afronta a esse direito. Apesar de uma oposição feroz, o Conselho aprovou o projeto reconhecendo o direito de resgate aos cativos. Em julho de 1832, uma ordenança real fixou as formalidades que deveriam ser seguidas nas alforrias. Promulgada no Senegal em 2 de fevereiro de 1833, essa lei simplificava os termos de libertação, abolindo o imposto de liberdade instituído desde 1786. Em verdade, a antiga cobrança acabava fazendo que muitos senhores não confirmassem a alforria dada a seus cativos. Pela nova determinação, previa-se que todo escravo emancipado, seja por ato de libertação ou mesmo por resgate, só estaria de posse de seu título de liberdade (*"titre de liberté"*) após seis meses da concessão. E, ainda assim, o promotor público tinha o direito de se opor cada vez que supusesse que o liberto era incapaz de prover sua subsistência. Com a promulgação da ordenança de 1836, esses direitos foram reafirmados.[26]

Embora os atos de libertação nunca tenham sido muito numerosos no Senegal, após a publicação dessas ordens, houve um aumento considerável das alforrias. Dada a dispersão desses registros em inúmeros volumes depositados nos arquivos senegaleses e franceses, ainda não dispomos de uma avaliação mais completa. Contudo, é bem provável que a quantidade

26 As discussões que antecederam a promulgação da ordenação de 1836 são examinadas por Gueye, Des Affranchissements définitifs à l'émancipation de 1848, in: Dorigny (org.), Les Abolitions de l'esclavage: de L. F. Sonthonax à V. Schoelder 1793, 1794, 1848, *Actes du VIII Coloque International tenu à l'Université de Paris,* 3-5 février 1994, p.361-2.

desses resgates fosse bem maior do que a registrada nos notários ou mesmo a considerada pela historiografia. Como vimos, muitos senhores não concluíam o ato de libertação, afinal ratificado com a entrega do título àquele que havia sido libertado. Por outro lado, podemos inferir um crescimento no número de alforriados acompanhando a evolução demográfica nas duas cidades, conforme calculou o historiador James Searing.[27]

Seja como for, os escravizados e libertos entrevistados em 1844 podem nos trazer informações mais detalhadas sobre essas práticas e discussões. Mesmo sem terem sido questionados sobre o assunto, muitos ex-escravos que trabalhavam nas *escales* do rio Senegal e também alguns com ofícios especializados em Gorée fizeram questão de destacar que resgataram sua liberdade, e por vezes as de familiares, mediante pagamento em dinheiro. Em muitos casos, mencionavam os valores despendidos, quase sempre pecúlio reunido com seu próprio labor, mas também a partir de empréstimos tomados a comerciantes europeus.

O ex-escravo *laptot* Macoumba afirmou que pagou o preço de 1.000 francos por sua liberdade e, partindo de sua experiência, avaliava "quantos cativos poderiam fazer" o mesmo, se lhes fosse permitido usar "o produto de seu trabalho para pagar sua pessoa". O liberto Maconde Sav, também marinheiro do rio, foi taxativo: "pelo meu trabalho, eu me resgatei". Em Gorée, Mbar Ndoumbé, mestre pedreiro, descrito como um "negro recém-alforriado" ("*nègre nouvellement affranchis*"), disse que "o desejo de ser livre fez que, com o produto do meu trabalho, eu fosse capaz de me resgatar". E achava que devia ser "o mesmo para todos os cativos". Além do mais, os "negros emancipados economizam com seu trabalho, provendo para si mesmos e para suas esposas e filhos". Guedé também era um mestre pedreiro, mas escravizado, que ganhava uma taxa de 3 a 80 francos por dia. Ao ser perguntado sobre qual seria "sua posição se o governo libertasse os cativos", ele respondeu:

> Eu ficaria sem inquietude para o meu futuro: hoje, cativo e recebendo apenas metade do meu salário, eu sou o suficiente, ainda posso sustentar minhas mulheres e meus filhos. Livre, eu farei ainda melhor, quando meu salário pertencer a mim todo o tempo, entretanto, se o resgate forçado fosse admitido, eu

27 Searing, *West African slavery and Atlantic commerce*, p.181-5.

preferiria minha liberdade assim adquirida, àquela que terá que ser feita como resultado de uma medida geral.[28]

A todo momento, os membros da comissão afirmavam que os negros, fossem escravos ou livres, nem sempre tinham discernimento suficiente para compreender e avaliar todas as questões. Não só isso não era verdade, como muitas vezes eles acrescentavam debates que não estavam previstos em seus roteiros. Logo no início de suas entrevistas, alguns homens livres também lançaram o questionamento: o resgate forçado seria preferível à emancipação total, com indenização dos proprietários? A discussão já estava aberta entre os negociantes europeus e os "habitantes notáveis" interrogados.[29] E talvez por isso os marinheiros tenham se manifestado. Ou quem sabe fizesse parte das perguntas não reveladas na transcrição, mas mesmo assim feitas a eles. De qualquer maneira, o debate dividiu as opiniões, com uma sensível, e mais evidente, vantagem para uma abolição geral, sobretudo da parte dos ex-escravos e daqueles que não possuíam cativos. Do lado das autoridades coloniais, e sobretudo dos proprietários de escravos, o assunto era importante, pois colaborava para a definição de uma libertação gradual, que tinha apoio de muitos habitantes de Saint-Louis e Gorée.

Ely Mohamed, capitão do rio ("*patron de rivière*"), economizou nas palavras, mas foi direto: "resgate os cativos e use-os como marinheiros". O *laptot* Massamba Tramboye, que possuía alguns escravos, também preferia o resgate forçado, pois esse "esquema" lhe parecia ter "mais vantagens". Como uma espécie de "bônus de encorajamento para a conduta e para o trabalho",

---

28 Anom, Senegal XIV, 13, Commission de enquête – Questions relativas à l'abolition de l'ésclavage, 1844, 5 parties.

29 Os proprietários e proprietárias de escravos de Saint-Louis, em sua maior parte "nativos" ("*indigènes*") africanos, como o próprio Tramboye, sabiam que, com as pressões da Grã-Bretanha e da França, a abolição da escravidão parecia cada vez mais inevitável. Contudo, diante do acirramento da crise econômica que se prenunciava com o fim do trabalho cativo, o verdadeiro "motor" a impulsionar a economia das ilhas senegalesas, eles defendiam que as medidas fossem paulatinas, e por isso a preferência de muitos pelo resgate forçado. Junte-se a isso as apreensões em torno da execução das atividades no rio Senegal e na própria cidade de Saint-Louis. Se quisermos ir mais longe, constataremos que essas preocupações já vinham circulando por outros espaços atlânticos. Na década de 1830, o movimento emancipacionista que se reestruturava na França, embora sem a base social do abolicionismo na Inglaterra, também apostava nas teses gradualistas inglesas, preconizando que a emancipação só chegaria ao final de uma sequência de reformas, cuja primeira etapa havia sido a proibição do tráfico em 1818.

seria "mais honroso para os cativos que devem sua liberdade a si mesmos". Já Mamady Conkal tinha um ponto de vista diferente. Piloto de navio a vapor, ele havia sido escravo e, como apreciava o preço da liberdade, também a queria para os outros. Mas não achava o resgate forçado preferível a uma emancipação total. Para ele, "o senhor usaria muitas facilidades para impedir o trabalho do cativo e impediria a aplicação dos frutos que ele pode retirar desse trabalho". E ainda contestava as certezas de alguns senhores de escravos (mesmo que ele próprio também fosse um proprietário):

> Eu não sou daqueles que pensam que os negros estão fugindo do trabalho; eu os vejo todos os dias sob o exemplo oposto; eles o amam quando ele é acompanhado por um bom tratamento. Se eles fossem tratados nos navios como os brancos se tratam uns aos outros, eles seriam levados a um gosto decidido pela navegação e poderiam ser usados com grande utilidade. [...] Eles são bons sujeitos e sabem do que são capazes.

Embora partidário do resgate forçado, N'Diaye-Anne, um grande marabuto (líder religioso muçulmano) e senhor de alguns cativos, se aproximava de Conkal e Tramboye nesse resgate da humanidade dos negros escravizados. Em suas palavras,

> Sou a favor da emancipação, porque a humanidade a exige e não será apenas um bom fruto para Saint-Louis, mas também para os povos que nos rodeiam. [...] Na minha opinião, o resgate forçado traria muito melhor esse resultado; *o negro traria um sentimento de orgulho legítimo à sua própria liberdade* [grifo meu], mas, como na emancipação, ele deveria estar certo disso.[30]

Gênero, liberdade, família

De quase todos os depoimentos aqui destacados, depreendemos que o trabalho estava no centro da vida nos tempos do cativeiro e também da

30 No artigo "Não há cativo que não queira ser livre!": significados da escravidão e da liberdade entre marinheiros do Senegal, século XIX, *Varia Historia*, Belo Horizonte, v.36, n.71, maio-ago. 2020, discuto um pouco essa "racialização da liberdade" expressa por libertos e escravizados no inquérito de 1844.

liberdade. A diferença era que, livres, poderiam desfrutar dos próprios ganhos ou repartir com sua família. Com essa autonomia, ainda teriam a chance de escolher entre permanecer em Saint-Louis e Gorée ou voltar para suas terras de origem, de onde boa parte saíra ainda muito jovem. Como não temos mais informações sobre as circunstâncias em que as entrevistas foram realizadas, fica difícil asseverar se essas constantes referências ao trabalho eram de fato espontâneas. Quem garante que as perguntas dirigidas a eles não foram exatamente sobre esses temas? Infelizmente, as transcrições do inquérito nos deixam com essas incertezas.

De qualquer maneira, analisando as declarações em conjunto (tanto aquelas transcritas aqui, como as mais de trezentas registradas na documentação), observamos igualmente como as considerações sobre cativeiro e liberdade *verbalizadas* na investigação de 1844 refletiam, ao mesmo tempo que reelaboravam, relações e identidades forjadas naquelas sociedades. Nesses processos, o gênero é elemento central, mas não sem levar em conta também "raça" e "classe", tal como sublinhado pelos próprios membros da comissão de inquérito. Como assinalam Pamela Scully e Diana Patton, apesar da diversidade de resultados e processos no mundo atlântico, a emancipação de escravos em todos os lugares assumiu formas de gênero, reestruturando as relações entre homens e mulheres, tornando o direito dos homens à liderança de uma família uma característica central das sociedades pós-emancipação; era, afinal, "uma parte importante do que os ex-escravos queriam da liberdade".[31]

Retomando os nexos entre *signares*, escravizados, escravizadas e seus filhos, essas interconexões parecem se combinar e se entrelaçar ainda mais. Como em outras sociedades que caminhavam para a emancipação, estavam evidentes o encorajamento e a criação de mais oportunidades para o avanço e o exercício da agência política por homens recém-libertados, e mesmo cativos, do que por mulheres. O que, de muitas maneiras, reatualizava desigualdades de gênero já colocadas durante a escravidão. Por outro lado, se as interfaces de "classe" e "raça" distinguiam *signares* de "negras livres" e

31 Scully; Patton (orgs.), *Gender and Slave Emancipation in the Atlantic World*, p.1-2. Para refletir também sobre como o gênero ajudou a construir e foi construído por meio de categorias raciais e de classe, ver, por exemplo: Higginbotham, African-American Women's History and the Metalanguage of Race, *Signs*, v.17, p.251-74, 1992; Scully, Race and Ethnicity in Women's and Gender History, in: Smith, *Women's History in Global Perspective*.

"negras livres" e "negras libertas" de "negras cativas", o gênero construído nesses processos de libertação, de algum modo, as aproximava.

Certamente as experiências das "damas nativas" e "mestiças" eram bem diferentes das de Madame Marie Jacques Bougoma, descrita como uma "negra livre" que tinha quatro cativos e dois edifícios de aluguel em Gorée, ou de Guissaly Faye, "negra liberta depois de vinte anos", que era dona de dois escravos. E o que dizer de Betsy, "cativa lavadeira" de Madame Nicolas Potin? Ela acreditava que seu marido, uma vez livre do cativeiro, poderia dispor da "totalidade da sua remuneração" e estaria a salvo de todas as necessidades. E assim seriam "capazes de economizar dinheiro para uma idade mais avançada". Já Marianne Kouka, também escravizada, parecia ter menos esperanças. Dizendo-se "velha", contava que não tinha "nenhum comércio" e, com a libertação, acabaria próxima a "certo estado de miséria".

De sua parte, os homens escravizados, especialmente *laptots* e outros com ofícios especializados, não mostravam tantos receios ante um futuro de liberdade. Pelo contrário. Tornando-se "donos de si",[32] tinham convicção de que trabalhariam mais e melhor. E as histórias de seus próprios companheiros de labuta no rio e mesmo de alguns senhores só corroboravam essa certeza. Entre os *laptots* entrevistados nas *escales* havia muitos ex-escravos que conseguiram se "resgatar" pagando por sua liberdade, muitas vezes com o fruto de seu trabalho. E, além de continuarem partindo nas campanhas da goma, inclusive como tratistas, alguns ainda adquiriam cativos para auxiliá-los nessas jornadas.

Mas em que medida esses projetos eram meramente individuais ou envolviam cônjuges e familiares? Como vimos, tanto nas estatísticas e análises coloniais como na própria historiografia sobre escravidão e liberdade em Gorée e Saint-Louis, as mulheres, sobretudo as escravizadas e as muçulmanas, que representavam a maior parte da população, estavam "ausentes" dos registros. Contudo, mesmo que as mulheres escravizadas pouco fossem nomeadas, tendo suas histórias via de regra narradas por outros homens, seus companheiros, senhores ou advogados, conseguimos captar suas agências nessas declarações e em outros registros. As relações desiguais de gênero

32 O ex-escravo Demba N'Diaye, que se ocupava como calafate, disse que obteve sua liberdade e tornou-se "senhor de mim mesmo". Anom, Senegal XIV, 13, Commission de enquête – Questions relatives à l'abolition de l'ésclavage, 1844, 5 parties.

influíam na oferta e na diversidade das atividades que podiam exercer, no acesso à liberdade e mesmo na posse de outros homens e mulheres. Mas elas também ganhavam seus salários, contribuíam para o sustento da família e podiam até mesmo usar seus recursos para brigar na justiça.

Ao comentar sobre como os "negros" trabalhariam após a abolição, Clédov, ex-cativo que se tornara intérprete juramentado, ressaltou a importância das mulheres nesses arranjos familiares:

> Tenho certeza de que, após a abolição, aqueles que têm negócios continuarão com eles, e que se houver alguém que aceite abandoná-los, *o império que as mulheres exercem sobre aqueles* os forçaria a trabalhar se não fossem trazidos para lá por necessidade [o grifo é meu].[33]

Não obstante a maior parte dos depoimentos transcritos aqui – e outros tantos constantes do inquérito de 1844 – mostrem homens se resgatando ou falando das alforrias de esposas e filhos, há evidências e mesmo referências diretas à participação das mulheres na reunião dos valores necessários para consegui-las. Esse era, de fato, um projeto de família, que envolvia cônjuges, filhos e outros parentes. Como Betsy, uma cativa lavadeira de Gorée, que tinha esperança em se ver liberta, "ajudada pelo trabalho de seu marido". Livre do cativeiro, ele poderia dispor da totalidade de sua remuneração, e ficariam "a salvo de todas as necessidades", "capazes de economizar para uma idade mais avançada". Para finalizar, podemos resumir esses planos nas breves palavras pronunciadas pelo comerciante Ayka, um "negro livre" de Gorée: "seria um lindo dia para mim ver minha esposa libertada e o nome da criança, que não pode ter sua liberdade nem paga".

33 Esse depoimento e os seguintes estão em: Anom, Senegal XIV, 13, Commission de enquête – Questions relativas à l'abolition de l'ésclavage, 1844, 5 parties.

11
O VENTRE ENTRE A ESCRAVIDÃO E A EMANCIPAÇÃO:
PROJETO PASSY E A ABOLIÇÃO GRADUAL NO MUNDO ATLÂNTICO FRANCÊS (SÉCULO XIX)

Letícia Gregório Canelas

Durante a Monarquia de Julho na França (1830-1848), os debates sobre emancipação e escravidão nas possessões francesas ultramarinas ocuparam as pautas políticas do governo e, em fevereiro de 1838, o deputado abolicionista Hippolyte Passy apresentou um projeto de emancipação das crianças que nasceriam de mulheres escravizadas. A proposta de Passy suscitou inúmeras controvérsias no mundo atlântico francês e, embora tenha sido rejeitada na França e nas colônias, tornou-se uma referência primordial para a formulação de outras proposições que seriam discutidas entre os legisladores franceses, o governo metropolitano e a elite colonial nos anos posteriores, até a abolição da escravidão no início da Segunda República (1848).

Neste capítulo, investigo as discussões provocadas pela proposta de Passy de libertação dos nascituros, buscando demonstrar como gênero e maternidade atravessaram as disputas políticas em torno da escravidão e compreender o papel das mulheres escravizadas nos debates sobre emancipação e nas ações abolicionistas no período final do escravismo nas colônias francesas. Além disso, procuro delinear como tanto os pressupostos que definiram o projeto de Passy quanto as polêmicas desencadeadas por ele podem ser compreendidas em suas conexões transnacionais. O projeto do deputado abolicionista emergiu em um contexto atlântico, no qual outras sociedades escravistas já haviam estabelecido leis do ventre livre, proporcionando exemplos bem conhecidos aos legisladores franceses, e os princípios de abolição gradual que fundamentaram tal proposição exprimiam a circulação de um conjunto de debates, propostas e legislações que perpassaram as Américas e as metrópoles europeias desde o final do século XVIII e perdurariam até a segunda metade dos Oitocentos, nos derradeiros processos de desestruturação dos sistemas escravistas no Brasil e em Cuba.

No final da década de 1860, a proposta de Passy e os debates franceses sobre emancipação atravessaram o oceano e foram mencionados em uma famigerada reunião do Conselho de Estado brasileiro. Em 2 de abril de 1867, sob a solicitação do presidente do Gabinete do Império, os conselheiros se reuniram para discutir questões acerca da abolição da escravidão no Brasil;[1] o tema se tornara premente depois da emancipação nos Estados Unidos, promulgada durante a Guerra Civil, e o desenvolvimento do debate na Espanha acerca de medidas gradualistas para a abolição da escravidão em Cuba e Porto Rico.[2] A liberdade do ventre foi o fundamento central, e mais polêmico, das propostas apresentadas pelo visconde de São Vicente, sobre as quais os conselheiros deveriam emitir seus pareceres. Sua proposição prescrevia que os filhos das escravas seriam livres, mas deveriam prestar serviços aos proprietários das mães até a idade de 16 anos, no caso das meninas, e 20 anos, no dos meninos, em troca da tutelagem dos senhores.[3] O conselheiro José Maria da Silva Paranhos fez um longo discurso no qual se referiu detidamente ao Projeto Passy e às discussões que ocorreram na França sobre abolição gradual, demonstrando conhecimento acentuado sobre o processo francês. De maneira semelhante, Paranhos aludiu à proposição gradualista, também centrada no princípio do ventre livre, apresentada pelo parlamentar abolicionista Thomas Fowell Buxton no Parlamento inglês, em 1823. A menção de Paranhos aos projetos de lei de Passy e de Buxton tinha um objetivo bem premeditado, embora apresentado implicitamente, o qual era destacar que nos países europeus "civilizados" como Inglaterra e França, onde a supressão da escravidão em suas colônias teria ocorrido depois de longos processos de discussões sobre o tema, as propostas de liberdade do ventre não haviam sido aprovadas.

1 Ata do terceiro Conselho do Estado de 1865-1867, Sessão de 2 de abril de 1867. Disponível em: <https://www.senado.leg.br/publicacoes/anais/pdf/ACE/ATAS6-Terceiro_Conselho_de_Estado_1865-1867.pdf>. Acesso em: 28 jul. 2021.

2 Youssef, *O Império do Brasil na segunda abolição, 1861-1880*, p.118-35.

3 Chalhoub, *Machado de Assis*, p.140-2.

Os debates sobre o projeto de Passy, tanto na comissão da Câmara de Deputados em Paris em 1838, quanto na imprensa francesa e nos opúsculos publicados por senhores de escravos, não se referiram às expressões "ventre livre", "liberdade do útero" ou do "parto", como havia ocorrido nas repúblicas latino-americanas nas décadas de 1810 e 1820, ou como ocorreria no Império brasileiro nos anos de 1860 e 1870. No Brasil, a disseminação de sentenças como "liberdade do ventre" explicitou a preocupação dos senhores de escravos, aparecendo no centro das críticas à proposta de "lei do ventre livre", enquanto o governo preferia se referir à questão como "liberdade para os nascituros".[4] No entanto, assim como os proprietários de escravos brasileiros, a elite colonial francesa fez forte oposição ao sistema de abolição gradual centrado na libertação dos filhos das escravas. Embora a classe senhorial francesa não tenha utilizado expressões que remetiam à "liberdade do ventre", torna-se evidente em seus argumentos de refutação à proposta de Passy que estava determinada a evitar que se tocasse em um dos princípios fundamentais da escravidão nas Américas, o *partus sequitur ventrem*.

Essa norma estrutural da escravidão moderna, que legitimou a escravização dos africanos através do ventre das mulheres, foi empregada no início da expansão francesa no Novo Mundo, mas não há registros de leis ou regulamentos que o tenham estabelecido oficialmente, apenas relatos de viajantes que revelam a adoção ambígua do *partus sequitur ventrem* como um direito costumeiro. O missionário Jean-Baptiste Du Tertre, que viveu nas Antilhas francesas no começo da colonização, na década de 1640, narra em sua obra que os senhores tinham direito sobre as "crianças infelizes" que nasciam das uniões entre seus escravos.[5] Mas os filhos "mulatos", frutos do "crime" cometido por homens brancos que violentavam as mulheres escravizadas, eram isentados do "axioma do direito que dá ao filho a condição da mãe, o *partus sequitur ventrem*", sendo declarados livres para "punir o pecado de seus pais", os quais deveriam prover a criança até a idade de 12 anos.[6]

Já o sucessor de Du Tertre, o padre Jean-Baptiste Labat, narra que a premissa do *partus sequitur ventrem* foi instituída apenas em 1674, quando o rei

---

4 Abreu, Slave Mothers and Freed Children: Emancipation and Female Space in Debates on the "Free Womb" Law, Rio de Janeiro, 1871, *Journal of Latin American Studies*, v.28, n.3, p.571, 1996.

5 Du Tertre, *Histoire générale des Antilles habitées par les françois*, p.504.

6 Ibid., p.512-3.

reuniu as ilhas do Caribe sob seu domínio.[7] Entretanto, segundo Labat, no início da colonização das Antilhas francesas, o governo colonial estabeleceu que os filhos "mestiços" de mulheres negras escravizadas e homens brancos seriam livres com a condição de que servissem os senhores de suas mães até a idade de 24 anos.[8] Se foi necessário que o governo colonial determinasse, nas décadas iniciais da dominação francesa como relata Labat, apenas o *status* das crianças nascidas de relações inter-raciais, isso denota que os filhos de mulheres negras com homens negros eram necessariamente considerados escravos do senhor do casal, como descreveu Du Tertre. Desse modo, a liberdade dos filhos "mestiços" de mulheres negras escravizadas era uma exceção também fundamentada no pressuposto racial, pois se justificava apenas pela paternidade natural de um progenitor branco.

As controvérsias acerca da hereditariedade da escravidão nas possessões francesas foram dissipadas, todavia, com a promulgação do Código Negro em 1685, no qual os artigos 12 e 13 regulamentaram que a condição das crianças seguiria aquela do ventre que as levava, qualquer que fosse o *status* do pai, e que elas seriam propriedade do senhor da mãe.[9] Na segunda metade do século XVII, a herança materna da escravidão foi legalmente estabelecida nas possessões inglesas na América, também com o intuito de proteger a propriedade senhorial e eliminar qualquer dúvida sobre o *status* dos filhos de relações inter-raciais.[10] Essas leis e regulamentos das colônias francesas e inglesas demonstram como maternidade e escravidão estavam vinculadas nos processos de elaboração da herança racial do cativeiro através dos corpos das mulheres escravizadas, que ocorreram em todo o mundo atlântico.[11]

Na segunda metade do século XVIII, entretanto, observa-se uma importante mudança nos discursos sobre a escravidão, pois passaram a ser pautados

7 Em dezembro de 1674, Luís XIV revogou o poder da Companhia das Índias Ocidentais sobre suas possessões nas Américas, estabelecendo seu completo domínio, com o Edit portant Révocation de la Compagnie des Indes Occidentales: et union au Domaine de la Couronne, mas não encontrei nenhuma menção ao princípio do *partus sequitur ventrem* nessa lei ou qualquer outra da década de 1670. Moreau de Saint-Méry, *Loix et constituitions des colonies françoises de l'Amérique sous le Vent*, t.1, p.283-9.

8 Labat, *Nouveau voyage aux isles de l'Amérique*, t.II, p.37.

9 Durand-Molard, *Code de la Martinique*, t.1, p.43-4.

10 Laws of Virginia, 1662, Act XII apud Morgan, *Partus sequitur ventrem*: Law, Race, and Reproduction in Colonial Slavery, *Small Axe: A Caribbean Journal of Criticism*, v.22, n.55, p.1, 2018.

11 Ibid., p.2; Id., *Laboring Women*; Machado, Mulher, corpo e maternidade, in: Schwarz; Gomes (orgs.), *Dicionário da escravidão e da liberdade*, p.335-6.

pelos princípios "de humanidade e interesse".[12] Concomitantemente, emergiu uma inquietação cada vez maior com o crescimento populacional e as causas do reduzido número de nascimentos da população escravizada nas colônias francesas e inglesas no Caribe, onde os proprietários dependiam da importação de cativos africanos para manter e expandir a força de trabalho em suas *plantations*.[13] Esse contexto impulsionou discussões e propostas de políticas "mais humanas" para os escravos, em que os principais alvos foram as mulheres escravizadas. Como afirma Rafael Marquese, "os mesmos elementos utilizados na segunda metade do século XVIII para criticar de forma sistemática a escravidão foram instrumentalizados pelas autoridades e proprietários coloniais contemporâneos para propor o incremento da exploração escravista".[14] Tanto no sistema francês como no britânico, práticas e medidas pró-natalistas foram elaboradas como respostas às críticas ao escravismo e ao tráfico de africanos. Assim, além de legar às suas crianças seu *status* de escravizada, a exploração da capacidade reprodutiva das mulheres negras foi atrelada às políticas de melhorias dos sistemas escravistas nas Américas e às propostas de abolição do comércio transatlântico de escravos, com o intuito de possibilitar que elas gerassem mais indivíduos que supririam as necessidades de mão de obra escrava das *plantations* de açúcar.[15]

As Ordenações Reais outorgadas na França entre 1784 e 1786, que regulamentaram as funções dos gerentes das propriedades rurais nas colônias caribenhas, determinaram medidas que tocavam diretamente nos papéis das mulheres escravizadas como trabalhadoras, reprodutoras e mães, visando incentivar a reprodução natural da população escrava. Doravante, as mulheres "negras grávidas" e as mães com filhos recém-nascidos deveriam trabalhar na lavoura de forma moderada ou mesmo serem dispensadas do serviço mais pesado.[16] Considero relevante observarmos essa conjuntura, pois as

12 Uma das primeiras referências a esse binômio foi empregada por Romain, engenheiro-chefe da ilha de Granada, ao escrever sobre o tema da administração dos escravos nas *plantations* caribenhas, em um dos verbetes da *Encyclopédie* de Diderot e D'Alembert. Marquese, *Feitores do corpo, missionários da mente*, p.89-90.

13 Paton, Maternal Struggles and the Politics of Childlessness under Pronatalist Caribbean Slavery, *Slavery & Abolition*, v.38, n.2, p.254, 2017; Gautier, Traite et politiques démographiques esclavagistes, *Population*, ano 41, n.6, p.1.010, 1986.

14 Marquese, *Feitores do corpo, missionários da mente*, p.93.

15 Turner, *Contested Bodies*; Gautier, *Les Soeurs de solitude*, p.83-5.

16 Moreau de Saint-Méry, *Loix et constitutions des colonies françoises de l'Amérique sous le Vent*, t.6, p.656-67.

medidas de melhorias do sistema escravista estabelecidas no final do século XVIII e relacionadas a mães escravizadas seriam acionadas posteriormente, nas décadas de 1830 e 1840, nos discursos da classe senhorial contra as propostas de abolição gradual da escravidão nas colônias francesas baseadas no princípio do ventre livre.

Nesse sentido, é oportuno observar que as críticas ao escravismo do final do século XVIII impulsionariam um outro princípio também baseado na reprodução da escravidão através dos corpos das mulheres negras, mas para tornar o ventre livre. Entre as décadas de 1780 e 1790, as legislaturas de estados do Norte dos Estados Unidos aprovaram regulamentos que concediam uma forma de liberdade precária aos nascituros, os quais seriam tutelados e deveriam servir os senhores das mães até uma faixa etária que variou entre 21 e 28 anos, de estado para estado. Essas legislações definiram um modelo de emancipação focado na liberdade do ventre e na formulação de mecanismos de controle dos libertos, que seria posteriormente acionado em outras sociedades escravistas do mundo atlântico. No início do século XIX, baseando-se nos modelos de abolição gradual do Norte dos Estados Unidos, as elites das nascentes repúblicas latino-americanas, como Chile, Argentina, Peru e Colômbia, promulgaram *leyes de libertad de vientre*, tanto como estratégia de adesão da população negra e escravizada aos processos de independência quanto como resposta ao crescente consenso sobre a ilegitimidade da escravidão nos Oitocentos.[17]

A circulação transnacional do princípio do ventre livre pode ser observada também quando a *Ley de Libertad de Partos* promulgada em 1821 na república bolivariana da Gran Colômbia foi mencionada no discurso de Thomas Fowell Buxton ao propor no Parlamento inglês, em 1823, medidas para uma emancipação cautelosa e lenta da escravidão nas colônias britânicas, fundamentada no pressuposto de que "*no more slaves shall be made; no more children shall been slaved*" ["mais nenhum escravo será feito, mais nenhuma criança será escrava"]. Revelando o aprofundamento da disseminação de um modelo de abolição gradual que se tornaria predominante no

17 Sobre as leis do ventre livre nos estados no Norte dos Estados Unidos e nas repúblicas da América do Sul, veja o capítulo de Caroline Passarini Sousa nesta coletânea. Veja também Candioti, Regulando el fin de la esclavitud: diálogos, innovaciones y disputas jurídicas en las nuevas repúblicas sudamericanas 1810-1830, *Jahrbuch für Geschichte Lateinamerikas*, v.52, n.1, p.149-72, 2015.

mundo atlântico, Buxton ressaltou que aquele princípio estava sendo aplicado com êxito na América do Sul, "por uma lei fundamental da Colômbia", que tornara livre toda criança nascida a partir do dia de proclamação da nova Constituição do país. O parlamentar inglês se baseou também na lei colombiana para propor o direito ao pecúlio e à criação de um fundo de emancipação para que os pais e as mães das crianças libertas tivessem o direito e pudessem comprar suas alforrias individuais. Todos esses pontos da proposição de Buxton sofreriam forte oposição do secretário de Estado para Assuntos Estrangeiros, George Canning, principalmente a libertação dos nascituros, e foram rejeitados pela Câmara dos Comuns na mesma sessão de maio de 1823, sendo encaminhada apenas uma proposta de sugestões de melhorias das condições de vida da população escravizada – algumas delas também apontadas por Buxton – que deveriam ser enviadas às colônias.[18]

Por sua vez, do mesmo modo que legisladores abolicionistas do mundo atlântico, como Hipollyte Passy, tinham um arcabouço de propostas gradualistas de abolição da escravidão baseadas no ventre livre, e concretizadas em legislações de norte a sul nas repúblicas americanas, a elite colonial francesa também buscou um referencial que legitimasse sua oposição à libertação dos nascituros, além de seus próprios argumentos contrários às medidas de emancipação. Nesse sentido, a experiência da nação vizinha, que exercia uma conturbada influência política e econômica sobre a França, ou seja, aquele debate no Parlamento inglês em 1823, bem como o projeto de Buxton e, sobretudo, a refutação do secretário Canning foram reiteradamente mencionados pelos detratores do projeto de Passy em 1838 na França e nas colônias[19] – de forma bem menos sutil que o modo como Paranhos viria a fazer no Conselho de Estado do Brasil em 1867. Depreende-se desse quadro histórico esboçado até aqui que as mulheres negras e seus corpos se tornaram centrais não apenas para a manutenção dos sistemas escravistas nas Américas, devido à exploração de seu trabalho produtivo e à aplicação do

18 *The Parliamentary Debates*, Mr. Fowell Buxton's motion for the Abolition of Slavery, 15 maio 1823, House of Commons, p.259-86. Disponível em: <https://api.parliament.uk/historic-hansard/commons/1823/may/15/abolition-of-slavery>. Acesso em: 28 jul. 2021.

19 Archives Nationales d'Outre Mer (Anom), Généralités (GEN), caixa 161, dossiê 1.323. Baron de Cools (délégué de la Martinique), *De l'Émancipation des Esclaves dans les colonies françaises et spécialement de l'affranchissement des enfants à naître*; Opinion Dem. A. Jollivet, Député du Département d'Ille-et-Vilaine, sur la Proposition de M. Passy, du 9 fev. 1838.

princípio do *partus sequitur ventrem*, mas também foram imbricadas nas complexas disputas acerca da emancipação dos escravos nas Américas. A proposta legislativa de Passy, centrada na libertação do ventre das mulheres negras escravizadas, se insere em um contexto transnacional de desestruturação e de críticas aos sistemas escravistas, e dialoga com projetos emancipacionistas e gradualistas que se disseminaram pelo mundo atlântico entre o final do século XVIII e ao longo do XIX. As discussões e objeções ao projeto do deputado abolicionista, entretanto, revelam especificidades do processo francês e das experiências históricas das mulheres negras escravizadas nas colônias francesas, as quais procuro demonstrar a seguir.

Projeto Passy e abolição gradual, décadas de 1830 e 1840

No final do século XVIII, quando explodiram as revoluções, a ilha de Martinica estava entre os maiores produtores de açúcar do mundo atlântico, atrás apenas de São Domingos, Jamaica e Brasil; e as Antilhas Francesas tinham certa autonomia legislativa e judiciária, exercida pela classe senhorial nos Conselhos Soberanos coloniais. Após as instabilidades políticas e econômicas do período revolucionário, da independência do Haiti e do governo napoleônico, a monocultura de cana-de-açúcar e a exploração do trabalho escravo nas lavouras foram novamente intensificadas nas colônias francesas caribenhas devido às transformações do mercado mundial, em uma época de grandes mudanças nos sistemas coloniais e escravistas das Américas.[20] Durante o período da Restauração (1814-1830), a representação dos colonos brancos era feita no *Conseil Général*, cuja função deveria ser puramente consultiva; todavia, foi comum, até a Monarquia de Julho, que esse Conselho colonial decidisse efetivamente sobre questões políticas e legislativas deferidas pela metrópole, sobretudo relacionadas ao trabalho escravo.[21]

A Revolução de Julho de 1830 em Paris, entretanto, impulsionou uma mudança profunda na política francesa nos dois lados do mundo atlântico. No período da Monarquia de Julho (1830-1848), apesar da expansão

20 Tomich, *Slavery in the Circuit of Sugar*, p.76-91.

21 Canelas, *Escravidão e liberdade no Caribe francês*, p.215-6.

da economia açucareira no Caribe Francês, os debates antiescravistas galgaram espaços privilegiados na metrópole, pois a elite dirigente do novo regime incluía numerosos membros da antiga oposição liberal que criticavam a escravidão e o tráfico negreiro.[22] Essa conjuntura, somada à pressão britânica,[23] levou o monarca recém-coroado a assinar, em 4 de março de 1831, a *Loi concernant la Répression de la Traite des Noirs*, a qual determinou várias medidas para reprimir definitivamente o tráfico de escravos para suas possessões ultramarinas.[24] No final de 1830, o governo orleanista já demonstrava que centralizaria na metrópole o poder de regulamentar a questão da alforria, pois formou-se em Paris uma comissão com o intuito de propor uma legislação que tratasse da emancipação individual dos escravos.[25]

Os delegados dos senhores de escravos na França tentaram argumentar por meses contra a interferência do governo metropolitano nos costumes coloniais relacionados à alforria – e moldados pela hegemonia senhorial –, mas a elite colonial teve que amargar a derrota com a promulgação da Ordenação Real Relativa às Alforrias dos Escravos, assinada em Paris em 12 de junho de 1832, a qual revogou leis anteriores que dificultavam sobremaneira o acesso à liberdade.[26] Nas colônias francesas, embora o poder de manumitir um escravo fosse do domínio senhorial, apenas a administração colonial poderia outorgar um título oficial de alforria, que garantia o reconhecimento do *status* civil de liberto, diante do pagamento de um imposto que custava quase o valor de um escravo. Uma lei de maio de 1831 aboliu essa abusiva taxa administrativa e a ordenação de junho de 1832 visava facilitar os procedimentos de concessão de liberdade, principalmente de indivíduos que viviam formas de liberdade irregulares e precárias, como os "livres de savana" e "patrocinados", legalmente considerados escravos.[27]

---

22 Jennings, *La France et l'abolition de l'esclavage, 1802-1848*, p.39.

23 Kielstra, *The Politics of Slave Trade Suppression in Britain and France, 1814-1848*, p.149-51.

24 Anom, *Bulletin des actes administratifs de la Martinique*, t.IV, 1831, Saint-Pierre, Martinique, 1832, p.153-7.

25 Jennings, *La France et l'abolition de l'esclavage*, p.45.

26 Canelas, *Escravidão e liberdade no Caribe francês*, p.215-25.

27 Id., "Eles não são livres, e eles não tem senhores; eles não são escravos, e eles não são cidadãos": liberdade precária e clandestina no Caribe francês (Martinica, século XIX), em Secreto; Freire (orgs.), *Formas de liberdade*, p.43-70.

Em meados da década de 1830, a emancipação dos escravos nas colônias inglesas do Caribe[28] passou a influenciar intensamente os debates sobre a escravidão nas possessões francesas. Embora o governo francês tenha anunciado na época que permaneceria como "espectador passivo das graves medidas tomadas pela Inglaterra", em circular de agosto de 1835, o ministro da Marinha e das Colônias solicitou que os governadores consultassem cautelosamente os conselhos coloniais quanto às medidas mais convenientes que poderiam ser tomadas para a emancipação dos escravos. Apesar do descontentamento com a consulta, os conselheiros responderam que tanto a experiência em São Domingos quanto a recente emancipação nas colônias britânicas demonstravam que uma abolição geral e imediata era uma ação perigosa e seria desastrosa para a França e suas possessões, assim como para os senhores e para os próprios escravos. Quanto às "medidas parciais", os representantes da elite colonial afirmaram que o grande número de alforrias concedidas nas colônias francesas – como consequência da ordenação de junho de 1832[29] – demonstrava um resultado ruim em relação ao comportamento dos libertos, e as propostas de legalização do pecúlio e do resgate forçado implicavam o "grande inconveniente" de interferir no domínio senhorial. A conclusão apresentada foi que o governo poderia colocar em prática medidas de "melhorias morais" para os escravos, mas qualquer discussão sobre propostas emancipacionistas deveria esperar.[30] Nessa época, os proprietários de escravos foram impelidos a discutir a emancipação, entretanto, sua tática fundamental foi buscar protelar o mais possível a realização

---

28 Em 28 de agosto de 1833, o Parlamento britânico promulgou o *Abolition Act* (Lei de Emancipação), o qual determinava que, a partir de agosto de 1834, os mais de 800 mil escravos das colônias britânicas se tornariam "aprendizes", e não mais escravos, sendo completamente livres em 1840, depois do período de "aprendizagem"; contudo, devido às pressões abolicionistas e dos próprios aprendizes, a emancipação definitiva foi instaurada em 1º de agosto de 1838, antes da data prevista. Drescher, *Abolição*, p.371-5.

29 Entre 1832 e 1835, somente na Martinica e em Guadalupe (sem contar Guiana Francesa e Bourbon), mais de 14 mil escravos conseguiram suas alforrias oficiais, incluindo livres de savana e patrocinados. Canelas, *Escravidão e liberdade no Caribe francês*, p.324.

30 Anom, GEN, caixa 161, dossiê 1.322. *Rapport fait au nom de la Commission chargée de l'examen de la proposition de M. Passy sur le sort des esclaves dans les Colonies françaises. Par M. de Rémusat (Député de la Haute-Garonne). Séance 12 juin 1838. Chambre des Députés (France)*, p.37-40. Esse documento será referido doravante como *Rapport de l'examen de la proposition de M. Passy, 1838*.

da abolição, exigindo condições inacessíveis para colocá-la em prática e refutando qualquer proposição emancipacionista.

Em 1834, foi fundada a Société Française pour l'Abolition de la Esclavage (Sociedade Francesa pela Abolição da Escravidão), ação também impulsionada pela abolição nas colônias inglesas.[31] Essa associação era formada por uma elite que tinha grande influência sobre o governo orleanista. A maioria dos dirigentes da organização – Broglie, presidente; Destutt de Tracy, vice-presidente; Hippolyte Passy, vice-presidente – eram deputados e até mesmo ministros em potencial.[32] Seus membros defendiam que a libertação dos escravos era um movimento inevitável e deveria ser um ato tanto de humanidade quanto de prudência. Eles não eram favoráveis a ações imediatistas, pois acreditavam que uma emancipação gradual e lenta garantiria a ordem pública nas colônias e a proteção da economia açucareira.[33]

Nesse contexto, após a pressão causada pela promulgação do Abolition Act nas colônias britânicas, o aprofundamento do debate sobre abolição da escravidão nas possessões ultramarinas francesas se tornara impreterível, o que impulsionou o surgimento de propostas emancipacionistas na metrópole. Em 10 de fevereiro de 1838, o deputado Hippolyte Passy, um dos membros da Sociedade Francesa pela Abolição da Escravidão, apresentou um projeto de lei na Câmara dos Deputados que propunha a liberdade dos nascituros nas colônias e o direito ao pecúlio e ao resgate forçado (*Proposition de M. Passy sur l'affranchissement des esclaves à naître dans les Colonies*), que ecoava modelos de legislações gradualistas centrados no princípio do ventre livre discutidos no mundo atlântico desde o final do século XVIII. O primeiro artigo da proposta legislativa determinava que "toda criança que venha a nascer nas colônias francesas", a partir da data de promulgação do texto, "será livre, qualquer que seja a condição de seus pais". Os nascituros, considerados livres pela lei, deveriam permanecer sob os cuidados de suas mães escravizadas. Para tanto, o artigo segundo estipulava o pagamento de uma indenização anual de 50 francos aos proprietários das progenitoras até

31 Schmidt, Les Luttes contre l'esclavage dans les Caraïbes françaises au XIXe siècle, *Calidoscopios coloniales*, v.138, p.155-74, 2010, esp. p.167-8.

32 De acordo com Jennings, dos 92 membros confirmados da sociedade, 52 eram deputados ou pares (Câmara dos Pares). Jennings, *La France et l'abolition de l'esclavage*, p.63-4.

33 Ibid., p.67-8; Schmidt, Les Luttes contre l'esclavage dans les Caraïbes françaises au XIXe siècle, p.167-8.

os 10 anos de idade da criança. O artigo terceiro estabelecia que os escravos teriam "o direito de comprar sua liberdade por um preço fixado por mediadores designados previamente pela autoridade metropolitana". Esse mesmo artigo determinava, ainda, que a indenização anual paga aos proprietários seria destinada às mães quando estas adquirissem sua alforria. Ademais, proibia a separação de casais escravizados unidos pelo matrimônio. Por fim, o artigo quarto previa a criação de medidas para a proteção das crianças livres e o estabelecimento de um fundo para promover ações de melhoria da condição de vida dos escravizados e a compra de alforrias individuais.[34]

O projeto de lei de Passy provocou uma inquietação geral na metrópole e nas colônias. O jornal *La Presse* exprimiu sua crítica em editorial na primeira página e atacou Passy, a quem o editor classificou como incapaz de avaliar com precisão os "fatos, os homens e as instituições de além-mar", em clara defesa do colonialismo escravocrata.[35] Na sessão da Câmara dos Deputados em 15 de fevereiro de 1838, quando os legisladores fizeram a primeira apreciação da proposta do deputado abolicionista, estava presente o ministro da Marinha e das Colônias, vice-almirante De Rosamel, representando o governo e a salvaguarda do sistema colonial e escravista diante da escalada do abolicionismo na metrópole. Ele argumentou que o projeto de Passy, além de inoportuno, era incompleto, pois não previa uma indenização para os senhores pela propriedade expropriada e não explicitava com quais recursos a mãe cativa criaria seus filhos libertos, visto que todo o ganho do trabalho dela pertencia ao senhor. Apesar dessa explanação, e embora o ministro tenha solicitado que os legisladores deixassem ao Executivo a incumbência de preparar as medidas para a emancipação dos escravos nas colônias, os deputados votaram por avaliar mais detidamente o projeto de Passy.[36]

Foi formada uma comissão da Câmara de Deputados, presidida por François Guizot, da qual participou o próprio Hippolyte Passy, entre outros deputados. Os membros da comissão afirmaram em seu relatório, divulgado em junho de 1838, que a escravidão era "uma violação permanente dos direitos da natureza humana", contrapondo o direito natural à "ficção brutal do direito romano, que fez do escravo, um animal, uma coisa". Entretanto,

34 Anom, GEN, *Rapport de l'examen de la proposition de M. Passy, 1838*, p.70-1.
35 *La Presse*, 16 fev. 1838. Disponível em: <https://gallica.bnf.fr/>. Acesso em: 28 jul. 2021.
36 Ibid., p.2-3.

embora condenassem a escravidão, também se refugiavam no argumento de que a civilização a tornou uma instituição "menos odiosa" e que a lei a regularizou, referindo-se a legislações estabelecidas desde a promulgação do *Code Noir*, que regulamentavam os deveres dos proprietários em relação aos escravos, tais como alimentação, vestimenta, moradia, a proibição de separar famílias por meio da venda de cativos.[37] Por conseguinte, os deputados concluíram que era necessário reforçar a aplicação das leis antigas e das novas ordenações promulgadas pelo governo orleanista, mas sobretudo criar mecanismos de instrução moral da população escravizada.

Por fim, o projeto de Passy foi rejeitado e a Comissão de Guizot apresentou uma outra proposta centrada em medidas de preparação das colônias francesas para a abolição da escravidão. Essa contraproposta refletia, em parte, as indicações dos conselhos coloniais em 1835 acerca de "melhorias morais", pois enunciava que o Estado deveria financiar a extensão do ensino religioso e a propagação da instrução primária, além de incentivar o matrimônio entre pessoas escravizadas. Por outro lado, embora reconhecessem que a legalização do pecúlio dos escravos e do resgate forçado poderia prejudicar os direitos adquiridos pelos senhores, essa medida foi inserida na proposta da comissão, mas condicionada à necessidade de regulamentação das circunstâncias específicas em que aqueles direitos poderiam ser obtidos pelos escravos.[38] É fundamental observar que a proposta de liberdade dos nascituros foi pouco mencionada no relatório e excluída da proposição final indicada pela comissão legislativa. No entanto, em vista da pressão abolicionista, que aumentava não apenas no mundo atlântico francês, os deputados concluíram que o "sistema de medidas parciais", sobretudo a ideia de emancipação das crianças, não deveria ser abandonado sem um "exame mais maduro".[39]

Essa avaliação incitou o deputado Victor Destutt de Tracy, vice-presidente da Sociedade Francesa pela Abolição da Escravidão, a apresentar em 1839 um projeto de emancipação gradual que também abordava a questão do ventre livre e, assim como Hippolyte Passy, propôs que os nascituros seriam considerados livres e ficariam sob os cuidados de seus pais escravizados, mediante o pagamento de uma indenização aos proprietários. Tracy

37 Anom, GEN, *Rapport de l'examen de la proposition de M. Passy, 1838*, p.5-15.

38 Ibid., p.70-1.

39 Ibid., p.68.

também manteve o reconhecimento legal do pecúlio e o direito do escravo de comprar sua liberdade. Entretanto, reproduzindo a essência de legislações gradualistas centradas no ventre livre e aplicadas nas Américas, Tracy indicou em seu projeto legislativo que as crianças nascidas livres deveriam prestar serviços aos senhores de suas mães, como aprendizes, até determinada idade.[40] Desse modo, é importante reconhecer que o condicionamento da manumissão da criança ao trabalho forçado até uma idade mais avançada foi uma medida que retrocedeu em relação à proposta de Passy, a qual não incluía tal exigência. Trata-se também de uma concessão ao poder senhorial, provavelmente visando ampliar a possibilidade de aprovação do projeto, haja vista a recusa do projeto de Passy no ano anterior. Todavia, a proposição de Tracy também foi rejeitada pela comissão da Câmara encarregada de examiná-la, dessa vez encabeçada pelo deputado Alexis de Tocqueville.[41]

Em conclusão diversa àquela da comissão presidida por Guizot, o relatório de Tocqueville apontava que a abolição geral e simultânea apresentava menos inconvenientes e perigos que a emancipação gradual, desde que a transição entre a escravidão e a liberdade fosse completamente dirigida pelo Estado. A proposta da comissão de Tocqueville, ainda pouco aprimorada, se assemelhava ao modelo britânico da aprendizagem. O governo deveria estabelecer um regulamento para garantir a continuidade da produção agrícola nas colônias, esclarecer e moralizar os libertos, e prepará-los para os hábitos do trabalho livre.[42] Tendo em vista que a abolição da escravidão era um processo inevitável, os senhores de escravos também passaram a considerar que a emancipação geral seria uma opção melhor do que as medidas parciais, se, entretanto, realizada apenas depois de um longo período, durante o qual deveriam ser implementadas as políticas de moralização e preparação dos escravos, especialmente para que estes permanecessem no trabalho rural após serem libertados.[43]

---

40 Analyse des délibérations et avis des Conseils Coloniaux, des gouverneurs et des administrateurs des colonies sur les projets d'émancipation de la Comission présidée par M. le Duc de Broglie, par M. Jollivet, membre de la Chambre des Députés, Paris: Imprimerie Bruneau, 1843, p.5-6. Disponível em: <https://gallica.bnf.fr/>. Acesso em: 28 jul. 2021. Esse documento será referido doravante como *Analyse des délibérations – Comission Broglie.*

41 Tocqueville, *Rapport fait au nom de la Commission chargée d'examiner la proposition de M. de Tracy, relative aux esclaves des colonies. Séance du 23 juillet 1839.*

42 Ibid., p.50-6.

43 Ibid., p.87-96.

Mas retornemos às discussões sobre a proposição de Passy em 1838. Os delegados das colônias e os deputados franceses que defendiam a manutenção do sistema escravista analisaram meticulosamente o projeto do deputado abolicionista buscando invalidá-lo, sobretudo a proposta de emancipação dos nascituros. Primeiramente, era comum que a classe senhorial enfatizasse que a escravidão nas colônias foi constituída pelas leis e pelos interesses da metrópole; desse modo, não havia ilegalidade em sua possessão sobre os escravos e tinham direito à propriedade, garantido pela Constituição, assim como os metropolitanos.[44]

Nesse sentido, um outro discurso frequente, que ressaltava as perdas materiais e a espoliação da propriedade dos senhores, recaía sobre a exploração do trabalho das mulheres escravizadas e suas árduas experiências como mães sob o jugo da escravidão. Para os opositores, o projeto de lei confiscava dez anos de trabalho das escravas, enquanto ficassem encarregadas dos cuidados de seus filhos livres. Segundo Conil, representante dos colonos da Ilha de Bourbon, durante aquele "longo período de tempo não se poderia reclamar dessas mães outra coisa que não [fosse] estes cuidados, que sua má vontade [saberia] bem produzir um pretexto para recusar qualquer tipo de trabalho". Conil arremata seu argumento de forma hostil dizendo que uma indenização de 50 francos por ano jamais quitaria "todos os prejuízos do senhor, pois não cobriria a perda do trabalho das mães e sua indisciplina".[45] Havia um consenso entre os defensores do sistema escravista de que a indenização anual prevista pelo projeto de Passy não pagaria todas as despesas que os proprietários teriam com os rebentos de suas escravas se fossem considerados livres no nascimento.[46]

Para reforçar a crítica à proposta de Passy, Conil afirma em seu opúsculo que "uma negra grávida torna[va]-se o objeto das mais minuciosas atenções", e, desse modo, era dispensada das tarefas mais árduas, sendo colocada em ocupações compatíveis com sua condição de gestante, e, dois

44 Anom, GEN, caixa 161, dossiê 1.323. Baron de Cools (délégué de la Martinique), *De l'Émancipation des Esclaves dans les colonies françaises et spécialement de l'affranchissement des enfants à naître*; Opinion Dem. A. Jollivet, Député du Département d'Ille-et-Vilaine, sur la Proposition de M. Passy, du 9 fev. 1838; Conil (Délégué de l'île Bourbon), *Observations sur la proposition de M. de Passy relative à l'affranchissement des esclaves qui naitront a l'avenir aux Colonies Françaises*. Paris: Imprimerie de Guiraudet et Ch. Jouaust, 1838, p.7.

45 Conil, *Observations sur la proposition de M. de Passy*, p.10.

46 Anom, GEN, caixa 161, dossiê 1.323. Baron de Cools, *De l'Émancipation des Esclaves*.

ou três meses antes do parto, ela era isentada de qualquer tipo de trabalho, porque o proprietário não iria "arriscar o fruto que ela dará e com o qual ele deve enriquecer".[47] O desfecho comum desse tipo de narrativa era dizer que, em consequência da iminência da liberdade do rebento, ao invés de poupar a gestante, os senhores passariam a explorá-la ainda mais durante a gestação e logo depois do parto. Observa-se que o fundamento utilizado no final do século XVIII pelos abolicionistas no mundo atlântico para exigir o fim do tráfico de escravos e o estabelecimento de condições mais humanas nos sistemas escravistas foi apropriado e manipulado no século XIX pela classe senhorial para justificar a inviabilidade do ventre livre. Dessa forma, os opositores do modelo de abolição gradual centrado na liberdade dos nascituros passaram a argumentar que os senhores não se comprometeriam com as melhorias no tratamento da mulher grávida e lactante se o fruto de seu ventre não lhes trouxesse fortuna e sim perdas.[48]

Em diversos discursos, tanto entre abolicionistas quanto entre defensores da escravidão, verifica-se a persistência do argumento sobre a necessidade de moralização da família escrava e sua inclusão ou nas políticas de dominação senhorial ou nos projetos de emancipação gradual. Os delegados das colônias, como Conil e o barão de Cools, e deputados escravistas como Jollivet, argumentaram que, se o projeto de Passy fosse implementado, as famílias seriam divididas e corrompidas, pois os nascituros seriam livres, enquanto mães, pais e irmãos permaneceriam na escravidão. Nessa situação, as crianças teriam um *status* civil superior ao dos pais e sua condição poderia provocar inveja e discórdia entre os irmãos.[49] Se, por um lado, os senhores de escravos, para reforçar seus argumentos, reconheciam a existência de famílias escravas, por outro, foi comum figuras metropolitanas afirmarem que a mãe era a referência do núcleo familiar, sendo o pai das crianças frequentemente um escravo desconhecido.[50] Isso está implícito até mesmo no projeto de lei de Passy, que determinava que as crianças livres ficariam sob os cuidados de suas progenitoras até os 10 anos de idade, sem mencionar os pais.

47 Conil, *Observations sur la proposition de M. de Passy*, p.13.

48 Anom, GEN, caixa 161, dossiê 1.323. Baron de Cools, *De l'Émancipation des Esclaves*, p.13.

49 Anom, GEN, caixa 161, dossiê 1.323. Baron de Cools, *De l'Émancipation des Esclaves*; Conil, *Observations sur la proposition de M. de Passy*, p.15.

50 Anom, GEN, caixa 161, dossiê 1.322. Legat, *Le Censeur, revue législative*, p.9.

No relatório de Tocqueville, da comissão responsável por avaliar a proposta de Tracy em 1839, os legisladores metropolitanos afirmaram que o casamento era algo raro entre os escravos e que a única conexão natural que frequentemente existia era entre mãe e filho. Este "último vínculo familiar, que seria tão importante preservar, é rompido se, enquanto a criança for tratada como um homem livre, a mãe permanecer na escravidão". A comissão avaliou de maneira bastante negativa a proposta de Tracy para a libertação dos nascituros, considerando "uma inversão monstruosa" colocar o filho em uma escala social superior à mãe.[51] De acordo com Myriam Cottias, os abolicionistas franceses fundamentaram suas críticas ao sistema escravista, em parte, na ideia de ausência da família no seio da população escrava, tendo em vista o núcleo familiar estruturado "em torno de um homem e registrado oficialmente por meio de uma certidão de casamento", pois o matrimônio era entendido como uma "aspiração cidadã" que "funda a família, torna o trabalho possível e eficaz, e estabiliza a propriedade".[52]

Em essência, o debate acerca do princípio de emancipação dos nascituros reconheceu o direito natural de maternidade das mulheres escravizadas e destacou a necessidade da autoridade materna, a qual seria restringida se as crianças fossem consideradas livres. Contudo, nessa toada argumentativa, tanto a classe senhorial quanto os legisladores franceses desqualificaram o papel da mãe que, na condição de escrava, não seria capaz de "incutir bons princípios de educação em seu filho".[53] Para alguns críticos do projeto Passy era imprescindível que os senhores das mães fossem os tutores dos rebentos nascidos livres, do contrário, as colônias ficariam repletas de "jovens vagabundos" que não perceberiam a necessidade do trabalho, pois essa era "a tendência dominante dos negros"[54] – manifestando desse modo o racismo que impregnou o mundo no século XIX. Contraditoriamente, reconhecia-se a importância da autoridade materna na formação da criança e da família escrava, mas desqualificava-se a capacidade das mulheres escravizadas de

51 Tocqueville, *Rapport fait au nom de la Commission chargée d'examiner la proposition de M. de Tracy*, p.18.

52 Cottias, Um gênero colonial? Casamento e cidadania nas Antilhas francesas (séculos XVII-XX), *Clio*, v.26, n.2, p.37-58, 2008.

53 Conil, *Observations sur la proposition de M. de Passy*, p.14.

54 Anom, GEN, caixa 161, dossiê 1.322. Legat, *Le Censeur, revue législative*, p.9.

criarem seus próprios filhos libertos.[55] Observa-se que a noção emergente de maternidade era acionada da forma que convinha à classe senhorial e, assim, argumentava-se que o vínculo necessário entre mães e filhos seria preservado apenas se ambos estivessem sob a mesma condição servil, em detrimento da liberdade. Entretanto, separar mães e filhos pela alforria de crianças impúberes não era uma prática incomum, situação que comentarei nas considerações finais.

Entre 1840 e 1843, o debate sobre a emancipação foi retomado na França, e uma nova comissão da Câmara dos Deputados foi liderada pelo duque de Broglie. Essa comissão solicitou que os conselhos e governadores das colônias avaliassem uma série de questões sobre três sistemas diferentes de emancipação que consideravam mais "compatíveis com a justiça e a prudência".[56] Mais uma vez, os deputados insistiram em propostas já apresentadas anteriormente, desde 1838, como a emancipação parcial e gradual, proposta por Hipollyte Passy e Destutt de Tracy. Contudo, também expuseram alternativamente sistemas de emancipação simultânea, com pagamento de indenização ou precedida de um período de aprendizagem, similar ao processo empregado nas colônias inglesas.[57] A comissão de Broglie declarou que a abolição da escravidão era um princípio que seria colocado em prática pelo governo francês, e aos governadores e conselhos das possessões ultramarinas cabia somente decidir a época e a maneira como isso ocorreria. Os quatro conselhos coloniais – Martinica, Guadalupe, Guiana Francesa e ilha de Bourbon – acusaram a comissão de "vontades ditatoriais" e se negaram a determinar qual sistema deveria ser escolhido.[58]

O governo francês acabou optando pela via gradual de emancipação. Em 18 de julho de 1845, a Lei Relativa ao Regime Escravista nas Colônias Francesas,[59] conhecida como Lei Mackau,[60] finalmente regulamentou o

55 Machado, Mulher, corpo e maternidade, in: Schwarz; Gomes (org.), *Dicionário da escravidão e da liberdade*, p.340.

56 *Analyse des délibérations – Comission Broglie*, p.5.

57 Ibid., p.5-6.

58 Ibid., p.3-4.

59 Anom, *Bulletin Officiel de la Martinique*, 1845, p.385-93.

60 O barão de Mackau era casado com uma mulher nascida nas colônias e tinha ocupado o cargo de governador da Martinica entre 1836 e 1837. Foi membro da comissão presidida por Broglie (1840-1843) e em 1843 assumiu o Ministério da Marinha e das Colônias, quando propôs o projeto da lei de 1845, apelidada com seu nome. Canelas, *Escravidão e liberdade no Caribe francês*, p.275-7.

pecúlio e definiu as possibilidades de resgate (*rachat*) amigável ou forçado. Nesse sentido, especificava que "as pessoas não livres" poderiam resgatar a sua própria liberdade, mas também a de seus familiares, como pais, mães, avós, esposas e filhos, legítimos ou naturais. O valor do resgate, se este não fosse acordado amigavelmente entre o senhor e o escravo, seria determinado por uma comissão de membros da Corte Real e do Conselho Colonial, colegiados geralmente formados por senhores de terras e de escravos.

Essa ordenação, que facilitava o autorresgate pelos trabalhadores escravizados, procurava também controlar a organização do trabalho agrícola e coagia os libertos a permanecerem nas lavouras de cana-de-açúcar. A lei determinava que o escravo alforriado deveria comprovar seu engajamento com o trabalho prestado a uma pessoa livre por pelo menos cinco anos. Esse engajamento deveria ser feito em uma propriedade rural se o forro, antes de conquistar sua liberdade, trabalhasse em uma propriedade rural, fosse como operário qualificado ou cultivador. Se durante o período de cinco anos o alforriado recusasse ou negligenciasse o trabalho determinado pela lei, o ex-senhor poderia reivindicar na justiça que o liberto fosse condenado a trabalhos forçados.

Para a análise proposta neste capítulo, todavia, é fundamental destacar que, enquanto os direitos ao pecúlio e à compra de alforria pelos escravizados, propostos desde o projeto de Passy, foram regulamentados pela Lei Mackau, a liberdade do ventre nunca chegou a ser estabelecida nas colônias francesas e a abolição da escravidão foi decretada forçosamente no processo da Revolução de 1848 e do estabelecimento da Segunda República.

Considerações finais

Por que analisar as discussões em torno de um projeto de lei do ventre livre que não foi aprovado no mundo atlântico francês? Primeiramente, embora tenha sido rejeitado na França e nas colônias, a proposição de Hypollite Passy foi o ponto de partida para os debates públicos e legislativos sobre abolição da escravidão nas possessões francesas ultramarinas e se tornou uma referência importante para propostas posteriores que foram apresentadas no âmbito do império francês, tais como o projeto de Destutt de Tracy em 1839, o qual foi retomado pela comissão de Broglie entre 1840 e 1843, e finalmente a Lei

Mackau de 1845. Além disso, considero relevante observar a circulação do princípio do ventre livre presente em modelos legislativos de emancipação gradual, que perpassaram o mundo atlântico entre o final do século XVIII até a segunda metade dos Oitocentos, e compreender as idiossincrasias do processo francês. Nesse sentido, o primeiro fenômeno que merece destaque é a completa rejeição dos legisladores franceses à proposta de liberdade dos nascituros, enquanto os direitos ao pecúlio e ao resgate forçado foram regulamentados por lei, considerando que todas essas medidas foram discutidas conjuntamente em diferentes momentos dos debates sobre emancipação, desde a proposição de Passy em 1838.

Alix Rivière, em pesquisa recente, destaca que as crianças escravizadas foram o foco das reformas implementadas nas colônias francesas nas décadas de 1830 e 1840. Segundo a autora, a princípio priorizando a moralização da família escrava, a Monarquia de Julho se voltou para a situação dos filhos das pessoas escravizadas, sobretudo na década de 1840, buscando executar medidas educacionais – em geral com o apoio de instituições católicas –, no sentido de prepará-los para a liberdade, a disciplina do trabalho e a cidadania.[61] No entanto, ao estipular essa via de "preparação" da população escravizada, o governo francês também pôde evitar estabelecer a liberdade dos nascituros, uma das propostas mais criticadas pela classe senhorial nas décadas finais da escravidão nas colônias francesas. Dessa forma, o governo metropolitano adequou a política de Estado às expectativas da elite colonial.

As críticas que ressaltaram os prejuízos que seriam causados aos senhores devido à espoliação de sua propriedade escrava, ou seja, o fruto do ventre de suas escravas, e as perdas constituídas pelo tempo de dedicação das mães escravizadas aos seus filhos que seriam livres, revelam a centralidade da exploração do trabalho produtivo e reprodutivo das mulheres negras para a manutenção do sistema escravista francês, algo que pode ser observado desde a instituição do *partus sequitur ventrem* nas colônias. Por outro lado, as noções emergentes de gestação, maternidade e puericultura[62] foram manipuladas nos discursos acerca dos cuidados senhoriais com as mulheres na

61 Rivière, "Directing the Upcoming Generation's Mind in the Right Direction": Enslaved Children in the French Emancipation project in Martinique, 1835-1848, *Histoire Sociale/Social History*, v.53, n.107, p.96, maio 2020.

62 Ariza, *Mães infames, rebentos venturosos*; Schwartz, *Birthing a Slave*.

gravidez e após o parto, assim como foram acionadas a partir das percepções de diferentes grupos – tanto senhores como legisladores franceses – sobre a importância do vínculo materno na estruturação mínima da família escrava, para argumentar que mães e filhos deveriam necessariamente conviver sob a mesma condição de cativeiro.

É importante observar, entretanto, que separar mães e filhos pela alforria de crianças impúberes não era uma prática incomum, ou que seria iniciada unicamente pela estipulação do ventre livre. Os abolicionistas Adolphe Gatine e Cyrille Bissette registraram na década de 1840 vários casos de mães escravizadas que foram separadas de seus filhos pela alforria do rebento. Bissette era um homem negro nascido livre, da Martinica, que vivia exilado em Paris desde 1828, devido a perseguições sofridas nas colônias caribenhas por lutar pelos direitos civis e políticos da classe dos "livres de cor".[63] Gatine era um advogado francês abolicionista que atuara no histórico processo de Virginie, liberta de Guadalupe que lutou nas arenas jurídicas durante sete anos para conseguir a liberdade e a tutela de seus filhos.[64] Baseando-se no artigo 47 do *Code Noir* (1685), que proibia a separação de famílias escravas pela venda, o advogado e a liberta conseguiram que a Corte de Cassação na Metrópole estabelecesse uma inovadora interpretação daquela lei antiga e a união das famílias na liberdade se tornou imperativo, abrindo um caminho que seria trilhado por várias mulheres escravizadas e seus filhos na década de 1840. Com o intuito de impulsionar outras ações de liberdade que pudessem se basear na nova jurisprudência criada pelo marcante *Affaire Virginie*, Gatine e Bissette denunciaram vários outros casos nos quais crianças eram alforriadas pelos senhores, ficando sob a tutela de madrinhas, tias ou pais libertos, enquanto as mães permaneciam na escravidão, separadas de seus filhos impúberes.[65] Nessas histórias, repletas de agruras, mas também de vitórias, a questão da maternidade e o protagonismo das mulheres negras, libertas ou escravizadas, foram sem sombra de dúvida centrais.[66] Além

63 Thésée, *Le Général Donzelot à la Martinique*, p.147-89.

64 Gatine, *Procès Virginie, de la Guadaloupe*.

65 Gatine, *Mémoire à consulter*, p.6-7; Bissette, *A M. Dupin, député de la Nièvre, procureur général à la Cour de Cassation, 25 août 1845*.

66 Sobre o *Affaire Virginie* e outras ações de liberdade que usaram a nova interpretação do artigo 47 do Código Negro, ver: Canelas, Maternidade, alforria e direitos no Caribe francês (século XIX), in: Ariza; Carula (orgs.), *Escravidão e maternidade no mundo atlântico*.

dessas lutas nas arenas judiciárias, se considerarmos ainda que as mulheres foram os sujeitos que mais conseguiram conquistar suas alforrias (oficiais) individuais ou com seus filhos nas décadas de 1830 e 1840,[67] ouso inferir que a recusa ao princípio do ventre livre poderia ser entendida também como uma forma de manifestação da apreensão dos homens brancos em relação à agência das mulheres negras escravizadas e libertas, cujo papel se revelou fundamental no processo de emancipação dos escravos nos últimos anos de escravidão, pois abriram precedentes importantes sobre as transformações em curso nas colônias francesas.

67 Na Martinica, entre 1833 e 1847, em torno de 20 mil escravizados conseguiram suas alforrias oficiais, das quais 41% foram auferidas pelas mulheres, 35% por crianças (até 14 anos) e 24% pelos homens. Canelas, *Escravidão e liberdade no Caribe francês*, p.323.

12
Maternidades negras antes e depois do Regulamento para a Educação e Exercício dos Libertos de 1813 (Buenos Aires entre final do século XVIII e o Instituto do Liberto)

Maria Verónica Secreto

O tópico desestabilizado

Desde o início do século XVI, os espanhóis trouxeram para a América escravos negros. Durante os séculos seguintes, com ritmos diferentes, milhões de pessoas seriam escravizadas, arrancadas da África e comercializadas em diferentes regiões das Américas. Mas o ritmo se acelerou de forma brusca na segunda metade do século XVIII, acompanhando a demanda de produtos tropicais e coincidindo, com grande frequência, com a difusão do ideário ilustrado no mundo ocidental. Nesse contexto, "escravidão" se tornou metáfora dos discursos políticos e da filosofia política ocidental que insuflou as revoluções atlânticas.[1] Mas, em um lugar, a oposição entre escravidão e liberdade ultrapassou o universo simbólico: no Haiti. Na parte francesa da ilha A Espanhola, o termo escravidão fazia referência à instituição jurídica pela qual uma pessoa era proprietária de outra e podia sujeitar esta a operações de compra-venda e herança. Liberdade, ao rompimento dessa relação. A revolução que sacudiu o mundo escravista (1791-1804) estabeleceu novos parâmetros para o binômio escravidão/liberdade. As repercussões desse "evento" ainda são avaliadas. Mas podemos afirmar que fez desencadear uma série de medidas para tentar a "contenção de danos" – se a enunciarmos de

1 Buck-Morss, Hegel e Haiti, *Novos Estudos Cebrap*, v.90, p.131-71, 2011.

um ponto de vista senhorial – ou "contenção de benefícios" – se olharmos do ponto de vista escravo.

O ideário revolucionário atlântico era essencialmente contraditório a esse respeito, condenava os privilégios do Antigo Regime, arvorava o princípio da igualdade e mantinha a escravidão. As independências hispano-americanas foram seguidas por empreitadas constitucionais que definiram quem era cidadão e quem não. Buscou-se apagar o sem-fim de normativas que criavam diferenciações entre os homens. Não só no universo de países que surgiram do antigo território do Império espanhol houve esse esforço para desfazer os sinais do privilégio, também nas colônias inglesas – onde o abolicionismo tinha transformado a base material e jurídica dos territórios ultramarinos – houve revisão de textos legais com o mesmo objetivo. Em 1838, no último ano da aprendizagem (período de transição entre a escravidão e a liberdade), lorde Glenelg, secretário colonial da Grã-Bretanha, ordenou aos governadores das colônias das Índias Ocidentais que emendassem todas as leis da época da escravidão. Deviam reparar naquelas que faziam diferença a favor dos europeus em prejuízo das pessoas de origem africana. Tinham que ser revisadas, segundo Glenelg, todas as normativas de acesso às instituições sustentadas pelo Estado; tudo devia ser revisto visando apagar os vestígios de discriminação racial. Esse primeiro movimento tendente ao igualitarismo teve seu retrocesso. Na década de 1850, buscaram-se formas de reduzir a influência política negra nas Índias Ocidentais.[2] Ainda no espírito do igualitarismo jurídico, a Junta Provisional Governativa das Províncias do Rio da Prata declarou em 11 de setembro de 1811 a igualdade dos índios, cancelando o tributo que pagavam. Essa medida foi ratificada dois anos depois e ampliada, abolindo-se a *mita*, a *encomienda*, o *yanaconazgo* e os serviços pessoais dos índios. "Tenha-se aos mencionados índios de todas as Províncias Unidas como homens livres e em igualdade de direitos que todos os cidadãos que as habitam." Essa disposição foi traduzida e publicada em quatro línguas: castelhano, aimará, guarani e quíchua.[3] O igualitarismo que as constituições dos novos estados do século XIX buscaram era o que colocava os homens nas mesmas condições ante a lei, o que eliminava foros

2 Holt, A essência do contrato, in: Cooper; Holt; Scott, *Além da escravidão*, p.91-5.

3 Registro Oficial de la República Argentina, que comprende los documentos de 1810 a 1873, Tomo Primero: 1810-1821, Buenos Aires, La República Imprenta Especial de Obras, 1878.

e privilégios especiais. Foi o igualitarismo vinculado ao republicanismo. Na primeira metade do século XIX, ele fez um grande sucesso. Embora, como podemos imaginar, não tenha sido unanimidade.

Algumas convergências atlânticas escondem as divergências que vão se instalando. Entre 1830 e 1860, o liberalismo hispano-americano continental e o reformismo crioulo caribenho se distanciam. Enquanto o primeiro instrumentalizava a doutrina dos direitos naturais do homem para combater os corpos do Antigo Regime, o reformismo utilizava da mesma doutrina para abolir o tráfico sem abolir a escravidão.[4]

Os discursos das independências estiveram repletos de retórica sobre a liberdade, mas não aboliram a escravidão. Não vamos argumentar que era um empecilho decorrente da sacralidade da propriedade que os líderes revolucionários acabavam de abraçar, porque isso seria uma meia verdade. Esse conceito tinha ganhado legitimidade e reforçava, com todas as contradições imagináveis, o direito à propriedade escrava. O conceito de propriedade plena e de liberdade de dispor dos bens inflamava os discursos políticos e se falava das odiosas limitações à propriedade impostas pelas "servidões". Parecia que incomodava mais que uma propriedade rústica servisse a outra a que um indivíduo servisse a outro.[5] Segundo Rafael Rojas, o desencontro entre republicanismo e liberalismo, a rejeição ao jacobinismo francês e ao haitiano, dentro do liberalismo atlântico, tinha que ver com a ideia liberal de que o direito à propriedade era tão natural e sagrado quanto o de liberdade e igualdade.

Um proprietário tucumano em 1817 se negou a dar a carta de liberdade para sua escrava – que tinha conseguido o dinheiro para resgatar-se –, nos seguintes termos:

> O homem desde que nasce tem direito por natureza a sua conservação. Não pode lográ-la sem adquirir o sustento com seu pessoal trabalho, e toda aquisição que o homem faz para procurar a conservação, com o pecúlio procedente daquele trabalho, com frugalidade ou faustamente, com mais ou menos comodidade, está cimentado, como diz Smith, naquela primeira e fundamental propriedade do

4 Rojas, La esclavitud liberal: liberalismo e abolicionismo en el Caribe hispano, *Secuencia*, n.86, p.29-52, maio-ago. 2013.

5 Secreto; Mota, Ações de servidão, in: *Propriedade em disputa*, v.1, p.97-101.

> homem. Sendo liberdade e propriedade direitos naturais pergunto: qual merece mais atenção, consideração e privilégio? Sem liberdade ou com ela pode existir o homem, sem conservação [isto é, sem propriedade] deixará de existir. Concluímos, pois, que, se por natureza tem o homem o direito a sua conservação, não pode gozar dela sem a propriedade fundamental de seu pessoal trabalho: toda aquisição sob as regras de qualquer direito procedente ou derivado daquele trabalho é uma propriedade tanto mais sagrada e inviolável quanto é respeitada pelas nações menos cultas.[6]

Embora o proprietário cite Smith, o trecho transcrito se assemelha muito a Locke, em sua explicação da origem do direito de propriedade e da existência de proprietários e não proprietários. Na visão desse proprietário, a liberdade da escrava colocava em perigo a existência dele e dela, de todos os que dependiam da "economia" comandada por ele.

De qualquer forma, o "sagrado" direito de propriedade na América Hispânica foi suspendido sempre que necessário aos fins da guerra contra a metrópole. Senhores espanhóis foram "expropriados" de seus escravos para servirem como soldados, diversos bens foram confiscados para nutrir e sustentar os exércitos etc. Na fórmula de Artigas, essas alienações eram justificadas porque esses proprietários eram "emigrados, maus europeus e piores americanos".[7]

Os exemplos da sujeição da propriedade às dimensões políticas são inúmeros, mas gostaríamos de apresentar um como ilustração. Em 1815, a senhora proprietária Manuela Pinaso solicitou que lhe fosse devolvido um escravo que teria sido recrutado militarmente, no marco de um edito de recrutamento obrigatório de escravos de proprietários espanhóis; alegava que, embora casada com espanhol, tinha recebido o escravo como herança do pai; sendo ela nativa, o escravo era seu bem pessoal.

> Embora o escravo que reclama a suplicante pareça ser legitimamente de sua propriedade, como tem passado à digna classe de livre, consagrando seus esforços

6 Archivo General de la Nación (AGN), División Colonia, Tribunales, Sala IX, 23-8-6.

7 Reglamento Provisorio de la Provincia Oriental para el Fomento de su Campaña y Seguridad de Hacendados o Reglamento de Tierras de 1815. Caetano; Ribeiro, *Tierras, reglamento y revolución*, p.626.

em defesa do país, seria tirano e monstruoso reduzi-lo à penosa escravidão de que saiu para conciliar o direito que justamente adquiriu com a proteção do governo.[8]

Na América hispânica, a propriedade privada nasceu politizada, no estrito sentido da palavra. Foram os proprietários, muitas vezes proprietários de escravos, que definiram a propriedade e, sobretudo, definiram quem seria proprietário. O *pater famílias* não perdeu notoriedade nos novos arranjos sociais. O *pater famílias* foi o proprietário por antonomásia: *pater famílias*/pátria/propriedade.

Solo livre/ventre livre

A liberdade de ventres está associada na tradição ibero-americana à liberdade de solo e aos processos abolicionistas e independentistas.

No congresso chileno de 1811, que não aboliu a escravidão, se afirmou que às escravizadas restava o consolo de que seus filhos nasceriam livres. Para evitar as fraudes motivadas pela cobiça e para evitar que as mães fossem privadas desse benefício sendo vendidas para fora do país, se declararam livres os ventres, dessa forma seriam livres seus frutos em qualquer parte. O legislador andino separava solo de ventre. O que "libertava" os nascidos de mãe escrava no território chileno era o fato de estar sobre um solo que garantia que quem nascia ali não seria mais escravizado e, quando fora – se a mãe fosse vendida, ou acompanhasse seu senhor para o serviço pessoal em outro país –, a condição do ventre da mãe ao sair do Chile; por isso essa cláusula devia figurar nos passes de alfândega.[9]

---

8 AGN, División Colonia. Administrativos. Doña Manuela Pinaso solicitando la entrega de un esclavo, Sala IX, 23-8-6, Leg.32, Exp.1.123.

9 Como antecedente podemos mencionar: An Act for the Gradual Abolition of Slavery do estado de Nova York de 1799. O ato estabeleceu que qualquer criança, filha de escrava, "nascida dentro do estado de Nova York, após o quarto dia de julho próximo, seria considerada e julgada como nascida livre. Tal criança seria, não obstante, serva do proprietário legal de sua mãe até chegar à idade de 28 anos, no caso de ser homem e, se mulher, até chegar à idade de 25 anos", *New York States Archives*. Disponível em: <http://www.archives.nysed.gov/education/act-gradual-abolition-slavery-1799>. Acesso em: 28 jul. 2021. O termo "gradual" anos depois apareceria no nome de uma das associações abolicionistas mais renomadas: Society for the Mitigation and Gradual Abolition of Slavery Throughout the British Dominions (1823).

> Para evitar as fraudes da cobiça, que não se prive desse benefício as mães que sejam vendidas para fora do país, declarar-se-ão igualmente livres seus ventres, e que devem sê-lo, por conseguinte, seus produtos em qualquer parte, e que assim se anote como cláusula forçosa nas escrituras que sejam outorgadas e nos países das aduanas cujo fim se fará entender os escrivãos e administradores.[10]

A Assembleia das Províncias Unidas do Rio da Prata, em 1813, reuniu-se entre janeiro de 1813 e janeiro de 1815. Se bem que a finalidade última – declarar a independência e dar uma constituição para os territórios independentes – não tenha sido atingida, legislou sobre um conjunto de assuntos da agenda liberal ilustrada. Derrogou os serviços pessoais dos índios, estabeleceu a liberdade de ventres, acabou com os títulos nobiliários e privilégios hereditários.[11]

De ambos os lados dos Andes se reconhecia que a escravidão era odiosa, mas não se avançou sobre ela, senão de forma indireta, "gradual", como foi chamada essa modalidade que condenava "moralmente" a escravidão, mas não transferia a propriedade do senhor ao escravo.[12] Não foi diferente

---

10 No mesmo sentido tinha legislado a Assembleia Geral da Pensilvânia quando criou a emenda de 1788 à lei de 1780 sobre a gradual abolição. A emenda proibia um proprietário de escravos da Pensilvânia de transportar para fora do estado uma mulher grávida escravizada para que seu filho nascesse escravo; e de separar maridos de esposas e filhos de pais.

11 Também a atual Colômbia teve seu projeto de ventre livre em 1814: "Se trata de una ley de *libertad de vientres* presentada en 1814 por los letrados Juan del Corral y Felix de Restrepo a la Legislatura de la Republica de Antioquia, en el Nuevo Reino de Granada. Esta propuesta sirvio de base para la ley de libertad de vientres aprobada en el Congreso constitucional que en 1821 dio origen a la Gran Colombia." Chaves Maldonado, El oxímoron de la libertad: la esclavitud de los vientres libres y la crítica a la esclavización africana en tres discursos revolucionarios, *Fronteras de la Historia*, v.19, n.1, p.174-200, jan.-jun. 2014.

12 Entendiam os proprietários/legisladores que a abolição significava a liquidação da riqueza e a desorganização da esfera do trabalho, e é claro que a abolição faz uma "metamorfose" em que o escravo deixa de ser um ativo na contabilidade de um determinado proprietário, mas, como trabalhador livre, não deixará de produzir valor. Diz Furtado: "A abolição da escravatura, à semelhança de uma 'reforma agrária', não constitui *per se* nem destruição nem criação de riqueza. Constitui simplesmente uma redistribuição da propriedade dentro de uma coletividade. A aparente complexidade desse problema deriva de que a propriedade da força de trabalho, ao passar do senhor de escravos para o indivíduo, deixa de ser um *ativo* que figura numa contabilidade para constituir-se em simples virtualidade. Do ponto de vista econômico, o aspecto fundamental desse problema radica no tipo de repercussões que a redistribuição da propriedade terá na organização da produção, no aproveitamento dos fatores disponíveis, na distribuição da renda e na utilização final dessa renda" (Furtado, *Formação econômica do Brasil*, p.137).

a posição de José Bonifácio e Silva sobre a escravidão em 1823. Nesse ano ele tinha redigido uma representação para apresentar à Assembleia Constituinte do Império do Brasil. A dissolução desta o levaria à prisão e logo à deportação. Em Paris, publicou o texto da representação sobre a escravatura. Afirmava que era necessário abolir o tráfico de imediato e, gradualmente, a situação dos cativos. E, como condição prévia, a atração e "civilização" de índios que "tornaram inúteis os escravos".

O texto de José Bonifácio, sobejamente conhecido, foi definitivamente um texto que exprimiu uma estratégia brasileira de gradualismo abolicionista; expressava sobretudo uma política "mitigadora" da escravidão; mas, diferente dos constitucionalistas do Chile e das Províncias Unidas do Rio da Prata, Bonifácio não mencionava a liberdade dos que iriam nascer de mães escravizadas. Essa posição apareceria no Brasil em um projeto legislativo de 1850, que não obteve tratamento na Câmara, e no *Sistema de medidas adoptadas para a progressiva e total extinção do tráfico e da escravatura no Brasil*, de 1852, publicado pela Sociedade contra o Tráfico de Africanos e Promotora da Colonização e Civilização dos Índios.[13] A política de "ventre livre" teria sua formulação vencedora em 1871. Até então, muitos filhos "libertos" de mães escravas tinham nascido na América Hispânica. O contexto de 1871 era decisivamente outro. Numa instituição de tão longuíssima durabilidade como a escravidão, com normas e costumes tão antigos quanto a instituição (devemos lembrar que era o direito romano, sobretudo o Código de Justiniano, o direito canônico e o direito medieval ibérico, muitas vezes recolhidos no direito indiano, que a regeram), houve uma ressignificação constante das práticas nos contextos políticos e econômicos cambiantes. Assim, o "ventre livre" das revoluções atlânticas (1776-1822) não é igual ao da segunda metade do século XIX.

Se bem que hoje em dia, quando falamos em liberdade de ventres ou lei de ventres livres, sabemos do que estamos falando, o certo é que, no início do século XIX, não havia muitas experiências em que se espelhar. Existia sim a figura do liberto, existia também a liberdade outorgada ao nascer, a alforria de mulheres escravizadas que libertava a prole delas em uma data

13 Sociedade contra o Tráfico de Africanos e Promotora da Colonização e Civilização dos Índios, *Sistema de medidas adoptadas para a progressiva e total extinção do tráfico e da escravatura no Brasil*, Rio de Janeiro: Typographia do Philanthropo, 1852.

futura. Eram instituições do direito romano, espanhol, do direito indiano. Como experiência coletiva havia antecedentes de finais do século XVIII, vinculados territorialmente a estados dos Estados Unidos da América, e às Assembleias Gerais que legislaram sobre os direitos do coletivo de "mulheres escravizadas" e sobre os deveres dos proprietários, e também sobre os benefícios que estes podiam obter: trabalho e obediência dos libertos. Os parâmetros do gradualismo nos países hispano-americanos estiveram definidos pelo fim do tráfico, a liberdade dos nascidos, o governo e a administração dos libertos, as manumissões outorgadas e manumissões por compra etc.

As políticas de governo dos "libertos" foram pensadas do ponto de vista da sujeição. Todo o peso da condicionalidade e da gratidão caiu sobre o liberto e todos os benefícios foram para o patrono.[14] Na visão senhorial, o nascimento para a vida civil demandava "aprendizado". Enquanto os *criollos* americanos podiam passar de súditos/vizinhos a cidadãos de forma imediata, os escravizados não podiam mudar de escravos a livres a não ser passando pelo *status* de liberto, que carrega na denominação o passado escravizado.

O liberto, como figura excepcional, permanecerá entre dois mundos. A gratidão e obrigação do liberto para com seu antigo senhor está presente em todas essas legislações precedentes: direito romano, medieval e moderno. A novidade na regulamentação que se estabelece a partir do decreto da Assembleia do Ano XIII na Argentina (Regulamento para a Educação e Exercício dos Libertos, mandado expedir pela AGC em consequência do decreto de 2 de fevereiro de 1813) é a mediação estatal na relação patriarcal. Todo o regulamento se baseia juridicamente no princípio de "patriarcado", de um duplo patriarcado entre a pátria e o senhor.

O fundamento da potestade do patrono sobre o liberto consiste em certa espécie de paternidade e filiação que o direito finge entre o patrono e o liberto. "A razão é clara, porque se o filho deve ao pai a vida natural, o liberto deve a seu patrono a vida civil. Antes era homem, agora é pessoa."[15]

---

14 Freire; Secreto, *Formas de liberdade*.

15 Alvarez, *Instituciones del derecho español*.

Falar em nome do filho

Durante os mais de trezentos anos em que a escravidão negra foi praticada na América Hispânica, não houve nenhum questionamento nem maior preocupação com o fato de que os filhos das escravas nascessem escravizados. Aqui e acolá era expresso que o tráfico devia manter o equilíbrio entre gêneros, com o intuito de estabilizar o "elemento negro", enraizá-lo e, se possível, manter o crescimento vegetativo dos cativos.

Quando foi redigido o Regulamento dos Libertos (1813), depois de aprovado o decreto de ventres livres, já havia muita experiência sobre a maternidade de escravizadas. Os expedientes administrativos dos arquivos recolhem demandas de mães negras cativas e livres antes e depois da legislação de ventres livres. Mesmo enquanto se discutia na Assembleia o fim do tráfico e a condição dos ventres, sem desconhecer esse contexto, Juana Gil, que tinha conseguido libertar-se, mas que tinha duas filhas escravizadas, buscou resgatar uma delas, Rita. Diz ter oferecido a sua senhora o preço por sua filha, mas, ante a negativa de dona Isabel Gil, solicitou ao defensor de pobres a representação da demanda:[16]

> Eu como mãe que tenho sofrido a mesma degradação [...] não descanso em esforçar-me para aliviá-la, já que não consegui sua absoluta liberdade.
>
> Na época que felizmente estamos parece mentira que precisemos recorrer às autoridades públicas... Ao tempo mesmo em que a representação nacional está sancionando decretos para que desapareça entre nós, para sempre, essa condição, último ressaibo da barbárie dos antigos opressores.[17]

Também a negra livre Dolores Rivadavia procurou o defensor de pobres em nome de seu filho Lucas, escravo de Bernardino Rivadavia. "Falo como mãe, não volte a quem abusou criminalmente de seu serviço." Lucas se encontrava depositado em casa de dona Rafaela Vera, estava ferido nas costas;

---

16 Sobre a representação jurídica dos escravizados, ver: Rebagliati, Entre las aspiraciones de libertad y el derecho de propiedad: el patrocinio jurídico a los esclavos en tiempos de revolución (Buenos Aires, 1806-1821), in: Guzman; Ghidoli, *El asedio a la libertad*.

17 AGN, División Colonia. Administrativos. Expediente promovido por Juana Gil sobre que doña Isabel Gil Campana otorgue papel de venta a una esclava suya llamada Rita, hija de dicha Juana, 1813, Sala IX, 23-8-4, Exp. 1.050.

Bernardino tinha batido nele com algum elemento cortante. Por essa violência, a justiça tinha determinado que saísse da casa de quem tinha sido membro de "triunvirato" (1811-1812) e que seria o primeiro presidente da Argentina (1826-1827). O primeiro presidente "afrodescendente" não teve muita comiseração da condição de seu criado.

Juana pagou pela liberdade de sua filha os 400 pesos em que tinha sido avaliada. Não sabemos se o dinheiro provinha de um empréstimo e se esse resgate envolveu alguma condicionalidade da liberdade de Rita no futuro. Mas sabemos que a mãe a tirou do domínio em que estava. Dolores conseguiu manter seu filho longe de seu amo, a emissão de um papel de venda e ainda a rebaixa de 50 pesos no valor pedido.[18]

A busca de melhores condições para seus filhos caracterizou uma das frentes de demanda dos escravizados no Rio da Prata, fosse na cidade de Buenos Aires ou no interior. Talvez por isso, para atender uma expectativa materna, o legislador chileno optou pela enunciação do ponto de vista da mãe escravizada: esta encontraria consolo ao saber que seu filho nasceria livre.

No contexto da independência, do gradualismo e do abolicionismo atlântico, os defensores de pobres e as mães apelaram à natural condição da liberdade, à proteção do Estado e aos serviços à pátria; mas, no período prévio, o repertório de argumentos e justificativas foi composto por: os imperativos da maternidade, a busca do bem dos filhos, o sofrimento materno ante a arbitrariedade dos senhores etc.

O tom apelativo nesses escritos disseminados em processos e expedientes é forte, mas não tanto se comparado com o da carta de Maria Rosa, mãe de Ludovina, enviada à princesa Isabel para que incluísse o nome da filha na lista de escravos que seriam agraciados com a libertação para comemorar o aniversário da princesa em 1886:

> Pois bem, senhora, eu sou mãe de uma infeliz criatura [...] ainda sob o jugo do cativeiro e espero [ilegível] que vos dignareis indicar o nome para a Câmara Municipal a fim de que possa entrar no número daqueles que no dia 14 do

---

18 AGN, División Colonia. Administrativos. Expediente promovido por Dolores Rivadavia en representación de su hijo Lucas esclavo de Don Bernardino Rivadavia sobre se le mantenga en casa donde se halla o se venda al Estado para que sirva en el cuerpo de libertos. 1813, Sala IX, 23-8-4, Exp. 1.023.

> corrente irão obter a liberdade sob o Vosso Augusto Patrimônio. Minha filha, Ludovina, natural do Rio de Janeiro, tem 36 anos é escrava do Dr. José Pereira Peixotto. Eis que implora essa pobre mãe a Magnanimidade de Vossa Majestade, ao mesmo tempo que faz votos a fim de que este fausto aniversário se repita ainda por muitos e longos ano, sempre acompanhado da felicidade que tanto mereceis, juntamente a Vossa Augusta Família.[19]

Ainda nos escritos platinos do século XVIII, o tom é de "direito", mais que de "graça". Essas mães estão utilizando o aparato legal e seus instrumentos – como é a representação do defensor de pobres – para demandar. Salienta Giselle Venancio que a carta da liberta Maria Rosa, se bem que do final do século XIX, se inscreve na tradição do século XVIII, em que aos soberanos são atribuídos os poderes de perdoar e castigar, tradição na qual absolver as penas era um dos traços distintivos da soberania.[20]

Num universo de "direitos" frágeis, de sujeitos vulnerabilizados, mas ainda de forte importância dos acordos verbais, a liberdade podia pender de um fio. Vejamos os dois casos a seguir.

Manuela Sosa estava grávida quando acompanhou sua senhora Francisca Gonzalez em viagem de Córdoba para Areco; era o ano de 1784. O parto a surpreendeu antes de chegar a esse último povoado, em casa de Juan Miguel Sosa, que propôs a ela ser comprada. A proposta foi feita ante testemunhas, como ante testemunhas propôs também que daria liberdade ao filho de Manuela, Juan Antonio, que, além disso, receberia educação e ofício. Manuela diz que a proposta era tão boa que a senhora não teve como recusar, e foi vendida. Mas Miguel Sosa faleceu repentinamente em 1796, sem que a liberdade de Juan Antonio fosse deixada em testamento. Por isso, Manuela demanda dos herdeiros a liberdade de seu filho. Apesar de que a testamentária se negava a reconhecer a vontade de dom Miguel, Manuela conseguiu juntar as provas de que ela tinha sido vendida com a condição da outorga de liberdade do recém-nascido.

O herdeiro de Miguel Sosa disse sobre a sentença: "obedeço-a em tudo o que ela contém, dando inteira liberdade ao filho de Manuela Sosa,

---

19 Apud Venancio, Em primeira pessoa, in: Venancio; Secreto; Ribeiro, *Cartografias da cidade (in)visível*, p. 22.

20 Venancio, Em primeira pessoa, in: Venancio; Secreto; Ribeiro, *Cartografias da cidade (in)visível*.

entregando-o a sua mãe para que determine sobre ele como filho próprio, sem mais subordinação que a que lhe pertença como mãe".[21] Interessante observação sobre obediência filial. Embora ele livre e ela escrava, o filho devia a sua mãe a obediência de filho.

Em 1781, dona Cathalina Lucero, viúva, executora da vontade e herdeira de dom Lorenzo Ortiz, outorgou a liberdade a uma escrava sua, Mónica Josefa de la Cruz, nascida em sua casa, filha de outra escrava de sua propriedade, Maria Antonia. Na carta de liberdade que Cathalina outorgou a Mónica Josefa, então com 12 anos de idade, diz: "para que de hoje em diante e pelos dias de sua vida seja livre e forra e assim os filhos que Deus lhe der".[22] Quando Cathalina faleceu em 1794, Mónica tinha três filhos: Pedro José, de 8 anos, Maria Fermina, de 5 anos, e Juana Manuela, de 2 anos. Filhos que, embora nascidos de ventre livre, apareciam no testamento como escravos. Pedro José tinha sido vendido, ainda em vida de Cathalina, para dom Antonio Cajigas. O executor testamentário tinha os outros dois filhos de Mónica por escravos e não chegou a vendê-los porque Mónica apareceu com a carta de liberdade. Interessante que nesse expediente ninguém se opõe a liberdades tão benignas. Nem à liberdade de Mónica Josefa, nem à de seus filhos. O ventre livre, oriundo de carta de liberdade, é um direito incontestável, diziam. Assim, Mónica Josefa conseguiu recuperar seus três filhos.[23]

Os casos de Manuela Sosa e de Mónica Josefa nos levam a pensar sobre o cotidiano que não é mencionado nos expedientes. Durante os treze anos em que Manuela viveu servindo a Miguel Sosa não houve necessidade de esclarecer que o filho era livre, porque, evidentemente, como tal era tratado. No caso de Mónica Josefa, podemos pensar o mesmo. Ela permaneceu ao lado de sua senhora, nesse domicílio nasceram os três filhos, e durante os também treze anos não teve que lembrá-la da carta de liberdade. Sabemos que, no final da vida, Cathalina entregou Pedro José a seu amigo para saldar

---

21 AGN, Manuela Sosa, esclava, solicita se le otorgue la libertad a su hijo Juan Antonio, prometida por Don Juan Miguel Sosa, su amo, 1797, Tribunales leg. 144, Exp.13, Sala IX 37-6-1.

22 AGN, María Josefa de la Cruz, negra esclava, solicita la libertad de sus hijos, en poder de Antonio López, albacea testamentario de Antonio de las Cajigas. Tribunales leg C-15 Expediente 10, Sala 9 40-7-2, 1794-1797.

23 AGN, Sobre la entrega a su amo de un negro libre, hijo de una esclava de Juana Fernández, que estaba fugado. Administrativos leg. 29, Expediente 985, Sala IX 23-8-3.

uma dívida. E foi então, e logo após a morte de Cathalina, que Mónica soube que no testamento as crianças apareciam como escravizadas. Os nascimentos criavam situações e arranjos, promessas de melhores condições de vida e oportunidades para as crianças. No olhar senhorial, "docilizavam" as mães, porque estas passavam a ter algo mais para arriscar que a própria vida ou condição de vida.

A maternidade para a negra Agustina: a luta para manter a filha junto a ela

Em março de 1809, o ouvidor juiz de província chamou o alcaide de bairro Manuel de Luque para esclarecer quais foram as circunstâncias que o levaram a invadir a casa da negra Agustina Velasco. O alcaide Manuel Luque disse que tinha recebido denúncia, oferecida pelo soldado do regimento de patrícios Mariano Hortuño e sua mulher Juana Ventura Queno. A denúncia se sustentou em rumores sobre o mau comportamento da negra Agustina, que, apesar de casada com Juan Belen, se amancebava com um paraguaio, que ia dormir em sua casa aos sábados e domingos com consentimento do marido. Luque diz que decidiu colocar um "espião" para vigiar a casa. Foi assim que, na noite do sábado, Hortuño o avisou que o paraguaio estava na casa de Agustina. Luque buscou reforços no regimento de patrícios, mas o comandante se negou a contribuir com soldados para essa ação, já que os soldados, passadas as dez da noite, estavam aquartelados no forte. Luque afirmou que Mariano Hurtuño insistiu para que invadissem a casa da "negra" dizendo que nesse momento o "paraguaio" estava no quarto dela e que estavam perdendo a oportunidade de pegar em flagrante. A caminho do quartel de pardos, achou o oficial desse regimento, que lhe deu alguns homens para essa missão. Chegando à casa de Agustina, bateram à porta; como ninguém respondeu, o alferes Molina decidiu passar por em cima da porta que dava ao pátio. Depois entraram os outros homens, que empurraram a porta de uma cerca de tunas. Lá, no pátio, perceberam que de um dos cômodos saiu um negro com um machado na mão. Para "dissuadir" o negro dispararam um tiro nas tunas. Foi nessa circunstância que Agustina respondeu do interior de sua casa. O alcaide perguntou por que não abria a porta, ao que ela respondeu que era porque perto morava um homem que queria roubar sua filha. O alcaide terminou sua exposição dizendo que entrou na casa, mas que lá não encontrou nada do que buscava.[24]

Ao analisar a transformação das funções dos alcaides de bairro, Dario Barriera adverte que, na instrução de novembro de 1809, o vice-rei Cisneros mandava patrulhar durante a noite e, se fosse considerado necessário, pedir apoio às tropas militares. Deviam evitar guiar-se por delações arbitrárias, nem se imiscuir na vida das famílias e tendo particular atenção na qualidade da pessoa denunciante.[25] A instrução foi publicada meses depois da ação de Luque, mas a coincidência de critérios (ou da ausência de critérios na ação de Luque) evidencia o *modus operandi* do "policiamento dos costumes".

Essa declaração de Luque respondendo à demanda do ouvidor juiz de província é o primeiro documento do expediente. O segundo da polifônica composição é o certificado do pároco de Montserrat testemunhando o bom comportamento dos morenos Agustina e Juan. Cristãos e religiosos. Sobre ela ainda diz que é laboriosa, e, com o trabalho pessoal, passam com muita honradez. Ainda acrescentou que eram amáveis com todas as pessoas que os conheciam.

A primeira fala de Agustina no expediente, representada pelo defensor de pobres, é para apresentar o certificado do médico-cirurgião Salvio Gaffarot, que confirma ter tratado de uma menina de 1 a 2 anos com feridas ocasionadas por algum instrumento cortante.

> Agustina Velasco negra livre vizinha desta cidade declarada pobre em meu nome e de uma menina que acabada de nascer me jogaram à porta e que criado e adotado por filha me apresento ante V. S. na melhor forma de direito e digo: que pelas graves injúrias e desonra que tenho recebido de Mariano Hotuño e sua mulher Juana Ventura Queno há de servir V. S. impor-lhes a pensa de 400 pesos.[26]

A invasão da casa de Agustina pela partida de soldados numa noite de sábado no mês de março de 1809 motivou a negra livre a buscar justiça. Decorrente da ação daquela noite, o marido, Juan Belén, morreu dias depois. Mas, apesar da ação truculenta da patrulha, Agustina se concentrou

24 AGN, La negra Agustina Velesco contra Manuel Ortuno por injurias, Hacienda, 1809-1813.

25 Barriera, El alcalde de barrio, de *justicia* a policía (Río de la Plata, 1770-1830), *Nuevo Mundo, Mundos Nuevos, on-line*, 6 jun. 2017.

26 AGN, La negra Agustina Velesco contra Manuel Ortuno por injurias, Hacienda, 1809-1813.

em pleitear e reivindicar sua honra maculada pelas injúrias de Hotuño e sua esposa. Tinham sido essas que levaram o alcaide e os soldados até a casa dela. A sanha do casal teria começado tempo atrás e estava relacionada com a pequena que Agustina tinha adotado.

> Apenas me jogaram na minha porta uma menina recém-nascida, movida pela caridade a recebi como filha própria, a fiz batizar e a dei a Juana Queno para que me a criasse pagando-lhe oito pesos mensais. Acabado o tempo da lactância e pagando quanto devia, instei para que me entregara minha filha, Juana se recusou, ponderando o amor que lhe tinha e valendo-se de pretextos para que não voltasse a meu poder. Entre outras coisas, disse que se ela não conseguisse ter a menina tampouco a teria eu. Quando se viu pressionada por mim, um dia me apresentou a neném banhada em sangue vertida de quatro feridas que, reconhecidas pelo dr. Salvio Gaffarot, falou que sem dúvida alguma foram abertas por instrumento cortante. A inumana Juana quis matar minha filha antes que me entregar.[27]

Todas as falas de Agustina e seu representante, o defensor de pobres, se direcionam a demonstrar a boa conduta de Agustina e o direito dela sobre a pequena. Muito provavelmente a ama de leite Quenó também fosse negra, apesar de não haver referência a isso no expediente. Mas uma das testemunhas diz ter escutado da antiga senhora de Quenó que esta tinha oferecido dinheiro a seu marido para declarar a favor dela. O certo é que as duas mulheres tinham passado pela experiência da escravidão. Só que Agustina tinha saído acumulando um capital social considerável. No expediente se torna evidente que conseguia mobilizar testemunhos de pessoas respeitáveis que podiam declarar sobre a conduta irreprochável dela. Seu antigo senhor, Manuel Antonio Barquín, disse que lhe constava que sempre tinha sido trabalhadora, e tinha guardado e observado uma conduta digna e cristã.

---

27 AGN, La negra Agustina Velesco contra Manuel Ortuno por injurias, Hacienda, 1809-1813.

A maternidade negra depois do Regulamento para a Educação e Exercício dos Libertos de 1813

Em meio a um clima político agitado, com a certeza de que estavam inaugurando uma nova ordem, nas Províncias Unidas do Rio da Prata foi convocada uma Assembleia Geral em 1813. Esperada por seus contemporâneos, fracassada em seus propósitos iniciais, diz Ternavasio, foi reconhecida por suas primeiras resoluções e "absolvida" por seus silêncios.[28] Entre as resoluções mais conhecidas e mais "radicais" (jacobinas) estão: a liberdade de ventres, a abolição da tortura, da Inquisição, dos títulos de nobreza, do serviço pessoal dos índios e a criação dos símbolos pátrios.

Em 9 de abril de 1812, o conselho tinha declarado a proibição do tráfico. Alegando valores de humanidade, civilização e liberalismo, proibia-se o ingresso de "expedições de escravatura". As que chegassem dentro do ano contado a partir do 25 de maio seriam obrigadas a sair dos portos do território das Províncias Unidas; mas as que chegassem depois desse prazo seriam confiscadas, "os escravos declarados em estado de liberdade e o governo decidirá de que se ocupem em atividades úteis".[29]

Ao instalar-se, a Assembleia declarou a liberdade dos que nasceram após essa data, 31 de janeiro de 1813. Publicada em 2 de fevereiro de 1813, foi regulamentada em 6 de março de 1813. O regulamento estabelecia que o controle dos nascimentos devia ser realizado pelo pároco e comunicado às autoridades civis; os "patronos" deviam passar a informação dos nascimentos às autoridades civis no período de três dias. A lactação dos infantes libertos devia durar doze meses. E em caso de a mãe ser vendida, devia ser acompanhada pelo liberto se ele não tivesse completado 2 anos de idade. Os libertos deviam ficar em casa de seus patronos até os 20 anos, iriam servi-los gratuitamente até a idade de 15 anos, depois receberiam 1 peso mensal. Esse dinheiro seria depositado pelo senhor numa Tesouraria Filantrópica. Cumpridos os vinte anos, se o liberto quisesse se dedicar à lavoura, receberia um

28 Ternavasio, A doscientos años de la Asamblea del año XIII, *PolHis*, ano 6, n.12, p.67-72, 2013.

29 Firmam esse decreto Feliciano Antonio Chiclana e Bernardino Rivadavia. Este último, o mesmo que foi demandado pela mãe do escravo Lucas. Registro Oficial de la República Argentina, que comprende los documentos de 1810 a 1873. Tomo Primero: 1810-1821. Buenos Aires: La República Imprenta Especial de Obras, 1878.

terreno de quatro quadras, mas antes devia casar-se. As libertas quedariam emancipadas aos 16 anos, desde os 14 receberiam 1 peso mensal.

O regulamento estabelecia que as *crianças de castas* deviam ser batizadas gratuitamente.

Assim ficou instituído o patronato dos libertos, pelo qual os nascidos livres ficavam sob a ambígua jurisdição de seus patronos e num limbo cívico, em que não eram escravos nem homens livres. E a maternidade também ficou num espaço ambíguo: uma maternidade tutelada. O regulamento era claro a respeito das responsabilidades dos patronos e dos benefícios que podiam obter. Como diz a senhora da escrava Inês: o parto envolve riscos, o maior risco para um proprietário era perder a escrava e o filho. Ou pior, ficar com uma criança e não ter "um peito" para a alimentar.

Vejamos o caso de Maria de la Concepción, tratado anteriormente por Candioti e Guzman.[30]

Maria de la Concepción havia dado à luz uma criança liberta, sua senhora queria depositá-la na Casa de Expostos, alegava que a mãe não tinha condições de criar esse filho, que a saúde da escrava era frágil e não tinha leite suficiente para amamentar. O administrador da Casa de Expostos, José Martinez de Hoz (o último administrador nomeado pela Santa Irmandade, depois seria o governo pátrio a nomear os administradores), ao ser chamado para explicar por que não tinha recebido a criança, respondeu que não tinham capacidade para receber mais crianças, que gastava por mês entre 700 e 800 pesos em amas de leite e de cria (estas últimas ao desmame) e que tinha informado isso ao alcaide anterior, o qual lhe comentou que tinha um liberto em sua casa e que pagava 6 pesos por mês a uma ama. Imagino que a resposta do alcaide tenha sido derivada da comparação do preço que cobravam as amas de leite e de criar. A esses comentários, Martinez de Hoz agrega que era a "patrona" que devia pagar uma ama de leite para manter saudável o liberto. Era parte de sua "potestade".

Comparemos brevemente com a situação de Maria de la Concepción e de Manuela Sosa. Quando Manuela Sosa conseguiu a sentença favorável ao

30 Candioti, Altaneros y libertinos: transformaciones de la condición jurídica de los afroporteños en la Buenos Aires revolucionaria (1810-1820), *Desarrollo Económico*, v.50, n.198, p.271-96, jul.-set. 2010; Guzman, ¡Madres negras tenían que ser! Maternidad, emancipación y trabajo en tiempos de cambios y transformaciones (Buenos Aires, 1800-1830), *Tempo*, Niterói, v.24, n.3, set.-dez. 2018.

reconhecimento da liberdade de seu filho, o outorgante cedeu a potestade, depositando-a na mãe: "entregando-o a sua mãe para que determine sobre ele como filho próprio, sem mais subordinação que a que lhe pertença como mãe". Já Maria da la Concepción tem sua maternidade "anulada".

O Regulamento para a Educação e Exercício dos Libertos de 1813, ao normatizar a condição "transitória" dos nascidos de mães escravizadas também regulamentou sobre a condição das mães enquanto mães. Elas tinham o direito/obrigação de amamentar os filhos durante um ano e de permanecer junto deles durante dois.

Dona Manuela Nuñez diz que no ano anterior, 1814, tinha comprado uma negra chamada Inês com uma filha de idade de 6 a 7 anos pela quantia de 450 pesos. Pouco tempo depois, vendeu a menina por 150 pesos, "com a particularidade de ser Inês quem buscou senhor para sua filha servir". Mas, no início de 1815, Inês demandou a sua senhora solicitando "papel de venda". Queixava-se a senhora de que, apesar de o sagrado direito de propriedade não a obrigar a fazer a venda, o juizado tinha ordenado que entregasse papel de venda em favor de sua escrava:

> E eu por não me envolver num pleito, ou o que é mais certo, por temor aos gastos de um recurso, tive que ceder àquela violência. Quanta vemos de este senhor governador! Dei a minha escrava o papel de venda pela quantia de 300 pesos livre de escritura, que é o mesmo que me custou deduzidos os 150 pesos em que vendi a filha [...].[31]

Dona Manuela nos oferece outra informação reveladora. Se bem que a escritura de compra-venda diz que comprou uma escrava e sua filha pelo valor de 450 pesos, não diz nada sobre a condição de Inês. Dona Manuela a comprou grávida de oito meses:

> Comprei a negra Inês grávida de oito meses correndo os riscos do parto, sujeitando-me aos custos dele e aos inconvenientes da criança do liberto que vive mediante meu cuidado, que aqueles riscos de que hoje se encontra livre a

31 AGN, Sobre la venta de una negra y su hija en $450 propiedad de Angel Mariano Sánchez a Doña Manuela Nuñez. Administrativos leg. 32, Expediente 1128, Sala IX 23-8-6, (1814-1816).

> negra, a faziam de menor valor, como se provou na nota n.3 em que o vendedor me diz que saindo do parto não a venderia em 300 pesos.[32]

Arango y Parreño tinha expressado em 1811 uma opinião compartilhada por muitos senhores de escravos contemporâneos: a escrava "prenha" devia ficar inativa e consumindo uma melhor alimentação. Os custos aumentados e os riscos que corriam mãe e filho recaíam no "bolso do senhor". Um desembolso tão considerável para o dono que o negro que nasce em casa de seu senhor custava mais que aquele adquirido por compra, afirmou o plantador cubano. Disso inferia Arango e Parreño que não havia nenhum interesse em cuidar dos partos das escravas.[33]

Dona Manuela se queixava de que, depois de ter dado papel de venda para sua criada pelo valor de 300 pesos, esta voltou ao juizado expondo que somente encontrava comprador a 250 pesos. Nos processos de precificar os escravos, era frequente a negociação entre compradores e vendedores mediada pelos próprios escravos que queriam trocar de senhor e pressionavam pela realização da venda. Mas, nesse caso, somos inclinados a pensar que Inês deve ter conseguido um comprador próximo do destino da filha para a qual ela mesma tinha "arranjado" um senhor. A utilização do papel de venda para buscar novas colocações envolvia um conjunto de habilidades por parte do escravo, entre as quais não se descarta a de negociação tendente a baixar seu preço. Mas, ademais, Inês estaria com pressa para que a compra fosse realizada. Ela tinha passado ao domínio de dona Manuela em agosto de 1814, e em janeiro de 1816 andava com um papel de venda buscando nova colocação. Ainda tinha alguns meses para que, se vendida, fosse acompanhada por seu filho.

Conclusão

Quando os países de América Hispânica legislaram sobre as condições dos ventres das escravas, fizeram-no na certeza das vantagens do gradualismo na

32 Ibid.

33 Meriño Fuentes; Perera Díaz, La utopía de la reproducción natural de la mano de obra y el cuidado de los esclavos criollos en los ingenios cubanos en el siglo XIX, *Revista de la Biblioteca Nacional de Cuba*, ano 107, n.2, p.71-83, 2016.

abolição da escravidão. O gradualismo, pauta que tinha começado na tradição anglo-saxã, foi-se constituindo como única via para a abolição, embora as peculiaridades locais fossem muitas e marcantes.[34] A saída violenta do Haiti (1791-1804) reforçou a necessidade de manter o etapismo na abolição.[35]

No clima "revolucionário" das independências não há vozes que se levantem contra as disposições dos ventres livres, mas, quando observamos de perto a regulamentação e implementação, vemos que a tendência é à sujeição. O controle do liberto predominou sobre o ideário da autonomia.

É evidente que o legislador pensou que era possível transitar entre a escravidão e a cidadania plena através de um aprendizado paternalista. E para isso criou um limbo em que a criança – ainda não trabalhador adulto – liberta – já não escravo – devia ser mantida por seu patrono na expectativa de um dia poder usufruir de seu trabalho.

As mães escravizadas antes e depois da legislação de ventres livres foram tuteladas no exercício da maternidade. Elas buscaram, com a assistência do defensor de pobres ou do síndico protetor de escravo, melhorar as condições de vida de seus filhos, pleiteando a liberdade e garantindo-lhes alguma das proteções estabelecidas em leis. Também, fora do âmbito judicial, buscando para eles senhores que dessem alguma garantia de "bom tratamento". A garantia podia ser a palavra, a confiança, o testemunho de um amigo etc.

O ano de amamentação estabelecido no regulamento era resultado de uma extensa literatura sanitária, que recomendava o leite e os cuidados maternos. Se, por um lado, era um direito para as mães e seus filhos, também era uma imposição para o patrono, que devia assegurar que a mãe escravizada tivesse condições de amamentação. Como afirmava Arango e Parreño, e reiteravam os senhores de escravos de Buenos Aires, a escrava "prenha" devia ficar inativa e recebendo uma melhor alimentação. A compensação para os patronos era o trabalho dos libertos que poderiam usufruir no futuro.

A extensão do *status* de liberto aos escravos capturados em corso na Guerra da Cisplatina (1825-1828) evidencia o limite abolicionista do estatuto do liberto.

---

34 Candioti, Regulando el fin de la esclavitud: diálogos, innovaciones y disputas jurídicas en las nuevas repúblicas sudamericanas 1810-1830, *Jahrbuch für Geschichte Lateinamerikas*, n.52, 2015.

35 Secreto, Sediciosa Buenos Aires: o complot de escravos e franceses no Rio da Prata, 1795, *História Unisinos*, v.17, p.146-57, 2013.

Os armadores de corsários que apresassem carregamento de escravos podiam empenhar seus serviços por 200 pesos. O tempo do empenho dependia da idade do escravo. Os que tinham menos de 10 anos até cumprir 20; os capturados que tivessem entre 10 e 15 anos de idade ficariam no sistema de patronato por dez anos, os que tivessem entre 15 e 25 anos permaneceriam por oito anos e os que tivessem entre 25 e 35 por seis anos. Os escravos que tivessem mais de 35 anos de idade ficariam no patronato por quatro anos.[36]

36 Alvarez, *Instituciones del derecho español*, p.50-1.

13
Mulheres escravizadas, alforriadas e tuteladas:
os difíceis caminhos para a plena liberdade

Enidelce Bertin

A Lei n.2.040 de 28 de setembro de 1871 não surgiu no vazio, mas do debate instalado em diferentes âmbitos da sociedade e da tensão entre o interesse em conciliar a preservação da propriedade escrava com uma perspectiva de emancipação gradual cujas rédeas estivessem sob o controle da ordem escravista. Sendo a lei um dispositivo de regulação social que reflete as necessidades de uma sociedade em determinado período, conhecer seu passado é tão necessário quanto útil para sua compreensão.

Nesse passado da Lei de 1871, os homens e as mulheres escravizados, emancipados ou tutelados foram silenciados nas memórias parlamentares ou nos documentos institucionais. A historiografia acumulou relevante bagagem desde o final do século XX, recusando a reificação e jogando luzes nas ações desses sujeitos em direção à emancipação. Há, contudo, ainda muito por saber sobre esse processo, especialmente como as mulheres responderam às determinações da lei e, antes disso, como as experiências delas no embate cotidiano pela liberdade foram incorporadas como ingredientes dos debates sobre a questão da emancipação. Este texto pretende tratar do último ponto.

É muito significativo que a Lei n.2.040 de 1871 seja conhecida como Lei do Ventre Livre. Embora esse dispositivo legal tratasse de variados meios para o alcance da emancipação – o pecúlio, a alforria, os fundos de crédito –, a alcunha aponta para a centralidade do ventre da escravizada. Entender a posição primordial da mulher na escravidão e no processo de emancipação, a partir dos significados do princípio legal romano *partus sequitur ventrem* para a continuidade do escravismo, tem sido a aposta de historiadoras e historiadores através da abordagem das relações de gênero na escravidão.[1]

Inicialmente enfatizo três momentos relevantes na construção da Lei de 1871. O primeiro, um discurso de Caetano Soares em reunião dos jurisconsultos do Instituto dos Advogados Brasileiros (IAB), em 1845. O segundo, a conferência do mesmo instituto, em 1857, cujas sessões internas promoveram debates fundamentais. Por fim, a discussão dos projetos de emancipação ocorrida no Conselho de Estado a partir de 1867. Estes não foram momentos estanques ou isolados. Pelo contrário, eles se entrelaçam e evoluem lentamente para a muito gradual emancipação definida na Lei de 28 de setembro de 1871.

Após a apresentação sucinta dos debates sobre a emancipação na primeira seção, volto a atenção para as cartas de liberdade, mais precisamente para a compreensão senhorial sobre o ventre da liberta, o que permitiu vislumbrar rastros de antigos dispositivos legais no entendimento sobre a liberdade. Os vestígios de permanência de interpretações do código romano e da legislação portuguesa setecentista guiaram um rápido recuo ao século XVIII para observar o embasamento da causa da liberdade nos tribunais coloniais. Na última parte do texto, a partir de ações de liberdade posteriores à lei, procuro perscrutar o saldo dos debates emancipacionistas contra os antigos argumentos escravistas, bem como as ambiguidades em torno da liberdade, as quais não foram silenciadas pelas mulheres libertas ou escravizadas.

A liberdade do ventre entre juristas e legisladores

O acompanhar da construção do posicionamento do IAB sobre a emancipação dos escravizados, através dos discursos e memórias dos seus membros, mostra que, para essa casa dos advogados, a defesa da liberdade não poderia ofender a legitimidade da propriedade. De forma muito cautelosa, os jurisconsultos debateram formas de "educar os escravos para a liberdade, mantendo-os em completa sujeição política e econômica".[2]

---

1 Entre outros, Ariza, Mães libertas, filhos escravos: desafios femininos nas últimas décadas da escravidão em São Paulo, *Revista Brasileira de História*, v.38, n.79, p.151-71, 2018; Cowling, *Concebendo a liberdade*; Telles, *Teresa Benguela e Felipa Crioula estavam grávidas*.

2 Pena, *Pajens da casa imperial*, p.81.

Em 1845, na apresentação do seu "Melhoramento da sorte dos escravos no Brasil", Caetano Soares propôs uma reforma emancipacionista através da libertação do ventre escravo e do direito à compra da alforria. Por longos 25 anos, o assunto foi discutido, aquilatado e formatado até ser transformado no texto da lei. Entretanto, outros temas levantados por Soares não foram mencionados no texto final, embora tivessem produzido intensos debates. Este foi o caso da maternidade escrava e da liberdade para filhos de escravizadas com seus senhores.

Uma década depois, as discussões na conferência do IAB, em 1857, giraram em torno da liberdade dos filhos de mulheres libertadas sob condição e foram embasadas no princípio romano do *partus sequitur ventrem*, na lei portuguesa de 1769, no *Code Noir* da Louisiana (1724) e no Código Civil da Louisiana (1825).[3] Entendendo a liberdade como um preceito da boa razão,

---

3 A lei de 1769, conhecida como a "Lei da Boa Razão", determinava que apenas as cláusulas do código romano que respeitassem a boa razão ainda poderiam ser usadas: o respeito aos direitos natural e das gentes. Pena, *Pajens da casa imperial*, p.90-1.

O *Code Noir* definia o estatuto de escravos e negros livres, bem como as relações entre senhores e escravos. O código da colônia francesa da Louisiana (1724) foi promulgado por Luís XV e estava baseado no código para o Caribe francês (1684), promulgado no governo de Luís XIV. Antes deste, a colônia britânica da Virgínia já adotara o Ato n.12, em 1662, definindo o princípio do *partus sequitur ventrem* para a escravidão. Ver: Morgan, *Partus sequitur ventrem*: Law, Race, and Reproduction in Colonial Slavery, Small Axe, *A Caribbean Journal of Criticism*, v.22, n.55, p.1-17, mar. 2018. A seguir, os artigos relativos a esse princípio:

Virgínia, dez. 1662, Ato n.12: "Os filhos de mulheres negras devem servir de acordo com a condição da mãe. Considerando que algumas dúvidas surgiram se os filhos obtidos por algum inglês sobre uma mulher negra devem ser escravos ou livres, seja, portanto, promulgado e declarado por esta grande assembleia atual que todas as crianças nascidas neste país serão mantidas em servidão ou livres apenas de acordo com a condição da mãe, e que se algum cristão cometer fornicação com um homem ou mulher negros, ele ou ela deverá pagar em dobro as multas impostas pelo ato anterior".

Louisiana, 1724: "X. Se o marido for um escravo e a esposa uma mulher livre, é nosso desejo que seus filhos, não importando o sexo, compartilhem a condição de sua mãe, e sejam tão livres como ela, apesar da servidão do seu pai; e se o pai for livre e a mãe uma escrava, os filhos serão todos escravos". Disponível em: <https://www.blackpast.org/african-american-history>. Acesso em: 1º set. 2020.

O código civil da Louisiana de 1825, no capítulo sobre os escravos, tem por base o Código Negro de 1724, acrescido de emendas. O artigo 196 trata dos filhos de mulheres libertas. Esse artigo foi citado por Perdigão Malheiro na sua obra principal (*A escravidão no Brasil*, v.1, p.168, nota 693), que por sua vez foi bastante mencionada por advogados em ações de liberdade: "Art. 196. A criança nascida de uma mulher após ela ter adquirido o direito de ser livre em um tempo futuro, segue a condição de sua mãe, e se torna livre no tempo fixado para a emancipação dela, mesmo se a mãe morrer antes daquele tempo" (Civil Code of the State of Louisiana with the Statutory Amendments, from 1825 to 1853, comp. and edit. Thomas Gibes Morgan, New

do direito natural e da civilização moderna, Perdigão Malheiro, assim como Soares, defendeu a liberdade dos filhos em caso de manumissão da mãe, isentando-os das restrições das condições a ela impostas.[4]

As propostas de reforma de Soares, assim como os intensos debates delas decorrentes, ganham sentido quando observada a conjuntura internacional sobre a questão do tráfico e da escravidão. A discussão especializada dos juristas refletia as pressões britânicas para o fim do tráfico, as variadas experiências de emancipação escrava nas Américas, assim como a diversificada mobilização dos escravizados em direção à liberdade. Ainda que ninguém do IAB reconhecesse, as ruas e senzalas alcançavam os tribunais e ajudavam a orientar os debates dos jurisconsultos. Retorno a esse importante ponto mais à frente.

Perseguindo vagarosamente o encaminhamento dos debates já realizados em outros pontos das Américas e inspirados nas medidas gradualistas instituídas nas colônias francesas, os jurisconsultos brasileiros apontavam para a mulher escravizada como um norte para a emancipação gradual. Liberdade do ventre, liberdade às mulheres escravizadas que gerassem filhos de seus senhores, liberdade por gratidão à ama de leite, liberdade aos filhos das escravizadas com seus senhores. Não obstante a discussão desses temas no instituto, nem todos foram contemplados nos projetos legislativos de Pimenta Bueno (e que se tornarão o projeto da lei de 1871). Ainda que o assunto dos assédios e violências dos senhores sobre as mulheres já tivesse sido abordado nas memórias de João Maciel da Costa (1821) e de José Bonifácio (1823), e dos advogados Burlamaque (1837), Caetano Soares (1845) e de Perdigão Malheiro (1859), o instituto não produziu peça de jurisprudência sobre as escravizadas com efeitos na Lei de 1871. A liberdade do ventre foi a máxima alcançada pelo gradualismo.[5]

Em 1867 teve início no Conselho de Estado a discussão dos cinco projetos para emancipação de autoria de Pimenta Bueno, o visconde de São Vicente. O primeiro projeto era declaradamente inspirado na lei portuguesa de 1773,

Orleans, Bloomfield & Stell, 1861, p.33. Disponível em: <https://babel.hathitrust.org/cgi/pt?id=dul1.ark:/13960/t2b861r36&view=1up&seq=1>. Acesso em: 1º set. 2020.)

4 Pena, *Pajens da casa imperial*, p.95. Essa tese foi desenvolvida em Perdigão Malheiro, *A escravidão no Brasil*, v.1.

5 Pena, *Pajens da casa imperial*, p.179-230.

que estabelecia a liberdade aos filhos de escravas nascidos no reino, e na de 1856, que estendia a liberdade aos nascidos de mãe escrava nas possessões portuguesas na África.[6]

Preocupado em "cessar a ansiedade dos senhores e as esperanças dos escravos", Nabuco de Araújo propõe a unificação dos projetos e altera a previsão anterior de um laivo de autonomia para mães de filhos ventre-livres.[7] Araújo inverteu a proposta original, concedendo aos senhores das mães a preferência sobre o destino das crianças porque considerava que, de outro modo, "era a pior forma de abolição imediata, porque era anárquica".[8] Em nome da cautela e do controle social prevaleceu, assim, a preservação das relações de poder, através da tutela por vinte anos e o caráter indenizatório da alforria, através da defesa do pecúlio ou do fundo de emancipação.

Atentos ao encaminhamento da emancipação nas Américas e à urgência que o tema assumia no Brasil, os jurisconsultos do IAB e os legisladores do Conselho de Estado sabiam que a emancipação escrava era um caminho sem volta, restando a eles definir os contornos do processo de modo a tentar preservar a propriedade escrava e a prerrogativa senhorial. Entretanto, o saldo das décadas de debates foi bastante conservador. Em discurso, o visconde de Jequitinhonha criticou de modo lacônico o atraso na emancipação

6 A lei portuguesa de 1773 foi pioneira na libertação do ventre escravo, porém não abrangia os escravizados em domínios portugueses fora da Europa: "sou servido obviar a todos os sobreditos absurdos ordenando, como por este ordeno: quanto ao pretérito, que todos aqueles escravos ou escravas, ou sejam nascidos dos sobreditos concubinatos ou ainda de legítimos matrimônios, cujas mães e avós são ou houverem sido escravas, fiquem no cativeiro em que se acham, durante a sua vida somente; que porém aqueles, cuja escravidão vier das bisavós, fiquem livres e desembargados, posto que as mães e avós tenham vivido em cativeiro; que quanto ao futuro, todos os que nascerem do dia da publicação desta lei em diante, nasçam por benefício dela inteiramente livres, posto que as mães e avós hajam sido escravas; e que todos os sobreditos por efeito desta minha paternal e pia providência libertados fiquem hábeis para todos os ofícios, honras, e dignidades, sem a nota distintiva de libertos, que a superstição dos romanos estabeleceu nos seus costumes e que a união cristã e a sociedade civil faz hoje intolerável no meu reino, como o tem sido em todos os outros da Europa" (Lara, Legislação sobre escravos africanos na legislação portuguesa, in: Andrés-Gallego (coord.), *Nuevas aportaciones a la historia jurídica de iberoamérica*, p.359-60). Apenas com a lei de 24 de julho de 1856 Portugal ampliou aqueles termos para as colônias: "Art. 1º: Os filhos de mulher escrava que nascerem nas províncias ultramarinas depois da publicação d'esta lei, serão considerados de condição livre"; "Art. 2º: os filhos [...] são obrigados a servir gratuitamente até a idade de 20 anos aos senhores de suas mães" (Nabuco, *Um estadista no Império*, v.3, p.29-30).

7 Nabuco, *Um estadista no Império*, v.3, p.61.

8 Ibid., p.69.

escrava: "não é muito que o Brasil de 1867 realize em parte o grande pensamento que ditou o alvará de 1773".[9]

Jequitinhonha referia-se à lei portuguesa de 16 de janeiro de 1773, que libertava os escravos de quarta geração e todos os nascidos a partir da sua publicação, configurando uma "lei do ventre livre".[10] É significativo que o conselheiro lembrasse dessa lei portuguesa promulgada em um período de difusão de princípios iluministas como o direito natural e a ideia da desumanidade da escravidão. Embora sem aplicação no Brasil, essa lei representou para os libertos e pardos livres o fim das restrições sociais às suas "capacidades" e, para os escravizados, contribuiu para a disseminação da percepção do "direito das gentes" e da legitimidade de pleitear a liberdade quando tivessem os meios para custeá-la.[11]

A ideia de liberdade do ventre nas cartas de alforria

Quando a Lei n.2.040 foi aprovada em 1871, havia muito tempo que mulheres libertas sob condição levavam seus antigos senhores aos tribunais reclamando a liberdade plena de filhos nascidos durante o cumprimento das obrigações. Outras tantas procuravam a justiça na esperança de fazer valer a liberdade prometida por proprietários e negada por seus herdeiros ou de se defender das tentativas de escravização. Muitas buscaram negociar uma alforria plena, mas poucas se livraram das cláusulas restritivas embutidas nas cartas de liberdade. Isso porque, enquanto os juristas debatiam a condição jurídica dos filhos das libertas no IAB ou no Conselho de Estado, os proprietários de escravos continuavam determinando, ao seu modo, diferentes formas de permanência do domínio sobre mães e filhos.[12]

No cotidiano da escravidão eram comuns as divergências entre a alforria negociada e aquela registrada. Quando as alforrias eram definidas no documento da liberdade pelo senhor, poucos vestígios eram deixados sobre negociações alinhavadas anteriormente entre ele e o escravizado. Nos registros de alforria anteriores a 1871, muitos dos alforriantes de jovens mulheres

9 Ibid., p.59.

10 Ver nota 6.

11 Lima, *De libertos a habilitados*, p.112.

12 Bertin, *Alforrias na São Paulo do século XIX*.

tentaram determinar a condição jurídica dos filhos futuros das mesmas, sem que para isso houvesse uma legislação própria do Império do Brasil.

A partir de evidências deixadas em cartas de liberdade – e que serão apresentadas aqui –, pode-se admitir que escravizadas e proprietários possuíam alguma noção a respeito do possível direito à liberdade do ventre, muito antes de o assunto ser tema de debate especializado e se tornar projeto de emancipação. Destaco ainda que essas noções, rastros de outras legislações, podem ter servido de baliza para as discussões dos juristas e legisladores em meados do século XIX.

Nas cartas de liberdade por mim escrutinadas, há referências textuais ao ventre ou aos filhos ainda não nascidos da liberta desde o final do século XVIII até 1862.[13] Em muitas cartas de alforria, especialmente aquelas condicionais, o proprietário mencionou o ventre da liberta como terreno de sua alçada. Entretanto, o discurso senhorial contido nesses documentos é ambíguo em relação àqueles nascidos durante o prazo de cumprimento de condições. Para muitos senhores e senhoras, a liberdade das suas escravizadas garantia uma liberdade condicional também aos filhos que dela nascessem durante o cumprimento das obrigações. Para alguns senhores, os filhos dessas libertadas condicionais estariam livres. Para outros, os filhos nascidos seriam escravos. Alguns declararam que esses filhos ficariam livres da escravidão, mas tutelados pelo senhor até 21 ou 25 anos de idade. Para muitos, a condição imposta à mãe de servir até a morte do senhor era extensível aos filhos que nascessem após a alforria. Os casos sintetizados a seguir, extraídos de cartas de liberdade registradas em São Paulo, evidenciam a compreensão dúbia dos senhores sobre o ventre da escravizada.

Na carta de alforria de Maria, escravizada de 17 anos de idade e pertencente a Jerônimo Nunes Munhós e esposa, além da obrigação de prestação de serviços até a morte do casal, outra condição foi acrescentada: "se tiver filhos estes nos servirão como escravos enquanto vivermos e ficarão bons depois de nossa morte assim como sua mãe".[14] Algo semelhante se deu no registro de liberdade de Brízida, de 6 anos de idade: "os filhos que de ora em diante tiver [serão] senão meus escravos, podendo desses dispor como

---

13 Foram analisados 249 registros de alforria do período 1773 a 1799 e 1.105 registros do período 1800-1888.

14 1º Cartório de Notas da Capital, L53, fl.54v, 7 dez. 1857.

me convier. E depois de minha morte, porém, ficará a dita escrava gozando de sua ampla liberdade".[15]

As ressalvas na carta de liberdade de Maria, de nação moçambique, feitas pela senhora Maria Josefa de Moniz em 1853 também foram claras: ela "só poderá gozar depois de meu falecimento pelo que todos os filhos e filhas que ela tiver antes do meu falecimento serão meus escravos".[16] Dez anos antes, Francisca de Paula, outra africana moçambique, pagou por sua alforria, mas recebeu um papel condicional com a observação: "depois de minha morte poderá gozar dos efeitos da liberdade". A proprietária ainda acrescentou que "os filhos que a mesma tiver em todo o tempo que durar a condição serão considerados como meus escravos e só ficarão libertos por minha morte".[17]

No mesmo período em que o assunto da liberdade do ventre estava na pauta de juristas, os senhores das escravizadas citadas tentaram garantir o domínio sobre o corpo da liberta na figura dos filhos que um dia ela viesse a ter. O impacto dessas declarações senhoriais afetou diretamente a maternidade exercida por essas mulheres, uma vez que a escravização de seus filhos e a separação deles estão nas entrelinhas do registro da alforria. Havia, portanto, um sobrepreço a ser pago pela mulher escravizada que extrapolava as condições a ela impostas.

Entretanto, outros senhores entenderam que a liberdade da mãe era extensível aos filhos, ainda que estes nascessem durante o cumprimento das condições. Baldoína Maria Vieira alforriou Luzia na sua terça parte, condicionalmente. Ela determinou, ainda, que ficavam "desde já livres e libertos sem sujeição de cativeiro algum toda e qualquer produção de filhos que do ventre da mesma houver de nascer, somente com a cláusula de me servirem enquanto minha vida".[18] Os filhos que Luzia gerasse enquanto sua proprietária vivesse seriam, como ela, libertos sob condição. O mesmo teor aparece nos termos da alforria de Joana: "faço doação da liberdade com a condição de me servir toda minha vida bem como os filhos que de ora em diante possa ter, que igualmente são forros visto nascerem já de ventre livre".[19]

---

15 1º Cartório de Notas da Capital, L51, fl.41v, 5 maio 1855.

16 1º Cartório de Notas da Capital, L49, fl.33, 6 mar. 1853.

17 Apesp, 2º Cartório de Notas, L42, fl.43, 2 ago. 1843.

18 1º Cartório de Notas da Capital, L43, fl.76, 8 fev. 1843.

19 1º Cartório de Notas da Capital, L45, fl.105v, 4 dez. 1847.

Mesmo nos casos de alforria gratuita, a menção aos filhos não nascidos é elucidativa dos significados da escravização de mulheres. Em 1799, Maria Buena Silveira declarou a liberdade de Ana dizendo "que se da data desta em diante a dita escrava produzir algum filho ou filha sejam estes logo havidos por liberto e isento de toda a escravidão".[20] Mais assertiva ainda foi a declaração de alforria de Maria e de sua filha Ana, feita por Francisco Xavier de Morais e esposa: "por este instrumento a forravam para que livre da escravidão possa tratar da sua vida indo livremente para onde lhe parecer que a goze por si e seus filhos que tiver da data desta em diante com posse real e especial sem que jamais possa ser cativa".[21]

As falas senhoriais escancaram um entendimento utilitário da maternidade dessas mulheres que, de tão centrais, mereceram destacadas ressalvas nos documentos de alforria. Esses casos evidenciam que os senhores conheciam o princípio do *partus sequitur ventrem*, mas tentaram garantir o domínio sobre os "frutos" das libertas nos meandros da carta de liberdade. Nota-se, contudo, que as noções senhoriais sobre a situação dos filhos das libertas eram dúbias. Os registros de liberdade flagraram as controvérsias sobre a liberdade plena dos nascituros, sobre a aquisição por estes das mesmas obrigações das suas mães libertas sob condição, ou ainda a preservação da escravidão. Assim como a liberdade condicional era entendida pelos senhores como parcial porque dependente do completo cumprimento da imposição, também a liberdade dos filhos de mãe liberta não era entendida como plena e imediata.

A variedade de interpretação dos proprietários e também dos juristas sobre a condição dos filhos de libertas sinalizava a necessidade de uma jurisprudência clara sobre o tema. Quando, em 1845, Caetano Soares debateu a situação dos filhos das libertas, ele sabia que a classe senhorial divergia sobre o assunto, mesmo quando aceitava a liberdade do ventre. Como advogado, Soares também sabia que as mulheres escravizadas e libertas tinham plena consciência do que aquele princípio romano representava para elas.

Em 1818, por exemplo, a liberta Francisca de Paula entrou com um libelo no Juízo de Órfãos de São Paulo pedindo a extensão da sua liberdade a suas

20 1º Cartório de Notas da Capital, L9, fl.44, 4 maio 1799.
21 1º Cartório de Notas da Capital, L15, fl.3v, 29 ago. 1806.

filhas nascidas durante o cumprimento da condição.[22] Em 1821, a liberta Josefa negociou a compra da sua filha e neta que haviam entrado no inventário de sua ex-proprietária. O respeito ao rito da propriedade talvez fosse uma aposta alta da avó liberta diante das possíveis negativas anteriores em obter a alforria da mãe e da filha. O risco de pagar com sobrepreço valia pela certeza de que Josefa poderia interromper a escravidão dos seus descendentes.[23]

Paradigma da escravidão nas Américas, o *partus sequitur ventrem* é facilmente rastreável nas cartas de liberdade. É notável que esses registros revelem proprietários com alguma noção da regra do ventre livre, ainda que eles tentassem garantir domínio sobre os filhos das libertas através da tutela. As escravizadas, por sua vez, conheciam no próprio corpo os significados desse princípio legal. O esforço das mães para alcançar a alforria para seus filhos e filhas transparece nos documentos, apesar de o discurso senhorial reforçar a benevolência dos proprietários. Mães pagando pela liberdade, negociando crédito com terceiros para obtenção do pecúlio, servindo com empenho na esperança de ser lembrada no testamento senhorial. Elas não esperaram a lei. Pelo contrário. Usando todos os recursos possíveis, incluindo a negociação, o curador, o advogado, juntando informações de um e outro, e – por que não – o bom comportamento, mobilizaram-se na crença de que se o *partus sequitur ventrem* definia a escravidão, também poderia definir a liberdade.

Rastros das legislações romana e portuguesa

A instabilidade vivida pelos alforriados e alforriadas e seus filhos pode ser percebida, também, nas ações litigiosas movidas contra ex-senhores ou seus herdeiros, que frequentemente continuavam reputando os libertos como seus escravos. O uso da via judicial nas tentativas de escravização, de liberdade, de reescravização ou de manutenção de liberdade era produto do sistema colonial escravista e estava consubstanciada em seu ordenamento legal. Essa utilização dos tribunais para proteção e reivindicação da liberdade está documentada pelo menos desde as primeiras décadas do século XVIII.

22 Apesp, Juízo de Órfãos, Processo 13.110, Autos de libelo, 1818.
23 Apesp, Juízo de Órfãos, Auto de Avaliação, Processo 13.613, 1821.

O descompasso entre a condição social e o estatuto jurídico estruturava uma frágil e instável realidade para muitos alforriados e negros livres. A busca das cortes de justiça foi recorrente como uma alternativa para equiparação dessas condições e como uma importante frente para obter reconhecimento judicial da liberdade. Uma volta ao século XVIII pode ser elucidativa dessa mobilização dos sujeitos a partir do manejo de variados argumentos jurídicos, cujos significados originais foram estrategicamente alargados.[24]

A análise de ações de liberdade e ações de escravidão de meados do século XVIII em diante indica fortemente que os escravizados e escravizadas tinham conhecimento de princípios legais importantes para sua defesa, ou pelo menos sabiam procurar quem detinha essas informações. Nas ações de liberdade movidas em Mariana e em São Paulo naquele período, o embasamento jurídico estava centrado na legislação romana, na legislação portuguesa e também em leis medievais de outros reinos, como as Siete Partidas da Espanha e de juristas seiscentistas como Cortiada e Acevedo.[25] Investigando os instrumentos de jurisprudência usados para equacionar as forças opostas entre princípios de propriedade e de liberdade, Korzilius demonstra que o recurso à presunção de liberdade foi uma brecha usada por procuradores setecentistas para manter escravizados sob custódia e a salvo de maus-tratos de senhores ou para evitar uma reescravização iminente, nos casos de libertos sob condição ou em testamento. Para esse autor, a jurisprudência erudita europeia e a escravidão colonial moderna não estavam desvinculadas; pelo contrário, através das cortes coloniais, ela contribuiu na formatação da escravidão. Nesse sentido, para ele, "o espaço para as leis costumeiras se desenvolverem foi mínimo".[26]

A indefinição da situação jurídica das libertas sob condição, e principalmente de seus filhos, resultou em insegurança para muitos sujeitos, o que

---

24 Pinheiro, *Em defesa da liberdade*; Korzilius, Property *vs.* Liberty: Procedural Law and Practice of Freedom Trials in Portugal and Brazil, *Fronteiras e Debates*, Macapá, v.4, n.1, jan.-jul. 2017; Precioso, Em torno da lei de 1773: petições de pardos e crioulos ao Conselho Ultramarino (Minas Gerais, 1750-1808), *Diálogos*, Rio de Janeiro, v.6, 2012; Diório, *As marcas da liberdade*.

25 Korzilius, op. cit., p.60-74.

26 Ibid., p.78: "The space for customary law to develop, to the contrary, was minimal". Korzilius relativiza a tese de Manuela Carneiro da Cunha de que a ausência de instituições do Estado e de leis da escravidão para regular as relações entre senhores e escravos promoveu a apropriação do costume como referência legal (Cunha, *Sobre os silêncios da lei*).

contribuiu para algumas sentenças judiciais favoráveis à liberdade e que serviram como jurisprudências da questão. Destaquem-se aqui algumas das muitas ações judiciais garimpadas por Fernanda Pinheiro, movidas nos tribunais de Mariana, Minas Gerais, no século XVIII e início do XIX e que giravam em torno da questão da liberdade. Algumas demandas de mulheres naqueles processos são muito significativas em revelar o esforço de mães para obter a liberdade dos filhos ou para escapar de abusos dos senhores ou patronos.

Vitória teve quatro filhos durante o prazo para pagamento de sua coartação em Mariana na década de 1780.[27] Ao receber sua carta de liberdade, depois de finalizado o pagamento, ela constata que suas crianças não haviam sido beneficiadas, por isso recusa o documento e apela por ajuda ao governador, que a atende. O proprietário aguarda o fim do mandato daquela autoridade para mover ação contra as alforrias dos pequenos tomando por base o direito de propriedade estabelecido nas Ordenações Filipinas.[28]

Situação similar se deu com Esméria, que, em 1819, entrou com um libelo de liberdade alegando ser livre porque filha de coartada. Opondo-se à interpretação hegemônica, o advogado de Esméria defendeu que o ventre da mãe estava livre mesmo antes da finalização do pagamento da coartação. As testemunhas declararam que Felícia, a mãe de Esméria, havia sido reescravizada antes de totalizar o pagamento da sua coartação porque o proprietário soubera de sua gravidez. Esméria fora concebida durante a coartação, mas nasceu quando a mãe havia sido reescravizada. Curador e juiz rechaçaram essa prática senhorial e acolheram o pedido de liberdade de Esméria.[29]

Em 1763, Francisca Maria, mulher parda que vivia em Mariana, redigiu de próprio punho o pedido de reconhecimento da liberdade na ação que moveu contra seu pai e senhor. Embora fosse filha de uma escravizada, Francisca Maria reforçava que sua condição social era de livre porque assim

27 A coartação foi prática comum em várias regiões, especialmente em Minas Gerais, onde parece ter sido mais bem documentada. A coartação consistia em um acordo de liberdade paga em prestações e em prazo predeterminado, no qual o coartado poderia se distanciar do domínio senhorial. A carta de liberdade era concedida apenas após a quitação total do valor acordado. Filhos de coartadas, concebidos e nascidos durante o prazo da coartação, em geral eram considerados livres.

28 Pinheiro, *Em defesa da liberdade*, p.45-6.

29 Ibid., p.49.

fora tratada pelo pai até certa altura de sua vida, quando ele quis vendê-la juntamente com os três filhos naturais. Francisca conseguiu, depois de três tentativas, ser depositada, protegendo-se temporariamente da venda e das represálias a que estava suscetível.[30]

Francisca Maria era considerada livre, embora fosse escrava. Já Catherina e Josefa eram alforriadas, mas continuaram a ser tratadas como escravas nos arredores de Mariana, Minas Gerais. Catherina acionou a justiça em 1741 para validação de sua carta de alforria e Josefa de Morais se defendeu em ação de reescravização movida pelo patrono depois que ela o abandonou, em 1761.[31] Para essas três mulheres, a justiça foi uma esperança para confrontar a distinção entre condição social e situação jurídica e defender a posse e o usufruto da liberdade.

Para Korzilius e Pinheiro, as estratégias usadas por advogados e libertos ou escravizados na arena jurídica foram fundamentais para o sucesso das ações. A escolha da praxe processual através de caminhos lentos, com possibilidade de comprovações documentais e argumentações jurídicas (ações ordinárias), ou mais abreviados, através de justificações e requerimentos (ações sumárias), assim como a manipulação de leis positivas e costumeiras, além do conhecimento do "estilo" do tribunal escolhido, foram determinantes para o sucesso nos resultados. Somem-se ainda outras práticas disseminadas no espaço atlântico e que foram incorporadas por aqueles que precisaram buscar as cortes de justiça. Entre elas, o depósito do pleiteante à liberdade em mãos de terceiros ou mesmo a prisão na cadeia como formas de proteção contra senhores abusivos. Nessa mesma direção estava a concessão de dias livres para o escravizado organizar sua defesa.

Comum nas reivindicações de liberdade em Portugal, o alvará com força de lei de 16 de janeiro de 1773 libertava escravos do reino nascidos de quarta geração, conforme visto anteriormente.[32] Não obstante a abrangência restritiva dessa lei, pardos e crioulos de Minas Gerais enviaram petições ao Conselho Ultramarino questionando a escravização e pedindo extensão a eles do direito conferido às irmandades portuguesas para a alforria de confrades. Em 1786, a irmandade de S. Gonçalo Garcia, de São João del Rey, solicitou

30 Ibid., p.207.
31 Ibid., p.63-6.
32 Vide nota 6.

o direito de libertar os irmãos escravizados "desde terceiro, quarto e quinto avô" – tal como se dava em Portugal.[33]

Ainda que as petições com base na lei de 1773 fossem indeferidas por aqui, são indícios importantes do impacto que a lei teve no Brasil até o princípio do século XIX. Na cidade da Paraíba, capitania de Pernambuco, por exemplo, a interpretação de que essa lei portuguesa contemplava também os escravos da colônia levou a uma devassa, naquele mesmo ano, sobre os responsáveis pela propagação dessa perigosa acepção.[34] Petições de liberdade com base no direito natural e nas "leis modernas" feitas ao monarca português também foram identificadas no Maranhão[35] e em Minas Gerais.[36]

A leitura e o uso político da legislação colonial foram práticas comuns entre juristas e advogados do século XIX. Analisando os argumentos jurídicos de Perdigão Malheiro, Silvia Lara observou que partes do alvará de 10 de março de 1682 e da lei de 6 de junho de 1755 foram usadas por ele como base legal da tese de presunção de liberdade e da defesa dos ritos sumários nessas causas. O alvará de 1682 tratava das condições para extinção dos mocambos de Palmares e "reiterava um dos princípios básicos que regiam a escravidão no Brasil, de que os filhos seguiam a condição livre ou escrava da mãe".[37] A lei de 1755 definia a liberdade dos indígenas, exceto daqueles cujas mães fossem "pretas escravas". Embora o espírito dessa lei fosse reafirmar o *partus sequitur ventrem*, marcando uma distinção entre indígenas e africanos ou afrodescendentes, Perdigão Malheiro descontextualiza essa legislação "e, ajeitando um tanto os sentidos, atribui a este parágrafo da lei de 1755 o fundamento de legitimidade para a afirmação de que os que viviam como livres eram presumivelmente livres perante o Direito".[38]

A difusão dos princípios da liberdade e do direito natural a partir dessa legislação, especialmente a de 1773, pode ajudar a explicar o amplo uso da

33 Precioso, Em torno da lei de 1773: petições de pardos e crioulos ao Conselho Ultramarino (Minas Gerais, 1750-1808), *Diálogos*, Rio de Janeiro, v.6, p.15, 2012.

34 Silva, "Esperança de liberdade": intepretações populares da abolição ilustrada (1773-1774), *Revista de História*, v.144, p.107-49, 2001; Schwartz, *Segredos internos*, p.384.

35 Silva, A luta pela alforria,in: Silva (org.), *Brasil*, p.298-307.

36 Lima, *De libertos a habilitados*, p.107-12.

37 Lara, Legislação sobre escravos africanos na legislação portuguesa, in: Andrés-Gallego (coord.), *Nuevas aportaciones a la historia jurídica de Iberoamérica*, p.42.

38 Ibid., p.43. Perdigão Malheiro apresenta como referências para a lei romana que originou o *partus sequitur ventrem* justamente o alvará de 10 de março de 1682, a lei de 6 de junho de 1755 e a lei de 1773. Vide Perdigão Malheiro, *A escravidão no Brasil*, v.1, p.41, nota 166.

expressão "de ventre livre" encontrado em registros de alforrias gratuitas por aqui desde então. Quando, em 1867, o conselheiro Jequitinhonha se referiu à lei portuguesa de 1773 para medir a demora na aprovação da lei de emancipação, ele indicava que aquela lei pioneira da liberdade dos nascituros havia deixado rastros na calibragem das tensões entre propriedade e liberdade por aqui.[39]

As noções da presunção de liberdade, de defesa da liberdade ao filho da liberta condicional e de liberdade do ventre, quando alcançaram os juristas e legisladores brasileiros na segunda metade do XIX, já possuíam uma trajetória de longa data. Contudo, nem por isso estavam pacificadas, como indicam as experiências das mulheres escravizadas e libertas que litigaram pela liberdade nesse período.

O ventre da liberta em disputa

Desde a virada metodológica na década de 1980, a historiografia da escravidão tem sido feita na imersão no cotidiano da escravidão e às diversas formas de resistência dos escravizados. A atuação destes em busca da liberdade através de ações na justiça foi descortinada por estudos que permitiram muitas possibilidades de análise e interpretação dos significados da escravidão e da liberdade e se tornaram clássicos da nossa historiografia.[40]

O terreno das ações de escravização e de liberdade continua sendo desbravado como campo profícuo para o entendimento da resistência e da agência escravas. No caso das mulheres escravizadas, libertas ou africanas livres que peticionaram liberdade ou garantias, vale, contudo, considerar os limites dessa agência sobre o próprio sistema escravista. Encarando a provocação de Walter Johnson, importa aqui entender o que foi feito dessa agência das mulheres em busca da defesa da liberdade e daquilo que consideravam seus direitos.[41] É possível estabelecer uma relação direta entre a ação das mulheres e as propostas e debates emancipacionistas? Ou, de outra forma:

39 "Não é muito que o Brasil de 1865 realize em parte o grande pensamento que ditou o alvará de 1773" (Nabuco, *Um estadista no Império*, p.59).

40 Chalhoub, *Visões da liberdade*; Grinberg, *Liberata*; Mattos, *Das cores do silêncio*.

41 Johnson, On Agency, *Journal of Social History*, v.37, n.1, p.113-24, 2003.

os debates sobre a emancipação incorporaram as reivindicações e mobilizações daquelas mulheres?

As experiências das mulheres demandando a liberdade podem ser capturadas, mesmo que de relance, em diversificada e já conhecida documentação histórica, da qual agora são exigidas novas leituras. As ações de liberdade sintetizadas a seguir apontam para a insegurança a que estavam submetidas as libertas e seus filhos, assim como revelam que as articulações da classe proprietária para dificultar e tornar lento o caminho da emancipação passava pela aposta no uso estrito da legislação escravista. Entretanto, aqueles documentos revelam, também, que a resistência incisiva daquelas mulheres extrapolou suas demandas individuais ao contribuir para causas mais amplas por direitos.

Em 1829, d. Gertrudes Maria da Conceição deixou libertos em seu testamento Benedito e Maria, com a condição de que servissem ao testamenteiro durante sua vida. Dez anos mais tarde, a liberta Maria se casou com o escravo Ignacio e tiveram três filhos: Timóteo, nascido em 1845, e os gêmeos Cesário e Cesária, nascidos em 1846. Os três foram batizados em Areias, como escravos, embora fossem filhos de mulher liberta condicional. Todos viviam no Vale do Paraíba, na propriedade do herdeiro e testamenteiro de Gertrudes, Antonio Pereira Campos, e de sua nova esposa, Maria Clementina de Castilho. Nessa mesma propriedade, Cesária teve seus dois primeiros filhos, Marcelino e Felix.[42]

Ao falecer, em 1875, Antonio Pereira Campos deixou livres em testamento Benedito e Maria, tal como havia determinado d. Gertrudes em 1829. Contudo, os três filhos de Maria foram declarados escravos, com a alegação de que eram filhos de ventre escravo.[43] Depois de casar-se em segundas núpcias, a viúva e herdeira mudou-se com a família para a paróquia do Brás em São Paulo, para onde foram levados também os filhos e netos da liberta Maria: Cesário, Timóteo, Cesária, Marcelino e Félix.

A saída do grupo de Areias, no Vale do Paraíba, e sua mudança para a cidade de São Paulo foi fundamental para interromper as décadas de escravização a que estavam submetidos os familiares de Maria, porque coincidiu com o período de intensificação da campanha abolicionista na imprensa,

42 ATJSP, Caixa 121, Apelação Cível 833, Tribunal da Relação, 1882.

43 Se até 1846, quando nasceram os últimos filhos de Maria, era dominante o entendimento de que o filho da liberta era escravo, em 1875 esse assunto já havia sido apaziguado, ao menos desde a publicação de Perdigão Malheiro, *A escravidão no Brasil*, em 1866.

nas ruas e nos tribunais da capital. A opinião pública mobilizada em favor da liberdade, a circulação de libertos e de escravos a trabalho ou à procura de defensores foram cenários favoráveis para Cesária chamar a atenção para as injustiças que ela e sua família vinham sofrendo. O resultado foi um pedido de ação manumissória assinada pelo advogado Luiz Gama em 1881 em favor de Cesária, seus irmãos e os dois filhos mais velhos. Outros cinco filhos de Cesária não foram incluídos na solicitação de liberdade provavelmente porque haviam nascido após 1871.

Através dessa ação podemos perceber, mais uma vez, a fragilidade da liberdade sob condição e também o impacto do *partus sequitur ventrem* na vida das mulheres escravizadas ou libertadas. Maria foi alforriada em testamento, mas devia continuar servindo ao herdeiro, viúvo da proprietária, enquanto ele vivesse. Ele viveu mais 46 anos, tempo demais para a liberta Maria esperar. Talvez ela alimentasse a esperança de que seus filhos gozariam da liberdade ou talvez já soubesse que o pároco tornou mais difícil essa possibilidade ao registrá-los como escravos à época do batismo.

As irregularidades na alforria de Maria extrapolaram sua vida e deram o contorno da experiência de sua filha Cesária ao longo dos 36 anos em que foi escravizada, tempo suficiente para transmitir aos filhos mais velhos, Marcelino e Félix, a condição a ela atribuída no momento de seu batismo.

A sentença em favor da liberdade de Cesária, seus filhos e irmãos saiu em 1882. Porém, uma apelação do réu prolongou a ação por mais três anos, quando o acórdão final proclamou que "os escravos estão libertos desde o dia do seu nascimento".[44] Meses antes, porém, diante de uma sentença que declarava Cesária e irmãos livres "desde 1843" (e não desde o nascimento), o proprietário pediu embargo argumentando "desprezo pelo direito pátrio e o romano" em favor do "direito da Louisiana".[45] Ele já havia usado uma decisão antiga do Tribunal da Relação como jurisprudência na tentativa de justificar a negação da liberdade aos filhos de Maria: "pelo direito romano o fruto do ventre da *statuliber* é escravo".[46] Entretanto, os tempos e os magistrados eram outros, permitindo entendimento distinto da questão. A observação que inicia o relatório final do caso é direta: "não julgou pois pela lei da

44 ATJSP, Caixa 121, Tribunal da Relação, 1882, Apelação Cível 833, fl.98v.
45 Ibid., fl.92.
46 Ibid., fl.47.

Louisiana e sim pelo direito romano, subsidiário do pátrio, aceitando apenas a conclusão da retra sentença que declara livres os filhos e a descendência de Maria".[47] Finalmente, aos 38 anos de idade, Cesária recebeu a confirmação de sua liberdade, de seus irmãos e de seus dois filhos mais velhos.

Cerca de dez anos antes, chegava ao Tribunal da Relação de São Paulo a apelação cível de Antonio Teixeira de Carvalho, suposto senhor de Emiliana, contrariado com a decisão conferida pelo juízo municipal em favor da liberdade dela. Emiliana tinha 17 anos quando iniciou um processo defendendo que, por ter nascido de mãe liberta durante o cumprimento das condições a ela impostas, já nascera livre.

As similaridades entre os casos de Emiliana e de Cesária vão além da assinatura de Luiz Gama entre os defensores citados nos processos. Esses casos ilustram o saldo das discussões empreendidas por juristas e parlamentares sobre a liberdade nas décadas anteriores. Eles também ajudam a entender o lastro da legislação romana na defesa dos direitos de propriedade e da liberdade, e, mais especificamente, da liberdade do ventre, ainda que para isso os advogados tivessem que lançar mão do código civil da Lousiana.

Emiliana nasceu em 1855 quando sua mãe, Jacinta, cumpria obrigação de servir a Maria Antonia dos Prazeres por mais de vinte anos. Esta havia recebido Jacinta de um tio, em 1839, em cuja escritura de doação ele deixou ressalvado: "se neste tempo tiver alguns filhos sejam seus escravos, e à mãe dá-se a liberdade".[48]

Antonio Teixeira de Carvalho era negociante, morava na rua Direita em São Paulo e tinha Emiliana como sua escrava, alegando que a liberdade da mãe, Jacinta, não alterava a escravidão da filha Emiliana. A pretensão de Carvalho foi contestada pelo advogado e curador nos seguintes termos:

> Ora, como ninguém pode ser em parte escravo e em parte livre, entendem os intérpretes do Direito, que uma vez concedida diretamente a liberdade ao escravo por quem o possa fazer, não lhe era lícito pelo mesmo ato sujeitar à escravidão os que, depois dele, descendessem do liberto em qualquer tempo, ainda mesmo durante o ônus que acompanhou a doação da liberdade.[49]

---

47 Ibid., fl.97.
48 ATJSP, Caixa 121, Tribunal da Relação de São Paulo, 1874, Apelação Cível, fl.6.
49 Ibid., fl.25.

O negociante português pôde sentir que algo mudava, mas ele insistiu na defesa do seu direito de definir a condição futura dos filhos não nascidos da liberta, tal como fizeram todos os senhores que deixaram cartas de alforria em cujas ressalvas ou condições esse mesmo teor foi encontrado. Pautados no direito de propriedade e na controversa condição jurídica das mulheres *statuliber* ou libertas em cumprimento de condição, os ex-proprietários tentavam garantir o domínio sobre a liberta e seus filhos.

Contudo, o juiz de direito Antonio Candido de Paula rebateu os argumentos do advogado do proprietário com uma longa e didática sentença. Lembrou da lei de 19 de agosto de 1769, segundo a qual o direito romano apenas seria admitido conforme à boa razão e ao direito natural, como faziam as nações modernas, mais especificamente o estado da Louisiana, nos Estados Unidos:

> Considerando que não é nos artigos da Europa que devemos buscar o uso que do direito romano modernamente se faz em relação à questão porque ali há muito caducou a instituição da escravidão, mas nos códigos dos países modernos que ainda há pouco a admitiam, e que nesse caso é o código da Louisiana que mais deve guiar, o qual respeitando aquele direito em seu artigo 196 declara livres os filhos da *statuliber*, e cuja doutrina encontram adotada pela obra *A escravidão no Brasil* do dr. Perdigão.[50]

Defendendo que a boa razão estava na causa pela liberdade, mas sem abandonar o paradigma da lei romana, finalmente declarou a liberdade de Emiliana.

As ações de Emiliana e de Cesária, seus irmãos e filhos foram iniciadas em 1873 e 1881, respectivamente. Em nenhum momento há referência à Lei de 1871 nesses processos, nem havia motivo para isso. Entretanto, é inegável que naqueles anos um razoável acúmulo de debates – e também de jurisprudência – dava argumentos aos advogados e segurança para os juízes julgar em favor da liberdade.

Por outro lado, ambos os casos indicam que mesmo com décadas de discussões, a causa da liberdade ainda estava envolta em ambiguidade, da qual muitos proprietários tentaram se aproveitar. A contestação na justiça

---

50 Ibid., fl.33.

da escravização dos filhos de mulheres libertas nascidos durante o prazo de cumprimento das condições foi uma realidade desde o século XVIII. Esse longo período de contendas, porém, não impediu a escravização de muitos, mas contribuiu para novas interpretações de antigas leis. E isso nos obriga a um reajuste nas lentes pelas quais vemos a ação desses sujeitos, de modo que nos permitam enxergar os significados políticos mais amplos guardados na busca por reconhecimento de direitos.

Esses *flashes* de histórias de mulheres libertas, escravizadas ou tuteladas mostram que, quando o projeto de emancipação entrou para discussão no Conselho de Estado, em 1867, havia uma crescente preocupação da classe proprietária com a incisiva mobilização escrava na justiça, porque esta ameaçava não apenas a propriedade, mas as relações de domínio, que eram até então marcadas pelo poder da vontade senhorial.

A Lei de 1871 definiu a liberdade do filho, mas não a liberdade da mãe. Até então, nos casos de liberdade condicional da mãe, o *partus sequitur ventrem* era argumento para obstaculizar a liberdade do filho. Maioria no século XVIII e no século XIX, as alforrias condicionais escancaram a precariedade da liberdade de mulheres, porque os proprietários não dispensaram a oportunidade de determinar a condição dos filhos futuros daquela que ele alforriava. A garantia do arbítrio senhorial na definição dos termos da liberdade resultava em vulnerabilidade para a liberta, cujo ventre seguiu como alvo de disputa até a homologação da Lei de 1871.

Para as libertas sob condição, a indenização através das obrigações, em geral com prazos indeterminados, significava um golpe no desejo e nos planos de liberdade plena. Ainda que poucos senhores tenham explicitado na carta de alforria a situação de nascimento dos futuros filhos da libertada sob condição, um rastro de interpretações de legislações antigas se manteve como costume na prática senhorial. Contudo, o que vimos aqui é que as mulheres se preocupavam com a insegurança, escravização e separação dos seus filhos, por isso tentaram retraçar a rota de vida deles apelando para novos sentidos do antigo princípio da condição de nascimento e forçando brechas ou atalhos para transpor a barreira que o legalismo jurídico representava à emancipação.

Parte III
Família na aquisição da liberdade

14
Crianças ingênuas, suas famílias e disputas por liberdade (Paraíba do Norte, 1871-1888)[1]

Solange P. Rocha

Introdução

No primeiro dia do ano de 1874, quatro crianças negras com 2 meses de idade foram batizadas no oratório privado do capitão Simplício Narciso de Carvalho. Eram elas: Silvério (pardo), Leopoldino (pardo), Martinha (preta) e Maria (parda). O altar de devoção particular localizava-se no Sítio Boi-Só, no então subúrbio da capital da Paraíba do Norte (cidade homônima – Parahyba – e atual João Pessoa) e área de cultivo de produtos de subsistência da cidade (considerado como um celeiro alimentício de cereais, frutas e verduras). Mas quem eram as quatro crianças negras que adentravam no universo católico por meio do batismo? Um primeiro aspecto a ser salientado: elas eram bebês ingênuos, nascidos após a promulgação da Lei n.2.040/1871,

1 Este trabalho integra um projeto maior e obteve financiamento do Programa de Iniciação Científica do Conselho Nacional de Desenvolvimento Científico e Tecnológico (CNPq) e Pró-Reitoria de Pesquisa da Universidade Federal da Paraíba (UFPB). Agradeço às estudantes e ao estudante/bolsistas, Josilene Pereira Pacheco, Gisleandra Barros de Freitas, Kelly Kristine E. de Almeida Lopes e Giuseppe Emmanoel Lyra Filho, que estiveram sob a minha orientação como pesquisadoras/pesquisador de "Iniciação Científica", cujos resultados estão em seus trabalhos de conclusão de curso e/ou mestrado desenvolvidos no Curso de Graduação em História e/ou no Programa de Pós-Graduação em História da UFPB. Agradeço também à leitura atenta e sugestões de Maria da Vitória B. Lima e de Joceneide Cunha dos Santos, ambas historiadoras e com quem tenho desenvolvido projetos acadêmicos.

filhas e filhos de genitoras cativas, sendo três delas solteiras e uma casada na Igreja católica; uma segunda dimensão: todas elas tiveram um único padrinho, um homem livre, de nome Basílio de Barros Lima, e uma madrinha/protetora devocional, Nossa Senhora do Rosário.[2] Estavam também sob o poder de Narciso de Carvalho, um homem negro ou "de cor", como se dizia na época, com parentesco com homem abastado (José Narciso de Carvalho), proprietário de imóveis rurais e urbanos e de gente cativa, casado com mulher branca (Maria Juliana Teixeira) e integrante da elite econômica e política, que, a partir do ano de 1850, passou a administrar seu espólio com bens na capital e em Santa Rita, territórios da Zona da Mata paraibana; adiante retomarei a trajetória desse personagem histórico.

Santa Rita é um território vizinho à capital. Em 29 de julho de 1883, Josefa, mãe cativa, levou sua filha Graçalinda, criança ingênua com 4 meses, para ser batizada por Avelino Felix Monteiro (padrinho e de condição livre). A cerimônia e a ata batismal foram realizadas pelo vigário Manoel Gervásio Ferreira da Silva na Capela Sant'Anna,[3] localizada no Engenho Gargaú, de propriedade de uma família "opulenta" na várzea da Paraíba, Gomes da Silveira,[4] que, desde o tempo colonial, possuía várias propriedades tanto nas áreas rurais do litoral e do agreste (Santa Rita, Livramento, Pilar, Bananeiras, Ingá, entre outros) quanto em urbanas (no mínimo, seis imóveis na capital da Paraíba). Detinha também poder de mando e posse de cativos(as) (teve 129 cativos(as) entre 1829-1869), a exemplo da mãe escravizada de Graçalinda, cujo escravizador era o "doutor" Davi Gomes da Silveira.[5]

Josefa (solteira), além de Graçalinda, foi mãe de mais duas crianças ingênuas (Paulo, preto, nascido em 1881, e Maria, preta, nascida em 1885), e outras mães cativas desse escravizador tiveram mais quatro bebês de "ventre

2 Os registros de crianças "livres" de ventre cativo estão no Arquivo Eclesiástico da Arquidiocese da Paraíba, doravante AEAPB, Livro de Batismo de Ingênuos – Freguesia de Nossa Senhora das Neves (1871-1888), nas seguintes folhas: fl.227 verso (Silvério e Leopoldino) e fl.228 frente (Martinha e Maria).

3 Rocha, *Gente negra na Paraíba oitocentista*, p.199.

4 Joaquim Gomes da Silveira produziu testamento (1866) e inventário (1869), nos quais pude identificar a posse de mais de uma centena de cativos(as) no período de 1829 a 1869 (ano de sua morte) e um espólio de 144 contos de réis. O Engenho Gargaú em destaque esteve sob sua posse de 1844 a 1892; para mais detalhes, consultar Rocha, *Gente negra na Paraíba oitocentista*, p.199.

5 Consultar Rocha, op. cit.

livre".[6] Isso nos indica que o seu proprietário, Davi Gomes da Silveira, tinha em sua posse uma força produtiva com potencial para desenvolver atividades laborais na manutenção do sistema escravista, que se encontrava em intensa decadência (na perspectiva senhorial) no "Norte agrário" desde a segunda metade do século XIX, com o deslocamento do centro econômico e político para o Centro-Sul,[7] posto que, em geral, os proprietários do "ventre livre" mantinham sob seu domínio as crianças ingênuas. Poucos optaram por "receber do Estado a indenização de 600$000 réis" no oitavo ano de vidas delas, a maioria escolheu a utilização "dos serviços do menor até a idade de 21 anos completos" (parágrafo 1º, artigo 1º da Lei n.2.040, de 28 de setembro de 1871), como tem sido demonstrado em estudos históricos clássicos e recentes.[8]

Esta breve introdução nos dá mostras da complexidade da sociedade oitocentista, da dinamicidade das relações sociais entre seus sujeitos, suas desigualdades, além de variadas condições jurídicas e classes sociais da gente negra em tempos de escravismo, em específico de uma província de pequeno porte, a Paraíba do Norte, com suas unidades produtivas variadas (engenhos, fazendas e sítios) baseadas no trabalho escravo, no espaço urbano e rural,[9] associada ao capitalismo global no processo da diáspora africana por meio do Atlântico negro.[10]

A elite paraibana, em específico, tinha em comum a construção de estratégia para enfrentar uma suposta "falta de braços", conforme os discursos senhoriais e das autoridades imperiais, posto que, por séculos, persistiram

---

6 Os assentos de batismos das crianças estão no AEAPB, Livros de Batismo de Ingênuos – Freguesia de Santa Rita, 1874-1888, nas folhas: 42 frente (Paulo), 137 frente (Graçalinda) e 246 frente (Maria).

7 Consultar Mello, *O Norte agrário e o Império*.

8 Conrad, *Os últimos anos da escravatura no Brasil*; Mattoso, O filho da escrava (em torno da Lei do Ventre Livre, *Revista Brasileira de História*, v.6, n.16, p.37-55, 1988; Gebara, *O mercado de trabalho livre no Brasil*; Alaniz, *Ingênuos e libertos*; Pena, *Pajens da casa imperial*; Papali, A Legislação de 1871, o Judiciário e a Tutela de Ingênuos na Cidade de Taubaté, *Revista Justiça e História*, Porto Alegre, Tribunal de Justiça, p.195-218, 2002; Reis, "Uma negra que fugio, e consta que já tem dois filhos": fuga e família entre escravos na Bahia, *Afro-Ásia*, n.23, p.27-46, 1999; e, da mesma autora, *História de vida familiar e afetiva de escravos na Bahia do século XIX*; entre outros.

9 A província da Paraíba, em 1872, possuía uma população de cerca de 376.226, sendo 5,7% (21.526) de gente escravizada e 59% pessoas negras (50% de "pardas" e 9% de "pretas"), segundo dados do Primeiro Recenseamento Brasileiro – 1872. Disponível em: <https://biblioteca.ibge.gov.br/visualizacao/monografias/GEBIS%20-%20RJ/Recenseamento_do_Brazil_1872/Imperio%20do%20Brazil%201872.pdf>. Acesso em: 10 set. 2020.

10 Williams, *Capitalismo e escravidão*; Gilroy, *O Atlântico negro*.

na utilização de mão de obra cativa, por meio da reprodução endógena, em oposição aos investimentos em novas relações de trabalho, como o contrato de trabalhadores livres e assalariados.[11]

Com efeito, a partir da trajetória dessas gentes (negra, branca, de variados estatutos sociojurídicos), analisei as relações entre elas nos últimos anos do escravismo, tendo como foco a Lei n.2.040/1871 (ou do Ventre Livre, ou Rio Branco, ou de 28 de setembro de 1871), que juridicamente criou um indivíduo "livre", o ingênuo, com fortes vinculações ao mundo do cativeiro, designado "filho livre da mãe escrava". Ademais, esquadrinhei fragmentos de experiências históricas de sujeitos cativos que escolheram litigar nos tribunais e de alguns que romperam com o sistema, recorrendo a fugas, para a conquista da liberdade. Assim, com fundamento em variadas fontes históricas – ainda que esparsas – e da historiografia acadêmica, recuperei o protagonismo desse sujeito social, construí uma narrativa histórica com destaque para o cenário da capital paraibana e de alguns municípios do interior da mesma província; na trama, predominaram histórias da gente escravizada, suas redes de apoio numa sociedade marcadamente desigual (elitista, racista e patriarcal) e as suas estratégias para superar os empecilhos sociais e legais para a aquisição e/ou a manutenção de liberdade no contexto da "abolição gradual" no Brasil oitocentista.[12]

"Agentes de sua própria redenção":[13] cenários, gentes, legislação, disputas, limites e liberdade

A capital paraibana nos Oitocentos apresentava um espaço urbano comum nos territórios citadinos da época, ou seja, com prédios da administração

11 Gebara, *O mercado de trabalho livre no Brasil*; Sá, *Escravos, livres e insurgentes*; Rocha, *Gente negra na Paraíba oitocentista*; Mariano, *Gente opulenta e de boa linhagem*; Lima, *Cativos da "Rainha da Borborema"*.

12 O abolicionista negro José do Patrocínio (1854-1905), numa projeção otimista, destacava o ano de 1889 para cessar a escravidão, em referência ao Centenário da Revolução Francesa, em Patrocínio, *Campanha abolicionista*.

13 Tal consideração encontra-se nas reflexões de Vasconcelos; Sousa, Ventre Livre e razão emancipadora, em Ferreira et al. (orgs.), *Suaves amazonas*, p.141-70, ao mencionarem a ação de uma escravizada que adquiriu sua liberdade com seu pecúlio e na justiça na Paraíba dos anos de 1880, conforme previsto no artigo 4º da Lei n.2.040/1871.

pública, igrejas, mosteiros e capelas, casas de comércio e de moradia (em residências de alvenaria e de palha), mercado público, "lyceu" de ensino secundário, escolas de primeiras letras, mas com características do universo rural; além de contar com mais de uma dezena de engenhos, sítios, chácaras; em seu maior bairro, o Tambiá, residiam funcionários públicos, jornalistas, profissionais liberais, senhores de engenho e de gente, cuidadoras de crianças expostas/órfãs, marceneiros, alfaiates, mulheres e homens escravizados e pessoas libertas, indivíduos negros livres, mestiços, caboclos, entre outros. O Tambiá, assim, agregava pessoas de diferentes *status* social e jurídico.[14] Note-se que, na segunda metade do século XIX, dois bairros de moradia da classe trabalhadora, o citado Tambiá e Trincheiras, passaram a ser ocupados pelas camadas médias e pelas elites, com construção de casas de alvenaria e de sobrados. Deu-se também o início de "modernização" urbana, com a utilização de tipos de transporte como o bonde de tração animal, entre 1886 e 1896, na área central da Cidade da Parahyba, então com população de 11.887 habitantes, sendo uma maioria de pessoas livres (10.855) e uma minoria de escravizadas (1.032).[15]

Acerca das características e das paisagens rurais na Cidade da Parahyba, ao longo dos Oitocentos, assinalo os relatos do viajante Henry Koster, que, em 1810, em passagem pela cidade, deixou o seguinte testemunho: cidade com "vastos e verdes bosques, bordados por uma fila de colinas, irrigados pelos vários canais que dividem o rio [...] e formados por árvores soberbas".[16] No fim do mesmo século, por volta da década de 1890, um memorialista reiterava a permanência das áreas verdes na cidade; no Tambiá viam-se "matas, verdadeiras florestas", que se transformavam em "coito de pretos fugidos e malfeitores" (olhar preconceituoso!?)[17] e espaço de diferentes residências e de festas negras.[18]

Por sua vez, num subúrbio da capital, o personagem histórico mencionado na introdução deste capítulo, Símplicio Narciso de Carvalho, residia

14 Medeiros, *O Tambiá da minha infância*.

15 Ferreira, *As singularidades da modernidade na Cidade da Parahyba, nas décadas de 1910 a 1930*; e Medeiros Filho, A Cidade da Parahyba: a implantação do bonde a tração animal no século XIX, in: *E o bonde a burro foi implantado*, p.48-70.

16 Koster, *Viagens ao Nordeste do Brasil*, p.70.

17 Medeiros, O *Tambiá da minha infância*.

18 Consultar Barbosa Lima, *Liberdade interditada, liberdade reavida*.

numa propriedade rural, o Sítio Boi-Só (uma das explicações possíveis é que seria a alteração da palavra francesa Boisôt). Na perspectiva senhorial, ele foi um escravizador bem-sucedido, considerando o número de escravizados(as) que ele teve no período de 1857 a 1874: no mínimo, um total de 69 cativos, sendo 39 filhas e filhos de mães escravizadas, cativos e ingênuos, a exemplo das quatro crianças em destaque na introdução deste texto. Morava numa casa-grande no seu sítio, uma construção de 1862. No ano de 1845, começou a despontar como membro da elite paraibana, pois integrava a Guarda Nacional como alferes e, no mesmo ano, tornou-se "tenente-ajudante", cuja carta-patente foi entregue pelo presidente da província,[19] sendo que, na década de 1860, ele já havia alcançado um posto superior, o de "capitão" da milícia da elite imperial.[20]

Nesse imóvel, em seu oratório privado, crianças cativas e ingênuas foram batizadas, em geral, em datas de festividades religiosas e profanas, como São João (24/6), Natal (25/12) e Ano-Novo (1º/1), como ocorreu com a cerimônia batismal dos bebês de "ventres livres" mencionado anteriormente.

Além de recebimento do primeiro sacramento sob a sombra senhorial, quando da divulgação da Lei n.2.040/1871, no Tambiá, africanas libertas e crioulas cativas celebraram com canto e dança, festejando os "ventos da liberdade". Mulheres "numa alegria estranha, pelas ruas, sobretudo, defronte ao velho templo, evocador do nome daquela santa [Nossa Senhora do Rosário]", representavam a "satisfação [das] senzalas", todavia, sobressaía a "tristeza nas casas-grandes" paraibanas, segundo registros memorialísticos de Nóbrega (1955).[21] Essas mulheres expressavam que não ignoravam os debates no Parlamento sobre as novas normativas legais para extinção do escravismo. Além da capital, em Campina Grande, escravizados explicitaram ações de conhecimento das leis abolicionistas, sobretudo da Lei n.2.040/1871, pois imprimiram uma "leitura própria" durante o levante do Quebra-Quilos (1874), iniciado em Fagundes-PB, que estendeu-se por 35 municípios paraibanos e outras províncias brasileiras e contestava as

19 Segundo Costa, *Cidadãos do Império, alerta!*, p.72, desde 1837, a carta-patente era entregue pelo executivo provincial, e o agraciado deveria comprovar a obtenção de renda líquida acima de 400 mil-réis, ter posses, como "bens de raiz", agricultura, comércio e emprego.

20 Rocha, *Gente negra na Paraíba oitocentista*; e Costa, *Cidadãos do Império, alerta!*

21 Nóbrega, Discurso de posse na Academia Paraibana de Letras, *Revista Academia Paraibana de Letras*, João Pessoa, n.6, p 275-302, 1955.

mudanças no sistema métrico e a cobrança de taxas para uso de espaços nas feiras. Em Campina Grande, a gente escravizada sublevada, com palavras de ordem de "viva a liberdade", exigia das autoridades municipais o "livro da emancipação dos escravos" em referência aos documentos produzidos após a Lei de 1871 e que na visão deles poderiam retirá-los do cativeiro.[22]

Nas proximidades da capital, localizavam-se áreas rurais que se distinguiam pela quantidade de engenhos de açúcar, como Santa Rita, cuja população era de 6.894 (5.816 livres e 1.078 cativos). Em 1856, por ocasião dos registros de terras, após a aprovação da Lei de Terra no Brasil (1850), há dados de que a vila dispunha de 29 engenhos, sendo um deles de propriedade do referido Simplício Narciso de Carvalho, "o Engenho Oiteiro".[23] O poderio senhorial dos escravizadores da área canavieira podia ser observado na posse de terra e mando da gente cativa nos imóveis rurais, a exemplo de oratórios e capelas privados construídos em seus engenhos, onde ocorriam ritos religiosos, como missas, batismos e matrimônios, realizadas com presença de pessoas ricas, livres pobres, camadas médias e cativas, mas, sem dúvida, a reunião desses sujeitos não eliminava as hierarquias sociais. Pelo contrário, no Império brasileiro, o espaço sagrado tinha inúmeras funções, incluindo a de estabelecimento de alianças políticas e de reafirmação de práticas de clientelismo e familismo, cuja cultura política assegurava as assimetrias sociais e raciais, assim como o limitado acesso à propriedade fundiária e a escravização da gente negra, garantindo a permanência do poder econômico e político de uns poucos, cujas relações sociais não deixaram de ser eivadas de tensões, contradições, complexidades e resistências. Como destacarei adiante, ao abordar as disputas de projetos de liberdade, para uns, as elites, deveriam ser de forma lenta; para outros, os sujeitos cativos, era necessário acelerar a emancipação. Estes enfrentaram o sistema, sendo que suas ações, de certa maneira, reduziram a crueldade do sistema e, a longo prazo, diminuíram a legitimidade do escravismo, construindo variadas estratégias de sobrevivência.[24]

---

22 Lima, Quebra-Quilos: uma revolta popular na periferia do Império, in: Dantas (org.), *Revoltas, motins, revoluções*, p.449-83.

23 Santana, *Nordeste, açúcar e poder*.

24 Genovese, *A terra prometida*; Reis; Silva, *Negociação e conflito*; Machado, *O plano e o pânico*; Graham, *Clientelismo e política no Brasil do século XIX*; Slenes, *Na senzala, uma flor*.

Após essas considerações acerca do cenário paraibano e de sua economia no seu território (Mapa 1), discutirei as relações das gentes dessa província do então Norte do Brasil para vislumbrar o passado, mesmo que parcialmente, de suas redes de sociabilidade e famílias; das suas disputas na justiça por liberdade; a aplicabilidade da Lei n.2.040/1871, com seus desdobramentos legais e práticos nos municípios da Paraíba.

A aprovação da Lei n.2.040, em 28 de setembro de 1871, e sua regulamentação para execução, por meio do Decreto n.5.135, de 13 de novembro de 1872,[25] geraram muitos documentos, como: o livro de batismo para registrar as filhas e filhos da "mulher escrava" (artigo 8º), criação do Fundo de Emancipação (artigo 3º), a regulamentação da aquisição de alforria por meio de pecúlio e, se necessário, com arbitramento na justiça (artigo 4º), realização de "matrícula especial de todos os escravos existentes no Império" (artigo 8º), entre outras determinações.

Mapa 1 – Província da Paraíba

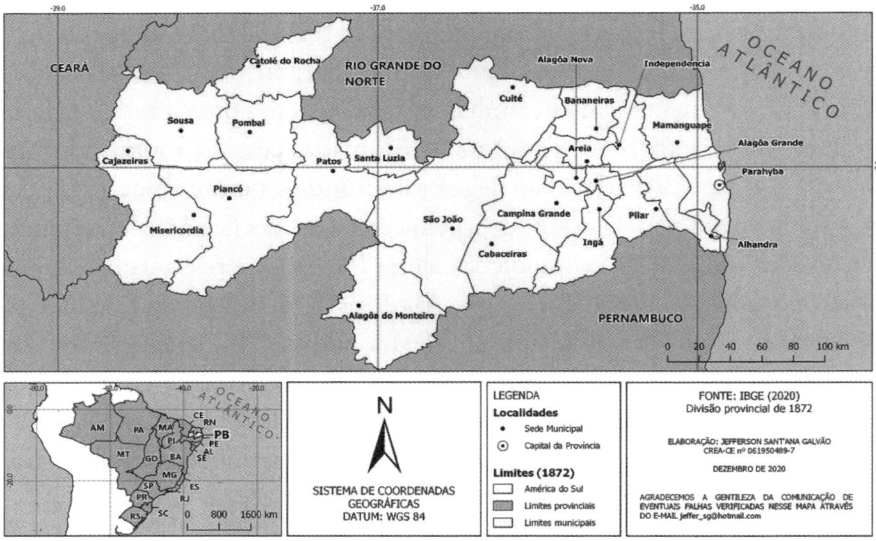

Fonte: Jefferson S. Galvão (2020).[26]

25 A Lei n.2.040/1871 e o seu Regulamento (1872) estão no livro Brasil, *A abolição no Parlamento (1823-1888)*, v.I, p.486-91, p.526-47, respectivamente.

26 O mapa de localização da província da Paraíba do Norte foi elaborado pelo geógrafo Jefferson S. Galvão, por solicitação da autora deste capítulo.

A partir da análise de atas batismais, consegui estabelecer o perfil de crianças ingênuas e batizadas de pelo menos duas freguesias; uma estava localizada numa das paróquias mais antiga da Paraíba, a de Nossa Senhora das Neves (cerca de 1586), localizada na Cidade da Parahyba, e uma rural, a de Santa Rita (criada em 1840), conforme os quadros 1 e 2.

No Quadro 1, foram identificadas 513 crianças "filhas de mães escravas" que foram batizadas num período de dezessete anos. A caracterização da filiação desses bebês indica que o matrimônio de casais cativos eram raros (5,2%), predominando as relações consensuais, com o expressivo percentual de mães "naturais"/solteiras (94,8%).

Quadro 1 – Crianças ingênuas batizadas na freguesia de Nossa Senhora das Neves (1871-1888)

Sexo (513 crianças)		**Origem racial/Cor**		**Filiação**	
Feminino	Masculino	Preto(a)	Pardo(a)	"Legítima"	Natural
249 (48,6%)	264 (51,4%)	47 (9,2%)	466 (90,8%)	27 (5,2%)	486 (94,8%)

Fonte: Dados extraídos da AEAPB, Livro de Batismo de Ingênuos – Nossa Senhora das Neves (1871-1888).

A miscigenação biológica também esteve presente na freguesia de Nossa Senhora das Neves, na qual a maioria de batizandos(as) era de pardos(as) (90,8%) e a minoria de pretos(as) (9,2%). Importa destacar que a entrada forçada de africanos(as) nessa capitania/província ocorria por meio da aquisição de mulheres, de crianças e de homens africanos, sobretudo na praça comercial de Pernambuco, posto que foram poucas as viagens transatlânticas realizadas por luso-brasileiros do território paraibano, o que proporcionou uma população escravizada nascida na Paraíba e, sobretudo, de pessoas "pardas".[27]

Na freguesia de Santa Rita (Quadro 2), área tradicionalmente da lavoura canavieira, verifiquei algumas diferenças acerca do perfil das 248 crianças

27 Em estudo mais recente, Guimarães (2019) destacou a persistência de traficantes em manter o "negócio de gentes" e o "comércio ilícito" no âmbito interno pouco antes da aprovação da segunda lei que criminalizou o tráfico no Brasil (Lei Eusébio de Queirós, 1850), abordando a apreensão de uma embarcação em agosto de 1850, no porto de Cabedelo-PB, com vinte africanos. Dos identificados, constava uma maioria designada como de "nação" mina, nagô, haussá, jeje e Angola (Guimarães, Comércio ilegal de africanos no interior do Brasil Oitocentista: o caso do Patacho Hermínia (Paraíba – 1850), *Almanack*, Guarulhos, n.23, p.176-201, set.-dez. 2019).

do "ventre livre" batizadas no período de catorze anos: um percentil mais relevante de pretas (acima de 26%) e um menor de pardas (73,7%), mas, sem dúvida, prevaleceu a mistura racial.

Quadro 2 – Crianças ingênuas batizadas na freguesia de Santa Rita (1874-1888)

Sexo (248 crianças)		**Origem racial/Cor**		**Filiação**	
Feminino	Masculino	Preto(a)	Pardo(a)	"Legítima"	Natural
125 (50,5%)	123 (49,5%)	65 (26,3%)	183 (73,7%)	20 (8%)	228 (92%)

Fonte: Dados extraídos da AEAPB, Livro de Batismo de Ingênuos – Santa Rita (1874-1888).

Entretanto, o casamento no catolicismo continuou a ser uma prerrogativa de poucos, visto que as mães solteiras eram 92% e as casadas 8%. Em ambas as localidades, urbana e rural, havia um certo equilíbrio entre os sexos, as meninas batizadas eram mais de 48% e os meninos, 49%. Em comum, mães e pais cativos, no momento do batismo, com a formalização do parentesco espiritual, estabeleceram vínculos de compadrio, em primeiro lugar, com homens livres; em segundo, estavam as madrinhas livres; e, em alguns momentos, a protetora de suas crianças era uma santa.[28]

Apresento, em seguida, algumas ações proativas desses sujeitos sociais na disputa por liberdade. Em 1877, uma família cativa de um dos sertões da Paraíba, distante cerca de 420 km da capital, município de Misericórdia (desde 1938, teve a designação alterada para Itaporanga), escrutinou maneiras de recompor vínculos de parentesco biológico durante as atividades das juntas de classificação na execução das cotas recebidas do governo imperial. O grupo era formado por um casal (Josefa e Miguel) e mais três filhas(os) (Manoela, Joaquina e uma criança "livre"/ingênua), o qual estava dividido entre diferentes escravocratas, a saber: Josefa (mãe), Manoela e Joaquina (filhas) pertenciam aos escravizadores Joaquim Agra da Silva e ao alferes João Alexandre Chaves, a partir de compra realizada no ano de 1878; a criança ingênua também estava junto da mãe; e Miguel (pai) tinha cinco proprietários: Manoel Pereira Carnaúba e os "quatro filhos dele".

Como é possível notar, a violência do sistema escravista impossibilitava a plena vivência dos laços afetivo-familiares. Contudo, em 1880, Josefa

28 Rocha, *Gente negra na Paraíba oitocentista*.

conseguiu ser libertada pela terceira cota do Fundo de Emancipação. No ano seguinte, em 1881, ela encaminhou um ofício ao presidente da província (Justino Ferreira Carneiro, 29 de dezembro de 1881), certamente intermediado por uma pessoa livre, requerendo a libertação de suas duas filhas – Manoela e Joaquina – com recursos do Estado. Mas somente em 1883 ocorreu uma nova "classificação de escravos", e Miguel (esposo de Josefa) foi emancipado com os valores da quarta cota do Fundo de Emancipação, a pedido do seu escravizador. Este argumentou que Miguel havia sido classificado na "ordem de família", cujos integrantes da junta classificadora reconheceram seu "direito legal" e o classificaram com base no "Artigo 27, Parágrafo 1º do Decreto n.5.135/1872". Assim, Miguel foi libertado e seu proprietário recebeu o valor de 1.060$000 réis do total do valor enviado a Misericórdia: 1.267$877 réis.

Na quinta matrícula em 1884, o escravocrata e dono das duas filhas do casal liberto, o alferes João Alexandre Chaves, apresentou "uma relação de duas escravas Manoela e Joaquina para serem libertadas". Conforme consta na "Ata de reunião da junta de classificação de escravos", de 31 de março de 1884, elas eram filhas de Justina que foi libertada pelo Fundo de Emancipação do município na penúltima [classificação de cativos], sendo o marido desta libertado na última classificação procedida no termo, e finalizou mencionando que as duas filhas do casal estavam "nas condições especiais exigidas pela lei". Contudo, mais uma vez, Manoela e Joaquina não foram libertadas, continuando em cativeiro. Assim, durante sete anos da vida dessa família de escravizados, mudanças aconteceram, ficando assim as condições sociojurídicas: casal liberto, uma criança ingênua e duas filhas escravizadas e desagregadas do grupo familiar. Enfim, se, de um lado, a luta por liberdade, no âmbito do sistema escravista, nem sempre proporcionava a conquista de todos os membros de família cativa; de outro, nos mostra a sua luta na disputa pelos recursos do Estado imperial na tentativa de combater a opressão escravista. Não foram "cousa" e, dentro dos limites do regime, procuraram conduzir seus destinos, ora com êxito, ora com conquistas parciais, a exemplo do casal sertanejo Justina e Miguel.[29]

Registro também as ações de mães transgressoras que, quando não havia mais espaço para negociação, infringiram as leis escravistas ao cometerem o "crime" de fuga com seus filhos. Em 1877, Margarida (crioula, 30 anos),

29 Rocha, *Na trilha do feminino*, p.59-60.

acompanhada de seus filhos Themoteo (16 anos, pardo) e Manoel (10 anos, cor *fula*),[30] evadiram-se de Santa Rita, de uma propriedade da mencionada família de elite, a dos Gomes da Silveira (no caso de Francisco Manoel), que tinha expressiva participação política na condução da província, pois comandaram a política imperial, atuando no Partido Conservador desde sua formação, até o ocaso da monarquia brasileira. Mas não só durante a crise do regime escravizados buscavam reconstituir vínculos afetivo-familiares ou romper com o cativeiro por meio de fuga; são variados os casos de fugas de casais e de mães com filhos que buscavam em suas localidades de origem o restabelecimento de laços afetivo-familiares.[31]

Nos anos finais da escravatura no Brasil, e sobretudo a partir da transformação de "lei costumeira" em dispositivo legal, por meio da Lei n.2.040/1871, no seu artigo 4º, que estipulou que o(a) cativo(a) poderia adquirir sua liberdade por meio de compra, quando não havia espaço para negociação com os escravizadores, inúmeros cativos buscaram os tribunais para litigar por suas liberdades.[32] Nesse sentido, destaco a história de Maria, uma escravizada africana, dita "preta", que, após a travessia atlântica compulsória, teve como lugar de moradia e de trabalho uma propriedade rural na "Rainha da Borborema", ou seja, Campina Grande, um território do agreste paraibano que liga o litoral e o sertão. Tão logo a Lei n.2.040/1871 foi sancionada, em 17 de novembro de 1871, Maria deslocou-se da área rural, mais especificamente do Engenho Gravata, até a urbe de Campina Grande, "para tratar de sua alforria". Em sua declaração ao juiz titular de órfãos, Irenêo Joffily,[33] informou ser "livre", posto que havia sido traficada depois da proibição do tráfico atlântico (1831), informou que sua chegada ao Brasil havia ocorrido

30 Acerca das origens raciais da gente negra da/na Paraíba oitocentista, consultar Barros, Ser negro na Parahyba do Norte: cores, condições, qualidades e universo letrado no século XIX, *Estudos Ibero-Americanos*, v.44, n.3, p.484-500, 2018, esp. p.491. O termo *fula* na historiografia da escravidão tem sido considerado tanto para "indivíduos da África Ocidental" quanto para indicar "cor" da mestiçagem – "mestiço de negro e mulato, pardo". Esse parece-me ser o caso de Manoel, filho de uma mãe crioula e com um irmão pardo.

31 Para conhecer os casos, consultar Rocha, *Na trilha do feminino*, p.64-5.

32 Thompson, *Costumes em comum*; Chalhoub, *Visões da liberdade*; Id., *A força da escravidão*; Machado, *O plano e o pânico* Lara, *Blowin'in the Wind*: E. P. Thompson e a experiência negra no Brasil, *Projeto História*, São Paulo, n.12, p.43-56, out. 1995; entre outros.

33 O juiz Irenêo Joffily (1843-1902) desempenhou várias funções públicas no Brasil monárquico, como jornalista, advogado, vinculado ao Partido Liberal. Esteve à frente do juizado municipal e de órfãos de Campina Grande de 1868 a 1872; em Lima, *Cativos da "Rainha da Borborema"*.

em 1840. Inquirida sobre por qual motivo recorria à justiça após viver por décadas no então Norte do Brasil, respondeu que "a razão foi a Lei [n.2.040, de 28 de setembro de 1871] que apareceu a *favor da liberdade* não tendo vindo antes porque os seus parceiros disseram-lhe que o *juiz não lhe valia*" (grifos meus). Pela reconstituição dos vínculos familiares da africana Maria, ela estabeleceu parentesco por afinidade ao se casar, na Igreja católica, com Bartholomeo em 1856, um homem escravizado, registrado como "cabra" e oriundo de Pernambuco, concebeu cinco filhas e filhos (Bernardo, Maria, Amaro, Francisca e Antonia). Entretanto, o casal convivia apenas com as duas últimas crianças, pois as outras estavam vivendo sob controle de outros escravizadores. O casal, filhas e filhos pertenciam a José Jerônimo Pereira da Silva e desenvolviam atividades agrícolas no Engenho Gravata.[34] A história de Maria revela fragmentos do drama humano das pessoas escravizadas: deslocamento transoceânico forçado, separação familiar e exploração da sua força de trabalho para favorecer o bem-estar das elites na América e na Europa.[35] Além disso, a sua ação proativa possibilitou conhecimento no presente de seu "gesto desafiador" na disputa pela sua liberdade e de suas crianças, uma vez que, no Brasil, a função reprodutora das mulheres escravizadas esteve até 1871 baseada no princípio legal *partus sequitur ventrem*, ou seja, a criança nascida de ventre cativo seguia a condição da mãe.

A causa judicial de Maria prolongou-se por mais de um ano, e o resultado foi favorável ao seu escravizador Pereira da Silva. Portanto, em 1873, Maria teve que regressar à propriedade rural, na condição de escravizada para trabalhar na agricultura. Sobre os anos seguintes, Lima (2009) destacou ainda que Maria fora matriculada, conforme determinação da Lei n.2.040/1871 (artigo 8º), e seu desaparecimento físico, uma vez que, no ano de 1887, Bartholomeo Paz Barbosa, na condição de liberto e com inclusão de sobrenome, vivenciou as segundas núpcias, com Vicência Maria da Conceição, havendo, no seu assento de casamento, a anotação de ser viúvo de Maria.

A falta de registro do nome de uma pessoa cativa ou mesmo a escrita incorreta no livro de matrícula do escravo podia ser um outro caminho para litigar na justiça. Nesse sentido, passo a expor, brevemente, a trajetória de Salustia, uma ex-escravizada da Zona da Mata paraibana, na cidade de Mamanguape,

34 Ibid., p.423.

35 Nimako; Willemsen, *The Dutch Atlantic*.

que, com muita astúcia, apoio de companheiros de cativeiro e magistrados com tendência abolicionista,[36] conquistou sua liberdade em poucos meses na década de 1880, precisamente em sete meses, pois, em março de 1885, teve início uma ação para sua libertação com a justificativa de que ela não havia sido matriculada em 1873. No decorrer do andamento do processo em Mamanguape, o juiz negou a sua liberdade, apesar de imprecisões legais destacadas por um magistrado de instância superior, no Tribunal da Relação de Pernambuco, localizado em Recife, em junho de 1885. Em tal mês, com o julgamento da ação de liberdade de Salustia, as decisões foram favoráveis a ela, e, em outubro do mesmo ano, passou a gozar da liberdade, como se dizia na época, "como se de ventre livre tivesse nascido".[37]

No campo político, passados treze anos da promulgação da Lei n.2.040/1871, integrantes da elite política brasileira, como Henrique Beaurepaire Rohan, publicavam artigos em periódicos oitocentistas para manifestar insatisfação com a "nefasta escravidão" e propor caminhos para findá-la, posto que queriam alcançar a "civilização". Para B. Rohan, a Lei do Ventre Livre foi um grande passo dado a caminho da abolição, foi a "aurora da libertação"; mas, em 1884, apresentava limites, necessitava, na perspectiva dele, da aprovação de novas leis, afirmando ser o Projeto Dantas o "sol" que poderia despontar no horizonte para extinguir o escravismo. Tal projeto não aprovado propunha determinações legais, como a Lei dos Sexagenários, em continuidade ao emancipacionismo gradual, uma escolha das elites brasileiras. Para Rohan, que defendia sobretudo as decisões parlamentares para abolir a escravidão, a "causa única do nosso atraso moral e industrial", que estava condenando à "ociosidade milhões de brasileiros, cuja atividade não podia ser exercida em concorrência com o escravo". Ele asseverou ainda que a escravidão estava limitando a produção agrícola e o comércio do país. Advogava a necessidade de um prazo para a extinção da escravidão, sendo que ele considerava cinco anos como um prazo razoável para que o ex-escravo

36 Ver nota 34.

37 Barbosa Lima, *Liberdade interditada, liberdade reavida*; Rocha, Mulheres escravizadas na Paraíba oitocentista: trabalho, contradições e lutas por liberdade, em Xavier; Farias; Gomes (orgs.), *Mulheres negras no Brasil escravista e do pós-emancipação*, p.84-97; Silva, *Nada mais sublime que a liberdade*. Aproveito para agradecer a Luciano Mendonça de Lima, que, generosamente, cedeu uma cópia da ação de liberdade de Salustia quando realizava sua pesquisa de doutorado, no início dos anos 2000.

pudesse trabalhar na propriedade de seu ex-senhor com remuneração. Após esse período, haveria a possibilidade de ele trabalhar como foreiro. A gente escravizada estaria, assim, sendo instruída para o trabalho livre, posto que os "emigrantes estrangeiros" preferiam outros territórios da América com "grave prejuízo" do Brasil, segundo Rohan.[38] Nessa época, em 1883, registros oficiais do governo imperial destacavam que a Paraíba tinha um total de 7.071 crianças de ventre livre, enquanto na província vizinha, Pernambuco, registraram-se 19.300.[39]

Ainda acerca da classe senhorial brasileira de mentalidade escravista, exponho um exemplo de estratégia em defesa da "propriedade privada", qual seja, a conservação de pessoas sob seu domínio, mesmo que infringindo a legislação brasileira. Em referência à Lei n.2.040/1871, na Paraíba, trata-se de um caso de utilização de matrícula falsa para negociar criança ingênua. Barbosa Lima (2013), tendo como base correspondências de autoridades de "segurança" – de chefe de polícia e de delegados –, mostra a ação proativa de Francelina, de origem de Pombal (área sertaneja), que, em 1885, forçosamente, por meio de venda, passou a residir na Cidade da Parahyba sem sua filha Antonia (ingênua), que fora colocada em "cativeiro ilícito" ao ser negociada pelo seu ex-escravizador, João Leite da Cruz, a Antonio Cabral, morador de Ingá (área do agreste). Além da separação ilegal de mãe e filha, elas também perderam as relações com companheiros(as) de cativeiro de seu local de origem, posto que Pombal estava distante tanto da capital, nova morada de Francelina (uns 350 km), quanto de Ingá, onde Antonia estava em escravidão ilícita (cerca de 293 km da capital). A mãe cativa, por sua vez, estava afastada em cerca de 100 km de sua filha, a distância da Cidade da Parahyba a Ingá. Essa genitora de ventre livre viabilizou a denúncia do crime senhorial, por João Leite da Cruz ter utilizado "matrícula falsa de uma escravizada de mesmo nome de sua filha Antonia", pertencente a um membro da família escravocrata.[40] Apesar de não ter obtido o desfecho da denúncia da mãe cativa, é possível ter algum vislumbre das

38 Henrique Beaurepaire Rohan, Abolicionismo e seus adversários, *Diário da Paraíba*, 14 ago. 1884. Acervo do arquivo do Núcleo de Documentação e Informação Histórica da Universidade Federal da Paraíba (NDIHR-UFPB). Fonte sistematizada e cedida, gentilmente, por Maria da Vitória Barbosa Lima.

39 Lyra Filho, *Um caminho para a liberdade*.

40 Barbosa Lima, *Liberdade interditada, liberdade reavida*, p.308-9.

vivências cativas, de relações desiguais de poder, que Francelina enfrentou quando dos abusos senhoriais durante a crise escravista.

O padecimento de mães escravizadas está presente, por exemplo, em narrativas memorialísticas, como a de Coriolano de Medeiros, que registrou o dramático caso de Maria, com a alcunha de "Jararaca", cativa que residia no centro da capital paraibana (bairro de Tambiá) e tinha ataques agressivos em razão da "perda" e separação de dois filhos que foram vendidos no decorrer do tráfico interprovincial;[41] e em narrativas literárias, como *A escrava* (1887), de autoria de Maria Firmina dos Reis (1825-1917), escritora negra e abolicionista, na qual desenvolve um conto sobre a separação de dois filhos (gêmeos) que também passaram por comercialização e tiveram como destino o Rio de Janeiro.[42]

As disputas por liberdade continuavam na Paraíba, como ocorria em outras províncias do Brasil. Nas arenas de lutas, estavam, de um lado, escravizadores que buscavam se beneficiar dos recursos públicos, como ocorreu com o cativo Ladislau, vaqueiro do sertão da Paraíba, no município de Patos, com 20 anos de idade, filho legítimo de Raimundo e Antonia e que tinha dois irmãos. O montante solicitado pelo seu proprietário era de 750$000, considerado um preço "exagerado" pela correspondência de integrantes da junta de classificação dos anos de 1883 e 1884. De fato, ao consultar os preços de cativas e cativos na província da Paraíba, foi identificado um preço médio de 705$000 réis de um homem cativo com até 30 anos, no município de Campina Grande.[43] Ao fim das disputas, Ladislau e todos os membros de sua família tiveram êxito na conquista de liberdade com recursos do Fundo de Emancipação.[44]

Um outro integrante da família mista, Manoel Rodrigues dos Santos, liberto e casado com Úrsula (cativa e mãe), pleiteava a alforria de seus entes familiares, quando da classificação de escravos de Bananeiras, município do agreste com economia diversificada (cafeeira, algodoeira, produtos de subsistência e criação de animais), para serem libertados pelo Fundo de Emancipação no ano de 1877. O liberto Manoel argumentou que sua esposa precisaria ter "preferência", pois era mãe de dez crianças e foi parcialmente

41 Medeiros, O *Tambiá da minha infância*.
42 Reis, *Úrsula: a escrava*.
43 Lima, *Cativos da "Rainha da Borborema"*, p.232.
44 Rocha, *Na trilha do feminino*.

bem-sucedido, posto que Úrsula foi libertada, mas ainda assinalo que o casal constituía uma família com membros de diferentes condições jurídicas, a saber: casal liberto, oito filhos cativos e dois ingênuos.[45]

Vale salientar que, no processo da conquista de liberdade mediante o uso de pecúlio, cativos e cativas da Paraíba conseguiram agenciar mais de 34:610$588 réis, num total de cerca de 292:576$681 réis, portanto, 11% do total destinado à província pelo Fundo de Emancipação. Algo significativo, considerando as formas de exploração e de violência do sistema escravista, mas no qual a gente escravizada construía espaços de negociação. Dados de pesquisa recente ainda ressaltam um maior número de beneficiados pelo Fundo; de 1874 a 1885, 1.078 pessoas foram libertadas pelo Fundo, um número de alforrias superior ao encontrado no trabalho de Galliza (1979), que indicava 1.052 alforrias, entre 1850 e 1888.[46] Enfim, a legalização do "direito costumeiro" com a Lei Rio Branco ampliou as possibilidades de essa gente requerer a liberdade na justiça com seu pecúlio, a exemplo das experiências históricas de mulheres e homens assinaladas neste capítulo e em vários estudos recentes.[47]

Considerações finais

Em 1878, com o avanço da desarticulação do escravismo, a elite sociopolítica realizou dois congressos agrícolas (um na capital do Império, a cidade do Rio de Janeiro; e outro em Recife, outrora centro administrativo e econômico do Brasil, mas que ainda mantinha a liderança socioeconômica em parte do Norte agrário, incluindo a Paraíba), nos quais o debate foi permeado pela crise na agroindústria, pelo emancipacionismo, pelas reformas do sistema político e tributário e, sobretudo, pela "questão da mão de obra". A finalidade fundamental era a formulação de propostas políticas a serem encaminhadas ao governo imperial para minorar, por exemplo, os efeitos da Lei n.2.040/1871, que confrontou direitos dos proprietários de gente e de terras e desestabilizou, de certa maneira, o *status quo*, cuja caracterização fundava-se em concepções

45 Oliveira, *As estratégias de luta pela liberdade nos últimos anos da escravidão na vila/cidade de Bananeiras-PB (1871-1888)*; Lyra Filho, *Um caminho para a liberdade*.

46 Galliza, *O declínio da escravidão na Paraíba*; Lyra Filho, *Um caminho para a liberdade*.

47 Ariza, Crianças/Ventre Livre, in: Schwarcz; Gomes (orgs.), *Dicionário da escravidão e liberdade*, p.169-75.

e em práticas elitistas, autoritárias e excludentes, apoiando-se em princípios do capitalismo liberal em defesa da propriedade privada, que iam além de bens materiais, pois o "elemento servil", ou seja, escravizados(as), eram parte significativa de suas riquezas e, ao longo da crise, enfatizava-se com frequência o "direito à propriedade privada" como uma das estratégias para impedir, de imediato, a abolição da funesta instituição.

Nesse sentido, a elite política e econômica, imbuída dessas perspectivas, contrariou as expectativas do Estado imperial, visto que integrantes do Ministério da Agricultura, Comércio e Obras Públicas registraram a expectativa de receberem anualmente cerca de quatro mil crianças ingênuas, quando elas completassem 8 anos (1879). O ministério destacado reservou um total de 4:666$000 réis para indenização de escravocratas nos anos de 1878 a 1886. Todavia, os proprietários escolheram manter a tutela legal dessas crianças, uma vez que, em 1883, o Brasil havia matriculado 403.827 filhos de ventre livre, porém menos de 1% (113 ingênuos(as)) foram entregues ao Estado. De modo que esse sujeito social de condição ambígua, nem escravizado, nem livre, continuou sendo parte da mão de obra explorada por gente da elite com mentalidade e práticas escravistas.[48]

Contudo, como assinalei ao longo deste texto, com as narrativas históricas dos últimos anos da escravidão, disputas foram empreendidas pela gente escravizada no território paraibano, assim como em outras áreas do Brasil. De forma que o processo emancipacionista, cujo ritmo era lento e controlado pelas elites, nem sempre seguiu os projetos senhoriais, visto que a Lei n.2.040/1871 ensejou diferentes significados aos "agentes de sua redenção". Contudo, tanto a liberdade em sociedade escravista quanto no pós-abolição indicaram outros desafios para inserção no mundo social; num Brasil que defendia a "civilização" por meio do embranquecimento, a limitação da cidadania foi outra marca da exclusão, pois a Reforma Eleitoral de 1881 passou a exigir dos votantes a alfabetização – ler e escrever –, a reorganização do trabalho acompanhou as mutações do sistema capitalista na sua segunda revolução industrial, a partir de 1850, com as novas descobertas científicas e tecnológicas responsáveis pela reconfiguração das relações sociais e do

48 Carvalho, *Teatro de sombras*, p.247-424; Perussatto, Nascidos de ventre livre: trabalho e liberdade na passagem do escravismo para o trabalho livre no Brasil Meridional – Rio Pardo-RS, in: Pires et al. (orgs.), *Da escravidão e da liberdade*, p.135-45; Lyra Filho, *Um caminho para a liberdade*.

mundo do trabalho. Em se tratando de Brasil, as elites imperiais reformaram a sociedade com base em um "pacto da classe" para garantir à continuidade o máximo de seus privilégios (sociais e políticos) e de suas riquezas, assentindo a manutenção das hierarquias raciais, do racismo e das desigualdades sociorraciais e de gênero que se mantêm até o tempo presente.[49]

Importa salientar, porém, que as histórias de Maria, Miguel, Josefa, Antonio, Francisca, José, Salustia, Francelina, entre outras(os), propiciam conhecer alguns fragmentos do cotidiano da resistência escrava, a exemplo da reorganização social de "negros estrangeiros", com a formação de "família escrava", como uma forma de contrapor-se ao nefasto sistema, posto que os laços biológicos puderam reduzir o sofrimento humano, bem como tinham potencial para tornar-se um suporte psicológico para o enfrentamento das violências escravistas e constituíam-se como caminhos para construção de estratégias de libertação. Outrossim, as vivências da resistência cotidiana das pessoas escravizadas, no âmbito do sistema ou com práticas mais radicais, foram cruciais para o enfraquecimento e a extinção da instituição escravidão; a "opinião" pública passou a condenar práticas escravistas, como castigos físicos públicos (fim da pena de açoites, em 1886).[50] Profissionais do direito, como os magistrados, a exemplo de Irenêo Joffily, na Paraíba, e de advogados autodidatas, como Luiz Gama, em São Paulo, compartilhavam ideias abolicionistas e decidiram favoravelmente às causas judiciais, em situações de descumprimento da legislação que regulamentava as relações escravistas.

Essa gente escravizada, enfim, envolvida em contendas jurídicas forneceu testemunhos dos diferentes projetos de liberdade por meio de interpretações de leis elaboradas para favorecer o gradualismo da abolição no Brasil, politizando ações cotidianas no enfrentamento da "força da escravidão". Ora perdendo as demandas, ora vencendo (plena ou parcialmente), mas não deixou de confrontar a classe senhorial e explorou ao máximo as brechas da lei na conquista da liberdade. Mulheres e homens escravizados, foram, portanto, agentes ativos antes e durante o processo abolicionista, minimizando os horrores da escravidão e antecipando o fim da abominável instituição em maio de 1888.

---

49 Chalhoub, *Visões da liberdade*.

50 A Lei n.3.310, de 15 de setembro de 1886, revogou o artigo 60 do Código Criminal de 1830 e parte da Lei n.4, de 10 de junho de 1835; ver: Brasil, *Abolição no Parlamento (1823-1888)*, v.II, p.1.102.

15
"Que [...] continue sob a vigilância de sua mãe a receber os carinhos":
debates e impactos da Lei do Ventre Livre nas relações familiares[1]

Jonis Freire

Ao longo do século XIX, a escravidão nas Américas foi contestada da maneira mais incisiva. Esse era tema discutido nos parlamentos, nos tribunais, na imprensa, nas ruas e, no cerne dos debates, diversas nações passaram a proibir o tráfico e/ou a escravidão. Outrossim, movimentos abolicionistas e emancipacionistas, bem como a atuação das cativas(os) levaram à contestação e ruptura de vários sistemas escravistas.[2] Destacamos dois processos: a proibição do tráfico transatlântico de escravos e a legislação sobre o ventre das mulheres escravas. Esta se ancorava no dispositivo legal do *partus sequitur ventrem*, tradição antiga na história da escravidão, a qual determinava que o(a) filho(a) seguiria o *status* jurídico da mãe – a condição materna determinava se seriam livres ou escravas(os).

No Brasil não foi diferente. As proibições do tráfico atlântico (1831 e 1850) e a legislação sobre o ventre das escravas (Lei n.2040, de 28 de setembro de 1871)[3] foram processos importantes para dar fim à escravidão, pois atingiram as principais estratégias de manutenção, ampliação e reprodução da mão de

---

1 Agradeço a Elione Guimarães, Raquel Pereira Francisco e Thomaz Santos Leite pelo compartilhamento de fontes e pela leitura.

2 Drescher, A sociedade civil e os caminhos para a abolição, *História*, v.34, n.2, p.29-57, 2015; Azevedo, *Etíope resgatado*, 2016.

3 O debate sobre a legislação de liberdade do ventre livre esteve na pauta de discussões desde a década de 1840. Pena, *Pajens da casa imperial*. Diferente dos debates, nos anos 1870, após a lei antitráfico de 1831, juristas e proprietários de escravos visaram enfatizar a importância da norma legal do *partus sequitur ventrem* para dar legitimidade à escravidão. Santos, "Slave

obra.[4] A partir da década de 1860, o fim da escravidão foi debatido com maior vigor, "muitos foram os elementos novos que contribuíram para que a questão ganhasse complexidade e densidade, permitindo que a posição antiescravista saísse do discurso e da teoria e passasse aos projetos concretos, culminando com a Lei do Ventre Livre".[5] No Conselho de Estado, Câmara e Senado, oito projetos foram discutidos entre 1866 e 1871,[6] todos bastante debatidos no ambiente político[7], e se inseriam na reforma do "elemento servil", que pretendia levar o Brasil rumo ao progresso, à modernização e à civilização.[8]

Em outras sociedades escravistas, tentativas de legislar sobre o ventre da mulher cativa foram pensadas e efetivadas ao longo do século XIX.[9] Esse repertório de discussões sobre o *partus sequitur ventrem* era conhecido pelos conselheiros, deputados e senadores brasileiros e foram amplamente utilizados para argumentar a favor ou contra. A lei da "abolição gradual" gerou controvérsias inclusive sobre suas motivações. Argumentos religiosos, humanitários, políticos, econômicos, jurídicos e morais podiam ser empregados para refutar ou corroborar a proposta enviada pelo Executivo.

Os projetos apresentados e debatidos sobre o ventre livre abordavam temas diversos: se as(os) nascidas(os) seriam livres e/ou ingênuas(os), direito de propriedade, pecúlio, fundo de emancipação, indenização, separação de famílias.[10]

Mothers", *partus sequitur ventrem*, and the Naturalization of Slave Reproduction in Nineteenth-Century Brazil, *Tempo*, v.22, n.41, p.467-87, set.-dez. 2016.

4 Os primeiros regulamentos para a proibição da entrada de cativas(os) no Brasil datam de um tratado entre Portugal e Inglaterra em 1810 e outro de 1815, ratificado por uma convenção adicional em 1817.

5 Laidler, A Lei do Ventre Livre: interesses e disputas em torno do projeto de "abolição gradual", *Escritos*, Fundação Casa de Rui Barbosa, ano 5, v.5, p.189-90, 2013.

6 Uma análise política da lei e dos projetos: Leite, *Com a letra da lei e o espírito do legislador*.

7 Sobre debates parlamentares: Abreu, Slave Mothers and Freed Children: Emancipation and Female Spaces in Debates on the "Free Womb Law", Rio de Janeiro, 1871, *Journal of Latin American Studies*, n.28, p.567-89, 1996.

8 Para tanto, era "preciso intervir nas relações entre senhores e escravos e promover a superação da instituição da escravidão, enfrentando decididamente os interesses sociais e econômicos que ainda a sustentavam". Chalhoub, *Machado de Assis*, p.137.

9 Alonso, *Flores, votos e balas*, p.489-501. Na leitura dos debates, notamos um amplo conhecimento sobre a temática e seus desdobramentos, inclusive sobre legislação semelhante em outros espaços da América Hispânica, Estados Unidos, Caribe francês e inglês. Brasil, *Anais da Câmara dos Deputados*, t.III, p.119-20.

10 O texto aprovado reconhecia legalmente "uma série de direitos que os escravos haviam adquirido pelo costume e a aceitação de alguns objetivos das lutas dos negros. Isso é verdade não só

Ao dispor sobre o ventre da mãe, a lei se refletia nas relações familiares dos cativos.[11] As extensas discussões, inclusive sobre as relações familiares, colocaram no centro dos debates a maternidade e a infância. Seria difícil aqui abordar todas as questões; nesse sentido, analisaremos algumas relativas às famílias, bem como processos de tutela abertos na província de Minas Gerais, que ajudam a dimensionar a instrumentalização da lei e o discurso acerca da família moralmente adequada para a criação dos nascidos de ventre livre.

Relações familiares nos projetos sobre o ventre livre (1867-1871)

No projeto de Pimenta Bueno, discutido em 1867 pelo Conselho de Estado, havia a proposta de que, em caso de "alienações, ou transmissão de propriedade", as(os) filhas(os) de "mulheres escravas" com até 7 anos deveriam acompanhá-las.[12] A liberdade das mães era outro aspecto abordado; previa-se que, caso obtivesse liberdade, as(os) filhas(os) menores de 7 anos lhes seriam entregues "logo que solicite, sem dependência de indenização", já os maiores dependeriam desta.[13] A idade também apareceu em outras propostas como variável importante para o início do trabalho e o "cálculo" relativo à indenização. Outro ponto abordado foi o da "concordância" da mãe, se solteira, ou dos pais para que as crianças nascidas, a partir da aprovação da lei, fossem entregues a alguma associação ou particular.[14] Se isso não acontecesse, as crianças deveriam "servir gratuitamente", homens até os 20 anos e mulheres, 16 anos, e o senhor lhes propiciaria o adequado para seu sustento.[15] Também determinava ser "proibido aos senhores de escravos

---

em relação ao pecúlio e à indenização forçada, como também no que diz respeito à ideia mestra do projeto, isto é, a liberdade do ventre – mesmo que essa 'liberdade' tenha sido relativizada por um sem-número de sutilezas e restrições" (Chalhoub, *Visões da liberdade*, p.159-60).

11 Desde os debates até a aprovação do texto final da lei, "a infância e também a maternidade escrava passaram a ocupar lugar de destaque na agenda pública de encaminhamento lento, gradual e seguro da abolição" (Ariza, Vulneráveis e indomáveis: crianças, trabalho livre e o ocaso da escravidão (São Paulo, 1870-1890), in: Carula; Freire, *Raça, gênero e classe*, p.147).

12 Araújo; Bueno et al., *Trabalho sobre a extinção da escravatura do Brasil*, p.9, art.5º.

13 Ibid., art.6º.

14 Ibid., art.2º.

15 Ibid., art.3º.

alienarem por qualquer título ou modo um cônjuge escravo em separado de outro escravo. Só seria isso permitido em caso excepcional".[16]

A proposta de Pimenta Bueno foi modificada pelo Conselho de Estado, em 1868. O texto alterado, no tocante à alienação da escravizada, determinava que as(os) filhas(os) "acompanharão sua mãe, ficando o novo senhor sub-rogado nos direitos e obrigações de seu antecessor", porém sem a delimitação da idade.[17] No caso de a escravizada obter a liberdade, as(os) "menores de 7 anos" lhe seriam entregues, "mediante indenização", diferente do proposto por Pimenta Bueno.[18] O olhar sob a família se fez presente na proibição de serem alienados os cônjuges escravos e "os pais sem os filhos e os filhos sem os pais".[19] Após a discussão, o projeto ficou suspenso por conta da Guerra do Paraguai.

A Câmara resolveu criar um projeto e solicitou que deputados enviassem propostas para basear uma Comissão Especial. O projeto apresentado por Araújo Lima, em 1870, estabeleceu, assim como no de Pimenta Bueno (1867), que as(os) filhas(os) "menores de 7 anos de idade acompanharão suas mães"[20] e o novo senhor teria os mesmos direitos e deveres do antecessor. A libertação de escravas(os) deveria ser concedida caso fosse dado, por eles ou outros, o valor devido, determinando que, nesse caso, "os filhos menores de 7 anos de idade acompanharão suas mães, sem indenização alguma".[21]

Também em 1870, Perdigão Malheiro apresentou projetos sobre o tema. No segundo submetido, propunha o "direito a alforria" das(os) cativas(os) que tivessem meios de se remir. Muitos parlamentares consideravam a alforria uma das principais possibilidades de liberdade e "resolvia" três questões: possibilitava a indenização ao senhor que desejasse; era compreendida como uma "dádiva, concessão" dos senhores e, portanto, não interferia na moral dos que, repetidas vezes, diziam ter "por lei" o seu direito de propriedade garantido; e, por último, levaria ao fim do cativeiro sem sobressaltos, revoltas ou abalos. Malheiro afirmava: "é lícito" ao

16 Ibid., p.12, prop. n.2, art.6º.

17 Rodrigues (org.), *Atas do Conselho de Estado*. Sessões: 16 abr. 1868; 23 abr. 1868; 30 abr. 1868; 7 maio 1868, art.1º, §3º.

18 Ibid., art.1º, §4º.

19 Ibid., art.5º, §7º.

20 Brasil, *Anais da Câmara dos Deputados*, t.I, p.57, art.1º, §4º.

21 Ibid., art.3º.

"cônjuge livre remir o cônjuge escravo e filhos mediante equitativa avaliação e exibição imediata da importância".[22] No seu entendimento, ao escravo seria garantido o pecúlio, que poderia utilizá-lo como julgasse adequado, mas preferencialmente manumitindo familiares.[23] Na sua terceira proposta, centrou sua atenção nas mães: os filhos menores de 7 anos deveriam acompanhar as mães que conseguissem a liberdade e deixassem a companhia de seus ex-senhores.[24] A maternidade da escravizada era compreendida como fundamental, a companhia do(a) filho(a) até determinada idade colaboraria para um fim da escravidão sem grandes tensões.

O projeto apresentado pela Comissão Especial da Câmara dos Deputados, em 1870, também abordou matérias relativas ao ventre livre, que impactavam as relações familiares. Ele previa que seria permitido para os cativos, "com autorização do senhor", adquirir pecúlio que poderia ser destinado para a "sua manumissão, ou à de seu cônjuge, descendentes e ascendentes" e assim como alguns anteriores, propunha a possibilidade de o cônjuge livre com condições remir a(o) cônjuge escravizada(o) e os filhos.[25] Com relação à separação das famílias, estabeleceu que, na libertação de cativas, os "filhos menores de 8 anos"[26] as acompanhariam. No tocante à alienação e à transmissão da propriedade da mulher escravizada, a proposta proibia "sob pena de nulidade separar o marido da mulher o filho do pai ou mãe, salvo sendo filhos maiores de 15 anos" e determinava que no caso "de não comportar a divisão de bens entre herdeiros ou sócios a reunião de uma família, será esta vendida, e seu produto rateado na proporção que for devida".[27] No projeto da comissão havia o termo "patrono" para se referir ao "direito" que os senhores das mães escravas teriam sobre as crianças nascidas após a aprovação da lei.[28] Em Cuba, após a Lei Moret de 1870, que legislava sobre o ventre livre, "patrono" foi utilizado para designar o proprietário de escravos, que passaram a ser chamados de patrocinados. Dada a proximidade entre os eventos e

---

22 Ibid., p.59-60, art.4º, §1º.

23 Ibid., art.5º.

24 Ibid., p.59-60, prop.3, art.1º, §4º.

25 Ibid., t.IV, p.179, art.6º, §1º e 3º.

26 Ibid., §6º.

27 Ibid., §1º, 11 e 12.

28 Para uma análise comparativa sobre o ventre livre no Brasil e Cuba, ancorada em uma perspectiva de gênero, ver: Cowlling, *Concebendo a liberdade*.

o conhecimento por parte dos parlamentares brasileiros sobre esse evento, é possível que o termo introduzido pela Comissão Especial tivesse aí sua inspiração. Apesar de discutido, o projeto da Câmara não chegou a ser votado e foi arquivado.

O projeto do Executivo, apresentado pelo Ministério da Agricultura na Câmara dos Deputados em 1871, manteve alguns dispositivos dos anteriores e alterou outros. Trata-se de projeto modificado a partir das discussões em 1868 no Conselho de Estado. Ele também objetivava conservar junto às mães, caso a escrava obtivesse liberdade, as(os) filhas(os) menores de 8 anos "independentemente de indenização". Contudo, nas emendas recebidas, o termo foi retirado. A única possibilidade de não as acompanhar era se elas assim o preferissem e se o "senhor anuir em ficar com eles".[29] Determinava ainda que, na ocorrência de alienação da mulher, os filhos menores de 12 anos, diferente do Decreto de 1869, a acompanhariam, ficando o novo "senhor sub-rogado nos direitos e obrigações do antecessor".[30] Se desrespeitado o artigo, as alienações ou transmissões poderiam ser anuladas, pois ficava proibido "separar os cônjuges e os filhos menores de 12 anos do pai ou mãe". Estabelecia-se que, nas partilhas de bens, quando não fosse possível manter a família, esta seria vendida e o valor dividido entre os herdeiros ou sócios. O direito de utilizar os serviços do menor até a idade de 8 anos completos poderia ser transferido nos casos de sucessão, "devendo o filho da escrava prestar serviços à pessoa a quem nas partilhas pertencer a mesma escrava", portanto preservava a manutenção da família.[31] O projeto aprovado na Câmara foi posteriormente aprovado no Senado (1871).[32]

29 Brasil, *Anais da Câmara dos Deputados*, t.I, p.44, art.1º, §4º.

30 Ibid.

31 Ibid., §7º.

32 "Houve resistência tenaz à aprovação da lei de 28 de setembro de 1871 e, depois, à sua execução" (Chalhoub, *Machado de Assis*, p.137). Após a lei de 28 de setembro de 1871, foram necessários ajustes para sua vigência. Diversos regulamentos foram estabelecidos após aquela data: Regulamentos n.4.835, de 1º de dezembro de 1872; n.4.960, de 8 de março de 1872; n.6.341, de 20 de setembro de 1876; e o Decreto n.5.135, de 13 de novembro de 1872 (Leite, *Com a letra da lei e o espírito do legislador*).

O ventre da mulher escrava, a maternidade e as famílias no Parlamento

A Comissão Especial considerava o projeto do Executivo o mais aceitável, posto que traria menores abalos ao Império e, "desde que seriamente se quer pôr termo à escravidão, o meio mais seguro é estancar-lhe a fonte", legislando sobre o ventre da mulher escrava.[33] No entender dos defensores dos "direitos senhoriais", a Lei de 1871 possuía "enormes defeitos". No entanto, apesar disso, era entendida como um roteiro para a abolição gradual no Brasil – estágio preparatório a ser seguido para garantir a "própria ordem legal".[34]

Nos projetos debatidos no Conselho de Estado e no Parlamento, a família escrava e sua manutenção tinham um caráter moral, sendo o caminho mais adequado para o controle das crianças. Moralmente, era vital que os ingênuos se reunissem em família e sua estabilidade era importante.

Fazendo algumas considerações, em sentido oposto ao projeto do Executivo, o barão da Vila da Barra destacou que, para findar a escravidão, existia o caminho rápido e imediato e o mais lento – alternativas diferentes para se chegar ao mesmo fim e, dentre os que causavam menos danos, os principais eram "a emancipação pelo ventre livre, pela libertação de grupos de escravas e pela libertação de famílias escravas". Vila da Barra completou seu raciocínio sublinhando que o governo, ao escolher a libertação do ventre, não fizera a melhor opção.[35]

Algumas manifestações contrárias ao ventre livre se ancoravam no argumento da quebra dos laços, sobretudo entre as mães e seus filhos, e assinalavam a manutenção da família escrava como meio para evitar revoltas, fugas e devassidão. Sobre o ventre livre sentenciava-se: "Esses nascituros serão vítimas do ódio das mães, pelas desigualdades das condições; da malevolência dos senhores, pela lesão dos seus interesses".[36] Nesses tipos de proposições,

---

33 A comissão analisou as propostas: "Abolição imediata ou diferida com indenização"; "Abolição imediata, ou diferida, sem indenização"; "Libertação das escravas, jazendo os homens o cativeiro"; "Meios indiretos" e "Liberdade do ventre" (Brasil, *Anais da Câmara dos Deputados*, t.II, p.224).

34 Mendonça, *Entre a mão e os anéis*, p.97.

35 Brasil, *Anais da Câmara dos Deputados*, t.III, p.95.

36 Ibid., t.II, p.228.

representava-se a mulher escravizada como perversa e autocentrada, desconsiderava-se a possibilidade de existir um amor materno acompanhado de altruísmo.

Um ponto discutido pela comissão foi o da pretendida libertação das escravas, sobre o qual se manifestou contrária: "por dois aspectos pode ser considerada a escrava: – como meio de reprodução – como instrumento de trabalho. Se se tem em vista o instrumento de trabalho, não está já resolvido o problema com a liberdade do ventre, com a derrogação do hediondo princípio: *partus sequitur ventrem?*".[37] Garantia-se a produção de trabalho renunciando à reprodução. Na avaliação da comissão, libertar o fruto da escravizada era compreensível, mas ele não se dava com relação à libertação da mãe, talvez fundamentada em repertório de práticas já realizadas em outras regiões escravistas. Como destacou Maria Helena Machado:

> Ao colocarem a mulher escrava no papel de dupla produtora da riqueza escravista, os princípios acima elencados acabaram sublinhando a centralidade do corpo da escravizada como o próprio lócus da escravidão. Seja estimulando a reprodução, seja negligenciando-a, os senhores de escravos tinham sempre que considerar essa questão em suas estratégias de produção de riqueza.[38]

O problema estava na libertação das mulheres e manutenção dos homens no cativeiro, considerada injusta e perigosa. A desigualdade poderia levar à desordem e à anarquia: "se se tem em vista o instrumento de trabalho, que motivo há ali para colocar a mulher em condições privilegiadas relativamente ao homem? Em que boa razão se [?] o cativeiro do operário homem, *pari passu* da liberdade da operária mulher?".[39] Para a comissão, inseria-se uma distinção de "classes: as senhoras pretas e os escravos pretos" e criava-se privilégio "do sexo".[40] No cerne estavam as questões da família e do gênero, alterar-se-ia a "pirâmide de baixo para cima", pois o homem ficaria em condição de

37 Ibid., p.224, grifos no original. Sobre esse duplo papel da mulher escrava nas sociedades escravistas, ver: Machado, Mulher, corpo e maternidade, in: Schwarcz; Gomes (orgs.), *Dicionário da escravidão e liberdade*.

38 Machado, Mulher, corpo e maternidade, in: Schwarcz; Gomes (orgs.), *Dicionário da escravidão e liberdade*, p.337.

39 Brasil, *Anais da Câmara dos Deputados*, t.II, p.224.

40 Ibid.

inferioridade e a família dissolvida. A libertação das mulheres implantaria três grupos distintos: "homens escravos, mulheres libertas, filhos livres".[41]

> Quando almejamos por animar a constituição da família, iríamos tremendamente estorvá-la, pois que à mulher libertada repugnaria dar a mão de esposa ao seu antigo parceiro, hoje colocado em escala mais baixa que a sua. Ao passo que a legislação geral estabelece que o varão é o administrador, e cabeça do casal, e não a mulher; fundaríamos uma legislação especial, decretando que passasse aquela administração para o ente fraco, e impróprio, para a mulher, a cujo aceno o varão se curvasse. Poderia frequentemente dar-se até um fenômeno curioso, qual o de tornar-se o marido escravo de sua mulher e de seus filhos![42]

A comissão não poderia aderir a tal proposta, pois os males seriam muitos e graves. Se fossem retiradas do convívio com sua comunidade, as libertas seriam apartadas da família, violando-se

> as leis divinas e humanas, que vedam a separação dos cônjuges; rasgar-se-iam afeições, que adoçam o mesquinho viver do escravo, assim levado ao desespero; centuplicar-se-iam os elementos de insubordinação; coroar-se-ia o espetáculo com a imoralidade repugnante de apenas se povoarem as fazendas de indivíduos do mesmo sexo.[43]

Justificativas de caráter humanitário e divinos foram levantados para ir contra a separação do casal no interior de uma instituição desumana. Para dar sustentação aos interesses senhoriais de manutenção da propriedade escrava, o argumento girou em torno da possível quebra do patriarcado vigente, supostamente por imaginá-lo ser mais aceito aos presentes (todos homens).

Não havia, no entender do barão da Vila da Barra, a possibilidade de uma pirâmide invertida como descreveu a comissão quando se manifestou contrária à libertação das escravas, esta considerada por ele com entusiasmo, porquanto não causaria perturbação nos outros cativos. Inclusive, seria uma alegria: "quem não sabe praticamente que a paz da família escrava não

41 Ibid.
42 Ibid.
43 Ibid.

é perturbada se a mulher de um desses escravos é chamada para criar um dos filhos do dono da casa, e em remuneração desse serviço o senhor dessa escrava a liberta?".[44] Não havia motivo, portanto, para o receio da existência de três categorias – homens escravos, mulheres libertas e filhos livres. Esses grupos já existiam nas propriedades e existiriam qualquer que fosse o sistema da emancipação, exceto em caso de abolição imediata.[45]

Em sua defesa da mulher, o barão leu partes do parecer da comissão: "'heroína do afeto, capaz de dedicação sem termo, de coragem, de sacrifícios, a que o homem com todo o seu orgulho se não abalançaria etc., etc.' (É da mulher mãe, escrava, que a comissão fala)".[46] Aqui, diferentemente de outras proposições, a mãe escravizada era representada como portadora de amor e coragem superiores aos dos homens, quase infinitos. Ainda buscando no parecer da comissão subsídios para sua argumentação, prosseguiu: "e tão pouco há hoje quem defenda ser a alma da mulher inferior e diversa da nossa".[47] Destacou também que ora a comissão exaltava a mulher escravizada, ora aviltava-a.

Ao tratar da liberdade do ventre, a Comissão Especial refutou alegações de que a escravizada mataria ou maltrataria seu filho livre. Representou-se o amor materno como capaz de elevar os cuidados, a coragem e a dedicação da mãe para com seu filho livre. Afirmou-se que, por mais que se exagerasse o embrutecimento das escravas, não era possível transformar o amor materno em ódio, inveja e ciúmes da nova condição de seu filho, pois a sociedade se assentava na família, esta que, "no amor materno; [...] contai com a gratidão das mães, que, em vez de maldições, vos cobrirão de bençãos, e que não hão de malquerer a seus filhos, antes por eles duplamente se estremecerão".[48] A compreensão da família como baseada no amor materno estava em sintonia com um modelo familiar burguês que se propunha como o correto a ser seguido pelas famílias abastadas.[49]

---

44 Ibid., t.III, p.98.

45 Ibid.

46 Ibid.

47 Ibid.

48 Ibid., t.II, p.228.

49 Carula, A educação feminina em *A Mãi de Família*, in: Carula; Engel; Corrêa (orgs.), *Os intelectuais e a nação*.

O infanticídio foi apontado por alguns como possível resultado da inveja da mãe com relação a sua prole livre. Na escravidão, o que imperaria

> nessa classe, e por causa mesmo da triste instituição, é o desvairado excesso de amor materno que tem produzido inúmeros infanticídios; a escrava mata o filho, antes de nascer, ao nascer, ou no berço, para o poupar a sorte miseranda que o aguarda; mata o escravo querido, para lhe dar a única alforria a que pode aspirar.[50]

Já o ventre livre teria efeito contrário, a escrava trabalharia mais satisfeita "amará ela mais a vida própria na vida de seus filhos".[51] Importante destacar como a tópica do amor materno, existência ou ausência, estava presente tanto na alegação dos favoráveis quanto na dos contrários ao ventre livre.

O deputado Junqueira lembrou que a Ordem Beneditina libertara sem distinção, em 1863, todos os filhos de escravizadas – fato muito semelhante à lei em discussão. O parlamentar seguiu afirmando que, após a libertação, houve um aumento no número de "crias" nas fazendas e engenhos da ordem. Destacou ainda que nas propriedades beneditinas não ocorreu, conforme informações dos próprios monges, nenhum tipo de insurreição e "todos os escravos estão muito satisfeitos".[52] Era um exemplo que respondia, segundo ele, de maneira vitoriosa àqueles que sentenciavam um "morticínio de inocentes".[53]

O senador Salles Torres Homem, por sua vez, em tom de ironia, perguntou como os inimigos da reforma servil teriam concluído que as escravas "olhariam com olhos de despeito, de rivalidade e de inveja para a liberdade dos filhos, de que seriam excluídos?". No seu entender, a maternidade suplantaria qualquer problema, pois

> um dos fenômenos mais admiráveis da constituição moral do homem é esse tesouro inesgotável de ternura e dedicação do coração materno. Elas que preferem à sua a felicidade do filho, como haviam de irritar-se, de que, não podendo

---

50 Brasil, *Anais da Câmara dos Deputados*, t.II, p.228. Sobre o aborto e o infanticídio conferir: Roth, From Free Womb to Criminalized Woman: Fertility Control in Brazilian Slavery and Freedom, *Slavery &Abolition*, v.38, n.2, ed. esp., jun. 2017.

51 Brasil, *Anais da Câmara dos Deputados*, t.II, p.228.

52 Ibid., t.IV, p.231.

53 Ibid.

> a fortuna estender seu benefício a ambos fosse preferido o objeto de suas mais vivas afeições?[54]

Mais uma vez, o amor materno aparecia como argumento.

O visconde do Rio Branco (presidente do Conselho de Ministros), ao defender o projeto na Câmara, abordou uma série de questões e dirimiu dúvidas e/ou objeções feitas pelos opositores. Sobre os conflitos que o ventre livre poderia gerar na comunidade escrava, sustentava que o projeto asseguraria a manutenção das uniões familiares entre os cativos. Via essa como uma das medidas mais inteligentes e esclarecidas aprovadas na Câmara – uma providência humanitária civilizada, de princípio "eminentemente filantrópico" e que garantia segurança para senhores e escravos.[55]

Um dos pontos que gerou discussões foi o da indenização do senhor, caso optasse pela entrega do filho que atingisse a idade de 8 anos. Zacarias de Góis abordou a questão de maneira incisiva. Para ele, o parágrafo primeiro do artigo 1º, sobre a obrigação de cuidar dos filhos de mulher escrava até a idade de 8 anos não estava na proposta do Conselho de Estado; era, portanto, "ideia nova". Diferentemente do que estava sendo debatido, a proposta do conselho determinava que os senhores tinham a obrigação de criar e tratar os filhos de mulher escrava até a idade de 21 anos. Prosseguia:

> Ora a ideia da opção me parece imoral, porque as medidas tendentes a extinguir a escravidão devem ter por objeto inocular no ânimo do escravo o espírito de família, devem encaminhá-lo à vida de família, e o espírito e a vida de família pedem que a criança, que apenas tem saído da infância, completando 7 anos, continue sob a vigilância de sua mãe a receber os carinhos que em outra parte não pode encontrar. A proposta, portanto, rompe os laços de família, determinando que aos 8 anos o criador de menores possa trocá-los por apólices.[56]

No seu entender, se na hipótese de venda o menor de 12 anos deveria acompanhar a mãe, o que o artigo reconhecia era que, "antes de chegar à puberdade, é uma dureza, é uma imoralidade separar da mãe o filho".[57]

---

54 Brasil, *Anais do Império*, Lv.5, p.59.
55 Brasil, *Anais da Câmara dos Deputados*, t.III, p.307.
56 Brasil, *Anais do Império*, Lv.5, p.34.
57 Ibid., p.35.

Continuava refletindo sobre a separação de cônjuges e dos filhos menores de 12 anos do pai ou mãe; via aí uma contradição. Segundo ele, a proposta do Executivo ditava que seriam nulos os contratos que separavam o menor de 12 anos de sua mãe, mas ele próprio "autoriza separar das mães escravas os filhos menores aos 8 anos, para entregá-los ao governo, quebrando, portanto, a unidade da família, ao mesmo tempo que a recomenda e faz respeitar".[58] A ideia era considerada "retrógrada", pois já havia o decreto de 15 de setembro de 1869 que tratava de igual tema, com a exceção de que lá a idade dos filhos era até os 15 anos.[59]

Rio Branco também abordou a questão do tratamento dos filhos de escrava até certa idade, que teria um duplo papel para aquelas pobres crianças, pois seriam vistas como virtude e interesse dos proprietários de suas mães: "O abandono dos filhos das escravas levaria de certo o desespero às mães e aos pais, e então o serviço destes seria ainda mais constrangido, menos eficaz do que hoje. Logo, o bom senhor há de compreender que não só por humanidade, mas ainda por interesse, ele deve olhar para essas criaturas".[60] Talvez o argumento "por interesse" senhorial tocasse mais.

Rio Branco detalhou, assim como fizera na Câmara dos Deputados, o motivo para a diminuição da idade na separação dos filhos de seus pais. Segundo ele, o máximo de 15 anos estabelecido pela Lei de 1869 era excessivo:

> no interesse mesmo das famílias escravas convinha reduzir aquele limite; porque a alienação de uma escrava pode ser determinada não só pelo interesse do senhor, mas também em seu próprio benefício, e a condição dos 15 anos da lei de 1869 [?] dificultar esse ato [...]. Nós não queremos a separação dos membros de uma família de escravos, não queremos que os menores sejam separados de suas mães.[61]

58 Ibid.

59 O Decreto n.1.695, de 15 de setembro de 1869, determinava em seu art.2º: "Em todas as vendas de escravos, ou sejam particulares ou judiciais, é proibido, sob pena de nulidade, separar o marido da mulher, o filho do pai ou mãe, salvo sendo os filhos maiores de 15 anos" (Brasil, *Collecção das leis do Império do Brasil*, p.129-30).

60 Brasil, *Anais do Império*, Lv.5, p.36.

61 Ibid., p.46.

O senador Mendes de Almeida trouxe a mulher para o centro da discussão. Defendia que a emancipação da escrava "núbil" era reconhecida como a medida mais "fecunda e moralizadora". Mencionou que as notícias vindas das províncias traziam esse como aspecto bastante positivo e que eram elas as preferidas para as alforrias; esse seria o mesmo resultado do proposto pelo Executivo e com a antecipação de parte considerável da escravatura "atual". Procurou também distinguir homens e mulheres – na "raça" escrava e na livre havia uma distinção importante, pois o homem era mais "dotado de razão e a mulher de sentimentos mais elevados", que levavam a uma diferença importante no cotidiano das famílias, a ser refletida na sociedade. Então, prosseguiu:

> O escravo liberto esquece o filho e a mulher. A escrava liberta trabalha por libertar seu filho e o pai de seu filho. (Apoiados.) Não há, pois perigo de que a mulher liberta abandone o trabalho; pelo contrário, ela se acostumará ao trabalho livre junto de seu antigo senhor e dará um exemplo profícuo. Há outras grandes vantagens neste processo. A criança terá nascido efetivamente livre e terá efetivamente quem zele pela sua amamentação e vida.[62]

Havia a percepção de que a ligação entre mãe e filho era mais forte que a do pai e prole, e, portanto, isso daria a segurança com relação a futuras tensões no cativeiro.

Podemos inferir que família escrava esteve na essência das discussões, com intensos debates e diferentes argumentações, a indivisibilidade das relações familiares foi aspecto fundamental. No bojo das discussões encontrava-se de maneira central a figura da mãe. A maternidade foi encarada por alguns como a "garantia" de cuidado e zelo para com os nascidos, a família seria inclusive um dos aspectos relevantes para evitar rebeliões e fugas, propiciando paz à sociedade. Já para outros, as relações anômicas entre os cativos fariam imperar o infanticídio e a dissensão entre mães, pais, filhos e na própria comunidade escrava.

---

62 Ibid., p.114.

"Habilitar no trabalho, a fim de que com os maus exemplos de sua mãe não se torne prejudicial e perigoso à sociedade"

Como já dito, a Lei de 1871 tornou efetivos alguns "direitos", como o pecúlio, as alforrias, e criou outros, como o Fundo de Emancipação, que tinham nas relações familiares um importante critério para que cativas(os) pudessem se libertar. Isso possibilitou que um amplo número de pessoas fizesse o trânsito da escravidão para a liberdade. No entanto, para muitos, a liberdade foi precária, instável e não possibilitou a manutenção de suas relações familiares, sobretudo com os(as) filhos(as). Para esses pais e mães, as tutelas propiciavam os cuidados necessários às crianças e para os tutores o uso dos trabalhos dos filhos livres de mães cativas e/ou libertas. A tutela era uma tentativa de "indenizar" os senhores pelo custeio dos "ventres livres" e/ou garantir, por meio do trabalho, o controle e os laços que existiam entre senhores e escravas(os) e seus filhos mesmo depois que estes eram libertos e livres.

> Encontrando na interrupção do princípio do *partus sequitur ventrem* e na garantia da tutela de filhos de escravizada durante a menoridade uma fórmula que prometia acomodar pressões de diferentes vetores, emanadas tanto pelo movimento crescente de deslegitimação da escravidão – de que faziam parte sujeitos escravos e egressos da escravidão – quanto pelo empedernido escravismo da classe senhorial e seus representantes políticos, a medida sinalizava uma conversão simbólica de importantes significados.[63]

Em 23 de setembro de 1879, o capitão Antonio Ferreira de Assis, fazendeiro, morador em Santana do Deserto, pertencente à cidade de Juiz de Fora em Minas Gerais, informou ao juiz municipal de órfãos que levou à pia batismal o "ingênuo Belisario, hoje com idade de 6 anos". Belisario era filho da liberta Rita, ex-escrava do dr. João Gonçalves Gomes e Souza. Segundo o capitão Assis, Rita havia se entregado à "vida de prostituição e assim vive ora

---

63 Ariza, Vulneráveis e indomáveis: crianças, trabalho livre e o ocaso da escravidão (São Paulo, 1870-1890), in: Carula; Freire, *Raça, gênero e classe*, p.147. Uma abordagem dessa literatura: Ariza, *Mães infames, filhos venturosos*.

aqui ora ali sem domicílio certo, faltando-lhe completamente capacidade e moralidade para criar e educar seu filho". O "ingênuo Belisario" estava sendo criado na casa do major José Gonçalves Gomes e Souza. No entanto, como era padrinho do menor, Antonio de Assis declarou que gostaria de "acabar a sua criação e educação mandando-lhe ensinar um ofício". A justificativa do padrinho continuava, e cada vez mais utilizava o argumento do trabalho para solicitar a tutela de Belisario, visando habilitar Belisario "no trabalho, a fim de que com os maus exemplos de sua mãe não se torne prejudicial e perigoso à sociedade", por isso solicitava que fosse entregue a ele a tutela do menor, isso porque o suplicante pretendia "protegê-lo e livrá-lo d'essa [senda?] que seguem se homens sem educação".[64] Raquel Pereira Francisco destacou que em Juiz de Fora, nas tutelas, as mães eram geralmente descritas como "muito pobres", "dadas ao vício da embriaguez" e "da prostituição", "solteira sem residência fixa".[65]

Em agosto de 1888, o juiz dos órfãos intimou o mesmo Antonio de Assis para que comparecesse àquele juízo para dar explicações sobre a tutela de Belisario, em virtude de um pedido feito pela mãe. Rita Maria do Nascimento recorreu ao juiz pedindo providências no sentido de "conseguir que o referido seu filho, que está a completar 17 anos", fosse admitido como aprendiz em qualquer das oficinas de marcenaria da cidade, pois tinha para o ofício "bastante habilidade e aptidão". Rita Maria, no seu pedido, dava novos informes sobre o menor. Estava grata pela criação de Belisario, que vivia na casa da "Exma. Senhora Dona Mariana Augusta da Gama onde o mesmo seu filho nasceu, foi criado e tem constantemente vivido até o presente". Embora "nada lhe falte, sendo ao contrário muito estimado", Rita dizia que Belisario não poderia permanecer ali sem que aprendesse um ofício que permitisse a ele os meios "indispensáveis à vida quando mais tarde lhe vier a faltar sua generosa protetora", que já possuía 80 anos. Dona Mariana era mãe do tutor, o capitão Antonio Ferreira de Assis, que, de acordo com Rita, apesar de suas repetidas súplicas, não se dignou a cuidar do "futuro bem-estar de seu tutelado e afilhado de batismo, pondo-o aprender um ofício que o coloque ao abrigo da vagabundagem da miséria!".[66] A mãe de

64 Arquivo Histórico da Universidade Federal de Juiz de Fora (doravante AHUFJF). Fundo – Fórum Benjamin Colucci/Série: Miscelânea, cx.2, f.2.

65 Francisco, *Laços da senzala, arranjos da* flor de maio.

66 AHUFJF, Fundo – Fórum Benjamin Colucci/Série: Miscelânea, cx.2, f.2.

Belisario afirmou não poder manter seu filho "no próprio lar e que, ao contrário", gostaria que continuasse sob a "maternal proteção" da senhora, que "o criou com tanta amizade e desvelos". Desejava apenas que ele aprendesse um ofício, pois, "como mãe que é, assente-lhe o direito de promover o futuro bem-estar de seu filho, direito que não lhe pode jamais ser contestado". Se o tutor não pudesse satisfazer sua justa exigência, solicitava que renunciasse à tutela e fosse substituído pelo cidadão Julião Pereira da Silva, pessoa idônea para tal encargo, o que era do conhecimento de todos.[67]

O capitão Antonio respondeu esclarecendo que seu "pupilo Belisario" estava exercendo "o ofício de copeiro em casa de da. Marianna Augusta da Gama", gozando "saúde, sendo alimentado e vestido", e pretendia enviá-lo para aprender o ofício de marceneiro. O menor era pobre e não tinha pecúlio reunido, o pouco que tinha utilizava para despesas "com vestuário e alimentação".[68] O processo termina sem que possamos saber se Belisario permaneceu ainda sobre a tutela do capitão Antonio, ou se foi atendido o pedido de sua mãe Rita Maria. No entanto, a tentativa da mãe em garantir para Belisario um tutor que o inserisse no mundo do trabalho – no qual poderia prover para si e talvez também para ela os meios de que necessitava para sobreviver – demonstra que as justificativas de Antonio de Assis, ancoradas na suposição de que ela, uma prostituta, era "incapaz" de cuidar dele, pois lhe faltavam "capacidade e moralidade", o que seria prejudicial e "perigoso à sociedade", parecem não se justificar. O amor e os cuidados de Rita podem ser percebidos em duas atitudes: quando buscou tutor que possibilitasse, por meio de um ofício, condições melhores para Belisario; e ao admitir que não conseguiria mantê-lo no próprio lar, pois estaria em melhores condições com a mãe do capitão.

Em maio de 1888, procedeu-se a tutela de outros menores. Eram Conceição e Gabriel, filhos da ex-escrava Constança, de pai incógnito.[69] O suplicante era Francisco Baptista de Assis, lavrador na freguesia de Sarandy, em Juiz de Fora. Dizia Francisco que sua ex-escrava tinha dois filhos ingênuos, Conceição, de "10 a 12 anos", e Gabriel, de "7 anos mais ou menos", criados e mantidos pela família do suplicante, "que lhes dedica sincera afeição". Como

67 Ibid.
68 Ibid.
69 AHUFJF, Fundo – Fórum Benjamin Colucci/Série: Miscelânea, cx.4.

não tinham tutor e sua mãe, Constança, "seja dada ao vício da embriaguez e (com quanto se conserve como empregada do suppe) possa querer retirar-se da noite para o dia", requeria que se nomeasse um tutor para os ditos menores que "deles cuide e os dirija em sua educação".[70] Em seguida, prestou juramento dizendo "estar de posse dos ditos menores e que de novo ratificava o juramento já prestado, prometendo cumprir todos os deveres de seu cargo".[71]

A história não termina por aí. Em 1889, Ignacio Cardoso, ex-escravo do conde de Cedofeita, levou ao conhecimento do juiz de órfãos que havia se casado, em 29 de julho de 1888, com "Constança, ex-escrava de Francisco Baptista". Ignacio apresentou certidão de casamento que reconhecia o matrimônio e dizia "querer reconhecer por subsequente matrimônio como seus filhos legítimos aos menores Gabriel [...] e Conceição", e, como pai dos menores, solicitava que a tutela anteriormente expedida fosse extinta. Em 21 de agosto de 1889, Ignacio reconheceu por seus filhos legítimos os dois menores. No termo ele informava que os "reconhecia por seus filhos legítimos" e que eram "filhos da dita sua mulher e havidos antes do seu casamento".[72]

O tutor Francisco de Assis, no entanto, refutou os argumentos do casal. Sustentava que a afirmação não se assentava na verdade. Os menores nasceram em São Francisco de Paula, onde morava a mãe, e Ignacio de tal, que se dizia "pai", não podia "ter havido tais filhos, quando não houvesse comunicação entre ele e a mãe de tais menores". O tutor assegurava saber o motivo da falsa alegação: o "padrasto" dos menores, não conseguindo que o tutor abandonasse a tutela dos menores, o que tentara reiteradas vezes, "inventou, os autos, achou quem lhe sugerisse a chicana de trazer a juízo uma falsa afirmação".[73]

Respondendo aos questionamentos, alegavam Constança e seu marido Ignacio Antonio Cardoso que queriam retirar "seus filhos e enteados" da tutela de Francisco Baptista de Assis. Constança e seu marido justificavam que o tutor utilizava os serviços dos menores e, no entanto, não cuidava da "educação e do bem-estar dos mesmos tutelados e a ele não pode devotar amizade ou afeição [...] contra a expectativa do seu ex-senhor que por tal atualmente se acha um tanto despeitado". Prosseguia a mãe, como primeira suplicante, declarando que por ter se casado era mais "[?] que assuma hoje

70 Ibid., f.2.
71 Ibid., f.2v.
72 Ibid., f.8-10.
73 Ibid., f.12.

o segundo suplicante o encargo dessa tutela e traga para sua companhia e de sua mulher os ditos *enteados*"[74]. O juiz de órfãos se posicionou pela retirada dos menores do tutor e entrega aos "pais".

Francisco Baptista de Assis, em 1889, recorreu da decisão do juiz levando o caso para ser analisado na Relação do Distrito. Três questões nortearam o embargo de Francisco de Assis: primeiro, que a sentença, "desprezando" as alegações do tutor, ordenou que fossem os menores entregues aos "seus pais"; contudo, a sentença se ancorava em "base inteiramente falsa"; prosseguia o advogado do tutor dizendo que os menores não eram filhos do embargado, Ignacio Antonio Cardoso, já que ele não conhecia a mãe dos menores quando eles nasceram e porque não havia provas de ter contraído matrimônio com a "mãe dos menores". A certidão de casamento apresentada não estava revestida das "formalidades legais"; pois o mesmo embargado "confessa" ao longo do processo "serem os menores enteados e não filhos"; e que a tentativa de reconhecer os menores como seus filhos visa apenas retirar o embargante da tutela. Mesmo que fosse regularmente provada a paternidade e o matrimônio posterior, não era conveniente a entrega de Conceição e Gabriel para o casal, visto que "não tem a idoneidade e moral necessária para educá-los e certamente os corromperiam com maus exemplos". Outra questão era a de que Ignacio não vivia em "harmonia constante" com sua esposa, além de ser "dado ao vício da embriaguez" e os menores tinham na casa do tutor "carinhos e desvelos de filhos estimados", inclusive com professor pago para a instrução primária de Gabriel, que poderia ser verificada pela comprovação dada por Symphonio de Sousa e Silva, o qual afirmava ter em sua turma de "instrução primária" na fazenda de Santa Luzia o menor Gabriel Pereira de Andrade. Os irmãos davam muitas despesas, não era difícil encontrar menores que se sujeitassem ao serviço doméstico sem remuneração; apesar do ônus, queria manter a tutela pelo bem dos menores e não pelo interesse de usufruir dos seus serviços.[75]

Ignacio Cardozo contestou argumentando que a sentença tinha "base sólida" na lei; que era casado perante a Igreja com Constança; que os menores "são filhos do embargado e sua mulher Constança, nascidos antes do casamento de seus pais e ficaram legitimados pelo subsequente matrimônio".

74 Ibid., f.13, grifo no original.
75 Ibid., f.19-23.

Além disso, ficara plenamente provado, perante a justiça, que eram os pais e como seus filhos os reconheceu por instrumento legal. Portanto, Francisco Baptista não podia privar Ignacio do "pátrio poder" e do dever de cumprir suas obrigações para com seus filhos. O casal tentava, portanto, reconhecer seus laços familiares e reconectá-los após a conquista da liberdade.[76]

As testemunhas de Francisco Baptista reafirmaram o dito por ele: que a mãe dos menores foi comprada por ele com as crianças[77] e que não havia, dada a distância, possibilidade de Ignacio ser o pai; que marido e mulher não viviam "em harmonia", inclusive sabia que Constança era "algumas vezes espancada"; que andavam embriagados pelas estradas; que Francisco Baptista tratava as crianças com o desvelo e carinho, despendendo inclusive recursos financeiros para a instrução do menino; que os menores "nenhum trabalho fazem", presumindo que o embargante não lhes entrega única e exclusivamente pelo bem que lhes quer. Após uma longa batalha, cujo mote principal foi a paternidade dos menores, Francisco Baptista de Assis desistiu da apelação, alegando que havia refletido melhor e, por ser "pobre, carregado de numerosa família está fazendo despesas, muito superiores as suas forças, só pelo que ele supunha ser do interesse dos seus pupilos, a quem professava sincero afeto e tratava sempre com o mesmo carinho e desvelo com que trata seus próprios filhos".[78] Os pedidos de Rita Maria e Ignacio e Constança feitos à justiça demonstram, ao contrário, que os vínculos entre mãe e filhos não foram rompidos e que os pais ainda zelavam por seus filhos. Mesmo que Ignacio não fosse o pai das crianças, o pedido feito por ele e Constança aponta estratégia, astúcia e experiência na tentativa bem-sucedida de (re)conectar suas relações familiares.

Em ambos os processos, a argumentação daqueles que solicitavam manter a tutela dos filhos nascidos de ventre livre assentava-se na alegação da impossibilidade de a mãe cuidar de maneira zelosa dos filhos, por ter conduta suspeita, ser dada à bebida etc. A argumentação de que famílias pobres, incluindo a de libertos, era desestruturada e incapaz foi recorrente.[79]

---

76 Ibid., f.25.

77 Portanto, manteve-se o artigo da lei (artigo 1º, §5º) que determinava a não separação das mães e seus filhos e que o novo senhor ficava com todos os direitos sobre a mãe e seus filhos.

78 AHUFJF, Fundo – Fórum Benjamin Colucci/Série: Miscelânea, cx.4, f.32-37.

79 Francisco, *Laços da senzala, arranjos da* flor de maio, p.128; Ariza, *Mães infames, filhos venturosos*.

Considerações finais

As discussões que levaram à aprovação da Lei n.2.040, de 28 de setembro de 1871, foram muitas e diversas, ancoradas no conhecimento das experiências de legislação sobre o ventre livre em outras sociedades escravistas. Muitos dos artigos aprovados tratavam, de forma direta ou indireta, de questões relativas às relações familiares e procuravam manter a indivisibilidade dos laços familiares, propiciar pecúlio e alforria para os que se encontravam em família. Separar a família seria imoral, era por meio dela que os nascidos de ventre livre deveriam ser socializados.

Maternidade e infância tornaram-se centrais nos debates da lei, que foi parte importante no declínio do escravismo no Brasil. Muito se falava sobre o desregramento, a falta de cuidados, a quebra dos laços familiares e o infanticídio para afirmar que haveria dissensão na comunidade e nas famílias escravas e que a liberdade do ventre teria papel deletério nas relações entre mães e filhos(as). Para outros, no entanto, a indivisibilidade da família, a maternidade e o amor das mães eram aspectos que trariam ganhos positivos para cativas(os), seus filhos e sociedade.

Diferente do que foi apresentado por alguns parlamentares, os processos abertos por Rita e Constança e Ignacio, solicitando mudança de tutor tendo como justificativa o bem-estar dos filhos, indicam que, a despeito da distância, das dificuldades e das relações desiguais de força, os laços de amor materno foram mantidos de modo intenso e que as relações familiares eram fundamentais para o cotidiano de mães, pais e filhos.

Parte IV
Narrativas e resistências: ventre livre em dimensão

16
Ventres livres da Amazônia:
debates e caminhos da liberdade e da escravidão (Manaus, 1869-1888)

Maíra Chinelatto Alves
Jéssyka Sâmya Ladislau Pereira Costa

> O menor Lucrécio que por uma decisão precipitada do Juízo de Órfãos foi dado em tutoria ao queixoso é ingênuo filho da escrava Liberina, de... dona Maria Joaquina [Ferreira] de Azevedo, mãe do querelado e que vive em sua companhia. Pela Lei de 28 de setembro de 1871 os ingênuos são obrigados a prestação de serviços aos senhores até a idade de 21 anos; prestando que sejam considerados *status liber* ou verdadeiras *propriedades*, aquela sábia e humanitária lei conferiu aos proprietários do ventre em direito que a lei garante e que deve ser respeitada ora o juiz quando muito poderia mandar depositar o menor e dar lhe curador; mas [nessa] nomear-lhe tutor quando a lei reserva a esse cargo ao senhor do ventre.[1]

Este excerto faz parte do texto apresentado pelo advogado José Modrique Vieira em defesa de Horácio Argemiro de Azevedo, acusado por Sérgio Telles Ribeiro de provocar ferimentos graves no menor de nome Lucrécio, de 12 anos de idade. Todos os envolvidos moravam na cidade de Manaus, capital da província do Amazonas, onde o processo foi iniciado em 8 de fevereiro de 1888. Ribeiro fora nomeado tutor de Lucrécio pelo Juizado de Órfãos alguns meses antes, todavia ainda não havia conseguido transferir o garoto

1 Autos Crimes de Ofensa Física. Autor: O tutor Sérgio Telles Ribeiro. Réu: Horácio Argemiro de Azevedo. Tribunal Municipal de Manaus, 1888. Arquivo Geral do Tribunal de Justiça do Amazonas. Caixa JM (08). Localização: JM.JM.PJ.ACOF1888:22(08).

para sua casa visto este ainda habitar juntamente com sua mãe, a escravizada Libarina, sob o teto de Horácio Azevedo.

Toda a situação causa estranheza, uma vez que a escravidão fora extinta no território amazonense através de lei provincial de 10 de julho de 1884.[2] Entretanto, isto não impediu Horácio de Azevedo de justificar a sua posse sobre Lucrécio reforçando a condição de escravizada da mãe do menino e acionando as prerrogativas da Lei n.2.040, de 28 de setembro de 1871, popularmente conhecida como Lei do Ventre Livre. Certamente, a mesma legislação também motivou o início do processo, uma vez que previa que a obrigação de prestação de serviços dos filhos das escravas cessaria por sentença criminal em caso de castigos excessivos.[3]

A história do jovem Lucrécio fomenta diversos questionamentos acerca da aplicação da Lei de 1871, e por conseguinte da própria escravidão negra na região, que pretendemos abordar neste artigo. Trataremos, destarte, dos debates sobre a liberdade do ventre no contexto amazônico e das aplicações da lei na região, com enfoque nos processos de criação de fundos de emancipação provinciais anteriores à Lei de 1871 e na classificação dos homens e mulheres escravizados em cumprimento da mesma com vistas à manumissão por meio do Fundo de Emancipação Imperial.

História e historiografia social da escravidão na província do Amazonas

A produção historiográfica focalizando a população africana e afrodescendente na região amazônica vem crescendo potencialmente desde a década de 1970, quando foi publicado o livro *O negro no Pará*, de Vicente Salles. A partir de então, muitos outros historiadores começaram a se debruçar sobre a temática, desmistificando o discurso de "ausência" e "insignificância" da presença africana e afrodescendente nas sociedades amazônicas e demonstrando como esses sujeitos impactaram a formação social da região

2 Há também indícios de permanência das relações escravistas na província pós-1884 no registro de quatro cartas de alforria nos anos de 1886 e 1887, inclusive com a determinação de prestação de serviço e pagamento, como aponta Pozza Neto, *Aves libertas*, p.100.

3 Lei n.2.040, de 28 de setembro de 1871, artigo 1º, parágrafo 6º.

desde o período colonial.[4] Alinhados aos estudos sociais da escravidão em diferentes regiões do mundo atlântico, novas pesquisas vêm ressaltando diversos aspectos da experiência da população escravizada e livre, enfatizando sua presença no mundo do trabalho, suas estratégias em busca de autonomia e liberdade, a formação dos mocambos, dentre outros aspectos, inserindo a Amazônia no quadro dos estudos acerca da diáspora negra e da escravização no Brasil.

Os estudos em torno da província do Amazonas também têm crescido e contribuído sobremaneira para esse debate.[5] Patrícia Melo Sampaio, em estudo seminal, chamou a atenção para a presença da população escravizada no Amazonas, buscando iluminar os lugares ocupados por esses sujeitos sociais no espaço da produção e, principalmente, na configuração das fortunas da cidade de Manaus, entre as décadas de 1840 a 1880.[6] Sampaio realizou ainda outras pesquisas em torno das experiências de africanos livres, as relações de escravidão e liberdade no mundo do trabalho e as relações entre indígenas e negros no território amazonense. A autora ainda organizou o livro *Fim do silêncio: a presença negra no Amazonas*, importante marco que reuniu artigos de vários pesquisadores abordando questões concernentes à experiência da população negra durante a escravidão e no pós-abolição.

Muitos foram os avanços nas pesquisas acerca da presença negra na província do Amazonas, entretanto alguns pontos ainda precisam ser aprofundados, sobretudo no que diz respeito à inclusão do conceito de gênero como um dos alicerces fundamentais para a compreensão das diversas e contraditórias experiências vividas por homens e mulheres escravizados na região. Ao nos aproximarmos dos 150 anos da promulgação da Lei do Ventre Livre, mostra-se muito propício discutir sua implementação na fronteira norte do Império, atentando para as especificidades de uma sociedade tradicionalmente vista como alijada das políticas e práticas escravistas, mas que ao mesmo tempo mostrava-se profundamente comprometida com a

---

4 Ver: MacLachlan, African Slave Trade and Economic Development in Amazonia, 1700-1800, in: Toplin (org.), *Slavery and Race Relations in Latin America*; Almeida, Trabalho compulsório na Amazônia: séculos XVII-XVIII, *Revista Arrabaldes*, ano I, n.2, p.103-5, set.-dez. 1988; Vergolino-Henry; Figueiredo, *A presença africana na Amazônia colonial*.

5 Entre outros, cabe apontar: Abreu, *Nascidos no Grêmio da Sociedade*; Costa, *Por todos os cantos da cidade*; Blanco, *Crimes praticados por escravos na Manaus oitocentista*.

6 Sampaio, *Os fios de Ariadne*.

manutenção da propriedade escrava e alinhada às políticas imperiais que visavam à sua garantia, como discutiremos adiante.

Ygor Cavalcante analisou o padrão de fugas escravas na província do Amazonas durante a segunda metade do século XIX e demonstrou como elas se tornaram constantes principalmente entre as décadas de 1850 e 1860, visando sobretudo à proteção de laços afetivos; segundo esse autor, a aprovação da lei de 28 de setembro de 1871 abriu novos horizontes para o alcance da liberdade, o que fez que as fugas diminuíssem, mas não desaparecessem.[7] No mesmo sentido, Pozza Neto analisou o processo da abolição e das leis emancipacionistas na província através do levantamento das cartas de alforria e da análise do movimento abolicionista na região, e investigou o funcionamento do Fundo de Emancipação na província, destacando como a aplicação do mesmo foi cercada por atrasos, corrupção e baixa efetividade: ao longo de treze anos de funcionamento, apenas 56 cartas foram distribuídas.[8] O autor destacou que, apesar de possuir uma das menores populações escravizadas do país, os valores das indenizações conferidas pela junta no Amazonas estavam entre os cinco mais elevados do Império, e, como veremos, os valores da lista de classificação eram ainda maiores. Pozza Neto apresentou ainda alguns casos em que o domínio sobre ingênuos se tornou motivo de disputa entre suas mães, senhores e terceiros.

Alcemir Teixeira pesquisou o Juízo de Órfãos de Manaus, analisando alguns processos de tutela envolvendo filhos(as) de escravas, fossem eles ingênuos(as) ou não. Seu enfoque, contudo, relacionava-se mais às interpretações, disputas e contradições dentro do próprio Judiciário do que às imagens desenhadas por aqueles homens quanto à viabilidade e inviabilidade da maternidade escrava e negra.[9] O avanço das pesquisas nessa área pode trazer luz às explicações sobre os porquês de aquelas crianças serem retiradas do convívio com suas mães, sobretudo quando os poucos documentos de que dispomos demonstram como aquelas mulheres tentavam e insistiam em reiterar seu desejo de criar e permanecer junto de seus filhos e filhas.

7 Cavalcante, *Uma viva e permanente ameaça*.

8 A maior parte das manumissões emitidas entre 1850 e 1887 foram onerosas (61%) e as mulheres representavam cerca de 55% das que conquistaram a liberdade via cartas de alforria (Pozza Neto, *Aves libertas*).

9 Teixeira, *O Juízo dos Órfãos em Manaus (1868-1896)*.

Todavia, antes de discutirmos como as vidas de Lucrécio e sua mãe Libarina estavam entrelaçadas com os debates em torno da liberdade do ventre e dos impactos da aplicação da Lei de 1871, é preciso compreender minimamente a população escrava na região, com a qual ambos estavam tão intimamente associados.

A população escravizada na província do Amazonas

No decorrer do século XIX, o quadro demográfico da província do Amazonas esteve marcado por uma maioria da população livre e indígena, e uma pequena porcentagem de escravizados. Entretanto, como destacou Patrícia Sampaio, "a lógica de reprodução não se limita ao número de homens disponíveis nos plantéis, mas antes se traduz na reiteração de relação de subordinação e poder que dão vida ao próprio sistema".[10] O tráfico de escravizados para o vale amazônico intensificou-se a partir da segunda metade do século XVIII, com as "reformas pombalinas"; oriundos principalmente das regiões do Benin e África Centro-Ocidental, os africanos, ao lado das populações indígenas, sustentaram a cadeia de produção das lavouras (arroz, algodão e açúcar) e da coleta das "drogas do sertão" estabelecidas nas províncias do Grão-Pará e Maranhão.[11]

A partir das primeiras décadas do século XIX, o comércio de africanos permaneceu ativo na Amazônia principalmente via tráfico interno na própria região ou a partir do Rio de Janeiro, Bahia, Recife e São Luís; nesse sentido, José Maia Bezerra Neto demonstra como o porto de Belém exerceu um forte papel de polo comercial da mão de obra escrava.[12] Na década de 1830, a vila da Barra do Rio Negro (futura Manaus) contabilizava uma população de aproximadamente 3.809 habitantes livres, 379 escravizados e um número imensurável de indígenas, não contabilizados nos registros oficiais.[13]

---

10 Sampaio, Nas teias da fortuna: acumulação mercantil e escravidão em Manaus, século XIX, *Revista Humanidades*, v.3, n.6, out.-nov. 2002.

11 Chambouleyron, Escravos do Atlântico Equatorial: tráfico negreiro para o estado do Maranhão e Pará (século XVII e início do século XVIII), *Revista Brasileira de História*, São Paulo, v.26, n.52, p.79-114, 2006.

12 Bezerra Neto, Entre senzalas e seringais: escravidão, capitalismo e crescimento econômico no Brasil (Pará: 1850-1888), *Revista Eletrônica História e História*, 2009.

13 Baena, *Ensaio corográfico sobre a província do Pará*. Os dados demográficos discutidos neste texto devem ser encarados mais como parâmetros para as discussões propostas do que como

A população escravizada representava importante força de trabalho para a produção da ainda incipiente economia do Alto Amazonas, principalmente através da coleta dos produtos da floresta. A partir de 1850, com a elevação da comarca do Alto Amazonas à categoria de província, o movimento de deslocamento de fronteiras intensificou-se, estando sobremaneira conectado aos interesses de sedimentação da presença do Estado Nacional e dos interesses capitalistas pela exploração da borracha (*hevea brasilienses*).[14] Esses movimentos levaram a um aumento da demanda por força de trabalho, culminando inclusive no aumento da população negra (livre, liberta e escrava). Em 1856, um levantamento apresentado no Relatório de Presidente de Província mostra que a população total do Amazonas girava em torno de 41.819 almas, dentre estas, 906 eram escravos, sendo 475 homens e 431 mulheres.[15]

Homens e mulheres, adultos e crianças, percorriam as ruas da capital amazonense oferecendo seus serviços e produtos, tornando-se assim presença latente no mundo do trabalho da região. Da população de 979 escravizados da província do Amazonas apresentados no Recenseamento Geral do Império de 1872, 377 habitavam na cidade de Manaus: 201 homens e 176 mulheres, dos quais 20% tinham de 0 a 10 anos, 55% entre 11 e 40 anos e 20% eram maiores de 41 anos. Os dados retratam uma população em idade produtiva, ocupada em sua maioria com atividades domésticas, de lavoura, jornaleiros e, em menor escala, atividades manuais e mecânicas.

Apesar do grande número de indivíduos classificados "sem profissão", muitos viviam na condição de "escravos de ganho" ou "de aluguel" e muitos proprietários mantinham-se das rendas geradas por esses trabalhadores. Por exemplo, Antônia Joaquina do Carmo, viúva de um comerciante e proprietária de sítio, declarou que a maior parte de suas rendas domésticas provinha do aluguel de vários de seus 24 escravos e das suas vendas realizadas nas ruas. Ou, ainda, Angélica Maria Joaquina, cujos rendimentos domésticos

---

estatísticas exatas da população do Amazonas, uma vez que os mesmos se mostram por vezes incompletos ou contraditórios.

14 Cardoso, em *O Eldorado dos deserdados*, examinou forças nacionais e internacionais que avançaram rumo ao oeste amazônico, desencadeando um intenso processo de deslocamento de fronteiras, e apresentou como a população negra (livre, liberta e escrava), ao lado dos povos indígenas, migrantes e outros sujeitos, foram atuantes agentes nesse processo.

15 Relatório do Presidente da Província do Amazonas, p.34, 1856. Todos os Relatórios de Presidente de Província citados no artigo estão disponíveis em: <http://ddsnext.crl.edu/titles/164/items>, consultados em 10 ago. 2020.

eram todos oriundos do aluguel de suas escravas.[16] Essa realidade se aproxima da de outras cidades imperiais, como apontou Maria Odila Dias sobre São Paulo: viver do ganho de escravizados era costume principalmente entre as mulheres das camadas mais baixas da sociedade.[17]

A presença de homens e mulheres negros nas ruas da cidade, movendo-se com seus tabuleiros, quitutes, indo até os igarapés lavar roupas, além de outras atividades, fazia parte do cotidiano da capital amazonense, assim como de outros centros urbanos do Império.[18] O menor Lucrécio, por exemplo, segundo as testemunhas do processo, ocupava-se de trabalhar na taberna de Horácio Azevedo e realizar compras para seu patrão. Na seção de anúncios dos periódicos da cidade, constantemente eram publicados avisos de aluguel de escravizados, fossem adultos ou crianças, tanto ofertando como demandando sua força de trabalho.[19]

Em 1883, o Amazonas contava com 1.501 escravizados, dos quais 626 habitavam a capital; dois anos antes, o presidente da província, Alarico José Furtado, alertava em seu relatório sobre a necessidade de serem criadas medidas para evitar o aumento do número de cativos na região.[20] A ampliação do contingente cativo estava em estreita relação com o alargamento da circulação de capital na província, causado pela exploração da borracha no oeste amazônico.[21] A constante entrada de escravizados de outras províncias foi assunto presente na Assembleia Provincial, que buscou estratégias para barrar esse movimento.

Uma das decisões foi a aprovação, mesmo sob protestos de alguns parlamentares, da Lei Provincial n.562, de 7 de outubro de 1881, determinando o pagamento de 1:000$000 para cada escravo que entrasse na província e estabelecendo multa de 100$000 pelo descumprimento da regra. Previam-se,

---

16 Sampaio, Nas teias da fortuna: acumulação mercantil e escravidão em Manaus, século XIX, *Revista Humanidades*, v.3, n.6, p.65, out.-nov. 2002.

17 Dias, *Quotidiano e poder em São Paulo no século XIX*.

18 Na Corte, a população africana e afrodescendente (livre, liberta e escravizada) era responsável por quase todas as atividades do mundo do trabalho (Soares, *"O Povo de Cam" na capital do Brasil*).

19 Sobre anúncios publicados em jornais de Manaus requerendo e oferecendo os serviços de homens e mulheres escravizados, ver: Costa, *Por todos os cantos da cidade*.

20 Relatório do Presidente da Província do Amazonas, p.3, 1881.

21 A partir da década de 1880, as atividades extrativas passaram a concentrar 56,2% dos escravos declarados nos inventários; esse setor teria utilizado a propriedade de escravos como uma forma a mais de investimento de capital (Sampaio, *Os fios de Ariadne*, p.153).

todavia, algumas exceções: "escravos do serviço doméstico, que vierem para a província em companhia do seu senhor, até dois sendo estes solteiros, e até quatro tendo família e aqueles que fossem destinados à lavoura". Assim, a lei visava atender a crescente demanda por mão de obra da elite local, que continuava assentando o trabalho doméstico e as atividades extrativas na escravidão e em outras práticas compulsórias. O tráfico de escravizados em direção à província, porém, continuava ganhando força, tanto que, em 1882, o presidente da província, José Lustosa da Cunha Paranaguá, requeria que a taxa fosse aumentada para 2:000$000. A justificativa do presidente era que "o imposto atual dá ainda margem a especulação em uma província como a do Amazonas, carecedora de braços, e onde o salário é elevadíssimo".[22]

Dessa forma, quando chegaram a Manaus em 1884, Lucrécio e sua mãe Liberina encontraram uma cidade agitada, palco de enormes mudanças urbanísticas e de intensa movimentação nas ruas, tabernas e na Assembleia que culminaram na libertação dos escravizados na província do Amazonas em 10 de julho daquele ano. Ambos se mudaram do Maranhão para Manaus acompanhando Horácio Argemiro de Azevedo, que ocuparia um posto de despachante na administração pública. Azevedo trazia consigo sua esposa e sua mãe, Maria Joaquina Ferreira de Azevedo, proprietária de Liberina. Muito possivelmente eles se livraram de pagar a taxa de 1:000$000 para a entrada de Liberina, uma vez que ela se ocupava no serviço doméstico da família. E se chegaram depois da lei de 10 de julho de 1884 – o que não sabemos com precisão –, ela deveria ter sido considerada livre. De qualquer forma, foi libertada em algum momento, visto que, na Provisão de Tutela de 1888, requerida por Sérgio Telles Ribeiro, ela era nomeada como "Liberina de Tal, natural do Maranhão, residente nesta cidade", sem qualquer menção a sua condição de escravizada.

No fim, livre ou ainda escrava, Liberina e o fruto do seu ventre continuaram a ser considerados propriedades por Horácio de Azevedo, que, para fundamentar seu domínio, postulou-se como "senhor do ventre", utilizando uma leitura senhorial das prerrogativas da Lei de 1871, como justificativa para permanecer com o menino. Tanto o promotor público quanto o juiz municipal mostraram-se alinhados à defesa da propriedade escrava: depois de realizado o corpo de delito e ouvidas as testemunhas, não indiciaram

22 Relatório do Presidente da Província do Amazonas, p.5, 1882.

Horácio pelo crime de ofensas físicas, alegando não haver qualquer prova que demonstrasse ter o réu realizado "castigos excessivos". Encerrava-se assim a possibilidade de Lucrécio alcançar a liberdade através do parágrafo 6º do artigo 1º da Lei n.2.040.

Experiências como a de Lucrécio demonstram como a lei de 28 de setembro impactou a população negra (escrava, livre e liberta), abrindo caminhos para a liberdade ou, em alguns casos, colocando-os em cenários de disputas pelo controle de sua força de trabalho. Assim, analisar como se deram os debates e ações em torno da liberdade do ventre na província do Amazonas se torna necessário para entender como, às vésperas da abolição da escravidão no Império, essa lei ainda era acionada para justificar o domínio sobre os menores.

O Amazonas e a libertação do ventre

O presidente da província, João Wilkens de Mattos, em relatório de 1870, abordou de maneira mais consistente a questão do elemento servil, a qual apareceu em outros relatórios na forma de parcas informações demográficas e de dados sobre impostos cobrados pela posse, entrada e saída de escravos da província. Relatava Mattos a formulação de uma "estatística exata" dos escravos existentes no Amazonas, apontando a existência de 581 escravos na província e 359 na capital.[23]

Esse levantamento fora motivado pela lei orçamentária do exercício 1869-1870, aprovada em 19 de maio de 1869, que autorizava o presidente a despender 10:000$000 na manumissão de escravos ali residentes, "não dando pela manumissão de cada um mais de 1:000$000, sem distinção de sexo e conforme a sua idade e constituição".[24] Embora Mattos aprovasse a lei, em seu relatório de 1870 ele criticava a restrição no preço máximo da manumissão,

23 Relatório do Presidente da Província do Amazonas, p.44, 1870.

24 Hemeroteca Digital da Biblioteca Nacional (doravante HDBN), *Amazonas*, n.168, 5 jun. 1869. Outro desdobramento da mesma lei foi a ordenação, pelo presidente da província à repartição de polícia, "exigindo uma estatística exata dos escravos existentes nesta província", o que resultou numa relação nominal cujos dados foram condensados no Relatório do Presidente da Província do Amazonas, p.43-4, 1870.

defendendo que "toda a liberdade mais depressa contribuirá para a libertação dos escravos". Argumentava o presidente:

> Dos 581 escravos, 184 são do sexo feminino entre 16 e 40 anos de idade. Manumitidas as desta classe, os frutos seriam desde logo livres como as mães. Dentro em poucos anos estaria a província isenta do elemento servil.[25]

A emancipação do elemento servil ganhou mais espaço na presidência de José Miranda da Silva Reis, que tomou posição mais contundente na defesa da liberdade do ventre. A lei orçamentária de 1870 determinara a consignação de uma verba provincial motivada por "nobre e filantrópico pensamento", o qual o presidente lamentava não ter sido ainda alcançado.[26] A posição de Reis dialoga muito intimamente com a lei imperial que seria aprovada alguns meses depois quanto à obrigatoriedade senhorial de consentir na liberdade de escravos mediante indenização, mas diferencia-se dela num ponto muito importante: o que estava em discussão no Amazonas era a libertação de mulheres escravizadas em idade fértil e não a liberdade do ventre escravo enquanto a mãe permanecia em cativeiro.[27]

Todavia, a solução da libertação do ventre foi aventada ainda em agosto de 1869, quando no periódico *Amazonas* publicou-se notícia enviada pelo dr. Romualdo de Souza Paes d'Andrade, juiz de direito da comarca de Parintins, em que o mesmo se declarava "pobre, como todos sabem, porém inimigo da escravidão, não olho como fortuna os valores representados por escravos". Continuava o juiz afirmando que:

> O único meio existente para que sem abalo desapareçam [*sic*] o elemento servil no Brazil é a declaração do *ventre livre* sem restrição.
>
> Não é só com a palavra que se pode plantar uma boa doutrina, torna-se necessário o exemplo; eu, pois, sectário da escola da emancipação, tenho o prazer de abrir o exemplo para a província do Amazonas, declarando livre o ventre de

25 Relatório do Presidente da Província do Amazonas, p.44, 1870.

26 Relatório do Presidente da Província do Amazonas, p.10, 1871.

27 Para uma discussão sobre a importância do trabalho feminino na escravidão e o princípio do *partus sequitur ventrem*, ver: Machado, Mulher, corpo e maternidade, in: Schwarz; Gomes (orgs.), *Dicionário da escravidão e da liberdade*, p.353-70.

minhas escravas; e lhe remeto o ato pelo qual na esfera de minhas posses realizei esse nobre pensamento.[28]

O juiz e sua esposa, Thereza de Jezus Pereira Lima, declaravam-se

senhores e possuidores de três escravas moças, de nomes *Maria Isabel, Victoria do Carmo, e Josefina de Santa Anna*; e considerando sobremaneira desumano estender a escravidão aos filhos das mesmas declaramos que desistimos do direito nascido do princípio – *O parto segue o ventre* – e em consequência disto nascerão d'ora em diante os filhos das referidas escravas no pleno gozo da sua liberdade natural e civil, como se de ventre livre nascessem.

Isto fazemos não porque as nossas escravas tenham por si merecido, pois são quase nenhuns os serviços que nos prestam.[29]

O nobre pensamento daqueles senhores não se estendia às escravizadas, que ademais não o mereciam e lhes prestavam "quase nenhuns serviços"; não sabemos mais sobre essas reais ou potenciais mães escravas, nem sobre o significado desse ato nas posses do dr. Romualdo. Ignoramos se Maria Isabel, Victoria do Carmo e Josefina de Santa Anna eram as únicas propriedades escravas do casal, assim como quais atividades eram por elas desempenhadas – atividades estas certamente significativas no contexto da província e, embora quase nulas, no dizer do juiz, ainda não tornava indiferente à família senhorial que fossem as três libertadas.

Esses debates revelam o compromisso controvertido que o Amazonas – e o Império como um todo – assumia na década de 1870 com a liberdade do ventre como solução para a questão servil no Brasil. Por um lado, a Assembleia Provincial aprovava a atribuição de verba orçamentária destinada à emancipação, mas de maneira que a libertação, quando ocorresse, fosse dificultada por uma série de empecilhos. Segundo o presidente Reis, o primeiro deles advinha de "ainda, infelizmente, não pode[r] o senhor ser obrigado a consentir na liberdade do escravo mediante a indenização do valor deste". Assim, o benefício previsto poderia "ser, como qualquer outro meio, frequentemente inutilizado por encontrar a escrava por ele escolhida a recusa

28 HDBN, *Amazonas*, n.178, 9 ago. 1869.

29 HDBN, *Amazonas*, n.178, 9 ago. 1869. Grifos no original.

do respectivo senhor legalmente [baseada] na inviolabilidade de seu direito de propriedade".[30]

Além disso, continuava ele,

> Nenhum requerimento, ou qualquer outro meio de solicitação, recebi para fazer uso da faculdade concedida na citada disposição de lei em favor da manumissão que espontaneamente pretendesse alguém conceder a alguma sua escrava mediante a indenização de seu valor.[31]

A dubiedade do presidente continua na sua posição de julgar acertado aguardar ulterior deliberação dos altos poderes do Estado sobre tão delicado e importante assunto, o que não o impedia de propor que se aumente a "exígua quantia de 12:000$000 réis", com o argumento de que

> seja concedido aos senhores de escravas, que o requererem, a fim de por escritura pública, concederem a liberdade do ventre àquelas que por sua idade e estado de saúde se acharem ainda nas condições de procriar.[32]

A política emancipacionista provincial alinhava-se à política imperial de uma emancipação lenta, gradual e controlada, respeitando a máxima do direito à propriedade, mas encarando a liberdade do ventre como solução ao mesmo tempo urgente e final à triste condição da escravidão na província, cujo objetivo era cristalizado pelo presidente:

> O benefício que [...] aquela quantia de 12:000$000 réis já consignada apenas poderia aproveitar a 6 ou 8 escravas adultas, pelo meio que acabo de propor poderá estender-se à futura prole de trinta a quarenta mães que, por seu turno, na certeza desse direito nele encontraram um suave conforto à infelicidade de sua triste condição enquanto nesta se demorarem.
>
> Os resultados desta medida [...] darão sem dúvida em breve tempo à mesma província, que por sua pequena população encerra em seu território muito menos

30 Segundo o artigo 4º da Lei n.2.040, era permitido aos escravos formarem pecúlio e, ainda, se obtivessem meios para indenização de seu valor, teriam direito à alforria, resolvendo assim o impasse citado pelo presidente Reis.

31 Relatório do Presidente da Província do Amazonas, p.10, 1871.

32 Ibid.

> escravos que as outras do Império, a glória de primeiro que estas ver nascerem em seu abençoado território somente homens livres.[33]

Chama a atenção o óbvio conservadorismo da medida aprovada, que previa libertar anualmente apenas 6 a 8 escravas adultas com custo extremamente alto – entre 2:000$000 e 1:500$000.[34] Seguindo-se essa política, mesmo numa província com uma população escravizada relativamente muito pequena, o impacto demográfico dessas manumissões seria quase irrisório.[35] O presidente Reis, no entanto, defendia que a mesma quantia fosse empregada na libertação do ventre de 30 a 40 mães, a um custo de 300$000 a 400$000 cada.

Não obstante, mesmo tais projetos mantenedores dos direitos de propriedade e visando a uma generosa indenização aos proprietários de escravas em idade fértil não foram unanimemente aclamados pela Assembleia Provincial, ainda que tenham sido afinal aprovados. Em abril de 1871, ao se debater a extensão do prazo para o dispêndio da verba não gasta, um dos parlamentares defendeu a inconveniência e dificuldades trazidas pela liberdade do ventre, que, dizia, daria lugar a fatos lamentáveis. Argumentava ainda que "as duas últimas quantias destinadas à emancipação do elemento servil não tem tido resultado algum" e que tal atribuição não deveria dar-se ao presidente, mas passar por comissão especial, a qual opinava

> pela liberdade do ventre, em absoluto, e sem indenização do ônus da criação, porque teme que esta medida possa dar lugar a fatos lamentáveis por parte dos srs. que não prestarem às suas escravas durante o período delicado da gravidez, os cuidados necessários, o que se tornará mais triste ainda, descurando dos recém-nascidos, de sorte que haja uma hecatombe de inocentes.[36]

---

33 Ibid..

34 Pozza Neto indicou a predominância de libertações onerosas na província, sobretudo na década de 1870, através do estudo de 152 cartas de alforria entre 1850 e 1887; no entanto, não consolidou os valores despendidos pelos libertos na própria libertação (Pozza Neto, *Aves libertas*).

35 No sentido de ampliar essa política indenizatória, em 27 de abril de 1871, portanto cinco meses antes da aprovação da Lei Rio Branco, ficaria o presidente da província do Amazonas autorizado a despender no restante do exercício de 1870 e no de 1870-1871 a verba de 12:000$000 na "liberdade do ventre daquelas mães que, por seu estado de saúde e idade, estiverem nas condições de procriar" (HDBN, *Amazonas*, n.350, 6 maio 1871). Parte da discussão da proposta dessa lei pode ser acompanhada em: HDBN, *O Catechista*, n.487, 15 abr. 1871.

36 HDBN, *O Catechista*, n.491, 24 abr. 1871.

Meses depois, às vésperas da aprovação da Lei n.2.040, a imprensa manauara replicava parte da discussão que então se desenrolava na Corte, em especial o discurso do ministro da Agricultura, de 13 de julho de 1871, citando diversas iniciativas provinciais – do Amazonas, Pará, Maranhão, Piauí, Ceará, Paraíba – de alocação de fundos para emancipação. Embora diversas dessas leis provinciais manifestassem a preferência pela libertação de meninas escravizadas, a do Amazonas propunha claramente a libertação de mulheres entre 16 e 40 anos, com o intuito de que seus filhos também nascessem livres e por esse caminho se isentaria a província do elemento servil. A província do Ceará, em lei de 1868, autorizou a presidência a despender a quantia anual de 15:000$000 com a "emancipação de cem escravinhos que fossem nascendo, de preferência do sexo feminino, os quais deviam ser libertados na pia à razão de 100$ cada um", apontando extensiva preferência ao sexo feminino, independente de outros fatores, a um preço absurdamente menor do que era discutido em Manaus.[37]

A lista de classificação de Manaus

Discussões sobre a questão do ventre livre e sobre a Lei de 1871 ocuparam páginas e páginas dos periódicos da capital entre o final dos anos 1860 e início dos anos 1870. No final de 1871 e pelo menos durante 1872, muitas foram as notícias, avisos e circulares publicados informando assinantes e leitores avulsos sobre a própria letra da lei e de seu regulamento, conclamando-os a realizarem a matrícula dos filhos livres de mulheres escravas e informando-os das consequências, principalmente na forma de multas, que a não aquiescência àquela norma traria aos senhores negligentes, omissos ou fraudulentos. Ainda em agosto de 1872, a Câmara Municipal de Manaus aprovou uma deliberação de "denominar a praça em frente do novo palacete – Praça 28 de Setembro – em comemoração do decreto imperial dessa data, que determinou a libertação do ventre escravo", marcando a paisagem e as relações sociais da cidade pelo menos até o final do Império.[38]

37 HBDN, *Amazonas*, n.369, 19 set. 1871; *Jornal do Comércio*, Rio de Janeiro, n.197, 18 jul. 1871.
38 HDBN, *Amazonas*, n.462, 24 ago. 1872.

Embora bastante celebrada, podemos discutir como a aplicação da Lei do Ventre Livre na sociedade manauara foi permeada de muitas contradições. Conforme estabelecido na lei e no decreto de 1872 que a regulamentava, foi criada no município de Manaus uma junta para classificação dos escravos que poderiam ser libertados pelo Fundo de Emancipação, composta pelo presidente interino da Câmara, Sebastião de Mello Bacury, o promotor público *ad hoc*, Bento de Figueiredo Ferreiro Aranha, e o inspetor da alfândega, Raimundo Torquato de Oliveira Gomez.[39]

As prioridades para a libertação foram claramente determinadas no regulamento, que dava preferência a famílias sobre indivíduos e, entre as famílias, aos cônjuges escravos de diferentes senhores, aqueles com filhos ingênuos, com filhos livres menores de 21 anos, casais e mães com filhos escravos menores e casais sem filhos.[40] Entre os indivíduos, a prioridade seria para mães ou pais com filhos livres, e afinal aqueles escravizados entre 12 e 50 anos de idade, começando pelas mulheres mais jovens e pelos homens mais velhos. Determinava, ainda, que teriam primazia aqueles que contribuíssem com cota para a própria libertação e os mais morigerados a juízo dos senhores.

A lista do município de Manaus, porém, aparentemente não seguiu essas determinações: não priorizou as famílias e pouco se preocupou em identificá-las claramente ao classificar 746 homens, mulheres e crianças escravizados. O próprio preenchimento da lista deixou muitas lacunas, sobretudo aquelas sobre "pessoas da família", "moralidade" e "valor", dificultando sua análise. Apenas dez escravos foram classificados como casados (Tabela 1), e só a preta Luzia, de 27 anos, pertencente a José Bertino Reis Collares, teve seu marido nomeado: era o homem livre José Ferreira da Silva. Por sua vez, Francisca – escrava de Francisco Antônio Roberto, preta de 37 anos, trabalhava na lavoura e avaliada em 800$000 – também era casada com um homem livre e sua família era composta por outras três pessoas, nenhum deles identificado. Outros três homens e uma mulher foram registrados como casados, ignorando-se quem eram seus cônjuges.

39 Acervo digital Polis-Ufam. Arquivo Público do Amazonas (Apeam). Avulsos, 1875. Junta de Classificação, Manaus, 29 dez. 1875. Uma discussão do Fundo de Emancipação que explora os debates envolvendo a Junta de Classificação e a participação de escravizados no mesmo pode ser encontrada em Neves, *Liberdade sem sustos, nem inquietações*.

40 Decreto n.5.135, de 13 de novembro de 1872.

Tabela 1 – Escravizados segundo sexo e estado – Manaus, 1875

Estado	Sexo			Total
	Homens	Mulheres	Desconhecido	
Casados	5	5	–	10
Solteiros	360	315	19	694
Desconhecido	18	22	2	42
Total	383	342	21	746

Fonte: Acervo digital Polis-Ufam. Arquivo Público do Amazonas (Apeam). Avulsos, 1875. Junta de Classificação, Manaus, 29 dez. 1875.

Apenas as informações sobre o estado dos classificados podem dar margem à interpretação de que havia poucas famílias na escravaria manauara, mas uma análise mais detida da lista desconstrói essa imagem.

Tabela 2 – Escravizados segundo sexo e idade – Manaus, 1875

Idade (anos)	Sexo			Total
	Homens	Mulheres	Desconhecido	
1-4	6	6	0	12
5-9	33	32	4	69
10-14	40	38	2	80
15-19	52	41	1	94
20-24	68	61	4	133
25-29	76	58	2	136
30-34	24	33	1	58
35-39	15	21	2	38
40-44	17	21	2	40
45-49	13	4	1	18
50-54	11	5	0	16
55-59	1	1	0	2
60-64	3	5	0	8
65-69	2	0	0	2
70 ou +	1	0	1	2
Desconhecido	21	16	1	38
Total	383	342	21	746

Fonte: Acervo digital Polis-Ufam. Arquivo Público do Amazonas (Apeam). Avulsos, 1875. Junta de Classificação, Manaus, 29 dez. 1875.

Percebe-se, pela análise da Tabela 2, que 22% (161) dos classificados tinham menos de 15 anos, enquanto 235 das mulheres estavam em idade fértil, entre 15 e 44 anos.[41] É bastante provável que muitas dessas mulheres fossem mães daquelas crianças e adolescentes, mas esse documento apresenta muitos desafios para a reconstrução dos vínculos familiares entre os escravizados. Em primeiro lugar porque o campo "pessoas da família" foi pouco preenchido, estando danificado (169) ou na maioria das vezes sem informações (548). É discernível em apenas 29 dos 746 registros, dentre os quais constam apenas duas meninas de 4 e 8 anos.

Mesmo com tão poucas indicações de pertencimento a famílias, em 142 dos registros há indicação de filiação ou casamento. Seguindo essas conexões familiares, é possível rastrear ao menos sessenta mulheres indicadas como mães de um ou mais indivíduos também classificados, além de três outras com filhos livres pela lei e dois casos curiosos, em que os números de matrícula se referem a homens um ano mais velhos do que os "filhos". Percebe-se, então, um segundo desafio, qual seja, a inconsistência das informações cadastradas, que relatam apenas o número, presumivelmente de matrícula, das mães. No entanto, a numeração da matrícula na lista de classificação não é linear, havendo lacunas e repetições. Além disso, como já apontado, há muitas contradições gritantes, com pessoas de idades muito próximas sendo apontadas como mãe e filhos.

Ainda há muita pesquisa a ser feita nesse campo e esse documento pode ser um ponto de partida interessante para a discussão de famílias, maternidade e infância na cidade de Manaus nos anos 1870. Mesmo sem informações mais substanciosas, é possível afirmar que 11 mães foram classificadas junto de 24 filhos com idades entre 4 e 28 anos; em dez desses núcleos todos os envolvidos pertenciam ao mesmo senhor e em um apenas um dos quatro filhos já fora vendido para outrem. Outros quatro grupos podem ser facilmente identificados, compostos por quatro mulheres e seis crianças que foram classificados separadamente e com senhores diferentes.

41 O presidente da província desenhava a estratégia de manumitir escravas com idade entre 16 e 40 anos, cujos "frutos" seriam "logo livres como as mães". Relatório do Presidente da Província do Amazonas, p.44, 1870.

Tabela 3 – Idades das mães identificadas na lista de classificação, Manaus, 1875*

Idade	Total
10-14	2
15-19	0
20-24	10
25-29	17
30-34	11
35-39	6
40-44	11
45-49	1
50-54	2
55-59	2
60-64	1
Total	63

* Foram excluídos os dois registros em que a indicação de filiação aponta para homens, e optou-se por considerar Joaquina e Gregória na categoria mães.

Fonte: Acervo digital Polis-Ufam. Arquivo Público do Amazonas (Apeam). Avulsos, 1875. Junta de Classificação, Manaus, 29 dez. 1875.

Outra escrava foi classificada de maneira instigante: seu nome talvez fosse Telonia, era carafuza[42] de apenas 11 anos de idade, solteira, servente, pertencente a João José de Freitas Guimarães; seu número de matrícula era 502, mas ela aparece na posição 589 da lista de classificação. Foi avaliada em 1:600$000 com a observação: "tem dois filhos livres pela lei, declarou o seu senhor que desistia da indenização de 600$000 por cada um dos menores livres". Causa espanto uma menina tão jovem ter já dois filhos – sobre quem não dispomos de outras informações –, mas não seria este um fato inédito nas sociedades escravistas das Américas.[43] Esta é a única aparição de seu

42 Carafuz possui o mesmo significado de carafuzo e cafuzo, palavras usadas para designar mestiços de negros com indígenas.

43 Em dezembro de 1882, o senhor da escravinha Honorata, de não mais de 12 anos de idade, foi acusado em Olinda pelo seu defloramento; o caso foi discutido em Nequete, *O escravo na jurisprudência brasileira*, p.61 ss. Outro exemplo pode ser encontrado no Sul dos Estados Unidos, onde a escrava Julia teve uma filha aos 12 anos de idade, fruto de estupro do senhor (Bradley; Leslie, White Pain Pollen: An Elite Biracial Daughter's Quandary, in: Hodes (org.), *Sex, Love, and Race*). Sobre outros casos de mulheres escravas e seus filhos frutos de estupro

senhor na lista, muito embora em outro levantamento, datado de 1869, ele conste como senhor de dez homens e mulheres escravizados, nenhuma das quais pôde ser identificada com a menina de 11 anos.[44] Guimarães foi figura importante na cidade desde a década anterior: ocupou importantes posições públicas – de vereador a presidente da Câmara, de deputado provincial a presidente de Assembleia Provincial – e privadas – entre outras atividades, foi contratado como empreiteiro nas obras do palacete provincial em 1872, obra com orçamento de 50:006$766.[45] Vale observar que a cota do Fundo de Emancipação para a província do Amazonas totalizou o valor de 5:775$406.[46] Embora fosse figura frequente nos jornais publicados em Manaus, não foi encontrada nenhuma menção a seus escravos e escravas, o que talvez signifique que sua atuação senhorial não se destacasse do esperado pelas normas sociais da época.

Apenas outras duas mulheres foram registradas como mães de crianças ingênuas: Joanna e Lyvia, ambas mulatas, solteiras e de profissão de lavoura. Joanna tinha 21 anos, aptidão para o trabalho sofrível – apesar disso, foi avaliada em 1:000$000 –, e pertencia a Manoel Pereira Cavalcante Aro, o qual tinha ainda uma outra escrava, Leocádia, preta de 16 anos. Sobre Joanna, declarou "Sebastião Francisco Ferreira ter em seu poder a quantia de 400$000 para liberdade desta escrava. Esta escrava tem uma filha livre pela lei".

Livya era outra mãe muito jovem, de apenas 13 anos, pertencente a Henrique Barbosa de Amorim, senhor também do carafuz Delfino, com as mesmas qualificações de Livya e avaliado em 900$000; com "alguma" aptidão para o trabalho, Livya foi avaliada em 700$000. Ao mesmo tempo que indica que Livya tinha uma filha livre pela lei, a lista aponta também que ela era filha de Laura, parda de 29 anos, servente, pertencente a Francisca Marcelina. Começa, então, outro caminho tortuoso: Laura poderia ser filha de Gregória, de 25 anos, ou de Joaquina, de 36, ambas mulatas, cozinheiras e escravas de

na Louisiana, ver: Livesey, Conceived in Violence: Enslaved Mothers and Children Born of Rape in Nineteenth-Century Louisiana, *Slavery & Abolition*, v.38, n.2, p.373-91, 2017. Embora não haja nenhum indício de que "Telonia" tenha sido violentada pelo seu senhor, essa possibilidade também não é nada inverossímil.

44 Apeam, Relação nominal dos escravos pertencentes à comarca da capital da província do Amazonas, 1869.

45 HDBN, *O Catechista*, n.138, 5 nov. 1864; *Amazonas*, n.482, 2 nov. 1872; *Comércio do Amazonas*, n.269, 12 jul. 1870; n.124, 15 jan. 1874; n.214, 4 jun. 1874, entre outros.

46 Pozza Neto, *Aves libertas*, p.74.

José Francisco Monteiro [H.]. Joaquina, por sua vez, é apontada como filha de Carolina, carafuza de 28 anos, cozinheira e escrava da já citada Francisca Maria da V. [Corduvil]. Afinal, Carolina, assim como o carafuz José Ferreira, pertencente à mesma senhora, era filha de Maria de Nazareth, preta de 56 anos, servente com duas pessoas na família, escrava de Izabel Maria Clara Pereira de Sá. Este é apenas um dos muitos nós que encontramos tentando reconstruir os laços familiares – sobretudo maternais – na lista de classificação de escravos de Manaus.

A imagem que começa a emergir é de uma tessitura puída pelas vendas e informações contraditórias e desencontradas, com mulheres jovens e de idades próximas apontadas como mães umas das outras. Telonia e Livya são as mães mais jovens identificadas, a grande maioria [55 ou 87,3%] delas tinha entre 20 e 44 anos, embora houvesse seis com mais de 45. A constância dessas inconsistências dá margem a algumas especulações: as informações sobre filiação podem estar incorretas, principalmente as relativas a famílias pertencentes a diferentes senhores e que não foram classificadas em conjunto, ou os dados sobre as idades dessas mulheres (e consequentemente de todo o grupo de escravos) é que estão equivocados, ou ambas as possibilidades se combinam. Se por incompetência, confusão ou intenção, não é possível afirmar; no entanto, esses dados apontam para um descompromisso dos sujeitos envolvidos na confecção da lista, fossem autoridades ou senhores, em prover informações corretas e precisas sobre a população escrava então avaliada.

A média dos custos despendidos pelo Fundo de Emancipação na província foi muito alta – Robert Conrad aponta que seu valor, 683$000, era menor apenas do que os do Centro-Sul.[47] Mesmo que os preços indicados na lista não necessariamente correspondessem às indenizações pagas pela libertação dos escravos, a média de valores dos 185 escravos com tal informação era de 842$865. Associando-se os dados de sexo e valor, temos que 82 homens foram avaliados com preço médio de 868$293, enquanto 97 mulheres foram avaliadas em 822$474 como média de valor; mas mais mulheres foram avaliadas (97, ou 28% *versus* 21% dos homens), e seu custo total era, portanto, superior ao dos homens. Os altos valores atribuídos às mulheres demonstram sua importância na lógica de produção e acúmulo de riquezas na província.

---

47 Conrad, *Os últimos anos da escravatura no Brasil, 1850-1888*, tabela 22, p.363.

Talvez essa combinação de informações e desinformações apenas ratifique o compromisso da sociedade amazonense com a continuidade da escravidão e a garantia de uma generosa política indenizatória mediante qualquer possibilidade de emancipação, desconsiderando as instruções determinadas pelo governo central quanto à formação da lista de classificação e demonstrando o desapreço pelos laços familiares existentes em suas senzalas.

* * *

Conquanto os objetivos da Lei do Ventre Livre, ainda que conservadores, não tenham sido plenamente alcançados, sua repercussão ficou marcada nos jornais da capital, nas vidas daqueles homens, mulheres e crianças que, através dela, alcançaram a liberdade, ou mesmo que viram em suas disposições uma esperança, ainda que fugaz, de deixar o cativeiro, como foi o caso de Maria José, escrava de Romualdo d'Oliveira Seixas. Em abril de 1872, "competentemente autorizada por seu senhor", ela apresentou requerimento à comissão da fazenda da Assembleia, no qual pedia

> a caridade de libertar a seus dois filhos menores de nomes Anna e Joaquim... tendo sido apresentado na Câmara temporária e estabelecido como lei do Império a liberdade do ventre, princípio adotado... pela dita lei geral criadora de tão salutares medidas a respeito desta classe que se via como que, segregada da comunhão livre dos povos, a verba do §11 do art. 11 da lei de 20 de maio do ano passado: deve ela, como o faz o mesmo governo geral, buscar completamente extinguir a escravidão, cortando-a pelas bases sustentadoras de sua existência.[48]

Em 24 de abril do mesmo ano, o presidente determinou que se despendesse 1:600$000 para a libertação dos menores.[49] Alguns meses depois, Gironça, escrava de d. Maria Olimpia de Castello Branco, também apresentou requerimento ao governo da província solicitando que fosse libertada

48 HDBN, *Amazonas*, n.424, 13 abr. 1872.

49 Sobre esforços de mães escravizadas em diferentes regiões das Américas para reaver a guarda de seus filhos, instrumentalizando inclusive sentimentos e discursos de caridade, ver: Cowling, *Concebendo a liberdade*. Ver também: Ariza, *Mães infames, filhos venturosos*; Canelas, Maternidade, alforria e direitos no Caribe francês (século XIX), in: Ariza; Carula (orgs.), *Aspectos da maternidade sob a escravidão e a emancipação (séculos XVIII e XIX)*.

pela verba votada na Lei n.2.040, de 28 de setembro de 1871, mas desconhecemos o desfecho dessa petição.[50]

Histórias como as de Maria José e Gironça, assim como de Lucrécio, Telonia e tantas outras, foram atravessadas pelos debates sobre a liberdade do ventre no Amazonas do século XIX. Algumas foram bem-sucedidas na busca por liberdade, enquanto outras permaneceram indefinidamente atreladas ao cativeiro, e seus destinos ainda podem – e devem – ser mais bem conhecidos pela historiografia.

50 HDBN, *Amazonas*, n.456, 3 ago. 1872.

17
Mais que um ventre livre:
escravas, libertas e cidadania no Grão-Pará

José Maia Bezerra Neto
Marcelo Ferreira Lobo

Introdução

Manoel nasceu em 26 de dezembro de 1871 em Belém do Pará, quase três meses após a promulgação da Lei do Ventre Livre em 28 de setembro de 1871, filho de Senhorinha, escrava de Joaquim da Silva Santos. Foi o primeiro nome lançado no livro de batismos de filhos de escravas da paróquia da Sé (a mais antiga de Belém) para o ano de 1872.[1] Ao longo das décadas de 1870 e 1880, o número de ingênuos matriculados na província cresceu atingindo em dezembro de 1887 a cifra de 11.273 menores, sendo 7% maior que o da população escrava da província (10.535).[2] Manoel foi um dentre eles. Uma geração que viveu uma liberdade tutelada, ora pelo Estado, ora pela família senhorial.[3] Sob os impactos da Lei de 1871, vários cativos e seus familiares recorreram à justiça local a fim de alcançar a liberdade, mas, também, indo além ao buscarem manter seus laços familiares.

Mulheres escravas, libertas e livres de cor tiveram de lidar com as visões das elites sobre elas, marcadas pelo estigma da escravidão, pelos limites do

1 Arquivo da Cúria Metropolitana de Belém. Assento de Batismo de Manoel, 1872. Livro de Batismos da Sé, 1872-1883, p.7.

2 Bezerra Neto, *Escravidão negra do Grão-Pará (séculos XVII-XIX)*, p.28.

3 Lobo, *Liberdade tutelada*, p.111.

pátrio poder e tidas ao longo das últimas décadas do século XIX como um "mal necessário".[4] Entre a imagem da mãe preta e da escrava morigerada, esteve o da liberta, da criada, da mulata sensual, cheia de vícios e responsável pela corrupção de seus filhos. Imagens que, no pensamento social brasileiro, ganharam força e capilaridade social durante as últimas décadas da escravidão e no pós-abolição. Ainda assim, as mulheres escravas, por meio de uma legislação que visou ao fim gradual da escravidão, puderam criar espaços e ressignificar o sentido da maternidade ao solicitar suas alforrias e a de seus familiares.

Embora o filho de Senhorinha houvesse nascido na condição de ingênuo, isto é, filho livre de ventre escravo, a situação da mãe escrava não teria melhorado, tanto que em 1873 foi detida pelo subdelegado do 1º distrito da capital, prisão efetuada a pedido de seu senhor.[5] Ela foi posta em liberdade no dia 18 do mesmo mês após ser castigada com catorze palmadas.[6] Como demonstrou Luiz Laurindo, o uso da força policial enquanto instrumento de controle da população escrava foi recorrente.[7] Segundo o autor, a legislação de 1871 proporcionou mudanças nas relações de força entre senhores e escravos, adensando cada vez mais os conflitos no universo da escravidão, de tal modo que o recurso da detenção na cadeia pública, assim como dos castigos pela polícia por solicitação dos proprietários, fora mecanismo utilizado visando reforçar o poder moral dos senhores em um contexto em que este por vezes era posto em xeque. É provável que Senhorinha, por ter enfrentado esse poder moral, além da detenção, tenha sido castigada pela polícia; assim como a escrava Benedita em 1881, que declarou querer ser vendida a outro senhor junto com sua filha já liberta pela Lei do Ventre Livre.[8] Enfim, a prisão de Senhorinha nos lança uma série de questões para entendermos a amplitude e os limites da Lei n.2.040 de 1871, conhecida como Lei do Ventre Livre.

Que impactos foram proporcionados pela Lei do Ventre Livre para as experiências de trabalho, maternidade e liberdade de escravas nas últimas décadas do século XIX? Segundo Camillia Cowling, a Lei de 1871 gerou

4 Roncador, *A doméstica imaginária*, p.10.

5 *Jornal do Pará*, 16 jul. 1873, p.2.

6 Arquivo Público do Estado do Pará. Fundo: Secretaria de Segurança Pública. Ofícios da Cadeia Pública, 18 jul. 1873.

7 Laurindo Junior, *A cidade de Camilo*.

8 Ibid., p.58.

mudanças nas ações de mulheres escravizadas, com petições mais frequentes na justiça no Brasil, assim como em Cuba com a Lei Moret (similar à do Brasil).[9] A partir da década de 1870 é possível encontrar com maior frequência ações no Judiciário em busca da liberdade,[10] e, nesse sentido, a retórica da maternidade, como destaca Cowling, tinha por fim nivelar na justiça os querelados.[11]

Tal argumento pode ser observado nos discursos abolicionistas produzidos ao longo da década de 1880. Em 1887, o *Diário de Notícias* reproduziu um artigo originalmente publicado no Rio de Janeiro, no qual fazia um balanço da questão servil. Ao tratar da Lei de 1871, o destaque foi dado à figura da mãe escrava, ao trazer a imagem na qual igualavam-se as mais diferentes mulheres por meio de um direito natural, sentimento este sintetizado na seguinte afirmação: "ser princesa é um destino, mas ser mãe é uma providência que nivela, diante da natureza, os direitos imprescritíveis de todas as mulheres".[12]

Não só as escravas, mas também as libertas, utilizariam tal retórica para tentar manter sua família unida, ou em busca de acesso a bens. Em 1886, a liberta Thereza Maria de Jesus denunciou no periódico *Diário de Notícias* as tentativas da família do seu ex-senhor de tomar as terras que ocupava havia vários anos.[13] Ela declarou que fora escrava e amásia de João Emiliano Pereira Lima, com quem teve uma filha. Esta casou sob a determinação do pai/senhor com o sobrinho do mesmo. Depois da morte de João Emiliano Pereira e de alcançar a alforria, mudou-se para um lugar chamado Mapuazinho (não fica claro em seu relato se foi forra antes da morte do senhor, ou por verba testamentária). Thereza Maria de Jesus passou a viver em companhia de um homem chamado Libânio, com quem tratou de cuidar e lavrar as terras em Mapuazinho, com roçados e seringais que alugavam a terceiros. Ao defender sua posse sobre as terras, a liberta valeu-se de uma concepção própria de direito, assentada em grande parte nas ideias abolicionistas e na valorização da maternidade.

9 Cowling, *Concebendo a liberdade*, p.142.
10 Bezerra Neto, *Por todos os meios legítimos e legais*, p.235.
11 Cowling, op. cit., p.145.
12 *Diário de Notícias*, 27 jan. 1887, p.2.
13 *Diário de Notícias*, 7 jul. 1886, p.3.

Qual a razão que tem o sr. Cerdeira para não respeitar minha posse? Somente porque o seu registro não especifica quantidade de léguas, entende usurpar-me e levar a linha da demarcação até o rio Mapúa, 3º distrito de Breves, aonde tenho contínuo a minha posse.

Uns tratam de libertar escravos para aumento de nosso país; o sr. Cerdeira trata de escravizar os que se libertam, porque, tomando casas, terrenos, roças e outros viveres do povo, estão ou não sujeitos às imposições de Cerdeira? O que hei de fazer das roças de mandioca, casas e plantações?

Porventura a lei não garante a minha cultura e morada habitual?

V. Exc. desculpar-me-á pela liberdade que tomo em lhe explicar estas verdades; sou pobre, só tenho por direito o meu trabalho e filhos criados e outros por criar. Peço a V. Exc. que junte estes aos autos do sr. José dos Santos Cerdeira. Conto que V. Exc. não fará injustiça, porque tem dado prova de honrado caráter.

Pará, 27 de junho de 1886.

Thereza Maria de Jesus.[14]

Embora não saibamos o fim dessa querela, é importante perceber como escravas e libertas puderam buscar assentar seus discursos nos ideais abolicionistas que foram ganhando vigor no Grão-Pará ao longo dos anos 1870 e principalmente a partir da década de 1880. A alusão à maternidade, embora não fosse uma novidade, ganhava outras conotações e força argumentativa em ações movidas por tais mulheres.

Para além do ventre livre, os escravos também puderam acessar mecanismos legais em prol de suas liberdades e de seus familiares. A possibilidade de acúmulo do pecúlio, o fim da revogação de alforrias por ingratidão, a criação do Fundo de Emancipação de escravos, a matrícula geral dos escravos, com a ausência da matrícula do cativo podendo desdobrar-se na alforria do mesmo, foram aspectos da Lei de 1871 que vão muito além dos debates sobre o ventre escravo.

De qualquer forma, Senhorinha experimentou a maternidade a partir da Lei do Ventre Livre, já dentro de outra lógica na formação da família escrava, visto que a maternidade escrava ganhava outros sentidos, não somente porque a letra da lei proibia a separação entre mãe e filho até este atingir a idade

14 *Diário de Notícias*, 7 jul. 1886, p.3.

de 12 anos, mas permitia aos senhores o usufruto do trabalho dos ingênuos até a idade de 21 anos.

Qual o valor de um ventre livre?

Segundo os versos de Mello de Morais Filho, a Lei do Ventre Livre levou os senhores a agirem de modo a não incentivar o casamento entre seus escravos, visto que não haveria mais a manutenção da escravidão por meio da reprodução endógena:

> OS INGÊNUOS
> [...]
> Ali estão as senzalas
> De um lado e d'outro, duas;
> São vastas, arejadas,
> Ocupam duas ruas.
> Aquela é das escravas
> A outra dos homens, creio
> Assim não ter incômodo
> Com o que me for alheio.
> – E onde a moradia
> Que reserva aos demais?
> Quero dizer, os quartos,
> As casas dos casais?
> – com a Lei do Ventre Livre,
> Que não nos traz proventos,
> Achei desnecessário
> Haver mais casamentos.[15]

No caso do Pará, dados do censo de 1872 indicam a existência de 638 mulheres escravas casadas e 802 escravos do sexo masculino casados. Essa diferença de 164 indivíduos do sexo masculino pode indicar uma maior

---

15 Moraes Filho, *Cantos do Equador*, p.133-4.

frequência de casamentos de escravos com mulheres livres ou forras.[16] Tais dados para 1872 indicam que apenas 5,24% dos escravos matriculados no Pará eram casados. Nesse sentido, o consórcio não foi definidor de estímulo à reprodução endógena, podendo estar atrelado a estratégias de sobrevivência e mobilidade. Assim sendo, a ocorrência de casamentos formais em termos legais e religiosos católicos, ainda que percentualmente pequena, é que se faz significativa, e não o seu volume para compreensão das estratégias familiares cativas. Até porque não se fazia necessário contrair casamento para se ter filhos. Associar então taxas de natalidade ao percentual de casamentos formais, considerando a sua possível diminuição relacionada com a diminuição de nascimentos, o que não necessariamente aconteceu, não faria muito sentido para os escravos; após a Lei de 1871, eles estavam cientes de que suas crianças nasceriam livres, da mesma forma que, mesmo diante do fim da manutenção da escravidão pelo ventre cativo, os senhores continuaram a valorizar os serviços dos ingênuos.

Dado revelador dessa realidade trata da entrega de menores ingênuos ao Estado ao completarem a idade de 8 anos. Segundo Robert Conrad, apenas 0,1% dos ingênuos matriculados no Império em 1885 fora entregue ao Estado,[17] o que remete à preferência dos proprietários de escravos em manter o usufruto da mão de obra desses menores. Dados publicados no periódico *Diário de Belém* para o ano de 1884 indicam que, entre 1872 até junho de 1884, foram matriculados na capital da província paraense 2.441 ingênuos,[18] e destes apenas 2 foram entregues ao Estado e 249 foram entregues para suas mães libertas. Nesse sentido, cerca de 10% dos ingênuos puderam estar ao lado de suas mães após a aquisição da liberdade por parte delas, enquanto praticamente 90% dos menores permaneceram sob o domínio senhorial.

Por outro lado, como destaca Victor Hugo Modesto, a partir de 1871 ocorreu pelo Império um crescimento no número de requisições de tutela. Ainda que o autor destaque a reforma judiciária promovida nesse ano, sua análise considera a Lei Rio Branco ou do Ventre Livre como um dos principais fundamentos para tal inflexão em relação às tutelas de meninos pobres,

---

16 Dados sobre o censo imperial de 1872 disponíveis no *site* do Núcleo de Pesquisas em História Econômica e Demográfica (NPHED). Disponível em: <www./nphed.cedeplar.ufmg.br/pop72>. Acesso em: 1º ago 2019.

17 Conrad, *Os últimos anos da escravatura no Brasil (1850-1888)*, p.144-5.

18 *Diário de Belém*, 10 dez. 1884, p.2.

para além dos filhos livres das escravas.[19] No Pará, entre 1870 e 1893, foi possível localizar 564 pedidos de tutelas que envolveram 722 menores; destes, 118 eram filhos de escravas ou libertas, sendo que a grande maioria de requisições que envolveram os "ingênuos" ocorreu a partir de 1888, principalmente após o 13 de Maio.[20] Ou seja, embora após a Lei do Ventre Livre o filho da escrava tenha perdido o seu valor-mercadoria, deixando de ser um bem ou propriedade da qual se podia dispor vendendo, comprando ou hipotecando, ainda possuía o valor-trabalho, valor que deve ser pensado ao longo de todo o século XIX.

Lembrando ainda, como destacou Katia Mattoso, que a criança escrava passava a ingressar no mundo do trabalho a partir dos 7 ou 8 anos de idade,[21] da mesma forma que, alcançando a idade próxima aos 10 anos, suas chances de chegar à vida adulta aumentavam consideravelmente, percebe-se que não seria coincidência ou à toa a escolha da idade de 8 anos como o momento em que o senhor deveria tomar a decisão se entregava ou não ao Estado o menor ingênuo.

Nesse contexto, talvez temendo possíveis mudanças legais ou que fossem obrigados de alguma forma a abrir mão do trabalho dos ingênuos quando da liberdade de suas mães, os proprietários de escravos trataram de usar mecanismos para manter os ingênuos sob seu poder, atribuindo significativo valor sobre a mão de obra de tais menores. Em Belém, o português Antônio Vieira de Lima e Silva solicitou a tutela do ingênuo José Natividade,[22] filho da escrava Damásia, e em seu testamento refere-se a José como seu pupilo.[23] Já o bacharel Carlos de Santa Helena Magno solicitou a tutela das menores libertas Ana e Maria, filhas da escrava Felisberta. Segundo o peticionário, as menores viviam em companhia da mãe em uma "casinha no Marisal", sustentando a sua solicitação desqualificando a educação promovida pela mãe das mesmas: "em semelhante companhia nenhuma educação poderão receber os pobres órfãos, que serão mais tarde recrutadas para a prostituição".[24]

19 Modesto, *Como se fossem escravos*, p.39-40.

20 Lobo, *Liberdade tutelada*, p.63.

21 Mattoso, *Ser escravo no Brasil*, p.155.

22 Auto de Tutela de José, 1883. Centro de Memória da Amazônia (CMA). Fundo: Civil. Série: Tutela.

23 Testamento de Antônio Vieira de Lima e Silva, 1882. CMA. Fundo: Civil. Série: Testamentos, cx.36.

24 Autos de Tutela de Ana e Maria, 1879. CMA. Fundo: Tutelas (1873-1879).

Contudo, longe de estar necessariamente preocupado com a educação das menores, Carlos de Santa Helena Magno talvez estivesse a retaliar Felisberta e outros escravos que haviam obtido na justiça a alforria por meio de uma ação de manutenção de liberdade que se estendeu de 1877 a 1880, desejando de alguma forma manter alguns deles sob sua dependência, ao menos Felisberta e seus filhos.[25]

Ao não renunciar à força de trabalho de tais menores, ex-senhores elaboravam estratégias diversas visando manter o controle não só dos menores como dos seus pais. A escrava Vicência, descrita como alta, magra, cafuza e com cicatrizes no braço esquerdo e nos dois pés, de propriedade do ourives José Martins Ferreira, fugiu no dia 8 de março de 1880.[26] No dia 13 de maio desse ano, José Martins Ferreira requereu ao juiz de órfãos da capital a tutela da filha de Vicência, alegando ter vendido a escrava, tendo aberto mão de seus direitos sobre a menor segundo a Lei de 28 de setembro de 1871.[27] Podemos aventar que, devido as ações de Vicência, seu senhor resolveu vendê-la, mas, usando do subterfúgio da tutela, queria manter o controle sobre a filha de sua ex-cativa.

Enfim, Damásia, Felisberta e Vicência tiveram seus filhos tutelados por sujeitos da família senhorial. Assim como tantas outras mulheres cativas e libertas no Brasil escravista, elas tiveram de elaborar estratégias de ação para manter seus filhos a salvo de práticas de exploração que os colocavam em condição pouco distante da escravidão.

Lembrando ainda que, na condição de libertas, pela Lei do Ventre Livre, as mães poderiam retirar seus filhos da companhia do ex-senhor desde que o menor não tivesse completado a idade de 8 anos, não que isso fosse de fato seguido. Em 1881, Salustiana Maria do Espírito Santo, moradora no distrito de São Miguel do Guamá, solicitou ao juiz de órfãos a retirada de seu filho da tutela de seu ex-senhor Gabriel Francisco de Oliveira pois este havia recusado entregar o menor.[28] A requisição de Salustiana baseou-se no artigo 1º da Lei do Ventre Livre, o qual determinava que a manutenção do menor de 8 anos sob a companhia do ex-senhor dependeria de uma concordância entre a ex-cativa e este. O ingênuo Francisco nasceu em janeiro de 1874, sendo

---

25 Ação de Liberdade, 1879. CMA. Série: Liberdade escrava (1870-1879).

26 *Diário de Belém*, 12 mar. 1880, p.2.

27 Auto de Tutela de Olinda, 1880. CMA. Fundo: Tutelas (1880-1883).

28 Auto de Tutela de Gabriel, 1881. CMA. Fundo: Tutelas (1880-1883).

menor de 8 anos em 1881 e, assim, caberia à mãe a decisão de ter consigo ou não o filho. Por fim, o caso foi sumário, com mandado de depósito e entrega do menor para a mãe.

Em maio de 1888, após a abolição da escravidão, Antonio Lopes Martins requereu no Juizado de Órfãos de Belém a tutoria da filha de sua ex-escrava Bemvinda, alegando que ela saiu de sua residência após 13 de maio levando consigo a filha. O parecer do curador geral dos órfãos foi o de levar em conta a posição da mãe, respaldado pela Lei de 1871:

> O suplicante é idôneo para o cargo de tutor, mas acho que seria conveniente interrogar-se a mãe deste menor, a quem a Lei de 28 de setembro de 1871 favorecia dando-lhe a faculdade de levar os filhos menores de 8 anos quando liberta, pela razão que estas crianças ainda precisam do calor materno.
>
> 23 de maio de 1888, o Curador Geral.[29]

Embora esse parecer tenha sido produzido após a abolição da escravidão, o seu autor, curador geral dos órfãos desde a década de 1880, foi José Henrique Cordeiro de Castro, membro de agremiações abolicionistas de Belém e que atuou largamente nas questões que envolviam os menores considerados órfãos ou desvalidos. Sua visão constitui um parâmetro para a ação dos juízes de órfãos no Pará e, portanto, entrevemos as possibilidades de agência dessas mulheres por meio das brechas e interpretações da Lei do Ventre Livre.

Em denúncia publicada no jornal *O Liberal do Pará*,[30] Thereza de Jesus Ferreira informou ter sido alforriada pelo valor de 900 mil réis, quantia paga por Florentino Corrêa de Farias em dezembro de 1880, tendo ela dois filhos ingênuos chamados Mamedia de 6 anos e Raymundo com 2. Os menores ficaram em poder de sua ex-senhora Escolástica Benedicta Correa de Faria. Dois anos após sua alforria, ela solicitou que a tutela de seus filhos fosse dada a Joaquim Thomaz do Amaral, sob a alegação de que o tutor cuidaria da educação de seus filhos, e que sua ex-senhora só tinha "em vista locupletar-se dos poucos serviços" dos menores. O que se pode vislumbrar do caso é que, após a concessão da tutoria a Joaquim Thomaz do Amaral, a ex-senhora de Thereza recorreu ao Juizado de Órfãos para anular a tutela

29 Auto de Tutela de Bemvinda, 1888. CMA. Fundo: Tutelas (1888).
30 *O Liberal do Pará*, 13 jul. 1882, p.2.

concedida. A liberta e o tutor indicado fundamentavam as suas queixas no artigo 4º da Lei Rio Branco, indicando que seus filhos eram menores de 8 anos quando ela foi liberta, e teria, então, o direito de ter consigo os seus filhos: "vê-se que ela na data de minha manumissão tinha apenas 6 anos e desde essa data fiquei eu com direito à mesma, em virtude do dispositivo notado acima".[31]

Ao que tudo indica, Thereza de Jesus Ferreira valeu-se de uma rede paternalista a fim de manter a família unida, uma vez que não pediu a tutela dos filhos para si, ainda que capaz de criá-los, mas para outra pessoa, no caso uma figura masculina; dessa forma, conseguiu retirar seus filhos das condições que poderiam ser tidas como próximas da escravidão, discurso recorrente em processos tutelares que envolviam ingênuos. Enfim, mesmo que o discurso produzido e publicado representasse mais a visão do pretenso tutor do que da mãe liberta, a Lei do Ventre Livre de fato criou espaços de ação, mesmo que tortuosos. Nesse sentido, vê-se que a noção de direito adquirido é ponto importante para pensarmos a Lei de 1871.

Quanto à liberdade escrava, para além do artigo 4º da referida lei na parte que trata da legalização do pecúlio do escravo e sua aplicação para a alforria, as libertas que quisessem retirar os filhos ingênuos da companhia de seus ex-senhores poderiam valer-se do art. 1º, inciso §2º, o qual declarava o seguinte:

> Qualquer desses menores poderá remir-se do ônus de servir, mediante prévia indenização pecuniária, que por si ou por outrem ofereça ao senhor de sua mãe, procedendo-se avaliação dos serviços pelo tempo que lhe restar a preencher, se não houver acordo sobre o *quantum* da mesma indenização.[32]

Isto não quer dizer que seria fácil para uma liberta conseguir o recurso para indenização do ex-senhor em relação aos serviços de seu filho, como também tal iniciativa poderia resultar em uma ação pouco efetiva, visto que, ao longo das décadas de 1870 e 1880, foi frequente o uso da força de trabalho desses menores; e, nesse sentido, qualquer indivíduo poderia solicitar a tutela sobre um menor considerado órfão.

---

31 Ibid.

32 Lei n.2.040, de 28 de setembro de 1871, sobre o estado servil e decretos regulando a sua execução. Disponível em: <https://digital.bbm.usp.br/handle/bbm/4223>. Acesso em: 15 ago. 2019.

Nesse contexto, então, compreende-se por que a liberta Thereza de Jesus Ferreira poucas chances teria de manter seus filhos consigo; no entanto, ao recorrer a um terceiro, poderia ao menos direcionar o destino desses menores. O direito adquirido com a Lei de 1871 por vezes foi interditado diante de novas práticas de domínio. Na contramão dessas interdições, as escravas e libertas também aprendiam a jogar o jogo de domínio e resistência, recorrendo a práticas paternalistas de proteção, valendo-se de discursos que aproximavam suas condições da de "cidadãos", entendidos aqui como indivíduos constituídos de direitos ante os olhos da sociedade e do Estado. Assim, como demonstrado neste texto, ao evocarem o discurso da maternidade, da posse de terras por tempo de uso pacífico e produtivo, de promoverem a educação de seus filhos, tais mulheres buscaram encontrar apoio para suas pretensões.

De qualquer forma, ao longo das décadas de 1870 e 1880, os filhos das classes pobres passaram a ser alvos preferenciais das tutelas no Pará. Em uma lista de menores órfãos sem tutores no distrito de Ourém (interior do Pará) do ano de 1881, dos 58 menores listados apenas 7 são designados como brancos, os demais aparecem como pardos (34), mulatos e mulas (7), mamelucos (5) e tapuios (5).[33] A existência da categoria cor na lista de menores é significativa das hierarquias existentes na sociedade paraense oitocentista. Como destacou Daniel Almada, a Lei de 1871, embora promovesse a liberdade do filho da escrava, em vez de torná-lo equivalente ao restante da população livre, acabou como que igualando os filhos da população livre pobre à condição do ingênuo.[34]

Em 1886, alguém, sob a alcunha "Um Filho da Justiça", denunciou a prática de reduzir à condição de verdadeiros escravos os menores órfãos: "são nada menos que os filhos de viúvas e solteiras que têm a infelicidade de serem pobres de bem! Porque os ricos de bem aqui como em toda parte são sempre privilegiados".[35] Ao evocar os direitos das mães sobre seus filhos, assim como os sentimentos maternos diante da exploração de seus rebentos, associando o recurso da tutela com a escravidão, o autor da publicação atrelou a necessidade de pôr fim a tais abusos aos ideais do movimento abolicionista:

---

33 Autos de termos de tutores, 1881. CMA. Subsérie: Tutela, 2ª Vara Cível – Cartório Odon.

34 Almada, *A infância desvalida*.

35 *Diário de Notícias*, 5 out. 1886, p.3.

> Para quem apelar meu Deus! Quase não sabemos, porém, confiamos muito no nosso verdadeiro Deus e no caro sr. redator, que pelo seu muito conceituado jornal combaterá com tanta prudência e energia, que isto melhorará, e bem cedo veremos nosso país ou pelo menos a província do Pará livre da opressão dos escravizadores de crianças livres; e então, coberto das bençãos de todas as mães, veremos paginar o nosso caro redator do *Diário de Notícias*, por quem somos muito dedicado amigo, venerador e criado.[36]

Lembrando ainda que a ilegitimidade dos filhos das escravas era atribuída a partir da ausência de relação matrimonial entre os pais, ainda que a baixa incidência de consórcio entre os cativos revelasse a criação de famílias chefiadas por mulheres, e, portanto, diante de tal cenário, sob o peso de uma legislação orfanológica que atribuía ao pai o poder de tutela sobre os filhos, as escravas com prole que atingissem a alforria se tornavam alvo de pretensos "cidadãos idôneos" em busca de controlar os ingênuos e os filhos da população livre de cor. Contudo, cabia ao Estado a incumbência da concessão do direito de tutela desses menores, por meio da instituição do Juizado de Órfãos, sendo possível pelas querelas existentes nessa esfera do Poder Judiciário entrever as disputas pelo controle sobre os menores considerados desvalidos.[37]

A Lei de 28 de setembro de 1871, por sua vez, ao libertar o ventre escravo e nivelar socialmente a prole da escrava aos menores pobres, acabou propiciando que a tutela enquanto instrumento jurídico fosse expediente cada vez mais utilizado em casos envolvendo as classes subalternas. Nesse sentido, para as cativas que conseguiram a alforria somente após seus filhos alcançarem a idade maior de 8 anos, o acesso a seus filhos foi interditado, visto que a Lei do Ventre Livre atribuía ao ex-senhor o exercício do domínio sobre o menor em vista dos supostos gastos com a manutenção da criança até que este atingisse a idade de 8 anos. No artigo 1º da Lei Rio Branco, foi estabelecido que ao senhor competia declarar se desejaria usufruir dos serviços do menor ou ser indenizado pelo Estado após o menor ingênuo completar os 8 anos de idade; portanto, o domínio senhorial sobre os ingênuos, apesar de

---

36 Ibid.

37 Modesto, "Não há ingênuos e sim órfãos": menores filhos de libertas no limiar da abolição em Belém do Grão-Pará, *História Unicap*, v.5, n.9, p.32, jan.-jun. 2018.

limitado, permaneceu vigente até o 13 de maio de 1888, momento no qual os periódicos de Belém indicaram que tais menores passaram a ser considerados juridicamente órfãos.[38] Não foi à toa que, a partir do 13 de maio de 1888, houve uma corrida ao Juizado de Órfãos em busca da tutela dos ex-ingênuos (agora órfãos). Ex-senhores destituídos das prerrogativas legais que possuíam em virtude da Lei do Ventre Livre acentuaram o uso da tutela intermediada pelo Juizado de Órfãos como mecanismo de domínio.

Agência, liberdade e cidadania

Nos idos de 1870, quem batesse à porta da casa número 7, na travessa do Carmo em Belém, provavelmente encontraria três mulheres ali residentes, todas libertas pelo testamento de Januário Antônio da Silva.[39] Lá viviam Raimunda, Juliana e Romualda, "amigas e companheiras de casa", que teceram relações de afetividade ainda na escravidão e as mantiveram durante a vivência de liberdade.[40] Raimunda Valeria do Empírio faleceu em 1876, com 35 anos, de pericardite aguda, sendo em breve nota de seu falecimento designada como branca.[41] Tal designação escamoteava sua condição de liberta, assim como representou a mobilidade alcançada por ela. Raimunda Valeria do Empírio, filha de Apolinária, legou para as suas companheiras de escravidão e liberdade seus três quartos de casas, ações da Companhia Amazonas e o escravo Pedro.[42] Contudo, estabeleceu a condição de que suas herdeiras tratassem de promover a alforria de sua irmã Sabina, cativa de Joaquim Martins Silva.

Raimunda poderia valer-se da Lei de 1871 a fim de requerer arbitramento do valor de sua irmã para poder alforriá-la, visto que o artigo 2º determinava que "o escravo que, por meio de seu pecúlio obtivesse meios para a

38 Lobo, Liberdade tutelada: de ingênuos a órfãos (1870-1893), in: Bezerra Neto; Laurindo Junior (orgs.), *Escravidão urbana e abolicionismo no Grão-Pará (século XIX)*, p.211-44.

39 Testamento de Januário Antônio da Silva, 1870. CMA. Fundo: Civil. Série: Testamentos, cx.22.

40 Testamento de Romualda Emília da Encarnação, 1874. CMA. Fundo: Civil. Série: Testamentos, cx.22.

41 *A Constituição*, 9 maio 1876, p.1.

42 Testamento de Raimunda Valeria do Empírio, 1876. CMA. Fundo: Civil. Série: Testamentos, cx.24.

indenização de seu valor, tem direito a alforria". Contudo, seja por motivo de doença ou qualquer outra limitação, não foi possível a Raimunda impetrar uma ação de liberdade em favor de sua irmã; ainda assim, possibilitou por intermédio de seu testamento que sua irmã tivesse acesso ao recurso financeiro a fim de alcançar a liberdade.

Se, como destaca Grinberg, ao longo da primeira metade do século XIX vários cativos pleitearam na justiça a alforria, seja declarando maus-tratos, seja sob o argumento de indenizar o seu senhor,[43] foi apenas a partir da legislação de 1871 que o ato de alforriar por meio de indenização ganhou força de lei, para além do costume, e passou a ser um empecilho ao poder moral dos senhores de escravos. Segundo Chalhoub, durante as discussões do projeto de lei que veio a declarar o ventre escravo livre, a questão da alforria forçada foi atacada duramente por figuras como Perdigão Malheiro e o marquês de Olinda, o que levou à inclusão da obrigatoriedade da anuência senhorial para que o cativo acumulasse seu pecúlio.[44]

Embora a anuência senhorial fosse um empecilho para as aspirações de liberdade dos cativos, estes e seus familiares souberam burlar, quando necessário, a lei. Ao verificarmos as ações de liberdade presentes nos arquivos do Centro de Memória da Amazônia e do Arquivo Público do Estado do Pará, nota-se significativo percentual de ações de arbitramento para liberdade. Por exemplo, em 76 pedidos de liberdade pleiteados na justiça em Belém, entre os anos de 1870 e 1888, 50 deles (64,9%) foram impetradas por mulheres; um processo envolveu múltiplos escravos e apenas 26 (33,7%) tiveram como libertandos cativos do sexo masculino.[45] Mesmo nestes encontramos três processos nos quais as mães buscavam a liberdade de seus filhos, e um no qual o cativo envolvido indicou no processo que sua tia, Joana Teodorico, havia emprestado o dinheiro para sua alforria.

Tais processos foram aqui enquadrados em cinco categorias de alegações. As solicitações de alforria baseadas na falta de matrícula; as que envolveram

---

43 Grinberg, Alforria, direito e direitos no Brasil e nos Estados Unidos, *Estudos Históricos*, Rio de Janeiro, n.27, p.63-83, 2001.

44 Chalhoub, *Visões da liberdade*, p.194-200.

45 CMA. Fundo: Civil. Subsérie: Liberdade escrava, cx.1870-1879, 1880-1888; Arquivo Público do Estado do Pará (Apep). Juízo de Direito de 1ª Vara. Autos Cíveis de Liberdade Escrava, cx.25; Juízo de Direito de 1ª Vara. Autos Cíveis de Liberdade Escrava, cx.20; Juízo de Direito de 2ª Vara, cx.21; Juízo Municipal de Belém. Autos Cíveis de Liberdade Escrava, cx.10; Juízo de Órfãos da Capital. Série: Escravos (1847-1888).

arbitramento do valor do escravo; as de manutenção de liberdade; as liberdades solicitadas por meio de locação de serviços; e as de cativeiro ilegal, vinculado ao tráfico de africanos após a lei de proibição do tráfico de africanos escravizados de 7 de novembro de 1831. Em quatro processos de liberdade não foi possível conseguir maiores informações acerca dos argumentos, visto serem fragmentos, de tal modo que os 72 processos restantes foram divididos nas categorias a seguir:

Processos de liberdade		
Sexo do libertando	**Masculino**	**Feminino**
Arbitramento	12	25
Falta de matrícula	6	14
Cativeiro ilegal	0	1
Locação de serviços	4	1
Manutenção de liberdade	2	7
Total	24	48

Embora solicitações na justiça em prol da liberdade tenham ocorrido antes de 1871, é de destacar que as brechas produzidas por tal legislação proporcionaram novos mecanismos de alforria, indo além da anuência senhorial. As mulheres fizeram o dobro de solicitações de liberdade realizadas pelos homens; apenas nas liberdades por meio de contrato de locação de serviços é que o número de homens supera o de mulheres, sendo que tal dado, embora diminuto, talvez estivesse vinculado à questão da força de trabalho masculina para atividades de lavoura ou em artes mecânicas.

Sônia Vianna analisou os contratos de locação de serviços na região de Igarapé-Mirim, no interior da província paraense. Segundo a autora, os demarcadores de gênero implicavam menores valores nas remunerações para as mulheres nesses contratos.[46] Os valores inferiores pagos para as mulheres também remetem à questão do valor-trabalho atribuído às escravas. Se, de um lado, estas podiam conseguir a alforria por valores menores em relação aos cativos do sexo masculino, seus serviços teriam uma valorização inferior, o que de modo algum implicou menor capacidade de angariar recursos,

46 Nascimento, *Igarapé-Mirim*, p.72-3.

tanto que, dos 37 cativos que requisitaram arbitramento para sua manumissão, 25 eram mulheres.

A habilidade feminina de angariar recursos a fim de obter a liberdade pôde ser notada quando, em 1873, na cidade de Belém, 162 cativos depositaram seus pecúlios sob os cuidados da firma comercial denominada Sá & Cia.[47] Ao todo foi arrecadado no caixa da referida firma o valor de 31:246$$000 (trinta e um contos, duzentos e quarenta e seis mil-réis). Dentre os cativos, a maior parte era do sexo feminino: 74,6% (121) e apenas 25,4% (41) do sexo masculino. Claudia Marcia Dias analisou o caso do pecúlio dos escravos na firma Sá & Cia. por meio de várias notícias publicadas nos periódicos de Belém, sendo possível identificar que os escravos depositaram seus pecúlios por conselho de João de Paes e Sousa, presidente da Câmara Municipal de Belém e da Junta de Classificação de Escravos a serem libertos pelo Fundo de Emancipação.[48]

A possibilidade de negociar diretamente com o presidente da Junta de Classificação de Escravos demonstra a agência e a capacidade de leitura que tais sujeitos fizeram do contexto que se seguiu à promulgação da Lei Rio Branco. Nesse sentido, é necessário compreendermos que, mesmo que os números de cativos libertos pelo referido fundo tenha sido limitado, a criação do Fundo de Emancipação foi importante instrumento no qual parte dos escravos vislumbravam chances de mobilidade.[49]

O montante de dinheiro arrecadado em 1873 pelos 162 cativos aproximou-se do valor de 35 contos de réis da primeira cota recebida pelo governo da província paraense em 1874.[50] Dentre as escravas que depositaram seus

---

47 Autos cíveis de exame, averiguação e providências para pôr em segurança o pecúlio dos escravos a serem libertos pelo Fundo de Emancipação, 1873. Apep; Juizado de Órfãos da Capital, 1870-1880.

48 Silva, *A Sociedade Filantrópica de Emancipação de Escravos*, p.58-63.

49 Como argumenta Pedro Neves, se tomarmos a criação do Fundo de Emancipação a partir das tensões criadas entre senhores e escravos, e mesmo nos tribunais paraenses diante das disputas para a inclusão nas listas de classificação, teremos em vista uma dimensão que vai além dos números. Se os debates historiográficos das décadas de 1960 e 1970 menosprezavam os impactos do Fundo de Emancipação, os novos estudos têm dado maior relevância para como os diversos sujeitos valeram-se dos mecanismos criados com a Lei do Ventre Livre, seus respectivos decretos e regulamentos. Ver: Neves, Aplicabilidade da lei e as estratégias de libertação: uma análise sobre o Fundo de Emancipação no Grão-Pará (1871-1888), in: Bezerra Neto; Laurindo Junior (orgs.), *Escravidão urbana e abolicionismo no Grão-Pará (século XIX)*, p.247-77.

50 Neves, op. cit., p.253.

pecúlios com o objetivo de ter maior acesso ao Fundo de Emancipação estavam os nomes de Inocência, Francisca, Gertrudes e Carmelitana. Essas mulheres buscaram por meio da justiça o acesso à liberdade, sendo que, amparadas pela Lei do Ventre Livre, pleitearam em primeiro momento a chance de serem comtempladas pelo Fundo de Emancipação, e, posteriormente, por meio de ações de liberdade, requisitaram o arbitramento de seus valores.

Carmelitana, pertencente a d. Joana Viegas, em 1880 requereu na justiça sua alforria por meio do arbitramento de seu valor,[51] visto que o simples fato de já ter parte de seu pecúlio não implicaria uma inclusão automática entre os classificados para serem libertos pelo referido fundo. Em 1873 ela possuía 100 mil-réis depositados na firma Sá & Cia.; já em 1880, possuía a quantia de 400 mil-réis depositados na Tesouraria da Fazenda. O representante de Joanna Viegas alegou que não poderia aceitar o referido valor, visto que Carmelitana foi avaliada no inventário de Antônio José Gomes pelo valor de 800 mil-réis, alegando ainda que o pecúlio da escrava era "criminoso", visto que ela havia tempos não dava os seus jornais a sua senhora.

As alegações do advogado de Joanna Viegas não foram aceitas, e o pecúlio de Carmelitana foi considerado legal. Contudo, sua senhora exigia o valor de 800 mil-réis, e, na falta de acordo, a ação foi encaminhada para arbitramento. O que o processo nos permite saber é que Carmelitana foi designada como preta, boa aptidão para o trabalho e lavadeira, como indicado pela sua senhora, sendo que a escrava devia pagar jornais e possivelmente vivia sobre si, alugando seus serviços a terceiros. Em 1878, o engenheiro R. H. Hepburn descrevia da seguinte forma o trabalho das lavadeiras do Pará:

> O sistema que adotam é o mais engenhoso que a imaginação humana poderia ter concebido. Não satisfeitas de bater a roupa contra pedras, em lugar de para isso usarem tábuas, elas em geral a devolvem ao dono 15 ou 20 dias mais tarde, pois nesse ínterim alugam-na, aos domingos e feriados, a qualquer pobre diabo. Sempre olhei com desconfiança para certos indivíduos de cara duvidosa que passavam ostentando asseada roupa branca, pois nunca podia ter a certeza de que não fosse minha camisa que ele vestia.[52]

---

51 Autos Cíveis de Liberdade da escrava Carmelitana, 1880. CMA. Fundo: Liberdade escrava, cx.1880-1888.

52 Craig, *Estrada de Ferro Madeira-Mamoré*, p.107.

Essa descrição constrói uma visão negativa sobre o trabalho dessas mulheres, que, além de utilizarem um método engenhoso de lavagem, alugavam as roupas a terceiros. Tal relato encontra corroboração em um breve anúncio em 1871 publicado no *Diário de Belém*, no qual se anunciava a venda de sinetes, para evitar a troca de documentos, e os "para roupa marcada com tinta própria evita a troca, em casa de lavadeiras".[53] Certamente Carmelitana soube aproveitar as chances e espaços de autonomia que vivenciou ao trabalhar pelas ruas de Belém. Portanto, como tantas outras libertas e livres de cor, entre criadas e quitandeiras, ela viveu de atividades ligadas aos serviços domésticos, no universo da escravidão urbana, podendo acumular recursos para alforria.

Durante a avaliação para arbitramento, momento no qual os representantes das duas partes davam pareceres sobre o valor da libertanda,[54] as partes buscavam estabelecer critérios que facilitassem seus objetivos. O representante de Joanna Viegas avaliou Carmelitana em 600 mil-réis, alegando que ela possuía 35 anos e que as moléstias que possuía não perdurariam por muito tempo. Já Joaquim da Costa Ramos, indicado pelo curador de Carmelitana, avaliou a mesma em 300 mil-réis, alegando que a libertanda possuía 45 anos, "cheia de chagas mal cicatrizadas, e uma fístula sobre os rins". O terceiro árbitro corroborou a avaliação feita por Joaquim da Costa Ramos, de tal modo que Carmelitana foi liberta pelo valor de 300 mil-réis.

Para Joanna Viegas Gomes pouco restou além de requerer o valor dos jornais do tempo em que Carmelitana esteve em depósito durante o processo. No início de 1880, Joanna Viegas possuía três escravas: Albertina (aleijada de um braço que perdera em um acidente com o bonde),[55] Carmelitana e Justina. Em abril de 1888, a reboque do movimento abolicionista, Joanna Viegas Gomes decidiu angariar simpatias ao alforriar a escrava Justina, que estava em Fuga.[56] Carmelitana e Justina, cada qual a seu modo, buscaram viver a liberdade.

---

53 *Diário de Belém*, 28 mar. 1871, p.4.

54 O arbitramento consistia na avaliação do valor da escrava para a compra de sua alforria. As partes envolvidas indicariam uma lista de três nomes para serem avaliadores, o curador da escrava escolheria um na lista apresentada pelo senhor do escravo, e este escolheria um da lista apresentada pelo curador. O terceiro seria indicado pelo juiz. Sobre os trâmites na justiça envolvendo questões de liberdade, ver: Mendonça, *Cenas da abolição*, p.61-2.

55 *Jornal do Pará*, 22 fev. 1876, p.1.

56 *O Liberal do Pará*, 14 abr. 1888, p.2.

Considerações finais

Na década de 1860, um exemplo do esforço maternal de uma liberta em busca da liberdade da prole pode ser encontrado nas páginas do periódico carioca *Jornal do Commércio*:

> Atenção
>
> Deseja-se saber onde existe um pardo de nome Alexandre Antônio Pereira, filho de Genoveva Maria Aprisca, natural da província do Pará, o qual foi comprado na mesma província ao sr. capitão Francisco Pereira de Souza pelo sr. Manoel Francisco da Costa Pereira, que comandava nessa época o vapor *Imperatriz*, da companhia brasileira; a pessoa que souber e quiser dizer por este jornal onde existe o dito Alexandre fará um grande benefício a sua mãe, pois é ela que procura saber, a fim de ver se o seu atual senhor quer receber seu valor para sua alforria.
>
> Belém do Grão-Pará, 6 de junho de 1864.[57]

Alguns anos mais tarde, Genoveva continuava na busca por seu filho vendido para o Rio de Janeiro. Ao produzir seu testamento em 1867, deixou a escrava Victoria e a filha desta nas mãos de seu testamenteiro Bento José Riqueira a fim de alugá-las e acumular pecúlio para a alforria do seu filho quando este fosse encontrado.[58] Assim fez essa abnegada mãe em busca do filho, desejando em vida reatar laços rompidos pelo tráfico interprovincial de cativos e, depois de morta, garantir a liberdade do filho em algum momento futuro, ainda que, no limite de suas contradições, como liberta tenha se tornado senhora de uma escrava e da filha desta, fazendo uso da exploração do trabalho delas para garantir os recursos da possível liberdade de seu filho.

A partir da Lei do Ventre Livre, que só passou a ser alcunhada dessa maneira depois da abolição, não haveria razão para que outras tantas mães libertas e escravas não continuassem ou ensejassem novas lutas em busca da liberdade ou da preservação dos laços familiares, sendo as duas coisas quase sempre indissociáveis. A referida lei marcou a construção de uma série de noções de direitos relativos aos escravos e libertos. Da alforria forçada,

57 *Jornal do Commércio*, Rio de Janeiro, 28 jun. 1864, p.3.

58 Testamento de Genoveva Maria Aprisca, 1867. CMA. Fundo: Civil. Série: Testamentos, cx.15.

do pecúlio legal, a criação de um fundo para libertação dos escravos, as discussões sobre a educação dos ingênuos, sobre os direitos da mãe escrava, ou já liberta. Mas, longe de pensar que o domínio da lei ressoaria tal qual no papel dentro dos lares e das senzalas, ainda assim, deve-se perceber que ela subsidiou as ações de muitos sujeitos marcados pelos signos da escravidão, e no centro de tal processo estiveram as mulheres negras, fossem elas livres, libertas ou escravas.

No Grão-Pará, os conflitos processados sob os desígnios da Lei Rio Branco estenderam-se aos tribunais, aos juizados de órfãos. O lugar das mulheres, à margem do modelo de cidadania oitocentista marcado pelas hierarquias raciais e de gênero, foi por diversas vezes alargado por ações cotidianas. Leonarda Maria de Jesus Portugal,[59] possuidora de uma quitanda na rua do Espírito Santo em Belém,[60] nascida escrava, em 1882 ofereceu à Associação Filantrópica de Emancipação de Escravos, para o seu bazar de caridade, uma rosa de ouro acompanhada das seguintes palavras:

> Eis aí, para aumento do precioso cabedal abolicionista, a minha pequena oferta que nada vale em si, como eu própria reconheço; mas que me tenho esforçado por conservá-la até hoje, não obstante todas as precárias urgências da pobreza. São meus votos, bem ardentes e sinceros, que essa insignificante joia alcance um bem elevado preço em favor da liberdade.[61]

O discurso acima, assim como as denúncias feitas nos periódicos e tribunais de Belém, demonstra as expectativas, desejos e visões destas mulheres que foram além da sujeição, da obediência e das expectativas senhoriais.

---

59 Mãe do engenheiro e abolicionista paraense José Agostinho dos Reis. Segundo José Agostinho dos Reis, em carta enviada a João Alfredo em 1888, ele e sua mãe foram escravos; também segundo Agostinho dos Reis em conferência realizada na Escola Politécnica do Rio de Janeiro em 1883, foi sua mãe que conseguiu libertá-lo da escravidão.

60 *Diário de Belém*, 21 jan. 1888, p.3; *A Constituição*, 5 jul. 1877, p.3.

61 *O Liberal do Pará*, 29 jul. 1882, p.1.

18
Disputas pelos significados da liberdade do ventre escravizado:
episódios de fugas de africanas e de suas descendentes

Lucimar Felisberto dos Santos

> De 26 anos de idade, altura mais que regular, não é muito retinta, tem beiços grossos, levou uma filha pardinha de 6 anos de idade, de nome Carolina, anda calçada e bem-vestida, intitula-se livre e desconfia-se que trabalha em alguma costura, ou acoitada em alguma casa ou cortiço, foi vista no dia 20, na praia de Santa Luzia; quem a apreender e levar à rua do Conde d'Eu n.20, será gratificado.[1]

A movimentação do principal centro urbano escravista das Américas foi considerada uma aliada em uma fuga protagonizada pela escravizada Francisca. Ainda assim, atenta aos códigos da época, para não ser percebida como cativa, trajava-se bem e, sobretudo, andava calçada. Na capital do Império, na segunda metade dos Oitocentos, a escravidão passava por um flagrante ocaso, a ponto de uma mulher negra com os marcadores sociais da fugida descrita nesse anúncio – em um anúncio publicado no *Jornal do Commercio,* no dia 4 de fevereiro de 1885, testar a possibilidade de "viver sobre si" mesmo sem o consentimento de seu proprietário. Fazendo-se passar por livre. O episódio recupera a dinâmica de um movimento de gestação de uma nova identidade protagonizado pela mulher negra dentro dos mundos da escravidão. E, de fato, era uma estratégia bem calculada e com consideráveis possibilidades de ser bem-sucedida pelo fato de que pelo menos 62% das mulheres com

1 Cf. anunciado no *Jornal do Commercio* no dia 4 fev. 1875.

características similares, e da mesma faixa etária, ostentavam tal condição à época na cidade do Rio de Janeiro, ainda chamada de Município Neutro.[2]

Como se lê, Francisca era uma mulher negra bem articulada. Além de o autor do texto do anúncio considerar a possibilidade de ela estar "bem-vestida", suspeitava ainda que estivesse trabalhando em "alguma costura" ou "acoitada em alguma casa ou cortiços". Podia mesmo não se tratar de uma suspeita. Sabemos que uma das características das dinâmicas da escravidão urbana consistia em um acerto feito entre os escravizados e seus proprietários pelo qual os primeiros usufruíam de mais autonomia e mobilidade para potencializar o ganho dos segundos. A novidade era o fato de a escravizada tentar se passar por livre.

Como fica sugerido, a fugida contava com uma rede de solidariedade. Entretanto, apesar da invisibilidade dos *Zungus* – as "casa de angu" – e de outros territórios-esconderijos urbanos estrategicamente forjados para serem centros de resistência negra, os rumores das muitas vozes vindos de lá chegavam aos ouvidos das elites proprietárias. E, como fica evidente com a leitura daquele reclame, seus membros estavam certos de que tais lugares, na verdade, muitas vezes funcionavam como uma rede de apoio aos escravos fugidos.[3] Anúncios desse tipo eram recorrentes nas páginas de periódicos que circulavam na cidade do Rio de Janeiro na segunda metade do século XIX, e tinham o propósito de o reclamante recuperar o controle sobre aqueles que podiam ser a sua única fonte de rendimentos. A despeito de a propriedade escrava ser realmente disseminada nos centros urbanos como aquele em análise, para muitas famílias de baixa renda, "os jornais pagos pelos cativos podiam ser cruciais no equilíbrio doméstico".[4]

Que a negra Francisca contava com uma rede familiar e de irmãos para se refugiar era algo que seu proprietário considerava como certo. Por isso o detalhamento de suas características na narrativa de sua fuga e a oferta de gratificação para "quem a apreender e levar à rua do Conde d'Eu n.20". Recuperando o sentido de um famoso conto escrito por Machado de Assis,

---

2 De acordo com os dados do Censo de 1872, 5.336 mulheres negras escravizadas com idade entre 21 e 30 anos estavam vivendo no Município Neutro (1.375 pardas e 3.961 pretas); compartilhavam os espaços da cidade com outras 8.555 negras libertas ou livres (5.156 pardas e 3.399 pretas).

3 Ver: Soares, *Zungu, um rumor de muitas vozes.*

4 Ver: Chalhoub, *Visões da liberdade*, p.145.

um observador daquele período, a recompensa, por outro lado, podia ser a única fonte de rendimento para alguns, dado o perfil socioeconômico da população fluminense.[5] Certamente era este o cálculo do anunciante para, assim, ter de volta o controle do rendimento obtido por sua escravizada, ou pelo menos de parte dele.

Uma africana ou crioula escravizada, inserida na dinâmica socioeconômica e cultural da cidade do Rio de Janeiro e com probabilidade de atuar nos mundos da liberdade, do trabalho e do capital, era um bem de que um escravocrata não podia abrir mão. Ocorre que, ainda que forjada na experiência do cativeiro, por ocasião de sua fuga, Francisca inventa uma identidade social definida a partir do contexto em que vivia e da relação senhor/escravo que lhe era familiar. Enquanto agente ativo a determinar seu próprio destino, seu movimento parece orientado pela interpretação que fez do sentido da dinâmica da escravidão vigente naquele centro urbano, o que denota uma fina sensibilidade política.

Curiosamente, Francisca teria fugido com "uma filha pardinha de 6 anos de idade". Ou talvez tenha fugido por conta disto. Quiçá para potencializar o destino da pequena Carolina, que, tendo nascido dois anos antes da conhecida Lei do Ventre Livre, por suposto, tinha pela frente toda uma vida de cativa. Casos como o de Francisca – que evidenciam experiências maternais no período anterior, e no posterior, à assinatura da lei – representam uma especial página na história de vida das famílias negras, em geral, e da mulher negra trabalhadora, em particular. Porque mães negras escravizadas e libertas, suas contemporâneas, tiveram de lidar com um conjunto de circunstâncias decorrente do fato de a legislação abolicionista ter alterado suas relações maternais. Também com a complexidade da reconfiguração das relações sociais que ainda envolveriam o proprietário e o Estado nas disputas pelo destino das crianças nascidas no intervalo entre a promulgação da Lei n.2.040, de 28 de setembro de 1871, até aquela que aboliu definitivamente a escravidão, em maio de 1888.[6]

De certo modo, a lei é retrógada ao retomar alguns conflitos envolvendo esforços de mães escravizadas para tentar manter junto a si os filhos nascidos de seu ventre escravo, e ao lidar com problemas cotidianamente enfrentados

---

5 Ver: Assis, Pai contra mãe, *Relíquias de casa velha*.

6 Ver: Santos, *A negação da herança social*.

por famílias cuja mãe ainda era cativa e tinha restringido o seu direito à maternagem, ou seja, de acompanhar os processos de desenvolvimento de seu próprio filho. Como resultado de muita luta, em tese, parte do problema havia sido superada com a aprovação do Decreto n.1.695, em 15 de setembro de 1869, que "proibiu as vendas de escravizados de baixo de pregão e em exposição pública, trazendo em seu artigo 2º a proibição de segregação da família escrava pelo comércio em separado de seus membros".[7] Somente seria aceita a separação familiar nos casos em que os filhos fossem maiores de 15 anos, idade que foi reduzida para 12 anos em 1872, com o Decreto n.5.135, que dispôs sobre o regulamento geral para a execução de 28 de setembro de 1871.

Pode-se falar em retrocesso porque a lei que libertava o ventre cativo – fundamentalmente para lidar com a questão do respeito à propriedade escrava e com a garantia de exploração da mão de obra da primeira geração a receber a liberdade gradual e legalmente – facultava à mãe cativa o cuidado com o desenvolvimento de seu filho somente até os 8 anos de idade. E isso era explicitado logo no primeiro parágrafo, que dizia que "os filhos de mulher escrava que nascerem no Império desde a data desta lei serão considerados de condição livre". Nele se lê o seguinte texto:

> Os ditos filhos menores ficarão em poder e sob a autoridade dos senhores de suas mães, os quais terão obrigação de criá-los e tratá-los até a idade de 8 anos completos. Chegando o filho da escrava a esta idade, o senhor da mãe terá opção, ou de receber do Estado a indenização de 600$000, ou de utilizar-se dos serviços do menor até a idade de 21 anos completos. No primeiro caso, o Governo receberá o menor, e lhe dará destino, em conformidade da presente lei. A indenização pecuniária acima fixada será paga em títulos de renda com o juro anual de 6%, os quais se considerarão extintos no fim de 30 anos. A declaração do senhor deverá ser feita dentro de 30 dias, a contar daqueles em que o menor chegar à idade de 8 anos e, se a não fizer então, ficará entendido que opta pelo arbítrio de utilizar-se dos serviços do mesmo menor.[8]

Ao sermos desafiados a refletir, uma vez mais, sobre a citada lei, somos instigados pela possibilidade de reelaborar problemas de pesquisa dentro

7 Reis, *A família negra no tempo da escravidão*, p.64.

8 §1º do art. 1º da Lei n.2.040, de 28 de setembro de 1871.

de novos referenciais teóricos e metodológicos, bem como de incluir novos problemas à luz das recentes discussões historiográficas. Ainda que o texto e o contexto de produção da Lei n.2.040/1871 já tenham sido objetos de valiosas análises, algumas propostas de renovação são possíveis. Neste texto proponho, por exemplo, recuperar pedaços de histórias de fugidas enquanto fragmentos biográficos que explicitem aspectos pontuais sobre como as mães "ventres livres" perceberam e reagiram aos dispositivos da legislação que entrou para a história como abolicionista; verificar a produção de sentidos sobre os significados da liberdade para as escravizadas, proprietários e legisladores; analisar uma suposta disputa entre famílias negras, legisladores e o Estado imperial, sobre quem efetivamente teria a responsabilidade de cuidar e garantir o desenvolvimento pleno aos "ingênuos"; e averiguar a possibilidade de a lei, na verdade, dialogar diretamente com a garantia de indenização pleiteada pelos senhores, e, fundamentalmente, com a de os próprios libertandos e a sua família compensarem o ex-senhor pelo patrimônio perdido.

O exercício da maternagem em pedaços de histórias de fugidas

Os anúncios que reclamavam a fuga da escravizada Paulina registraram outro pedaço de história; o reclamante era Joaquim Rocha Carneiro. Em 1888, tinha ele uma residência à rua de Santo Alfredo, n.2, próximo à região central da cidade do Rio de Janeiro, no atual bairro de Santa Teresa. A fugida era mãe de dois filhos ingênuos em função da Lei de 1871, Raul e Matias. A preta, naquele ano, somava a mesma idade de Francisca, a mãe da pequena Carolina, quando de sua fuga: 26 anos de idade. Foi no dia 2 de dezembro de 1887 que Paulina criou as condições necessárias à fuga em família. O menino Raul tinha apenas 4 anos de idade. Em um dos anúncios em que registrou a sua fuga, o publicado em 28 de abril de 1888 – localizei outro com data de 13 de março do mesmo ano –, o senhor anotou que recebeu informações de que a família poderia ser encontrada em Campinhos, provavelmente o atual bairro localizado na zona Norte da cidade do Rio. A região de destino dessa família foi o ponto de partida doutra fuga capitaneada por uma mãe escrava. Dessa feita, a preta Januária: "28 anos, com o filho pardo de nome Gregório de 8 anos", mãe e filho evadiam-se do atual bairro da Tijuca, recusando-se a viver sob a sujeição de seu senhor, morador à rua Haddock Lobo, n.69.[9]

Doutro ponto, no início do mesmo mês, num bairro da província do Rio de Janeiro, havia sido reclamada outra fuga de uma família com similares características: mãe escrava levando consigo o filho ingênuo.

> 100$000 – Que se dá de gratificação a quem apreender e levar à Fazenda de Boa Vista, de propriedade de Francisco da Silva Vieira Pirahy, na estação de Capivari da Estrada de Ferro da Leopoldina, a escrava de nome Maria Rufina, cor preta, alta e magra, rosto comprido e bexiguenta; pés pequenos, que embarcando na estação do Recreio com destino à Corte fugiu no dia 7 do corrente, levando consigo seu filho ingênuo de nome Manoel.[10]

Como se lê, a propriedade de Francisco da Silva Vieira Pirahy se localizava na estação de Capivari (atualmente, estação de Silva Jardim situada no município fluminense de mesmo nome), porém, é da estação do Recreio, na vizinha província de Minas Gerais, que mãe e filho seguem em direção à Corte. Nesse caso em particular, o trajeto de viagem foi favorecido por um dos projetos de modernização dos meios de transportes: as linhas férreas da Estrada de Ferro Leopoldina, cuja construção foi iniciativa dos fazendeiros e comerciantes da Zona da Mata Mineira. Quanto ao destino da família, deve-se dar especial atenção: a Corte, o centro economicamente dinâmico da cidade. Provavelmente o itinerário da fuga havia sido preestabelecido. Se for esse o caso, ou a escravizada já estava familiarizada com a vida social desse centro ou foi seduzida por alguém.[11]

Voltemos aos conteúdos dos anúncios. Oito anos. Esta era a idade do pardinho Gregório, filho da preta Januária, na ocasião de suas fugas. Das outras crianças, de quem pedaços de suas histórias foram registrados no narrado nos periódicos, é conhecida, também, a idade de Raul, o filho da preta Paulina, e Carolina, filha da crioula Francisca: 4 e 6 anos, respectivamente.

---

9 Cf. anunciado no *Jornal do Commercio*, 28 abr. 1888 e 29 abr. 1888, respectivamente.

10 Cf. anunciado no *Jornal do Commercio*, 3 abr. 1885.

11 No jargão da cultura escrava, o "sedutor" era aquele que encorajava o cativo a fugir, por vezes apontando um caminho de fuga preestabelecido. Ver: Soares; Gomes, Em busca de um "risonho futuro": seduções, identidades e comunidades em fugas no Rio de Janeiro escravista (séc. XIX), *Locus: Revista de História*, Juiz de Fora, v.7, n.2, p.9-28, 2001.

Sabemos, que, caso feita pelo senhor da escrava a opção pela indenização, era com a idade de 8 anos que a criança seria entregue ao governo, que receberia o menor e lhe daria destino, "em conformidade da presente lei". Conforme a lei, o ingênuo seria entregue a associações que teriam direito aos serviços dos menores até a idade de 21 anos completos, podendo, ainda, alugar em seu proveito esses serviços.[12]

A possibilidade de ver arrancado legalmente o filho ou a filha do seio familiar, somada à compreensão das prerrogativas dessas instituições de destino, provavelmente motivaram algumas das fugas registradas em anúncios de periódicos nas décadas finais dos Oitocentos. Em tese, não para o caso de Francisca. Como informado na documentação, Carolina havia nascido antes da vigência da Lei n.2.040, em 1869. Foi o ano da lei que proibia que membros de uma mesma família escrava fossem vendidos separadamente. Entretanto, analisando conjunturalmente esses pedaços de experiências maternais, subsiste a ideia de que ambas as leis não impediram que aquelas mulheres compartilhassem de um mesmo drama: o risco de ver sua família separada. A principal hipótese trabalhada neste capítulo é a de que as fugas agenciadas por essas escravizadas eram, sobretudo, motivadas pela precarização de sua maternagem, em função de que a experiência de proteger e cuidar de seus filhos estava flagrantemente ameaçada pela solução encontrada pelos legisladores do Império, promulgada em forma de lei em 1871. A possibilidade de que o filho fosse entregue à tutela do governo imperial ou de que o seu proprietário optasse "pelo arbítrio de utilizar-se dos serviços do mesmo menor", decerto renovou a aflição de muitas mães, mobilizando-as em suas fugas.

Recupero o problema no ambiente de deslegitimação e contestação da escravidão: como percebiam naqueles tempos, no perímetro urbano da cidade do Rio de Janeiro, uma conjuntura nitidamente emancipacionista e com melhores condições de reorganizar suas vidas, parece que algumas "mães de ventre livre" avaliaram a possibilidade de ressignificar a escravidão com vistas a vivenciar a experiência da liberdade. Calculando o risco, ainda que contassem com o acesso a uma intrincada rede de solidariedade, "intitulavam-se" livres. Imaginavam ser possível integrar-se ativa e economicamente à dinâmica da vida citadina fluminense forjando uma nova identidade

---

12 Art. 1º e 2º da Lei n.2.040, de 28 de setembro de 1871.

social. Daí ser recorrente mães africanas e crioulas, em suas fugas, terem como destino os cenários urbanos, carregando consigo seus filhos menores, incluindo os ditos ingênuos. Ao andar calçada e bem-vestida, intitular-se livre, ocupar-se com algum serviço, encontrar couto em alguma casa ou cortiço, pretendiam experimentar um alardeado "novo mundo": da liberdade, do trabalho e do capital.[13] É possível imaginar essas mulheres encontrando-se nos mais diversos territórios negros da cidade para, juntas, redefinirem elas próprias a liberdade.

Anotei pedaços de experiências maternais a partir do registrado sobre outro grupo de mulheres escravizadas que fugiram em companhia de filhos menores. Nesses casos, mães negras que tiveram seus projetos de liberdade familiar desfeitos – ou adiados – pela ação dos agentes de controle da cidade. Localizei muitas delas ao examinar os registros de matrícula de detentas com o objetivo de identificar mulheres cuja fuga era a causa da detenção. Por exemplo, no conjunto das que foram levadas à Casa de Detenção da Corte do Rio de Janeiro entre 23 de fevereiro de 1882 e 5 de fevereiro de 1883 e matriculadas no livro de número 28, localizei 24 mulheres, todas crioulas, que resistiam aos limites impostos pela escravidão em companhia de seus rebentos. Esse foi um livro onde foram matriculados somente os detentos escravos. Recuperada a totalidade de seus dados, temos o registro de entrada de pelo menos 680 homens e mulheres detidos e detidas ou por motivo de fuga ou por suspeita de serem fugidos. Somavam 45,6% do total de 1.490 matrículas registradas naquele documento. Do total dos matriculados, 446 (30%) eram do sexo feminino. Dentre os registros relacionados somente ao ato de fugir, as mulheres representam 31% (209) das matrículas.[14]

Do grupo de detidas com filhos menores, sete delas testavam, quiçá pela primeira vez, sua nova identidade. Acionavam-na no sentido de viver como livres nos espaços urbanos do Rio de Janeiro pelo ato de fugir. Não era o caso de Delfina, que pode ter se evadido de uma fazenda em Angra dos Reis, de onde disse ser natural, ou de alguma casa de particular, onde estava ocupada exercendo tarefas domésticas. As informações foram dadas por ela e anotadas pelo agente da lei no ato de sua matrícula. Não informou, mas é muito

13 Ver: Santos, Entre condições e expectativas de liberdade: a relação liberdade-capital-trabalho pós-abolicionista, *Revista de História Comparada*, UFRJ, v.7, p.244-73, 2013.

14 Arquivo Público do Estado do Rio de Janeiro, Livro de Entradas da Casa de Detenção da Corte, n.28.

provável que a motivação de sua fuga tenha a ver com algum tipo de impossibilidade de manter junto a si a filha recém-nascida. Em um curto período de tempo, a preta solteira, de 30 anos de idade, fugira por pelos menos duas vezes. A primeira delas pouco antes, ou logo após, parir a pequena, que foi, em ambos os registros das detenções por fuga, matriculada como ingênua. No primeiro registro, em 24 de maio de 1882, anotaram ter ela apenas um mês de idade, no segundo registro, do dia 28 de junho do mesmo ano, aparece com três meses. Provavelmente a escravizada fora entregue ao seu proprietário quando detida na primeira vez, mas tornou a fugir.

Naturais do Rio de Janeiro, duas crioulas de nome Maria fugidas com filhos menores foram registradas. Uma delas, um preta lavadeira de 40 anos de idade, mãe de uma menina matriculada como ingênua, de 18 meses de idade. A outra atendia também pelo nome de Nazária: cozinheira, de 28 anos, mãe de Hilário, de 4 anos. Nascidas noutras províncias, mas provavelmente evadidas de cativeiros no município fluminense em busca de melhores condições para reorganizar suas vidas, foram detidas: Angelina, uma amazonense, lavadeira de 30 anos de idade, que carregava junto a si o seu menor, de nome Alfredo, de 18 meses; Albina, outra lavadeira, nascida em Cordeiro, Bahia, com a filha Procópia, de um ano de idade; e duas paulistas, Theodora e Firmina. A primeira era uma engomadeira fula de 20 anos, detida com o filho José, de 18 meses. A segunda, Firmina, registrada juntamente com o filho Venceslau, de 12 meses: uma fula que declarou a ocupação de lavadeira.

Apesar das ações policialescas dos agentes de controle do Município Neutro da Corte, parte considerável das detidas com filhos menores registradas no livro considerado dirigiu-se à Casa de Detenção para queixar-se de algum tipo de tratamento que consideravam injusto. Foram onze casos.[15]

---

15 (1) Maria, preta lavadeira natural da Paraíba, de 25 anos, solteira, com a filha Joditi, de um ano de idade; (2) Pulcheria, ocupada em serviços domésticos, de 28 anos, nascida no Rio de Janeiro, com seu filho ingênuo, de apenas 15 dias; (3) Deolinda, engomadeira paulista, de 33 anos (percebida racialmente como branca), dirigiu-se à instituição em companhia de quatro de seus filhos; (4) Lídia, preta lavadeira, de 26 anos, natural do Rio de Janeiro, com a filha Albertina, de 6 anos (com duas entradas no período tratado); (5) Claudina, parda cozinheira, de 22 anos, natural de Santa Catarina, com o filho Cândido, de 5 anos; (6) Maria da Caridade, preta lavadeira, escrava de Maria da Conceição da Rocha, com a filha Basília, natural da Bahia; (7) Ismênia, outra preta lavadeira natural do Rio de Janeiro, de 22 anos de idade, com a filha Luiza, de 4 anos; (8) Maria, cozinheira pernambucana, de 29 anos de idade, com a filha Josefa, de 9 anos de idade e também nascida em Pernambuco; (9) Joana, nascida em Cabo Frio, empregada no serviço doméstico, com Maria, sua filha ingênua, de apenas 3 meses;

Dentre eles, destaca-se o de Deolinda. Não por ela aparecer na documentação como escrava "branca" – o que chama a atenção ao conteúdo do conceito de família negra que trabalharemos na segunda parte deste capítulo –, mas por sua determinação ao reunir sua família relativamente grande, composta por ela e quatro filhos menores, para procurar apoio com aqueles tidos, numa primeira avaliação, como a serviço das classes proprietárias. Ou seja, os escravizados tinham ideias próprias sobre ordem e controle. O que pode ser imaginado como consequência da já comentada conjuntura eminentemente emancipacionista. Preocupada com cada um de seus filhos – de 13, 8, 6 e 1 ano de idade –, ou justamente por causa deles, a engomadeira paulistana, de 33 anos de idade, buscou a intervenção do poder público. Não disponho de detalhes sobre as queixas, porém, devido a alguma dificuldade de atualizar a sua identidade social, decerto considerava ser possível contar com a interferência no modo como era a família tratada no cativeiro. E aqui não se exclui que a querela envolvesse a reivindicação da liberdade adquirida pelo seu ventre. Como fossem registradas por "queixar-se", acredita-se que o mesmo tipo de circunstâncias tenha levado as outras dez mães à instituição.

As outras detenções de mães com filhos menores foram motivadas por desobediência (2),[16] por embriaguez (1)[17] ou por requisição de seus senhores (2).[18] Mas no registro da crioula Eugênia, escrava de João Augusto Moncovo, lavadeira de 26 anos, não consta o motivo da detenção. Fica o exercício da imaginação para concluir o que levou essa mãe e os seus três filhos menores – Pedro e Romana, com 5 e 3 anos de idade, respectivamente, e Emiliana, de apenas 3 meses – serem detidos naquele dia 30 de dezembro de 1882. Qual seria o drama daquela "mãe ventre-livre" e seus três filhos ingênuos.

---

(10) Marcelina, preta cozinheira de ocupação, solteira, de 22 anos de idade, nascida em Minas Gerais, com sua filha Mafalda, de um ano e meio; e (11) Maria, uma preta sergipana, de 25 anos, e ocupada nos serviços domésticos, com duas filhas: Claudemira, de 5 anos, e Catharina, de 5 meses.

16 Alexandrina, engomadeira nascida no Ceará, de 26 anos, com a filha Etelvina, de 2 anos, e Benedicta, baiana, de 30 anos e empregada no serviço doméstico, escrava de José Feliciano Gonçalves, com Felipa, sua filha, nascida no Rio de Janeiro, de 5 anos de idade.

17 Valeriana, lavadeira fula natural do Maranhão, de 22 anos de idade, com o filho ingênuo de 18 meses.

18 Raymunda, natural de Sergipe, 26 anos, cozinheira, com o filho Pedro, de um ano, e Constantina, preta costureira mineira, de 36 anos de idade, com o filho Henrique, fluminense, de 7 anos de idade.

Todos esses casos de fugas descritos oferecem um panorama de muitos dos conflitos cotidianos envolvendo famílias negras no Rio de Janeiro das últimas décadas do século XIX. Os relativos às fugas de escravizadas com seus filhos menores permitiram conjecturar sobre o esforço de nossas protagonistas para exercitar sua maternagem: para cuidar de seus filhos e filhas e manter unida a família em um ambiente que, apesar do exposto, lhes era hostil. Cada uma daquelas mulheres estava certa de que, não fosse pelas condições a que eram submetidas, as suas formações sociais familiares – o seio da família negra, escravizada ou não – seriam capazes de desempenhar o papel ou a função de "instância de orientação", nos termos propostos pelo sociólogo Raymond Boudon – qual seja, o de espaço social que deveria funcionar para controlar ou determinar a posição do indivíduo ou do grupo no interior de um sistema social. A fuga pode, assim, ter sido uma das formas de aquelas mães escravizadas lutarem por aquilo que interpretavam como um direito dado pelo Decreto n.1.695 e pela Lei n.2.040: o de cuidar e tratar dos próprios filhos.

As famílias negras, em vez do proposto pelo sociólogo, dentro daqueles processos sociais, funcionavam como espaço de luta para a inserção de seus membros no sistema; constituíam parte basilar das redes de solidariedade por eles tecidas. Também por isso, os homens negros e, destacadamente, as mulheres negras – escravizados ou não – envidavam esforços em prol de fazer valer o direito de também possuírem uma unidade básica dentro daquele amplo corpo social. Podemos conjecturar que, naquele contexto, a condição social não determinava o sentido de suas lutas, porque estavam inseridos em uma ordem social em transformação, onde os significados de liberdade estavam constantemente em disputa. Até mesmo para os casos de crianças nascidas de um ventre legalmente liberto.

Em tempos de pleno alargamento do sentido de liberdade, os casos das mães que acompanhei em suas fugas, esforços que envolviam até mesmo o agenciamento de identidade, tinham o sentido de proteger e cuidar de seus filhos menores, até para que eles não fossem alcançados pelo arbítrio de um senhor que de seus serviços julgassem ter direitos. Por outro lado, ainda que, de certa forma, fossem favorecidos pelo alargamento dessa e de outras categorias culturais – devido a principalmente viverem em meio a uma economia urbana em pleno processo de expansão, que submetia o corpo social a algumas determinações –, a condição de escravização privavam-nos de necessárias ferramentas sociais. Mas vale anotar que, apesar da abstração da liberdade, na agenda de luta das famílias negras estavam sim projetos de mobilidade social e a manutenção de laços familiares e/ou afetivos.[19]

Nos pedaços de histórias recuperados fica evidente a existência daqueles tipos de projetos quando identificamos que as fugidas eram reconhecidas como alguém que buscava as condições necessárias para atingir seus objetivos, ou seja, que cumpriam com certos requisitos no agenciamento de suas fugas. Cabe admitir que, através de impressões visíveis naquele universo, tive por objetivo "entrar no labirinto complicado de experiência que torna pessoas comuns tão extraordinariamente multifacetadas, diversificadas e complicadas";[20] para verificação de ações que, como as das mães de ventre livre, eram ordinariamente levadas a cabo por indivíduos ou por pequenos grupos de indivíduos e que, por certo, abalaram as já corroídas estruturas daquela sociedade escravista.

Novos passados podem surgir de uma nova análise; ao longo deste texto tenho tentado problematizar o significado da maternidade para as famílias negras. Fundamentalmente, faço uso do conceito "família negra" como uma ferramenta analítica precisamente para dar conta de incluir especificidades das lutas das mães pelo direito à liberdade de seus filhos, mas vou ainda recuperá-lo no contexto da elaboração e regulamentação da Lei n.2.040.

A condição feminina da mãe negra

Como foi possível demonstrar, os relatos sobre as fugas podem ser de suma importância para abordarmos especificidades das lutas de mulheres negras para a manutenção de suas famílias. Utilizando como fonte de pesquisa os anúncios do *Jornal do Commercio* e os registros de matrículas de detentas escravizadas, pude evidenciar diversos pedaços de histórias em

19 O sociólogo Raymond Boudon, por exemplo, enumera o que considera serem os "fatores da mobilidade social": as aspirações pessoais, as características individuais, os anos de estudo e a qualificação profissional. Esses fatores poderiam ser considerados ferramentas que auxiliariam projetos de mobilidade ascensional em uma sociedade em vias de industrialização, como era o caso da sociedade fluminense, na segunda metade dos Oitocentos. Ver: Boudon, *A desigualdade das oportunidades*, p.15-22.

20 Ver: Kelley, *Race Rebels*, p.4.

episódios que podem ser interpretados como de luta contra a precarização da liberdade em construção, e em disputa, no Rio de Janeiro oitocentista. Em cenários onde, por vezes, nas narrativas, podem ser articuladas as experiências maternais das personagens. Os que narram os casos de Francisca, Paulina, Januária e Maria Rufina são representativos de uma específica condição feminina da mulher negra. Configuram exemplos de mães na condição escrava que, naquele contexto, ao decidirem pelo confronto através da fuga contrariaram mais que as expectativas senhoriais. Contrapuseram, ainda que paradoxalmente, um tipo disseminado de condicionamento relacionado ao gênero.

Salvo engano, no limite do imaginado por intelectuais da elite imperial, as ações das mães escravizadas eram condicionadas menos por sua condição social do que pela de mulher. Não obstante a relativização da sujeição da mulher cativa também tivesse a ver com o papel social que se atribuía ao feminino, marcadamente inferior, frágil e dependente. Sabemos que acompanhou a viragem historiográfica o questionamento sobre os marcadores de diferenciação ligados à raça. Além disso, há trabalhos mais específicos que pautam suas análises pela *desnaturalização* da diferença com base no sexo do indivíduo.[21] Mas estou chamando agora a atenção para o fato de que, malgrado a manifesta racionalidade política que determinava a maneira de agir das escravizadas em suas fugas, de um lado, e as já conhecidas percepções negativas que circulavam à época no que se refere à essência da humanidade dos africanos e seus descendentes, por outro, e, ainda, a inferioridade, fragilidade e dependência atribuídas às mulheres, uma específica condição feminina informou o imaginário e as expectativas da classe proprietária sobre o provável comportamento da trabalhadora escravizada, liberta ou livre em relação à sua família. Pelo menos é o que indica uma publicação "A pedido" – estampada em uma das páginas do *Jornal do Commercio* poucos dias antes da aprovação da Lei n.2.040 – sobre a emancipação da mulher núbil. Nela, reproduzia-se um discurso proferido pelo senhor F. Octaviano. Segundo ele,

21 Ver, por exemplo, Stolcke, Sexo está para gênero assim como raça para etnicidade?, *Estudos Afro-Asiáticos*, Rio de Janeiro, n.20, p.101-19, jun. 1991; Stepan, Raça e gênero: o papel da analogia na ciência, in: Hollanda (org.), *Tendências e impasses*.

> Na roça escrava, como na livre, o homem é mais dotado de razão e a mulher de sentimentos mais elevados. O escravo liberto esquece o filho e a mulher. A escrava liberta trabalha para libertar seu filho e o pai de seu filho. Não há, pois, perigo de que a mulher liberta abandone o trabalho; pelo contrário, ela se acostumará ao trabalho livre junto de seu antigo senhor e dará exemplo profícuo.[22]

Convém interpretar o modelo de maternagem no texto que se pediu para publicar. Ao projetar em uma clara narrativa sobre as mulheres trabalhadoras um sentido de maternidade comum à normatividade da cultura familiar africana e crioula – que havia muito as escravizadas, libertas e livres davam exemplo profícuo pelo zelo e cuidado com os seus; ao reunir características tão particulares e ao mesmo tempo tão reveladoras das dinâmicas escravistas com as quais estavam elas envolvidas tanto "na roça escrava, como na livre", fica, uma vez mais, evidente que a fina sensibilidade política dos africanos e de seus descendentes era percebida por setores da elite imperial. Sendo, decerto, público e notório os esforços que as mulheres negras faziam "para libertar seu filho e o pai de seu filho".

O pedido de publicação foi atendido em 14 de setembro de 1871, poucos dias antes de se iniciar, oficialmente, o "gradual e lento" processo emancipador que teria como ponto de partida a liberdade dada ao ventre escravizado. O conteúdo da narrativa pode sugerir que também a classe senhorial tivesse discernimento diferenciado relativamente à concessão de alforrias aos cativos e às cativas. Deixa evidente que algum tipo de resignação diante da continuidade de algumas das capitais relações escravistas, em nome da família, era algo esperado à libertanda. Provavelmente, na experiência cotidiana, surpreendidos foram os senhores que nutriam tais expectativas com relação a muitas das africanas e crioulas libertas.

Sobretudo após a anotada viragem historiográfica, experiências de mulheres negras no Brasil escravista e do pós-abolição vêm sendo evidenciadas em vários trabalhos de pesquisas.[23] Comprovam que mesmo antes de obterem a alforria, já articulavam projetos reivindicatórios pelo que consideravam um direito; imaginavam um tipo de liberdade e saíam a campo em sua defesa.

---

22 Cf. anunciado no *Jornal do Commercio*, 14 set. 1871, Seção "A pedidos".

23 Algumas análises de grande relevância sobre as experiências de mulheres negras foram reunidas em Farias; Gomes; Xavier (orgs.), *Mulheres negras no Brasil escravista e do pós-emancipação.*

Considero ser o que as mobilizava para fugir, tanto acompanhadas de seus filhos como sozinhas. Buscavam, assim, alternativas à vida sob o domínio de seus senhores e, em não poucos casos, também a manutenção de laços familiares e afetivos construídos na escravidão.

Especificamente em relação à condição feminina da mulher negra, diferentes registros que as mostraram executando um sem-número de atividades já foram recuperados pela historiografia,[24] destacadamente as chegadas do continente africano. Seu ativismo no mercado de trabalho chegou a ponto de chocar viajantes estrangeiros desacostumados com o cotidiano escravista em grandes centros urbanos brasileiros ou africanos. Segundo Juliana Barreto Farias,

> No Rio de Janeiro, essas africanas eram reconhecidas por sua altivez e autonomia. Como "exímias quitandeiras" esquadrinhavam as ruas da cidade, mantinham sua freguesia no movimentado Mercado da Candelária e chegavam mesmo a formar "pequenas fortunas". Talvez, como sugerem alguns autores, recriassem aqui experiências vividas, ou observadas, em terras iorubás. Lá, as mulheres costumavam percorrer redes de mercado que se estendiam das pequenas aldeias às grandes cidades. Dominando essas negociações conquistavam independência, autoridade e riqueza.[25]

Talvez por conta desse tipo de referencial histórico, experiências de mulheres negras como Francisca, Paulina, Januária e Maria Rufina por muito tempo não foram recuperadas no âmbito daquilo que poderíamos classificar como feminismo clássico: um movimento com foco na luta de mulheres pensando em um novo projeto de sociedade em que tivessem acesso ao poder, em que fossem incluídas na vida política e tivessem voz para a construção de um espaço onde pudessem falar e expor suas opiniões e modo de ver e viver a vida.[26] A imagem de mulheres vitimadas e oprimidas por seus maridos combatidas pelas revolucionárias não condizia com os retratos resgatados sobre aquelas mulheres negras que "esquadrinhavam

24 Ver: Santos, *A negação da herança social*.

25 Farias, Sob o governo das mulheres: casamento e divórcio entre africanos ocidentais no Rio de Janeiro do século XIX, in: Farias; Gomes; Xavier (orgs.), *Mulheres negras no Brasil escravista e do pós-emancipação*, p.130.

26 Friedan, *A mística feminina*.

as ruas da cidade" e dominavam negociações com "independência, autoridade e riqueza". Daí o movimento não tratar

> Das necessidades das mulheres sem homem, sem filhos, sem lar, ignorou a existência de todas as mulheres não brancas e das brancas pobres, e não disse aos leitores se era mais gratificante ser empregada, babá, operária, secretária ou uma prostituta do que ser dona de casa da classe abastada.[27]

Juntados os pedaços de histórias recuperados na documentação, o que se percebe é que o condicionamento daquelas mulheres trabalhadoras escravizadas, que também precisavam lutar por direitos, era estimulado pela necessidade de garantir a sua sobrevivência econômica, a proteção e cuidado dos filhos, a manutenção da família e, fundamentalmente, a conquista da liberdade para si, para os filhos e, quiçá, para o marido. Eram essas as suas preocupações políticas urgentes. As páginas de suas vidas são formas de historicidade que Chimamanda Ngozi Adichie defende fugir à "normatividade intelectual europeia". Valorizar e destacar tais narrativas pode ser, portanto, uma forma de reparar a dignidade de personagens ignoradas e/ou falsamente reconhecidas pelos documentos da história oficial.[28]

Como estou destacando o ativismo dessas mulheres, acredito poder situá-lo na origem das lutas feministas antirracistas em bases materialistas e dialéticas. *Insight* potencializado com a leitura do livro *Mulheres, raça e classe*, da feminista norte-americana Angela Davis. No primeiro capítulo da obra, não obstante a abordagem interseccional, a autora se detém tanto na especificidade da precariedade da vivência da mulher negra escravizada quanto em suas lutas pelas condições de possibilidade de realizações concretas. Mulheres que vivenciaram a circunstância de serem tratadas como se não possuíssem gênero e que, por outro lado, podiam ser reféns de sua condição feminina "natural".[29] Francisca, Paulina, Januária, Maria Rufina e muitas das africanas que no Brasil eram reconhecidas por sua altivez e autonomia, caso fosse outro o contexto de suas vivências, poderiam contrapor o argumento sobre a fragilidade feminina perante um tribunal como fez Sojourner

---

27 Hooks, Mulheres negras: moldando a teoria feminista, *Revista Brasileira de Ciência Política*, Brasília, n.16, p.194, jan.-abr. 2015.

28 Adiche, *O perigo de uma história única*, p.32.

29 Davis, *Mulheres, raça e classe*.

Truth na Segunda Conferência Anual do movimento do direito de mulheres em Akron, Ohio, em 1852. Segundo Bell Hooks,

> Ao contrário da maior parte das mulheres brancas defensoras de direitos, Sojourner Truth pode referir-se à sua própria experiência de vida pessoal como evidência da capacidade da mulher para funcionar como um pai; em ser igual ao homem no trabalho; em suportar a perseguição, o abuso físico, a violação, a tortura e não apenas sobreviver mas emergir triunfante.[30]

Eis que, refletindo acerca do assunto, é bem capaz que as escravizadas na América portuguesa compreendessem a natureza feminina como um aspecto importante de sua identidade; que percebessem a opressão sexista como uma ameaça real às suas liberdades – como as mulheres negras norte-americanas suas contemporâneas. A questão premente era que o seu estatuto social sofria com impactos próprios da opressão escravista. Assim, se tinha valorizada ou desvalorizada a sua feminilidade, o fenômeno envolvia a disputa pelo seu direito de ser livre e o sentido das estratégias senhoriais para que se acostumassem ao trabalho livre preservando a lógica escravista e disso desse exemplo profícuo.

As famílias de mães de ingênuos por força da lei

Embora o processo social que vem sendo narrado acuse certo "dilema de peteca" em relação à subjetividade das mulheres negras, algumas delas, mesmo sem homens, foram consideradas como tendo uma família constituída, figurando como cabeça da mesma, pelos parlamentares do Império. Aqui a referência também é a uma literatura machadiana, no caso a crônica em que Machado de Assis afirma ser levado de um lado para o outro, "como uma peteca". Foi utilizada por Sidney Chalhoub para tratar da mesma conjuntura. Daquela feita, abordou o impasse envolvendo opiniões que defendiam a abolição seguindo o princípio da liberdade e as que defendiam a escravidão pelo princípio da propriedade.[31]

---

30 Hooks, *E eu não sou uma mulher?*, p.115.
31 Chalhoub, *Visões da liberdade*, p.122.

Pela lentidão, gradualidade e, fundamentalmente, pelo conteúdo das linhas e das entrelinhas dos textos da Lei n.2.040 e dos decretos que a regulamentaram, a interpretação mais plausível é a de que a defesa do princípio da propriedade orientou o sentido do processo abolicionista levado a cabo pelos parlamentares brasileiros. Atentos aos sentimentos mais elevados das mulheres negras, à sua capacidade de trabalhar para acumular o pecúlio necessário para "libertar seu filho e o pai de seu filho", elas foram incluídas nas categorias que primeiro seriam alcançadas pelo instrumento libertador criado para prover a alforria gradual dos escravos existentes no Império. A obrigatoriedade de criação do Fundo de Emancipação de Escravos no Império do Brasil foi estabelecida no artigo 3º da Lei do Ventre Livre. Foi o artigo 27 do Decreto n.5.135 que instituiu os critérios de classificação e exclusão.

O registro de 271 mulheres alforriadas na capital imperial no ano de 1880 é valioso pela possibilidade de elas serem mães de crianças consideradas ingênuas, nascidas de seus ventres já libertos, tal como definia a mesma lei. As mães solteiras com filhos menores constituíram a categoria familiar mais expressiva nas listas de escravizados libertos no Rio de Janeiro, entre 1876 e 1880. Além delas, outras categorias familiares de escravizados constaram nas listagens, a saber: escravas casadas com homens livres (24); escravos casados com mulheres livres (28); cônjuges de diferentes senhores (17); cônjuges com filhos livres em virtude da lei (61); e cônjuges com filhos escravos menores (191).[32]

Muitas daquelas crianças com idade entre 0 e 9 haviam inaugurado um novo *status* cívico, tornando mais complexas as conexões entre os mundos da escravidão e da liberdade: por serem nascidas de uma cativa de "ventre livre", não herdariam a escravidão, mas também não seriam consideradas social ou juridicamente "livres". Diante de um número tão expressivo de pessoas à espera de alforria, a determinação era que só após completar a libertação de toda uma categoria se passaria à outra. Os cônjuges sem filhos não foram alcançados em 1880. Pelos menos não no Rio de Janeiro.

Mas vale destacar o reconhecimento, pelo governo imperial, dos múltiplos arranjos de famílias possibilitados aos escravizados pela conjuntura do escravismo. Dado para o qual já chama a atenção a historiografia brasileira.[33]

---

32 Arquivo Geral da Cidade do Rio de Janeiro, 6.1.39. Junta Classificadora de Escravos, f.40-9.

33 Reis, *A família negra no tempo da escravidão: Bahia, 1850-1888.*

A interpretação da Lei de 1871 como uma forma de intervenção direta na relação senhor/escravo é também recorrente. Sugere que os senhores perderam certos privilégios ou prerrogativas, quando lhes foi retirado o direito único de concessão da alforria. É fundamental, no entanto, evidenciar que, em seu conjunto, as leis abolicionistas lidaram, sobretudo, com a questão da preservação do direito à propriedade, amplamente defendida nas arenas políticas imperiais, na segunda metade do século XIX; que os legisladores viram a viabilidade de os cativos – por sua já inserção nos mundos da liberdade, do capital e do trabalho – serem o agente público com o maior potencial de indenizar os proprietários, de maneira a contribuir efetivamente na principal agenda do fim da escravidão. Mesmo sendo categorizados como com necessidade de cuidados em sua criação, as crianças ingênuas foram incluídas naquela agenda. De acordo com o segundo parágrafo do primeiro artigo da lei:

> Qualquer desses menores poderá remir-se do ônus de servir, mediante prévia indenização pecuniária, que por si ou por outrem ofereça ao senhor de sua mãe, procedendo-se à avaliação dos serviços pelo tempo que lhe restar a preencher, se não houver acordo sobre o quantum da mesma indenização.[34]

Assim, como a lei tornava legal o direito costumeiro de os escravos formarem um pecúlio com o consentimento do senhor para indenização de seu próprio valor, o já mencionado Decreto n.5.135 trouxe, em seu artigo 46, a obrigatoriedade de os mesmos colaborarem com o Fundo de Emancipação, sob o risco de serem excluídos do lento e gradual processo que colocaria fim à escravidão. Na letra da lei: "O escravo é obrigado a contribuir, até a importância do preço de sua alforria ou da família a que pertencer, com as doações, legados e heranças que tenha obtido com esse destino especial. Os que não quiserem fazê-lo perderão o lugar de ordem na classificação e serão preteridos".

Além disso, não obstante a Lei n.2.040 fundamentar-se no princípio do escravismo nas Américas, que defendia que o *partus sequitur ventrem* (significava que a descendência seguiria a condição da mãe), e estabelecer o ventre como o lócus a partir de onde se poria termo à escravidão, a questão da maternidade/afetividade da mulher negra escravizada não foi considerada.

34 Lei n.2.040, de 28 de setembro de 1871, §2º art. 1º e 2º.

O art. 5º do decreto que regulamentou a lei dava o poder e o controle do menor ao senhor de sua mãe. Não é difícil nos conectarmos com as expectativas de um mundo sem escravidão que, eventualmente, pautaram os projetos individuais e coletivos projetados por membros das diversas categorias de famílias constituídas por, pelo menos, um(a) escravizado(a). No limite, aquelas expectativas tornariam os bastidores da lei complexos.[35] No caso da família que tivesse por membro uma mãe de ingênuos, os dispositivos legais acirravam as disputas entre a rede em que ela estivesse inserida, seus proprietários e o governo imperial.

Podemos concluir esta análise afirmando que, no limite, sobressai nesse processo histórico a preocupação do Parlamento brasileiro com a garantia do uso da mão de obra da descendência do ventre liberto, por, pelo menos, mais duas décadas. Também que as "pequenas fortunas" que as mulheres negras, como Francisca, Paulina, Januária e Maria Rufina, acumulavam dominando negociações estavam na mira dos juristas para equacionar a "questão do elemento servil". Assim como com as doações, legados e heranças recebidos da rede de solidariedade que lhes dava apoio, incluindo o que pudesse ser obtido pelos filhos menores. Todavia, as análises historiográficas evidenciam que a alternativa de explorar o(a) ingênuo(a) até os 21 anos de idade foi a escolha dos proprietários das mães "ventre-livre". Proprietário, Estado e as associações a que fossem destinados teriam, inclusive, o direito "legal" ao aluguel da mão de obra dos ditos menores em troca do seu tratamento e criação.

Documentações, como os anúncios de fugas publicados em jornais que circulavam na Corte no período analisado e os registros de matrículas de entrada de detentos na Casa de Detenção do Rio de Janeiro, reproduziram em seus fragmentos pedaços de histórias de vida que trazem as experiências maternais de mães negras antes e após a Lei do Ventre Livre. Chamam sobretudo a atenção para as lutas que protagonizaram em defesa de seu direito à maternagem. Juntos, constituem histórias de mulheres negras escravizadas que, cientes de sua natureza feminina, empenharam-se em reagir, inclusive ao que lhes fora imposto legalmente pela lei que deu liberdade ao seu ventre. Mulheres para as quais me empenho em restituir a dignidade "ignorada e/ou falsamente reconhecida pelos documentos da história oficial".

---

35 Santos, Os bastidores da lei: estratégias escravas e o Fundo de Emancipação, *Revista de História*, Universidade Federal da Bahia, v.1, n.2, p.18-39, 2009.

19
Do tempo e da lei: 1871 e a experiência do Maranhão

Josenildo de Jesus Pereira
Celeste Silva Ferreira

A história da escravidão atlântica – entre os séculos XVI e XIX –, alcançando diferentes populações e áreas continentais, foi uma face do colonialismo moderno articulando territórios transformados em Europas, Américas e Áfricas.[1] Em várias partes do Brasil, economias coloniais foram estruturadas em torno da *agricultura mercantil*, da grande propriedade e do *trabalho escravo*.

As regiões coloniais e fronteiras pós-coloniais eram dinamizadas pela reiterada reprodução de profundas desigualdades socioeconômicas. Em torno dos *mundos do trabalho* eram constituídos espaços de escravidão e liberdade.[2]

Em volta dos debates que se espalhavam nos casebres, palácios, casas-grandes, senzalas e ruas surgem a Lei n.2.040, de 28 de setembro de 1871, tornando livres os filhos e filhas de mães escravas, e a Lei n.3.270, chamada de Lei dos Sexagenários, que aboliu o trabalho de escravos a partir dos 65 anos de idade.[3] Como os debates foram acompanhados e a lei foi recebida na província do Maranhão?

---

1 Mignolo, La colonialidad a lo largo y a lo ancho: el horizonte colonial de la modernidad, in: *La colonialid del saber*.

2 Moura, *Rebeliões da senzala*; Pereira, Vida de escravo, in: Abrantes; Barroso Jr., *O Maranhão e a escravidão moderna*; Reis; Gomes (orgs.), *Liberdade por um fio*; Machado, *O plano e o pânico*; Bezerra Neto, *Escravidão negra no Grão-Pará (séculos XVII-XIX)*; Sampaio (org.), *O fim do silêncio*.

3 Estrada, *A abolição*.

Segundo Estrada, a Lei n.2.040 não satisfez "a todos os espíritos liberais, sobretudo pela condição extravagante e precária em que deixava os nascituros, sujeitos, até a maioridade, a um regime legal de opressão que pouco diferia do cativeiro".[4] A questão é saber como diferentes sensibilidades de proprietários e escravizados foram manifestadas no Maranhão, no contexto do debate acerca dos projetos de emancipação e depois da aprovação da lei.

Neste capítulo acompanhamos os debates na imprensa maranhense, nas décadas de 1870 e 1880.[5] O fio condutor desta reflexão tem por referência três problemáticas destacadas por Richard Graham acerca da interpretação da história brasileira no século XIX, ou seja, a estrutura de classe de uma economia baseada na escravidão, as transformações que acabaram com a escravidão sem destruir essa estrutura e a dependência do Brasil dentro da realidade econômica internacional.[6]

"Ventres livres" entre contextos e proposições nas lavouras maranhenses

Em 28 de setembro de 1871, o projeto do governo relativo à emancipação escrava, após um longo debate mediado por opiniões a favor e contra, foi aprovado com 61 votos favoráveis e 36 contrários e promulgado como Lei n.2.040, mais conhecida no imaginário brasileiro como a Lei do Ventre Livre.

Antes, porém, com o propósito de esclarecer os termos, os objetivos do projeto e obter apoio, sobretudo, de proprietários de escravos, o governo, além de submetê-lo a leitura e análise de uma comissão especial para emitir parecer, ainda dialogava com a sociedade publicando, em jornais das províncias do Império, discursos proferidos pelo ministro da Agricultura, o senhor Theodoro Machado Freire Pereira da Silva, nas sessões da Câmara dos Deputados.

Na província do Maranhão, o discurso de 13 de julho de 1871 saiu no jornal *Publicador Maranhense* em 2 de setembro de 1871. Nele, o referido ministro, dentre outras ponderações, sublinhava que:

---

4 Ibid., p.77.

5 Na década de 1870, os jornais consultados foram: *Publicador Maranhense* e o *Jornal da Lavora*. Na década de 1880, consultamos *O Telegrapho*, *O Paiz* e o *Pacotilha*.

6 Graham, *Escravidão, reforma e imperialismo*.

> Se os senhores de escravos no Brasil quisessem, podiam extinguir a escravidão, sem dependência de leis novas, e debaixo mesmo do regime da legislação atual. Bastava que, primeiro declarassem por si livres todos que nascessem fazendo-os batizar por tais; a exemplo da nobre e santa resolução tomada pela Ordem dos Beneditinos em capítulo geral de três de maio de 1866. Segundo, facilitassem as alforrias a título gratuito e oneroso preferindo as famílias e sexo feminino. Se isto se fizesse uniformemente, desde certa data, a extinção se operaria suave e naturalmente, com toda a probabilidade, senão certeza, antes do fim do presente século, a escravidão não teria representantes na terra de Santa Cruz. Mas, infelizmente não é fácil de esperar. Cumpre, portanto, que o legislador intervenha.[7]

O ministro, compartilhando a ideia de abolição do trabalho escravo como um evento irreversível, realçava o poder do Estado, quando necessário, em relação ao interesse privado ao destacar a intervenção dos legisladores em questões de ordem pública.

Não é demais destacar que, no contexto do debate e aprovação desse projeto, a dinâmica escravista transcorria em seu ritmo costumeiro, na corte e nas demais províncias escravistas do Império. Em relação aos escravos, vale sublinhar que muitos continuavam trabalhando em engenhos, fazendas e cozinhas; outros eram vendidos e comprados, uns sendo alugados para os mais variados serviços e outros se rebelando fugindo etc.

Na província do Maranhão não era muito diferente; mas se destacava o tráfico interprovincial, sobretudo para o Rio de Janeiro, devido ao aquecimento da economia do café.[8] No jornal *Publicador Maranhense* e em outros jornais locais liam-se anúncios de *venda, compra e aluguel* de escravos, tais como estes:

> Aos padeiros, *vende-se* um preto ainda moço, excelente padeiro, a tratar na rua 28 de julho, n.21.
>
> *Vende-se* uma escrava de 18 anos de idade pouco mais ou menos a tratar na fábrica denominada de – Costa – na Madre de Deus.

7 *Publicador Maranhense*, São Luís, 2 set. 1871, ano XXX, n.193, p.1, Seção Transcrições.
8 Jacinto, *O tráfico interprovincial de escravos do Maranhão (1846-1885)*.

> No escritório de Teixeira, Vila Nova & Ribeiro à rua da Estrela, n.33, *vendem-se* dois bonitos moleques, sendo um de 20 a 22 anos de idade e outro de 15. Quem os pretender pode procurá-los no mencionado escritório.
>
> Antônio Pedro Gomes de Castro *vende* duas escravinhas suas; sendo uma de 14 anos de idade, e outra de 18, ambas negras retintas, sadias, humildes, morigeradas e acostumadas ao serviço interno de uma casa de família. Quem pretender tratar dirija-se à rua dos Remédios, casa n.39.
>
> Maranhão, 27 de setembro de 1871. Antunes & Oliveira *compram* dois ou três escravos de meia-idade próprios para o serviço de sítio, prometem pagar bem.
>
> Maranhão, 25 de setembro de 1871. Jose Moreira da Silva precisa *alugar* uma criada que saiba cozinhar.[9]

Mas, também, anúncios relativos às lutas escravas, como este de João Marcellino Romeu reclamando pelo seu escravo Alexandre, apelidado de Aratú, que fugiu levando consigo dois facões. Ele era bastante conhecido por ter os pés tortos para o lado de fora e andar de alpercatas porque padecia de cravos. O cabelo era cortado rente, a cabeça pequena um pouco comprida e a cara tinha muitas marcas de bexiga.[10]

Esses anúncios com as suas especificidades – venda, compra, aluguel e denúncia de escravos fugidos – são indicadores da centralidade do trabalho escravo na vida cotidiana do Império. Muitos dos que viviam do trabalho escravo não viam a sua reprodução material e simbólica sem ele. Por isso eram contra o projeto emancipacionista do governo.

O objeto fundamental da Lei n.2.040 era a escravidão porque criou as condições jurídicas para o seu fim, em definitivo, a partir da emancipação de filhos e filhas de mães escravas desde aquela data, embora sob algumas condições. Afinal, segundo o seu artigo 1º,

> Os ditos filhos menores ficariam em poder e sob a autoridade dos senhores de suas mães, com a obrigação de criá-los e tratá-los até a idade de 8 anos completos. Chegando o filho da escrava a esta idade, o senhor da mãe tinha a opção

9 *Publicador Maranhense*, São Luís-Ma, 28 set. 1871, ano XXX, n.212, p.3, Seção Anúncios. Grifo nosso.

10 Ibid.

> de receber do Estado a indenização de 600$000 ou de utilizar-se dos serviços do menor até a idade de 21 anos completos.[11]

Essa obrigação se estendia para os possíveis netos de suas escravizadas enquanto estivessem prestando serviços a seu senhor.[12] Se obtivessem a liberdade, os seus filhos menores de 8 anos lhes deveriam ser entregues, exceto se preferissem deixá-los e o senhor concordasse em ficar com eles.[13] No caso de alienação da mãe escrava, os seus filhos livres, menores de 12 anos, a acompanhariam, ficando o novo senhor com os direitos e obrigações do antecessor.[14] Nos casos de sucessão, o filho da escrava deveria prestar serviços à pessoa a quem nas partilhas ela pertenceria.[15]

Ao serem comprovados maus-tratos de menores, por meio de castigos excessivos praticados por senhores de suas mães, a sua prestação de serviços cessaria antes do prazo marcado no parágrafo primeiro.[16] Mas, se os filhos das escravas fossem cedidos ou abandonados pelos senhores delas ou tirados do poder destes em virtude de práticas de violências que cometessem contra eles, o governo poderia entregá-los para *associações* autorizadas.

Essas associações, porque tinham direito aos serviços gratuitos dos(as) filhos(as) até a idade de 21 anos completos, estavam sujeitas à inspeção de juízes de órfãos.[17] Tal como os senhores, elas eram obrigadas a criá-los tratando-os bem; constituir-lhes um pecúlio conforme a quota reservada nos estatutos e, ao fim do tempo de serviço, procurar para eles uma apropriada atividade de trabalho.[18]

Não é demais destacar que essas disposições também eram aplicáveis às *casas dos expostos* e às pessoas a quem os juízes de órfãos encarregassem da educação de menores na falta de associações ou estabelecimentos criados para tal fim.[19]

---

11 Brasil, Lei n.2.040, de 28 de setembro de 1871. Disponível em: <http://www.planalto.gov.br/ccivil_03/leis/lim/LIM2040.htm>. Acesso em: 23 nov. 2020.

12 Lei n.2.040/1871, artigo 1º, parágrafo terceiro.

13 Ibid., parágrafo quarto.

14 Ibid., parágrafo quinto.

15 Ibid., parágrafo sétimo.

16 Ibid., parágrafo sexto.

17 Ibid., artigo 2º.

18 Ibid., parágrafo primeiro.

19 Ibid., parágrafo terceiro.

Além da proteção formal, a lei instituiu que qualquer um dos menores poderia mudar sua condição por meio de pagamento de indenização ao senhor de sua mãe, por si ou outra pessoa. Mas, se não houvesse acordo quanto ao valor da indenização, procedia-se à avaliação dos serviços pelo tempo que ainda lhe restasse a preencher.[20]

A Lei n.2.040 instituiu o Fundo de Emancipação para a libertação anual, em cada província, de escravos por meio da indenização de seus proprietários. A composição desse fundo era a soma de valores decorrentes da taxa de escravos; dos impostos gerais sobre transmissão de propriedade dos escravos; do produto de seis loterias anuais, isentas de impostos, e da décima parte das que fossem concedidas para correrem na capital do Império; das multas impostas em virtude dessa lei; das quotas definidas nos orçamentos geral, provinciais e municipais; de subscrições, doações e legados para tal objetivo.[21]

Em relação às *ações de liberdade*, o processo seria sumário. Em contrário, os escravos tinham direito a apelações *ex officio*.[22]

Vale lembrar, ainda, que a lei assegurava aos escravos o direito de formação de um *pecúlio* a partir de doações, legados e heranças, e de seu trabalho e economias, desde que consentidos pelo seu senhor.[23] Em caso de morte do escravo, a metade do seu pecúlio pertenceria ao cônjuge sobrevivente, se o houvesse, e a outra metade se transmitiria aos seus herdeiros, na forma da lei civil. Na falta de herdeiros, o pecúlio seria creditado ao Fundo de Emancipação.[24]

A lei também protegia as famílias escravas. Em casos de alienação ou transmissão de escravizados fora proibido, sob pena de nulidade, separar os cônjuges e os filhos menores de 12 anos do pai ou da mãe. Se a divisão de bens entre herdeiros ou sócios não comportasse a reunião de uma família e nenhum deles preferisse conservá-la sob o seu domínio, por meio do pagamento da parte dos outros interessados, ela seria vendida e o seu produto rateado entre eles.[25]

---

20 Ibid., artigo 1º, parágrafo segundo.
21 Ibid., artigo 3º.
22 Ibid., artigo 7º.
23 Ibid., artigo 4º.
24 Ibid., parágrafo primeiro.
25 Ibid., parágrafo oitavo.

Conforme essa lei, ainda seriam declarados libertos *os escravos pertencentes à nação*, dando-lhes o governo a ocupação que julgasse conveniente; *os escravos dados em usufruto à Coroa*; *os escravos das heranças vagas*; *os escravos abandonados* por seus senhores.[26] Em geral, os escravos libertados ficariam durante cinco anos sob a inspeção do governo, sendo obrigados a contratarem seus serviços, pois, se vivessem em vadiagem, seriam constrangidos a trabalhar nos estabelecimentos públicos. Mas essa obrigação cessaria sempre que o liberto exibisse contrato de serviço.[27]

Para o controle da dinâmica desse processo de emancipação, o governo determinou que fosse feita a matrícula especial de todos os escravos existentes no Império, com declaração do nome, sexo, estado, aptidão para o trabalho e filiação de cada um, se fosse conhecida.[28] Mas, também, em livro distinto, a matrícula dos filhos de mães escravas que pela lei ficassem livres.[29]

Pela matrícula de cada escravo, o senhor pagaria, uma vez, o valor de 500 réis se o fizesse no prazo marcado, e 1$000 réis se o fizesse depois. O produto desse emolumento seria destinado às despesas da matrícula e o excedente ao Fundo de Emancipação.[30] Incorreriam os senhores omissos, por negligência, na multa de 100$ a 200$ réis, repetida tantas vezes quantos fossem os indivíduos omitidos e, por fraude, nas penas constantes no art. 179 do código criminal.[31] Os escravos que, por culpa ou omissão dos interessados, não fossem dados à matrícula, até um ano depois do encerramento desta, seriam considerados libertos.[32]

Os párocos eram obrigados a ter livros especiais para o registro dos nascimentos e óbitos dos filhos de escravas nascidos desde a data dessa lei. Cada omissão os sujeitaria à multa de 100$000 réis.[33]

A partir de 28 de setembro de 1871, todas as autoridades do Império a quem cabia o conhecimento e a execução da Lei n.2.040 deviam cumpri-la e fazê-la cumprir conforme estabelecido. Em vista de tal determinação, é

---

26 Ibid., artigo 6º. Grifo nosso.
27 Ibid., parágrafo quinto.
28 Ibid., artigo 8º.
29 Ibid., parágrafo quarto.
30 Ibid., parágrafo terceiro.
31 Ibid., parágrafo quarto.
32 Ibid., parágrafo segundo.
33 Ibid., parágrafo quinto.

importante que se verifiquem os seus desdobramentos analisando as sensibilidades dos sujeitos envolvidos nesse processo de emancipação.

A província do Maranhão: o cenário e as nuances da recepção da Lei n.2.040

Desde a década de 1840, a província vivia um período conturbado em seus aspectos econômicos, sociais e políticos. Do ponto de vista de proprietários de escravos, a ideia corrente era que se tratava de uma crise geral. Por isso, não é demais sublinhar que o Maranhão era um território com especificidades, além de periférico no contexto escravocrata brasileiro.[34]

Na década de 1860, o cenário da agricultura mercantil de exportação de base escravista do estado era bastante diferente daquele das províncias do Sudeste, onde o ciclo do café animava os grandes proprietários de terras e escravos. Por isso, conforme Leal, só restava à província se integrar ao ritmo e à cadência das relações de produção capitalista consolidadas na Europa, pois "nem com o imoral tráfego da África podiam contar, o escravo custava caro, e as terras, os transportes, os salários e os alimentos, tudo quadruplicou de preço".[35]

Nos períodos recessivos ou de retração de preço e de consumo dos produtos exportáveis no mercado internacional, a agricultura mercantil de exportação se mantinha em decorrência do capital acumulado por meio da exploração da força de trabalho escrava, uma vez que a reprodução desta não exigia custos financeiros para além do objetivado na compra de escravos. Desse modo, os proprietários rurais podiam pagar as suas dívidas. Até 1850, isso foi possível. Mas o fim do tráfico internacional de escravos decorrente do reordenamento do capitalismo, no mundo ocidental, a partir da Inglaterra, acarretou forte impacto às economias coloniais, ao impor mudanças em seu modo de produzir a riqueza, até então assentado no trabalho escravo.[36]

A concorrência estrangeira, a retração de preços do algodão e do açúcar no mercado externo agravaram a situação financeira de proprietários rurais.

---

34 Ferreira, *Entre escolhidos e classificadores*.

35 Leal, Apontamentos estatísticos da província do Maranhão, in: Viveiros, *História do comércio do Maranhão (1612-1895)*, p.206.

36 Pereira, *As representações da escravidão na imprensa jornalística do Maranhão oitocentista*.

A decadência econômica era o diagnóstico. Em tal conjuntura, é compreensível a elaboração do discurso da decadência por articuladores ou sujeitos das elites políticas e econômicas que viveram a opulência do século XVIII devido aos altos preços do algodão no mercado internacional. No entanto, Almeida chama-nos a atenção para a dimensão ideológica desse discurso ao sublinhar que

> As interpretações da chamada *decadência da lavoura*, enquanto um lugar estratégico nas versões oficiais, parecem apontar, da ótica do pesquisador, tanto para uma categoria fundamental ao discurso captado, quanto para um padrão de explicação. Suscitam uma determinada modalidade de pensar a situação da província cristalizada não só na produção erudita, mas também no pensamento político oficial. Perpassam, porquanto operações inconscientes, as formulações das diversas facções (bem-te-vis, cabanos) e partidos políticos formais (liberais, conservadores) em luta constante pelo poder provincial. [...] Não há quem as refute e todos são unânimes em recorrer a elas para definir as condições econômicas e sociais da província quaisquer que sejam, em diferentes tempos.[37]

A *crise política* era caracterizada por tensões entre os articulistas dos partidos Liberal e Conservador. Entre 1871 a 1888, ou seja, entre a promulgação da Lei de 1871 e da Lei de Abolição da Escravatura, em 1888, o Maranhão teve em torno de 36 presidentes de província, muitos dos quais permaneceram por apenas alguns meses no cargo, indicando a fragilidade institucional vivida pela província. As lutas pelo poder entre liberais e conservadores refletiam-se na administração da província, tornando-a um palco de debates acalorados e, por vezes, de lutas violentas.[38]

A *crise social* decorria da contínua mobilização escrava por meio de fugas, a formação de quilombos e as insurreições escravas.[39] Acrescente-se a esse quadro as epidemias de varíola e beribéri, que provocaram mortes e um profundo desespero na população, e a frente migratória cearense, que agravou

37 Wagner, *A ideologia da decadência*, p.65.

38 Ferreira, *Entre escolhidos e classificadores*.

39 Pereira, Na fronteira do cárcere e do paraíso: escravidão, cotidiano e resistência escrava no Maranhão oitocentista, in: Coelho et al. (orgs.), *Meandros da história*, p.176-90.

ainda mais a situação de anomia social devido ao impacto demográfico gerado pela leva de 30 mil cearenses fugidos da seca.[40]

No que se refere à população escrava, vale sublinhar que esta diminuía consideravelmente a partir de três fatores articulados: *os óbitos*, *a exportação de escravos* para o Sudeste e *a concessão de cartas de alforria*. Conforme o presidente da província, o senhor Augusto Olímpio Gomes de Castro, entre 1860 e 1869 nasceram 6.635 escravos. Mas morreram 5.764 escravos, foram exportados 2.953 escravos e libertados 4.721. Da soma desses quantitativos se obtém o total de 13.438 escravos e se verifica que a população escrava diminuiu em 6.803 escravos.[41] Esse resultado para o referido presidente significava "um fato animador e lisonjeiro", porque "a ideia da emancipação, se vai realizando ao esforço espontâneo da população auxiliado pela ação de causas naturais". No entanto, ele sublinhava aos deputados provinciais que

> Não deviam deixar a solução d'esta magna questão da atualidade à ação lenta, isolada e fraca das causas a que se deve aquele resultado. Cumpre-nos fazer alguma coisa neste sentido, como o hão feito e vão fazendo quase todas as províncias. Não tomemos a nós, nem queiramos dirigir o movimento manumissor que, cada dia mais animado, se vai operando na província; competirá isso aos poderes gerais, mas auxiliemos a iniciativa particular e votemos uma soma anual para ser aplicada a este fim.[42]

O primeiro recenseamento da população brasileira foi realizado pela Diretoria Geral de Estatística conforme a determinação do Decreto n.4.856, de 30 de dezembro de 1871. O Maranhão era a sexta província com maior número de escravos – 74.989. A província do Rio de Janeiro possuía 292.637 escravos, a de Minas Gerais, 370.459 escravos, a da Bahia, 167.824 escravos; a de São Paulo, 156.612 escravos, e a de Pernambuco, 89.028 escravos.[43]

---

40 Fala do deputado Dias Carneiro, nos *Annaes da Assembleia Provincial*, São Luís, 1878, p.157.

41 Relatório do dr. Augusto Olímpio Gomes de Castro por ocasião da instalação da Assembleia Legislativa. Governo da província. Movimento da população escrava (1860-1869), *Publicador Maranhense*, São Luís, sábado, 6 maio 1871, ano XXX, n.102, p.1, Seção Parte Oficial.

42 Ibid.

43 Disponível em: <https://archive.org/details/recenseamento1872bras/ImperioDoBrazil1872?view=theater>. Acesso em: 10 dez. 2020.

No Maranhão, a Lei n.2.040, de 28 de setembro de 1871, foi interpretada e comentada por diferentes sujeitos sociais em artigos publicados na imprensa local. Por meio de sua análise apresentamos nuances das sensibilidades, sobretudo daqueles que viviam do trabalho escravo.

A escravidão e o projeto de emancipação

Na província do Maranhão não havia consenso em torno das proposições da Lei n.2.040, sobretudo entre os que viviam do trabalho escravo. Os protagonistas do debate publicavam as suas concepções em jornais locais ou transcreviam artigos do Rio de Janeiro publicando-os em jornais filiados a sua perspectiva ideológica cumprindo, assim, uma função pedagógica naquele contexto de incertezas.

A respeito da Lei n.2.040, um influente comerciante de São Luís, o dinamarquês Martinus Hoyer, na perspectiva de orientar os seus congêneres, sublinhou "o quanto era magnífico o espetáculo de não nascerem mais, no país de liberdade, uma só criatura humana condenada à escravidão". Por isso, destacava:

> Cada cidadão devia contribuir direta ou indiretamente para a gradual extinção da dolorosa enfermidade que afligia a nação desde os tempos coloniais, e que havia entorpecido o progresso moral e material. Afinal, todos deviam trazer o seu quinhão, grande ou pequeno, para extirpar esse cancro social, e dentro em poucos anos levar avante a grande obra civilizadora. Assim, acabariam com a escravidão no Brasil, e isto sem violência, sem revolução política e quase sem abalos e sofrimentos.[44]

No dia 23 de agosto de 1871, no jornal *Publicador Maranhense* foi publicado o artigo "Análise e comentário crítico da proposta do governo imperial às câmaras legislativas sobre o elemento servil". Neste, o seu autor reconhecia que "a escravidão ou a dominação do homem sobre o homem como coisa é um fato social que remonta aos tempos imemoriais". Mas a reprovava,

44 Apud Viveiros, *História do comércio do Maranhão (1612-1895)*, v.II, p.500.

sublinhando que "o tráfico dos negros africanos era contrário ao espírito do cristianismo, imoral e cruel nos seus meios de execução, prejudicial aos costumes, à indústria e à riqueza dos povos".[45]

Dessa perspectiva, ele defendia o uso de imigrantes estrangeiros e do trabalho livre destacando que "a riqueza e o bem-estar nacional há de por fim desenvolver-se, e crescer em proporções incognitivas sob o regime da liberdade, do mesmo modo que se desenvolveu e cresceu depois de extinto para sempre em 1850 o abominável tráfico de escravos".[46]

Ele, convicto da efetivação desse diagnóstico, dirigiu-se aos fazendeiros do Império, sublinhando que eles não deveriam se assustar com as medidas propostas pelo governo para a manumissão do elemento servil, porque elas eram "o fruto da meditação, da experiência e do saber de homens patriotas, traquejados nos negócios públicos, e devotados ao bem do país", e estavam "rodeadas de todas as providências secundárias" para "garantir vossa propriedade e segurança de vossas pessoas e famílias". Enfim, porque a transformação do trabalho escravo em trabalho livre haveria de dar ao Império "uma nova era de felicidade".[47]

Nessa linha de pensamento, no referido jornal foi publicada no dia 12 de setembro de 1871 uma análise crítica ao discurso do deputado Ferreira Vianna, do Município Neutro, intitulado "Planos de emancipação – Inconvenientes do trabalho escravo – Exortação aos senhores de escravos", pronunciado na sessão legislativa do dia 31 de maio, em resposta à fala do trono. O deputado, em defesa de sua posição contrária ao projeto do governo, argumentou:

> Para a pacífica e segura solução do problema da emancipação confio muito na força própria da ideia, nos sentimentos generosos do povo, no movimento espontâneo da consciência, do desenvolvimento e propagação das verdades cristãs. Espero tudo da justiça do Senhor, da resignação do escravo, da influência progressiva da opinião pública [...] e a obra da redenção se completará sem vítimas, e sem algozes.[48]

---

45 *Publicador Maranhense*, São Luís, 23 ago. 1871, ano XXX, n.184, p.2, Seção Elemento servil.
46 *Publicador Maranhense*, São Luís, 12 set. 1871, ano XXX, n.199, p.2, Seção Elemento servil.
47 Ibid.
48 Ibid.

Para fundamentar sua crítica aos argumentos do referido deputado, o autor refutou o espontaneísmo deste sublinhando aspectos históricos dos processos que caracterizaram a emancipação escrava na Inglaterra, na França e nas ex-colônias inglesas. Por fim, ele destacou que "o sistema do distinto representante é singular no seu gênero, e mera utopia, contra a qual protestam os filósofos, os estadistas, e todos os que não se deixam levar por palavras vãs".[49]

A ideia de decadência

A probabilidade de abolição do trabalho escravo gerou diferentes expectativas, sobretudo em escravos e nos proprietários de escravos. Muitos, dentre estes últimos, acreditavam que esse evento significaria a total ruína econômica da província.

O conjunto de "jornais da lavoura" que circulavam no Império constituíam a *imprensa agrícola*, cuja missão era "despertar no espírito dos homens práticos as concepções do progresso, eletrizar os ânimos acendendo neles a centelha do entusiasmo sem o qual não se empreendem os grandes cometimentos", bem como "esclarecê-los e guiá-los através dos meandros que conduzem à realização prática daquelas concepções".[50]

Com essa perspectiva publicaram no *Jornal da Lavoura* o artigo "A Quinta das Laranjeiras". Esse título se refere a uma antiga chácara localizada no subúrbio de São Luís erguida nos tempos coloniais. O autor considerava a área e o prédio existente aptos para nela funcionar uma escola agrícola para a educação da nova geração emancipada pela Lei n.2.040. Mas, demonstrando o seu desapreço pela referida lei, destacou que essa geração não teria um melhor destino, porque a "lei do ventre livre tendia aniquilar as forças da lavoura".[51]

Em 1876, os articulistas do *Jornal da Lavoura* publicaram o artigo "Aos lavradores do Brazil", transcrito do *Jornal Globo*, do Rio de Janeiro. Nele, o

49 Ibid.

50 *Jornal da Lavoura*, Órgão Especial da Lavoura do Maranhão, São Luís, 30 dez. 1876, ano 2, n.12.

51 A Quinta das Laranjeiras, *Jornal da Lavoura*, Órgão Especial da Lavoura do Maranhão, São Luís, 30 nov. 1875, ano 1, n.12, p.100.

autor argumenta que as previsões sinistras ou benéficas em relação aos efeitos da Lei n.2.040 não foram inteiramente confirmadas, sublinhando que

> A lei nenhuma influência desastrosa exerceu sobre a ordem pública; a tranquilidade do país permaneceu inalterável, emudeceram os interesses feridos, e os proprietários agrícolas deram um exemplo admirável de patriotismo submetendo-se às prescrições do novo regime regulador do elemento servil.[52]

No editorial do jornal *O Telegrapho*, de 7 de dezembro de 1883, os seus protagonistas fazem a recepção oficial ao novo presidente da província, um liberal – o sr. Ovidio João Paulo d'Andrade – enviado pelo governo imperial. A expectativa era que ele correspondesse ao mais ardente desejo da província, que era "caminhar nas vias do progresso, mas progresso moderado e refletido", pois o diagnóstico era que havia necessidades urgentes para a vida intelectual e material da província. A instrução pública precisava de reformas indispensáveis para o seu desenvolvimento e a sua agricultura, puramente extensiva, não tinha futuro, principalmente depois da *lei do elemento servil*, ao ficar reduzida ao mais simples e rudimentar sistema de cultura.[53]

Os párocos e a lei

A condição de livres, para os filhos e filhas de mães escravas, a partir de 28 de setembro de 1871, foi considerada, por alguns, como um gesto humanitário relevante. Para o efetivo controle dessa determinação pelo Estado, os párocos das inúmeras freguesias do Império deviam fazer o registro, em livros especiais, de nascimentos, batismos e óbitos das crianças. Mas será que eles receberam, sem questionamento, essa nova atribuição?

Em 27 de outubro de 1871, o vigário Pedro Nicoláo Ribeiro teve publicado um artigo no qual ele tece algumas considerações a respeito dessa nova tarefa imposta aos párocos. Ele reconhecia que a lei era "bem refletida e

52 Aos lavradores do Brazil, *Jornal da Lavoura*, Órgão Especial da Lavoura do Maranhão, São Luís-MA, 30 nov. 1876, ano 2, n.10, p.78.

53 Editorial, *O Telegrapho*, Órgão do Partido Conservador, São Luís, 7 dez. 1883, ano XIII, n.547, p.1.

judiciosa", mas salientava que se tratava de uma sobrecarga de trabalho e que o registro de nascimentos e óbitos não era uma tarefa fácil.[54]

Em defesa de seu argumento, elencou alguns fatores, como a dificuldade de os párocos saberem, ao certo, a hora, dia, mês e ano em que nascera uma criança, especialmente sendo escrava, e afirmarem, do mesmo modo, que a criança batizada na matriz nascera dias antes ou depois da promulgação da lei e se era descendente de escrava. Outros problemas eram que certas crianças, pela sua robustez, pareciam ter maior idade do que a indicada ao pároco; outras, pela sua aparência, indicavam menor idade do que a informada ao pároco; e outras, pela sua cor, fisionomia e cabelos, pareciam mais indígenas ou mamelucas, se não brancas, do que filhas de escravas.

Para completar o quadro de dificuldades, ele sublinhava que nem sempre as crianças eram batizadas nas igrejas, e sim por qualquer pessoa, em casa, sobretudo quando em perigo de vida. Outras eram batizadas sem que os interessados apresentassem, depois, o certificado conveniente da idade para os lançamentos nos livros da paróquia.

Em continuidade da defesa dos párocos destacou que os inconvenientes relativos aos assentamentos de batismo eram iguais em relação aos óbitos, pois uma grande parte dos enterros, especialmente dos escravos, não eram acompanhados pelos párocos.

Por conta de tais obstáculos, ele sugeria que os assentamentos de nascimento, batismo e óbito deveriam ser feitos pelas autoridades policiais e administrativas; e que os párocos não deviam ser responsabilizados, nem pagar multa de 100 mil-réis e ou ser presos por qualquer falta que ocorresse a respeito desse procedimento. Além do mais, destacava que "não se consignou aos párocos, por essa penosa acumulação de deveres, uma recompensa", como parecia ser justo com os mesmos por parte do Estado.[55]

Por fim, ele sublinhou que não tinha, com as suas "humildes observações", a intenção de censurar a quem quer que fosse porque só queria que os templos ficassem reservados para os ofícios e atos divinos, ou para assuntos relacionados aos negócios puramente eclesiásticos.

---

54 Ribeiro, Os párocos e a Lei Geral n.2.040 de setembro, que declarou de condição livre os filhos de mulheres escravas, que nascerem livres desde a data da lei, *Publicador Maranhense*, São Luís, 27 out. 1871, n.237, p.2, Seção Publicações gerais.

55 Ibid.

As ponderações do padre Pedro Nicoláo Ribeiro indicam, a despeito da lógica da política do padroado, que vozes eclesiásticas dissonantes se manifestaram em relação à Lei n.2.040, de 28 de setembro de 1871.

A lei como bandeira política partidária

Em 1881, Fellipe Franco de Sá, do Partido Liberal, em seu manifesto para compor a lista tríplice ao Senado para o preenchimento da vaga aberta pelo falecimento do senador Candido Mendes de Almeida, sublinhou que a questão do trabalho escravo estava "resolvida pela Lei de 28 de setembro de 1871, bastando melhorá-la, se preciso fosse, em pontos secundários, e dar toda a eficácia às suas disposições tendentes à supressão gradual e completa [...] desse pernicioso elemento" da organização social brasileira.[56]

Mas Ennio Publio, um de seus críticos, sublinhava que a escravidão era "um insulto ao direito natural e uma peia ao progresso e engrandecimento do Império". Por isso, embora recomendando o voto em Fellipe Franco de Sá, ele salientava que, só porque a lei contribuía para a emancipação dos escravos, o país não devia suportar por mais tempo "o jugo execrando, inhumanitário e selvático mesmo, próprio de povos que não cultivam a lei da justiça e da razão". Para reforçar o seu argumento lembrava ainda que a economia do Império era dependente de capitais estrangeiros e, por isso mesmo, "a abolição dos escravos é uma necessidade porque dela dependia o crédito do Brasil na Europa e América do Norte, países de onde nos aproveitam as importações de colonos".[57]

Ao tratar da abolição do elemento servil, o deputado Paulino de Souza, do Partido Conservador, sublinhava que ela estava relacionada a três ordens de interesse: "os sentimentos de humanidade, o direito privado e a riqueza pública". No entanto, ele sublinhava que o princípio da humanidade estava limitado "pelo respeito ao direito e pela atenção devida ao interesse

---

56 Franco de Sá, Ao corpo eleitoral, *O Paiz*, Órgão Especial do Commercio, São Luís, 24 abr. 1881, ano XIX, n.92, Seção Publicações gerais.

57 Publio, Caracteres políticos, *Pacotilha: Jornal da Tarde*, São Luís, 26 abr. 1881, ano 1, n.14, p.3, Seção Colaboração: caracteres políticos.

público".[58] Tal declaração indica que concebia a abolição do trabalho escravo como uma questão de classe, ou seja, que os proprietários de escravos não fossem aviltados em seu direito de propriedade. Por isso, ele sublinhava para o presidente o seguinte,

> Se tendes, os meios de aumentar as manumissões, pelo esforço do *Fundo de Emancipação* fazei-o já: se não os tendes, porém, não dê esperanças ilusórias, que importarão depois decepções amargas; não sobressalteis interesses que se criarão à sombra da lei; não desperteis temores e reações morais que não estará em vossas mãos apaziguar. Se há sobras no tesouro [...] digo-vos com veras, não podeis dar-lhes mais nobre e justificado emprego. Se, porém, não podeis tê-las, porque vindes perturbar os ânimos com promessas falazes em questão que interessa a todos e sobretudo a uma classe em condições excepcionais, com a escravidão?[59]

Ao concluir as suas ponderações, o referido deputado foi ovacionado com muitos aplausos e muitos "*muito bem!!!!*".

Não é inútil salientar que, em 8 de maio de 1880, os protagonistas desse jornal publicaram o artigo "O Partido Conservador e o Liberal no poder", uma transcrição do jornal *A Nação*, de Ouro Preto-MG. Nele, o seu autor sublinhava que havia sido o "grande e generoso" Partido Conservador que, por mais de uma vez, havia tirado o Brasil do abismo "a que homens da liberdade mal entendida" tinham procurado arrojá-lo. Por fim, acerca da escravidão no Brasil, ele destacou que foi o Partido Conservador que, com "a áurea lei de 28 de setembro de 1871, fez ver ao mundo que no Brasil ninguém nascia escravo e que se o Partido Liberal tinha ideias liberais, escritas em seus programas, o Partido Conservador as tem em leis".[60]

Como se pode notar, a apropriação da Lei n.2.040 era mediada por ambiguidades, uma vez que, para uns, ela geraria o progresso, e, para outros, a decadência da província, e serviu para inúmeras finalidades, sobretudo para os que compunham a elite política provincial.

---

58 Souza, Os bastidores da política: o ministério na Câmara, *O Telegrapho*, Órgão do Partido Conservador, São Luís, 5 ago. 1882, ano XII, n.502, p.3.

59 Ibid.

60 O Partido Conservador e o Liberal no poder, *O Telegrapho*, Órgão do Partido Conservador, São Luís, 8 maio 1880, ano X, n.443, p.1.

A libertação por pecúlio e os abusos de poder privado

Ao se considerar que havia uma linha muito tênue entre as esferas da vida pública e privada, os temas instigantes se propagavam de boca a ouvido, entre os diferentes sujeitos da sociedade escravista brasileira, de modo célere. Por isso, os termos dessa lei chegavam até os escravos, animando-os a tentar sua liberdade jurídica tomando por base o parágrafo 2º, do artigo 4º da Lei n.2.040, pois, antes dessa lei, "todos os atos relacionados à alforria correspondiam unicamente à vontade privada do proprietário".[61]

No entanto, artigos publicados na imprensa local indicam que o processo de *libertação de escravos por pecúlio* não foi fácil, porque alguns proprietários se recusavam a fazê-lo pelo preço oferecido por escravos, e também porque membros da Junta de Classificação não procediam conforme as deliberações da Lei n.2.040. Os fragmentos das histórias de Vercinia, Raymundo Nonnato; Perpétua, Isidora e Diamantina são indicadores dessas ocorrências.

No dia 11 de janeiro de 1881, no jornal *O Paiz,* foi publicada a reclamação de um fazendeiro de Guimarães-MA contra a Junta de Classificação por meio do artigo "Classificação de escravos". Para o autor, os seus membros agiram "com manifesta injustiça e parcialidade" ao indeferirem o pedido de sua escrava Vercinia com uma filha menor e quatro ingênuos porque ela apresentou um pecúlio inferior ao de outros escravos manumitidos.[62] Em defesa de sua crítica, destacou que,

> Enquanto a lei de 28 de setembro de 1871 procurou facilitar os meios à emancipação servil, concorrer para essa grandiosa obra humanitária, e rasgar essa página negra da nossa história social, surgem preferências nocivas ao nobre elemento civilizador, e embaraços criados pelos executores da lei para tolher a realização da ideia emancipadora.[63]

Ao final, ele sublinhou que a liberdade escrava era uma legítima aspiração, mas não se surpreendia com os abusos de membros da Junta de

61 Lopes, Vivências escravas na cidade: a luta pela liberdade em São Luís (1870-1888), in: Abrantes; Barroso Jr., *O Maranhão e a escravidão moderna*, p.103.

62 *O Paiz*, Órgão Especial do Commercio, São Luís, 11 jan. 1882, ano XIX, n.7, p.2, Seção Publicações gerais: Classificação de escravos.

63 Ibid.

Classificação por considerar que ali estavam presentes outros elementos que desvirtuavam a sua "nobre missão".[64] Mas não é demais salientar que o pecúlio do escravo ia para o seu ex-proprietário!

Em 2 de dezembro de 1882, um dos colaboradores do jornal *O Telegrapho* publicou o artigo "Monstruosa iniquidade" criticando João Caetano Lisboa, desembargador presidente do Tribunal da Relação de São Luís, proprietário do escravo Raymundo Nonnato, de 51 anos de idade, porque se recusou a vender a liberdade requerida pelo escravo no valor de um conto de réis depositado na Tesouraria da Fazenda. Afinal,

> Só, como escravo, seu desumano senhor pode tê-lo preso; como homem, que o é, incontestavelmente, tem direito à sua liberdade, e a *Lei n.2.040 de 28 de setembro de 1871*, no §2º do art. 4º lhe garante esse direito. A prisão desse desgraçado escravo além de ilegal, é bárbara; e só aqui nesta província, se pratica tamanha iniquidade, contra a qual pedimos a intervenção direta e enérgica da autoridade pública. Só exigimos a proteção legal, em face dos seguintes documentos, provas irrefragáveis da atrocíssima perseguição que sofre o desgraçado Raymundo Nonnato.[65]

Após cinco meses, sem que a demanda de Raimundo tivesse sido resolvida, esse colaborador destacava,

> Debalde tem quase toda a imprensa do Império reclamado contra a ilegal escravidão do desgraçado Raymundo Nonnato, debalde têm sido as recomendações reservadas do governo imperial em favor da liberdade desse desgraçado; debalde tem sido o emprego de todos os meios justos, legais e persuasivos para abrandar o coração endurecido do *poderoso* senhor (!) do infeliz cativo! A nada cede o desembargador *João Caetano Lisboa*, presidente do Tribunal da Relação do Maranhão; desse tribunal – que *condenou unanimemente* o velho Raymundo Nonnato a comprar sua liberdade por dois contos de réis. Na história negra da *justiça* dos tribunais deste país, não se encontra exemplo igual!!! Dois contos de réis por um homem cativo de 51 anos de idade e quebrado!... Isto é horroroso

64 Ibid.

65 Monstruosa iniquidade, *O Telegrapho*, Órgão do Partido Conservador, São Luís, 2 dez. 1882, ano XII, n.513, p.4, Seção Noticiários.

> numa época em que vilas, cidades, capital, municípios inteiros, voluntariamente, sem comoções, se declaram livres da escravidão!!![66]

À primeira vista, esses argumentos parecem ser a defesa dos escravos. No entanto, ao se considerar que a alternância no poder, entre liberais e conservadores, nos gabinetes ministeriais não era mediada por divergências de cunho político e ideológico substanciais, supõe-se que essa "defesa" foi um ato de exaltação do Partido Conservador. Afinal, foi esse partido que apresentou e defendeu o projeto emancipacionista até a sua promulgação sob a forma de lei.

Em 1883, a escrava Perpétua moveu uma ação de liberdade contra seu proprietário Ludgero Odorico da Silva Ribeiro porque este, ao considerar que o seu valor era maior, não aceitou os 250$000 réis oferecidos por ela por sua carta de alforria. Nesse mesmo ano, Isidora e Diamantina recorreram à justiça com uma ação de arbitramento para a sua libertação contra a sua proprietária, d. Maria Clara Fernandes de Sá, por se encontrarem em situação de reescravização desde 1870. Só após dez anos de luta na justiça elas conseguiram as suas cartas de liberdade.[67]

A respeito do processo de emancipação escrava no Maranhão, Jalila A. Ribeiro, na obra *A desintegração do sistema escravista no Maranhão (1850-1888)*, argumenta que a Lei de 1871 pouco contribuiu porque

> As Juntas de Classificação, criadas para registrar e classificar escravos a serem libertados em todo o território maranhense, funcionaram em lentidão e completo desinteresse. A má vontade, devida à execução de um serviço gratuito e a indiferença quanto aos problemas do escravo, retardavam a instalação das Juntas. E quando instaladas, vários outros motivos, como a distância da capital e as irregularidades por elas praticadas, prejudicaram enormemente e retardaram o andamento dos trabalhos de classificação. Como consequência, a quota a ser distribuída na província atrasava, pelo fato de que a liberação do Ministério da Agricultura dependia de conclusão e remessa das relações de classificação de escravos a serem libertados.[68]

---

66 Pobre homem! Captiveiro injusto!, *O Telegrapho*, Órgão do Partido Conservador, São Luís, 31 maio 1883, ano XIII, n.534, p.4, Seção Noticiário.

67 Lopes, *Direito e escravidão*.

68 Ribeiro, *A desintegração do sistema escravista no Maranhão (1850-1888)*, p.152.

Considerações finais

O objeto dessa lei era o fim da escravidão, mas o foco principal eram os filhos de mães escravas que nascessem a partir de 28 de setembro de 1871 e as providências para sua criação, embora se estendesse para a libertação de outros escravos. A escravidão foi mais do que uma relação de trabalho para produzir riqueza acumulada por poucos porque, nas formações sociais onde existiu, ela produziu as temporalidades de seus sujeitos sociais constituintes, tornando-se a linha do horizonte a partir da qual eles pensavam a sua vida, pois, a partir dela, na vida cotidiana, estruturou-se uma dinâmica societária baseada no patriarcado, em desigualdades sociais, econômicas e políticas que se expressavam em hierarquias sociais.

No campo político-institucional, a escravidão gerou uma relação tênue entre o público e o privado expressa no mandonismo local exercido por proprietários de terras e escravos. No que se refere à cultura econômica, a escravidão gerava uma profunda concentração da riqueza nas mãos de poucos. Por isso, os que viviam do trabalho escravo tinham dificuldade em lidar com a perspectiva de sua extinção.

Em termos formais, a Lei n.2.040 criou as condições jurídicas para a ingerência de juízes, promotores, advogados, rábulas, funcionários das coletorias da fazenda etc. na dinâmica das relações escravistas, pois, a partir daí, muitos escravos puderam recorrer a dispositivos legais para terem atendidos os seus interesses, tal como procederam os escravos Raymundo Nonnato, Perpétua, Isidora e Diamantina, a despeito de suas ações não terem o sucesso proposto pela lei.

Um outro aspecto a ser sublinhado é que as críticas e a defesa dessa lei foram feitas segundo diferentes perspectivas políticas e interesses de seus protagonistas, tal como a reclamação do vigário Pedro Nicoláo Ribeiro pela sobrecarga de trabalho com a tarefa de registrar os nascimentos, batismos e óbitos das crianças de mães escravas nascidas a partir de 28 de setembro de 1871.

No plano econômico, as críticas se deviam às interpretações imediatas caracterizadas pela noção de crise e o fim da riqueza privada, embora isso fosse apresentado como questão nacional. A despeito dessa perspectiva sombria, não é demais salientar que, no plano político e ideológico, essa lei serviu para a exaltação de membros do Partido Conservador, o qual, paradoxalmente, fez aprovar o projeto de emancipação do governo voltado para os filhos e as filhas de mães escravas e outros escravos por meio de indenização.

Se, na sua dimensão social, essa lei emancipou alguns poucos escravos, no plano cultural não promoveu nenhuma mudança substancial ao se considerar que a cultura escravista se manteve ao longo do século XX e, ainda hoje, por meio da cultura racial. Em vista disso, a Lei de 1871, 150 anos depois, deve instigar a busca do porquê das reformas idealizadas e levadas a cabo por protagonistas da política institucional brasileira em sua interface com as profundas desigualdades que caracterizam a historicidade do país desde os tempos coloniais.

Parte V
Arenas jurídicas de direitos do cativeiro e gozo da liberdade

20
Para além do ventre livre:
a Lei de 1871 e as mudanças na arena dos tribunais

Mariana Dias Paes

Em fevereiro de 1880, Rita e seus dois filhos iniciaram um processo judicial contra João Pedro de Andrade perante o juízo municipal de Barra Mansa. Eles alegavam que tinham sido escravos de dona Mathilde Ferreira de Toledo, mas se encontravam na casa de João Pedro de Andrade, onde persistiam sendo tratados como escravos. Além do mais, não tinham sido matriculados. Diante disso, queriam provar sua liberdade nos termos da Lei n.2.040, de 28 de setembro de 1871 (daqui em diante, Lei de 1871).[1]

Mencionada na petição de Rita e seus filhos como fundamento do processo, a Lei de 1871 regulou diversos aspectos do direito da escravidão além da liberdade do ventre. Muitas dessas questões já vinham sendo discutidas, negociadas e disputadas nos tribunais do Império e em outras arenas, como a imprensa, o Parlamento, as associações e, também, no cotidiano de escravos e libertos.[2] Dentre elas, estavam diversas questões processuais envolvendo o rito das ações de definição de estatuto jurídico.[3] No artigo 7º, determinava-se

1 Arquivo Nacional do Rio de Janeiro, proc.742, fundo 84. Relação do Rio de Janeiro, série apelação cível, código de referência 84.0.ACI.00661, apelado João Pedro de Andrade, apelante Rita e seus filhos, falecida Matildes Ferreira Toledo, ano inicial 1880, ano final 1881, maço 216, galeria C, local Barra Mansa, p.2.

2 Chalhoub, *Visões da liberdade*; Cowling, *Conceiving Freedom*; Grinberg, *O fiador dos brasileiros*; Pena, *Pajens da casa imperial*.

3 Desde o período colonial, escravos e libertos recorreram aos tribunais para demandar sua liberdade. Em geral, esses processos são referidos pela historiografia como "ações de liberdade", "ações de escravidão" ou "ações de manutenção de liberdade". Porém, os tipos processuais

que, nas causas a favor da liberdade, o processo deveria seguir o rito sumário e, caso decidisse contrariamente à liberdade, o juiz deveria automaticamente interpor recurso de sua sentença (*ex officio*).[4] Além dessas disposições mais explícitas, outras medidas estabelecidas pela Lei de 1871 acabaram por ter um impacto profundo na prática dos tribunais do Império. Foram elas a determinação de que haveria arbitramento nos casos em que o escravo possuísse pecúlio para pagar por sua alforria e não houvesse acordo a respeito do valor (art. 4º, §2º) e a determinação de que seriam libertos os escravos que não fossem matriculados no prazo determinado (art. 8º, §2º).

Tendo em vista que as ações de arbitramento já foram discutidas pela historiografia,[5] neste capítulo analiso as outras questões que deram novos contornos à prática processual dos tribunais do Império: a determinação do rito sumário e o impacto da matrícula obrigatória. O processo de Rita e seus filhos será o fio condutor da narrativa.

A arena judicial antes da Lei de 1871

O processo ajuizado por Rita e seus filhos nos permite reconstituir alguns elementos de suas vidas e dos demais envolvidos no conflito. Rita havia sido uma escrava "crioula" com aproximadamente 40 anos ao tempo do processo. Já Geralda, sua filha, tinha nascido em 1861. Ambas eram classificadas como de "cor preta" e Rita também aparece descrita como solteira e trabalhadora da lavoura. Sobre o outro filho de Rita não há mais informações no processo, apenas referência ao fato de ser "menor".[6]

João Pedro, por sua vez, era casado com Flávia Demethilde de Andrade, sobrinha e afilhada do alferes Carlos Corrêa de Toledo, falecido marido da também falecida dona Mathilde Ferreira de Toledo. João Pedro era casado

mobilizados para se discutir o estatuto jurídico eram bastante variados. Assim, opto por utilizar o termo "ações de definição de estatuto jurídico" para me referir a esses processos. Pinheiro também propõe uma reclassificação dessas ações para o período colonial. Paes, *Escravidão e direito*, p.86-109; Pinheiro, *Em defesa da liberdade*, p.31-5.

4 Brasil, Lei n.2.040, de 28 de setembro de 1871. Disponível em: <http://www.planalto.gov.br/ccivil_03/Leis/LIM/LIM2040.htm>. Acesso em: 13 dez. 2020.

5 Mendonça, *Entre a mão e os anéis*, p.191-249.

6 ANRJ, processo n.1.742, p.13-13v, 36.

com Flávia havia mais de vinte anos e teria recebido Rita como dote de Carlos à época do casamento.[7]

A respeito de Mathilde, temos um pouco mais de informações. Em 1872, ela matriculou, em Resende, quatro escravos: Domingas, 45 anos, trabalhando na roça; Pedro, 40 anos, trabalhando na roça; Bernardino, 13 anos; e Veríssimo, 11 anos, "pajem".[8] Como em outros casos de mulheres envolvidas em processos judiciais,[9] a vida pessoal de Mathilde foi escrutinada. João Pedro alegou que, algum tempo antes de sua morte, ela apresentava uma conduta desregrada, embriagava-se e estava amancebada com o italiano Januário Belotti, que seria casado com uma outra mulher e tinha loja de relojoeiro em uma das casas de Mathilde no largo da Matriz.[10] Testemunhas corroboraram que Mathilde vivia com Januário, mas afirmaram que nunca a haviam visto embriagada. Também atestaram que ela mantinha boa relação com João Pedro e Flávia. Além disso, um deles afirmou que "a conheceu sempre no seu juízo perfeito, isto é, no juízo geral de todas as mulheres".[11]

Mathilde vivia em Resende e João Pedro vivia em Barra Mansa. Essa era a região do Vale do Paraíba e, dela, provinha boa parte dos processos judiciais que tramitaram perante o Tribunal da Relação do Rio de Janeiro.[12] Assim, Rita e Geralda muito provavelmente já tinham ouvido falar ou conheciam outros escravos que tinham pleiteado sua liberdade em juízo. Informações sobre processos judiciais e debates jurídicos acerca do direito da escravidão circulavam entre escravos e libertos por meio de conversas cotidianas em redes de sociabilidade e núcleos familiares.[13] Especificamente a respeito da Lei de 1871, o Decreto n.4.835, de 1º de dezembro de 1871 (daqui em diante, Decreto de 1871), que a regulamentou, determinou que os párocos de todas

---

7 ANRJ, processo n.1.742, p.35.

8 ANRJ, processo n.1.742, p.100-100v.

9 Paes, *Escravidão e direito*, p.113-33; Farias, Diz a preta mina...: cores e categorias sociais nos processos de divórcio abertos por africanas ocidentais, Rio de Janeiro, século XIX, *Estudos Ibero-Americanos*, v. 44, n.3, 2018, p.470-83.

10 ANRJ, processo n.1.742, p.16-25.

11 ANRJ, processo n.1.742, p.49v.

12 Paes, Terras em contenda: circulação e produção de normatividades em conflitos agrários no Brasil Império, *Revista da Faculdade de Direito da UFMG*, n.74, 2019, p.379-406; Paes, *Esclavos e tierras entre posesión y títulos*; Grinberg, *Liberata*, p.110.

13 Cowling, *Conceiving Freedom*, p.145-8; Pirola, Escravos e rebeldes na justiça imperial: dois casos de assassinatos senhoriais em Campos dos Goytacazes (RJ), 1873, *Afro-Ásia*, n.51, p.41-80, 2015.

as freguesias deveriam receber cópias dos anúncios e editais acerca da matrícula especial dos escravos e, em todos os domingos e dias santos, deveriam anunciar, durante as missas, as datas de abertura e encerramento da matrícula, assim como a regra de que os escravos não matriculados seriam considerados libertos (art. 11).[14] Assim, é bastante provável que Rita e seus filhos soubessem tanto da possibilidade mais difusa de se recorrer aos tribunais para pleitear a liberdade quanto das novas medidas estabelecidas pela Lei de 1871.

O recurso aos tribunais para se obter a liberdade era uma prática difundida desde o período colonial e não era uma estratégia exclusiva de escravos africanos e seus descendentes.[15] Além disso, mesmo antes de serem levados como escravos ao Brasil, os africanos já sabiam da possibilidade de obter a liberdade judicialmente nos núcleos coloniais da África Ocidental. Nas jurisdições portuguesas, operava uma rede de juízos que se ocupava de ações de definição de estatuto jurídico e, em algumas regiões, como Angola, havia instituições que mesclavam elementos do direito africano com o português para julgar esses casos, como o Tribunal de Mucanos.[16] Nesses contextos coloniais, as possibilidades de argumentos e tipos processuais a serem mobilizados em defesa da liberdade eram bastante variados.

O Tribunal da Comarca de Benguela, por exemplo, possui uma grande coleção de processos judiciais não catalogados, dentre os quais se encontram diversas ações de definição de estatuto jurídico. Parte dessa coleção foi organizada e inventariada por Mariana Candido, Juelma Ñgala e por mim, nos últimos três anos. O catálogo completo dessa parte da coleção, que compreende 2.034 processos ajuizados entre 1850 e 1945, está no prelo e tem

14 Brasil, Decreto n.4.835, de 1º de dezembro de 1871. Disponível em: <http://www.planalto.gov.br/CCIVIL_03/decreto/Historicos/DIM/DIM4835.htm>. Acesso em: 16 dez. 2020.

15 Bombardi; Prado, Ações de liberdade de índias e índios escravizados no estado do Maranhão e Grão-Pará, primeira metade do século XVIII, *Brasiliana – Journal for Brazilian Studies*, v.5, p.174-99, 2016; Pinheiro, *Em defesa da liberdade*.

16 Candido, African Freedom Suits and Portuguese Vassal Status: Legal Mechanisms for Fighting Enslavement in Benguela, Angola (1800-1830), *Slavery & Abolition*, v.32, p.447-59, 2011; Curto, Struggling Against Enslavement: the Case of José Manuel in Benguela, 1816-20, *Canadian Journal of African Studies*, v.39, p.96-122, 2005; Paes, Shared Atlantic Legal Culture: the Case of a Freedom Suit in Benguela, *Atlantic Studies, Global Currents*, v.17, p.419-40, 2020; Ferreira, *Cross-Cultural Exchange in the Atlantic World*, p.88-125; Madeira-Santos, Esclavage africain et traité atlantique confrontés: transactions langagières et juridiques: à propos du Tribunal de Mucanos dans l'Angola des XVIIe et XVIIIe siècles, *Brésil(s): sciences humaines et sociales*, v.1, 2012.

publicação prevista para 2022. Dentre esses 2.034 processos, identifiquei os seguintes tipos de ações para se discutir o estatuto de escravo ou livre: "tráfico de escravos", "depósito", "escravizar pessoa livre", "justificação" e "reivindicação de liberdade".

Também o Arquivo Nacional de Cabo Verde possui uma coleção de processos judiciais não catalogados. Aí, o processo de catalogação ainda se encontra em estágio inicial. Mas, em um primeiro levantamento no fundo Tribunal da Praia, encontrei as seguintes denominações para ações de definição de estatuto jurídico: "louvação para avaliação", "autos cíveis de alforriado" e "autos cíveis de petição".

Já Pinheiro analisou 157 processos cíveis do Arquivo Histórico da Casa Setecentista de Mariana e 47 do Arquivo Nacional da Torre do Tombo. Esses são processos ajuizados em Mariana e Lisboa, entre os anos de 1718 e 1819. Mais de sessenta tipos de denominação foram dados a esses procedimentos pelos escrivães. Os libelos eram os tipos processuais mais comuns, sendo encontrados, pela autora, 89 ações desse tipo.[17]

A princípio, o "libelo" era o documento que se seguia à citação do réu e no qual o autor deveria descrever o fato, apontar o fundamento jurídico para a ação e esclarecer seu pedido ao juízo.[18] Porém, os processos judiciais encontrados em jurisdições do Império português e também do Brasil independente mostram que "libelo" acabou sendo a palavra usada para designar tipos processuais genéricos no âmbito cível. No direito português, não era necessário que a parte autora indicasse o nome da ação que estava autuando, pois os juristas do Antigo Regime consideravam que o nome da ação não necessariamente determinaria o seu procedimento.[19] Essa ausência de determinação prévia do tipo pode ter tido o efeito, nos tribunais, de ações serem designadas com bastante frequência sob a categoria genérica de "libelo".

Os libelos também eram frequentemente usados para se discutir o estatuto jurídico das pessoas no Brasil Império. Muitos dos trabalhos sobre escravidão desenvolvidos nas últimas décadas analisaram processos que tramitaram perante o Tribunal da Relação do Rio de Janeiro e que, atualmente, fazem parte do fundo Relação do Rio de Janeiro, do Arquivo Nacional do

17 Pinheiro, *Em defesa da liberdade*.

18 Hespanha, *Como os juristas viam o mundo, 1550-1750*, §2031.

19 Ibid., §2031.

Rio de Janeiro (ANRJ). Grinberg, por exemplo, identificou 402 ações de definição de estatuto jurídico que tramitaram no Tribunal da Relação do Rio de Janeiro entre 1808 e 1888.[20]

A partir dessa documentação, compus uma amostra de 270 processos. A primeira parte dessa amostra é formada por processos do ANRJ que foram microfilmados e se encontram disponíveis no Arquivo Edgard Leuenroth (AEL). No AEL, podem ser encontradas microfilmadas 214 ações de definição de estatuto jurídico que tramitaram perante o Tribunal da Relação do Rio de Janeiro entre os anos de 1812 e 1873 e uma ajuizada em 1878. Desse total, consultei 210 ações, já que não pude ter acesso aos processos catalogados sob os números 131, 132, 133 e 134. Para a segunda parte da amostra, selecionei aleatoriamente 60 ações de definição de estatuto jurídico ajuizadas nos anos ímpares entre 1873 e 1888 e que integram o fundo Relação do Rio de Janeiro do ANRJ. Nessa amostra de 270 ações, identifiquei 90 tipos de denominação dadas às ações de definição de estatuto jurídico.[21]

Correlata à notável diversidade de tipos processuais era a grande variedade de argumentos mobilizados pelas partes. Nesses processos, havia uma forte presença de discussões a respeito da posse da liberdade ou da posse de alguém como escravo. Testamentos, promessas de alforria e disputas entre herdeiros também eram frequentes nesses litígios. A prática do pecúlio, discussões sobre a alforria forçada e sobre escravos que compraram parte de si mesmos também estavam presentes. Outras ações discutiam o tráfico ilegal e diversas práticas de escravização ilegal. Nesse sentido, havia uma miríade de possibilidades de argumentos jurídicos e de tipos processuais a serem mobilizados por escravos e libertos não só nos tribunais do Brasil Império como nos tribunais do Atlântico de uma maneira mais geral.

A análise da amostra das 270 ações que tramitaram perante o Tribunal da Relação do Rio de Janeiro, no entanto, indica que houve mudanças importantes na década de 1860 e, principalmente, após a promulgação da Lei de 1871. A partir da década de 1860, começam a aparecer processos classificados como "sumários": dois iniciados em 1862, um em 1863, um em 1867 e dois em 1870. A frequência aumenta depois de 1871: dois processos em

---

20 Grinberg, Re-Enslavement, Rights and Justice in Nineteenth Century Brazil, *Translating the Americas*, v.1, p.141-59, 2013.

21 Para a tabela completa das categorias processuais, ver: Paes, O procedimento de manutenção de liberdade no Brasil oitocentista, *Estudos Históricos*, v.29, n.58, p.339-60, 2016.

1871, dois em 1872, dois em 1873, um em 1875, dois em 1877, um em 1883, um em 1885 e um em 1888.

É também na década de 1860 que, mesmo em processos não classificados como "ações sumárias", tornam-se recorrentes argumentos no sentido de que as causas de liberdade deveriam seguir o rito sumário. Esse debate, que, à primeira vista, evoca meras tecnicalidades jurídicas, tinha efeitos diretos nas estratégias de escravos e libertos, nos custos gerados pelo processo e nos tipos de provas a serem produzidos pelas partes. Nos processos que seguiam o rito sumário, não havia réplica, tréplica e dilação probatória, o que tornava o procedimento mais rápido e impossibilitava o depoimento de várias testemunhas, como ocorria em diversas ações de definição de estatuto jurídico. Assim, dependendo da questão, poderia ser "estratégico" adotar o rito sumário e privar uma das partes da possibilidade de produzir depoimentos testemunhais.

Com frequência, mobilizava-se uma retórica de que o rito sumário em ações de definição de estatuto jurídico era a prática já consolidada nos tribunais. Por exemplo, no processo iniciado por José e Joaquim, em 1869, o curador afirmou: "É doutrina incontroversa que a ação de liberdade é sumária".[22] Porém, os documentos de outras jurisdições coloniais portuguesas como Angola, Cabo Verde e o Brasil e mesmo a análise dos processos que tramitaram perante o Tribunal da Relação do Rio de Janeiro mostram que não havia tal prática consolidada e inconteste. No entanto, ao que tudo indica, um discurso de que as ações de definição de estatuto jurídico deveriam seguir o rito sumário foi ganhando corpo nos tribunais do Império ao longo da década de 1860, o que acabou por se refletir na Lei de 1871.

O processo judicial nos debates da Lei de 1871

Também foi na década de 1860 que ganharam centralidade, no governo, os debates acerca da emancipação gradual dos escravos. Ao final de 1865, d. Pedro II solicitou ao político e jurista José Antônio Pimenta Bueno que

22 Arquivo Nacional do Rio de Janeiro, processo n.13.794, fundo 84, Relação do Rio de Janeiro, série apelação cível, código de referência 84.0.ACI.00155, apelante João Xavier de Azambuja Vila Nova, apelado Joaquim, ano inicial 1869, ano final 1874, caixa 3.690, local Uruguaiana, microfilme AN_083_2006, p.64-65v.

iniciasse estudos preliminares para um projeto de emancipação gradual. Em janeiro de 1866, Pimenta Bueno concluiu seu trabalho e apresentou um projeto dividido em cinco partes. Nele, apesar de terem sido estipulados procedimentos a serem seguidos nos casos de arbitramento do valor da alforria (arts. 8º a 13º da segunda parte), não houve nenhuma menção às ações de definição de estatuto jurídico de maneira mais geral.[23]

O projeto foi debatido no Conselho de Estado em 1867. Nessa ocasião, José Maria da Silva Paranhos levantou a questão dos processos judiciais. Unindo-se a outras vozes que "não querem a autoridade interpondo-se a miúdo entre o senhor e o escravo, ou medidas de proteção especial ou aparatosa",[24] o conselheiro propôs medidas de "melhoramento da sorte dos escravos" e, entre elas, estava: "facilitar e proteger os processos de liberdade, cortando por qualquer embaraço proveniente da ignorância e pobreza dos que estejam em cativeiro ilegal, ou se vejam ameaçados disso".[25] Ou seja, os processos judiciais eram vistos como uma maneira de canalizar as demandas dos escravos e seus pleitos por direitos de maneira "controlada" e sem interferência direta no poder dos senhores. Era nesse sentido que deveriam ser "facilitados" no processo de emancipação gradual.

Paranhos fez, também, várias referências a como Portugal estava encaminhando o processo de emancipação gradual. É interessante notar que o decreto de 14 de dezembro de 1854 (daqui em diante, Decreto de 1854), promulgado pelo governo português, possuía inúmeros pontos similares aos que estavam sendo discutidos pelo governo brasileiro. A princípio uma norma voltada ao registro dos escravos, o Decreto de 1854 regulou de maneira bastante minuciosa os procedimentos e ritos processuais a serem adotados em questões de liberdade e escravidão. Em relação ao arbitramento do valor das alforrias, determinou que o processo deveria ser verbal e sumaríssimo (art. 26). Nos processos em que se discutisse se alguém era escravo, liberto ou ingênuo, dever-se-ia seguir o rito sumário e o ônus da prova era do "detentor" da pessoa cujo estatuto estava sob discussão (art. 28).[26]

No Brasil, após os primeiros debates no Conselho de Estado, foi nomeada uma comissão, presidida por José Tomás Nabuco de Araújo, para apresentar

---

23 Brasil, *Trabalho sobre a extinção da escravatura no Brasil*, p.8-18.

24 Ibid., p.85.

25 Ibid.

26 Portugal, *Boletim Official do Governo Geral da Provincia d'Angola*, n.517, p.3, 25 ago. 1855.

um novo projeto que sistematizasse as posições predominantes nas discussões antecedentes. O projeto assinado por Nabuco de Araújo tratou explicitamente de questões processuais:

> Art. 5º – São concedidos a bem dos escravos e libertos os seguintes favores:
>
> §1º – Juízo especial em todas as questões cíveis de liberdade ou tendentes à liberdade.
>
> Em 1ª instância será o juiz de órfãos.
>
> Em 2ª instância o juiz de direito.
>
> Nestas causas haverá sempre revista, sendo vencidos os escravos e libertos.
>
> §2º – Intervenção do ministério público para requerer e promover os direitos e favores que esta lei concede aos escravos e libertos; representá-los em todas as causas de liberdade em que eles forem parte; e assisti-los nos negócios extrajudiciais.
>
> §3º – Processo sumário nas mesmas causas quando eles forem autores.
>
> §4º – Isenção de custas e impostos dos processos de liberdade.[27]

Os debates em torno desse projeto ocorreram em paralelo às discussões a respeito da reorganização judiciária do Império. Em 1866, Nabuco de Araújo, então ministro da Justiça, apresentou à Câmara dos Deputados um projeto para a organização do Ministério Público. Para ele, uma das funções do Ministério Público seria defender os "sagrados direitos" dos escravos.[28] Nesse projeto, a competência do Ministério Público englobaria "as causas de liberdade dos escravos como autores ou réus".[29] O projeto de Nabuco de Araújo, no entanto, não foi aprovado, o que não o impediu de propor medidas, no âmbito dos debates a respeito do emancipacionismo gradual, que aumentassem a participação de agentes do governo nas questões judiciais que diziam respeito à liberdade e à escravidão.

Após as discussões, a comissão encaminhou ao imperador seu parecer. Nele, mais uma vez, fica evidenciada a percepção de que um controle maior das ações de definição de estatuto jurídico e a adoção de medidas que facilitassem seu trâmite eram vistas como maneiras de conduzir o encaminhamento da abolição sem interferir de maneira direta no domínio dos senhores.

---

27 Brasil, *Trabalho sobre a extinção da escravatura no Brasil*, p.114.

28 Brasil, *Anais do Parlamento brasileiro*, tomo I.

29 Ibid., p.97-8.

Neste sentido, foram-lhes concedidos alguns favores, de que tratará a comissão em lugar próprio.

Todavia foi ideia dominante no Conselho de Estado que, mantida a escravidão atual, convinha não alterar o regime dela, e por consequência não admitir favores que perturbassem as relações domésticas entre os senhores e os escravos, e fizessem intervir a autoridade entre eles.[30]

Assim, o novo projeto encaminhado ao imperador determinava que:

Art. 5º – São concedidos a bem dos escravos e libertos os seguintes favores:

§1º – Primeira instância especial em todas as questões cíveis de liberdade. Esta 1ª instância será exercida pelo juiz de órfãos.

§2º – Apelação *ex officio* sendo as decisões contrárias à liberdade.

§3º – Revista de todos os julgamentos, em que forem vencidos os escravos ou libertos.

§4º – Intervenção do Ministério Público para requerer e promover os direitos e favores que esta lei concede aos libertos e escravos; para representá-los em todas as causas de liberdade em que forem partes e assisti-los nos negócios extrajudiciais.

§5º – Processo sumário, e praticável mesmo nas férias, quando eles forem autores.[31]

A respeito desse artigo, o parecer da comissão continha o seguinte comentário:

As medidas de proteção, que este artigo do projeto contém, tendentes a melhorar o sistema da escravidão enquanto subsiste entre nós, e a manter e garantir os direitos dos escravos e libertos, são há muito reclamadas pela opinião pública; alguns constam de diversos projetos apresentados ao corpo legislativo, outras são indicadas na citada obra do ilustrado jurisconsulto o dr. Perdigão Malheiro e em vários escritos publicados; essas medidas pela maior parte foram tomadas na Inglaterra em 1831, em França em 1845, e em Portugal desde 1854. [...] Cumpre observar que as medidas propostas neste artigo para melhorar o sistema da escravidão limitam-se ao que se passa aos olhos da sociedade e por amor da civilização, mas não entendem com as relações

30 Brasil, *Trabalho sobre a extinção da escravatura no Brasil*, p.128.
31 Ibid., p.149.

domésticas entre o senhor e os escravos, ponto defeso pela opinião dominante no Conselho de Estado.[32]

Apesar das ressalvas feitas pela comissão, o projeto levantou algumas polêmicas quando foi debatido no Conselho de Estado, em 1868. Pedro de Araújo Lima logo se opôs a "todos os favores" presentes no artigo 5º, já que eles teriam como resultado "ensoberbecerem-se os escravos, e os senhores ficarem coactos".[33] Houve também oposição a que houvesse revista de todos os julgamentos contrários às pretensões de escravos e libertos e a que o Ministério Público se encarregasse de questões jurídicas de escravidão.[34]

Bernardo de Souza Franco, por sua vez, se opôs a que os juízes de órfãos fossem competentes para discutir as questões cíveis de liberdade, pois eram um juízo administrativo e, portanto, não poderiam se ocupar de questões que envolvessem a propriedade.[35] Tais questões demandariam o curso normal do processo, caso contrário haveria um atentado à Constituição, que resguardava os direitos de propriedade em sua plenitude. Já Manuel Vieira Tosta considerou que o rito sumário representaria uma "desigualdade de condições" a favor dos escravos e libertos.[36]

Em defesa do projeto, Nabuco de Araújo afirmou que "não vê injustiça em que as causas de liberdade sejam sumárias. Sempre as causas de liberdade mereceram este favor. Atualmente, como ensina Corrêa Telles (*Doutrina das ações*), e se pratica no foro, a ação de liberdade é sumária, e a de escravidão ordinária".[37]

Corrêa Telles era um autor citado com bastante frequência nas ações de definição de estatuto jurídico que tramitaram, ao longo do século XIX, no Tribunal da Relação do Rio de Janeiro.[38] O livro mencionado por Nabuco de Araújo foi escrito nas primeiras décadas do século XIX, momento em que se travava, nos tribunais portugueses em território metropolitano, uma intensa disputa a respeito dos ritos a serem seguidos nas ações de definição de estatuto jurídico. No livro, Corrêa Telles afirma categoricamente que a ação de

32 Ibid., p.141-2.

33 Brasil, *Pareceres do Conselho de Estado no anno de 1868 relativos ao elemento servil*, p.55.

34 Ibid., p.53-69.

35 Ibid., p.58.

36 Ibid., p.62.

37 Ibid., p.63.

38 Paes, *Escravidão e direito*, p.22; Grinberg, *O fiador dos brasileiros*, p.244.

liberdade era sumária.[39] Nos tribunais, porém, essa perspectiva estava sob disputa. Nessa época, vários escravos e irmandades de homens negros estavam propondo ações judiciais para a declaração da liberdade. Essas partes argumentavam que o rito desses processos deveria ser o sumário. Seu argumento era que as causas de liberdade eram privilegiadas e deveriam ser tratadas sem delongas e sem muitas formalidades. Os senhores, por outro lado, defendiam que o rito fosse ordinário. Os escravos e irmandades também estavam conseguindo avançar o entendimento de que, nas ações sumárias, o ônus da prova recairia sobre os supostos senhores, que deveriam provar o seu direito de domínio sobre os supostos escravos.[40]

Ao comparar o fenômeno que estava ocorrendo na metrópole portuguesa com o que ocorria na vila colonial de Mariana, Pinheiro identificou que o uso de ações que seguiam o rito sumário não era tão presente naquela região da América. No entanto, havia casos em que o processo era sumário e grande parte deles havia se iniciado após dispensa, do governador da capitania, para se litigar por meio de libelos, que tendiam a seguir o rito ordinário.[41]

Como vimos anteriormente, os ritos sumários também estavam longe de ser prática consolidada e inconteste tanto nos tribunais portugueses, como afirmou Corrêa Telles, quanto nos tribunais do Brasil Império, como afirmou Nabuco de Araújo. Esse era um campo ainda em disputa no momento das discussões que acabaram desembocando na Lei de 1871.

Em 1870, foi aprovada, na Câmara dos Deputados, a nomeação de uma comissão especial para dar seu parecer a respeito da emancipação gradual. Ao longo de seus trabalhos, a comissão analisou diversos projetos que versavam sobre o tema. Dentre os diversos projetos analisados, estavam dois que abordavam, explicitamente, questões processuais. Um era de autoria de Agostinho Marques Perdigão Malheiro, que determinava que em questões de liberdade o rito era sumário, que quem litigava a favor da liberdade não era obrigado às custas, que haveria apelação *ex officio* de sentenças contrárias à liberdade e que o recurso de revista teria efeito suspensivo.[42] Já o outro projeto foi apre-

39 Telles, *Doutrina das acções*, p.13.

40 Pinheiro, *Em defesa da liberdade*, p.300-9.

41 Ibid., p.307-8.

42 Brasil, *Elemento servil: parecer e projeto de lei apresentados à Câmara dos Srs. Deputados na sessão de 16 de agosto de 1870, pela comissão especial nomeada pela mesma Câmara em 24 de maio de 1870*, p.125.

sentado por Teodoro Pereira da Silva e determinava que, no caso dos escravos libertos por ausência de matrícula, competiria ao promotor público requerer sua liberdade perante o juízo de órfãos, por meio de processo sumário.[43]

No projeto final apresentado pela comissão à Câmara dos Deputados, havia tanto a determinação de que não deveriam ser admitidas, em juízo, ações sobre escravidão sem que fosse apresentada a certidão da matrícula (art. 2º, §4º), quanto as determinações de que as questões de liberdade seriam decididas por meio de processos sumários, dos quais haveria apelação *ex officio* em caso de sentenças contrárias à liberdade e nos quais não estavam obrigadas às custas as partes que litigassem pela liberdade (art. 6º, §10).[44] Em seu parecer, a comissão, mais uma vez, tratou desses temas sob a rubrica de medidas de "proteção aos escravos e libertos", ressaltando que eram questões há muito reclamadas pela opinião pública ou já admitidas pela jurisprudência. Além disso, encontrava respaldo, "há mais de um século", em "nossa legislação". Porém, como tais normas tinham sido contestadas na prática do foro, não era "inútil o seu reconhecimento".[45] E acrescentou:

> A maior parte das medidas indicadas se acham consignadas nos projetos afetos à comissão, e têm a autoridade não só do direito romano, especialmente depois dos princípios humanitários de Justiniano, mas também da legislação da nossa antiga metrópole, e de todas as nações que legislaram sobre a difícil transição social de que tratamos.
>
> A maioria da comissão, porém, procurando regular as relações dos escravos e libertos, limitou-se a tratar das que se externam do lar e se efetuam à face da sociedade, e excluiu todas as medidas que pudessem perturbar as relações domésticas do escravo para com o senhor.[46]

Em maio de 1871, o governo, com gabinete então comandado por José Maria da Silva Paranhos, encaminhou à Câmara dos Deputados outro projeto de emancipação gradual. Nele, determinava-se que o juiz de órfãos seria a primeira instância em todas as questões cíveis de liberdade, o processo seria sumário, haveria apelação *ex officio* de decisões contrárias à liberdade,

43 Ibid., p.129.
44 Ibid., p.64-7.
45 Ibid., p.30-1.
46 Ibid., p.31.

os promotores públicos poderiam "promover os direitos e favores que as leis concedam aos libertos e escravos" e representá-los em causas de liberdade.[47]

A comissão especial nomeada pela Câmara para analisar o projeto do governo foi contra algumas dessas disposições. Ela considerou que estabelecer o juízo de órfãos como um juízo especial não era adequado, pois havia suspeitas de que isso tivesse o "intuito de exercer uma fiscalização cotidiana, incessante, em relação aos escravos, libertos e menores".[48] Além disso, aconselhavam a supressão do parágrafo referente aos promotores públicos, pois eles já tinham outras atribuições.[49] Após as emendas, o artigo 7º ficou com a redação final que está na Lei de 1871.

O que esses debates mostram é que ritos processuais mais céleres – uma demanda que já aparecia na prática do foro desde a década de 1860, mas que não era algo consolidado e inconteste – eram percebidos pelos políticos e juristas envolvidos nos debates que resultaram na Lei de 1871 como uma das medidas de promoção do emancipacionismo gradual. Também se vê que os processos judiciais eram percebidos, por eles, como algo que não interferiria diretamente no domínio dos senhores. Por essa ótica, as ações de definição de estatuto jurídico possuíam um caráter ambíguo. Ao mesmo tempo que eram instrumentos que possibilitaram a diversos escravos atingir a liberdade, também eram percebidos como uma medida conservadora, que visava a controlar o processo de emancipação gradual e não representariam uma afronta direta ao poder dos senhores.

A Lei de 1871 e as novas possibilidades na arena dos tribunais

As normas sobre questões processuais presentes na Lei de 1871 e em seus subsequentes regulamentos tiveram um impacto profundo nas estratégias e possibilidades abertas a escravos e libertos nos tribunais do Brasil Império. O caso de Rita e seus filhos nos mostra, de maneira bastante clara, o impacto dessas normas na luta judicial pela liberdade.

---

47 Brasil, *Elemento servil: parecer da comissão especial apresentado à Câmara dos Srs. Deputados*, 1871, p.57.

48 Brasil, *Elemento servil: parecer da commissão especial*, p.43-4.

49 Brasil, *Elemento servil: parecer da commissão especial*, p.49.

Junto à sua petição inicial, Rita e seus filhos anexaram o testamento de Mathilde, que seria o fundamento de sua liberdade. Nele, Mathilde disse: "Quero que as minhas escravas Rita, crioula e Geralda sua filha fiquem libertas depois de minha morte; estas duas escravas estão há muito tempo em poder de João Pedro de Andrade e de propósito deixei de as matricular com a intenção de torná-las libertas pela lei".[50] A atitude de Mathilde indica que as disposições da Lei de 1871 e de seus regulamentos eram conhecidas da população. Afinal, houve um esforço do governo em "fazer conhecer" as novas regras, como a obrigatoriedade de sua leitura nas missas de domingo.

Além disso, após a promulgação da Lei de 1871, vários livros foram publicados com o objetivo de instruir advogados, juízes e escrivães, mas também um público não especializado, sobre a nova regulamentação da escravidão. Esse gênero de livro jurídico – chamado pela historiografia de "literatura jurídica pragmática"[51] – era bastante comum desde o período colonial; tinha como objetivo fazer conhecer de uma maneira mais simples as normas e ganhou novo impulso com a promulgação da Lei de 1871 e dos regulamentos que a sucederam.[52] Por exemplo, no prefácio a seu livro, Romualdo Antonio de Seixas afirmou que um dos objetivos da publicação era imbuir "os proprietários com os conhecimentos necessários para a garantia de sua propriedade".[53] Já Luiz Francisco da Veiga teve a publicação de seu livro apoiada pelo Ministério da Agricultura, Comércio e Obras Públicas e afirmou no prefácio que ele serviria "para lembrança ou esclarecimento de todas as classes da sociedade e de funcionários, isto é, no interesse do Ministério da Agricultura, dos empregados da Fazenda Nacional e quaisquer outros, Advogados, Juízes, senhores de escravos, etc.".[54]

Assim, ou pela missa de domingo, ou por ter colocado as mãos em algum livro jurídico sobre o tema, ou por ter lido no jornal, ou por meio de conversas

---

50 ANRJ, processo n.1.742, p.4.

51 Barbosa, Complexidade e meios textuais de difusão e seleção do direito civil brasileiro pré-codificação, in: Fonseca; Seelaender (orgs.), *História do direito em perspectiva: do Antigo Regime à modernidade*, p.361-73; Danwerth; Duve (orgs.), *Knowledge of the Pragmatici*.

52 Mafra, *Promptuario das leis de manumissão*; Pessoa, *Elemento servil*; Seixas, *Promptuario para mais facil comprehensão e execução da Lei de 28 de setembro de 1871 e mais disposições sobre a emancipação do elemento servil*; Silveira, *Annotações à Lei n.2.040, de 28 de setembro de 1871*; Veiga, *Livro do estado servil e respectiva libertação*.

53 Seixas, *Promptuario*.

54 Veiga, *Livro do estado servil e respectiva libertação*.

e interações cotidianas, Mathilde sabia que não matricular suas escravas significaria que elas ficariam libertas. Há, no entanto, um detalhe. A afirmação de Mathilde foi feita em um testamento elaborado em 1878. Ou seja, muitos anos após o prazo para a matrícula obrigatória. Mathilde, porém, afirmava que Rita e Geralda só seriam libertas após sua morte, desconsiderando o fato de que, do ponto de vista legal, elas já eram mulheres livres, pois não haviam sido matriculadas.

Voltando ao processo, logo após a autuação da petição inicial de Rita e seus filhos, o juiz determinou o depósito dos autores e mandou citar o réu para vir a juízo apresentar seu título de propriedade.[55] No contexto pós-Lei de 1871, apresentar "título de propriedade" costumava ser apresentar a matrícula dos escravos. Essa foi uma das grandes modificações que a Lei de 1871 e seus regulamentos provocaram na arena processual. Antes, tanto o direito de liberdade quanto o domínio sobre escravos eram provados, sobretudo, a partir de depoimentos testemunhais. No que dizia respeito a documentos, uma gama extremamente variada era utilizada: assentos de batismo, recibos de pagamento da sisa, transações de compra e venda, testamentos etc. Após 1872, foi se consolidando o entendimento de que o título por excelência da propriedade escrava era a certidão de matrícula.[56] Afinal, o artigo 39 do Decreto de 1871 determinou: "O juiz ou autoridade que admitir que perante ele se levante litígio sobre o domínio ou posse de escravos, sem que sejam logo exibidas as relações ou certidões de matrícula, incorrerá na multa de 20$000 a 100$000".[57]

Ciente de que havia uma matrícula de Rita e Geralda feita pelo réu João Pedro, o curador dos libertandos logo se pronunciou dizendo que qualquer certidão de matrícula que fosse apresentada não cumpria a determinação do juiz de apresentar "título de propriedade", já que Mathilde, a senhora legítima, havia dito, expressamente, que não iria matricular Rita e Geralda para que elas pudessem requerer sua liberdade.[58]

55 ANRJ, processo n.1.742, p.8.

56 Paes, *Esclavos e tierras entre posesión y títulos*; Espíndola, *Papéis da escravidão*.

57 Brasil, Decreto n.4.835. O Decreto de 1854, promulgado pelo governo português, possuía determinação semelhante: "Art. 5º – Não será admitida em Juízo ação alguma em que se dispute sobre a liberdade, sem que seja instruída com a certidão de registro" (Portugal, *Boletim Official do Governo Geral da Provincia d'Angola*, p.1). Para uma análise desse dispositivo, ver: Paes, Shared Atlantic Legal Culture: the Case of a Freedom Suit in Benguela, *Atlantic Studies, Global Currents*, v.17, 2020, p.419-40.

58 ANRJ, processo n.1.742, p.11-11v.

Em sua contestação, João Pedro, de fato, apresentou um certificado de matrícula de Rita e Geralda e argumentou que elas lhe pertenciam pelo dote que sua esposa tinha recebido do falecido marido de Mathilde. Ele também informou que houve um outro processo, proposto por Rita e Geralda, para discutir sua liberdade, mas que o juiz daquele caso considerou que a matrícula apresentada e o dote comprovariam sua condição de escravas. Além disso, no juízo de Resende, havia uma ação, ainda em curso, para anular o testamento de Mathilde, pois ela haveria libertado escravas que não eram suas.[59]

A essas alegações, o curador replicou que a matrícula, por si só, não era "título legal da propriedade escrava". Como João Pedro não havia provado o dote, que seria o "título anterior", a matrícula de Rita e Geralda tinha sido feita em "falsa qualidade". Além disso, citou a Lei de 1871 para argumentar que a matrícula "sem título anterior que a legitima, não pode produzir o estado de escravidão". Afinal, seria absurdo que a pessoa livre ilegitimamente matriculada ficasse "reduzida à condição de escrava". O curador também ressaltou que o processo que corria em Resende não poderia impedir o procedimento de liberdade, pois aquele era uma ação de libelo e este, uma notificação para a concessão de liberdade, um processo sumário.[60]

Ao proferir sua sentença, o juiz concordou com os argumentos do curador e considerou que a matrícula não poderia ser usada como título legal de propriedade sobre um escravo, já que o dote tampouco tinha sido provado, o que tornava o réu ilegítimo para matricular Rita e Geralda. Assim, declarou Rita e seus filhos livres.[61]

Inconformado, o réu embargou a sentença. Ele argumentou que estava na posse mansa e pacífica de Rita e Geralda. Dessa posse, "diuturna e notória", ele não poderia ser privado sem sentença proferida em "processo regular". O presente processo teria sido constituído apenas por diligências preparatórias e preliminares, o que impediu que o réu pudesse se defender e comprovar os fatos alegados. Junto aos embargos, anexou também uma série de depoimentos da ação de nulidade de testamento, pois acreditava que testemunhas eram essenciais para a comprovação do seu direito, o que não tinha ocorrido na ação que estava embargando.[62]

---

59 ANRJ, processo n.1.742, p.12-13v.
60 ANRJ, processo n.1.742, p.27v-30.
61 ANRJ, processo n.1.742, p.38v-40.
62 ANRJ, processo n.1.742, p.45-46v.

O argumento da posse pública e sem contestação era algo recorrente nas ações de definição de estatuto jurídico desde o período colonial.[63] Em um contexto como o anterior à Lei de 1871, a principal maneira de se comprovar o domínio sobre escravos era por meio da posse e, para tanto, era essencial que o reconhecimento da comunidade fosse confirmado por depoimentos de testemunhas. Apesar de discursos que defendiam que discussões sobre posse deveriam se dar no âmbito de processos sumários, fato era que a grande maioria dos processos que discutiam posse da liberdade ou posse de escravos seguiam o rito ordinário, nos quais diversas testemunhas davam seus depoimentos.

Com os argumentos dos embargos, o que João Pedro fez foi tentar convencer o juiz de que o procedimento correto seria seguir essa prática dos tribunais brasileiros: tratar a posse como o instituto jurídico central na definição do estatuto jurídico das pessoas e discutir o tema no âmbito de um processo ordinário, com ampla produção de prova testemunhal. Ocorre, no entanto, que a Lei de 1871 e seus regulamentos tinham reconfigurado, de maneira profunda, o tabuleiro processual. A matrícula obrigatória e a exigência de que a certidão de matrícula fosse apresentada nos processos de definição de estatuto jurídico acabaram por retirar da posse a centralidade que ela tinha nessas questões e deslocá-la para os títulos, sendo a matrícula o principal deles. Em relação ao procedimento, ganhou proeminência o sumário, que, aliado à exigência da matrícula, em geral tornava os pleitos por liberdade mais rápidos e menos custosos para os libertandos. Já os senhores, nos processos sumários, perdiam a possibilidade de provar o seu domínio com depoimentos de testemunhas da comunidade em que viviam e com uma grande variedade de documentos.

Contra os embargos protocolados por João Pedro, o curador rebateu:

> O processo será sumário, tal é a lei, tal é a regra. [...] O que é certo é que se guardou a ordem natural do processo, dispensando-se somente as formalidades do direito civil, respeitada a defesa; o que constitui o procedimento sumário. [...] Quem, portanto, for ferido pelo despacho, quem se sentir agravado, proponha o seu remédio jurídico, que é, na espécie, a ação ordinária de escravidão. O mais é inverter os termos da questão; é forçar-nos a uma ação, quando essa obrigação não é nossa.[64]

---

63 Paes, *Esclavos e tierras entre posesión y títulos*; Pinheiro, *Em defesa da liberdade*.

64 ANRJ, processo n.1.742, p.64-67v.

E replicou o réu:

> Por muito sumária que seja a ação nunca se pode omitir a exposição da intenção, defesa, provas, tempo para produzir porque isso é de direito natural. [...] Há uma regra de direito que presume-se ser senhor aquele que pacificamente possui à face de todos, sem contestação de ninguém. Isto é suficiente para que o Embargante não fosse desapossado, sem figura de juízo, das libertandas. É mister que ele seja vencido e convencido; mas para isso ele deve ser ouvido com sua defesa e com suas provas.[65]

O juiz rejeitou os embargos e confirmou a liberdade de Rita e seus filhos. O réu ainda apelou para o Tribunal da Relação do Rio de Janeiro, mas os desembargadores confirmaram as decisões anteriores.

Considerações finais

Assim como Rita e seus filhos, diversos outros escravos puderam alcançar a liberdade nos tribunais do Brasil Império após a promulgação da Lei de 1871. As normas processuais nela presentes acabaram reconfigurando a arena judicial, dentre outras coisas, ao favorecer processos com ritos mais céleres e colocando a matrícula no centro do sistema probatório. Algumas dessas questões já eram pleiteadas por escravos, libertos, advogados e juízes desde a década de 1860. Nesse sentido, a lei funcionou, também, como mais um passo no sentido de se consolidar determinadas práticas processuais.

Após sua promulgação, a prática processual também acabou avançando interpretações de seus dispositivos no sentido de favorecer as chamadas "causas de liberdade". Um exemplo era o argumento – presente no processo de Rita e seus filhos – de que as ações de liberdade deveriam seguir o rito sumário, como explicitamente estabelecido na Lei de 1871, e as ações de escravidão deveriam seguir o rito ordinário, o que não estava explicitamente escrito na Lei de 1871 e era uma interpretação extensiva de seus dispositivos.

A documentação também mostra que a Lei de 1871 teve uma grande permeabilidade social, no sentido de que senhores, escravos e libertos a

65 ANRJ, processo n.1.742, p.68-72.

conheciam e, em seus atos cotidianos, avançavam entendimentos próprios sobre ela, ressignificando-a. Nesse sentido, foram vários os atores que participaram do processo de atribuição de significados concretos às disposições da Lei de 1871 e de seus regulamentos: escravos, libertos, senhores, párocos, os autores dos livros "pragmáticos", funcionários do governo, escrivães, juízes, advogados e parlamentares.

Por fim, é importante ressaltar o caráter ambíguo dessa legislação. É inconteste que a Lei de 1871, além de reconfigurar a arena processual abrindo novas possibilidades para estratégias judiciais, também abarcou lutas e demandas de longa data dos escravos, como o pecúlio e a possibilidade de pagar pela manumissão mesmo contra a vontade dos senhores.[66] Também os processos judiciais, há muito, são considerados pela historiografia como uma importante via para se conseguir a liberdade e avançar demandas por direitos e melhores condições de vida. No entanto, os debates em torno das questões processuais no âmbito da Lei de 1871 também evidenciam que esses processos judiciais eram percebidos pela elite política do Império como algo que facilitaria um maior controle do processo de emancipação gradual e como uma prática que não abalava a relação senhor-escravo. Essa percepção dos processos judiciais como instrumentos que não ameaçavam diretamente o poder e o domínio dos senhores nos chama a atenção para o caráter conservador dessas ações, expondo as ambiguidades da Lei de 1871 e do direito da escravidão de uma maneira mais geral.

---

66 Chalhoub, *Visões da liberdade*; Pena, *Pajens da casa imperial*.

21
Estratégias de mulheres escravizadas para obter alforrias e a pedagogia da liberdade

Lúcia Helena Oliveira Silva

O surgimento das leis abolicionistas no Brasil a partir de 1850 deu início a uma política que objetivava acabar progressivamente com a escravidão. Embora desde a Independência o país fosse influenciado pelos princípios do liberalismo, as ideias estavam ligadas à formação de uma monarquia independente sem necessariamente se voltar para as questões sociais, como a população escravizada. Ou seja, o uso do liberalismo era mais político do que propriamente social. Emília Viotti da Costa esclarece: "declamava-se os princípios, recitava-se o credo do liberalismo, enquanto o escravo mourejava nos portos, nas fazendas, nas cidades. A ambiguidade dessa situação não parece ter incomodado a muitos naquela época inicial".[1] Assim, diferentemente de outros lugares, foi possível ter um país independente, de concepção liberal, centralizador, que manteve a escravidão. Os avanços para a população escravizada, as mudanças, só começaram com a segunda e definitiva lei voltada para a proibição do tráfico internacional. Anteriormente havia sido promulgada a lei de 7 de dezembro de 1831, apelidada de "lei pra inglês ver", que tinha esse nome porque nunca foi respeitada pelos negociantes brasileiros. Contudo, a Lei Eusébio de Queiroz de 1850, além de fechar as portas para o tráfico de africanos, inaugurou um período de discussões acerca da substituição dos trabalhadores compulsórios. Nesse sentido, passou a ser

1 Costa, *Da monarquia à república*, p.XVI.

importante refletir sobre as possíveis soluções para a questão da mão de obra e a libertação do chamado "elemento servil".[2]

A Lei do Ventre Livre veio no começo da década de 1870 e, nesse intervalo, o país se defrontou com diversas questões, como a Guerra do Paraguai (1864-1870), que teve a participação de muitos escravizados lutando ao lado do Exército. Também houve o encarecimento dos trabalhadores e trabalhadoras cativos que passaram a ser mais disputados no mercado interno. Essa lei, de 28 de setembro de 1871, e também chamada Lei Rio Branco, veio após intensas discussões entre os favoráveis a uma abolição mais rápida e os grandes fazendeiros, que dependiam diretamente do trabalho escravo. Considerada como o início efetivo do processo de abolição, a Lei 2.040 foi analisada por diversos estudiosos. Para o brasilianista Robert Conrad, ela foi uma importante contribuição ao desmonte da escravidão, porém morosa nos resultados.[3] José Murilo de Carvalho também destacou sua importância no desmonte da escravidão e a viu mais como resultado das trocas políticas entre grupos ligados ao poder do que propriamente em favor dos cativos.[4] Para Carvalho, a lei trazia solução para a questão escrava, mas com prazo indeterminado, o que, de certo modo, convinha aos fazendeiros. Já para Ademir Gebara, a Lei do Ventre Livre foi fundamental para a criação do mercado de trabalho livre, porém mantinha dispositivos que indicavam um contínuo controle dos trabalhadores que iam se alforriando, além de "serenar os ânimos" dos abolicionistas radicais e dos escravocratas.[5]

O que se percebe nessas análises é que elas valorizavam a lei, mas a viam como um ato de pouca eficácia. Para Eduardo Spiller Pena, esse olhar cético foi fortemente influenciado pelo viés de Joaquim Nabuco, segundo o qual a Lei Rio Branco tinha um caráter moderado devido à pressão dos grandes fazendeiros e foi o caminho menos radical dentre as proposições parlamentares de época.[6] Pensando em uma perspectiva mais ampla, ao estudar o debate parlamentar da época em torno de sua criação, Christiane Laidler observou que, embora a Lei do Ventre Livre não fosse identificada com uma lei de grandes efeitos, uma de suas virtudes foi alterar os argumentos ideológicos

---

2 Oliveira, *Pena, papel e grilhões*, p.9.

3 Conrad, *Os últimos anos da escravatura no Brasil, 1850-1888*.

4 Carvalho, *A construção da ordem. Teatro de sombras*, p.289.

5 Gebara, *O mercado de trabalho livre no Brasil (1871-1888)*.

6 Pena, *O jogo da face*.

do debate.[7] Segundo ela, as discussões acabaram por retirar a ideia de legitimidade da escravidão, uma vez que o debate deixou de se nortear pela questão de defesa do escravizado como propriedade individual e passou a contestar a escravidão por ser contra os princípios de igualdade. Essa questão foi particularmente importante porque passou a fundamentar as ações de liberdade depois da promulgação da lei. Dito de outro modo, o reconhecimento do caráter humano do cativo reafirmou a dubiedade que caracterizaram as ações de liberdade que buscavam permitir a alforria de alguém admitido como uma pessoa e também propriedade. Coube a Sidney Chalhoub trazer um novo viés para a Lei do Ventre Livre apontando seu surgimento como mérito dos esforços dos cativos e seus processos de negociação.[8]

Dentre as possibilidades abertas pela Lei Rio Branco, a mais conhecida foi o artigo 1º, que libertou as crianças nascidas a partir da data de sua criação, o que na realidade poderia significar uma tutela até os 21 anos. Contudo, neste capítulo, iremos nos centrar em uma outra parte criada por essa mesma lei, o artigo 4º, que criou a compra de alforria por parte dos trabalhadores e trabalhadoras escravizados. Essa importante prerrogativa reconheceu um direito costumeiro praticado desde os primeiros anos da escravidão. Segundo Manuela C. Cunha, o uso desse direito costumeiro vinha do século XIX[9] e o visconde do Rio Branco foi mais longe, afirmando que seu uso existia desde os tempos coloniais, conforme nos lembra Ana Oliveira que estudou os debates sobre a lei.[10] Apesar de seu funcionamento informal, o problema dessa prática era que nem sempre o acordo feito entre escravizado e senhor era cumprido, sobretudo pela parte dos senhores. A inserção desse direito no artigo 4º da Lei do Ventre Livre possibilitou a garantia das negociações que puderam ser regulamentadas e acompanhadas pelas autoridades jurídicas e se constituíram em um significativo ganho, como veremos adiante.

7 Laidler, A Lei do Ventre Livre: interesses e disputas em torno do projeto de "abolição gradual", *Escritos*, v.5, n.5, p.169-205, 2011.

8 Chalhoub, *Visões da liberdade*.

9 "Em certos casos de herança, um escravo pode comparecer diante de um magistrado, ter o seu preço fixado e adquirir-se a si próprio; fui informado de que um homem, bem dotado de inteligência, embora haja sido escravo, não pode ser excluído de nenhuma posição oficial, por mais alta que seja, exceto a de senador do Império." A antropóloga se baseia nos relatos de Daniel. P. Kidder e James. C. Fletcher, viajantes norte-americanos que visitaram o Brasil nas primeiras décadas do século XIX. (Cunha, *Antropologia do Brasil*).

10 Oliveira, *Pena, papel e grilhões*, p.122.

Mas as análises dos estudiosos da lei foram moderadas em reconhecer os resultados da lei para os cativos e cativas; ela foi recebida com festa, causando uma grande movimentação. A possibilidade de compra da alforria foi recebida com entusiasmo pela comunidade de escravizados e escravizadas e abrangeu vários significados, como poderemos ver adiante em alguns autos processuais. Chamava-se ação, manumissão, arbitramento, ação sumária de liberdade todo processo movido pelo escravizado ou escravizada feito para a compra de sua alforria. Ele ou ela, através de alguém que o representasse, fazia uma petição ao juiz expressando o desejo de se alforriar e oferecia um dado valor chamado pecúlio. O juiz então determinava uma pessoa que seria representante jurídico do interessado, recolhia o valor oferecido, indicava uma pessoa que seria responsável pela escravizado ou escravizada chamado depositário e que a receberia até o final do processo e intimava o senhor para em audiência expressar sua aceitação ou não do pecúlio. Se houvesse aceitação, o valor era pago e a carta de alforria expedida ao interessado. Contudo, em caso de discordância, eram convocados avaliadores que determinavam um preço médio do interessado ou interessada, também chamado libertando(a), e que era repassado ao juiz e depois aos interessados. Se o preço fosse menor ou igual ao que fora oferecido inicialmente, a alforria era concedida. Porém, em caso de valor superior, a ação podia ficar em suspenso aguardando ser completado o valor ou poderia ou ser finalizada e só retomada quando se conseguisse o montante restante para que finalmente fosse expedida a carta de alforria. Tratava-se de um caminho longo, mas que muitos interessados não temeram seguir.

Neste texto usamos as palavras "liberdade" e "alforria" e, na medida do possível, tentamos distinguir seu uso. Muito embora sejam usados como sinônimos, os termos guardam, para esse período, entendimentos próximos mas nem sempre iguais. Liberdade era uma experiência construída a partir da condição de cada pessoa que vivenciara a escravidão. Era feita pela relação entre o senhor e o cativo, portanto variável. Embora os direitos de autonomia sobre si fossem comuns a todo aquele que era escravizado, na falta da autonomia completa ela podia envolver outros significados. Se não era possível conseguir tudo, negociavam-se condições que estavam mais à mão: direito de folga, direito de poder negociar o excedente do que se produzia, fazer pequenos biscates fora do horário de trabalho atestava que a pessoa estava livre da escravidão. Peter Eisenberg[11] apontou que, a partir de 1860, surgiu a obrigatoriedade através da lei do registro de compra e venda de escravos, mas essa ação não obrigava que o registro da alforria fosse feito em cartório. A carta de alforria era um documento de grande valor comprobatório para se atestar a condição de liberto, sobretudo em uma sociedade cujas forças policiais sempre agiam com truculência, prendendo e agredindo primeiro e averiguando depois se os negros eram livres ou não.

Nosso intuito foi analisar os impactos da Lei 2.040 de 28 de setembro de 1871 entre aqueles que entraram com ações de liberdade, especialmente as escravizadas. Diversos estudos têm apontado números superiores de alforrias pagas de mulheres em relação aos homens, como os de Solange Rocha para a Paraíba,[12] Joceneide Cunha para Sergipe,[13] Marcio Sonego para Alegrete no Rio Grande do Sul do Brasil[14] entre outros. Quisemos investigar os processos de alforria abertos por mulheres cativas após a Lei do Ventre Livre na cidade de Campinas, interior de São Paulo. Queríamos entender esse protagonismo em uma área de dinâmica agroexportadora. A cidade surgiu como uma vila em 1774 e foi movida pela cultura açucareira. Em 1842, ganhou elevação administrativa e sua economia foi se voltando cada vez mais para a cultura do café. Tal condição implicou uma grande concentração de escravizados que inicialmente eram africanos e, depois da segunda metade do século XIX, eram de origem nacional.

Campinas despertou o interesse de vários pesquisadores, que se dedicaram aos estudos da escravidão e liberdade. Peter Eisenberg,[15] em estudo pioneiro sobre alforrias em Campinas, analisou 2.093 cartas de alforria no período de 1798 a 1888 e observou nesses dados uma prevalência de mulheres sobre homens libertos.[16] Também Liza Ferraz[17] buscou aprofundar os estudos das alforrias na mesma região, ampliando o escopo documental. Trabalhando com testamentos, inventários *post-mortem*, autos de prestação de contas e escrituras de alforria, ela observou que, nos diferentes

11 Eisenberg, *Homens esquecidos*.

12 Rocha, *Gente negra na Paraíba oitocentista*.

13 Santos, *Entre farinhadas, procissões e famílias*.

14 Sonego, A Lei do Ventre Livre e os possíveis caminhos para a liberdade dos escravizados em Alegrete (RS) – 1871-1888, *Escritas*, v.11, n.1, 2019.

15 Eisenberg, *Homens esquecidos*.

16 Ibid.

17 Ferraz, *Entradas para a liberdade*.

tipos documentais analisados, as alforrias femininas também se sobressaíam. Ferraz reconheceu que as leis abolicionistas influenciaram muito no número de manumissões para a liberdade e que elas se tornaram mais frequentes após a Lei do Ventre Livre (1860-1871).[18] A história da cativa Micaella pode nos ajudar a compreender sua movimentação e os meandros de uma ação de liberdade.

Em 22 de junho de 1874, portanto quase três anos após o decreto da Lei Rio Branco, deu entrada no Tribunal Judiciário de Campinas uma ação de liberdade em nome de Micaella, escravizada do alferes José de Barros Dias. Por não ser considerada personalidade jurídica, ela teve como representante ou solicitador José Francisco dos Santos Maia. Segundo ele, Micaella oferecia a quantia de 200$000 de pecúlio pela sua alforria alegando estar velha e de pouco préstimo. Nessa petição, ela requeria manifestação de seu senhor sobre a aceitação ou não do valor oferecido. Como de praxe nessas ações, o juiz nomeou um curador para ela que iria continuar durante toda a ação representando seus interesses. Em seguida, o juiz convocou o senhor de Micaella para responder se aceitava ou não o valor oferecido. Em 25 de junho, o representante do senhor, o advogado José de Barros Duarte, em audiência e respondendo pelo cliente, disse não aceitar o valor, justificando

> que não pode aceitar quantia tão diminuta. A escrava é de idade porém não tem sessenta anos como alega na petição, é muito boa cozinheira, engoma perfeitamente e além de ser excelente doceira e de muita habilidade por este mister, se quisesse o suplicante alugá-la teria a oferta de trinta mil-réis por mês; ora em vista do expedido claramente se compreende que uma escrava nestas condições não se pode aceitar essa insignificante quantia.[19]

A ação de liberdade movida por Micaella era sua forma de proceder para a compra de sua alforria. Possivelmente ela estivesse aguardando uma oportunidade de se tornar livre da escravidão reunindo suas economias. Ao entrar com esse tipo de processo, Micaella era imediatamente retirada do convívio de seu senhor e passava a viver sob a responsabilidade de alguém determinado pelo juiz que seria seu depositário. Esse procedimento visava poupar a

---

18 Ibid.

19 Tribunal Judiciário de Campinas, doravante TJC, 1º Ofício, cx.216, proc.4.438, fl.3.

pessoa de uma possível ameaça e/ou retaliação física por parte de seu senhor em caso de desagrado com a ação. Também se fazia o registro do valor depositado. Essas condições foram muito importantes para as libertandas porque lhes garantiam a integridade física e também a dos recursos oferecidos.

O valor de 200$000 apresentado parecia ser pequeno, ainda que se alegasse que a libertanda era velha e de pouca valia. Se considerarmos o período em que ocorreu o processo, a década de 1870, deve-se considerar que havia muita procura por trabalhadores na região devido ao crescimento cada vez maior das plantações de café e que os preços dos trabalhadores compulsórios estavam mais alto devido à procura. A negativa em aceitar a oferta por parte de seu senhor era uma clara forma de tentar um maior preço e também podia ser um indício de que talvez ela não fosse tão velha como dizia. Ademais, as afirmações de que Micaella era uma excelente cozinheira e engomadeira a qualificavam como uma trabalhadora especializada. Era claro que as duas partes apresentavam argumentos para defender seu ponto de vista e o que seria melhor para cada um. Para o alferes José de Barros, a venda podia ser feita desde que pudesse obter um maior valor. Já para Micaella, sua condição de pessoa idosa impedia que sua alforria pudesse valer mais. Sem acordo entre as partes, foi marcada uma avaliação para resolver o impasse. Após o arbitramento, Micaella foi avaliada em 500$000 e, em 31 de agosto de 1874, portanto dois meses após a entrada da ação, seu curador veio em audiência oferecer os 300$00 restantes e logo houve a expedição da carta de liberdade.

À primeira vista, o fato de Micaella não ter conseguido a remissão de sua condição de escrava imediatamente e no valor que queria parecia ofuscar sua conquista. Contudo, não o era e, se analisarmos mais detidamente os acontecimentos, observamos ganhos muito positivos. Ao entrar com ação, ela saíra dos auspícios de seu senhor indo para uma outra casa. Uma trabalhadora qualificada como ela, embora fosse de idade, poderia trabalhar fazendo serviços em casa de seu depositário e também serviços extras que poderiam lhe render recursos e ainda se livrava de possíveis ofensas e ameaças de seu senhor. Convivendo na sociedade local, ela certamente ouvia nas casas e nas ruas notícias sobre os preços dos trabalhadores. Isto significa que possivelmente ela sabia que o pecúlio oferecido era pequeno diante dos preços praticados no mercado. Assim, buscou justificar seu pecúlio valendo-se de sua idade e se desqualificando dizendo ser de pouca serventia, condição que não seria de todo inverossímil, pois tinha extenuantes tarefas no serviço doméstico e como doceira e engomadeira. Essas alegações e comportamento revelavam um certo preparo que resultava de um aprendizado de acessar um espaço como o tribunal, caminho para se obter a alforria e buscar a liberdade.

Esse aprendizado mostrou-se essencial para a compra das alforrias pagas pelas mulheres cativas em Campinas. Entrar em uma ação de liberdade envolvia adentrar em um meio desconhecido e muitas vezes hostil para as pessoas escravizadas. Para se chegar ali era preciso atravessar várias etapas: acumular recursos para a compra era o primeiro deles. Conseguir o dinheiro poderia significar aguardar um certo tempo, pois dependia de prestação de serviços e, no caso das escravizadas em áreas urbanas, as alugadas recebiam uma pequena parte de seus ganhos. Nesse sentido, as mulheres conseguiam maior inserção do que os homens, pois as áreas eram ocupadas por muitas necessidades. Em uma página de classificados de um dia era possível encontrar mais de uma dezena de solicitações de profissionais como babás, cozinheiras, bordadeiras, empregadas domésticas, além do oferecimento de aluguel de diversas profissionais qualificadas ou para serviços em geral.[20]

Não menos importante era a escolha da pessoa que iria apresentar a ação representando-as no processo. Sabedora da impossibilidade de entrar e falar por si na instância jurídica, Micaella e todas aquelas que entravam com ações precisavam escolher alguém de confiança que soubesse ler e fosse favorável à sua causa. Nesse sentido, era importante construir uma rede de relações e acessar informações entre os iguais e também com pessoas dos diversos segmentos sociais. No caso de Micaella, a escolha recaiu sobre José Francisco Santos Maia, que escreveu a petição, falou em seu nome e ofereceu o pecúlio. Ter conhecimento das relações entre as autoridades não era uma situação tão difícil, pois, pela própria natureza do trabalho, as escravizadas estavam nos espaços de intimidade e vivência dos senhores e também no comércio e nas ruas. E, nesse sentido, era tão valioso conhecer apoiadores como também os que eram contra as emancipações. Além disso, conhecer um pouco dos meandros da lei ajudava a pensar nos comportamentos, em como acessar o que suavizava o caminho e encurtava a resolução de muitos problemas.

Um exemplo da importância do conhecimento dos artigos da lei foi o caso da liberta Carolina. Embora fosse forra, ela lutava para conseguir a alforria de seus filhos e, reunindo suas economias, entregou-as em mãos de

---

20 *Gazeta de Campinas*, 17 out. 1877.

Bassolaquio Giovanni, senhor de seus filhos. Contudo, algum tempo depois, ela soube de informações sobre os caminhos para se chegar à ação de liberdade e soube que agira errado. Imediatamente, Carolina entrou com uma ação em favor da restituição do pecúlio no Tribunal de Campinas.[21] Embora Carolina não tivesse o valor total (que não é mencionado nos autos) das alforrias, ela quis regularizar o depósito do valor solicitando a devolução do dinheiro para depósito legal em tribunal. É interessante que o processo não continua, isto é, não se sabe se ela conseguiu comprar as alforrias, tampouco se houve acordo. Contudo, a preocupação em reaver o recurso e dar destino correto aponta a confiança na lei em lugar de um acordo informal. Também se revela a importância de seu conhecimento e acesso à Lei do Ventre Livre por parte das pessoas aqui usados no sentido de garantir a futura alforria dos filhos. Essa história aponta a importância das redes de sociabilidade na construção de melhores possibilidades de vida entre a comunidade não só de escravizados, como também de libertos. Como Carolina era liberta, a petição foi escrita em seu nome e, embora não saibamos se alguém ou ela mesma a redigiu, ela teria recebido orientações para esse procedimento. Importa aqui ver a importância do conhecimento de artigos da lei, o acionamento das redes em favor de apoio a essa mulher que buscou sozinha o tribunal em favor da alforria de seus filhos.

A presença de redes de apoio, como vimos, foram fundamentais nas histórias de Micaella e Carolina, pessoas que viviam no meio urbano, mas também no meio rural, o interesse pela lei se manifestava. O acesso das mulheres aos espaços íntimos e públicos se dava por serem também presenças invisibilizadas, ocupando de tal modo espaços dos afazeres domésticos e de serviços urbanos que em muitos ambientes praticamente não eram percebidas pela maioria das pessoas em seu cotidiano, como o são, até hoje, os trabalhadores que ficam nos espaços públicos das ruas. Movimentando-se em diversos espaços e vivendo a ambiguidade de ser da casa e ser da rua, elas acabavam por conhecer muitas pessoas e também teciam relações em todos os níveis. Isso não significava que as relações eram apenas de vínculos de amizade e horizontais, mas conhecer as autoridades, as pessoas que trabalhavam nas instituições permitia saber com quem se podia contar em caso de necessidade. Assim, as redes de apoio poderiam envolver amigos próximos e de igual

---

21 TJC, 2º Of., cx.96, proc.1699.

condição, libertos, livres, pequenos abolicionistas, isto é, figuras públicas e menos conhecidas e até as mais famosas, como Francisco Glicério, Orosimbo Maia, Manuel Campos Salles, Jorge Avelino, Alvares Lobo entre outras, como também jovens advogados e rábulas que atuavam em favor dos libertandos e libertandas como solicitadores, curadores, testemunhas e avaliadores.[22] Em uma cidade com uma área urbana bastante delimitada como a cidade de Campinas nas últimas décadas do XIX, esse conhecimento e a formação das redes por parte de todo aquele que queria se alforriar era uma ajuda preciosa. E nessa cidade cheia de trabalhadores e trabalhadoras compulsórios conhecida também pela sua crueldade com os escravizados,[23] o aprendizado se tornou uma das formas de resistência, uma espécie de pedagogia da liberdade.

Para se ter uma dimensão da importância da regulamentação das leis emancipacionistas na concessão de alforrias, mostramos na Tabela 1 o número absoluto de ações:

Tabela 1 – Leis abolicionistas

Leis acionadas	Quantidade
Anterior à Lei do Ventre Livre	5
Lei do Ventre Livre	106
Lei dos Sexagenários	42
Total	153

Fonte: Abraão, *As ações de liberdade de escravos em Campinas*.

Como podemos ver das 153 ações de liberdade, o maior número ocorreu após a criação da Lei do Ventre Livre. Ela motivou mais da metade dos processos que envolveram a compra da alforria. Essa procura trouxe popularidade à lei, cujas informações circulavam na sociedade e vista com muito interesse entre a população escrava em Campinas. À medida que a lei foi se tornando mais conhecida, ela motivou o interesse também por outras leis

22 O enriquecimento da cidade trouxe alguns benefícios, como a iluminação a gás em 1875, o sistema de bonde puxados a burro em 1879, a criação de diversos hospitais. Também criou uma intelectualidade que passou a lutar por escolas e defender um novo regime político.

23 O tráfico interprovincial trouxe entre 1850 e 1881 em torno de 225.000 pessoas para o Sudeste, e, em Campinas, a população cativa passou de 8.190 em 1854 para 14.028 em 1872, atingindo 15.399 pessoas em 1876.

anteriormente sancionadas. Embora a Lei Eusébio de Queiroz que proibiu o tráfico internacional estivesse em vigor havia mais de vinte anos, após a Lei do Ventre Livre, alguns processo vinculados à lei anterior passaram a surgir, ou seja, principalmente na década de 1870. Um desses casos foi uma ação sumária relativa à lei de proibição do tráfico, como aponta o trecho a seguir.

> Ação sumária para liberdade baseada na lei 07/11/1831
>
> Interessada Laura ex-escrava de Custódio José Ignacio Rodrigues [...]. A dita escrava afirma ser injusto seu cativeiro por ter entrada ilegal no país e tanto ser mais verdade que era só conduzida vindo do porto, provavelmente de Santos à noite e que o dito senhor não possui matrícula e a escravizada possui marcas que comprovam a idade.[24]

A ação trazia uma petição de Laura de que já era liberta. Chama a atenção a data da entrada de seu pedido, que ocorreu em 6/10/1876. Ou seja, a entrada ilegal teria acontecido havia pelos menos 45 anos atrás. Em testemunho, Laura relatou com riqueza de detalhes sua entrada de modo ilegal, sua vinda do porto até a cidade viajando apenas à noite e por "picadas" (caminhos irregulares). Mas se o leitor nos acompanhou até agora percebeu algo diferente nessa ação, porque Laura não buscava a alforria, pois já era forra. O que ela desejava era o reconhecimento de que era livre por ter sido trazida ilegalmente e tal objetivo tinha seus motivos. Enquanto a ação de Laura tramitava meses após, outra ação de liberdade deu entrada no Tribunal de Campinas. Tratava-se de uma petição em favor da liberdade de três interessados: Laurinda, Laurentino e Laudelina.[25] Nessa ação sumária de liberdade, os irmãos argumentaram ter nascido de mãe livre e, portanto, tinham a mesma condição da mãe, isto é, eram livres, pedindo por isso remissão de seu cativeiro. Ocorre que os três irmãos eram filhos de Laura e, possivelmente confiantes de que a mãe conseguiria provar sua liberdade, antes mesmo da sentença final entraram com o pedido de remissão do cativeiro. O primeiro auto não estava concluído, mas já rendia frutos. No ano seguinte, em 1877, Laura conseguiu sentença favorável e dois meses depois também seus filhos se tornaram livres. O acionamento de uma lei

---

24 TJC, 10º Of., cx. 219, proc.1.510.

25 TJC, 1º Of., cx.223, proc.4.562.

praticamente desconhecida chamada de "lei pra inglês ver" foi fundamental para que Laura fosse reconhecida como pessoa livre e também pudesse assim libertar seus filhos. Além da efervescência das ações de alforria que podem ter motivado a busca de seu direito, não se pode deixar de inferir que havia nessa história o acionamento das redes de sociabilidade. Certamente havia nos autos uma combinação de esforços, ajuda de conhecimento jurídico e também o que temos tentado definir como a pedagogia da liberdade.

Lembremos que, nos anos 1870, havia um contexto mais favorável aos processos de libertação iniciados com a Lei do Ventre Livre. Também é válido considerar que a luta abolicionista ganhava cada vez mais a empatia da população e do surgimento de grupos que envolviam o associativismo de escravizados, libertos e livres na cidade, como as irmandades negras de São Benedito e Nossa Senhora do Rosário e os abolicionistas locais.

Os esforços de Laura para obter liberdade para sua família estavam longe de ser os únicos. As mulheres muitas vezes resgatavam a si e seus parentes em um esforço de manter e/ou reconstruir as unidades familiares. A ação de liberdade movida por Generosa era um exemplo desse esforço. Em 27 de junho de 1873, uma ação de liberdade deu entrada em nome de Generosa e sua filha Idalina, representadas por Francisco Quirino dos Santos:

> Dizem Generosa e sua filha Idalina, a primeira escrava velha e achada de moléstia e a segunda escrava nova e sem préstimo algum pela pouca idade e falta de educação, que ela suplicante tendo alcançado forma de pecúlio de 1.500$000rs mediante o qual requer obter sua liberdade.[26]

Como se vê nesse trecho, a apresentação das interessadas era acompanhada de uma autodepreciação de si e também da filha que já vimos em outros processos. A repetição desse argumento indica que este podia ser um mecanismo para sensibilizar o senhor e o juiz e fazia parte da negociação como justificativa do valor oferecido. Inquirido sobre o pecúlio oferecido, o senhor João Lopes Garrido recusou. Como de praxe, ambas as cativas foram depositadas em casa de outra pessoa, nesse caso um outro abolicionista conhecido, o dr. Bento Quirino, e o dinheiro foi recolhido e registrado. O doutor Quirino, o solicitador e curador de Generosa e Idalina, era um conhecido abolicionista

26 TJC, 2º Of., cx.95, proc.1.663.

da cidade, estava presente em diversas ações de liberdade e bem podia fazer parte das redes de sociabilidade que envolviam as libertandas. Isso, porém, não o impedia de estar ao lado também da parte oposta, pois também advogava representando os senhores de escravos. Aliás, essa postura ambígua não era incomum entre os advogados da cidade que se entendiam defensores do fim da escravidão, mas que atuavam por vezes em favor dos escravocratas. Após a avaliação, verificou-se que Generosa tinha 40 anos e que não era tão velha como dizia, sendo avaliada em 900$000. Também sua filha Idalina, de 15 anos, apesar dos problemas alegados, foi avaliada em 1.200$000, preço condizente para alguém de sua idade.

Como o valor estipulado ultrapassava os recursos oferecidos, somente após nove meses foi completada a indenização. Ainda que o valor de 600$000 demorasse para ser completado, é preciso considerar que ele era bastante elevado mesmo para os esforços de mãe e filha. Como ocorria em alguns casos, era possível que, para pagar as alforrias, elas reunissem recursos próprios, trabalhassem fora e mesmo contraíssem empréstimo, como ocorreu no caso de Laurinda Rodrigues. Laurinda havia sido autuada por Firmino Ramalho, um dos advogados abolicionistas da cidade, que emprestou dinheiro a ela para que se redimisse da escravidão: o problema é que o empréstimo seria pago em troca da prestação de serviços que ela não cumpriu.[27] Laurinda acabou por ser sentenciada à prisão por não ter honrado o contrato estabelecido. Já Firmino Ramalho, advogado abolicionista, mostrava que em termos de negócios ele era inflexível e buscou a lei para ser ressarcido.[28] O procedimento de Ramalho bem poderia ter sido usual entre as pessoas envolvidas nas ações, o que nos levou a conjecturar sobre um possível empréstimo no caso de Generosa e Idalina. Nas duas ações vemos que a tessitura das relações de amizade e negócios acabavam se misturando e que as trocas de apoio podiam ser intencionais de ambas as partes.

***

Como temiam os menos entusiastas com a lei, os ventos da liberdade começaram a mudar as ideias e os comportamentos após o advento da Lei do

27 TJC, 3º Of., cx.41, 697.

28 *Gazeta de Campinas*, 18 abr. 1872, n.249.

Ventre Livre. Diferentemente daquelas alforrias concedidas pelos senhores onde se determinavam as condições e até se podia revogar a alforria, a remissão do cativeiro pelo pagamento reconheceu o poder de barganha que envolvia a relação entre trabalhadores e senhores. Os senhores temiam perder o controle sobre aqueles que se tornavam alforriados. As expectativas senhoriais mantinham a ideia de uma contínua gratidão e subserviência forjada na escravidão, enquanto os libertos buscavam ressignificar suas vidas a partir da autonomia de sua nova condição e da negociação. Esse desentendimento via de regra começou a chegar aos tribunais depois da Lei do Ventre Livre e mostrava não só os embates e indicava as expectativas e cidadania por parte das libertas como se vê na ação a seguir:

> Ação de liberdade da liberta Barbara se queixa à justiça contra seu ex-patrão José Ferreira Goes [...] diz a liberta que seu patrão gritando com a dita ordenou que ela parasse de fazer o que fazia e fosse atendê-lo e, como se demorasse jogou nela um prato de louça no s'brolho esquerdo [...]. Requer por isso remissão de sua prestação de serviço.[29]

No trecho ficam bem frisadas as posições do patrão e da liberta Barbara. Era Barbara quem vinha em juízo se queixar de agressão, uma condição inaceitável para sua condição de pessoa livre, o que seria em seu entender um abuso de poder. A agressão não fazia parte da relação entre iguais e, ao ser agredida, a regra tinha sido quebrada, motivo para a quebra de contrato de trabalho. Ir à Justiça e se queixar era uma ação pela qual ela demarcava sua nova condição de liberta contra seu antigo patrão, que dava a Barbara o mesmo tratamento dado a uma pessoa escravizada. José Ferreira, o patrão, rompeu o vínculo que era uma das conquistas mais caras aos libertos, fundamental para distinguir a nova condição de saída do cativeiro: era a integridade física.

Por outro lado, José era a nítida expressão da sociedade conservadora da época, segundo a visão da qual, a alforria continuava sendo vista como uma concessão que mantinha praticamente inalterada a relação de abuso e subserviência. Algumas dessas pessoas até apoiavam a libertação gradual e atuavam como envolvidos em algumas ações de liberdade. Contudo, aceitar

29 TJC, 1º Of., cx. 623, proc.1.844.

a liberdade dos escravizados não significava aceitá-los como iguais, e essa distinção era perceptível nos comentários e artigos nos periódicos da cidade. Voltando à história de Barbara, o processo seguiu e a envolvida que pedia o rompimento de seu contrato de alforria com prestação de serviço obteve sentença favorável no final da ação. É possível que ela estivesse sendo orientada por alguém que entendia as leis e era do meio jurídico, uma condição importante para conseguir participar das audiências, e também que ela estivesse ancorada nas redes de apoio pela sua desenvoltura no meio jurídico, mas não se pode deixar de frisar que o processo representava uma postura de resistência muito forte e respeito à sua condição. Talvez tivesse em uma cidade outra pessoa interessada em seus serviços, mas a ação não traz informações.

Em outros momentos, já nas proximidades do término da escravidão, outra ação de liberdade trazia uma história que indicava a ocupação dos espaços por parte das escravizadas e suas redes. Era a ação de Procópia, que solicitava a remissão do pecúlio. Depois da Lei dos Sexagenários, as ações se tornaram mais simples, mas esta, diferentemente de outras de seu período, trazia manifestações peculiares, como se vê no trecho a seguir:

> Arbitramento para liberdade da escrava Procópia.
>
> Diz Francisco de Paula Aranha artista, residente nesta cidade que desejando libertar sem condição alguma, a escrava Procópia, fula, escrava de Guilherme Krug e permitindo o caput 9 do artigo 3º da Lei 3.270 de 28 de setembro de 1885 essa liberdade, vem por isso requerer a V. Exa. que se digne nomear um depositário a mesma e, igualmente um curador que zele dos direitos e interesses da libertanda; visto o suppe. nos termos do art. 3 e parágrafo 7 da Lei at. quere proceder ao arbitramento da mesma suppe. vem exibir a quantia de 450$000.[30]

Aqui, Francisco de Paula Aranha, o solicitador de Procópia, oferecia uma indenização de 450$000 a Guilherme Krug, o senhor dela. A ação, iniciada em 1886, baseava-se na Lei dos Sexagenários, que fixou valores máximos pelas alforrias de homens e mulheres classificando-os também por idade. Segundo a tabela, o preço máximo da alforria de Procópia seria 675$000, por ter menos de 30 anos. E embora fosse uma ação de liberdade na qual o representante falava pela escravizada, nesse auto, Francisco Aranha falava

30 TJC, 1º Of., cx.280, proc.5.452.

por si mesmo, dizendo que era ele e não a libertanda quem oferecia a indenização, certamente havia anuência de Procópia. Questionado se aceitaria a oferta pela alforria de sua cativa, Guilherme Krug respondeu:

> [...] que tendo sido intimado... para saber se aceitava a quantia de 450$000 pela liberdade de sua escrava vem declarar que não aceita esta quantia porque a Lei nº 3.270 de 28 de setembro de1885, determinava que escravas com menos de 30 anos podem se libertar mediante a quantia de 675$000. É justo que o suppe. seja embolsado dessa quantia porque assim determina a lei e porque o referido Paulo Aranha solteiro e faz esta liberalidade só com o fim de continuar a amancebar-se com a referida escrava que é público e notório.[31]

Krug não só rejeitava o valor, mas fazia uma denúncia sobre os interesses do solicitador afirmando que ele era amante da escravizada. Podia-se inferir que Krug não concordava nem com o pecúlio dado, nem com a relação amorosa de sua escravizada. Ele exprimia um sentimento de descontentamento e também impotência, uma situação muito diferente de alguns anos antes desse período, pois no final da década de 1880 se antevia, pelas fugas e pressões populares, que a instituição tinha seus dias contados. Acusado de ser amante da cativa, Francisco Aranha não refutou a acusação. Para azar de Krug, embora a avaliação indicasse o valor máximo da tabela, o juiz aceitou a argumentação de Aranha de que o preço poderia ser uma média entre os valores propostos e não necessariamente o preço máximo, o que levou o magistrado a optar pelo valor inicialmente oferecido. A atitude francamente favorável à alforria de Procópia possibilitou a remissão de sua condição e seu senhor concedeu carta de alforria.

Embora Francisco falasse mais por si do que pela interessada na manumissão, acreditamos que Procópia manteve seu protagonismo, pois a tessitura de suas relações a levou a se tornar uma mulher liberta. O que se percebe nessa ação é que, mais uma vez, as pessoas que se envolviam nos processos que tratavam da alforria não eram alheias aos cativos. Pelo contrário, havia sempre algum vínculo que podia ser a indicação de alguém, uma relação de amizade, uma relação amorosa ou mesmo um negócio que envolvesse dívida e trabalho. A atuação de pessoas das diversas redes influía no

---

31 TJC, 1º Of., cx.280, proc.5.452, fl.4-4v.

desenrolar das ações de liberdade, o que as cativas rapidamente entenderam e que era parte do que chamamos de um processo de pedagogia para a liberdade. Combinados, as redes de apoio e o protagonismo das trabalhadoras constituíam uma forma fundamental de resistência. Afinal, Campinas ia se tornando uma cidade rica, com um crescente grupo político e poderoso economicamente que se juntava com outros grupos da elite cafeeira que ocupou posteriormente espaços políticos importantes no surgimento do novo regime político. Contudo, a postura de vanguarda política não necessariamente considerava as preocupações sociais, bem como o destino da população egressa da escravidão. Ainda assim, cada espaço conquistado pelas lutas das escravizadas e de toda a população liberta representou um processo de resistência e um exemplo dessa postura foi a ação de Maria Theodora.

Em 21de maio de 1880, uma ação de liberdade adentrou ao Tribunal de Justiça em nome da Maria Theodora.[32] Dizia esta, por seu representante e curador Francisco Glicério, que ela estava em indevido cativeiro e justificava tal assertiva pelo fato de não ter sido matriculada no tempo legal. A libertanda alegava um descumprimento da lei por parte de sua senhora Maria Hyppolita da Cruz. Como se sabe, a partir da Lei do Ventre Livre foi determinado que todos os escravizados e escravizadas teriam que ser matriculados na coletoria de cada cidade, conforme preconizava o artigo 8º. Essa matrícula deveria ser feita em até um ano após a lei, e, se por culpa ou omissão, ela não fosse feita, o cativo ou cativa seria liberto. Ora, cada matrícula feita custava a taxa de 500 réis e, se houvesse atraso no recolhimento da taxa, o valor subia para 1$000. A senhora bem poderia ter se esquecido, mas as reclamações sobre essa taxa e a ingerência do governo sobre propriedade alheia pontuavam os jornais da cidade, o que dificultava sua defesa por esquecimento ou omissão. Mas como Maria Theodora sabia da omissão? Provavelmente ela era uma trabalhadora doméstica e, sendo assim, vivia e ouvia conversas na casa. Além disso, como mostramos, as escravizadas circulavam nos diversos espaços e usavam as redes. Certamente, a presença de dois abolicionistas em sua ação, Francisco Glicério e Luis Silvério, tinham relação com seu círculo de apoio. retirada da casa de sua senhora e enviada à casa do seu depositário, Theodora provavelmente se livrou de um castigo. Como a senhora Maria Hyppolita não conseguiu explicar a ausência de

32 TJC, 2º Of., cx.96, proc.4.100.

matrícula da trabalhadora, Theodora foi julgada liberta em 12 de dezembro do mesmo ano.

Considerações finais

Ao concluir nossa exposição com esse processo, buscamos mostrar que as escravizadas, pela natureza de seu trabalho, tinham acesso a espaços importantes como a intimidade dos lares e também estavam atentas às notícias e histórias que circulavam nas ruas. Essa combinação, somada à coragem dessas mulheres, foi importante combustível de resistência que ajudou a minar o processo de escravidão e mostrou como usar cada espaço negociado em favor de suas vidas e de familiares. A possibilidade de comprar a alforria criada pela Lei do Ventre Livre levou ao intenso uso das ações e às relações de negociação entre escravizadas e seus senhores. Elas não eram entendidas como meras concessões, mas terrenos de disputas onde a alforria era paga com dinheiros e/ou anos de serviço gratuito. Diante dessa situação, trabalhadores e trabalhadoras tiveram um aprendizado para adentrar no mundo jurídico, decodificando-o e obtendo alianças para alcançar seus objetivos.

As oportunidades para se comprar a alforria foram mais favoráveis às trabalhadoras cativas das áreas urbanas, que tinham mais oportunidades de se empregar nas casas e comércio, mas elas não se restringiram apenas a isso, criando diversas tessituras, entrelaçando amizades, apoio financeiro, trabalho, negócios em ter outros fins, fundamentais não só para o período de abrangência das leis abolicionistas mas também para os anos posteriores, quando a abolição aconteceu.

22
Luiz Gama e a Lei do Ventre Livre:
contribuições iniciais para novos campos de pesquisa

Maria Clara Sales Carneiro Sampaio
Luiz Gustavo Ramaglia Mota

Em julho de 1872, Luiz Gonzaga Pinto da Gama (1830-1882) reproduzia a petição que havia interposto em nome de uma "ex-escrava" – referida como F.[1] – no *Correio Paulistano*, com o objetivo de expor "à pública consideração" o que considerava "uma questão de direito, se bem que vulgaríssima".[2] Aviltado pela forma como o juiz municipal designado para o caso havia recebido seu pleito, Gama recorria ao público mais amplo de leitores e leitoras do referido jornal para engrossar o coro entoado em sua militância abolicionista contra o "[S]apientíssimo Sr. Dr. Felício", a autoridade judicial de quem desfez em tom de chacota. No pleito interposto ao juiz Felício Ribeiro dos Santos Camargo, F., "querendo alforriar-se, e não tendo podido para isso chegar a acordo, com o herdeiro da mesma senhora", requeria, via seu representante, o depósito judicial "para poder litigar em juízo".[3] Solicitava também a intimação do dito herdeiro, de modo a se iniciar o arbitramento legal. O embasamento jurídico que sustentava o requerimento invocava o artigo 4º da Lei do Ventre Livre, promulgada no ano anterior.

A referida Lei de 1871, destarte, havia também tratado da questão do pecúlio no direito positivo: "[O] escravo que, por meio de seu pecúlio, obtiver

1 O nome da cliente de Luiz Gama é ocultado por ele nas páginas dos jornais.

2 Gama, Fôro da Capital. Juizo municipal (coisas do Sapientíssimo Sr. Dr. Felício), *Correio Paulistano*, 28 jul. 1872. Secção Particular.

3 Ibid.

meios para indenização de seu valor, tem direito a alforria. Se a indenização não for fixada por acordo, o será por arbitramento".[4] As práticas entre escravizados e escravizadas de conquistar a liberdade mediante indenização da camada senhorial eram, em termos históricos, recorrentes. A partir de 1871, assim, essas práticas passaram a franquear mais espaços nas esferas de negociação dentro do Estado brasileiro.[5] Nessa dimensão da luta antiescravista, faz-se necessário apontar, as mulheres escravizadas representaram uma maioria significativa dentre as pessoas que usaram a referida lei no processo de emancipação gradual.[6]

Está entre os objetivos do presente capítulo oferecer algumas contribuições iniciais acerca da atuação jurídico-política de Luiz Gama ante a Lei de 1871. A investigação dos nexos entre Gama e a referida lei nos permite, dessa forma, uma compreensão mais aprofundada de variados processos e atores sociais nos pontos de contato entre as esferas políticas e sociais, sem perder a dimensão das experiências de mulheres e homens escravizados, libertandos e libertos, nas décadas finais da maior escravocracia das Américas. Nesse sentido, os historiadores Flávio Gomes e Maria Helena Machado chamam a atenção acerca das possibilidades dessas conexões analíticas, argumentando que o estudo das lideranças do abolicionismo pode ser usado como "uma porta de entrada para se entender a vinculação das ruas com os estratos sociais e políticos outros".[7] Buscaremos, nesse mister, analisar a atuação de Gama, mas sem deixar de lado o cotidiano e experiências das mulheres e homens que lutaram por liberdade. A partir dessas relações, procurar-se-á compreender algumas das diferentes estratégias usadas por esses sujeitos em seus embates judiciais e, também, apreender de que forma o próprio Gama foi um importante elemento das redes de solidariedade de muitos desses indivíduos na província de São Paulo e em seus arredores.

Acreditamos ser improvável postular quaisquer hipóteses analíticas que congreguem a atuação de Gama e a Lei de 1871 sem partir das problemáticas acerca da centralidade das questões de gênero. Em sua clássica obra de 1984, *Quotidiano e poder em São Paulo no século XIX*, a historiadora Maria

---

4 Ibid.

5 Chalhoub, *Visões da liberdade*, p.181; Mendonça, *Entre a mão e os anéis*, p.191.

6 Cowling, *Conceiving Freedom*, p.2.

7 Gomes; Machado, Da abolição ao pós-emancipação: ensaiando alguns caminhos para outros percursos, in: Machado; Castilho (orgs.), *Tornando-se livre*, p.24.

Odila Leite da Silva Dias já abria caminhos para campos de estudos que, passados quase quarenta anos, parecem ainda carecer de pesquisas mais pormenorizadas. Desafortunadamente, sabe-se proporcionalmente pouco sobre as relações entre a trajetória político-intelectual de Luiz Gama e suas contribuições para as lutas e resistência de mulheres escravizadas, libertas e livres:

> A presença majoritária de mulheres era uma peculiaridade dos setores mais pobres, hierarquicamente descendentes. Uma parte considerável da militância de Luiz Gama travou-se em cheio na urdidura dos elos hierárquicos, que compunham a rede do comércio clandestino. Abriu inúmeros processos exigindo alforria de escravas prostituídas, para o que alegava precedentes jurídicos do século anterior: em 1754, em plena época de Pombal, estava em vigor uma lei que obrigava o proprietário, que prostituísse a sua escrava, a revendê-la para um terceiro.[8]

O "redentor dos escravos",[9] que faleceu sem ver a emancipação geral de 1888, causa pela qual arriscou a vida, em muitos sentidos, permanece recebendo insuficiente atenção das pesquisas historiográficas, literárias e jurídicas, dentre outras áreas, principalmente no que se tange à complexa esfera que abarca as questões de gênero e suas interpretações da Lei do Ventre Livre.

Como nos ensina a historiadora Camillia Cowling, o ventre das mulheres escravizadas teve papel central nas disputas entre escravidão e liberdade em diferentes escravocracias nas Américas do século XIX. Dito de outro modo, o corpo da mulher se tornava mais um campo de luta entre as diferentes forças sociais em disputa. Segundo a autora,

> Os ventres das mulheres escravizadas, anteriormente repositórios para transmitir a escravização, tornaram-se espaços nos quais a liberdade era, literalmente, concebida. Contudo, as contradições e restrições inerentes a essas leis, e as muitas diretas violações a elas, significava que conceber liberdade era terreno contestado. Na prática, cabia frequentemente às próprias mulheres tentar traduzir as promessas das leis em realidade vivida para suas crianças.[10]

8 Dias, *Quotidiano e poder em São Paulo no século XIX*, p.169.
9 Ferreira, *Com a palavra, Luiz Gama*, p.18.
10 Cowling, *Conceiving Freedom*, p.9, tradução livre.

As leis do "ventre livre", ao reafirmarem o corpo das mulheres escravizadas como espaço de disputa, acabaram por contribuir para que essas mesmas mulheres ocupassem o centro da questão.[11] Para Cowling, a ênfase nas ações e motivações específicas dessas mulheres – a sua agência – possibilita perceber que a escravidão foi também uma instituição centrada no gênero.[12] Maria Helena Machado, indo ao encontro dessa consideração, aponta que, por muito tempo, os estudos sobre a escravidão desconsideraram a importância do gênero. Assim, por exemplo, os escravizados e escravizadas foram analisados "de forma geral, como se estes fossem isentos de gênero e sexo, e pudessem ser inseridos numa categoria única". Segundo Machado, mesmo trabalhos mais recentes "muitas vezes ainda negligenciam peculiaridades provenientes do gênero na escravidão".[13] Ao chamar a atenção, portanto, para a categoria de gênero e para as suas especificidades na pesquisa histórica, ambas as autoras destacam variadas formas de agência de mulheres escravizadas, bem como as relações e distintos modos de resistência entre homens e mulheres dentro de diferentes sociedades escravistas.

Uma amostra de casos jurídicos nos quais atuou Luiz Gama nos permite postular algumas observações e questões.[14] Nota-se, por exemplo, que os casos envolvendo fugas de escravos parecem ter sido mais comuns entre os homens do que entre as mulheres. No mesmo sentido, ilícitos penais, como assassinatos ou roubos, entre outros, também mostraram mais homens do que mulheres como réus. As mulheres, por sua vez, apareceram com maior peso em ações cíveis envolvendo a definição de estatuto jurídico. Como já foi dito, as mulheres tiveram um papel significativo e provavelmente dominante em relação às demandas judiciais por liberdade nas décadas finais da escravidão no Brasil.[15] Segundo Cowling, o uso desses caminhos legais não deve ser visto como uma estratégia "meramente" individual, pois foi o resultado

11 Ibid., p.12.

12 Ibid., p.3, 14-5.

13 Machado, Mulher, corpo e maternidade, in: Schwarcz; Gomes (orgs.), *Dicionário da escravidão e liberdade*, p.334.

14 Composta por um conjunto de sessenta processos judiciais (ações cíveis e criminais) nos quais Luiz Gama atuou, essa amostra foi obtida através de pesquisa nos acervos digitais dos jornais *Correio Paulistano*, *Diario de S. Paulo* e *A Provincia de S. Paulo*, e na documentação do Arquivo Público do Estado de São Paulo (Apesp) e do Arquivo Geral do Tribunal de Justiça de São Paulo (AGTJ-SP).

15 Cowling, *Conceiving Freedom*, p.13.

de redes coletivas de apoio e comunicação, ao passo que os processos judiciais estavam intimamente ligados às mudanças políticas que ocorriam no âmbito da abolição gradual.[16] Assim, essas várias ações individuais, entendidas como lutas cumulativas, tiveram impacto significativo no processo da emancipação.[17] A partir delas, escravizadas e escravizados mobilizaram suas várias redes de apoio e solidariedade, compostas por parentes e familiares, abolicionistas locais, negros livres, donos de armazéns locais, advogados interessados em acompanhar as demandas judiciais, entre outros diversos agentes sociais.[18]

"Ventre livre" e ativismo antes da Lei de 1871

No que diz respeito às redes de Luiz Gama, notam-se a atuação antiescravista e a influência do princípio do "ventre livre" antes mesmo de 1871. A Loja Maçônica América, por exemplo – fundada em 1868 e à qual Gama se filiou dois anos depois –tinha uma atuação emancipacionista desde 1869, quando seus membros buscaram divulgar a propaganda antiescravista e formar uma opinião pública.[19] Eles também defenderam a emancipação por meios legais através da criação, em 1870, de uma comissão de manumissão da loja. Essa comissão era integrada pelo próprio Gama, além de seus companheiros Rui Barbosa e Américo de Campos.[20] A historiadora Renata Francisco destaca que essa comissão parece ter sido muito atuante.[21] Assim, por exemplo, a comissão havia obtido, entre janeiro de 1869 a janeiro de 1870, a libertação e manutenção da liberdade de mais de 42 escravizados.[22] Segundo o próprio Gama, ainda se achavam pendentes na justiça, em novembro de 1870, as demandas de mais de 200 escravizados.[23] Contudo, o trabalho de Gama como advogado em ações de liberdade era anterior à

16 Ibid., p.3.

17 Ibid.

18 Scott, *Emancipação escrava em Cuba*, p.171-2.

19 Ferreira, *Luiz Gama (1830-1882)*, p.331.

20 Francisco, *A maçonaria e o processo de abolição em São Paulo*, p.54.

21 Embora, segundo a mesma autora, isso não apareça com a mesma frequência nas atas da Loja América. Cf. ibid., p.74.

22 *Correio Paulistano*, 12 jan. 1870, apud Azevedo, *Orfeu de carapinha*, p.95.

23 *Correio Paulistano*, 11 nov. 1870, apud Azevedo, *Orfeu de carapinha*, p.96.

comissão da loja, já que desde 1869 era possível encontrar anúncios nos jornais divulgando seus serviços.[24]

Além disso, em abril de 1870, Rui Barbosa, integrante do grupo de Gama, submeteu à apreciação da obediência[25] dos Beneditinos[26] um projeto de abolição anteriormente apresentado na Loja América. Nesta, o projeto havia sido rejeitado por seu venerável, Antonio Carlos Ribeiro de Andrada Machado e Silva, gerando com isso intensa discussão e polêmica e, como consequência, a renúncia de Antonio Carlos. Não obstante, o projeto passou a ser praticado pela América.[27] Posteriormente, o grupo antiescravista ligado a Luiz Gama divulgaria na imprensa essa resolução, na qual "todos os sócios eram obrigados a declararem livres os filhos de suas escravas, compromisso este que devia ter a execução desde a organização da sociedade quanto a seus fundadores, e quanto a outros desde sua iniciação".[28]

Embora a historiografia recente tenha caracterizado o emancipacionismo maçônico, em geral, como moderado e conservador, a historiadora Elciene Azevedo reconheceu o pioneirismo da Loja América na defesa dos escravizados e escravizadas e destacou que, até então, a escravidão não havia sido questionada com tanta veemência.[29] Para Ligia Ferreira, as ações da América, lideradas pelo abolicionista negro, provocaram uma verdadeira revolução mental na sociedade da época.[30] Renata Francisco, por sua vez, ressalta que Gama não se acomodou aos arranjos de apadrinhamento ou de casamento por conveniência, muito comuns a esses grupos, mas que buscou aumentar suas redes de relações.[31] Em consonância, Azevedo destaca que Gama era o principal destaque da Loja América no tocante às ações de manumissão, "sempre obtendo bons resultados em favor dos escravos".[32] Desse modo, a

---

24 Francisco, *A maçonaria*, p.74.

25 Na hierarquia maçônica, a obediência ou ordem é o órgão supremo com autoridade para regular as lojas. Cf. Francisco, *A maçonaria*, p.26-30.

26 O Grande Oriente do Brasil do Vale dos Beneditinos, ou Ordem dos Beneditinos (1863-1882), era a obediência à qual a Loja América estava filiada. Cf. Francisco, *A maçonaria*, p.54 *et passim*.

27 Ferreira, *Luiz Gama*, p.332 *et passim*.

28 Campos; Gama; Menezes; Silva; Ferreira; Ozorio; Paixão, Loja América, *Correio Paulistano*, 10 nov. 1871. Cf. Ferreira, *Com a palavra, Luiz Gama*, p.139-40.

29 Azevedo, *Orfeu de carapinha*, p.106-7.

30 Ferreira, *Luiz Gama*, p.339.

31 Francisco, *A maçonaria e o processo de abolição em São Paulo*, p.104.

32 Azevedo, *Orfeu de carapinha*, p.96.

loja "conseguiu criar uma verdadeira 'frente pela liberdade' dentro dos tribunais de justiça da província".[33]

Ao tratar de como escravizadas e escravizados se apropriavam das leis na luta pela liberdade, a historiadora estadunidense Rebecca Scott argumentou que "a verdadeira natureza de resistência foi alterada quando esta passou a incorporar completamente atividades jurídicas em apoio ao objetivo radical de vencer a autoridade dos senhores".[34] A socióloga Angela Alonso faz afirmação semelhante ao tratar da atuação de Luiz Gama. Segundo ela, a entrada em vigor da Lei do Ventre Livre "abriu campo para generalizar" o ativismo de Gama.[35] Como veremos a seguir, o caso da "parda F." é, nesse sentido, bastante ilustrativo desse novo contexto trazido pela Lei de 1871.

Pecúlio e arbitramento: o caso da "parda F."

A Lei do Ventre Livre especificava, em seu artigo 4º, parágrafo 2º, que "[o] escravo que, por meio de seu pecúlio, obtiver meios para indenização de seu valor, tem direito a alforria. Se a indenização não for fixada por *acordo*, o será por *arbitramento*. Nas vendas judiciais ou nos inventários o preço da alforria será o da *avaliação*".[36] Com isso, abriam-se alguns caminhos nas disputas entre senhores e escravos quanto à formação do preço da alforria: 1) os escravos colocados judicialmente à venda ou postos em inventários seriam libertados por meio de avaliação judicial; 2) quanto aos demais, o preço seria fixado através de acordo entre os cativos e seus senhores; 3) nos casos de dissenso entre as partes, restava o arbitramento – sendo este justamente o caso de F. e de seu curador Luiz Gama.

A análise desse processo de arbitramento nos permite ter dimensão das inúmeras dificuldades impostas pela ordem senhorial às lutas por liberdade. Assim, a petição do advogado sofreu um revés logo no início por parte do juiz, que exigia que, antes de mais nada, fosse apresentado "o pecúlio com

33 Ibid., p.97.
34 Scott, *Emancipação escrava em Cuba*, p.179.
35 Alonso, *Flores, votos e balas*, p.92.
36 Brasil, Lei n.2.040, de 28 set. 1871, destaques nossos.

que pretende comprar a liberdade".[37] Formalmente falando, uma ação de liberdade tinha início quando, após receber um requerimento (assinado por qualquer pessoa livre e em geral a pedido do escravo), o juiz nomeasse um curador ao escravo e ordenasse seu depósito judicial.[38] Entre a teoria e a prática, contudo, havia os interesses senhoriais e a cumplicidade das autoridades. Diante dessa "novíssima jurisprudência promulgada" pelo juiz Santos Camargo, Gama reclamava

> [...] que lei alguma do império, ou disposição regulamentar ou aresto de tribunal existe que autorizar possa a vexatória e de todo arbitrária exibição do seu pecúlio neste juízo; nem tampouco lei ou disposição alguma existe, que a v. s. [vossa senhoria] dê o direito de fiscalizar ex-officio e administrativamente o pecúlio dos escravos.[39]

O advogado reforçava sua defesa baseando-se novamente na Lei do Ventre Livre:

> A suplicante [...], ainda quando não tivesse pecúlio, não estaria inibida de questionar neste juízo, sobre a sua manumissão, e de obtê-la legalmente; porque uma vez reconhecido o seu direito podia obrigar os seus serviços futuros, para com terceiros, para o pagamento do preço de sua alforria, ou obter do governo a soma para isso necessária (Lei n.2.040 cit., art. 3º e 4º, §3º).[40]

A luta por liberdade, embora nesse caso contasse com a iniciativa de F. e a argumentação de Gama, esbarrava nos obstáculos da estrutura social escravista, materializada aqui na estratégia de protelação e interdição do juiz. Tais desmandos significavam, na prática, a anulação da Lei de 1871, o que não deixou de ser percebido – e lamentado – por Gama: "é certo, entretanto, e doloroso é dizê-lo, que a manutenção do venerando despacho, por v. s. [vossa senhoria] proferido, importa revogação expressa dessa lei!...".[41]

---

37 Gama, Fôro da Capital. Juizo municipal (coisas do Sapientíssimo Sr. Dr. Felício), *Correio Paulistano*, 28 jul. 1872, Secção Particular.

38 Grinberg, *Liberata*, p.22 *et passim*.

39 Gama, Fôro da Capital. Juizo municipal (coisas do Sapientíssimo Sr. Dr. Felício), *Correio Paulistano*, 28 jul. 1872, Secção Particular.

40 Ibid.

41 Gama, Fôro da Capital, op. cit.

A arbitrariedade do magistrado a respeito do pecúlio gerava ainda um novo problema, indicado pelo advogado:

> [...] se digne declarar *onde*, *quando* e *como* deve ser feita a exibição do pecúlio [...] porque o seu pecúlio [da impetrante] é a sua fortuna, a sua propriedade; e ela não o deixará neste juízo, sem que se dê a mais estrita observância das formalidades garantidoras da sua propriedade, a despeito da novíssima jurisprudência promulgada nos sábios despachos de v. s. [vossa senhoria].[42]

Diante de uma correlação de forças bastante desfavorável, Luiz Gama optou por dar seguimento à ação, embora isso significasse obedecer aos desmandos de Santos Camargo. Gama acatava-o, mas não sem antes buscar subverter as regras criadas por autoridades coniventes com o interesse senhorial. Essa estratégia de "subversão" é assim descrita por ele nos jornais:

> Em obediência do último despacho, por s. s. [sua senhoria] proferido, e por mim publicado no artigo precedente, embora esse despacho extravagante na forma, e absurdo na essência, atacasse em seus fundamentos, à disposição do artigo 4º, última parte, da Lei n.2.040 de 28 de setembro de 1871, QUE RESERVOU AO GOVERNO, em seus regulamentos, que ainda não foram confeccionados, a guarda e a administração do pecúlio dos escravos, *exibi no cartório respectivo o pecúlio da manumitente, no valor de 30$000.*[43]

Não podendo forçar o juiz a mudar de posição, o advogado se viu obrigado a apresentar o pecúlio. Contudo, como o preço não havia sido estipulado, ele propositalmente exibiu uma quantia muito baixa: trinta mil-réis. Não era a primeira vez (e tampouco seria a última) que Gama atuaria por dentro da lógica senhorial no intuito de subvertê-la.[44] Conforme Elciene Azevedo, juízes e autoridades se utilizavam de estratégias protelatórias para cansar os proponentes das ações judiciais e mesmo para retardá-las.[45] Essa autora

---

42 Ibid., destaques no original.

43 Gama, Fôro da Capital. Juizo Municipal (coisas do sapientíssimo sr. dr. Felício), *Correio Paulistano*, 31 jul. 1872, Secção Particular, nossos destaques.

44 Elciene Azevedo aponta estratégia semelhante usada por Luiz Gama quando da publicação de seu livro de poesias satíricas, *Primeiras trovas burlescas de Getulino*, em 1859. Cf. Azevedo, *Orfeu de carapinha*, sobretudo o seu capítulo 1, "Ao som da marimba", p.35-78.

45 Azevedo, *O direito dos escravos*, p.129, 131, 135.

destacou que Gama estava muito consciente das manobras das elites, dentro e fora do Judiciário – compreendendo muito bem que a "lógica senhorial" era parte importante das disputas judiciais.[46] O juiz, contudo, tendo percebido a manobra do advogado, indeferiu a petição no mesmo dia, alegando que "em tempo algum se comprou um escravo por 30$000". Exigia assim "um pecúlio que razoavelmente possa conseguir os seus fins".[47]

Gama rebateu, ressaltando que existiam, sim, avaliações de até vinte mil-réis; ele inclusive anexou à petição um desses casos, e que recentemente havia sido julgado pelo próprio Santos Camargo. Nota-se, pois, que Gama estava muito bem informado do que ocorria nos foros judiciais. Além disso, aproveitava a situação para atacar tanto o juiz quanto a imoralidade da escravidão, fazendo uma analogia entre a situação de F. e a figura central do cristianismo:

> Finalmente que, se é verdade, como a história da Igreja o atesta, e v. s. [vossa senhoria] não a ignora, que a liberdade de Nosso Senhor Jesus Cristo foi vendida no tribunal de Sinédrio, perante o magno juiz hebreu, por trinta dinheiros, não é estranhável, nem caso de lesa empolgadura que, perante v. s. [vossa senhoria], a suplicante avalie a sua própria liberdade em trinta mil-réis.[48]

Ao comparar a situação dos escravizados com a vida de Cristo, Gama certamente buscava cativar o público, mostrando a justeza de sua causa, e atacar o cativeiro do ponto de vista moral. Por sua vez, Santos Camargo era igualado ao juiz que vendera Jesus, em uma clara tentativa de pressioná-lo perante a opinião pública.

Em seguida, Gama passaria à "discussão científica", isto é, à argumentação jurídica, apresentando também pareceres técnicos de "jurisconsultos distintos".[49] Esses pareceres citavam expressamente a Lei do Ventre Livre, em seu artigo 4º, parágrafo 2º, e argumentavam que a escravizada F. tinha o direito de requerer o depósito, "porquanto, tendo direito de demandar a

46 Azevedo, *O direito dos escravos*, p.82-4.

47 Gama, Fôro da Capital. Juizo Municipal (coisas do Sapientíssimo Sr. Dr. Felício), *Correio Paulistano*, Secção Particular, 31 jul. 1872.

48 Ibid.

49 Ibid. Os pareceres são assinados por Américo de Abreu, José Rubino de Oliveira, J. J. Vieira de Carvalho, conselheiro Ramalho, Almeida Reis e Sá Benevides.

sua alforria, contra a vontade de seu senhor, não o poderia fazer estando em poder e companhia do mesmo".[50] Ademais, com base no citado parágrafo, afirmava que o pecúlio

> [...] só pode ser juridicamente conhecido, depois de sabido o valor da indenização, que infalivelmente pressupõe o competente processo de ação de arbitramento; mas este processo entre partes – o senhor e o escravo considera a este *já habilitado em juízo*, logo o pecúlio não precede e nem acompanha o depósito.[51]

Por fim, esclarecia a incompetência do juiz em estipular o preço da alforria:

> o pecúlio que a lei (§2º cit.) se encarregou de definir é o valor da indenização pela alforria, sendo essa indenização fixada por *acordo* ou *arbitramento*, o acordo é a combinação entre o senhor e o escravo; o arbitramento é a avaliação judicial, feita por peritos escolhidos pelas partes: é, portanto, intuitiva a incompetência do juiz para taxar o *quantum* constitutivo ao pecúlio, incompetência essa que ainda se evidencia pelo nenhum interesse do juiz, naquilo que só afeta à fortuna do senhor e do escravo.[52]

A partir desse primeiro caso é possível perceber que o discurso de Gama nos jornais tinha três funções principais: 1) convencer a opinião pública por meio de seu vasto e especializado conhecimento jurídico, enfraquecendo assim o *argumento* contrário; 2) ridicularizar e constranger a *pessoa* de seu adversário, desqualificando-o perante o público; e 3) pressionar o oponente a partir do "julgamento da opinião pública".[53] Ao colocar as autoridades na posição de "rés", diante do "julgamento da opinião pública", Gama realizava uma espécie de transmutação simbólica dos papéis sociais originalmente atribuídos aos agentes. Se nos tribunais de justiça as figuras do juiz, do réu, das partes contrárias, do conselho do júri e do público estavam bem

---

50 Ibid.

51 Ibid., itálicos no original.

52 Ibid., itálicos no original.

53 Luiz Gama usa essa expressão em diversos artigos. Por exemplo: Gama, Fóro de Jundiahy (delegacia de polícia), *Correio Paulistano*, São Paulo, 7 jul. 1870, A Pedido, p.2; Id., Foro de Jundiahy, *Correio Paulistano*, São Paulo, 1º out. 1871, A Pedido, p.2.

delimitadas e seguiam uma configuração predeterminada de poder, baseada nas leis, o mesmo não ocorria na imprensa. Aqui, Luiz Gama se tornava, ao mesmo tempo, autor e acusador; as autoridades, "rés" acusadas de graves "atentados jurídicos". Estes, por sua vez, seriam julgados agora pela opinião pública, que se transformava em juiz e júri.

Lei do Ventre Livre e alforria condicional: o caso de Elias, Joaquina e Marcelina

Em maio de 1872, Luiz Gama denunciava ao público mais uma ilegalidade: dessa vez o crime de redução à escravidão praticado por Joaquim Antonio Raposo contra três libertos, em Jacareí.[54] Maria Angélica do Nascimento, proprietária dos cativos e esposa de Raposo, havia concedido alforria condicional aos três, obrigando-os a prestar serviços até a morte da senhora e, depois disso, por mais dois anos ao marido. Era comum que senhoras de escravizados, temendo o adoecimento ou o falecimento, concedessem alforria condicional com o duplo intuito de proteger seus cativos mais estimados de conflitos futuros entre herdeiros e de motivá-los a ficar ao lado da proprietária até o fim de sua existência.[55] Nesse caso, a alforria fora lavrada em 1863; seis anos depois, contudo, Raposo vendia criminosamente os libertos.[56]

Foi apenas em maio de 1872 que o advogado José Antonio Miragaia, "exibindo certidão da escritura manumissória", requereu ao juiz municipal de Jacareí o depósito dos três libertos e a nomeação de curador, para assim iniciar ação de liberdade.[57] Contudo, a petição foi indeferida pelo juiz – para a indignação de Gama, uma vez que, "nos termos da lei, é o caso de manumissão incontinente".[58] Caberia, inicialmente, questionar como ele ficou sabendo do caso. Nesse sentido, o advogado Miragaia oferece um ponto de partida.

---

54 Gama, Fôro de Jacarehy, *Correio Paulistano*, 26 mai. 1872, Secção Particular, p.2; Gama, Fôro de Jacarehy, *Correio Paulistano*, 30 mai. 1872.

55 Chalhoub, *Visões da liberdade*, p.114.

56 Gama, Fôro de Jacarehy, *Correio Paulistano*, 26 mai. 1872.

57 Ibid.

58 Ibid.

A trajetória de Miragaia contém vários pontos em comum com a do abolicionista baiano: ambos eram advogados provisionados, pertenciam então ao Partido Liberal e trabalhavam na secretaria de polícia. Compartilhavam, portanto, círculos sociais semelhantes.[59] Desse modo, é provável que Gama tivesse se inteirado do processo dos libertos por meio de contatos em comum com Miragaia. Este, ao ter assumido o caso, possivelmente estava apenas exercendo seu ofício, sem intenções políticas. Os advogados que compunham as redes de apoio de escravizados e escravizadas eram movidos sobretudo pelo interesse nas demandas judiciais, com "pouco incentivo para eles a não ser que tivessem um interesse especial no abolicionismo".[60] Embora esse interesse não possa ser confirmado em relação a Miragaia, certamente era o caso de Gama.

Quanto aos três libertos, as fontes pouco revelam. Entretanto, é possível levantar algumas reflexões. Primeiramente, supõe-se que compartilhassem algum tipo de ligação, pois viviam e trabalhavam na mesma propriedade. Provavelmente sentiram a mesma preocupação após a morte da proprietária, quando o esposo desta ignorou as alforrias conquistadas pelos três e os vendeu.

Para os escravizados, a morte do senhor poderia significar importantes mudanças. Era sobretudo "o início de um período de incerteza" devido à dificuldade de "fazer valer os direitos conquistados ao antigo senhor".[61] Antes da década de 1870, a agência das mulheres e homens escravizados era muito dificultada, pois seus embates judiciais dependiam do apoio de homens livres.[62] Nesse sentido, uma ideia-chave que fundamentava a maioria das ações de liberdade anteriores à Lei do Ventre Livre era a de que a alforria se originava apenas na vontade senhorial.[63] Assim, ao vender os três libertos – inclusive com escritura do ato –, Raposo mostrava pouca preocupação quanto ao seu crime de reescravização, já que ele provavelmente interpretava sua ação como

59 Jacarehy, *Correio Paulistano*, Annuncics, p.3, 10 nov. 1863; Miragaia, Atibaia, *Diario de S. Paulo*, Publicações Pedidas, p.2, 16 set. 1869; Expediente da presidencia. Dia 24 de março, *Diario de S. Paulo*, Parte Official, p.2, 28 mar. 1868; Presidencia da provincia, *Diario de S. Paulo*, 16 jul. 1871, Gazetilha, p.2; Presidencia da provincia, *Diario de S. Paulo*, Gazetilha, p.4, 2 abr. 1872; *Diario de S. Paulo*, 6 jul. 1875, p.1.

60 Scott, *Emancipação escrava em Cuba*, p.171.

61 Chalhoub, *Visões da liberdade*, p.111.

62 Ibid., p.108-9.

63 Ibid., p.115.

fruto legítimo de sua vontade.[64] Por outro lado, outra medida tomada por ele coloca a necessidade de relativizar a ideia da vontade senhorial: ele vendera cada um dos libertos a pessoas diferentes, buscando talvez com isso esconder os rastros de seu crime.[65] Não obstante, as incertezas advindas da morte da ex-senhora se confirmaram para os três libertos: foram vendidos e separados da propriedade e de seus companheiros, com quem haviam estabelecido laços e convivências.[66]

A venda dos libertos não significava, contudo, a aceitação passiva por parte dos mesmos. Embora a correlação de forças lhes fosse desfavorável, Elias, Joaquina e Marcolina certamente buscaram lutar por seus direitos adquiridos. Embora as fontes silenciem a esse respeito, o fato é que o caso deles chegou de algum modo aos tribunais, sugerindo, em alguma medida, a atuação interessada dos três. Além disso, não se sabe qual era o paradeiro atual de dois dos libertos – Luiz Gama diz apenas que um deles havia sido capturado pelos capangas do pretenso senhor, silenciando em relação aos outros –, o que levanta a hipótese de fuga e/ou acoitamento.[67]

Quanto a Luiz Gama, criticava tanto o crime praticado pelo suposto proprietário quanto o "atroz atentado" cometido pelo juiz.[68] Como vimos, sua estratégia era tornar públicos esses casos judiciais e criar uma espécie de jurisprudência alternativa.[69]

A questão toda se tratava, portanto, de uma alforria condicional seguida de escravização ilegal. Gama buscou caracterizar isso de modo enfático, logo no início de sua exposição, distinguindo-a de uma "doação *mortis causa* manumissora". Essa preocupação sugere que a ideia da doação fosse provavelmente a tese da parte contrária e/ou do juiz municipal. Logo, poderia ser alegado que, por se tratar de doação, esta poderia ser revogada. A questão central girava, portanto, em torno da correta definição do caso – alforria condicional ou doação – e da capacidade (ou não) do (ex-)senhor em revogá-la. Em sua argumentação, Gama utiliza mais uma vez a Lei do Ventre Livre:

64 Gama, Fôro de Jacarehy, *Correio Paulistano*, 26 mai. 1872, Secção Particular, p.2.

65 Gama, Fôro de Jacarehy, *Correio Paulistano*, 30 mai. 1872, Secção Particular, p.2.

66 O caso de alforria condicional não concretizada na morte foi muito comum na história do Brasil escravista. A esse respeito, cf. Silva, *Últimos desejos e promessas de liberdade*.

67 Gama, Fôro de Jacarehy, *Correio Paulistano*, op. cit.

68 Gama, Fôro de Jacarehy, 26 mai. 1872, op. cit.

69 Azevedo, *O direito dos escravos*, p.102.

> A liberdade concedida pelo próprio senhor de modo direto – com obrigação expressa do liberto prestar serviços [...], reputa-se em face do D[ireito], concedida a título oneroso, e o ato de alforria, por parte do concessor, completo desde o momento da concessão, porque a concessão, como ensina Bremou, na vertente hipótese, está no ato, e não na condição ou na obrigação; *doutrina esta verdadeira e aceita pela nossa Lei n.2.040 de 28 de setembro de 1871 art.4º §5º*; pelo que a alforria assim concedida não é revogável *ad nulum* [...].[70]

O já mencionado artigo 4º da Lei do Ventre Livre tratava da possibilidade de formação do pecúlio por parte do escravo. O seu quinto parágrafo, citado por Gama, expressava que a alforria condicional "não ficará anulada pela falta de implemento da mesma cláusula, mas o liberto será compelido a cumpri-la por meio de trabalho nos estabelecimentos públicos ou por contratos de serviços a particulares".[71] Ele articulava, assim, a noção jurídica de "concessão" aos conteúdos da Lei do Ventre Livre, de modo a defender que a liberdade estava no ato da concessão, e não na condição desta.

Escravos abandonados ou fugidos? A Lei do Ventre Livre e o "sistema das indagações policiais perpétuas"

Um terceiro caso envolveu a Lei do Ventre em seu artigo 6º, parágrafo 4º, que dizia: "[S]erão declarados libertos: [...] [O]s escravos abandonados por seus senhores".[72] No processo em questão, Luiz Gama advogou para Felipe e João Ricardo (ou Militão), dois homens negros que, segundo Gama, eram "livres perante o direito", mas haviam sido "ilegalmente detidos no calabouço da Casa de Correção" de São Paulo "por suspeita de serem escravos fugidos".[73] O primeiro estava preso havia mais de dois anos, enquanto o segundo, havia seis meses. A justificativa era, nas palavras do advogado, a "simples desconfiança da autoridade".

70 Gama, Fôro de Jacarehy, *Correio Paulistano*, 30 mai. 1872, op. cit., destaques nossos.
71 Ibid.
72 Brasil, Lei n.2.040, art.6º, §4º.
73 Petição de Habeas Corpus n.26, TJ1 1001561596-5 (Arquivo do Tribunal de Justiça de São Paulo), 11-19 jun. 1877.

Na petição, Gama argumentou que um indivíduo não era obrigado a provar a sua condição de livre. Ele se embasava no já citado artigo da Lei de 1871, mas também no Livro 4º, título 12 das Ordenações Filipinas, sustentando que "o cativeiro [era] contrário à natureza, de onde decorra o princípio de direito civil – que todo o homem se presume livre, até que o contrário desprove".[74] Ao mesmo tempo, criticava a polícia e o seu "sistema das indagações perpétuas para garantia do direito dominical".[75]

Exposto o caso, o chefe de polícia, Elias Antonio Pacheco e Chaves, foi chamado a depor e explicar o que teria motivado a prisão dos dois homens. Para Pacheco e Chaves, a questão era cristalina: tratava-se de prisão legal. Segundo ele, o responsável pela prisão de João Ricardo (ou Militão) havia sido o delegado de São José dos Campos, que avistara "um homem de cor preta" vagando por aquele termo, "sem saber-se donde vinha e para onde ia, parecendo ser cativo" por conta dos "sinais que mostrava o corpo, desde os ombros até as nádegas, além de um sinal em forma de S sobre o lado direito das costas, feito a ferro e fogo".[76]

Depois de preso, estando ainda em São José dos Campos, João Ricardo (ou Militão) respondeu a um primeiro auto de perguntas, momento em que disse se chamar Militão João de Mello, e não João Ricardo, "e ser livre, não apresentando, entretanto, documento algum que comprovasse tal estado, nem pessoa alguma que abonasse seu estado livre, e seu meio honesto de vida".[77] Tendo sido entregue às autoridades da capital paulista, o agora Militão respondeu a um segundo auto. Ao subdelegado de Santa Ifigênia dizia agora se chamar João Ricardo da Normandia, ter vindo para São Paulo "durante a guerra do Paraguai e trabalhado nas estradas de ferro de Jundiaí, Itu e Sorocaba, donde voltou para aqui, indo morar com Militão João de Mello, no Areal da Santana, bairro de Santa Ifigênia".[78] Além disso, negou seu primeiro depoimento, dizendo que havia se apresentado como Ricardo, não Militão.

Continuando seu relato, o chefe de polícia apresentava agora a versão do verdadeiro Militão João de Mello, morador em Santa Ifigênia. Este havia dado falta de seu documento de identidade (um rascunho de requerimento

---

74 Petição de Habeas Corpus n.26, op. cit.

75 Ibid.

76 Ibid.

77 Ibid.

78 Petição de Habeas Corpus n.26, op. cit.

de isenção à Guarda Nacional), que coincidentemente havia sumido no mesmo dia em que o dito João Ricardo (ou Militão) havia deixado a sua casa. O chefe de polícia deduzia que o tal documento "devia conter o nome do peticionário Militão João de Mello"[79] e concluía – com base em suposições – que João Ricardo, vulgo Militão, havia furtado o documento, fazendo-se passar por Militão.

A versão de João Ricardo (vulgo Militão), contudo, era outra: o documento seria na verdade "uma guia que lhe deu o inspetor do bairro de São João, distrito da Cotia, com o nome de Militão João de Mello, que por engano tinha levado, e fora causa de sua prisão".[80] Convém ressaltar que, independentemente do teor do documento, João Ricardo (ou Militão) havia apresentado-o ao delegado de São José, mas mesmo assim tinha sido detido. Ou seja, ele foi preso *apesar* de possuir documento de identidade.

Buscando justificar a prisão, o chefe de polícia argumentava que João Ricardo/Militão não sabia "o nome do navio que o transportou do Rio de Janeiro, nem o que significa[va] a marca S. que tem nas costas". Quanto aos "sinais de açoites", o preso alegava que haviam sido feitos "por um cipó com que lhe deu, em Niterói, o irmão de uma rapariga com quem tinha relações".[81] Tendo apresentado o caso do primeiro preso, o chefe de polícia concluía da seguinte maneira:

> A troca de nomes, a contradição de suas respostas, a fugida que fez logo que o comandante do destacamento de Itu mandou capturá-lo, por ser ali desconhecido e inspirar desconfiança de ser fugido [...]. *Tudo isto é prova de que o preto é escravo fugido, e talvez criminoso que procura fugir à ação da justiça.*[82]

Uma primeira análise das fontes nos permite destacar que as autoridades policiais prenderam João Ricardo (ou Militão) com base 1) nas contradições e supostas incoerências do relato do prisioneiro e 2) em suposições e deduções. Contudo, uma análise a contrapelo da mesma documentação nos leva a perceber também duas contradições no discurso do chefe de polícia. Em primeiro lugar, ele dissera que o motivo da prisão havia sido a suspeita de

---

79 Ibid.

80 Ibid.

81 Ibid.

82 Ibid.

ser escravo, mas, em seu próprio depoimento, havia dito que João Ricardo/ Militão portava um "documento de identidade", que inclusive havia sido apresentado ao delegado de São José dos Campos. Em segundo, dissera que o prisioneiro não soubera informar sobre os sinais em seu corpo, mas o próprio auto de perguntas feito ao prisioneiro mostrava que, segundo ele, as marcas eram resultado de golpes de cipó. Ou seja, a polícia não acreditou na versão de João Ricardo/Militão e, com base em novas suposições – seriam na verdade marcas de açoites, logo, tratava-se possivelmente de escravo fugido e, talvez, um criminoso, prenderam-no.

Nota-se, portanto, uma atitude policial alinhada aos interesses senhoriais e que percebia na população negra pessoas suspeitas e indignas de confiança. Diante disso, não seria de se espantar que mulheres e homens negros – escravizados ou não – buscassem utilizar de todos os meios possíveis para fazer frente a esse "sistema das indagações perpétuas para garantia do direito dominical",[83] preservando assim a sua liberdade. Dentre essas muitas estratégias de resistência, estavam a fuga, a troca de nomes, a astúcia, a lábia, o conhecimento geográfico e social, entre outros – todas elas utilizadas aqui por João Ricardo/Militão, que não deixou de responder a nenhuma das perguntas das autoridades, mas sempre oferecendo respostas lacônicas ou evasivas. Além disso, mostrava ter um bom conhecimento geográfico, sabendo informar várias localidades nas quais supostamente circulara. E, mesmo quando caiu em contradição, manteve sua versão. A falsificação de documentos, por sua vez, era parte de uma estratégia usada para garantir a mobilidade e a circulação, sobretudo nos espaços e meios sociais nos quais não se era conhecido, ao mesmo tempo que se esquivava de tentativas de (re)escravização por parte das autoridades e das classes senhoriais. Nesse caso, contudo, nem a documentação conseguiu proteger João Ricardo (ou Militão) da prisão.

A situação do segundo prisioneiro, Felipe, por sua vez, foi relatada pelo juiz Bellarmino Peregrino da Gama e Mello e pelo escrivão da Provedoria da Comarca de São Paulo. O juiz dava a entender que Felipe estava ligado a um processo de arrecadação enquanto bem de evento e que, passados sessenta dias do edital, havia sido recolhido à cadeia pelo fato de ser escravo.[84] Complementando o relato do juiz, o escrivão da Provedoria falava de "um

83 Petição de Habeas Corpus n.26, op. cit.
84 Ibid.

preto fugido de nome Felipe tido como escravo de Maria Angélica, recolhido na Correção desde 20 de janeiro de 1874, visto que até aquela data [21 de janeiro de 1877] não tinha sido reclamado por sua senhora". Descrevia-o ainda como tendo mais de 40 anos de idade e sendo solteiro, trabalhador de roça e africano. Além disso, havia sido "escravo do finado tenente Mariano, fazendeiro no lugar chamado – Retiro – no Porto da Estrela, perto do Rio de Janeiro, *o qual o deixou forro em testamento e por isso saiu da fazenda de sua [...] Maria Angélica, sem consentimento da mesma e há muito tempo*".[85]

Novamente, percebe-se a contradição no relato das autoridades, pois o "preto fugido" na realidade era *liberto*, já que havia sido alforriado por seu ex-senhor. Mais uma vez, as autoridades se alinhavam aos interesses senhoriais a ponto de ignorar o estatuto de homem liberto de Felipe, possibilitando assim uma eventual posse – leia-se reescravização – por parte de sua nova senhora.

O que estava em jogo, portanto, era a precariedade da liberdade e estatutos jurídicos em disputa – *escravo abandonado* vs. *escravo fugido*. Luiz Gama, bem como João Ricardo/Militão e Felipe, lutava pela primeira categoria. Enquanto o advogado utilizava a Lei do Ventre Livre como uma de suas principais armas nesse embate, alegando que escravos abandonados deveriam ser libertados, os dois prisioneiros usavam a astúcia e artimanhas para ludibriar as autoridades e pretensos proprietários. As autoridades, por sua vez, posicionadas no outro lado desse campo de batalha judicial, utilizavam-se tanto da ilegalidade – a prisão baseada apenas na suspeita e em um "sistema de indagações perpétuas" – quanto da legalidade. Nessa batalha específica, a liberdade saiu vitoriosa. No acórdão, os desembargadores decidiram pela "soltura requerida visto não haver justa causa que confirmarem [*sic*] os pacientes na prisão em que se acham".[86] Havia, além disso, uma segunda vitória: ao vencer a luta pela liberdade e garantir a soltura dos dois homens, Gama ajudava a construir uma jurisprudência que reconhecesse a cidadania e os direitos da população negra no Tribunal da Relação de São Paulo.

---

85 Ibid., destaques nossos.

86 Ibid.

À guisa de conclusão

Analisou-se, ao longo deste capítulo, alguns dos casos judiciais de Luiz Gama com mulheres e homens escravizados e envolvendo aspectos da Lei do Ventre Livre de 1871. A partir disso, buscou-se destacar as estratégias utilizadas por esses diferentes sujeitos históricos em suas lutas por liberdade. Um ponto foi a centralidade do gênero enquanto problemática para se pensar a escravidão e a abolição. Uma vez que a escravidão foi influenciada por questões de gênero, ela gerou efeitos diversos em homens e mulheres, moldando ativamente as relações de poder e concebendo formas distintas de ação social. Isto posto, cabe aqui uma breve reflexão sobre o significado histórico das lutas antiescravistas de Luiz Gama.

Se, por um lado, a historiografia destaca a singularidade desse sujeito histórico, por outro, sabe-se que Gama não foi nem pioneiro nem o único a levar os casos de escravizados à Justiça.[87] Segundo Keila Grinberg, as ações de liberdade mais antigas são provavelmente do fim do século XVIII.[88] A socióloga Angela Alonso, por sua vez, argumenta que o "estilo Gama de ativismo" fazia parte do "repertório abolicionista internacional" e que era usado por diversos abolicionistas ao redor do mundo atlântico.[89] Assim, para melhor compreender a contribuição abolicionista de Luiz Gama, é importante situá-lo dentro do contexto histórico em que ele viveu e atuou.

Um ponto de partida possível para refletir sobre o abolicionismo de Gama é a interessante pergunta feita por Grinberg: nessas disputas pela liberdade, "qual [era] a postura dos advogados? Como os escravos chegavam a eles?".[90] A questão é importante, pois enfatiza tanto a "postura" dos advogados em relação ao abolicionismo quanto a agência das escravizadas e escravizados em relação à luta pela liberdade. Angela Alonso, buscando responder essa pergunta, afirmou que Gama "extrapolou essa contestação jurídica às bases legais do escravismo, levando a interpretação da lei ao limite".[91] Portanto, a originalidade do abolicionista negro não

---

87 Ferreira, *Com a palavra, Luiz Gama*, p.17; Fausto, *História do Brasil*, p.219; Machado, *O plano e o pânico*, p.144; Alonso, *Flores, votos e balas*, p.92; Teixeira, *O grito da cor* apud Ferreira, *Luiz Gama*, p.19.

88 Grinberg, *Liberata*, p.24-6.

89 Alonso, *Flores, votos e balas*, p.91.

90 Grinberg, *Liberata*, p.28.

91 Alonso, op. cit., p.91.

estaria relacionada a um pioneirismo ou ineditismo nas formas jurídicas da luta social, mas sim devido à apropriação que fez de um repertório de práticas internacionalmente conhecido. Dito de outro modo, aquilo que o distinguiu em meio a tantos outros advogados e militantes foi a sua "postura" intransigente diante da escravidão, levando assim a "lei ao limite" e expondo as limitações e contradições da ordem social escravista. Essa "postura" abolicionista foi influenciada, por sua vez, por diversos aspectos da biografia de Gama: o lugar social e racial que ele ocupou dentro da sociedade escravista, o seu radicalismo político (liberal, depois republicano), a sua formação cultural dentro do universo dos bacharéis e a sua vivência no meio urbano paulistano.

Nesse ativismo militante, Gama se utilizou das mais diversas estratégias e argumentações jurídicas, e constituiu em torno de si várias redes de apoio. Defendeu centenas de escravizadas e escravizados em inúmeros processos judiciais e também fora deles – constituindo, assim, e junto a eles, suas agências e resistências à escravidão. Foi desse modo que estabeleceu uma "frente pela liberdade" dentro e fora dos tribunais, formando uma opinião pública mais favorável aos cativos, criando jurisprudência que reconhecesse a cidadania e os direitos dos negros e estabelecendo redes de solidariedade entre diversos setores sociais. Neste capítulo, tivemos a oportunidade de compartilhar e analisar alguns desses vários casos, destacando igualmente a importância da categoria gênero em moldar tanto a configuração da escravidão quanto as práticas sociais dos indivíduos apoiados por Luiz Gama.

23

"Levá-los em seu poder, para não perderem eles o seu amor, e estima [...] e criando-os como se fossem seus filhos, com muito amor e afago":

Contendas entre mães ex-escravas e patronas pelos serviços de menores ingênuos e livres – Bahia (1852-1890)"

Ione Celeste Jesus de Sousa
Daiane Silva Oliveira

A escravidão [...] é receber o trabalho de outro homem pelo poder irresistível e não por seu consentimento.

Reverendo Garret Frazier, EUA, 1867[1]

Em 13 de fevereiro de 1852, a senhora Maria Victoria d'Ornellas,[2] viúva, apresentou no Juizado de Órfãos e Ausentes do foro de Salvador um pedido para que fosse dado tutor para dois crioulinhos – Marcolino, de 12 anos, e Maria, de 10 anos –, filhos de sua ex-escrava Margarida (de Medeiros), liberta "Nagou". Na mesma cidade, em 1884, a senhora Diolina de Carvalho Vasconcellos, também viúva, realizou idêntica solicitação de atribuição de tutor para Afonso, ingênuo, filho da sua ex-escrava, a crioula Olympia (de Vasconcellos).

Trinta e dois anos separam esses processos cíveis. Acompanhá-los é a proposta deste texto sobre contendas entre mães ex-escravas e suas patronas – título atribuído a d. Maria Victoria – pela posse e usos dos serviços de menores livres e ingênuos na cidade de Salvador. Numa perspectiva

1 Garrison Frazier, in: Berlin, *Gerações de cativeiro*, p.13.
2 APB, Processo de Tutoria, 1852.

micro-histórica, valorizando as relações tecidas e experienciadas nas miúdas interações do cotidiano da sociedade imperial e escravista brasileira, faz parte dos esforços em revisitar a Lei 2.040 na efeméride de seus 150 anos. Caminhamos a partir da Ação de Tutela de 1852 e da Autuação de Entrega de Menor de 1884, acompanhando as táticas e os ardis das mães ex-escravas em contendas pela posse de seus filhos contra os artifícios e estratégias de suas ex-proprietárias ou *patronas*.

Utilizamos também trechos de outros documentos concernentes às tutelas – termos de assunção, de revisão das mesmas e de soldadas – registros que cobrem a província da Bahia em direção ao interior, nas suas cidades, vilas e arraiais, no pós-abolição,[3] pois o uso dos serviços dos ingênuos sobreviveu à lei.[4]

As pesquisas nesse campo histórico partem de um chão comum de estudos sobre o movimento abolicionista, legislação da escravidão, família escrava, formas de trabalho escravo nos espaços urbanos e rurais, experiências de libertos, escravos e ingênuos em possíveis cidadanias pós-abolição, em coletânea organizada por Flávio Gomes e Olivia Gomes da Cunha.[5] O mesmo ocorre naquela organizada por Maria Helena Machado e Lilia Schwarcz[6] sobre esse período, suas inclusões e exclusões.

---

3 Matos; Rios, O pós-abolição como objeto histórico: balanço e perspectiva, *Topoi*, v.5, n.8, 2004. Fraga Filho, O 13 de Maio e os embates da memória da abolição, *Revista Nordestina de História do Brasil*, v.2, n.4, UFRB, 2020; Id., Pós-abolição: o dia seguinte, in: Schwarcz; Gomes (orgs.), *Dicionário da escravidão e liberdade*, p.370-7; Matta, Libertos na mira da polícia: disputas em torno do trabalho na pós-abolição, *História Social*, Campinas, n.14 e 15, p.35-9, 2008.

4 Alaniz, *Ingênuos e libertos*; Papali, *Escravos, libertos e órfãos*; Perussatto, *Como se de ventre livre nascesse*. Para a província da Bahia, Mattoso, O filho da escrava (em torno da Lei do Ventre Livre), *Revista Brasileira de História*, São Paulo, v.8, n.16, p. 37-55, mar.-ago. 1988; Luz, *Das cambalhotas ao trabalho*; Sousa, *Escolas ao povo*; Id., Porque a ociosidade é a mãe de todos os vícios: tutelas e soldadas de ingênuos na Bahia – 1871-1899, in: Machado; Castilho (orgs.), *Tornando-se livre*; Id., Para os educar e bem criar: tutelas, soldadas e trabalho compulsório de ingênuos na Bahia – 1878-1897, *Anais da ANPUH Nacional;* Id., Criadas para servir, in: *Condição feminina no império colonial português*; Conceição, *O aprendizado da liberdade*; Fraga Filho, *Meninos, moleques e vadios*; Id., *Encruzilhadas da liberdade*; Gusmão, *Histórias de ingênuos e órfãos tutelados na Bahia, 1871-1890*; Silva, *Eram escravas, digo ingênuas*; Carvalho, *Crianças e escravidão*.

5 Gomes; Cunha (orgs.), *Quase cidadão*.

6 Machado; Schwarcz (orgs.), *Emancipação, inclusão e exclusão*.

Maria Helena Machado admoesta[7] quanto à interseccionalidade com gênero, que considera ainda falha em distinguir os escravos quanto ao gênero. Indica a urgência de evidências dessas diferentes experiências, assim como de investigações em perspectiva comparada entre Brasil e América do Norte/Latina,[8] sobre como a escravidão utilizou de forma diferente o *status* jurídico do filho da escrava.

A temporalidade deste texto é ancorada na Lei 581, de 4 de setembro de 1850,[9] que extinguiu oficialmente o tráfico; e na Lei 2.040, de 28 de setembro de 1871, do Ventre Livre, que foi parte dos embates abolicionistas[10] brasileiros no último quartel do século XIX. Buscamos nos processos as estratégias e táticas[11] pelos usos dos serviços dos(as) ingênuos(as), pelas patronas e pelas mães, como a afirmação por parte das primeiras de "amar e cuidar com afeto" dos(as) ingênuos(as).

Quanto às mães, seus ardis e alianças.[12] A destacar nos registros uma continuada prática desqualificadora de serem identificadas apenas pelo prenome com a situação legal – escrava, liberta, forra – acrescida de sua designação étnica – a nação. Para as nascidas no Brasil, a costumeira qualidade/cor – crioula, parda, preta.

Registros transversais àqueles exclusivos da escravidão,[13] a tutela e a soldada eram procedimentos gerais para a população. Como instrumento jurídico, a tutoria, com base nas Ordenações Filipinas, delimitava que todo

---

7 Machado, Mulher, corpo e maternidade, in: Schwarcz; Gomes (orgs.), *Dicionário da escravidão e liberdade*, p.353-60; Cowling, *Concebendo a liberdade*; Ariza, *Mães infames, rebentos venturosos*; Santos, Africanas, libertas e seus filhos em narrativas de violências e outros dramas entre a escravidão e o pós-abolição no sul da Bahia, *Transversos, Revista de História*, Rio de Janeiro, n.10, 2017.

8 Grinberg; Peabody, *Escravidão e liberdades nas Américas*; Grinberg; Lima; Reis, *Instituições nefandas*; Cowling, *Concebendo a liberdade*.

9 Chaloub, *Visões da liberdade*; Id., *A força da escravidão*; Pena, *Pajens da Casa Imperial*; Grinberg; Mamigonian, Lei de 1831, in: Schwarcz; Gomes (orgs.), *Dicionário da escravidão e liberdade*, p.300-6; Mendonça, Legislação emancipacionista, 1871-1885, in: Schwarcz; Gomes (orgs.), *Dicionário da escravidão e liberdade*, p.292-9.

10 Alonso, *Flores, balas e votos*.

11 Conceitos de tática e estratégia segundo os usos de Certeau, *A invenção do cotidiano*.

12 Oliveira, Viver e morrer no meio dos seus: nações e comunidades africanas na Bahia do século XIX, *Revista da USP*, São Paulo, Dossiê "Povo Negro: 300 anos", n.28, p.173-93, 1996.

13 Slenes, O que Rui Barbosa não queimou: novas fontes para o estudo da escravidão no século XIX, *Revista Estudos Econômicos*; v.1, n.3, jan.-abr. 1983, p.117-49.

menor sem pai identificado era órfão, o que interessava aos proprietários.[14] Essa prática também foi esgrimida quanto aos(às) filhos(as) da mulher solteira pobre, ameaçados de tutorias e soldadas pelos seus serviços. Walter Fraga[15] observou o uso dessa estratégia senhorial contra táticas de liberdade dos ex-cativos e pelo domínio dos serviços dos ingênuos. Ambas marcadas pela coerção de trabalho na lavoura, nos serviços domésticos, nas vendagens e comércio.

Consideramos que o dispositivo da tutoria foi um instrumento de poder senhorial, ressignificado de acordo com situações e relações específicas – por exemplo, autorizá-las para proprietárias de escravos ou donas de lavouras, quando foi sistematicamente negado às mães libertas o mesmo direito.

Outra estratégia foi usar o termo *menor* – o legalizado – e não o termo *ingênuo* – o costumeiro – nos termos de tutoria, um ardil para evitar as solicitações em juízo das mães libertas pela posse dos(das) seus(suas) filhos(as). Assim, a tutoria era aquela regulada pelas Ordenações Filipinas. Contudo, as astúcias das mães libertas conseguiram atrapalhar um pouco os interesses senhoriais, fosse utilizando meios legais para reaver seus filhos – acionando redes de alianças entre os seus, com abolicionistas e até mesmo com membros das famílias patronas –, fosse em conjunto com táticas mais urgentes como a fuga.[16]

Margarida, liberta nagou, e seus crioulinhos Marcolino e Maria: entre quitandas, caixinhas de venda e seus "parentes africanos" – 1852

No dia 13 de fevereiro de 1852, o escrivão Jose Olympio Gomes de Seixas[17] recebeu a réplica e a petição de d. Maria Victoria Ornellas, encaminhados pelo curador geral dos órfãos, Pinto Machado, quanto à tutoria dos

14 Reis, *Histórias de vida familiar e afetiva de escravos na Bahia do século XIX*; Id., Família escrava, in: Schwarcz; Gomes (orgs.), *Dicionário da escravidão e liberdade*, p.236-40.

15 Fraga Filho, *Encruzilhadas da liberdade*, p.104.

16 Reis, Uma negra que fugio, e consta que já tem dous filhos: fuga e família entre escravos na Bahia, *Afro-Ásia*, Salvador, n.23, p.27-46, 1999.

17 Juízo dos Órfãos – Tutoria dos menores Marcollino e Maria, crioulos. 13 de fevereiro de 1852. Núcleo: Tribunal de Relação. Série: Tutoria. Seção: Judiciário.

menores Marcollino e Maria, filhos de sua ex-escrava africana Margarida. O candidato a tutor que "escolheu" era o doutor Marcollino Antonio de Mello Albuquerque Pitta.[18] A essa dupla ação de tutoria poderia seguir a de assoldamento, conforme as Ordenações Filipinas em vigor:

> Requeiro com a suplicante que seja nomeado um tutor aos dois menores, a fim de *serem depois regularmente assoldados*.[19] Requeiro também que a suplicante prove ter criado os dois menores a fim de poder o Juiz deliberar ou na forma da Ordenação livro I T 88$ 12 e 13, ou segundo o Alvará de 31 de janeiro de 1775.
>
> Bahia, 12 de fevereiro de 1852.

Seria um processo de atribuição de tutoria comum se nas suas ajuntadas não constassem as apelações, registros da contenda entre a senhora Maria Victoria Ornelas, moradora da aristocrática freguesia de São Pedro Velho,[20] na localidade dos Aflitos, perto da igreja desse orago, e sua ex-escrava Margarida Nagou pela posse dos filhos desta. O processo durou de 1852 a 1853, evidenciando costumes, representações, ardis e estratégias dos sujeitos envolvidos, naquela Salvador da década de 1850,[21] marcada pela proibição do tráfico de escravos, ocorrida menos de dois anos antes, em 1850.

Possivelmente, o desencadeador da disputa foi Margarida Medeiros, a africana liberta, ter saído das dependências de sua ex-senhora, organizado moradia com outros africanos e buscado seus filhos para morar em sua companhia em casa alugada na freguesia do Pilar.

A contenda pode ter sido também pelas dificuldades vislumbradas por d. Maria Victoria em repor seu plantel de cativos, exatamente no contexto da Lei 581, de 4 de setembro de 1850, que extinguiu o tráfico de africanos escravizados. Ela era acostumada a negociar escravizados(as), inclusive o

---

18 Devido à reforma do APB de 2019 a 2020, não foi possível cruzar registros sobre os sujeitos dos processos.

19 Todos os grifos em processos são opção das autoras.

20 Nascimento, *Dez freguesias da cidade de Salvador*; Reis, *Ganhadores*; Soares; Domingues; Silva Jr., *Africanos na cidade da Bahia*.

21 Azevedo, *Onda negra, medo branco*. Sobre tensões em relação aos africanos e disputas sociais na Bahia na década de 1850, ver: Sousa, *A Sabinada*; Brito, *Temores da África*; Reis, *Rebelião escrava no Brasil*; Id., *Ganhadores*; Castilho; Parés, Marcelina da Silva e seu mundo: novos dados para uma historiografia do candomblé Ketu, *Revista Afro-Ásia*, n.36, 2007; Id., Vida e viagens de Bamboxê Obitikô, in: Jesus; Souza Jr., *Minha vida é Orixá*.

fizera com a própria senhora Margarida, a quem vendera uma escrava. Conforme o costume, a liberta africana também tinha as suas escravas, que a ajudavam nos seus negócios.

Na petição inicial, d. Maria Victoria argumentou sobre o que considerava uma necessidade de atribuição de tutor aos menores, a quem alegava ter criado desde que nasceram "como se fossem seus filhos, com muito amor e afago". Nasceram já libertos, pois Margarida Medeiros, já forra, os parira morando ainda nas dependências da casa senhorial:

> Diz d. Maria Victoria d'Ornellas que tendo libertado a sua escrava Margarida, de nação Nagou esta depois de achar-se no gozo de sua liberdade teve dois filhos um com nome Marcolino e outra Maria, os quais a suplicante sempre criou até o presente e que estão aquele com 12 anos e esta com 8 anos como mostram as certidões juntas, dando-lhes a suplicante a precisa educação [...].
>
> 24 de janeiro de 1852.[22]

Esse processo, na sua tessitura, apresenta uma fascinante riqueza de aspectos sobre as relações entre senhoras e suas ex-escravas. Obviamente, como alerta Ginzburg,[23] a disputa de d. Maria Ornelas e Margarida Medeiros não pode ser tratada como padrão. Contudo, mesmo peculiar, permitiu problematizar algumas das tensões, conflitos e acomodações que essas mulheres, sujeitos da história, podem ter engendrado.

A afirmação de d. Maria Victoria Ornellas de ter criado e educado os filhos da liberta se desdobrou em acusações sobre a falta de capacidade desta como mãe para os criar e educar. Os argumentos incidiram tanto nos seus labores – ter quitanda em casa, fazer negócios com o comércio da África, vender nas ruas durante todo o dia – como por considerar que Margarida não teria condições morais para dar a "precisa educação" por ser africana e conviver com outros africanos, ideia consignada na frase "e como agora a suplicada pretende tê-los em sua companhia para lhes dar a educação própria de africanos".

---

22 Juízo dos Órfãos – Tutoria dos menores Marcollino e Maria, crioulos. 13 de fevereiro de 1852. Núcleo: Tribunal de Relação. Série: Tutoria. Seção: Judiciário. E as demais que seguem.

23 Ginzburg, *O queijo e os vermes*.

Seu horror, condenação e repulsa eram partilhados por boa parte da população baiana naqueles idos de 1850. Representações sobre costumes, nacionalidade, modos dos africanos de "morar, viver e morrer" no meio dos seus, como cunhou Maria Inês Cortes Oliveira,[24] emergem da escrita de d. Maria Victoria, que vivenciou os tensos anos entre 1830-1850 na Bahia provincial, quando revoltas escravas agitaram sua capital, arredores e o interior, das quais a dos malês de 1836[25] foi a mais incidente no imaginário social.

Luciana da Cruz Brito[26] acompanhou os medos e os projetos de proteção contra os africanos, vistos como mais perigosos que os crioulos – como Marcolino e Maria –, que, na concepção de d. Maria Victoria Ornelas, eram necessitados de proteção contra a corrupção causada pelos africanos, parentes de sua mãe, assim como dela própria.

Inicialmente sua estratégia foi buscar nomeação de tutor para os menores, que pela sua informação viviam sob seu teto. Acusou a mãe dos mesmos de os tirar da sua casa para os desregrar como pessoas e como brasileiros, por irem viver com africanos:

> [...] e como agora a suplicada pretende tê-los em sua companhia *para lhes dar a educação própria de africanos, e levá-los para casa de outros seus parentes também africanos e desta forma ficarem aqueles indivíduos nascidos neste país e brasileiros perdidos na moral e bons costumes*, quer por isso que Vossa senhoria nomeie um tutor aos ditos menores a fim de tomarem conta deles, e não ir para o poder d'aquela sua mãe africana prostituta.

Margarida Medeiros não se abateu. Tal como Alaniz e Papali[27] destacaram para os usos da Lei 2.040/1871 nos esforços das famílias negras, em São Paulo, para garantir os menores com as mães ou parentela, inclusa a de afinidade, ela também brigou na justiça pelos seus filhos. Argumentou ter quitanda, vender sapatos em caixinha, estar em perfeito juízo e, portanto, apta a ter a guarda dos filhos. Isso torna possível imaginar sua faina diária e suas

---

24 Oliveira, Viver e morrer no meio dos seus: nações e comunidades africanas na Bahia do século XIX, *Revista da USP*, São Paulo, Dossiê "Povo Negro: 300 anos", n.28, 1996, p.173-93.

25 Sobre essas revoltas escravas, ver: Reis, *A rebelião escrava na Bahia*, assim como o verbete "Revoltas escravas", in: Schwarcz; Gomes (orgs.), *Dicionário da escravidão e liberdade*, p.411-9.

26 Brito, *Temores da África*.

27 Alaniz, *Ingênuos e libertos*; Papali, *Escravos, libertos e órfãos*.

alianças com prováveis malungos e demais africanos na Salvador da época, especialmente no ambiente próximo ao porto e seu comércio.

> Diz Margarida, africana liberta, tendo requerido a V. Sa. a entrega de seus 2 filhos Marcolino de 12 anos e Maria 8, havidos depois de liberta.
>
> [...] Que ela, posto que africana seja, se acha no gozo de sua liberdade e perfeito juízo, embora solteira, vive honestamente, morando em casa sua na rua do Caes Dourado, empregada logo de manhã em sua quitanda de comestíveis, e [...] é a vender sapatos em caixinha; fazendo além disso seu negócio para África, e recolhendo-se a noite, ficam os crioulos entregues a outros africanos, com quem mora a justificada.

Todavia, d. Maria Victoria e o tutor continuaram a utilizar das suas vivências de ganhadeira para a acusar de não se importar com os filhos, não ter recursos, sendo proprietária de apenas uma escrava e, insólita expressão, "seguir vida meretriza" por morar com outros africanos:

> [...] com eles ter se importado a suplicante africana, ex-escrava d'aquela, que não tem meios, *e seguir a vida meretriza*, dignou-se V. Sa. nomear-me tutor dos referidos menores, que se acham sob minha vigilância.
>
> [...] vê-se claramente que a mulher não tem o pátrio poder; e que V. Me pode dar tutores a filhos naturais, quando as mais ingerisse vida desonesta, e não têm os precisos meios para educá-los e tratá-los: caso em que está a suplicada, que apenas possui uma escrava, e mora em concessão com outros africanos, conforme me consta.

É evidente que, seguindo a orientação do político Francisco Gonçalves Martins[28] e seus acólitos, contrários aos africanos, Marcolino Pita estava na vigilância dos menores, por serem filhos de uma africana que, na sua ótica, frequentaria espaços estigmatizados. D. Maria Victoria culpou Margarida de ter "a desregrada conduta da *suplicada já amásia de africanos seus parentes já em danças e zungus*, e outras semelhantes coisas contrárias à boa educação que estão recebendo os ditos menores em poder da tutela".

28 Reis, A hora e a vez do governo provincial, in: Reis, *Ganhadores*, p.121-44.

Acusou-a ainda de frequentar "seitas africanas", locais vistos como de articulação de revoltas escravas, como trata Lisa Castilho[29] ao acompanhar a família de Marcelina da Silva:

> Diz dona Maria Victória de Ornellas, que tendo requerido a Vossa Senhoria a nomeação de tutor para os crioulinhos Marcolino e Maria filhos naturais da africana liberta de nome Margarida, escrava que foi da suplicante, tempo em que estiveram em seu poder deu-lhes a justificante a precisa educação a qual não pode dar-lhes a justificada *por ser uma africana, que acredita na seita, e costumes do seu país e não na religião católica.*[30]

Esses argumentos tiveram ressonância e, com rapidez, – um dia – o juiz de Órfãos e Ausentes, Francisco Liberato de Matos, aceitou todo o pedido de d. Maria Victoria, considerando válidas essas acusações de suposta "vida desregrada e meretriza" de Margarida Medeiros. Assim, o termo de assunção da tutoria seguiu o padrão, com o tutor prometendo sob:

> Juramento aos Santos Evangelhos, recomendando-lhe que com sincera consciência fosse dos menores Marcolino e Maria, crioulos, filhos de Margarida, africana, liberta, conservando-os em sua companhia. Dando-lhes a Melhor Educação civil e moral; que os instruísse na Doutrina Cristã, lhes mandando ensinar a ler, escrever, contar, e o mais, que lhes competir; que os vestisse, calçasse e alimentasse a custa e... de seus bens, se os tiver, e foi arbitrado perante juízo; que procurasse, requeresse, alegasse seu direito, justiça, tendo em boa arrecadação seus bens, para que não deteriorem por sua omissão sob pena da lei [...].[31]

Contudo, Margarida Medeiros não aceitou passivamente essa estratégia de d. Maria Victoria. Seis dias depois, em 19 de fevereiro de 1852, impetrou uma Petição de Apelação contra a atribuição de tutoria de seus filhos.

---

29 Castilho; Parés, Marcelina da Silva e seu mundo: novos dados para uma historiografia do candomblé Ketu, *Revista Afro-Ásia*, n.36, 2007.

30 Juízo dos Órfãos – Tutoria dos menores Marcolino e Maria, 1852.

31 Ibid.

Provavelmente a elaborou com advogados[32] que já assumiam causas de Ação de Liberdade para os libertos e africanos livres.

Contrapôs que seus filhos não precisavam de tutor por ser ela mãe capaz e competente para os criar e educar. Também por não serem órfãos, citando as mesmas Ordenações Filipinas, e destacando os artigos que indicavam os direitos e deveres das mães. Documento assinado a rogo, por não saber escrever:

> Illm. Senhor Juiz de Órfãos
>
> Diz Margarida, africana liberta, q a requerimento de d. Maria Victoria d'Ornellas, ex-senhora da suplicante, dignou-se V. S. nomear o dr. Marcolino de Mello e Albuquerque Pitta tutor dos menores Marcolino, d'idade de 12 anos, e Mª de 10 anos, unicamente a pretexto de a suplicanda [ter] criado os menores filhos da suplicante, e não poder dar-lhe a precisa e conveniente educação. Espera porém a suplicante que V. S. haja de revogar a dita nomeação de tutor, pelas razões que se seguem. A ordenação Livro 4, título 102 somente autoriza este juízo a dar tutor a menores quando eles são órfãos.

Destacou ainda seu lugar de "mãe natural", usando a expressão "sem pai como tal reconhecido", em vez de pai desconhecido, o que aponta à possibilidade de este ser cativo, dado importante nas relações escravistas nas quais "o parto seguia o ventre".

> Ora, os ditos menores são filhos naturais da suplicante, *e sem pai como tal reconhecido*, e estando ela viva, é claro que não pode ter lugar a nomeação de tutor para os referidos seus filhos, sobre os quais incumbe-lhe velar e exercer o pátrio poder.

O texto, enfim, permitiu-nos começar a desenrolar a meada da contenda ao afirmar que, ao deixar a casa senhorial, cessou de prestar "serviços"

---

32 São indicados os procuradores/advogados Jose Fabião Daltro Barreto, Diogo Vaz Mutum, Jose Dos Humildes Castro; requerentes Jose Rufino Bahia, Pedro Alexandrino de Andrade, Vicente Gonçalves dos Santos Marques, listados no *Almanach Civil, Político e Comercial da Cidade da Bahia* para o ano de 1845, impresso na Tipografia de Manuel. A. da S. Serva. Edição fac-similar, Salvador, Fundação Cultural do Estado da Bahia, 1998, p.209-11.

gratuitos – o que indica que sua alforria pode ter sido condicionada. E que também tentou barrar os usos dos serviços de Marcolino e de Maria.

> É notória ocultação da verdade o dizer-se que a suplicante não tem os necessários meios para educar seus filhos, *visto que possui escravos* e mesmos bens suficientes para o fim indicado e os filhos da suplicante continuaram a residir na casa da suplicada, *foi porque aquela ainda depois de liberta, permaneceu ali prestando gratuitos serviços durante muitos anos.* O aparente zelo manifestado pela suplicada encobre o interesse que tem em desfrutar os serviços dos referidos menores, um dos quais, o Marcolino, apesar de dizer-se em poder do tutor nomeado, está empregado no serviço de vigiar gado na roça da suplicada; e a 2ª, Mª, é constantemente empregada em trabalhos de lucro pessoal da mesma suplicante.
>
> Portanto à vista da Ordenação Livro 4, título 102, sirva-se V. S. revogar a nomeação mencionada, espera isso.
>
> Ba, 19 de fevereiro de 1852.[33]

Sua afirmação da capacidade de "criá-los" ao declarar sua situação econômica, agências e múltiplas atividades, indicou experiências comuns a libertas na Bahia e no Brasil oitocentista. Destacamos a compra da primeira escrava com a própria ex-senhora:

> E por que com *seus lucros honestos pudesse adquirir uma escrava*, que vendera a própria apelada, e depois logo outra, que está possuindo, com a qual empregando-se em seus mercados, pôde afinal conseguir alugar sua casa, nela estabelecer sua quitanda, empregando sua escrava nas vendagens da rua, e por esse modo adquirir meios de poder tratar da educação de seus filhos, procurando em janeiro deste ano levá-los em seu poder, para não perderem eles o seu amor, e estima, é quando a esta tão justa pretensão encontrou a maior oposição de parte da apelada, apesar de nenhum direito para isso.[34]

Nesse enredo, o tutor foi chamado a explicar a acusação de ser apenas *in nomine* e que os menores não moravam sob seu teto. Marcolino, sempre

---

33 Juízo dos Órfãos – Tutoria dos menores Marcolino e Maria, 1852.

34 Ibid.

qualificado como crioulinho, moraria com d. Maria Victoria, que o poria a fazer serviços comuns aos seus demais escravinhos, como pastorear seu gado na baixa da encosta dos Aflitos. Maria estaria servindo à sóror do Convento das Mercês, pois, segundo o advogado de sua mãe, "porque só assim são admitidas pessoas de cor nestes lugares".

Na réplica à apelação de Margarida Medeiros ao juiz de órfãos Francisco Liberato de Matos, o tutor, doutor Marcolino Albuquerque Pitta, alegou mais uma vez "que a justificada além do que fica de não poder dar educação aos crioulos, pq saindo de manhã para as suas vendagens". Também informou que Marcolino estava matriculado no Arsenal da Marinha, aprendendo o oficio de carpina e na escola de primeiras letras que existia lá, anexando certidão dessa instituição. Quanto a Maria, usou o repetido argumento de protegê-la contra a própria mãe por falta de moral desta:

> Para afirmar a V. S. ser inexato quanto diz a suplicada no final de seu requerimento, porque pela certidão junta, verá, V. S., que o menor Marcolino se acha matriculado na (oficina) dos Aprendizes da 10ª Classe dos Operários do Arsenal da Marinha, onde aprende um oficio, assim como ler, e a Maria tendo somente 8 anos de idade, não pode por isto prestar outros serviços, além dos necessários para uma educação civil e moral, que me cumpre dar-lhe, e para que não siga, *com mais idade, a vida desregrada da mãe.*
>
> 22 de fevereiro de 1852.[35]

Enfim, os argumentos senhoriais foram acatados pelo juiz de Órfãos, que, após oitiva de testemunhas, decidiu pelo pedido de d. Maria Victoria e manteve a tutoria dos menores com o dr. Marcolino Pitta. E os menores continuaram na casa e posse de d. Maria Victoria.

Margarida Medeiros, que usava o sobrenome de um protetor, Ignácio de Medeiros Silva, o qual se apresentou como sua testemunha – fato que provocou indignação de d. Maria Victoria, que afirmou "que Ignácio de Medeiros nunca foi patrono da justificada Margarida, a qual, sendo escrava da justificante *foi por esta forra*" –, mais uma vez não aceitou a decisão e interpôs nova apelação no Tribunal da Relação da província. Sua ação permitiu-nos

35 Ibid.

problematizar uma possível rede de apoio com africanos escravizados, libertos e da nação, além de brancos com quem convivia nas densas freguesias comerciais do Pilar e Conceição, quiça da Sé e São Pedro.

"Por que quer chamar meu filho ao cativeiro" – Olimpia crioula e os artifícios de uma mãe

Trinta e seis anos depois, em 1888, as mesmas acusações pejorativas e depreciadoras contra escravas e libertas – africanas ou crioulas – quanto à moral sexual, religiosa, nacionalidade continuavam sendo esgrimidas pelos adversários nas contendas por seus filhos ingênuos e livres/libertos, no contexto da Lei do Ventre Livre de 1871.

O caso de Tercília,[36] em 1888, registra uma dessas experiências. Com 14 anos de idade, já era considerada apta, e talvez adestrada, para as habilidades da lavoura, interesse da ex-senhora de sua mãe em assoldá-la, em Camamu,[37] interior da Bahia. Sua mãe Joanna, ao requerer a tutela da própria filha, teve indeferimento do juiz de direito. Este baseou-se no julgamento de outros juízes e curadores de que não cabia à mãe o poder pátrio, e que não se devia dar "*em órfãos a soldada a mulheres desonestas*". Mais uma vez, a desonestidade da mãe era sugerida por ser "desconhecido" o pai da menina.[38]

Quanto a essa postura, desde 1859, uma circular do Ministério da Justiça estabelecera que os filhos de "pais incógnitos" estavam sujeitos à "jurisdição orfanológica", sempre se referindo à impossibilidade de atribuir poder pátrio à mulher/mãe, argumento que foi sistematicamente usado contra solicitações de pobres e libertas.[39]

Essa orientação foi esgrimida em 1877 entre João Ladislau de Mello, juiz de Órfãos da capital, e o comandante do Arsenal da Marinha referente à solicitação de Maria Leopoldina da Conceição de reaver seu filho de 7 anos, que

36 Processo de Ação de Tutoria de Tercília, Camamu, 1888.

37 Sobre Camamu, ver: Andrade, *Entre a rebeldia e o medo*; Costa, *Tramas e contendas*.

38 Processo de Ação de Tutoria de Tercília, Camamu, 1888.

39 Papali, *Escravos, libertos e órfãos*; Alaniz *Ingênuos e libertos*; Azevedo, *De Sebastianas e Geovannis*; Geremias, *Ser "ingênuo" em Desterro/SC*; Ariza, Mães libertas, filhos escravos: desafios femininos nas últimas décadas da escravidão em São Paulo, *Revista Brasileira de História*, v.38, n.79, p.151-71, set.-dez. 2018.

fora recolhido nas imediações do Caes Dourado, zona portuária, e encaminhado à chefatura de polícia e ao juizado, e deste enviado ao Arsenal:

> Juízo de Direito da Vara Especial de Órfãos e ausentes da Capital da Bahia, 9 de agosto de 1877.
>
> Pela certidão do assentamento de batismo anexa à reclamação, vê-se que o referido menor tem 7 anos, *é filho natural e de pai incógnito.*
>
> O aviso n.312 de 20 de outubro de 1859, reconhecendo que as leis negam expressamente o pátrio poder às mães, declara que o filho de pai incógnito acha-se compreendido na jurisdição orfanológica e conseguintemente debaixo da inspeção direta do juiz de Órfãos.
>
> O regulamento de 21 de fevereiro de 1832, artigo 49, o decreto de 11 de junho do mesmo ano, a portaria de 23 de agosto de 1831 e o decreto de 29 de dezembro de 1837 mandou remeter os órfãos pobres para os arsenais.
>
> A circular de 16 de agosto de 1860, recomendou às presidências que determinassem aos juízes de Órfãos o mais exato cumprimento da lei quanto aos menores desamparados.
>
> É claro, pois, que cumpri o meu dever enviando o menor em questão ao inspetor do Arsenal de Marinha, e portanto que nenhum fundamento sério tem a sobre dita reclamação.
>
> Deus guarde à V. Exa.
>
> Juiz de Órfãos João Ladislau de Figueiredo Mello.[40]

O comandante do Arsenal discordou dessa interpretação normativa de ser órfão quem tinha mãe, inclusive pelo problema que tinha nas mãos: um menor abaixo dos 10 anos, fora das regras de aceitação na instituição.

> Cumpre-me informar que o menor de que se trata, *segundo os documentos não é órfão, tem mãe, que o reclama e que tendo a idade de 7 anos* não pode permanecer na companhia de aprendizes marinheiros, em vista do respectivo regulamento, que dispõe que só podem ser admitidos de 10 a 17 anos.
>
> Se V. Exa não julgar necessário que a *suplicante prove a identidade do menor* parece que pode ser entregue.[41]

---

40 APB, Juízo de Orfãos da Capital, 1877. Pelo documento não foi possível saber o desfecho.

41 APB, Ação de Soldada Tercília, Camamu, 1888.

Importa em ambos os casos a possibilidade de uso da mão de obra do menor. Assim, na contenda entre a libertanda Joanna – crioula, da lavoura – e d. Maria Gonçalves Barbosa, em junho de 1888, um mês após a abolição,[42] é visível o esforço da ex-senhora em manter a mão de obra da ingênua na referência que fez à "lei de 13 de maio do corrente ano de nº 3.353", explícito no termo "criado" referente a posse:

> E quanto à suplicante pelas leis vigentes tem preferência primeiro porque tendo *criado até a idade de 10 anos tem direito de usufruto de seu trabalho até a idade de 14 anos*; segundo porque sendo lavradora a lavoura tem preferência e principalmente *quando a referida menor teria a obrigação na sua qualidade de ingênua que era de lhe prestar serviços até a idade de 21 anos se não fosse a lei de 13 de maio do corrente ano de nº 3.353.*[43]

Na petição, assinada a rogo por seu filho Jose Gonçalvez Barbosa, qualificou-se como "viúva de Bernardino Glz Barboza e lavradora", numa região de vasta produção de produtos de subsistência como era a vila de Camamu – especialmente a farinha de mandioca – para o mercado local e até para a capital.

Destacamos que d. Maria Barbosa, mulher, teve a preferência dos "serviços para a lavoura da ingênua Tercilia": não era uma ex-cativa, como Joanna e as demais mães. Espertamente, não pediu tutela, e sim "uso dos serviços na lavoura", mais uma peculiaridade da legislação sobre os órfãos nas Ordenações Filipinas que foram apropriadas pelos ex-senhores e senhoras na luta continuada pelos serviços dos(as) ingênuos(as).

> [...] baseia o seu despacho em a Ordenação Livro 1º título 88$13 dizendo que é proibido dar órfão a soldada às mulheres que não sejam mães e avós.
>
> A citada ordem jamais terá sentido que o Illustrissimo, [...] com certeza de boa-fé, quis dar-lhe. A ord. o que dá às mulheres mães ou avos é as preferências nas soldadas, como evidencia-se das palavras: "e as mesmas mães se houverem muitas para a lavoura, e forem viúvas, que viverem honestamente, a elas se deem

---

42 Fraga Filho, *Encruzilhadas da liberdade*; Id., O 13 de Maio e os embates da memória da abolição, *Revista Nordestina de História do Brasil*, v.2, n.4, UFRB, 2020; Id., Pós-abolição: o dia seguinte, in: Schwarcz; Gomes (orgs.), *Dicionário da escravidão e liberdade*, p.370-7.

43 APB, Ação de Soldada Tercília, Camamu, 1888.

primeiro tanto por tanto". E ainda "E não tendo mães e se as avós as quiserem para o dito fim, digo, muito a elas se deem".[44]

Bem se vê pela leitura do citado $ que em parte alguma nega às mulheres òrfãos à soldada.

E não seria [...] admitir falta de capacidade nas mulheres para servirem-se de órfãos, quando nenhuma lei proíbe-lhes a gerência de casas de lavoura e indústria, onde é preciso grande pessoal e poderá educar-se o órfão sob verdadeira fiscalização e paternidade, princípio essencial da lei que concede órfãos a soldada. E como poderia o [...] negar às mulheres, quando em $12 do mesmo Livro e titulo concede os órfãos até 14 annos às pessoas tenham criados até 7?

Seria então admitir que às mulheres era proibido órfãos, ou que as criando, não perceberiam os favores que a lei estabelece; o que não seria conforme à razão.[45]

Na Conclusão, o processo foi vencido por d. Maria Barbosa, nos termos do juiz de Órfãos, Macedo, que "reformando um despacho à f [7] admita a apelante a contratar a soldada a órfã Tercília, filha de sua ex-escrava Joanna, deixando dar-lhe preferência no caso de igual oferta, não só por ser para serviços de lavoura *como por tê-la criado*, [p...?] por isso mais afeição". Tal como d. Maria Victoria ao alegar em 1852 afeto por Marcolino e Maria da Glória. Talvez fosse ainda consenso que faltaria às mães africanas e crioulas esse sentimento de amor pelos rebentos: continuidades de um olhar sobre as mesmas como selvagens e desumanas?

As fontes registram que inúmeros ingênuos e ingênuas, e outros menores pobres de várias procedências e categorias – muitos apenas qualificados como "menores" – foram subtraídos de suas mães e parentes com base nesse dispositivo. Os termos de tutoria preenchem livros notariais:

Termo de Soldada [...] *da Ingênua Felismina com nove anos de idade filha de Luísa* como tudo abaixo se declara.

Aos vinte e cinco dias do mês de agosto de mil oitocentos e oitenta e seis nesta Villa de Camamú [...] deu o juiz ao referido Calombo por soldada *por três anos* a contar desta data *a ingênua Felismina com nove* anos de idade filha *da escrava*

44 Ibid.

45 Ibid., fl.7, 1888.

Luísa com condição mediante a *quantia de cinco mil réis anuais sendo obrigado a vestir sustentá-la, curá-la e tratá-la em suas moléstias mandando ensinar a cozer, tudo* sob as penas da lei [...].[46]

A seguir, quatro registros de um livro de Termos de Tutoria de Camamu, de 1890 a 1899, sem indicar o termo ingênuo(a). A destacar que, mais uma vez, uma ex-proprietária de cativos(as), d. Rozalia Malaquias Barbosa, foi tutora de Brígida, filha de sua ex-escrava Luiza:

> Termo de Tutoria [...] *da órfã Martinha filha de Jacinta* como abaixo se declara.
>
> Aos vinte uns dias do mês de março de mil oitocentos e noventa nesta Villa de Camamú e [...] deferiu o juiz o juramento e lhe encarregou que servisse de tutor da *órfã Maria filha de Jacinta ex escrava de João Francisco* tratando de sua pessoa e bens. [...] que assina *com o tutor que por não saber ler nem escrever* faz a seu rogo João Martins da Silva.[47]

> Termo de Tutoria que [...] da *órfã Amália filha de Maria Cabocola* como abaixo se declara.
>
> Aos dose dias do mês de agosto de mil oitocentos e noventa nesta Villa de Camamú [...] deferiu o juis o juramento e lhe encarregou que servisse de tutor *da órfã Amália filha de Maria Cabocola* tratando de sua pessoa e bens.

> Termo de tutoria que assigna *Dona Rozaria Malaquias Barbosa, da órfã Brígida* como abaixo se declara.
>
> Aos nove dias do mês de *junho de mil oitocentos e noventa e quatro*, nesta Cidade de Camamú, e meu Cartorio, [...] aí presente dona Rosaria Malaquias Barbosa, a esta o juiz deferiu o juramento e lhe encarregou que *servisse de tutora da menor Brígida filha de sua ex-escrava Luiza*, tratando de sua pessoa, e recebido o juramento assim prometeu cumprir; do que para constar mandou o juiz lavrar o presente que assina com a tutora.
>
> [Assina] Rosaria Malaquias Barbosa.

46 Termo de Soldada de Felismina, Camamu, 1886.
47 Livro de Tutelas de Camamu, 1880-1900.

Termo de Tutoria [...] dos menores José, [Lena?], [Phedra?/Pheda?] e Maria *filhos da ex-escrava Josepha* e Arão *filho de Constância* como abaixo se declara.

Aos trinta dias do mês de *abril de mil oitocentos e oitenta e nove* nesta Villa de Camamú e [...] deferiu o juiz o juramento aos Santos Evangelhos e lhe encarregou que *servisse de tutor dos menores José, [Lena?]*, [Phedra?/Pheda?] e Maria *filhos de sua ex-escrava Josepha e Arão filho de Constância* tratando de suas pessoas.

Assina, Antônio Francisco da Hora.

Encerramos, por agora, essas pequenas histórias e voltamos novamente a Salvador, 1884, com um final mais "feliz" para a liberta Olympia e seu filho Affonso, de 13 anos incompletos e disputados. Nascera dez dias após a Lei 2.040, em 7 de outubro de 1871, conforme a cópia de sua matrícula no município de Salvador, realizada pelo falecido marido da suplicante, d. Diolinda de Carvalho de Vasconcellos, o capitão Silvestre Cardoso de Vasconcellos em março de 1872. Constam no formulário as identificações quanto ao estado civil da escrava – solteira – e a qualidade de mãe e filho – crioulos. Pelo registro, Olympia e seu filho eram os escravos número 1 e 2 do casal.

D. Diolinda Vasconcellos morava na Penha, freguesia de Itapagipe, Salvador. Era outra viúva ávida dos braços de ingênuos via pretensa herança, na qual incluiu a posse de Affonso. Solicitou uma Autuação de Entrega de Menor como parte do espólio do capitão Silvestre de Vasconcellos. Argumentou que tinha direito por ele já ser maior de 12 anos quando da alforria da mãe. Por conseguinte, não se enquadraria na regra da Lei 2.040/1871 de o filho menor de 12 anos acompanhar a mãe, devendo servir a ela.

Sua estratégia foi incluir o registro de matrícula e ressaltar ter ele 13 anos naquele momento, 1884, omitindo que Olympia já fora libertada em 1882, quando Afonso ainda tinha 11 anos. Portanto, valia a Lei do Ventre Livre e os procedimentos do Fundo de Emancipação, ele acompanharia a mãe na sua liberdade:

Diz d. Diolina de Carvalho Vasconcellos inventariante dos bens que ficarão pelo falecimento de seu marido o capitão Silvestre Cardoso de Vasconcellos, que tendo fugido o ingênuo Affonso de seu poder, com incompletos 13 anos, como se vê da matrícula junta, que oferece para [...].[48]

48 Ibid.

Pressionado, Affonso fugira da Penha, em Itapagipe, para a Fazenda Coutos, situada na freguesia rural de Paripe, arredores de Salvador, local antigo de moradia de pessoas da família Vasconcellos.[49] Sua mãe, crioula, liberta pelo litígio com a Provedoria da província sobre os bens do casal Vasconcellos, lá o acolheu, e talvez tenha feito a urdidura da fuga. D. Diolinda tentou a recondução de Affonso ao seu poder e uso, acionando o Juizado de Órfãos e a polícia para sua captura:

> [...] requereu ao Dr. Chefe de Polícia a captura do ingênuo e tendo esta apresentado a polícia foi [...] Dr. Delegado no expediente da polícia remetido ao Dr. Juiz de Direito da Provedoria. E não tendo o Juiz da provedoria competência em questões de órfãos [ingênuos][50] [...] este Juízo, vem assim requerer de V. S. que se digne requisitar d'aquele Juiz a entrega do [...] ingênuo e logo que lhe seja entregue a suplicante por um termo que assinará a suplicante no Cartório de [Escrivão] que for distribuído que [...] a pessoa do menor.
>
> Bahia, 28 de junho de 1884. Olímpio C. de Vasconcellos, Procurador.[51]

Conseguiu assim que o ingênuo Affonso, aos 12 anos, fosse capturado e ficasse sob a guarda da polícia. Porém, o curador de Órfãos considerou que d. Diolina Vasconcellos não tinha direito a sua posse por ter feito abstenção da sua herança em razão de dívidas com a Provedoria da província.

> Parece-me que nenhum direito tem a suplicante para reclamar a entrega do ingênuo Affonso tirando da companhia de sua mãe que libertou-se [...]. Desde que a suplicante fez abstenção não só de uma meação como da sua herança que lhe deixou seu marido, como consta do ofício de [...] e ela mesmo o confessou. 14 de julho de 1884.[52]

---

49 O *Almanack Administrativo, Mercantil e Industrial da Bahia*, de 1854, registra quatro eleitores na freguesia de Paripe, dois com esse sobrenome: o falecido Silvestre Cardozo de Vasconcellos e Domingos Cardozo de Vasconcellos, p.85.

50 O termo *ingênuo* foi acrescentado ao texto sobre a palavra *orfão*, em letras menores, adequando a questão.

51 Processo de autuação do menor Affonso, 1884.

52 Ibid.

O processo subiu ao juiz de Órfãos, que deliberou dar tutor ao ingênuo. Alegou, também, agir conforme os regulamentos orfanológicos que normatizavam que filho de mãe solteira deveria ser tutelado. Portanto, que, "na forma de parecer e o escrivão designe pessoa idônea para [...] de tutor nos termos da referida [...]. Bahia, 15 de julho de 1884".

Mas o procurador de d. Diolina resolveu intimar a mãe do ingênuo por citação municipal. Em 5 de agosto de 1884, a senhora Olympia de Vasconcellos, assumindo o nome do patronato senhorial, mais uma expressão de sua tática de boas relações com o irmão do ex-senhor, como morar na Fazenda Coutos, explicou na sua resposta municipal:

> [...] tendo chegado ao seu conhecimento que o oficial da Illustríssima Câmara Municipal [...] da Sra. D. Diolina de Carvalho Vasconcellos [...] neste Juízo a entrega de seu filho de menor Affonso *a fim de chamá-lo ao cativeiro e como não o pudesse conseguir esse desejo* pela Provedoria e mais tarde pela Repartição de Polícia onde também fora requerida a entrega a título de fugido.[53]

O documento, elaborado por conhecedor das leis, evidencia a consciência de Olympia dos riscos que corria seu filho de ser forçado a prestar serviços a sua ex-senhora, ao usar a expressão "chamá-lo ao cativeiro". Solicitou ao juiz que mostrasse "que nenhum direito assiste e nem competência há para estar requerendo a captura de seu filho, ora os serviços dele, mais tarde [...] por uma presunção [...] vem por agora afinal pôr uma constituinte para uma tutoria!!". Assim, com exclamação de surpresa ante tal disparate.

Todavia, o juiz de Órfãos manteve a solicitação da tutoria. Só que dessa vez deliberou por dar o tutor indicado pela mãe, o proprietário membro da família Vasconcellos, Estevão Cardoso de Vasconcellos, irmão do falecido capitão Silvestre, proprietário da Fazenda Coutos, onde morava Olympia e local para onde fugira Affonso. A tática de Olympia de Vasconcellos de manter aliança com a família senhorial deu certo para manter o filho ao seu lado.

O processo sofreu ajuntada seis anos depois, com o senhor Estevão de Vasconcellos pedindo desoneração da tutoria. Alegou que Affonso, com 19 anos, já era pedreiro e "sobre si". E coube ao juiz de Órfãos perguntar se ainda era preciso tutor. A resposta foi não.

---

53 Ibid.

Diz Estevão Cardozo de Vasconcellos que tendo em 7 de outubro de 1884 assinado termo de tutoria do menor ingênuo Affonso filho da crioula Olympia, e estando o dito menor com a maioridade de 20 para 21 anos vai viver sobre si de seu ofício de pedreiro, a qual foi mandado ensinar por [meio?]. Em vista o suplicante vem pedir a V. S. se digne de [...] do dito ingênuo visto não poder mais continuar de seu tutor do menor por seus muitos afazeres em que é empregado na lavoura.

Nestes termos pede deferimento.

Bahia, 11 de dezembro de 1890.[54]

À guisa de finalização

Neste ano de 2021 fará 150 anos a Lei do Ventre Livre, que buscou regular essas demandas e disputas pelos "usos dos serviços" dos filhos das escravizadas. Essas disputas não eram novidade na sociedade brasileira. O processo de Margarida Medeiros, em 1852, assim como os debates encaminhados na década de 1820 sobre a liberdade do ventre escravizado e sobre a cidadania dos ingênuos são evidências. Da mesma forma, os diversos processos de tutela, de soldada, de açãc de entrega de menores impetrados pelo lado senhorial, assim como aqueles das mães libertas e seus parentes que adentraram os dez anos após a abolição legal, apontando aos costumes, mas, principalmente, à permanência de um olhar perigoso, aquele que vê no(na) negro(a) uma máquina de trabalho. E, pior, permanece como base estruturante da sociedade brasileira. Que o digam as Madalenas escondidas pelas boas famílias.

54 Processo de autuação do menor Affonso, 1884.

24
"Ingênuas(os) e libertas(os) nas escolas noturnas da Bahia no final do século XIX"

Euforia abolicionista e escolas para ingênuas(os) na Bahia

Jucimar Cerqueira dos Santos

Em setembro de 1888, o jornal abolicionista *O Asteroide* noticiou que "o senhor Quintiliano Martins da Silva andou em busca de um menor, filho de uma ex-escravizada sua de nome Damazia". Segundo o folhetim, Silva pretendia "reconduzir o garoto ao cativeiro alegando demanda de serviços da extinta Lei Rio Branco" e a algumas pessoas alegava que "tinha por ele grande amor".[1] O menino era aprendiz de tanoeiro, aluno de escola noturna e foi procurado, via justiça, pelo ex-senhor de sua mãe na cidade de Cachoeira, situada na região do Recôncavo da Bahia.

Essa reportagem apresentou-se em tom de denúncia contra o proprietário e concluiu que "o menor, ao saber a infeliz condição que o esperava, refugiou-se na companhia de seu mestre Francisco Bernardino e de seu protetor, a quem foi entregue por sua mãe, Manoel Fontes Moreira", talvez um tutor informal ou alguém que pagava pelos serviços prestados pelo jovem.[2] Ainda assim, o filho de Damazia não tinha sido encontrado até a hora de a notícia ser escrita:

> Tanto o mestre Bernardino como o sr. Moreira foram chamados pelo meritíssimo juiz de órfãos a pedido do senhor Martins para dizerem o que sabiam a

---

1 *O Asteroide*, 8 de setembro de 1888, p.2. Hemeroteca Digital da Biblioteca Nacional. Disponível em: <http://memoria.bn.br/DocReader/717614/378?pesq=nocturna>. Acesso em: 13 ago. 2020.

2 Ibid.

> respeito. O sr. Moreira alegou que muito sentia não saber onde pairava o menor, pois se interessava sumamente para que ele não fosse apreendido por quem queria lhe impor novos ônus, ao que se conformou o ilustrado juiz. Esperamos, que uma vez encontrado, o provecto juiz faça garantir seu estado.[3]

A partir dessas informações, é importante refletir acerca de uma realidade de quatro meses após a lei da abolição da escravidão na Bahia, o quanto a educação escolar e o trabalho fora da condição de cativeiro poderiam justificar a insubmissão de um ingênuo ao trabalho compulsório. Por sua vez, esse trabalho era legitimado, em alguma medida, pelo critério jurídico da tutela que o senhor teria sobre esse menino. Talvez Silva tenha feito essa solicitação porque outros ex-senhores se apegaram ao poder de tutela, critério descrito na Lei 2.040, para ter essa mão de obra decorrente dos anseios frustrados com a lei de abolição da escravidão sem indenização.[4]

A tutela foi uma forma jurídica de responsabilidade de pessoas e instituições sobre pessoas órfãs para criá-las e educá-las. Através de artifícios judiciais e de poder, ingênuos(as) foram incluídos(as) como passíveis de tutela sob a alegação também de serem órfãos ou com pais sem condições de educá-los(as), quando o que mais interessava era seu trabalho como mão de obra que possibilitaria rendimentos a seus tutores.[5] Geralmente, esses responsáveis eram senhores, instituições ou mulheres, nos casos de mães e avós, até a maioridade da época (21 anos) dessas pessoas ingênuas, o que derivou em outro elemento utilizado nesse período, que foi a soldada. Ela foi o aluguel feito pelos(as) tutores(as) dos(as) ingênuos(as) mediante contrato por algum tempo.[6] Seria o aluguel do trabalho compulsório de uma pessoa que não era escravizada, mas tratada como tal. Relações de trabalho desse tipo foram analisadas por Ione Sousa ao evidenciar que, na Bahia, senhores obtinham ou cediam a soldada de ingênuos(as) por um determinado tempo em troca de valores, mesmo após o decreto de abolição.[7]

---

3 Ibid.

4 Fraga Filho, *Encruzilhadas da liberdade*.

5 Alaniz, *Ingênuos e libertos*.

6 Sousa, "Porque um menor não deve ficar exposto à ociosidade, origem de todos os vícios": tutelas e soldadas e o trabalho de ingênuos na Bahia, 1870 a 1900, in: Machado; Castilho (orgs.), *Tornando-se livre*.

7 Sousa, *Escolas ao povo*, p.92.

Nesse sentido, a matéria do *O Asteroide* informou que a busca de Silva não deixou dúvida que ingênuos(as), mesmo não sendo juridicamente escravizados(as), viviam praticamente como se o fossem. Foi por conta do risco ligado a essa condição de trabalho que o folhetim reportou essa situação. Silva ainda entendia o rapaz como um ingênuo que estaria sob seus "cuidados", logo, deveria prestar-lhe serviços.

Este texto analisa oportunidades de escolarização para ingênuos(as) em meio à euforia das proximidades do decreto de 13 de maio de 1888 na Bahia. Era um tempo em que havia um projeto de formação do que seria o "trabalhador nacional" diante do enfraquecimento do modelo secular de mão de obra do país.[8] Então, o que poderia significar escolarização para essas pessoas, quando muitos senhores buscavam ter essa mão de obra a seu serviço, mesmo após a lei de abolição da escravidão?[9] Faremos essa discussão a partir de ofícios, como de pedidos e informação de abertura de escolas, presentes no Arquivo Público do Estado da Bahia e de artigos e notícias de jornais disponíveis na Hemeroteca Digital da Biblioteca Nacional.

A Lei Rio Branco, conhecida como Lei do Ventre Livre, previa que as crianças nascidas das escravizadas fossem criadas pelos senhores de suas mães até a idade de 8 anos. Os senhores optariam por receber uma indenização de 600 mil-réis do Estado para "entregar" essas crianças a alguma instituição voltada à criação delas ou continuariam mantendo suas tutelas, utilizando seus serviços sem remuneração até a maioridade.[10] A preferência da maioria dos senhores foi ter essas pessoas trabalhando em suas propriedades, conforme apontam trabalhos clássicos sobre o tema, como o de Anna Alaniz e Marcus Vinícius Fonseca.[11] Esse autor chega a apontar que muitos proprietários buscaram aproveitar intensamente essa mão de obra gerando mais trabalho compulsório, a exploração de mão de obra infantil até nos serviços de criadagem, analisados por Maciel Silva.[12]

---

8 Gebara, *O mercado de trabalho livre no Brasil (1871-1888)*.

9 O conceito de escolarização tratado neste texto tem como referência o de Dominique Julia: um processo que, geralmente, parte de deliberações governamentais requerendo espaços físicos para comportar grupos de pessoas lideradas por professores(as) através de "normas que definem conhecimentos e condutas a serem ensinados e inculcados. Julia, A cultura escolar como objeto histórico, trad. Gizele de Souza, *Revista Brasileira de História da Educação*, n.1, jan./jun. 2001.

10 Lei n.2.040 de 28 de setembro de 1871.

11 Alaniz, *Ingênuos e libertos*; Fonseca, *A educação dos negros*.

12 Silva, *Domésticas criadas entre textos e práticas sociais*.

Para Silva, ser criado(a) era algo vivido por trabalhadores e trabalhadoras domésticas "negras, mestiças, brancas, escravas, livres e libertas em lugares sociais e raciais subalternos, associados aos valores paternalistas e escravistas ainda resistentes ao avanço de regras formais de relações de trabalho".[13] Segundo Maria Aparecida Sanches, ser criado(a) também passava pela ausência do dinamismo econômico e a "permanência de uma estrutura social pautada na hierarquização que não permitiria aos negros ascenderem aos melhores postos de trabalho", permanecendo relegados ao exercício de atividades manuais e de caráter subalterno.[14]

Em 1870, Quintiliano Silva foi comissário de polícia, tinha patente de coronel, era dono de fazendas de gado, conselheiro da comissão da intendência municipal da cidade de Feira de Santana, além de ser encontrado em anúncio do jornal apelando na justiça o direito de propriedade sobre uma escravizada chamada Maurícia, em 1877.[15] Ele parece ter sido alguém que insistia em fazer apelação pelas pessoas que o serviam, pois solicitou esse direito duas vezes na justiça pela escravizada no mesmo ano.[16]

Talvez tal postura tenha sido por ter integrado uma instância policial, por ser proprietário de terras, de escravizados(as) e de gado, além de seu envolvimento na política, acreditando no poder financeiro e no prestígio que o tornavam poderoso. É possível também que tivesse condutas que estimulavam escravizados(as) a fugir, como as conhecidas violências típicas do cativeiro no Brasil. Com sua posição de poder, Silva teria facilidades na justiça em seus requerimentos, logo, é compreensível que, mesmo que o juiz de Órfãos não lhe tenha garantido a tutela do filho de Damazia, foi possível solicitar do meritíssimo o depoimento das pessoas mais próximas do menor para poder informar onde ele estaria. Porém, os tempos eram outros e, ao que parece, o proprietário não foi bem-sucedido em seu intento de submeter o aprendiz de tanoeiro a algum tipo de trabalho compulsório ou ao seu amor.[17]

---

13 Ibid., p.10.

14 Sanches, *Fogões, pratos e panelas*, p.22-3.

15 Intendência era o que hoje constitui a prefeitura de uma cidade.

16 *O Monitor*, 7 jul. 1877, p.1. Hemeroteca Digital da Biblioteca Nacional. Disponível em: <http://memoria.bn.br/DocReader/704008/1261?pesq=%22Quintiliano%20Martins%20da%20Silva%22>. Acesso em: 21 jun. 2020.

17 *Almanak Laemmert: Administrativo e Industrial (RJ) – 1891-1940*. Hemeroteca Digital da Biblioteca Nacional. Disponível em: <http://memoria.bn.br/docreader/313394/77845?pesq=%22Quintiliano%20Martins%20da%20Silva%22>. Acesso em: 21 jun. 2020.

Anna Alaniz compreende que, no caso de Campinas e de Itu, nas duas últimas décadas do século XIX, principalmente em 1888, a preferência dos senhores em requerer e manter a tutela dos ingênuos era por meninos entre 8 e 21 anos. Porém, não significou que em todo os casos os senhores conseguiram a permanência dessa mão de obra barata. A autora também aponta que proprietários requereram direitos de tutela de ingênuos(as) com base em argumentos afetivos, tal qual o caso de Cachoeira.[18]

Ione Sousa também apresenta um caso parecido, o da professora Maria José Veloso, de Caravelas, no sul da Bahia. Ela, em 22 de maio de 1888, pedindo mobílias para sua escola e, possivelmente, para se aproveitar do "clima" de abolição do período, ou por ser abolicionista, informou à direção da Instrução Pública que sua escola tinha também ingênuas e libertas estudando. No mesmo ano, foi acusada de agredir suas alunas, quando respondeu alegando que "as amava como se fossem filhas, que recebia amor e amizade delas" e baseava-se em medidas disciplinares do regulamento educacional vigente para ter a correção das garotas. Provavelmente, por declarar que tinha alunas ligadas ao trabalho escravo em uma sociedade com lastimáveis estigmas de cor, hierarquias raciais e por lecionar também para meninas de outras categorias sociais nas mesmas acomodações, a professora tenha sofrido a denúncia por não aprovarem tal declaração.[19]

Interessante é que Maria Veloso sinalizou a matrícula de filhas de escravizadas ao solicitar mobílias, talvez revelando que essa informação poderia ser um chamariz para ter seu pedido atendido pelo governo, justamente no ano e mês da lei de abolição da escravidão. Nesse tempo, outras autoridades educacionais tomaram algumas iniciativas de "amparo" para esse público, como alegou fazer Silva. A situação da professora de Caravelas pode também apontar a possibilidade de existência de outros casos de ingênuas(os) em educação escolar na rede em que ela lecionava. Inclusive, o próprio presidente provincial desse ano abriu uma *sociedade* com escola noturna para ingênuos e libertos, como veremos a seguir.

Outro destaque da notícia de *O Asteroide* foram os argumentos dos homens que tinham contato com o filho de Damazia, que utilizaram a formação profissional e escolar que o garoto vivenciava para justificar as

---

18 Alaniz, *Ingênuos e libertos*.

19 Sousa, *Escolas ao povo*, p.104.

ocupações que tinha e seriam interrompidas caso voltasse ao trabalho para Silva. O fato de o jovem ser aprendiz de tanoeiro, uma atividade com possibilidades de o profissional ser detentor de autonomia para produzir e gestar seu trabalho, e o de ser aluno regular de uma escola pode ter sido uma tentativa dos homens próximos a ele de desvinculá-lo da realidade do cativeiro, do trabalho compulsório, sem remuneração ou de remuneração precária. Ele não "vagava" à mercê de uma procura tão apurada e com amor como a de Silva.

Ao que parece, se os argumentos desses homens não funcionaram, colaboraram para que o rapaz não ficasse submetido aos interesses do proprietário. Ainda que o juiz não decidisse a favor dele, àquela altura, o rapaz já tinha fugido dessa investida, embora, conforme a notícia, a autoridade pareça ter se convencido do que disse Moreira, responsável pelo menino deixado por sua mãe, que parece ter se prevenido quanto à possibilidade de submissão de seu filho, mesmo não podendo ou não querendo permanecer com sua cria. Enfim, percebe-se que o jovem estava menos ainda disponível a algum tipo de "amor" que o conduzisse ao trabalho ofertado pelo escravizador de sua mãe.

Atos como o de Silva, possivelmente pressionado também pelo decreto de abolição, parecem ter sido resultado da perda de mão de obra; seria uma das últimas alternativas de manter domínio compulsório sobre trabalhadores(as), uma vez que esse decreto também ocorreu por pressões internacionais tanto dos anseios industriais ingleses quanto dos outros países americanos que já tinham finalizado a escravidão sistêmica.

Medidas de educação e instrução para ingênuos(as)

No século XIX, a educação no Brasil abarcava elementos voltados à construção, transmissão e concepção de conhecimentos, uma instância do governo para a sociedade, ligada também à aprendizagem de valores morais e modos de conduta. A instrução era um elemento embutido no que era educação. Estava mais ligada à aprendizagem de conhecimentos técnicos para a prática de algum tipo de trabalho mecânico. Ela era, no que se configurava a educação nas perspectivas dos últimos trinta anos do século XIX, a proposição de formação do "trabalhador nacional", devido à redução da mão de obra escravizada.[20] Esse período foi quando justamente muitos proprietários se deram conta de que uma das fontes de mão de obra estava "estancando" com a redução da reprodução de escravizados(as) e buscaram alternativas para manter suas produções.[21]

A questão da educação escolar para pessoas ingênuas foi discutida desde as versões prévias do projeto da Lei de 1871. Tal situação foi se intensificando quando se aproximava o oitavo ano de vida dessas crianças, quando os senhores de suas mães deveriam decidir se continuavam com elas, além do fato de elas também atingirem idade escolar. Fonseca aprofunda a reflexão sobre as demandas de educação para ingênuos e observa que nos debates para definição da lei havia a proposição expressa de educação escolar para esses sujeitos e não apenas como ensino de princípios e valores morais.[22]

Segundo Katia Mattoso, aos 8 anos de idade já havia uma considerável diferenciação nas obrigações entre esses sujeitos em relação a alguém que não estava ligado à escravidão. Ela afirma que se "tratava de escravos disfarçados e que seriam livres com a Lei de 1888".[23] Ingênuos(as), na maioria dos casos, nessa idade, não tinham escolarização nem as mesmas prerrogativas de uma pessoa livre. Fonseca afirma que "negros e educação escolar foram vinculados como uma das condições a serem consideradas para o processo de fim do trabalho escravo".[24] Essa educação estava pautada pelas medidas para dar conta das demandas das "camadas populares", partindo da "onda alfabetizadora" que urgia por causa dos altos índice de analfabetismo no Brasil evidentes no Censo de 1872.[25]

Os censos gerais de 1872 e o de 1890 evidenciaram o alto índice de analfabetismo com taxas de 82,3% e 82,6%, respectivamente. Diante disso, algumas medidas foram tomadas para combatê-lo, como a criação de conferências pedagógicas que organizaram formas de atingir melhores resultados

---

20 Schueler, *A instrução popular na Corte imperial – 1870 a 1889.*

21 Gondra; Schueler, *Educação, poder e sociedade no império brasileiro.*

22 Fonseca, *A educação dos negros*, p.33.

23 Mattoso, O filho da escrava: em torno da Lei do Ventre Livre, *Revista Brasileira de História*, v.8, n.16, p.37-55, mar.-ago. 1988.

24 Fonseca, *A educação dos negros*, p.33.

25 *Recenseamento do Brasil* em 1872. Disponível em: <https://biblioteca.ibge.gov.br/visualizacao/monografias/GEBIS%20-%20RJ/Recenseamento_do_Brazil_1872/Imperio%20do%20Brazil%201872.pdf> Acesso em: 21 jun. 2020; Mariani; Roncolato; Almeida; Tonglet, Censo de 1872: o retrato do Brasil da escravidão, *Nexo Jornal*, 2017

de alfabetização no país.[26] Entre essas medidas houve escolas no Arsenal da Marinha, a criação de escolas agrícolas, de escolas noturnas, casas escolares para pessoas consideradas vadias, escolas em associações de trabalhadores e em associações abolicionistas, assim como a atualização dos materiais didáticos utilizados para o ensino primário, a exemplo da tabuada criada pela professora Emília Collet da escola noturna para mulheres em Salvador na década de 1880. Ela foi considerada válida por "desvencilhar o ensino do cálculo nas escolas da velha rotina", segundo o professor Elias Nazareth. Por sua vez, Nazareth produziu uma cartilha de ABC que foi bastante criticada por alguns docentes por ser considerada uma cópia malfeita de outras cartilhas.[27]

Os materiais didáticos são fundamentais para compreender a cultura material das escolas. Nos casos das escolas primárias desse período, o material de leitura era fundamental para compreender os significados que essas formas de escolarização poderiam ter no contexto social, econômico e educacional em que foram implantadas na Bahia e em outras províncias. Dominique Julia afirma que cultura escolar " não pode ser estudada sem o exame preciso das relações conflituosas ou pacíficas que mantém a cada período de sua história, com o conjunto das culturas que lhe são contemporâneas". Segundo ele, essa cultura deve ser descrita como um conjunto de normas que definem conhecimentos a ensinar, condutas a inculcar, de forma que permitam a transmissão de conhecimentos e a incorporação de comportamentos.[28]

Entre os livros solicitados nas escolas da Bahia do período, havia alguns que eram comuns à maioria dessas escolas, como as cartas ou cartilhas de ABC, o livro de leitura *Tesouro de meninos*, o primeiro volume do livro de leitura do Dr. Abílio (Abílio César Borges),[29] e o livro *Bom homem Ricardo*. O livro *Tesouro de meninos*, de origem portuguesa, fornecia indícios do que se considerava civilidade. Essa ideia estava ligada aos códigos de sociabilidade

---

26 *Relatório da repartição dos negócios do Império*, Hemeroteca Digital da Biblioteca Nacional. Disponível em: <http://memoria.bn.br/DocReader/720968/10155?pesq=%22Conferência%20pedagógica%22>. Acesso em: 10 maio 2017.

27 Santos; Silva; Santos, Mulheres e homens além da sala de aula: sociabilidades de docentes na Bahia entre a escravidão e o pós-abolição, *Revista Ágora*, v.31, n.2, p.e-2020310209, 2020.

28 Julia, A cultura escolar como objeto histórico, trad. Gizele de Souza, *Revista Brasileira de História da Educação*, n.1, jan.-jun. 2001, p.9.

29 Santos, *Escolas noturnas para trabalhadores na Bahia (1870-1889)*.

e regras de conduta aos leitores da época.[30] Segundo Fabiana Sena, a civilidade estava relacionada diretamente às regras do comportamento social, mas também às noções éticas, morais e designações sociais nas esferas do público e do privado.[31]

O primeiro livro de leitura do Dr. Abílio consistia em lições morais e religiosas, com destaque para o ensino do alfabeto, das sílabas e de pequenas frases destinadas à leitura relativa à obediência, fidelidade e cumprimento de deveres. O livro também continha ensinamentos sobre a divisão do tempo, fragmentos de fonética, leitura, sistema de medidas, meses do ano, cores e números, conteúdos muito ligados à rotinas de trabalho cronometrado pela lógica da produtividade fabril, uma das principais expectativas econômicas da época no Brasil e em vários outros países.[32]

O livro *Bom homem Ricardo* era um manual de grande circulação nas escolas brasileiras no século XIX, tendo como temática a ideia da prosperidade defendida por Benjamin Franklin, um dos líderes da revolução norte-americana, a qual conquistou a independência das treze colônias inglesas no processo de formação do que hoje são os Estados Unidos. O livro partia da ideia de trabalho para a conquista da "liberdade", da "modernização" e da autonomia do país, mais indícios de que essas questões estavam associadas às ideias conectadas com o fim da escravidão, por consequência, à reformulação da mão de obra no país, elementos motivadores para mais investimento em escolarização, ainda que fosse somente no nível da formação primária.[33]

Percebe-se que os conteúdos dos livros didáticos usados nas aulas das primeiras letras na Bahia não estavam deslocados do período político, cultural e das estruturas de dominação. Eles evidenciavam que eram "instrumentos" utilizados na legitimação de interesses políticos e ideológicos disputados no contexto em que as obras foram adotadas, além de serem representativos de universos culturais específicos, incorporando muitos valores dos autores de seu tempo.[34] Além desses elementos, pelos conteúdos presentes nos livros,

---

30 Ibid.

31 Sena, Tesouro de meninas e tesouro de meninos: leitura de civilidade na América Portuguesa, *Educação Unisinos*, p.312-9, 2014.

32 Souza, *A educação como prática política*, p.150.

33 Franklin, *A ciência do bom homem Ricardo ou meios de fazer fortuna (1706-1790)*.

34 Fonseca, Ver para compreender: arte, livro didático e história da nação, in: Köpke, *Quarto livro de leituras*.

principalmente os de leitura, é possível que existisse a intenção de que os alunos assimilassem os princípios presentes nos textos, pois se apresentavam de maneira a "ensinar" valores elaborados para serem seguidos pelos trabalhadores da época. Alessandra Schueler aponta que a ênfase na instrução e na educação popular acompanhava outros planos de intervenção dos poderes públicos na vida da população e nos espaços das cidades, além da perspectiva social e higienista na saúde que afetava sobretudo os setores mais pobres da população.[35]

Dessa forma, fica evidente um cenário voltado para o controle e direcionamento da educação escolar como maneira de determinação dos destinos, sobretudo de sujeitos que tiveram a condição de escravizados(as), como praticamente foi a população ingênua na Bahia. Tais sujeitos ainda eram requisitados para atender às demandas de rendimentos de senhores enfraquecidos em suas finanças e em seu poder de mando com o declínio da escravidão.[36] Por outro lado, alfabetizar-se, nesse período, poderia também possibilitar-lhes outras formas de vida além da condição de subalternidade a serviço de um ex-senhor, uma vez que, em um país de maioria analfabeta, saber ler, escrever e contar era um diferencial considerável para as perspectivas de "modernização", urbanização, industrialização e para outros rumos de vida que elas e eles tentassem tomar.

A decisão pelo(a) ingênuo(a)

No final do século XIX emergia no país a tão debatida questão da mão de obra com a crise da lavoura, a questão servil. Uma das formas para discutir resoluções para essa crise foi a criação de congressos agrícolas ocorridos em 1878 no Rio de Janeiro e em Pernambuco, duas destacadas províncias e estratégicas na economia do país. Pernambuco, pelo histórico da produção açucareira, que entrava em declínio, assim como a Bahia; Rio de Janeiro, por ser a capital do país e pelo desenvolvimento cafeeiro no Vale do Paraíba. Dessa forma, uma das reflexões nesses congressos foi o aprimoramento de

35 Schueler, Crianças e escolas na passagem do Império, *Revista Brasileira de História*, v.19, n.37, 1999.

36 Sousa, *Escolas ao povo*; Fraga Filho, *Encruzilhadas da liberdade*.

mão de obra tanto para recuperar a economia açucareira quanto para o crescimento da cafeicultura no Sudeste. A mão de obra de pessoas ingênuas foi um dos pontos discutidos e a educação para a atividade no campo esteve entre os fins desses eventos.[37]

Schueler afirma que, nesses congressos, os proprietários apontaram que a solução seria educar as crianças e jovens das cidades, além dos "ingênuos" de 1871.[38] A autora percebe que propostas ministeriais e projetos de libertação do "ventre da escrava" foram desenvolvidos e apresentados visando alcançar soluções para a questão do então chamado "elemento servil", e não se mostraram deslocados das questões relativas à educação da época.

Nesse tempo também houve algumas reformas educacionais imperiais, como o decreto de 1878, o de oficialização das escolas noturnas, uma escolarização voltada à instrução primária para trabalhadores, a qual teve em destaque matrículas de pessoas ingênuas na Bahia e em outras províncias, com mais evidência em documentação, a partir de 1888.[39] O decreto de 1878 previa que os cursos noturnos fossem abertos durante o ano letivo das escolas públicas, diários, e todas as pessoas livres ou libertas, com declaração de naturalidade, filiação, idade, profissão e local onde residiam. Pessoas que não tivessem sido vacinadas e que padecessem de moléstia contagiosa não seriam matriculadas.[40] Havia uma série de medidas disciplinares, até porque tais escolas não se apresentaram, necessariamente, apenas para atender aos alunos que não tiveram a chance de estudar na infância, mas para atender a um perfil "construído" de trabalhador com o declínio da escravidão.[41]

Ao término da formação nas primeiras letras nessas escolas, os alunos aprovados nos exames finais seriam indicados pelos professores e diretores das escolas para atuar como serventes, guardas, correios, ajudantes de porteiro, porteiros das repartições, em estabelecimentos públicos e de outros empregos somente do mesmo nível. Portanto, além de oficializar essa escolarização, tal decreto foi apresentado como uma medida concreta contra o

---

37 Fonseca, *A educação dos negros*.

38 Schueler, Crianças e escolas na passagem do Império, *Revista Brasileira de História*, v.19, n.37, 1999.

39 Santos, *Escolas noturnas para trabalhadores na Bahia (1870-1889)*.

40 *Decreto educacional de 1878*.

41 Ibid.

analfabetismo, sem propor possibilidades de outros níveis de ensino para quem estudava em escolas noturnas.

Em 1879, houve uma reforma da educação imperial nos níveis primário, secundário e superior. No entanto, ingênuos(as) não foram mencionados(as) em nenhum artigo desse decreto. Ou seja, para essas pessoas não havia uma programação direcionada de escolarização nessa reforma, que se propunha geral no ensino do país, justamente quando ingênuos(as) estariam em idade escolar e sob a avalição dos senhores de suas mães se seriam entregues a alguma instituição.[42] Na reforma era prevista a "obrigatoriedade do ensino a indivíduos dos dois sexos de 7 a 14 anos de idade. Os pais poderiam ser multados, caso não fosse cumprida tal determinação". O nó da Lei do Ventre Livre referente à educação era o que foi proporcionado às pessoas ingênuas e a amplitude da autonomia que teriam, conforme descrito no texto legal direcionado a elas.

Ione Sousa afirma que o número de escolas na Bahia aumentou no tempo das movimentações abolicionistas e aponta casos de algumas que foram abertas para ingênuos(as), inclusive fomentadas na iminência do tempo de essas crianças estarem em idade escolar (7 anos) e da decisão dos senhores de se continuavam "cuidando" e "educando-as" (8 anos). A autora aponta que alguns(mas) professores(as) declararam nos idos de 1878 e 1879 que tinham, entre outros tipos sociais, pessoas ingênuas estudando em suas classes.[43]

Havia casos que só eram possíveis pela permissão do senhor ou da instituição em que eram tuteladas. A documentação da época evidencia a atmosfera de expectativas quanto à educação escolar desses sujeitos, tanto assim que no decreto educacional de 1881 na Bahia, o Regulamento Bulcão, foi oficializada a possibilidade da escolarização de pessoas ingênuas com a permissão de senhores.[44]

Segundo Antonieta Nunes, esse regulamento foi uma tentativa da aplicação da reforma de 1879 do ministro do Império Leôncio de Carvalho às condições baianas. Essa reforma previa que no curso primário fossem introduzidas disciplinas como "lições de coisas, civilidade, desenho linear

---

42 *Decreto educacional de 1879*. Disponível em: <https://www2.camara.leg.br/legin/fed/decret/1824-1899/decreto-7247-19-abril-1879-547933-publicacaooriginal-62862-pe.html>. Acessado em 2 dez. 2020.

43 Sousa, *Escolas ao povo*.

44 Ibid.

e elementos de ciências naturais". As penas disciplinares seriam morais ou de comunicação aos superiores e responsáveis, condenando-se os castigos corporais, ainda utilizados na ocasião.[45]

Nesse período, a Bahia afirmava-se ainda mais enquanto território agrícola, quando havia proposições de industrialização. A engenharia agrônoma despontava como uma formação superior para reabilitar a lavoura através de inovações tecnológicas e a racionalização da produção. Para Nilton Almeida, nesse contexto houve uma organização da classe dominante baiana preocupada em garantir a ocupação desses postos por seus filhos, o que também pode significar a reformulação de subalternidades sociais, uma vez que a escravidão ruía como modelo de estrutura social secular e os(as) seus(suas) egressos(as) poderiam significar ameaça aos lugares de poder, já que não estavam mais sob os mandos de senhores.[46] A escolarização desses sujeitos possibilitaria cidadanias "perigosas"?

Entre as medidas de escolarização para o trabalho da década de 1870 e 1880, receberam destaque as escolas agrícolas a partir de institutos que foram criados em algumas capitais brasileiras. O primeiro desses institutos foi em 1859, na Bahia. Em 1877, a partir dele foi fundada a Escola Agrícola São Bento das Lages, em São Francisco do Conde, também no Recôncavo Baiano, onde havia cursos de engenharia, de agronomia e de veterinária, chamados cursos superiores, e o curso inferior, o elementar, para formação de regentes e operários agrícolas.[47]

No curso elementar houve matrículas de ingênuos, como aconteceu em 1884, segundo o presidente provincial, Pedro Luís de Sousa.[48] Após dois

---

45 Nunes, A formação dos sistemas públicos de educação no século XIX e sua efetivação na província da Bahia, *Revista do Instituto Geográfico e Histórico da Bahia*, n.99, p.75-113, 2004.

46 Araújo, *A Escola Agrícola de São Bento das Lajes e a institucionalização da agronomia no Brasil (1877-1930)* e, do mesmo autor, *Pioneirismo e hegemonia*.

47 Para detalhes específicos sobre essa instituição, o trabalho pioneiro é o da professora Antonieta Tourinho: *O Imperial Instituto Bahiano de Agricultura*, seguido pelos de Nilton Araújo já citados na nota anterior. Sobre o uso do termo "ensino inferior" para referir-se ao curso elementar da Escola Agrícola de São Bentos das Lages, verificar Hemeroteca Digital da Biblioteca Nacional, 1889, p.167. Disponível em: <http://memoria.bn.br/DocReader/130605/12789?pesq=%22escola%20agrícola%22> Acesso em: 20 jul. 2020.

48 Sousa, Relatório do presidente da província à Assembleia Legislativa provincial da Bahia em 1884, referente ao ano de 1883, p.65. Hemeroteca Digital da Biblioteca Nacional. Disponível em: <http://memoria.bn.br/DocReader/130605/11444?pesq=%22escola%20agrícola%22>. Acesso em: 20 jul. 2020.

anos, o dr. Ulysses Lopes Pontes, secretário da escola, anunciou no jornal *Gazeta da Bahia* vagas para matricular gratuitamente meninos órfãos, desvalidos e ingênuos. As condições para a matrícula eram "ser maiores de 12 anos, estarem em robustez e serem dotados de bons costumes". A escola proporcionaria alimentação, o vestuário, o ensino primário, o ensino religioso, música e prática de trabalhos agrícolas.[49]

Idalina Freitas afirma que o curso elementar era uma forma de compensação ao fim do trabalho escravo, tendo em vista que a educação para o trabalho correcional foi uma temática recorrentemente articulada à Lei do Ventre Livre. Ou seja, ela sugere que esse curso na Escola Agrícola era também para que os meninos ingênuos tivessem uma formação institucional disciplinar e agrícola.[50] Antonieta Tourinho afirma que através desse curso "pretendiam multiplicar operários disciplinados e quando proibida a escravidão, era preciso incutir naqueles sujeitos a ideia de obediência, cumprimento de deveres e a redução da probabilidade de revoltas contra as condições impostas por seus empregadores". A historiadora também aponta que a "população rural vagando pelo Recôncavo da Bahia preferia mariscar e plantar em terras alheias a se submeter ao trabalho nos engenhos".[51]

O verbo *vagar* para referir-se a esse período associa esses sujeitos ao que já era tipificado como contravenção desde a década de 1830 com o Código Criminal[52] e que, com o Código Penal de 1890, só teve seus artigos ampliados: por exemplo, a capoeira foi considerada vadiagem, chamada de capoeiragem na época. Verifica-se a evidência de que elementos da cultura de matriz africana estavam legalmente criminalizados, sendo seus praticantes passíveis de prisão com as penalidades previstas em lei. Para o Código Penal de 1890, ser vadio também era deixar de exercer profissão ou ofício, não possuir meios de subsistência e domicílio certo, promover a subsistência por meio de ocupação proibida por lei, ofensiva à moral e aos "bons costumes". Os maiores

49 *Gazeta da Bahia*, 1886, p.1. Hemeroteca Digital da Biblioteca Nacional. Disponível em: <http://memoria.bn.br/DocReader/213454/8184?pesq=%22eschola%20agricola%22>. Acesso em: 15 jul. 2020.

50 Freitas, Escola Agrícola da Bahia de São Bento das Lages: experiências na implementação de instrução agrícola na Vila de São Francisco do Conde (1850-1890), *Revista Maracanan*, Rio de Janeiro, n.21, p.29-49, maio.ago. 2019.

51 Tourinho, *O Imperial Instituto Bahiano de Agricultura*, p.215.

52 Código Criminal do Império do Brazil, Lei de 16 de dezembro de 1830.

de 14 anos seriam recolhidos a estabelecimentos disciplinares industriais, onde poderiam ser conservados até a idade de 21 anos.[53]

Walter Fraga também aponta que muitas pessoas ex-escravizadas buscaram viver distante dos ambientes em que passaram trabalhando no tempo do cativeiro e que, possivelmente, "muitos recusavam o trabalho como as velhas relações escravistas, pois era visto como continuação da realidade anterior".[54] Fato que pode ter sido o caso do filho de Damazia, ou que seus mestres temiam que pudesse acontecer com ele, já que as condições de vida e trabalho dos ingênuos eram próximas, ou iguais, à de pessoas escravizadas.

Noemi Silva aponta que, no Rio Grande do Sul, escolas para pessoas ingênuas foram interpretadas como mecanismo de correção dos vícios da população escrava. Era como se a instrução dos libertos e ingênuos estivesse presente como um dos mais importantes projetos para o futuro da nação em vias de transformação das relações econômicas e sociais.[55]

Em 1889, também constavam matrículas de alguns ingênuos na Escola Agrícola da Bahia. O presidente provincial, Manoel Machado Nascimento Portela, apontou a demanda de reformulação e a ausência que passava o curso elementar dessa instituição, relatando que "recebiam meninos órfãos ou desvalidos, e alguns ingênuos que procuravam a Escola".[56] O público de ingênuos, mesmo um ano após a lei de abolição da escravidão, estava presente na escolarização agrícola na Bahia ainda denominado com essa condição. Segundo Portela, estava protagonizando uma busca por escola onde se alfabetizaria e teria a diplomação de operário agrícola. Talvez isso significasse que buscava um rumo próprio para suas vidas ou sob o mando ou orientação de algum proprietário de terras com quem continuariam mantendo algum vínculo de trabalho como mão de obra mais qualificada pela alfabetização.

Percebe-se que a Lei de 13 de maio não aboliu a condição de ingênuos de imediato. Pelo menos foi mantida a nomenclatura na documentação da época, tanto que houve outros pedidos ou informação de abertura de escolas para formação de trabalhadores(as) ingênuos(as). Era como se aquela lei

---

53 Código Penal Brasileiro de 1890.

54 Fraga Filho, *Encruzilhadas da liberdade*, p.142.

55 Silva, *O batismo na instrução pública*.

56 *Relatório do presidente provincial do Imperial Instituto Bahiano de Agricultura*. Hemeroteca Digital da Biblioteca Nacional. Disponível em: <http://memoria.bn.br/pdf/130605/per130605_1889_00001.pdf>, p171. Acesso em: 2 dez. 2020.

ainda não tornasse essas pessoas plenamente livres. A Lei do Ventre Livre talvez tenha trazido prerrogativas de limitações à escravidão em seus artigos, como o fim de revogação de alforrias e a possibilidade de acúmulo de pecúlio para comprá-las, porém não impediu que os ingênuos tivessem vivências de trabalho compulsório, mesmo após a lei de abolição da escravidão.[57] Pelo contrário, ela parece ter sido catalisadora de uma euforia em muitos senhores que não se desvinculavam dessa condição de submissão em vez de buscarem tornar-se patrões. Entretanto, encontravam um público cada vez mais contestador das opressões escravistas e que ia à justiça em busca de liberdades e autonomia.[58]

A abolição e escolas-chaves para realidade "ingênua"

Em 18 de maio de 1888, o *Diário da Bahia* noticiou que "a convite do sr. Conselheiro Machado Portella, reuniram-se representantes da imprensa, das diversas classes e instituições com o fim de organizarem uma *Sociedade* destinada a proporcionar educação e trabalho aos ingênuos e libertos".[59] A Sociedade Treze de Maio foi criada em 28 de setembro de 1888, justificada pelo governo provincial como uma ação de prevenção à vadiagem. O presidente provincial Manuel Portela afirmou ser "de máxima conveniência promover a instrução de ingênuos e libertos, defendê-los quando preciso e dar-lhes colocação e trabalho, evitando-se os perigos que dão vagabundagem".[60]

No primeiro ano dessa escola foram matriculados 197 alunos, tendo frequência diária de 100 a 130, número considerável de pessoas buscando alfabetizar-se. Para Iacy Mata, a ideia proposta pela Sociedade Treze de Maio para "defendê-los quando preciso" provavelmente era uma resposta às denúncias de que no interior da província muitos ex-senhores tentavam, mesmo depois da abolição, manter o vínculo escravista com seus

57 Mattoso, O filho da escrava: em torno da Lei do Ventre Livre, *Revista Brasileira de História*, São Paulo, v.8, n.16, p.37-55, mar.-ago. 1988.

58 Chalhoub, *Visões da liberdade*.

59 *Diário da Bahia*, 18 maio 1888, p.3, Hemeroteca Digital da Biblioteca Nacional.

60 Portela, *Relatório do presidente da Província da Bahia (1889)*. Hemeroteca Digital da Biblioteca Nacional. Disponível em: <http://brazil.crl.edu/bsd/bsd/u068/000074.html>. Acesso em: 21 out. 2020.

ex-escravizados e ingênuos, como no caso de Cachoeira.[61] Se por um lado escolas para ingênuos(as) constituíam possibilidades de emancipação para eles(as), podendo servir de argumento para colaborar no impedimento de trabalharem de maneira compulsória, elas também se apresentaram como forma de controle social, considerando que seus alunos eram vadios(as) em potencial. Situação que reitera a dubiedade da condição de ingênuo, sobretudo a de que não eram plenamente livres, vivendo somente por si, o que causava tensões quanto ao direito de tutela dos senhores.

No mesmo ano de 1888, o professor público Antônio José de Moraes solicitou à direção da Instrução Pública (órgão que hoje é a Secretaria Estadual da Educação nos estados) lecionar à noite, gratuitamente, para ingênuos e libertos na freguesia de Santo Antônio, em Salvador, tomando como referência a criação da Sociedade Treze de Maio.[62] Ele demonstrou envolvimento com a questão de atendimento a esse público através da abertura dessa escola, possivelmente acreditando ser a única forma, ou a mais possível, de amparar, controlar e/ou direcionar a vida desses sujeitos para a educação escolar:

> Desejando corresponder aos bons desejos do Excelentíssimo Senhor Conselheiro Manoel Nascimento Machado Portela, que acaba de dar a mais exuberante prova de interesse que liga ao desenvolvimento da instrução pública, instituindo a associação 13 de Maio, para incumbir-se dos meios de proporcionar o ensino aos ingênuos e libertos [...].[63]

Outra escola que foi aberta no mesmo ano de fundação dessa sociedade, também com um argumento que coadunava com a iniciativa do presidente provincial, foi a do professor Clarimundo Jerônimo dos Santos Lima. A proposta era para ser também uma escola gratuita para libertos e ingênuos na freguesia da Maré: "desejando concorrer de alguma forma para a instrução de libertos e ingênuos, aderindo à ideia do presidente provincial, desde já, tenho aberto uma escola noturna para lecionar a meus concidadãos",

61 Mata, *Os Treze de Maio*, p.168.

62 Moraes, Ofício do professor ao diretor da Instrução Pública da Bahia, Eduardo Pires Ramos (12 maio 1888).

63 Ibid.

declarou o professor na informação de abertura de sua escola com tons abolicionistas.[64]

Nesse mesmo ano, Hermelinda Valeriana dos Santos solicitou da direção da Instrução Pública a abertura de uma escola noturna para ingênuas e libertas. Em junho, o mesmo presidente da província deu aval para o funcionamento e considerou tal iniciativa louvável, "um ato patriótico e humanitário".[65] Ele também possibilitou à professora Maria Olympia de Oliveira a abertura de uma escola noturna para ingênuas e libertas na povoação do Sacco, região norte da Bahia.[66] Dois casos em que não era comum mulheres estudarem, muito menos provável as que tivessem algum vínculo com a escravidão, como as ingênuas, embora fosse uma escolarização para o trabalho.[67] Eram recorrentes casos de mulheres das "camadas populares" nos serviços de rua, principalmente na venda de alimentos, como quitutes e doces.[68] Em muitas atividades elas integravam o perfil do pequeno comércio urbano através de ocupações nos mais variados tipos de serviços domésticos, relações, hábitos, valores e significados próprios de uma cultura popular.[69]

Interessante que comunicados como o de Antônio Moraes, de Clarimundo Lima, de Hermelinda Santos e de Maria Olympia informassem sobre a abertura de escolas especificamente para o público de ingênuos(as) e libertos(as). Informações desse tipo, direcionadas a essas pessoas, antes da lei da abolição, não eram declaradas na documentação sobre os pedidos de abertura de escolas noturnas.[70] Sendo assim, eles(as) evidenciam ainda mais a conexão que essa escolarização passou a ter com o processo do fim do trabalho escravo sistêmico no Brasil e como esses(as) professores(as) estavam atentos(as) às questões da oportunidade de alfabetização, especificamente para pessoas que atuaram no trabalho escravo em uma época de alto índice

---

64 Lima, Ofício de informação de abertura de escola noturna para ingênuos e libertos na freguesia de Maré do professor ao diretor da Instrução Pública da Bahia, Eduardo Pires Ramos (19 jun. 1888).

65 Portela, Ofício de permissão para abertura de escola noturna na rua do Passo da professora Hermelinda Valeriana dos Santos do presidente da província (8 jun.1888).

66 Portela, Ofício de permissão de abertura de escola noturna na povoação do Sacco do presidente da província (14 jun.1888).

67 Santos, *Escolas noturnas para trabalhadores na Bahia (1870-1889)*.

68 Reis, *Ganhadores*.

69 Ferreira Filho, Desafricanizar as ruas: elites letradas, mulheres pobres e cultura popular em Salvador (1890-1937), *Afro-Ásia*, n.21-2, p.240, 1998-1999.

70 Santos, *Escolas noturnas para trabalhadores na Bahia (1870-1889)*.

de analfabetismo no país. Esse grupo de docentes – que poderia ter mais integrantes – apresentou essas vagas em um momento agudo no qual se pensava nos destinos das pessoas ingênuas, que, em certa medida, ainda estavam sob o risco de trabalharem compulsoriamente, ou de forma mal remunerada, para proprietários que alegavam ter suas tutelas.

Porém, mesmo tais iniciativas evidenciando o engajamento abolicionista dessas pessoas que abriram escolas voltadas para ingênuas, é importante também dimensionar em que medida esse posicionamento político tinha relação com a causa de livrar pessoas de condições opressoras de trabalho. Seguiram na esteira do fervor abolicionista para se destacar diante da esfera educacional em que atuavam, garantindo seus trabalhos e prestígio diante de seus superiores? De todo modo, ao menos possibilitaram algum domínio de leitura e escrita a essas pessoas.

Percebe-se que proporcionar educação escolar para ingênuos(as) foi uma das preocupações presentes na Instrução Pública da Bahia no final do século XIX. Se não foi sempre pelos altos escalões desse setor, como no caso do presidente Portela, foi mais possível por integrantes de outras esferas, como professores e professoras, assim como de escolas para o trabalho/controle social, como as agrícolas ou as associações para o trabalho. Em muitas delas, nas pautas estavam a prevenção, contenção ou correção da vadiagem, mas o aprendizado de elementos consideráveis para a época, como eram leitura, escrita e os cálculos básicos, também foi ofertado.

Considerações finais

Pessoas ingênuas estiveram mais presentes em propostas de escolarização a partir do decreto da Lei de 1871 no Brasil. Tal realidade configurava que as medidas abolicionistas e emancipacionistas estavam conectadas a iniciativas de alfabetização e à formação técnica agrícola do mesmo período, ao aproveitamento próprio desses(as) ingênuos(as) para buscar seus objetivos e com brechas também para o aproveitamento de ex-senhores na exploração dessa mão de obra que ainda restava de resquício da escravidão.

As propostas de educação escolar para pessoas ingênuas não foi algo amplo em decretos educacionais imperiais. Na Bahia ocorreu essa formalização em um decreto conservador, como foi o Regulamento Bulcão, e outras medidas foram criadas até mesmo por iniciativas de professores públicos e particulares ao longo dos anos. Eram escolas voltadas a algum tipo de trabalho, geralmente agrícola ou doméstico, além do ensino primário, e logo após a lei.de abolição da escravidão, chegando a ter algumas específicas para esse público e de libertos.

Muitas dessas pessoas já faziam tais atividades ao estarem sob domínio dos senhores de suas mães. Entretanto, as inovações mecânicas e tecnológicas nessas áreas de atuação eram apresentadas para esses(as) alunos(as) como os únicos horizontes profissionais possíveis para quem tivesse alguma liberdade. Daí entender esse processo como uma construção racional de um projeto de sociedade que, pela educação, previa reprodução de subalternidades, segregações raciais, privilégios econômicos e sociais que não necessariamente impediram que gerações futuras escapassem de ser vítimas desses direcionamentos orquestrados de vida.

Dessa forma, percebe-se que as tentativas de escolarização de pessoas ingênuas não garantiram, necessariamente, a formação de gerações de filhos(as) de escravizadas com realidades e possibilidades tão distintas de suas mães. Percebe-se muito mais tentativas de uma construção de um pós-abolição em um país recém-republicano excludente, mas também de tensionamentos e disputas por parte dos(as) que não foram contemplados(as) pelos projetos elitistas de nação através da educação escolar, como foi o caso do jovem de Cachoeira e na sua defesa executada pelos homens que o formavam. Esse caso foi destacado pelas justificativas desses homens e pela autonomia de vida em que o garoto estava engajado. Fato que pode ser o caso de outros tantos jovens em situações similares, mesmo após a tentativa de ex-senhores de cooptá-los para o trabalho compulsório e em alguns casos conseguirem.

Referências bibliográficas

Parte I – Ventres em disputa
Capítulo 1 – Ventre, seios, coração

ABREU, Martha. Slave Mothers and Freed Children: Emancipation and Female Space in Debates on the "Free Womb" Law, Rio de Janeiro, 1871. *Journal of Latin American Studies*, v.28, n.3, p.567-80, 1996

ARIZA, Marília B. A. *Mães infames, filhos venturosos*: trabalho e pobreza, escravidão e emancipação no cotidiano de São Paulo (século XIX). São Paulo: Alameda, 2020.

______. Bad Mothers, Laboring Children: Emancipation, Tutelage and Motherhood in São Paulo over the Last Decades of the 19th Century. *Slavery & Abolition*, v.38, n.2, p.408-24, 2017.

BRASIL. Senado Federal. *Annaes do Senado do Império do Brasil*. Lv.5. Brasília: Secretaria Especial de Editoração e Publicações; Subsecretaria de Anais do Senado Federal, 1871. Disponível em: <https://www.senado.leg.br/publicacoes/anais/pdf/Anais_Imperio/1871/1871%20Livro%205.pdf>. Acesso em: 13 dez. 2020.

BUSH, Barbara. African Caribbean Slave Mothers and Children: Traumas of Dislocation and Enslavement across the Atlantic World. *Caribbean Quarterly*, v.56, n.1-2, p.69-94, 2010.

CARULA, Karoline. Perigosas amas de leite: aleitamento materno, ciência e escravidão. *A Mãi de Familia. História, Ciências, Saúde – Manguinhos*, v.19, p.197-214, 2012.

CLAPP, Elizabeth J.; JEFFREY, Julie Roy (orgs.). *Women, Dissent, & Anti-Slavery in Britain & America, 1790-1865*. Oxford: Oxford University Press, 2013.

CONRAD, Robert. *Os últimos anos da escravatura no Brasil*: 1850-1888. Rio de Janeiro: Civilização Brasileira, 1975.

COSTA, Jurandir Freire. *Ordem médica e norma familiar*. Rio de Janeiro: Graal, 2004.

COWLING, Camillia. *Conceiving Freedom*: Women of Color, Gender and the Abolition of Slavery in Havana and Rio de Janeiro. Chapel Hill: University North

Carolina Press, 2013. [Ed. bras.: *Concebendo a liberdade*: mulheres de cor, gênero e a abolição da escravidão nas cidades de Havana e Rio de Janeiro. Campinas, SP: Editora da Unicamp, 2018.]

______. O Fundo de Emancipação "Livro do Ouro" e as mulheres escravizadas: gênero, abolição e os significados da liberdade na Corte, anos 1880. In: XAVIER, Giovana; FARIAS, Juliana Barreto; GOMES, Flávio (orgs.). *Mulheres negras no Brasil escravista e do pós-emancipação*. São Paulo: Summus; Selo Negro, 2012.

______ et al. (orgs.). *Motherhood, Childlessness and the Care of Children in Atlantic Slave Societies*. Nova York: Routledge, 2020.

FONSECA, Marcus Vinícius. *A educação dos negros*: uma nova face do processo de abolição da escravidão no Brasil. Bragança Paulista, SP: Editora Universitária São Francisco (Edusf), 2002.

GEREMIAS, Patrícia Ramos. *Ser "ingênuo" em Desterro*: a Lei de 1871, o vínculo tutelar e a luta pela manutenção dos laços familiares das populações de origem africana (1871-1889). Niterói, 2005. Dissertação (Mestrado em História) – Universidade Federal Fluminense (UFF).

GUTIERRES, Damiana. *No colo da ama de leite*: a prática cultural da amamentação e dos cuidados das crianças na província do Grão-Pará no século XIX. Pará, 2013. Dissertação (Mestrado em História) – Universidade Federal do Pará (UFPA).

LIVESEY, Andrea. Conceived in Violence: Enslaved Mothers and Children Born of Rape in Nineteenth-Century Louisiana. *Slavery & Abolition*, v.38, n.2, p.373-91, 2017.

LUCAS, Kadine Teixeira. *"Pelo progresso do paiz"*: projetos para educação de ingênuos na imprensa paulista em fins do século XIX. São Paulo, 2016. Dissertação (Mestrado em Educação) – Pontifícia Universidade Católica (PUC-SP).

MACHADO, Maria Helena P. T. Mulher, corpo e maternidade. In: SCHWARTZ, Lilia M.; GOMES, Flávio. *Dicionário da escravidão e liberdade*. São Paulo: Companhia das Letras, 2018a.

______. Escravizadas, libertandas e libertas: qual liberdade? In: LIMA, Ivana Stolze; GRINBERG, Keila; REIS, Daniel Aarão (orgs.). *Instituições nefandas*: o fim da escravidão e da servidão no Brasil, nos Estados Unidos e na Rússia. Rio de Janeiro: Fundação Casa de Rui Barbosa, 2018b.

______. Entre dois Beneditos: histórias de amas de leite no ocaso da escravidão. In: XAVIER, Giovana; FARIAS, Juliana Barreto; GOMES, Flávio (orgs.). *Mulheres negras no Brasil escravista e do pós-emancipação*. São Paulo: Summus; Selo Negro, 2012.

MARTINS, Barbara C. R. *Amas de leite e mercado de trabalho feminino*: descortinando práticas e sujeitos (Rio de Janeiro, 1830-1890). Rio de Janeiro, 2006. Dissertação (Mestrado em História) – Universidade Federal do Rio de Janeiro (UFRJ).

MARTINS, Luiz Carlos Nunes. *No seio do debate*: amas de leite, civilização e saber médico no Rio de Janeiro. Rio de Janeiro, 2006. Dissertação (Mestrado em História das Ciências da Saúde) – Fundação Oswaldo Cruz (Fiocruz).

MCCLINTOCK, Anne. *Couro imperial*: raça, gênero e sexualidade no embate colonial. Campinas, SP: Editora da Unicamp, 2010.

MELISH, Joanne Pope. *Disowning Slavery*: Gradual Emancipation and "Race" in New England, 1780-1860. Ithaca, Nova York: Cornell University Press, 2000.

MORGAN, Jennifer L. *Laboring Women*: Reproduction and Gender in New World Slavery. Filadélfia: University of Pennsylvania Press, 2004.

MUAZE, Mariana F. A. *A descoberta da infância*: a construção de um *habitus* civilizado na boa sociedade imperial. Rio de Janeiro, 1999. Dissertação (Mestrado em História) – Pontifícia Universidade Católica (PUC-RJ).

PENA, Eduardo Spiller. *Pajens da casa imperial*: jurisconsultos, escravidão e a Lei de 1871. Campinas, SP: Editora da Unicamp, 2001.

PEREIRA, Júnia Sales. *História da Pediatria no Brasil de final do século XIX a meados do século XX*. Minas Gerais, 2006. Dissertação (Doutorado em História) – Faculdade de Filosofia e Ciências Humanas (FFCH), Universidade Federal de Minas Gerais (UFMG).

PINHEIRO, Luciana de Araújo. *A civilização do Brasil através da infância*: propostas e ações voltadas à criança pobre nos anos finais do Império (1979-1889). Niterói, 2003. Dissertação (Mestrado em História) – Universidade Federal Fluminense (UFF).

PORTELA, Daniela Fagundes. *Iniciativas de atendimento para crianças negras na província de São Paulo (1871-1888)*. São Paulo, 2012. Dissertação (Mestrado em História da Educação e Historiografia Brasileira) – Faculdade de Educação (FE), Universidade de São Paulo (USP).

SCHWARCZ, Lilia Moritz. Dos males da dádiva: sobre ambiguidades no processo da abolição brasileira. In: CUNHA, Olivia M. G. da; GOMES, Flávio dos S. *Quase-cidadãos*: histórias e antropologias da pós-emancipação no Brasil. Rio de Janeiro: Fundação Getúlio Vargas, 2007.

SCHWARTZ, Mary Jenkins. *Birthing a Slave*: Motherhood and Medicine in the Antebellum South. Cambridge: Harvard University Press, 2006.

SILVA, Maciel H. *Nem mãe preta, nem negra fulô*: histórias de trabalhadoras domésticas em Recife e Salvador (1870-1910). Jundiaí, SP: Paco Editorial, 2016.

SOUZA, Ione Celeste de. "Porque um menor não deve ficar exposto a ociosidade": tutelas e soldadas e o trabalho de ingênuos na Bahia (1870-1890). In: MACHADO, Maria Helena; CASTILHO, Celso (orgs.). *Tornando-se livre*: agentes históricos e lutas sociais no processo de abolição. São Paulo: Edusp, 2015.

TELLES, Lorena Féres da Silva. *Teresa Benguela e Felipa Crioula estavam grávidas*: maternidade e escravidão no Rio de Janeiro (século XIX). São Paulo, 2018. Tese (Doutorado em História) – Faculdade de Filosofia, Letras e Ciências Humanas (FFLCH), Universidade de São Paulo (USP).

TURNER, Sasha. *Contested Bodies*: Pregnancy, Childrearing, and Slavery in Jamaica. Filadélfia: University of Pennsylvania Press, 2017.

______. The Nameless and the Forgotten: Maternal Grief, Sacred Protection and the Archive of Slavery. *Slavery & Abolition*, v.38, n.2, p.232-50, 2017.

URRUZOLA, Patricia. *Faces da liberdade tutelada*: libertas e ingênuos na última década da escravidão (Rio de Janeiro, 1880-1890). Rio de Janeiro, 2014. Dissertação (Mestrado) – Universidade Federal do Rio de Janeiro (UFRJ).

VAILATTI, Luiz Lima. *A morte menina*: infância e morte infantil no Brasil dos Oitocentos (Rio de Janeiro e São Paulo). São Paulo: Alameda, 2010.

WALLACE-SANDERS, Kimberly. *Mammy*: A Century of Race, Gender and Southern Memory. Ann Arbor, Michigan: University of Michigan Press, 2009.

XAVIER, Giovana; FARIAS, Juliana Barreto; GOMES, Flávio (orgs.). *Mulheres negras no Brasil escravista e do pós-emancipação*. São Paulo: Summus; Selo Negro, 2012.

Capítulo 2 – Mães e amas de leite nas malhas dos interesses escravistas

CAMARANO, João. *Da alimentação nas primeiras idades*. Rio de Janeiro: Typographia de Miranda & Almeida, 1884.

CARNEIRO, Maria Elizabeth. *Procura-se uma "Preta com muito bom leite, prendada e carinhosa"*: uma cartografia das amas de leite na sociedade carioca, 1850-1888. Brasília, 2006. Tese (Doutorado em História) – Universidade de Brasília (UnB).

CONRAD, Robert. *Os últimos anos da escravatura no Brasil (1850-1888)*. Rio de Janeiro: Civilização Brasileira, 1975.

CUNHA, Augusto Álvares da. *Do aleitamento natural, artificial e mixto em geral, e particularmente do mercenario em relação ás condições da cidade do Rio de Janeiro*. Rio de Janeiro: Typographia Acadêmica, 1873. Tese (Doutorado em Ciências Médicas) – Faculdade de Medicina do Rio de Janeiro.

DUROCHER, Marie J. M. Carta da parteira Durocher. *Annaes Brasilienses de Medicina*, t.XVII, n.5, p.205-10, set. 1865.

FIGUEIREDO, Moncorvo. Projecto de regulamentação das amas de leite. *Gazeta Medica da Bahia*, ano VIII, n.11, p.498-504, nov. 1876. Disponível em: <https://collections.nlm.nih.gov/bookviewer?PID=nlm:nlmuid-101702016-bk#page/1/mode/2up>. Acesso em: 3 jun. 2021.

FILDES, Valerie. *Wet Nursing*: a History from Antiquity to the Present. Londres: Basil Blackwell, 1988.

FRANKLIN, Sarah. *Women and Slavery in Nineteenth-Century Colonial Cuba*. Rochester, NY: University of Rochester Press, 2012.

GONÇALVES, Francisco. *Que regimem será mais conveniente para a criação de expostos da Santa Casa de Misericórdia*. Rio de Janeiro: Typographia Universal de Laemmert, 1855.

IMBERT, Jean Baptiste Alban. *Guia medica das maes de familia*. Rio de Janeiro: Typographia Franceza, 1843.

LAGE, Lana; VENÂNCIO, Renato P. O abandono de crianças negras no Rio de Janeiro. In: PRIORE, Mary del (org.). *História da criança no Brasil*. São Paulo: Contexto, 1991.

LEITÃO, Antonio. *Hygiene da infância*. Rio de Janeiro: Typographia do Diario, 1840.

MACIEL, Henrique C. *Nem mãe preta, nem negra fulô*: histórias de trabalhadoras domésticas em Recife e Salvador (1870-1910). Jundiaí, SP: Paco Editorial, 2016.

MARCILIO, Maria Luiza. *História social da criança abandonada*. São Paulo: Hucitec, 1998.

MARTINS, Barbara. *Amas de leite e mercado de trabalho feminino*: descortinando práticas e sujeitos (Rio de Janeiro, 1830-1890). Rio de Janeiro, 2006. Dissertação (Mestrado em História) – Universidade Federal do Rio de Janeiro (UFRJ).

MARTINS, José Cipriano. *Hygiene da primeira infancia*. Rio de Janeiro: Typographia e Lithographia de Moreira, Maximino & C., 1882.

MARTINS, Luiz C. M. *No seio do debate*: amas de leite, civilização e saber médico no Rio de Janeiro. Rio de Janeiro, 2006. Dissertação (Mestrado em História das Ciências e da Saúde) – Fundação Oswaldo Cruz (Fiocruz).

MAUAD, Ana Maria. A vida das crianças de elite durante o Império. In: PRIORE, Mary del (org.). *História das crianças no Brasil*. São Paulo: Contexto, 2002.

MILWARD, Cornélio. *Do aleitamento natural, artificial e mixto em geral, e particularmente do mercenario em relação ás condições da cidade do Rio de Janeiro*. Rio de Janeiro: Typographia do Apóstolo, 1873. Tese (Doutorado em Ciências Médicas) – Faculdade de Medicina do Rio de Janeiro. Disponível em: <http://www.siaapm.cultura.mg.gov.br/acervo/teses/TM-0156.pdf>. Acesso em: 3 jun. 2021.

MOTT, Maria Lucia. *Parto, parteiras e parturientes*: Mme. Durocher e sua época. São Paulo, 1998. Tese (Doutorado em História) – Universidade de São Paulo (USP).

NEVES, Juvenal. *Do aleitamento natural, artificial e mixto em geral, e particularmente do mercenario em relação ás condições da cidade do Rio de Janeiro*. Rio de Janeiro: Typographia da Reforma, 1873. Tese (Doutorado em Ciências Médicas) – Faculdade de Medicina do Rio de Janeiro. Disponível em: <https://bdor.sibi.ufrj.br/bitstream/doc/1166/1/359353.pdf>. Acesso em: 3 jun. 2021.

PIMENTA, Tânia; BARBOSA, Giselle. O ofício de parteira no Rio de Janeiro Imperial. *Revista de História Regional*, v.21, n.2, p.485-510, 2016.

PRADEZ, Charles. *Nouvelles études sur le Brésil*. Paris: Ernert Thorin, 1872.

REIS, Celso Eugenio dos. *Do aleitamento natural, artificial e mixto em geral, e particularmente do mercenario em relação ás condições da cidade do Rio de Janeiro*. Rio de Janeiro: Typographia e Lithographia de Oliveira & Silva, 1874. Tese (Doutorado em Ciências Médicas) – Faculdade de Medicina do Rio de Janeiro.

SAMPAIO, Francisco. *Do aleitamento natural, artificial e mixto em geral, e particularmente do mercenario em relação ás condições da cidade do Rio de Janeiro*. Rio de Janeiro: Typographia Americana, 1873. Tese (Doutorado em Ciências Médicas) – Faculdade de Medicina do Rio de Janeiro.

SANTOS, Lucimar. Páginas da vida: experiências maternais de mães negras no antes e no pós Lei do Ventre Livre. Rio de Janeiro, 1869-1888. In: *Encontro Escravidão e Liberdade no Brasil Meridional*, 8, Porto Alegre, 2017. Disponível em: <http://www.escravidaoeliberdade.com.br/site/images/8encontro/Textos8/lucimarfelisbertodossantos.pdf>. Acesso em: 25 out. 2018.

SLENES, Robert. The Brazilian Internal Slave Trade, 1850-1888: Regional Economies, Slave Experience and the Politics of a Peculiar Market. In: JOHNSON, Walter (coord.). *The Chattel Principles*: Internal Slave Trades in the Americas, 1808-1888. New Haven: Yale University Press, 2005.

SOARES, Luiz Carlos. *O "Povo de Cam" na capital do Brasil*: a escravidão urbana no Rio de Janeiro do século XIX. Rio de Janeiro: Faperj; 7Letras, 2007.

SOARES, Ubaldo. *A escravatura na misericórdia*: subsídios. Rio de Janeiro: [s./n.], 1958.

SOUZA, Flávia. Escravizados, livres e endividados: os criados domésticos e seus arranjos de trabalho na cidade do Rio de Janeiro entre 1850 e 1888. In: FREIRE, Jonis; CARULA, Karoline (orgs.). *Raça, gênero e classe*: trabalhadores(as) livres e escravizados(as) no Brasil. Rio de Janeiro: Mauad X; Faperj, 2020.

TELLES, Lorena F. S. "Por ter um filho de cinco meses que não a priva de trabalhar": mulheres escravizadas, amamentação e trabalho urbano no Rio de Janeiro (1830-1888). In: FREIRE, Jonis; CARULA, Karoline (orgs.). *Raça, gênero e classe*: trabalhadores(as) livres e escravizados(as) no Brasil. Rio de Janeiro: Mauad X; Faperj, 2020.

______. *Teresa Benguela e Felipa Crioula estavam grávidas*: maternidade e escravidão no Rio de Janeiro (1830-1888). São Paulo: Editora da Unifesp, [no prelo].

URCULU, Severiano. *Hygiene da primeira infancia*. Rio de Janeiro: Imprensa Industrial de João Paulo Ferreira Dias, 1882.

VEIGA, Evaristo. *Das condições que explicam a mortalidade das crianças na cidade do Rio de Janeiro*. Ouro Preto: Typographia da Província de Minas, 1886.

WALLACE-SANDERS, Kimberly. *Mammy*: A Century of Race, Gender and Southern Memory. Ann Arbor: University of Michigan, 2008.

Capítulo 3 – Senzalas e casebres sob sevícias

ALGRANTI, Leila Mezan. *O feitor ausente*: estudos sobre a escravidão urbana no Rio de Janeiro – 1808-1821. Petrópolis: Vozes, 1988.

ALTINK, Henrice. Deviant and Dangerous: Pro-Slavery Representations of Jamaican Slave Women's Sexuality, c.1780-1834. *Slavery & Abolition*, v.26, n.2, p.271-88, 2005.

ARAÚJO, Carlos da Silva. *Fatos e personagens da história da Medicina e da Farmácia no Brasil*. Rio de Janeiro: Continente, 1979.

BECKLES, Hilary McD. *Natural Rebels*: a Social History of Enslaved Black Women in Barbados. New Brunswick, Canadá: Rutgers University Press, 1989.

BORUCKI, Alex. Shipmate Networks and Black Identities in the Marriage Files on Montivideo, 1768-1803. *Hispanic American Historical Review*, v.93, n.2, p.205-38, 2013.

BROWN, Kathleen. *Good Wives, Nasty Wenches and Anxious Patriarchs*: Gender, Race and Power in Colonial Virginia. Chapel Hill: University of North Carolina Press, 1996.

BURNURD, Trevor. The Sexual Life of an Eighteenth-Century Jamaican Slave Overseer. In: SMITH, Merril D. (org.). *Sex and Sexuality in Early America*. Nova York: New York University Press, 1998.

BUSH, Bárbara. *Slave Women in Caribbean Society, 1650-1838*. Londres; Indianápolis: James Curry; Indiana University Press, 1990.

______. "The Family Tree Is not Cut": Women and Cultural Resistance in Slave Family Life in the British Caribbean. In: OKIHIRO, Gary Y. (org.). *In Resistance*: Studies in African, Caribbean, and Afro-American History. Amherst: University of Massachusetts Press, 1986.

______. Towards Emancipation: Slave Women and Resistance to Coercitive Labour Regimes in the British West Indian Colonies, 1790-1838. In: RICHARDSON, David. *Abolition and its Aftermath*: The Historical Context, 1790-1916. Kingston upon Hull: University of Hull, 1985.

CAMP, Stephanie M. H. *Closer to Freedom*: Enslaved Women and Everyday Resistance in Plantation South (Gender and American Culture). Chapel Hill: University of North Carolina Press, 2004.

CAMPBELL, Gwyn; ELBOURNE, Elizabeth (orgs.). *Sex, Power and Slavery*. Ohio: Ohio University Press, 2014.

______; MIERS, Suzanne; MILLER, Joseph (orgs.). *Women and Slavery*. v.2: The Modern Atlantic. Ohio: Ohio University Press, 2008.

CAMPBELL, John. Work, Pregnancy and Infant Mortality among Southern Slaves. *Journal of Interdisciplinary History*, v.14, n.4, p.793-812, 1984.

CARNEIRO, Sueli. Gênero, raça e ascensão social. *Revista Estudos Feministas*, Florianópolis, v.3, n.2, 1995.

CHALHOUB, Sidney. *Visões da liberdade*: uma história das últimas décadas da escravidão na Corte. São Paulo: Companhia das Letras, 1990.

DIAS, Maria Odila Leite da Silva. *Quotidiano e poder em São Paulo no século XIX*. São Paulo: Brasiliense, 1984.

ELLISON, Mary. Resistance to Oppression: Black Women's Response to Slavery in the United States. *Slavery & Abolition*, v.4, n.1, p.56-63, 1983.

FARIA, Sheila de Castro. Mulheres forras: riqueza e estigma social. *Tempo, Revista do Departamento de História, UFF*, Niterói, v.5, n.9, 2020.

______. Sinhás pretas: acumulação de pecúlio e transmissão de bens de mulheres forras no Sudeste escravista (séculos XVIII-XIX). In: FRAGOSO, João (org.). *Escritos sobre História e Educação*: uma homenagem a Maria Yedda Linhares. Rio de Janeiro: Mauad; Faperj, 2001.

FARIAS, Juliana. *Mercados Minas*: africanos ocidentais na Praça do Mercado do Rio de Janeiro (1830-1890). Rio de Janeiro: Arquivo Geral da Cidade do Rio, 2015.

FOLLETT, Richard. "Lives of Living Death": The Reproductive Lives of Slave Women in the Cane World of Louisiana. *Slavery & Abolition*, v.26, n.2, p.289-304, 2005.

FOX-GENOVESE, Elizabeth. Strategies and Forms of Resistance: Focus on Slave Women in the United States. In: OKIHIRO, Gary Y. (org.). *In Resistance*: Studies in African, Caribbean, and Afro-American History. Amherst: University of Massachusetts Press, 1986.

GASPAR, David Barry; CLARK HINE, Darlene. *More than Chattel*: Black Women and Slavery in the Americas. Bloomington: Indiana University Press, 1996.

GIACOMINI, Sônia Maria. *Mulher e escrava*: uma introdução ao estudo da mulher negra no Brasil. Petrópolis: Vozes, 1988.

GRAHAM, Sandra Lauderdale. Ser mina no Rio de Janeiro do século XIX. *Afro-Ásia*, Ceao, n.45, 2012.

______. *Proteção e obediência*: criadas e patrões no Rio de Janeiro (1860-1910). São Paulo: Companhia das Letras, 1992.

IMBERT, J. B. A. *Manual do fazendeiro*: ou tratado doméstico sobre as enfermidades dos negros, generalizado às necessidades médicas de todas as classes. 2.ed. rev., emend. e aument. 2t. Rio de Janeiro: Typographia Nacional, 1839. Disponível em: <http://www.sudoc.abes.fr/cbs/xslt/DB=2.1/SET=5/TTL=2/SHW?FRST=1>. Acesso em: 4 jun. 2021.

______. *O charlatanismo*: uma palavra sobre o charlatanismo e os charlatães. Rio de Janeiro: Typographia de J. S. Saint-Amant e L. A. Burain, 1837. Disponível em: <https://collections.nlm.nih.gov/bookviewer?PID=nlm:nlmuid-57310370R-bk#page/14/mode/2up>. Acesso em: 4 jun. 2021.

______. *As hemorrhoidas*. Rio de Janeiro, 24 set. 1835. Tese (Livre-Docência) – Faculdade de Medicina do Rio de Janeiro. Biblioteca do Centro de Ciências da Saúde, Lv.4. Disponível em: <https://bdor.sibi.ufrj.br/bitstream/doc/540/1/272153.pdf>. Acesso em: 4 jun. 2021.

JENNINGS, Thelma. "Us Colored Women Had to Go Through A Plenty": Sexual Exploitation of African-American Slave Women. *Journal of Women's History*, v.1, n.3, p.45-74, 1990.

KING, Wilma. "Prematurely Knowing of Evil Things": The Sexual Abuse of African American Girls and Young Women in Slavery and Freedom. *Journal of African American History*, v.99, n.34, p.173-96, 2001.

KNIGHT, Rosie. Mistresses, Motherhood, and Maternal Exploitation in the Antebellum South. *Journal of Women's History, on-line*, v.1, n.30, 2018.

LARA, Silvia Hunold. *Campos da violência*: escravos e senhores na capitania do Rio de Janeiro, 1750-1808. Rio de Janeiro: Paz e Terra, 1988.

MACHADO, Maria Helena P. T. *Crime e escravidão*: trabalho, luta e resistência nas lavouras paulistas, 1830-1888. São Paulo: Brasiliense, 1987.

MATTOS, Hebe M. *Das cores do silêncio*: os significados da liberdade no Sudeste escravista, Brasil, século XIX. Rio de Janeiro: Nova Fronteira, 1998.

MOITT, Bernard. *Women and Slavery in the French Antilles, 1635-1848*. Indianápolis: Indiana University Press, 2001.

MORRISEY, Marietta. *Slave Women in the New World*: Gender Stratification in the Caribbeann. Lawrence: University Press of Kansas, 1989.

MOTT, Maria Lúcia de Barros. *Submissão e resistência*: a mulher na luta contra a escravidão. São Paulo: Contexto, 1988.

PAIXÃO, Marcelo; GOMES, Flávio. Histórias das diferenças e das desigualdades revisitadas: notas sobre gênero, escravidão, raça e pós-emancipação. *Estudos Feministas*, v.3, n.16, p.949-64, 2008.

PRIORE, Mary Del. *Ao sul da história do corpo*: condição feminina, maternidades e mentalidades no Brasil Colônia. Brasília; Rio de Janeiro: Editora da UnB; José Olympio, 1993.

______. *A mulher na História do Brasil*. São Paulo: Contexto, 1988.

ROHDEN, Fabíola. Histórias e tensões em torno da medicalização da reprodução. *Revista Gênero*, Niterói, v.6, n.1, p.213-24, 1.sem. 2006. Disponível em: <https://periodicos.uff.br/revistagenero/article/view/31017/18106>. Acesso em: 4 jun. 2021.

SCULLY, Pamela; PATON, Diana (orgs.). *Gender and Slave Emancipation in the Atlantic World*. Durham: Duke University Press, 2005.

SIGAUD, J. F. X. *Do clima e das doenças do Brasil ou estatística médica deste império*. Trad. Renato Aguiar. Rio de Janeiro: Fiocruz, 2009.

SOARES, Cecília. As ganhadeiras: mulheres e resistência negra em Salvador no século XIX. *Afro-Ásia*, Ceao-UFBA, n.17, p.57-71, 1996.

TELLES, Lorena Féres da S. *Teresa Benguela e Felipa Crioula estavam grávidas*: maternidade e escravidão no Rio de Janeiro (século XIX). São Paulo, 2019. Tese (Doutorado em História) – Faculdade de Filosofia, Letras e Ciências Humanas (FFLCH), Universidade de São Paulo (USP).

______. *Libertas entre sobrados*: mulheres negras e trabalho doméstico em São Paulo (1880-1920). São Paulo: Alameda; Fapesp, 2014.

TERBORG-PENN, Rosalyn; RUSHING, Andrea Benton R. (orgs.). *Women in Africa and the African Diaspora*. Washington: Howard University Press, 1996.

TURNER, Sasha. *Contested Bodies*: Pregnancy, Childrearing, and Slavery in Jamaica (1780-1834). Filadélfia: University of Pennsylvania Press, 2017.

VIANA, Iamara da Silva. *Corpos escravizados e saber médico*: proposições de Jean-Baptiste Alban Imbert (1830-1850). Rio de Janeiro, 2016. Tese (Doutorado em História) –Universidade do Estado do Rio de Janeiro (Uerj).

WHITE, Deborah Gray. *Ar'n't I a Woman?* Female Slaves in the Plantation South. Nova York: Norton, 1985.

XAVIER, Giovana; FARIAS, Juliana Barreto; GOMES, Flávio (orgs.). *Mulheres negras no Brasil escravista e do pós-emancipação*. São Paulo: Summus; Selo Negro, 2012.

XAVIER, Regina Célia Lima. *Religiosidade e escravidão, século XIX*: Mestre Tito. Porto Alegre: Editora da UFRGS, 2008.

Capítulo 4 – Geminiana e seus filhos

AHLERT, Martina. *Cidade relicário*: uma etnografia sobre o terecô, precisão e encantaria em Codó (Maranhão). Brasília, 2013. Tese (Doutorado em Antropologia Social) – Universidade de Brasília (UnB).

ALMEIDA, Alfredo Wagner Berno de. *A ideologia da decadência*: leitura antropológica a uma história da agricultura no Maranhão. Rio de Janeiro: Edição Casa 8; FUA, 2008.

ALMEIDA, José Eulálio Figueiredo. *O crime da baronesa*. 2.ed. São Luís: Lithograf, 2005.

ANDRADE, Joel Carlos de Souza. *Os filhos da lua*: poéticas sebastianistas da Ilha dos Lençóis-MA. Fortaleza, 2002. Dissertação (Mestrado em História Social) – Universidade Federal do Ceará (UFC).

ARIZA, Marília B. de A. *Mães infames, filhos venturosos*: mulheres e crianças, trabalho e emancipação em São Paulo (século XIX). São Paulo: Alameda, 2020.

______. *O ofício da liberdade*: trabalhadores libertandos em São Paulo e Campinas, 1830-1888. São Paulo: Alameda, 2014.

ASSUNÇÃO, Mathias Rohrig. *De caboclos a bem-te-vis*: formação do campesinato numa sociedade escravista: Maranhão, 1800-1850. São Paulo: Annablume, 2015.

COSTA, Yuri Michael Pereira. *Celso de Magalhães e a justiça infame*: crime, escravidão e poder no Brasil do Império. 354f. Rio Grande do Sul, 2017. Tese (Doutorado PPG História) – Universidade do Vale do Rio dos Sinos.

EDLER, Flávio. Opilação, hipoemia ou ancilostomíase? A sociologia de uma descoberta científica. *Varia História*, v.32, p.48-74, 2004.

FARIA, Regina Helena Martins de. *Mundos do trabalho no Maranhão oitocentista*: os descaminhos da liberdade. São Luís: Edfuma, 2012.

FERRETTI, Mundicarmo (org.). *Pajelança no Maranhão no século XIX*: o processo de Amélia Rosa. São Luís: CMF; Fapema, 2004.

______. *Encantaria de "Barba Soeira"*: Codó, capital da magia negra? São Luís: Comissão Maranhense de Folclore, 2000.

GOMES, Flávio; MACHADO, Maria Helena P. T. Revolta em três tempos: Rio de Janeiro, Maranhão e São Paulo, século XIX. In: GOMES, Flávio; REIS, José J. *Revoltas no Brasil escravista*. São Paulo: Companhia das Letras, 2020 (prelo).

HAACK, Marina C. *Sobre silhuetas negras*: experiências e agências de mulheres escravizadas (Cachoeira, c.1850-1888). Rio Grande do Sul, 2019. Dissertação (Programa de Pós-Graduação em História) – Universidade do Vale do Rio dos Sinos.

HAWTHORNE, Walter. *From Africa to Brazil*: Culture, Identity, and an Atlantic Slave Trade, 1600-1830. Cambridge: Cambridge University Press, 2010.

JESUS, Matheus Gato de. *Racismo e decadência*: sociedade, cultura e intelectuais em São Luiz do Maranhão. São Paulo, 2015. Tese (Doutorado em Sociologia) – Faculdade de Filosofia, Letras e Ciências Humanas (FFLCH), Universidade de São Paulo (USP).

MACHADO, Maria Helena P. T. *Crime e escravidão*: resistência, trabalho e luta nas lavouras paulistas (1840-1888). São Paulo: Edusp, 2014.

MAGALHÃES, Domingos José Gonçalves de. Memória histórica e documentada da Revolução da Província do Maranhão desde 1839 até 1840. In: ALENCASTRO, Luiz Felipe. Memórias da Balaiada. *Novos Estudos do Cebrap*, n.23, mar. 1989.

MATTOS, Ilmar Rohloff de. *O tempo Saquarema*. São Paulo: Hucitec, 2011.

MAUÉS, Raymundo Heraldo. *Padres, pajés, santos e festas*: catolicismo e controle eclesiástico. Belém: Edição Cejup, 1995.

MORGAN, Jennifer. *Labouring Woman*: Reproduction and Gender in New World Slavery. Filadélfia: University of Pennsylvania Press, 2004.

NEQUETE, Lenine. *O escravo na jurisprudência brasileira*. Porto Alegre: Diretoria da *Revista de Jurisprudência* e outros impressos do Tribunal de Justiça, 1988.

PAPALI, Maria Aparecida C. R. *Escravos, libertos e órfãos*: a construção da liberdade em Taubaté, 1871-1895. São Paulo: Annablume, 2003.

PEREIRA, Josenildo de Jesus. *As representações da escravidão na imprensa jornalística do Maranhão na década de 1880*. São Paulo, 2006. Tese (Doutorado em História Social) – Universidade de São Paulo (USP).

REIS, Luciana Meireles. *Um crime contra escravo numa sociedade escravista*: o caso da futura baronesa de Grajaú (São Luís – 1876). São Luís, 2012. Dissertação (Mestrado em Sociologia) – Universidade Federal do Maranhão (UFMA).

SAMPAIO, Gabriela dos Reis. *A história do feiticeiro Juca Rosa*: cultura e relações sociais no Rio de Janeiro imperial. Campinas, 2000. Tese (Doutorado em História) – Universidade Estadual de Campinas (Unicamp).

SIGAUD, J. F. X. *Du Climat e des Maladies du Bresil ou Statistique Médicale de cette Empire*. Paris: Chez Fortin, 1844.

SLATER, Candace. *Dance of the Dolphin*: Transformation and Disenchantment in the Amazonian Imagination. Chicago: University of Chicago Press, 1994.

VAILATI, Luiz. *Morte menina*: infância e morte infantil no Brasil dos Oitocentos (Rio de Janeiro e São Paulo). São Paulo: Alameda, 2010.

Capítulo 5 – O trabalho do parto

ACADEMIA NACIONAL DE MEDICINA. A questão médico-legal do aborto provocado. *Revista de Gynecologia e d'Obstetricia da Pediatria*, v.15, n.2, 1921.

AMARAL, Marivaldo Cruz do. Mulheres, imprensa e higiene: a medicalização do parto na Bahia (1910-1927). *História, Ciências, Saúde – Manguinhos*, v.15, n.4, p.927-44, 2008.

ANDRADA E SILVA, José Bonifácio de. *Representação à Assembleia Geral Constituinte e Legislativa do Império do Brasil sobre a escravatura*. Rio de Janeiro: Typographia de J. E. S. Cabral, 1840.

AZEVEDO, Luiz Corrêa de. Memoria lida na Academia Imperial de Medicina... ao discutir-se as causas da mortalidade das crianças, na sessão de 26 de julho de 1869. *Annaes Brasilienses de Medicina*, v.21, n.3, p.119-20, 1869.

BARRETO, Maria Renilda Nery. Maternidade para escravas no Rio de Janeiro (1850-1889). *Revista de História Regional*, v.21, n.2, p.389-406, 2016.

______. Dar à luz no Rio de Janeiro da *belle époque*: o nascimento das maternidades (1870-1920). In: SANGLARD, Gisele et al. (orgs.). *Filantropos da nação*:

sociedade, saúde e assistência no Brasil e em Portugal. Rio de Janeiro: Fundação Getúlio Vargas, 2015.

______; OLIVEIRA, Samuel Silva Rodrigues de. Cidade, assistência e saúde: as maternidades entre o privado e o público no subúrbio do Rio de Janeiro (1889-1930). *Delaware Review of Latin American Studies*, v.17, n.2, 2016.

BERGAD, Laird W. *Slavery and the Demographic and Economic History of Minas Gerais, Brazil, 1720-1888*. Nova York: Cambridge University Press, 1999.

BETHELL, Leslie. *The Abolition of the Brazilian Slave Trade*: Britain, Brazil and the Slave Trade Question. Cambridge: Cambridge University Press, 1970. [Ed. bras.: *A abolição do comércio brasileiro de escravos*: a Grã-Bretanha, o Brasil e a questão do comércio de escravos. Brasília: Senado Federal, 2002.]

BRIQUET, Raul. A obstetrícia, suas falhas e aspirações. *Revista de Gynecologia e d'Obstetricia e da Pediatria*, v.19, n.5, p.166, 1925.

CASTILHO, Ildefonso Archer de. *Hygiene da primeira infância*. Rio de Janeiro: Typographia Universal de Laemmert & Companhia, 1882.

CASTRO, Hebe Maria Mattos de. *Das cores do silêncio*: os significados da liberdade no Sudeste escravista, Brasil, século XIX. Rio de Janeiro: Arquivo Nacional, 1995.

CHALHOUB, Sidney. *A força da escravidão*: ilegalidade e costume no Brasil oitocentista. São Paulo: Companhia das Letras, 2012.

______. *Machado de Assis*: historiador. São Paulo: Companhia das Letras, 2003.

______. *Visões da liberdade*: uma história das últimas décadas da escravidão na Corte. São Paulo: Companhia das Letras, 1990.

CONRAD, Robert Edgar. *World of Sorrow*: The African Slave Trade to Brazil. Baton Rouge: Louisiana State University Press, 1986.

CORRÊA, Mariza. *As ilusões da liberdade*: a Escola Nina Rodrigues e a antropologia no Brasil. 3.ed. Rio de Janeiro: Fiocruz, 2013.

COWLING, Camillia. *Conceiving Freedom*: Women of Color, Gender and the Abolition of Slavery in Havana and Rio de Janeiro. Chapel Hill: University North Carolina Press, 2013. [Ed. bras.: *Concebendo a liberdade*: mulheres de cor, gênero e a abolição da escravidão nas cidades de Havana e Rio de Janeiro. Campinas, SP: Editora da Unicamp, 2018.]

______. Debating Womanhood, Defining Freedom: The Abolition of Slavery in 1880s Rio de Janeiro. *Gender & History*, v.22, n.2, 2010.

FALCI, Miridan Britto Knox. *Escravos do sertão*: demografia, trabalho e relações sociais. Piauí, 1826-1888. São Paulo, 1993. Tese (Doutorado) – Universidade de São Paulo (USP).

FERREIRA, Justo Jansen. *Do parto e suas consequencias na especie negra*. Rio de Janeiro: Laemmert, 1887.

FONSECA, Antonio Caetano da. *Manual do agricultor dos generos alimenticios ou methodo da cultura mixta destes gêneros nas terras cansada spelo systema vegeto-animal; modo de criar e tratar o gado; e um pequeno tratado de medicina domestica para os fazendeiros. Seguido de uma exposição sobre a cultura do algodão herbáceo*. Rio de Janeiro: Eduardo & Henrique Laemmert, 1863.

IMBERT, Jean-Baptiste Alban. *Manual do fazendeiro, ou tratado domestico sobre as enfermidades dos negros, generalisado ás necessidades medicas de todas as classes*. 2.ed. t.2. Rio de Janeiro: Typographia Nacional, 1839.

LIMA, Octavio Rodrigues. Assistência à mãe pobre. *Revista de Gynecologia e d'Obstetricia e da Pediatria*, v.18, n.2, p.47, 1924.

LOBO, Luiz Alves de Souza. Memória apresentada a Academia Imperial de Medicina. *Annaes Brasilienses de Medicina*, v.28, n.6-7, p.279, 1876.

MAGALHÃES, Fernando. *Clínica obstetrica (Novas lições)*. Rio de Janeiro: Guanabara, 1933.

MARQUES, Rita de Cássia. A Maternidade Hilda Brandão de Belo Horizonte: medicina e caridade. *Gênero*, v.6, n.1, p.157-72, 2005.

MARTINS, Ana Paula Vosne. *Visões do feminino*: a medicina da mulher nos séculos XIX e XX. Rio de Janeiro: Fiocruz, 2004.

MEDEIROS, Aline da Silva. A dinâmica hospitalar da Maternidade Dr. João Moreira, em Fortaleza, nas primeiras décadas do século XX. *História, Ciências, Saúde – Manguinhos*, v.20, n.3, p.963-81, 2013.

MOREIRA, Paulo Roberto Staudt. Ingênuas mortes negras: doenças e óbitos dos filhos do ventre livre (Porto Alegre-RS, 1871-1888). *Revista Territórios & Fronteiras*, v.6, n.2, p.91-108, 2013.

MORPURGO, Antonieta. Assistencia obstetrica domiciliaria. *Revista de Gynecologia e d'Obstetricia do Rio de Janeiro*, v.7, n.11, p.75, 1913.

MOTT, Maria Lúcia. Assistência ao parto: do domicílio ao hospital (1830-1960). *Projeto História*, São Paulo, v.25, p.197-219, dez. 2002.

OTOVO, Okezi T. *Progressive Mothers, Better Babies*: Race, Public Health, and the State in Brazil, 1850-1945. Austin: University of Texas Press, 2016.

PAIVA, Clotilde Andrade. *População e economia nas Minas Gerais do século XIX*. São Paulo, 1996. Tese (Doutorado) – Universidade de São Paulo (USP).

______; LIBBY, Douglas Cole. Caminhos alternativos: escravidão e reprodução em Minas Gerais no século XIX. *Estudos Econômicos*, v.25, n.2, p.203-33, 1995.

PENA, Eduardo Spiller. *Pajens da casa imperial*: jurisconsultos, escravidão e a Lei de 1871. Campinas, SP: Editora da Unicamp, 2001.

PEREIRA, José Bernardino Baptista. *Infanticidio*. Rio de Janeiro: Domingos Luiz dos Santos, 1875.

PERUSSATTO, Melina Kleinert. *Como se de ventre livre nascesse*: experiências de cativeiro, parentesco, emancipação e liberdade nos derradeiros anos da escravidão – Rio Pardo-RS, c.1860-c.1888. Rio Grande do Sul, 2010. Dissertação (Mestrado) – Universidade do Vale do Rio dos Sinos.

PINTO FILHO, Bernardo. *Assistencia obstetrica domiciliaria*. Rio de Janeiro: Typographia Revista dos Tribunaes, 1923.

REIS, João Gomes dos. *Dissertação medico-legal sobre o aborto precedida de algumas considerações acerca dos motivos que em geral levão as mulheres a provocal-o e meios de o prevenir*. Niterói: Typ. Commercial de E. C. dos Santos, 1845.

RODRIGUES, Jaime. *De costa a costa*: escravos, marinheiros e intermediários do tráfico negreiro de Angola ao Rio de Janeiro (1780-1860). São Paulo: Companhia das Letras, 2005.

ROHDEN, Fabíola. *A arte de enganar a natureza*: contracepção, aborto e infanticídio no início do século XX. Rio de Janeiro: Fiocruz, 2003.

ROLINDO, Octacilio. Registo da clinica obstetrica de novembro 1924. Paciente 20.877. *Revista de Gynecologia e d'Obstetricia*, v.18, n.12, p.469-70, 1924.

ROSA, Margarita. Filial Freedoms, Ambiguous Wombs: *Partus Sequitur Ventrem* and the 1871 Brazilian Free Womb Law. *Slavery & Abolition*, v.41, n.2, p.377-94, 2019.

ROTH, Cassia. *A Miscarriage of Justice*: Women's Reproductive Lives and the Law in Early Twentieth Century Brazil. Stanford: Stanford University Press, 2020.

______. From Free Womb to Criminalized Woman: Fertility Control in Brazilian Slavery and Freedom. *Slavery & Abolition*, v.38, n.2, p.269-86, 2017.

______; TEIXEIRA, Luiz Antônio. From Embryotomy to Cesarean: Changes in Obstetric Operatory Techniques in Nineteenth- and Twentieth-Century Urban Brazil. *Bulletin of the History of Medicine*, v.95, n.1, p.24-52, primavera 2021.

SANGLARD, Gisele; FERREIRA, Luiz Otávio. Médicos e filantropos: a institucionalização do ensino da pediatria e da assistência à infância no Rio de Janeiro da Primeira República. *Varia Historia*, v.26, n.44, p.437-59, 2010.

SANTOS, Martha S. "Slave Mothers", *Partus Sequitur Ventrem*, and the Naturalization of Slave Reproduction in Nineteenth-Century Brazil. *Tempo*, v.22, n.41, p.467-87, 2016.

SCHWARCZ, Lilia Moritz. *O espetáculo das raças*: cientistas, instituições e questão racial no Brasil, 1870-1930. São Paulo: Companhia das Letras, 1993.

SILVA, Marinete dos Santos. Reprodução, sexualidade e poder: as lutas e disputas em torno do aborto e da contracepção no Rio de Janeiro, 1890-1930. *História, Ciências, Saúde – Manguinhos*, v.19, n.4, p.1241-54, 2012.

SKIDMORE, Thomas E. *Black into White*: Race and Nationality in Brazilian Thought. ed. rev. Durham: Duke University Press, 1993. [Ed. bras.: *Preto no branco*: raça e nacionalidade no pensamento brasileiro. São Paulo: Companhia das Letras, 2012.]

SOUZA, Vanderlei Sebastião de. A eugenia brasileira e suas conexões internacionais: uma análise a partir das controvérsias entre Renato Kehl e Edgard Roquette-Pinto, 1920-1930. *História, Ciências, Saúde – Manguinhos*, v.23, supl., p.93-110, 2016.

______. Por uma nação eugênica: higiene, raça e identidade nacional no movimento eugênico brasileiro dos anos 1910 e 1920. *Revista Brasileira de História da Ciência*, v.1, n.2, p.146-66, 2008.

STEPAN, Nancy Leys. *"The Hour of Eugenics"*: Race, Gender, and Nation in Latin America. Ithaca: Cornell University Press, 1991.

TAUNAY, Carlos Augusto. *Manual do agricultor brazileiro*. 2.ed. Rio de Janeiro: Typographia Imperial e Constitucional de J. Villeneuve, 1839.

TEIXEIRA, Heloísa Maria. Família escrava, sua estabilidade e reprodução em Mariana, 1850-1888. *Afro-Ásia*, v.28, p.179-220, 2002.

TEIXEIRA, José Maria. Causas da mortalidade das crianças no Rio de Janeiro. *Annaes da Academia de Medicina*, v.3, n.2, p.249, 1887.

TELLES, Lorena Féres da Silva. Pregnant Slaves, Workers in Labour: Amid Doctors and Masters in a Slave-Owning City (Nineteenth-Century Rio de Janeiro). *Women's History Review*, v.27, n.6, p.924-38, 2018.

TURNER, Sasha. Home-Grown Slaves: Women, Reproduction, and the Abolition of the Slave Trade, Jamaica 1788-1807. *Journal of Women's History*, v.23, n.3, p.39-62, 2011.

VIEIRA, José Cypriano Nunes. *Hygiene da primeira infância*. Rio de Janeiro: Typographia de Moreira, 1882.

WEGNER, Robert; SOUZA, Vanderlei Sebastião de. Eugenia "negativa", psiquiatria e catolicismo: embates em torno da esterilização eugênica no Brasil. *História, Ciências, Saúde – Manguinhos*, v.20, n.1, p.263-88, 2013.

WERNECK, Luiz Peixoto de Lacerda. *Memoria sobre a fundação e costeio de uma fazenda na provincia do Rio de Janeiro*. 3.ed. Rio de Janeiro: Eduardo & Henrique Laemmert, 1878.

Capítulo 6 – De ingênuo a filho de criação

ABREU, Martha. Slave Mothers and Freed Children: Emancipation and Female Space in Debates on the "Free Womb" Law, Rio de Janeiro, 1871. *Journal of Latin American Studies*, v.28, n.3, p.567-80, 1996.

ALBERTO, Paulina L. Liberta by Trade: Negotiating the Terms of Unfree Labor in Gradual Abolition Buenos Aires (1820s-1830s). *Journal of Social History*, v.52, n.3, p.619-51, 1o jan. 2019.

______. Of Sentiment, Science and Myth: Shifting Metaphors of Racial Inclusion in Twentieth-Century Brazil. *Social History*, v.37, n.3, p.261-96, ago. 2012.

ALMEIDA, Cândido Mendes de. *Códigc Filipino ou ordenações e leis do reino de Portugal*. Lv.4. Rio de Janeiro: Instituto Philomathico, 1870. tit.63, p.863.

ARIZA, Marília B. A. *Mães infames, filhos venturosos*: trabalho e pobreza, escravidão e emancipação no cotidiano de São Paulo (século XIX). São Paulo: Alameda, 2020.

AZEVEDO, Gislene Campos. A tutela e o contrato soldada: a reinvenção do trabalho compulsório infantil. *História Social*, v.3, p.11-36, 1996.

CASTRO, A. *Gilberto Freyre e* Casa-grande & senzala: historiografia & recepção. 16 maio 2012. Disponível em: <https://alexcastro.com.br/gilberto-freyre/>. Acesso em: 1o dez. 2020.

CAULFIELD, Sueann. From Liberalism to Human Dignity: The Transformation of Marriage in Brazil. In: MOSES, Julia (org.). *Ties that Bind*: Global Histories of Marriage and Modernity. Londres: Bloomsbury, 2017.

______; SCHETTINI, Cristiana. Gender and Sexuality in Brazil since Independence. In: BEEZLEY, William (org.). *The Oxford Research Encyclopedia of Latin*

American History. Nova York: Oxford University Press, 2017. Disponível em: <doi.org/10.1093/acrefore/9780199366439.013.296>.

CHALHOUB, Sidney. *A força da escravidão*: ilegalidade e costume no Brasil oitocentista. São Paulo: Companhia das Letras, 2012.

CORRÊA, Mariza. Repensando a família patriarcal brasileira. *Cadernos de Pesquisa*, n.37, p.5-16, maio 1981.

COWLING, Camillia et al. *Motherhood, Childlessness and the Care of Children in Atlantic Slave Societies*. Oxford: Routledge, 2020.

FARIA, Sheila Siqueira de Castro. *Sinhás pretas, damas mercadoras*: as pretas minas nas cidades do Rio de Janeiro e de São João del Rey, 1700-1850. Niterói, 2004. Tese (Professor Titular) – Universidade Federal Fluminense, 2004.

FREYRE, Gilberto. *Casa-grande & senzala*: formação da família brasileira sob o regime de economia patriarcal. Rio de Janeiro: Maia & Schmidt, 1933.

FUCHS, Rachel G. Seduction, Paternity, and the Law in Fin de Siècle France. *Journal of Modern History*, v.72, n.4, p.944-89, 2000.

GRAHAM, Richard. *Patronage and Politics in Nineteenth Century Brazil*. Stanford, Califórnia: Stanford University Press, 1990.

GRAHAM, Sandra Lauderdale. Being Yoruba in Nineteenth-Century Rio de Janeiro. *Slavery & Abolition*, v.32, n.1, p.1-26, 2011.

______. *Caetana Says No*: Women's Stories from a Brazilian Slave Society. Cambridge: Cambridge University Press, 2002. [Ed. bras.: *Caetana diz não*: história de mulheres da sociedade escravista brasileira. São Paulo: Companhia das Letras, 2005.]

KUZNESOF, Elizabeth Anne. Sexuality, Gender and the Family in Colonial Brazil. *Luso-Brazilian Review*, v.30, n.1, p.119-32, 1993.

LARA, Silvia Hunold. *Campos da violência*: escravos e senhores na capitania do Rio de Janeiro, 1750-1808. Rio de Janeiro: Paz e Terra, 1988.

LEWIN, Linda. *Surprise Heirs*. 2v. Stanford: Stanford University Press, 2003.

MACHADO, Maria Helena P. T. Entre dois Beneditos. In: XAVIER, Giovana; FARIAS, Juliana Barreto; GOMES, Flávio (orgs.). *Mulheres negras no Brasil escravista e do pós-emancipação*. São Paulo: Summus; Selo Negro, 2012.

MEZNAR, Joan. Orphans and the Transition from Slave to Free Labor in Northeast Brazil: The Case of Campina Grande, 1850-1888. *Journal of Social History*, v.27, n.3, p.499-515, 1994.

MILANICH, Nara B. To Make All Children Equal Is a Change in the Power Structures of Society: The Politics of Family Law in Twentieth Century Chile and Latin America. *Law and History Review*, v.33, n.4, p.767-802, 2015.

MORENO, Alessandra Zorzetto. *Vivendo em lares alheios*: filhos de criação e adoção em São Paulo colonial e em Portugal, 1765-1822. São Paulo: Annablume, 2013.

MUAZE, Mariana. Da ama de leite à mãe preta: arte, literatura, história e memória. In: BATALHA, Maria Cristina; ROCHA, Vanessa Mossonida da (orgs.). *Literatura, história e pós-colonialidade*. Rio de Janeiro: Dialogarts, 2019.

______. Maternidade silenciada: amas de leite no Brasil escravista, século XIX. In: LIMA, Regina Celia; OSÓRIO, Helen (orgs.). *Do tráfico ao pós-abolição*: trabalho compulsório e livre e a luta por direitos sociais no Brasil. São Leopoldo, RS: Oikos, 2018.

PEREIRA, Lafayette Rodrigues. *Direitos de família*. Rio de Janeiro: B. L. Garnier, 1869.

REIS, João José. *Death Is a Festival Funeral Rites and Rebellion in Nineteenth-Century Brazil*. Chapel Hill: University of North Carolina Press, 2003. [Ed. bras.: *A morte é uma festa*: ritos fúnebres e revolta popular no Brasil do século XIX. São Paulo: Companhia das Letras, 2012.]]

SAINT-HILAIRE, Auguste. *Segunda viagem a São Paulo e quadro histórico da província de São Paulo* (Brasília: Senado Federal, 2002). In: IANSEN, Martha. Os senhores que mantinham seus filhos como escravos. *História & outras histórias* (blog). 19 jul. 2011. Disponível em: <https://martaiansen.blogspot.com/2011/07/os-senhores-que-mantinham-seus-filhos.html>. Acesso em: 25 jun. 2021.

SILVA, Cristiano Lima da. Senhores e pais: reconhecimento de paternidade dos alforriados na pia batismal na freguesia de Nossa Senhora do Pilar de São João Del-Rei (1770-1850). In: COLÓQUIO DO LABORATÓRIO DE HISTÓRIA ECONÔMICA E SOCIAL (Lahes), 1, 13 jun. 2005. *Anais do*... Juiz de Fora, MG: Lahes, 2005.

SLENES, Robert W. Brazil. In: PAQUETTE, Robert L.; SMITH, Mark M. (orgs.). *The Oxford Handbook of Slavery in the Americas*. Nova York: Oxford University Press, 2010.

XAVIER, Giovana; FARIAS, Juliana Barreto; GOMES, Flávio (orgs.). *Mulheres negras no Brasil escravista e do pós-emancipação*. São Paulo: Summus; Selo Negro, 2012.

Capítulo 7 – Mulheres negras e escravidão

AIDOO, Lamonde. *Slavery Unseen*: Sex, Power and Violence in Brazilian History. Durham (NC): Duke University Press, 2018.

ALBUQUERQUE, Wlamyra. Teodoro Sampaio, "eminência parda" e a "cor não luzidia: negócios da liberdade e parcialização no tempo da abolição. In: SAMPAIO, Gabriela dos Reis; LIMA, Ivana Stolze; BALABAN, Marcelo (orgs.). *Marcadores da diferença*: raça e racismo na história do Brasil. Salvador: Edufba, 2019.

BRITO, Luciana da Cruz. *Temores da África*: segurança, legislação e população africana na Bahia oitocentista. Salvador: Edufba, 2016.

CELSO, Afonso. *Por que me ufano do meu país*. 4.ed. rev. Rio de Janeiro: H. Garnier Livreiro-editor, [s./d.]. A obra está disponível no site da Biblioteca Brasiliana Guita e José Mindlin, em: <https://digital.bbm.usp.br/handle/bbm/4127>.

DAVIS, Angela. *Mulheres, raça e classe*. São Paulo: Boitempo, 2016.

FARIAS, Juliana Barreto. Sob o governo das mulheres: casamento e divórcio entre africanas e africanos minas no Rio de Janeiro do século XIX. In: XAVIER, Giovana;

FARIAS, Juliana Barreto; GOMES, Flávio (orgs.). *Mulheres negras*: no Brasil escravista e no pós-emancipação. São Paulo: Summus; Selo Negro Edições, 2012.

FIGUEIREDO, Angela. Carta de uma ex-mulata a Judith Butler. *Periódicus*, Salvador, v.1, n.3, maio-out. 2015.

FREIRE, Gilberto. *Casa-grande & senzala*: formação da família brasileira sob o regime da economia patriarcal. Apres. Fernando Henrique Cardoso. 48.ed. rev. São Paulo: Global, 2003. [1.ed., 1933.]

FUENTES, Marisa. *Dispossessed Lives*: Enslaved Women, Violence, and the Archive. Filadélfia: University of Pennylvania Press, 2016.

GONZALES, Lélia. *Lélia Gonzales*: primavera para as rosas negras. São Paulo: União dos Coletivos Panafricanistas, 2018.

GRAHAM, Sandra Lauderdale. *Caetana diz não*: histórias de mulheres da sociedade escravista brasileira. São Paulo: Companhia das Letras, 2005.

HARTMAN, Saidiya. Venus in Two Acts. *Small Axe*, v.12, n.2, p.1-14, jun. 2008.

______. Seduction and the Ruses of Power. *Callaloo*, v.19, n.2, v.esp. Emerging Women Writers, primavera 1996.

LIVESEY, Andrea. Conceived in Violence: Enslaved Mothers and Children Born of Rape in Nineteenth-Century Louisiana. *Slavery & Abolition*, v.38, n.2, p.373-91, 2017.

MISKOLCI, Richard. *O desejo da nação*: masculinidade e branquitude no Brasil de fins do século XIX. São Paulo: Annablume, 2012.

REIS, Adriana Dantas. Gênero: uma categoria útil para a história da escravidão no Brasil. *Interfaces Científicas-Humanas e Sociais*, Aracaju, v.6, n.2, p.11-28, out. 2017.

REIS, Isabel Cristina Ferreira dos. Relações de gênero no cotidiano de mulheres negras na Bahia oitocentista. In: XAVIER, Giovana; FARIAS, Juliana Barreto; GOMES, Flávio (orgs.). *Mulheres negras*: no Brasil escravista e no pós-emancipação. São Paulo: Summus; Selo Negro Edições, 2012.

ROCHA, Solange. Mulheres escravizadas na Paraíba oitocentista: trabalho, contradições e lutas por liberdade. In: XAVIER, Giovana; FARIAS, Juliana Barreto; GOMES, Flávio (orgs.). *Mulheres negras*: no Brasil escravista e no pós-emancipação. São Paulo: Summus; Selo Negro Edições, 2012.

SANTANA, Clissio Santos. Uma linha estreita: cor, escravidão e liberdade no Recôncavo Baiano nas últimas décadas do XIX. In: PIRES, Maria de Fátima Novaes; SANTANA, Napolitana Pereira; SANTOS, Henrique Duque (orgs.). *Bahia*: escravidão, pós-abolição e comunidades quilombolas. Bahia: Eduneb; Edufba, 2018.

SOARES, Cecília Moreira. As ganhadeiras: mulher e resistência negra em Salvador no século XIX. *Revista Afro-Ásia*, n.17, p.57-71, 1996.

SOUSA, Ione Celeste. Porque um menor não deve ficar exposto à ociosidade, origem de todos os vícios: tutelas e soldadas e o trabalho dos ingênuos na Bahia, 1870-1900. In: MACHADO, Maria Helena; CASTILHO, Celso (orgs.). *Tornando-se livre*: agentes históricos e lutas sociais no processo de abolição. São Paulo: Edusp, 2015.

TURNER, Sasha. The Nameless and the Forgotten: Maternal Grief, Sacred Protection, and the Archive of Slavery. *Slavery & Abolition*, v.38, n.2, p.232-50, 2017.

XAVIER, Giovana; FARIAS, Juliana Barreto; GOMES, Flávio (orgs.). *Mulheres negras*: no Brasil escravista e no pós-emancipação. São Paulo: Summus; Selo Negro Edições, 2012.

Parte II – Ventres livres em perspectiva atlântica
Capítulo 8 – As primeiras experiências de ventre livre no mundo atlântico

ALTINK, Henrice. *Representations of Slave Women in Discourses of Slavery and Abolition, 1780-1838*. Londres: Routledge, 2002. Disponível em: <https://library.oapen.org/bitstream/handle/20.500.12657/24150/1005981.pdf?sequence=1&isAllowed=y>. Acesso em: 25 jun. 2021.

ANDREWS, George Reid. *América Afro-Latina, 1800-2000*. São Carlos, SP: EdUFSCar, 2014.

______. *The Afro-Argentines of Buenos Aires, 1800-1900*. Wisconsin: University of Wisconsin Press, 1980.

ARIZA, Marília Bueno de Araújo. *Mães infames, rebentos venturosos*: mulheres e crianças, trabalho e emancipação em São Paulo (século XIX). São Paulo, 2017. Tese (Doutorado em História Social) – Faculdade de Filosofia, Letras e Ciências Humanas (FFLCH), Universidade de São Paulo (USP).

BERLIN, Ira. *Many Thousands Gone*: The First Two Centuries of Slavery in North America. Cambridge: Belknap, 1998.

BLOCK, Sharon. *Rape and Sexual Power in Early America*. Chapel Hill: University of North Carolina Press, 2006.

BORUCKI, Alex. *Abolicionismo y tráfico de esclavos en Montevideo tras la fundación republicana (1829-1853)*. Montevidéu: Biblioteca Nacional, 2009.

BUSH, Bárbara. Hard Labor. In: GASPAR, David; HINE, Darlene (orgs.). *More than Chattel*: Black Women and Slavery in the Americas. Bloomington; Indianápolis: Indiana University Press, 1996.

CAÉ, Rachel da Silveira. *Escravidão e liberdade na construção do Estado Oriental do Uruguai*. Rio de Janeiro, 2012. Dissertação (Mestrado em História) – Universidade Federal do Rio de Janeiro (Unirio).

CANDIOTI, Magdalena. Free Womb Law, Legal Asynchronies, and Migrations: Suing for an Enslaved Woman's Child in Nineteenth-Century Río de la Plata. *The Americas*, v.77, n.1, p.73-99, 2020.

______. Abolición gradual y libertades vigiladas en el Río de la Plata. La política de control de libertos de 1813. *Corpus, on-line*, v.6, n.1, p.1-16, 2016.

CHAVES, María Eugenia; PALACIO, Juan J. Espinal. Los usos de las leyes de libertad de vientres de 1814 y 1821 entre los esclavos antioqueños. Ejemplos e indicios para una hipótesis de trabajo. *Memorias: Revista Digital de Historia y Arqueología desde el Caribe Colombiano*, v.16, n.41, p.81-102, maio-ago. 2020.

CLARK-PUJARA, Christy M. *Slavery, Emancipation and Black Freedom in Rhode Island, 1652-1842.* Iowa City, 2009. Tese (Doutorado em Filosofia) – University of Iowa.

COOPER, Afua. Acts of Resistance: Black Men and Women Engage Slavery in Upper Canada, 1793-1803. *Ontario History*, v.99, n.1, p.5-17, 2007.

COWLING, Camillia. *Concebendo a liberdade*: mulheres de cor, gênero e a abolição da escravidão nas cidades de Havana e Rio de Janeiro. Campinas, SP: Editora da Unicamp, 2018.

CRESPO, Alberto. *Esclavos negros en Bolivia.* Bolívia: Academia Nacional de Ciencias de Bolivia, 1977.

DRESCHER, Seymour. *Abolição*: uma história da escravidão e do antiescravismo. São Paulo: Editora Unesp, 2011.

DUNBAR, Erica Armstrong. *A Fragile Freedom*: African American Women and Emancipation in the Antebellum City. New Haven: Yale University Press, 2008.

FREGA, Ana. Caminos de libertad en tiempos de revolución: los esclavos en la Provincia Oriental Artiguista, 1815-1820. In: BETANCUR, Arturo; BORUCK, Alex; FREGA, Ana (orgs.). *Estudios sobre la cultura afro-rioplatense.* v.1. Monteviduo: Facultad de Humanidades y Ciencias de la Educación, 2004.

HARRIS, Leslie M. *In the Shadow of Slavery*: African Americans in New York City, 1626-1863. Chicago: University of Chicago Press, 2003.

KLEIN, Herbert S. *The Atlantic Slave Trade.* Cambridge: Cambridge University Press, 2010. [Ed. bras.: *O tráfico de escravos no Atlântico*: novas abordagens para as Américas. Natal, Funpec, 2006.]

______; ENGERMAN, Stanley L. Fertility Differentials between Slaves in the United States and the British West Indies. *The William and Mary Quarterly*, v.35, n.2, p.357-374, 1978.

LIBERATO, Carlos; CANDIDO, Mariana P.; LOVEJOY, Paul E.; SOULODRE-LA FRANCE, Renée. Laços entre a África e o mundo atlântico durante a era do comércio de africanos escravizados: uma introdução. In: *Laços atlânticos*: África e africanos durante a era do comércio transatlântico de escravos. Luanda: Museu Nacional da Escravatura, 2017.

LYNCH, John. As origens da independência da América espanhola. In: BETHELL, Leslie (org.). *História da América Latina*: da independência a 1870. São Paulo: Edusp, 2018.

MACHADO, Maria Helena P. T. Mulher, corpo e maternidade. In: SCHWARZ, Lilia M.; GOMES, Flávio dos S. (orgs.). *Dicionário da escravidão e liberdade*: 50 textos críticos. São Paulo: Companhia das Letras, 2018.

MELISH, Joanne Pope. *Disowning Slavery*: Gradual Emancipation and "Race" in New England 1780-1860. Ithaca: Cornell University Press, 1998.

MORGAN, Jennifer L. *Partus sequitur ventrem*: Law, Race, and Reproduction in Colonial Slavery. *Small Axe: A Caribbean Journal of Criticism*, v.22, n.1, p.1-17, mar. 2018.

______. *Laboring Women*: Reproduction and Gender in New World Slavery. Filadélfia: University of Pennsylvania Press, 2004.

NASH, Gary B. *Freedom by Degrees*: Emancipation in Pennsylvania and Its Aftermath. Oxford: Oxford University Press, 1991.

______. *Forging Freedom*: The Formation of Philadelphia's Black Community, 1720-1840. Cambridge: Harvard University Press, 1988.

ORTIZ, Fernando. Los negros esclavos: estudio sociológico y de derecho público. *Revista Bimestre Cubana*, Habana, v.VIII, 1916.

TURNER, Sasha. *Contested Bodies*: Pregnancy, Childrearing, and Slavery in Jamaica (1780-1834). Filadélfia: University of Pennsylvania Press, 2017.

UNDURRAGA, Carolina González. La esclavitud en los registros judiciales y en las leyes de libertad (Chile, 1810-1823). In: MÁRQUEZ, Jaime Valenzuela (org.). *América en diásporas*: esclavitudes y migraciones forzadas en Chile y otras regiones americanas (siglos XVI-XIX). Santiago: Pontificia Universidad Católica de Chile, 2017.

URBINA, Juan Carlos Morón. Bolívar y su propuesta constitucional de 1826. about:blank*Revista de la Facultad de Derecho*, n.53, p.173-243, 2000.

ZILVERSMIT, Arthur. *The First Emancipation*: The Abolition of Slavery in the North. Chicago: University of Chicago Press, 1967.

Capítulo 9 – Mulheres escravizadas, ventres livres

ABREU, Martha. Slave Mothers and Free Children: Emancipation and Female Space in Debates on the "Free Womb" Law, Rio de Janeiro, 1871. *Journal of Latin American Studies*, v.28, n.3, p.567-80, 1996.

ALBUQUERQUE, Wlamyra R. *O jogo da dissimulação*: abolição e cidadania negra no Brasil. São Paulo: Companhia das Letras, 2009.

ALONSO, Angela. *Flores, votos e balas*: o movimento abolicionista brasileiro. São Paulo: Companhia das Letras, 2015.

ARIZA, Marília Bueno de Araújo. Bad Mothers, Labouring Children: Emancipation, Tutelage and Motherhood in São Paulo in the Last Decades of the Nineteenth Century. *Slavery & Abolition*, v.38, n.2, p.408-24, 2017.

AZEVEDO, Célia Maria. *Abolitionism in the United States and Brazil*: A Comparative Perspective. Nova York: Garland, 1995.

BARCIA, María del Carmen. Táctica y estrategia de la burguesía esclavista en Cuba ante la abolición de la esclavitud. *Anuario de Estudios Americanos*, v.43, p.111-26, 1986.

BERBEL, Márcia Rafael Marquese; PARRON, Tâmis. *Escravidão e política*: Brasil e Cuba, 1790-1850. São Paulo: Hucitec, 2010.

BETHELL, Leslie; CARVALHO, José Murilo de (orgs.). *Joaquim Nabuco e os abolicionistas britânicos*: correspondência, 1880-1905. Rio de Janeiro: Topbooks, 2008.

BONILLA, Raúl Cepero. *Azúcar y abolición*. Barcelona: Crítica, [1948] 1976.

BRASIL. Diretoria Geral de Estatística. *Recenseamento da população do Municipio Neutro e província de Paraná a que se procedeu em 1o de agosto de 1872*. v.1. Rio de

Janeiro: Typ. G. Leuzinger e Filhos, 1872. Disponível em: <https://archive.org/details/recenseamento1872bras/page/n9/mode/2up>.

CASTAÑEDA, Digna. Demandas judiciales de las esclavas en el siglo XIX cubano. *Temas*, v.5, p.60-5, jan.-mar. 1996.

CASTILHO, Celso Thomas. *Slave Emancipation and Tranformations in Brazilian Political Citizenship*. Pittsburgh: University of Pittsburgh Press, 2016.

______. Brisas atlánticas: la abolición gradual y la conexión brasileña-cubana. In: LOVEJOY, Paul; CÁCERES, Rina (orgs.). *Haití*: revolución y emancipación. San José, Costa Rica: Editorial UCR, 2008.

______; COWLING, Camillia. Bancando a liberdade, popularizando a política: abolicionismo e fundos locais de emancipação na década de 1880 no Brasil. *Afro-Ásia*, v.47, p.161-97, 2013.

CASTRO, Hebe Mattos de. *Das cores do silêncio*: os significados da liberdade no Sudeste escravista – Brasil, século XIX. Rio de Janeiro: Nova Fronteira, 1995.

CAULFIELD, Sueann. O nascimento do Mangue: raça, nação e prostituição no Rio de Janeiro, 1850-1920. *Tempo*, v.9, p.43-63, 2000.

CHALHOUB, Sidney. *Machado de Assis*: historiador. São Paulo: Companhia das Letras, 2003.

______. *Visões da liberdade*: uma história das últimas décadas da escravidão na Corte. São Paulo: Companhia das Letras, 1990.

CHAPEAUX, Pedro Deschamps. *Los cimarrones urbanos*. Havana: Ciencias Sociales, 1986.

CONRAD, Robert E. *The Destruction of Brazilian Slavery, 1850-1888*. Berkeley: University of California Press, 1972.

COWLING, Camillia. *Concebendo a liberdade*: mulheres de cor, gênero e a abolição da escravidão em Havana e no Rio de Janeiro. Campinas, SP: Editora da Unicamp, 2018.

______. Debating Womanhood, Defining Freedom: The Abolition of Slavery in 1880s Rio de Janeiro. *Gender & History*, v.22, n.2, p.284-301, ago. 2010.

CUNHA, Olívia Gomes da. "Criadas para servir". In: CUNHA, Olívia Gomes da; GOMES, Flávio dos Santos (orgs.). *Quase-cidadão*: histórias e antropologias da pós-emancipação no Brasil. Rio de Janeiro: Editora da FGV, 2007.

DAUWE, Fabiano. *A libertação gradual e a saída viável*: os múltiplos sentidos da liberdade pelo Fundo de Emancipação dos Escravos. Niterói, 2004. Tese (Mestrado) – Universidade Federal Fluminense (UFF).

DE LA FUENTE, Alejandro. Slave Law and Claims-Making in Cuba: The Tannenbaum Debate Revisited. *Law and History Review*, v.22, n.2, p.339-67, verão 2004.

DÍAZ, Aisnara Perera; FUENTES, María de los Ángeles Meriño. *Estrategias de libertad*: un acercamiento a las acciones legales de los esclavos en Cuba (1762-1872). 2v. Havana: Editorial de Ciencias Sociales, 2016.

______; ______. *La cesión de patronato*: una estrategia familiar en la emancipación de los esclavos en Cuba, 1870-1880. San Antonio de los Baños: Unicornio, 2009.

DORSEY, Joseph. Women without History: Slavery and the Politics of *Partus Sequitur Ventrem* in the Spanish Caribbean. *Journal of Caribbean History*, v.28, n.2, p.165-207, 1994.

DRESCHER, Seymour. Brazilian Abolition in Comparative Perspective. *Hispanic American Historical Review*, v.68, n.3, p.429-60, ago. 1988.

FORTACÍN, M. Baron. *La abolición de la esclavitud*. Madri: J. M. Pérez, 1879.

FRAGA, Walter. *Encruzilhadas da liberdade*: histórias de escravos e libertos na Bahia (1870-1910). Campinas, SP: Editora da Unicamp, 2006.

FRANKLIN, Sarah L. *Women and Slavery in Nineteenth-Century Colonial Cuba*. Rochester: University of Rochester Press, 2012.

GASPAR, David Barry; HINE, Darlene Clark (orgs.). *Beyond Bondage*: Free Women of Colour in the Americas. Urbana: University of Illinois Press, 2004.

GRAHAM, Richard. Another Middle Passage? The Internal Slave Trade in Brazil. In: JOHNSON, Walter (org.). *The Chattel Principle*: Internal Slave Trades in the Americas. New Haven: Yale University Press, 2004.

GRAHAM, Sandra Lauderdale. A abolição na cidade: amas-secas, contaminação e controle. In: ANDRADE, Manuel Correia de; FERNANDES, Eliane Moury (orgs.). *Atualidade e abolição*. Recife: Massangana, 1991.

______. Slavery's Impasse: Slave Prostitutes, Small-Time Mistresses, and the Brazilian Law of 1871. *Comparative Studies in Society and History*, v.33, p.669-91, 1991.

GRINBERG, Keila. *O fiador dos brasileiros*: cidadania, escravidão e direito civil no tempo de Antonio Pereira Rebouças. Rio de Janeiro: Civilização Brasileira, 2002.

______. *Liberata, a lei da ambiguidade*: as ações de liberdade da Corte de Apelação do Rio de Janeiro no século XIX. Rio de Janeiro: Relume-Dumará, 1994.

HARTMAN, Saidiya. *Lose your Mother*. A Journey Along the Atlantic Slave Trade Route. Nova York: Farrar, Straus & Giroux, 2007.

HOGANSON, Kristin. Garrisonian Abolitionists and the Rhetoric of Gender, 1850-1860. *American Quarterly*, v.45, n.4, p.558-95, dez. 1993.

IGLESIAS, Fe. El censo cubano de 1877 en sus diferentes versiones. *Santiago*, v.34, p.167-214, jun. 1979.

KARASCH, Mary. Anastácia and the Slave Women of Rio de Janeiro. In: LOVEJOY, Paul (org.). *Africans in Bondage*: Studies in Slavery and the Slave Trade. Madison: University of Wisconsin Press, 1986.

KITTLESON, Roger A. Women and Notions of Womanhood in Brazilian Abolitionism. In: SCULLY, Pamela; PATON, Diana (orgs.). *Gender and Slave Emancipation in the Atlantic World*. Durham: Duke University Press, 2005.

______. Campaign of All Peace and Charity: Gender and the Politics of Abolitionism in Porto Alegre, Brazil, 1846-1888. *Slavery and Abolition*, v.22, p.83-108, 2001.

LAMOUNIER, Maria Lúcia. *Between Slavery and Free Labour*: Experiments with Free Labour and Patterns of Slave Emancipation in Brazil and Cuba, c.1830-1888. Londres, 1993. Dissertação (Doutorado em Filosofia) – London School of Economics.

LERNER, Gilda. Women and Slavery. *Slavery & Abolition*, v.4, n.3, p.173-98, 1983.

MACHADO, Maria Helena. Between Two Beneditos: Enslaved Wetnurses amid Slavery's Decline in Southeast Brazil. *Slavery & Abolition*, v.38, n.2, p.320-36, 2017.

______. *O plano e o pânico*: os movimentos sociais na década da abolição. São Paulo; Rio de Janeiro: Edusp; Editora da UFRJ, 1994.

______; CASTILHO, Celso Thomas (orgs.). *Tornando-se livre*: agentes históricos e lutas sociais no processo de abolição. São Paulo: Edusp, 2015.

MANZANO, Juan Francisco. The Sugar Estate. In: MADDEN, R. R. (org.). *Poems by a Slave in the Island of Cuba, Recently Liberated*. Londres: Thomas Ward and Co., 1840.

MARQUESE, Rafael. *Feitores do corpo, missionários da mente*: senhores, letrados e o controle dos escravos nas Américas, 1660-1860. São Paulo: Companhia das Letras, 2004.

MATA, Iacy Maia. Sentidos da liberdade e encaminhamento legal da abolição: Bahia e Cuba – notas iniciais. *Revista de História Comparada* (UFRJ), v.5, n.1, p.66-90, 2011.

MENDONÇA, Joseli. *Entre a mão e os anéis*: a Lei dos Sexagenários e os caminhos da abolição no Brasil. Campinas, SP: Editora da Unicamp, 1999.

MIDGELEY, Claire. *Women Against Slavery*: The British Campaigns, 1780-1870. Londres: Routledge, 1992.

MILLWARD, Jessica. "That All her Increase May Be Free": Enslaved Women's Bodies and the Maryland Manumission Law of 1809. *Women's History Review*, v.21, n.3, p.363-78, 2012.

MORGAN, Jennifer. *Labouring Women*: Reproduction and Gender in New World Slavery. Filadélfia: University of Philadelphia Press, 2004.

ORTIZ, Fernando. *Los negros esclavos*. Havana: Editorial de Ciencias Sociales, [1916] 1996.

PATON, Diana. Maternal Struggles and the Politics of Childlessness under Pronatalist Caribbean Slavery. *Slavery & Abolition*, v.38, n.2, p.251-68, jun. 2017.

PENA, Eduardo Spiller. *Pajens da casa imperial*: jurisconsultos, escravidão e a Lei de 1871. Campinas, SP: Editora da Unicamp, 2001.

PEZUELA, Jacobo de la. *Diccionario geográfico, estadístico, histórico de la Isla de Cuba*. v.3. Madri: Imprenta del Establecimiento de Mellado, 1863.

RIOS, Ana Lugão; MATTOS, Hebe. *Memórias do cativeiro*: família, trabalho e cidadania no pós-abolição. Rio de Janeiro: Civilização Brasileira, 2005.

SARTORIUS, David. *Ever Faithful*: Race, Loyalty and the Ends of Empire in Cuba. Durham: Duke University Press, 2013.

SCHMIDT-NOWARA, Christopher. Empires against Emancipation: Spain, Brazil and the Abolition of Slavery. *Review: Journal of the Fernand Braudel Centre*, v.31, n.2, p.101-19, 2008.

______. *Empire and Antislavery*: Spain, Cuba and Puerto Rico, 1833-1874. Pittsburgh: University of Pittsburgh Press, 1999.

______. "Spanish" Cuba: Race and Class in Spanish and Cuban Antislavery Ideology, 1861-1868. *Cuban Studies/Estudios Cubanos*, v.25, p.101-22, 1997.

SCHULTZ, Kirsten. *Tropical Versailles*: Empire, Monarchy and the Portuguese Royal Court in Rio de Janeiro, 1808-1821. Nova York: Routledge, 2001. [Ed. bras.: *Versalhes tropical*. Rio de Janeiro: Civilização Brasileira, 2008.]

SCOTT, Rebecca J. *Slave Emancipation in Cuba*: The Transition to Free Labour, 1860-1899. Princeton: Princeton University Press, 1985.

SLENES, Robert W. The Brazilian Internal Slave Trade, 1850-1888: Regional Economies, Slave Experience, and the Politics of a Peculiar Market. In: JOHNSON, Walter (org.). *The Chattel Principle*: Internal Slave Trades in the Americas. New Haven: Yale University Press, 2004.

STERLING, Adolfo Márquez; GIRALT, Francisco. *En nombre del honor y de Dios*: folleto. Havana: Librería e Imprenta La Publicidad, 1882.

TELLES, Lorena Féres da Silva. *Mulheres negras e trabalho doméstico em São Paulo (1880-1920)*. São Paulo: Alameda, 2013.

TOMICH, Dale W. The Second Slavery: Bonded Labour and the Transformation of the Nineteenth-Century World Economy. In: RAMÍREZ, Francisco (org.). *Rethinking the Nineteenth Century*. Nova York: Greenwood, 1988.

TURNER, Sasha. The Nameless and the Forgotten: Maternal Grief, Sacred Protection, and the Archive of Slavery. *Slavery & Abolition*, v.38, n.2, p.232-50, jun. 2017.

XAVIER, Giovana; FARIAS, Juliana Barreto; GOMES, Flávio (orgs.). *Mulheres negras no Brasil escravista e do pós-emancipação*. São Paulo: Summus; Selo Negro, 2012.

Capítulo 10 – Resgates em família?

ALENCASTRO, Luís Felipe de. *O trato dos viventes*: formação do Brasil no Atlântico Sul, séculos XVI e XVII. São Paulo: Companhia das Letras, 2000.

BECKER, Charles; SCHMITZ, Jean; CHASTANET, Monique. *Les Premiers recensements au Sénégal*. Dacar: Orstom, 1983.

BOUET-WILLAUMEZ, E. *Commerce et trate des noirs aux cotes occidentales d'Afrique*. Paris: Imprimerie Nationale, 1848.

CANELAS, Letícia Gregório. *Escravidão e liberdade no Caribe francês*: a alforria na Martinica sob uma perspectiva de gênero, raça e classe (1830-1848). Campinas-SP, 2017. Tese (Doutorado em História Social) – Universidade Estadual de Campinas (Unicamp).

CHASTANET, Monique. *L'État du Gadiaga de 1818-1858 face à l'expansion comercial e française au Sénégal*. Mémoire de maitrise, Histoire. Paris: Université Paris I, 1976.

DUCHON-DORIS JUNIOR, J.-P. *Commerce des toiles bleues dites guinées. De l'industrie française de Pondichèry et la metrópole. Dans ses rapports avec le Sénégal, l'ile de Bourbon et l'étranger*. Observations de J.-P. Duchon-Doris Junior, de Bordeaux. Paris: Imprimere de Wittershem, 1842-1843.

FARIAS, Juliana B. "Não há cativo que não queira ser livre!": significados da escravidão e da liberdade entre marinheiros do Senegal, século XIX. *Varia História*, Belo Horizonte, v.36, n.71, maio-ago. 2020.

______. O *laptot* e a *signare*: gênero, escravidão e liberdade (Senegal, século XIX). In: REGINALDO, Lucilene; FERREIRA, Roquinaldo (orgs.). *África, margens e oceanos*: perspectivas de história social. Campinas, SP: Editora da Unicamp, [no prelo].

FLIZE, L. *Le Gadiaga*, Moniteur du Sénégal, n.42, 15 jan. 1857.

FLORY, Céline. Alforriar sem libertar: a prática do "resgate" de cativos africanos no espaço colonial francês no século XIX. *Revista Mundos do Trabalho*, v.3, n.6, jul.-dez. 2011.

GATINE, Adolphe. *Causes de liberté. Résultats de l'arrêt Virginie*. Paris: Ph. Cordier, [s./d.]. Disponível em: <https://gallica.bnf.fr/ark:/12148/bpt6k5786190h/f4.texteImage>.

______. *Nombreuses libérations au cours de l'année judiciaire 1844-1845*: Guadeloupe, Martinique, Guyane, Sénégal. Plaidoiries, mémoires et arrêts de cassation. Paris: Ph. Cordier, ago. 1845. Disponível em: <https://gallica.bnf.fr/ark:/12148/bpt6k58364853.texteImage>.

GUEYE, M'Baye. Des Affranchissements définitifs à l'émancipation de 1848. In: DORIGNY, M. (org.). Les Abolitions de l'esclavage: de L. F. Sonthonax à V. Schoelder 1793, 1794, 1848. *Actes du VIII Coloque International tenu à l'Université de Paris.* 3-5 fev. 1994. reimpr. Paris: Unesco; Presses Universitaires de Vincennes, 1998.

HIGGINBOTHAM, Evelyn Brooks. African-American Women's History and the Metalanguage of Race. *Signs*, v.17, p.251-74, 1992.

JONES, Hilary. Women, Family & Daily Life in Senegal: Senegal's Nineteenth-Century Atlantic Towns. In: CANDIDO, Mariana; JONES, Adams (orgs.). *African Women in the Atlantic World*: Property, Vulnerability & Mobility, 1660-1880. Nova York: James Currey, 2019.

KANE LO, Aissata. *De la Signare à la Diriyanké sénégalaise*: trajectoires féminines et visions partagées. Dacar: L'Harmattan Sénégal, 2014.

PASQUIER, Roger. *Le Sénégal au milieu du XIXe siècle*: la crise economique et sociale. 2t. Paris, 1987. Tese (Doutorado de Letras) – Université Paris Sorbonne (Paris IV).

REYSS, Nathalie. *Saint-Louis du Sénégal à l'époque pre-coloniale*: l'emergence d'une société métisse originale, 1658-1854. 2t. Paris, 1983. Tese (Doutorado em História) – Université Paris I, Sorbonne.

ROGER, Pasquier. A Propos de l'émancipation des esclaves au Sénégal en 1848. *Revue Française d'Histoire d'Outre-Mer*, Hommage à Robert Delavignette, t.54, n.194-7, p.188-208, 1967.

SCULLY, Pamela. Race and Ethnicity in Women's and Gender History. In: SMITH, Bonie G. *Women's History in Global Perspective*: Themes. Urbana: University of Illinois Press, 2004.

______; PATTON, Diana (org.). *Gender and Slave Emancipation in the Atlantic World*. Durham: Duke University Press, 2005.

SEARING, James F. *West African Slavery and Atlantic Commerce*: The Senegal River Valley, 1700-1860. Cambridge: Cambridge University Press, 1993.

Capítulo 11 – O ventre entre a escravidão e a emancipação

ABREU, Martha. Slave Mothers and Freed Children: Emancipation and Female Space in Debates on the "Free Womb" Law, Rio de Janeiro, 1871. *Journal of Latin American Studies*, v.28, n.3, p.567-80, 1996.

ARIZA, Marília Bueno de Araújo. *Mães infames, rebentos venturosos*: mulheres e crianças, trabalho e emancipação em São Paulo (século XIX). São Paulo, 2017. Tese (Doutorado em História Social) – Faculdade de Filosofia, Letras e Ciências Humanas (FFLCH), Universidade de São Paulo (USP).

BISSETTE, Cyrille. *A M. Dupin, député de la Nièvre, procureur général à la Cour de Cassation, 25 août 1845*. Documento disponível em: <https://gallica.bnf.fr/>.

CANDIOTI, Magdalena. Regulando el fin de la esclavitud: diálogos, innovaciones y disputas jurídicas en las nuevas repúblicas sudamericanas 1810-1830. *Jahrbuch für Geschichte Lateinamerikas*, v.52, n.1, p.149-72, 2015.

CANELAS, Letícia. Maternidade, alforria e direitos no Caribe Francês (século XIX). In: ARIZA, Marília; CARULA, Karoline (orgs.). *Escravidão e maternidade no mundo atlântico*: corpo, saúde, trabalho, família e liberdade nos séculos XVIII e XIX. Rio de Janeiro: EdUFF, 2021 [no prelo].

______. "Eles não são livres, e eles não tem senhores; eles não são escravos, e eles não são cidadãos": liberdade precária e clandestina no Caribe Francês (Martinica, século XIX). In: SECRETO, Maria Verónica; FREIRE, Jonis (orgs.). *Formas de liberdade*: gratidão, condicionalidade e incertezas no mundo escravista nas Américas. Rio de Janeiro: Mauad, 2018.

______. *Escravidão e liberdade no Caribe Francês*: a alforria na Martinica sob uma perspectiva de gênero, raça e classe (1830-1848). Campinas-SP, 2017. Tese (Doutorado em História) – Universidade Estadual de Campinas (Unicamp).

CHALHOUB, Sidney. *Machado de Assis*: historiador. São Paulo: Companhia das Letras, 2003.

CONIL, Délégué de l'île Bourbon. *Observations sur la proposition de M. de Passy relative à l'affranchissement des esclaves qui naitront a l'avenir aux Colonies Françaises*. Paris: Imprimerie de Guiraudet et Ch. Jouaust, 1838. Disponível em: <https://gallica.bnf.fr/>.

COOLS, Baron de, Délégué de la Martinique. *De l'Émancipation des esclaves dans les colonies françaises et spécialement de l'affranchissement des enfants à naître*. Opinion Dem. A. Jollivet, Député du Département d'Ille-et-Vilaine, sur la Proposition de M. Passy, du 9 fev. 1838.

COTTIAS, Myriam. Um gênero colonial? Casamento e cidadania nas Antilhas francesas (séculos XVII-XX). *Clio*, v.26, n.2, p.37-58, 2008.

DRESCHER, Seymour. *Abolição*: uma história da escravidão e do antiescravismo. São Paulo: Editora da Unesp, 2011.

DU TERTRE, Jean-Baptiste. *Histoire générale des Antilles habitées par les françois*. t.II. Paris: Chez Thomas Iolly, 1667.

DURAND-MOLARD, Martin. *Code de la Martinique*. t.1. 5v. Saint-Pierre, Martinique: Jean-Baptiste Thounens, 1807.

GATINE, Adolphe. *Mémoire à consulter*. Esclavage. Réclamations de liberte. Paris: Imprimerie d'E. Duverger, 1846.

______. *Procès Virginie, de la Guadaloupe*: plaidoirie et arrêt de cassation, 22 novembre 1844. Paris: Imprimerie de Ph. Cordier, 1844.

GAUTIER, Arlette. *Les Soeurs de Solitude*: Femmes et esclavage aux Antilles du XVIIe au XIXe siècle. Rennes: Presses Universitaires de Rennes, 2010.

______. Traite et politiques démographiques esclavagistes. *Population*, ano 41, n.6, 1986.

JENNINGS, Lawrence C. *La France et l'abolition de l'esclavage, 1802-1848*. Paris: André Versaille, 2010.

KIELSTRA, Paul Michael. *The Politics of Slave Trade Suppression in Britain and France, 1814-1848*. Londres: MacMillan Press, 2000.

LABAT, Jean-Baptiste. *Nouveau voyage aux isles de l'Amérique, contenant l'histoire naturelle de ces pays, l'origine, les mœurs, la religion & le Gouvernement des Habitans anciens & modernes*. 6t. Paris: La Haye; Pays-Bas: Chez Husson e outros, 1724.

LEGAT, B.-J. *Le Censeur*: revue législative, consacrée principalement à l'exame et à la discussion des projets de lois. 1.Année. Paris: Dentu Libraire, 1838.

MACHADO, Maria Helena P. T. Mulher, corpo e maternidade. In: SCHWARZ, Lilia K.; GOMES, Flávio (org.). *Dicionário da escravidão e da liberdade*. São Paulo: Companhia das Letras, 2018.

MARQUESE, Rafael. *Feitores do corpo, missionários da mente*. São Paulo: Companhia das Letras, 2004.

MOREAU DE SAINT-MÉRY, Médéric Louis-Élie. *Loix et constituitions des colonies françoises de l'Amérique sous le Vent*. t.1. Paris: Chez Quillau, 1884.

______. *Loix et constitutions des colonies françoises de l'Amérique sous le Vent*. t.6. Paris: Chez Quillau, 1790.

MORGAN, Jennifer. *Partus sequitur ventrem*: Law, Race, and Reproduction in Colonial Slavery. *Small Axe: A Caribbean Journal of Criticism*, v.22, n.1 (55), p.1-17, mar. 2018.

______. *Laboring Women*: Reproduction and Gender in New World Slavery. Filadélfia: University of Pennsylvania Press, 2004.

PATON, Diana. Maternal Struggles and the Politics of Childlessness under Pronatalist Caribbean Slavery. *Slavery & Abolition*, v.38, n.2, p.251-68, 2017.

RIVIÈRE, Alix. Directing the Upcoming Generation's Mind in the Right Direction: Enslaved Children in the French Emancipation Project in Martinique, 1835-1848. *Histoire Sociale, Social History*, v.53, n.107, maio 2020.

SCHMIDT, Nelly. Les Luttes contre l'esclavage dans les Caraïbes françaises au XIXe siècle: implications des esclaves, engagements abolitionnistes et contraintes de la politique coloniale. *Calidoscopios coloniales*, v.138, p.155-74, 2010.

SCHWARTZ, Marie Jenkins. *Birthing a Slave*: Motherhood and Medicine in the Antebellum South. Cambridge: Harvard University Press, 2006.

THÉSÉE, Françoise. *Le Général Donzelot à la Martinique.* Vers la fin de l'Ancien Régime colonial (1818-1826). Paris: Karthala, 1997.

TOCQUEVILLE, Alexis de (Député de la Manche). *Rapport fait au nom de la Commission chargée d'examiner la proposition de M. de Tracy, relative aux esclaves des colonies. Séance du 23 juillet 1839*. Paris: Imprimeur de la Chambre des Députés, jul. 1839. Disponível em: <https://gallica.bnf.fr/>.

TOMICH, Dale. W. *Slavery in the Circuit of Sugar*: Martinique and the World Economy, 1830-1848. Baltimore: Hopkins University, 1990.

TURNER, Sasha. *Contested Bodies*: Pregnancy, Childrearing, and Slavery in Jamaica. Pensilvânia: University of Pennsylvania Press, 2017.

YOUSSEF, Alain El. *O Império do Brasil na segunda abolição, 1861-1880*. São Paulo, 2019. Tese (Doutorado em História Social) – Universidade de São Paulo (USP).

Capítulo 12 – Maternidades negras antes e depois do Regulamento para a educação

ALVAREZ, José María. *Instituciones del Derecho Español*. Adição de apêndices e parágrafos Dalmacio Vélez. Buenos Aires: Imprenta del Estado, 1934.

BARRIERA, Dario G. El alcalde de barrio, de *justicia* a policía (Río de la Plata, 1770-1830). *Nuevo Mundo, Mundos Nuevos*, *on-line*, 6 jun. 2017.

BUCK-MORSS, Susan. Hegel e Haiti. *Novos Estudos – Cebrap*, v.90, p.131-71, 2011.

CAETANO, Gerardo; RIBEIRO, Ana. *Tierras, reglamento y revolución*: reflexiones a doscientos años del reglamento artiguiste de 1815. Montevidéo: Planeta, 2015.

CANDIOTI, Magdalena. Regulando el fin de la esclavitud: diálogos, innovaciones y disputas jurídicas en las nuevas repúblicas sudamericanas 1810-1830. *Jahrbuch für Geschichte Lateinamerikas*, v.52, 2015.

______. Altaneros y libertinos. Transformaciones de la condición jurídica de los afroporteños en la Buenos Aires revolucionaria (1810-1820). *Desarrollo Económico*, v.50, n.198, p.271-96, jul.-set. 2010.

CHAVES MALDONADO, María Eugenia. El oxímoron de la libertad. La esclavitud de los vientres libres y la crítica a la esclavización africana en tres discursos revolucionarios. *Fronteras de la Historia*, v.19, n.1, p.174-200, jan.-jun. 2014.

FREIRE, Jonis; SECRETO, Maria Verónica. *Formas de liberdade*: gratidão, condicionalidade e incertezas no mundo escravista nas Américas. Rio de Janeiro: Mauad, 2018.

FURTADO, Celso. *Formação econômica do Brasil*. São Paulo: Editora Nacional, 1979.

GUZMAN, Florencia. ¡Madres negras tenían que ser! Maternidad, emancipación y trabajo en tiempos de cambios y transformaciones (Buenos Aires, 1800-1830). *Tempo*, Niterói, v.24, n.3, set.-dez. 2018.

HOLT, Thomas. A essência do contrato. In: COOPER, Frederick; HOLT, Thomas; SCOTT, Rebecca. *Além da escravidão*: investigações sobre raça, trabalho e cidadania em sociedades pós-emancipação. Rio de Janeiro: Civilização Brasileira, 2005.

MERIÑO FUENTES, María de los Ángeles; PERERA DÍAZ, Aisnara. La utopía de la reproducción natural de la mano de obra y el cuidado de los esclavos criollos en los ingenios cubanos en el siglo XIX. *Revista de la Biblioteca Nacional de Cuba*, ano 107, n.2, p.71-83, 2016.

REBAGLIATI, Lucas. Entre las aspiraciones de libertad y el derecho de propiedad. El patrocinio jurídico a los esclavos en tiempos de revolución (Buenos Aires, 1806-1821). In: GUZMAN, F.; GHIDOLI, M. de L. *El asedio a la libertad*: abolición y posabolición de la esclavitud en el Cono Sur. Buenos Aires: Biblos, 2000.

ROJAS, Rafael. La esclavitud liberal: liberalismo e abolicionismo en el Caribe hispano. *Secuencia*, n.86, maio-ago. 2013.

SECRETO, Maria Verónica. Sediciosa Buenos Aires: o *complot* de escravos e franceses no Rio da Prata, 1795. *Historia Unisinos*, v.17, p.146-57, 2013.

______; MOTA, Maria Sarita Cristina. Ações de servidão. In: *Propriedade em disputa*: fontes para a história do Oitocentos. v.1. 1.ed. Niterói: EdUFF, Unioeste, 2011.

TERNAVASIO, Marcela. A doscientos años de la Asamblea del año XIII. *PolHis*, ano 6, n.12, p.67-72, 2013.

VENANCIO, Giselle. Em primeira pessoa. In: VENANCIO, G.; SECRETO, M. V.; RIBEIRO, G. S. *Cartografias da cidade (in)visível*: setores populares, cultura escrita, educação e leitura no Rio de Janeiro Imperial. Rio de Janeiro: Mauad; Faperj, 2017.

Capítulo 13 – Mulheres escravizadas, alforriadas e tuteladas

ARIZA, Marília. Mães libertas, filhos escravos: desafios femininos nas últimas décadas da escravidão em São Paulo. *Revista Brasileira de História*, v.38, n.79, p.151-71, 2018.

BERTIN, Enidelce. *Alforrias na São Paulo do século XIX*: liberdade e dominação. São Paulo: Humanitas, 2004.

CHALHOUB, Sidney. *Visões da liberdade*: uma história das últimas décadas da escravidão na Corte. São Paulo: Companhia das Letras, 1990.

COWLING, Camillia. *Concebendo a liberdade*: mulheres de cor, gênero e a abolição da escravidão nas cidades de Havana e Rio de Janeiro. Campinas, SP: Editora da Unicamp, 2018.

CUNHA, Manuela Carneiro da. Sobre os silêncios da lei. Lei costumeira e positiva nas alforrias de escravos no Brasil do século XIX. Campinas, SP: Cadernos IFCH-Unicamp, 1983.

DIÓRIO, Renata R. *As marcas da liberdade*: trajetórias sociais dos libertos em Mariana na segunda metade do século XVIII. São Paulo, 2007. Dissertação (Mestrado) – Universidade de São Paulo (USP).

GRINBERG, Keila Liberata. *A lei da ambiguidade*: as ações de liberdade da Corte de Apelação do Rio de Janeiro, século XIX. Rio de Janeiro: Relume-Dumará, 1994.

JOHNSON, Walter. On Agency. *Journal of Social History*, Oxford University Press, v.37, n.1, p.113-24, 2003.

KORZILIUS, Sven. Property *vs*. Liberty: Procedural Law and Practice of Freedom Trials in Portugal and Brazil. *Fronteiras e Debates*, Macapá, v.4, n.1, jan.-jul. 2017.

LARA, Silvia H. Legislação sobre escravos africanos na legislação portuguesa. In: ANDRÉS-GALLEGO, José (coord.). *Nuevas Aportaciones a la Historia Jurídica de Iberoamérica*. Madrid: Fundación Histórica Tavera, 2000. [Colección Proyectos Históricos Tavera.]

LIMA, Priscila. *De libertos a habilitados*: interpretações populares dos alvarás anti-escravistas na América portuguesa (1761-1810). Curitiba, 2011. Dissertação (Mestrado) – Universidade Federal do Paraná (UFPR).

MATTOS, Hebe M. *Das cores do silêncio*: os significados da liberdade no sudeste escravista. Brasil, século XIX. Rio de Janeiro: Nova Fronteira, 1998.

MORGAN, J. *Partus sequitur ventrem*: Law, Race, and Reproduction in Colonial Slavery. *Small Axe: A Caribbean Journal of Criticism*, v.22, n.55, p.1-17, mar. 2018.

NABUCO, Joaquim. *Um estadista no Império*: Nabuco de Araújo, sua vida, opiniões, sua época. v.3. Rio de Janeiro: H. Garnier, [s./d.].

PENA, E. Spiller. *Pajens da casa imperial*: jurisconsultos, escravidão e a Lei de 1871. Campinas, SP: Editora da Unicamp, 2001.

PERDIGÃO MALHEIRO, A. M. *A escravidão no Brasil*. v.1. Rio de Janeiro: Typographia Nacional, 1866.

PINHEIRO, Fernanda A. D. *Em defesa da liberdade*: libertos e livres de cor nos tribunais do Antigo Regime português (Mariana e Lisboa). Campinas-SP, 2013. Tese (Doutorado) – Universidade Estadual de Campinas (Unicamp).

PRECIOSO, Daniel. Em torno da lei de 1773: petições de pardos e crioulos ao Conselho Ultramarino (Minas Gerais, 1750-1808). *Diálogos*, Rio de Janeiro, v.6, 2012.

SCHWARTZ, Stuart B. *Segredos internos*: engenhos e escravos na sociedade colonial. São Paulo: Companhia das Letras, 1999.

SILVA, Beatriz Nizza da. A luta pela alforria. In: ______ (org.). *Brasil*: colonização e escravidão. Rio de Janeiro: Nova Fronteira, 2000.

SILVA, L. Geraldo. "Esperança de liberdade": intepretações populares da abolição ilustrada (1773-1774). *Revista de História*, v.144, p.107-49, 2001.

SOARES, Caetano. Memória para melhorar a sorte dos nossos escravos. 36p. Rio de Janeiro: Typ. Imparcial de Francisco de Paula Brito, 1847. [Documento lido na Sessão Geral do Instituto dos Advogados Brasileiros, em 7 set. 1845.]

TELLES, Lorena da S. *Teresa Benguela e Felipa Crioula estavam grávidas*: maternidade e escravidão no Rio de Janeiro (1830-1888). São Paulo: Ed. Unifesp, [no prelo].

Parte III – Família na aquisição da liberdade
Capítulo 14 – Crianças ingênuas, suas famílias e disputas por liberdade

ALANIZ, Anna Gicella G. *Ingênuos e libertos*: estratégias de sobrevivência familiar em épocas de transição 1871-1895. Campinas, SP: Editora da Unicamp, 1997.

ARIZA, Marília B. Crianças/Ventre Livre. In: SCHWARCZ, Lília; GOMES, Flávio (orgs.). *Dicionário da escravidão e liberdade*: 50 textos críticos. São Paulo: Companhia das Letras, 2018.

BARBOSA LIMA, Maria da Vitória. *Liberdade interditada, liberdade reavida*: escravos e libertos na Paraíba escravista (século XIX). Brasília: Fundação Cultural Palmares, 2013.

BARROS, Surya A. P. Ser negro na Parahyba do Norte: cores, condições, qualidades e universo letrado no século XIX. *Estudos Ibero-Americanos*, v.44, n.3, p.484-500, 2018. Disponível em: <https://revistaseletronicas.pucrs.br/ojs/index.php/iberoamericana/article/view/29337/17493>. Acesso em: 29 nov. 2020.

BRASIL. Senado Federal. *A abolição no Parlamento (1823-1888)*: 65 anos de lutas. 2v. Brasília: Secretaria de Editoração e Publicações (Segraf), 1988.

CARVALHO, José Murilo de. *Teatro de sombras*: a política imperial. Rio de Janeiro: Civilização Brasileira, 2010.

CHALHOUB, Sidney. *A força da escravidão*: ilegalidade e costume no Brasil oitocentista. São Paulo: Companhia das Letras, 2012.

______. *Visões da liberdade*: uma história das últimas décadas da escravidão na Corte. São Paulo: Companhia das Letras, 1990.

CONRAD, Robert. *Os últimos anos da escravatura no Brasil.* Trad. Fernando de Castro Ferro. 2.ed. Rio de Janeiro: Civilização Brasileira, 1978.

COSTA, Lidiana Justo. *Cidadãos do Império, alerta!*: a Guarda Nacional na Paraíba oitocentista (1831-1850). João Pessoa, 2013. Dissertação (Mestrado) – Universidade Federal da Paraíba (UFPB).

FERREIRA, Waldeci. *As singularidades da modernidade na Cidade da Parahyba, nas décadas de 1910 a 1930.* Recife, 2004. Tese (Doutorado em História) – Universidade Federal de Pernambuco (UFPE).

GALLIZA, Diana. *O declínio da escravidão na Paraíba*: 1850-1888. João Pessoa: Universitária, 1979.

GEBARA, Ademir. *O mercado de trabalho livre no Brasil.* São Paulo: Brasiliense, 1986.

GENOVESE, Eugene. *A terra prometida*: o mundo que os escravos criaram. Trad. Maria Inês Rolim e Donaldson M. Garschagen. Rio de Janeiro: Paz e Terra, 1988.

GILROY, Paul. *O atlântico negro*: modernidade e dupla consciência. Trad. Cid Knipel Moreira. São Paulo; Rio de Janeiro: Editora 34; Centro de Estudos Afro-Asiáticos; Ucam, 2001.

GRAHAM, Richard. *Clientelismo e política no Brasil do século XIX*. Trad. Celina Brandt. Rio de Janeiro: Editora da UFRJ, 1997.

GUIMARÃES, Matheus S. Comércio ilegal de africanos no interior do Brasil Oitocentista: o caso do Patacho Hermínia (Paraíba, 1850). *Almanack*, Guarulhos, n.23, p.176-201, set.-dez. 2019. Disponível em: <https://www.scielo.br/pdf/alm/n23/2236-4633-alm-23-176.pdf>. Acesso em: 20 set. 2020.

KOSTER, Henry. *Viagens ao Nordeste do Brasil*. Trad. Câmara Cascudo. São Paulo: Companhia Ed. Nacional, [1816] 1942.

LARA, Sílvia. *Blowin'in the Wind*. E. P. Thompson e a experiência negra no Brasil. *Projeto História*, São Paulo, n.12, p.43-56, out. 1995.

LIMA, Luciano Mendonça de. Quebra-quilos: uma revolta popular na periferia do Império. In: DANTAS, Monica Duarte (org.). *Revoltas, motins, revoluções*: homens livres pobres e libertos no Brasil do século XIX. São Paulo: Alameda, 2011.

______ *Cativos da "Rainha da Borborema"*: uma história social da escravidão em Campina Grande – século XIX. Recife: Ed. UFPE, 2009.

LYRA FILHO, Giuseppe E. *Um caminho para a liberdade*: a Lei Rio Branco na crise do sistema escravista paraibano. João Pessoa, 2020. Dissertação (Mestrado) – Universidade Federal da Paraíba (UFPB).

MACHADO, Maria Helena. *O plano e o pânico*: os movimentos sociais na década da Abolição. São Paulo; Rio de Janeiro: Edusp; Editora da UFRJ, 1994.

MARIANO, Serioja. *"Gente opulenta e de boa linhagem"*: família, política e relações de poder na Paraíba (1817-1824). João Pessoa: Editora da UFPB, 2013.

MATTOSO, Kátia de Queirós. O filho da escrava (em torno da Lei do Ventre Livre). *Revista Brasileira de História*, v.6, n.16, p.37-55, 1988.

MEDEIROS FILHO, José Estevam de. A Cidade da Parahyba: a implantação do bonde a tração animal no século XIX. In: *...e o bonde a burro foi implantado*: um ícone de modernidade da cidade da Parahyba no final do século XIX. Salvador, 2013. Tese (Doutorado) – Universidade Federal da Bahia (UFBA).

MEDEIROS, Coriolano de. *O Tambiá da minha infância*. João Pessoa: A União, [1942] 1994.

MELLO, Evaldo Cabral de. *O Norte agrário e o Império*: 1871-1889. 2.ed. rev. Rio de Janeiro: Topbooks, 1999.

NIMAKO, Kwame; WILLEMSEN, Glenn. *The Dutch Atlantic*: Slavery, Abolition and Emancipation. Londres: Pluto Press, 2011.

NÓBREGA, Seráphico. Discurso de posse na Academia Paraibana de Letras. *Revista Academia Paraibana de Letras*, João Pessoa, n.6, p.275-302, 1955.

OLIVEIRA, Daniel de. *As estratégias de luta pela liberdade nos últimos anos da escravidão na vila/cidade de Bananeiras-PB* (1871-1888). João Pessoa, 2017. Dissertação (Mestrado) – Universidade Federal da Paraíba (UFPB).

PAPALI, Maria Aparecida. A Legislação de 1871, o Judiciário e a Tutela de Ingênuos na cidade de Taubaté. *Revista Justiça e História*, Porto Alegre: Tribunal de Justiça, p.195-218, 2002.

PATROCÍNIO, José do. *Campanha abolicionista*: coletânea de artigos. Intr. José Murilo de Carvalho. Rio de Janeiro: Fundação Biblioteca Nacional, [1885] 1996.

PENA, Eduardo Spiller. *Pajens da casa imperial*: jurisconsultos, escravidão e a Lei de 1871. Campinas: Editora da Unicamp, 2001.

PERUSSATTO, Melina K. Nascidos de ventre livre: trabalho e liberdade na passagem do escravismo para o trabalho livre no Brasil Meridional – Rio Pardo-RS. In: PIRES, Antonio Liberac C. S. et al. (orgs.). *Da escravidão e da liberdade*: processos, biografias e experiências da abolição em perspectiva transnacional. Bahia; Belo Horizonte: Editora da UFRB; Fino Traço, 2016.

REIS, Isabel C. F. *História de vida familiar e afetiva de escravos na Bahia do século XIX*. Salvador: Centro de Estudos Baianos, 2001.

______. "Uma negra que fugio, e consta que já tem dois filhos": fuga e família entre escravos na Bahia. *Afro-Ásia*, n.23, p.27-46, 1999.

REIS, João José; SILVA, Eduardo. *Negociação e conflito*: a resistência negra no Brasil escravista. São Paulo: Brasiliense, 1989.

REIS, Maria Firmina dos. *Úrsula*: a escrava. Atual. texto e posf. Eduardo de Assis Duarte. Florianópolis; Belo Horizonte: Editora Mulheres; Editora PUC Minas, [1859; 1887] 2004.

ROCHA, Solange P. Mulheres escravizadas na Paraíba Oitocentista: trabalho, contradições e lutas por liberdade. In: XAVIER, Giovana; FARIAS, Juliana Barreto; GOMES, Flávio (orgs.). *Mulheres negras no Brasil escravista e do pós-emancipação*. São Paulo: Summus; Selo Negro, 2012.

______. *Gente negra na Paraíba oitocentista*: população, família e parentesco espiritual. São Paulo: Editora Unesp, 2009.

______. *Na trilha do feminino*: condições de vida de mulheres escravizadas na província da Paraíba (1828-1888). Recife, 2001. Dissertação (Mestrado) – Universidade Federal de Pernambuco (UFPE).

SÁ, Ariane. *Escravos, livres e insurgentes*. João Pessoa: Editora da UFPB, 2005.

SANTANA, Martha M. Falcão de C. e Morais. *Nordeste, açúcar e poder*: um estudo da oligarquia açucareira na Paraíba (1920-1962). João Pessoa: CNPq; UFPB, 1990.

SILVA, Lucian Souza da. *Nada mais sublime que a liberdade*: processo de abolição da escravidão na Parahyba do Norte (1870-1888). João Pessoa, 2016. Dissertação (Mestrado) – Universidade Federal da Paraíba (UFPB).

SLENES, Robert. *Na senzala, uma flor*: as esperanças e recordações na formação da família escrava. Brasil Sudeste, século XIX. Rio de Janeiro: Nova Fronteira, 1999.

THOMPSON, Edward. *Costumes em comum*: estudos sobre a cultura popular tradicional. Trad. Rosaura Eichenberg. São Paulo: Companhia das Letras, 1998.

VASCONCELOS, Iris; SOUSA, Silvana Vieira de. Ventre Livre e razão emancipadora. In: FERREIRA, Luzilá G. et al. (orgs.). *Suaves amazonas*: mulheres e abolição da escravatura no Nordeste. Recife: Ed. UFPE, 1999.

WILLIAMS, Eric. *Capitalismo e escravidão*. Trad. Denise Bottmann. São Paulo: Companhia das Letras, [1944] 2012.

Capítulo 15 – "Que [...] continue sob a vigilância de sua mãe a receber os carinhos"

ABREU, Martha. Slave Mothers and Freed Children: Emancipation and Female Spaces in Debates on the "Free Womb Law", Rio de Janeiro, 1871. *Journal of Latin American Studies*, n.28, p.567-89, 1996.

ALONSO, Angela. *Flores, votos e balas*: o movimento abolicionista brasileiro (1868-1888). São Paulo: Companhia das Letras, 2015.

ARAÚJO, José Thomaz Nabuco de; BUENO, José Antonio Pimenta et al. *Trabalho sobre a extinção da escravatura do Brasil* Rio de Janeiro: Typ. Nacional, 1868.

ARIZA, Marília B. A. *Mães infames, filhos venturosos*: trabalho e pobreza, escravidão e emancipação no cotidiano de São Paulo (século XIX). São Paulo: Alameda, 2020.

______. Vulneráveis e indomáveis: crianças, trabalho livre e o ocaso da escravidão (São Paulo, 1870-1890). In: CARULA, Karoline; FREIRE, Jonis. *Raça, gênero e classe*: trabalhadores(as) livre e escravizados(as) no Brasil. Rio de Janeiro: Mauad X, 2020.

AZEVEDO, Celia Maria M. *Etíope resgatado*: abolicionismo e suas conexões internacionais. São Paulo: Annablume, 2016.

BRASIL. Câmara dos Deputados. *Collecção das leis do Império do Brasil.* Rio de Janeiro: Typ. Nacional, 1869. Disponível em: <https://www2.camara.leg.br/atividade-legislativa/legislacao/colecao-anual-de-leis>.

______. Congresso Nacional. *Anais da Câmara dos Deputados*. Rio de Janeiro: Typ. Pinheiro & Cia., 1870-1871.

______. Senado Federal. *Anais do Império*. 5v. 1871. Disponível em: <https://www.senado.leg.br/publicacoes/anais/asp/IP_AnaisImperio.asp>.

CARULA, Karoline. A educação feminina em *A mãi de família*. In: CARULA, Karoline; ENGEL, Magali; CORRÊA, Maria Letícia (org.). *Os intelectuais e a nação*: educação, saúde e a construção de um Brasil moderno. Rio de Janeiro: Contra Capa, 2013.

CHALHOUB, Sidney. *Machado de Assis*: historiador. São Paulo: Companhia das Letras, 2003.

______. *Visões da liberdade*: uma história das últimas décadas da escravidão na Corte. São Paulo: Companhia das Letras, 1990.

COWLLING, Camillia. *Concebendo a liberdade*: mulheres de cor, gênero e a abolição da escravidão nas cidades de Havana e Rio de Janeiro. Campinas, SP: Editora da Unicamp, 2018.

DRESCHER, Seymour. A sociedade civil e os caminhos para a abolição. *História*, v.34, n.2, p.29-57, 2015.

FRANCISCO, Raquel Pereira. *Laços da senzala, arranjos da flor de maio*: relações familiares e de parentesco entre a população escrava e liberta – Juiz de Fora (1870-1900). Niterói, 2007. Dissertação (Mestrado em História) – Universidade Federal Fluminense (UFF).

LAIDLER, Christiane. A Lei do Ventre Livre: interesses e disputas em torno do projeto de "abolição gradual". *Escritos*, Rio de Janeiro: Fundação Casa de Rui Barbosa, ano 5, n.5, p.169-205, 2013.

LEITE, Thomaz Santos. *Com a letra da Lei e o espírito do legislador*: projetos, atores e debates políticos na trajetória da Lei do Ventre Livre (1866-1871). Juiz de Fora-MG, 2020. Dissertação (Mestrado em História) – Universidade Federal de Juiz de Fora (UFJF).

MACHADO, Maria Helena. Mulher, corpo e maternidade. In: SCHWARCZ, Lília; GOMES, Flávio (orgs.). *Dicionário da escravidão e liberdade*: 50 textos críticos. São Paulo: Companhia das Letras, 2018.

MENDONÇA, Joseli. *Entre a mão e os anéis*: a Lei dos Sexagenários e os caminhos da abolição no Brasil. Campinas: Editora da Unicamp, 1999.

PENA, Eduardo S. *Pajens da casa imperial*: jurisconsultos, escravidão e a Lei de 1871. Campinas, SP: Editora da Unicamp, 2001.

RODRIGUES, José H. (org.). *Atas do Conselho de Estado*. 13v. Brasília: Senado Federal, 1973-1978.

ROTH, Cassia. From Free Womb to Criminalized Woman: Fertility Control in Brazilian Slavery and Freedom. *Slavery & Abolition*, v.38, n.2, ed. esp., jun. 2017.

SANTOS, Martha S. "Slave Mothers", *partus sequitur ventrem*, and the Naturalization of Slave Reproduction in Nineteenth-Century Brazil. *Tempo*, v.22, n.41, p.467-87, set.-dez. 2016.

Parte IV – Narrativas e resistências
Capítulo 16 – Ventres livres da Amazônia

ABREU, Tenner Inauhiny. *Nascidos no grêmio da sociedade*: racialização e mestiçagem entre os trabalhadores na Província do Amazonas (1850-1889). Manaus, 2012. Dissertação (Mestrado em História) – Instituto de Filosofia e Ciências Humanas e Sociais, Universidade Federal do Amazonas.

ALMEIDA, Maria Regina Celestino de. Trabalho compulsório na Amazônia: séculos XVII-XVIII. *Revista Arrabaldes*, ano I, n.2, p.101-17, set.-dez. 1988.

ARIZA, Marília B. A. *Mães infames, filhos venturosos*: trabalho e pobreza, escravidão e emancipação no cotidiano de São Paulo (século XIX). São Paulo: Alameda, 2020.

BAENA, Antonio Ladislau Monteira. *Ensaio corográfico sobre a Província do Pará*. Brasília: Edições do Senado Federal, [1839] 2004.

BEZERRA NETO, José Maia. Entre senzalas e seringais: escravidão, capitalismo e crescimento econômico no Brasil (Pará: 1850-1888). *Revista Eletrônica História eHistória*, 2009.

BLANCO, Laura Stella Passador de Luiz. *Crimes praticados por escravos na Manaus oitocentista*. Manaus, 2020. Dissertação (Mestrado em História) – Instituto de Filosofia e Ciências Humanas e Sociais, Universidade Federal do Amazonas.

BRADLEY, Josephine Boyd; LESLIE, Kent Anderson. White Pain Pollen: An Elite Biracial Daughter's Quandary. In: HODES, Martha (org.). *Sex, Love, and Race*: Crossing Boundaries in North American History. Nova York: New York University Press, 1999.

CANELAS, Letícia. Maternidade, alforria e direitos no Caribe Francês (século XIX). In: ARIZA, Marília; CARULA, Karoline (orgs.). *Escravidão e maternidade no mundo atlântico*: corpo, saúde, trabalho, família e liberdade nos séculos XVIII e XIX. Rio de Janeiro: EdUFF, 2021 [no prelo].

CARDOSO, Antonio Alexandre Isidio. *O Eldorado dos deserdados*: indígenas, escravos, migrantes, regatões e o avanço rumo ao oeste amazônico no século XIX. São Paulo, 2017. Tese (Doutorado em História) – Faculdade de Filosofia, Letras e Ciências Humanas, Universidade de São Paulo (USP).

CAVALCANTE, Ygor Olinto. *Uma viva e permanente ameaça*: resistência, rebeldia e fugas de escravos no Amazonas Provincial (1850-1882). Manaus, 2013. Dissertação (Mestrado em História) – Universidade Federal do Amazonas.

CHAMBOULEYRON, Rafael. Escravos do Atlântico Equatorial: tráfico negreiro para o Estado do Maranhão e Pará (século XVII e início do século XVIII). *Revista Brasileira de História*, São Paulo, v.26, n.52, p.79-114, 2006.

CONRAD, Robert. *Os últimos anos da escravatura no Brasil, 1850-1888*. Rio de Janeiro: Civilização Brasileira, 1978.

COSTA, Jéssyka Sâmya Ladislau Pereira *Por todos os cantos da cidade*: escravos negros no mundo do trabalho na Manaus oitocentista (1850-1884). Niterói, 2016. Dissertação (Mestrado em História Social) – Instituto de Filosofia e Ciências Humanas, Universidade Federal Fluminense (UFF).

COWLING, Camillia. *Concebendo a liberdade*: mulheres de cor, gênero e a abolição da escravidão nas cidades de Havana e Rio de Janeiro. Campinas, SP: Editora da Unicamp, 2018.

DIAS, Maria Odila da Silva. *Quotidiano e poder em São Paulo no século XIX*. 2.ed. São Paulo: Brasiliense, 1995.

LIVESEY, Andrea. Conceived in Violence: Enslaved Mothers and Children Born of Rape in Nineteenth-Century Louisiana. *Slavery & Abolition*, v.38, n.2, p.373-91, 2017.

MACHADO, Maria Helena P. T. Mulher, corpo e maternidade. In: SCHWARZ, Lilia K.; GOMES, Flávio (orgs.). *Dicionário da escravidão e da liberdade*. São Paulo: Companhia das Letras, 2018.

MACLACHLAN, Colin. African Slave Trade and Economic Development in Amazonia, 1700-1800. In: TOPLIN, Robert Brent (org.). *Slavery and Race Relations in Latin America*. Westport, Connecticut: Greenwood Press, 1974.

NEQUETE, Lenine. *O escravo na jurisprudência brasileira*: magistratura e ideologia no Segundo Reinado. Porto Alegre: Diretoria da *Revista de Jurisprudência* e outros impressos do Tribunal de Justiça, 1988.

NEVES, Pedro Monteiro. *Liberdade sem sustos, nem inquietações*: significados e sentidos do Fundo de Emancipação no Grão-Pará (1871-1888). Belém, 2014. Dissertação

(Mestrado em História Social da Amazônia) – Faculdade de História, Universidade Federal do Pará (UFPA).

POZZA NETO, Provino. *Aves libertas*: ações emancipacionistas no Amazonas Imperial. Manaus, 2011. Dissertação (Mestrado em História Social) – Instituto de Ciências Humanas e Letras, Universidade Federal do Amazonas (Ufam).

SALLES, Vicente. *O negro no Pará, sob o regime da escravidão*. Rio de Janeiro: Fundação Getúlio Vargas; UFPA, 1971.

SAMPAIO, Patrícia Melo (org.). *O fim do silêncio*: presença negra na Amazônia. Belém: Açaí; CNPq, 2011.

______. Nas teias da fortuna: acumulação mercantil e escravidão em Manaus, século XIX. *Revista Humanidades*, v.3, n.6, out.-nov. 2002.

______. *Os fios de Ariadne*: tipologias de fortunas e hierarquias sociais em Manaus: 1840-1880. Manaus: Edua, 1997.

SOARES, Luiz Carlos. *"O Povo de Cam" na capital do Brasil*: a escravidão urbana no Rio de Janeiro do século XIX. Rio de Janeiro: Faperj; 7 Letras, 2007.

TEIXEIRA, Alcemir Arlijean Bezerra. *O Juízo dos Órfãos em Manaus (1868-1896)*. Manaus, 2010. Dissertação (Mestrado em História) – Instituto de Filosofia e Ciências Humanas e Sociais, Universidade Federal do Amazonas.

VERGOLINO-HENRY, Anaíza; FIGUEIREDO, Arthur Napoleão. *A presença africana na Amazônia colonial*: uma notícia histórica. Belém: Apep, 1990.

Capítulo 17 – Mais que um ventre livre

ALMADA, Paulo Daniel Sousa. A infância desvalida: menores do Pará entre a Lei do Ventre Livre e a abolição. Belém, 1984. Monografia (Conclusão de curso de Laboratório de História) – Instituto de Filosofia e Ciências Humanas (IFCH), Universidade Federal do Pará (UFPA).

BEZERRA NETO, José Maia. *Escravidão negra do Grão-Pará (séculos XVII-XIX)*. 2.ed. Belém: Paka-Tatu, 2012.

______. *Por todos os meios legítimos e legais*: as lutas contra a escravidão e os limites da Abolição (Brasil, Grão-Pará, 1850-1888). São Paulo, 2009. Tese (Doutorado em História) – Pontifícia Universidade Católica (PUC-SP).

CHALHOUB, Sidney. *Visões da liberdade*: uma história das últimas décadas da escravidão na Corte. São Paulo: Companhia das Letras, 2011.

CONRAD, Robert. *Os últimos anos da escravatura no Brasil (1850-1888)*. 2.ed. Rio de Janeiro: Civilização Brasileira, 1978.

COWLING, Camillia. *Concebendo a liberdade*: mulheres de cor, gênero e abolição da escravidão nas cidades de Havana e Rio de Janeiro. Campinas, SP: Editora da Unicamp, 2018.

CRAIG, Neville B. *Estrada de Ferro Madeira-Mamoré*: história trágica de uma expedição. Rio de Janeiro: Companhia Editora Nacional, 1947. Disponível em: <http://bdor.sibi.ufrj.br/handle/doc/328>. Acesso em: 18 ago. 2019.

GRINBERG, Keila. Alforria, direito e direitos no Brasil e nos Estados Unidos. *Estudos Históricos*, Rio de Janeiro, n.27, p.63-83, 2001.

LAURINDO JUNIOR, Luiz. *A cidade de Camilo*: escravidão urbana em Belém do Grão Pará (1871-1888). Belém, 2012. Dissertação (Mestrado em História) – Universidade Federal do Pará (UFPA).

LOBO, Marcelo Ferreira. Liberdade tutelada: de ingênuos a órfãos (1870-1893). In: BEZERRA NETO, José Maia; LAURINDO JUNIOR, Luiz Carlos (orgs.). *Escravidão urbana e abolicionismo no Grão-Pará (século XIX)*. 1.ed. Jundiaí, SP: Paco Editorial, 2020.

______. *Liberdade tutelada*: ingênuos e órfãos no Pará (1871-1893). Belém, 2015. Dissertação (Mestrado em História) – Universidade Federal do Pará (UFPA).

MATTOSO, Katia M. de Queiros. *Ser escravo no Brasil*. Petrópolis, RJ: Vozes, 2016.

MENDONÇA, Joseli Nunes. *Cenas da Abolição*: escravos e senhores no Parlamento e na Justiça. São Paulo: Perseu Abramo, 2007.

MODESTO, Victor Hugo do Rosário. *Como se fossem escravos*: experiências de menores de idade tutelados no Grão-Pará (1871-1900). Belém, 2020. Dissertação (Mestrado em História Social) – Universidade Federal do Pará (UFPA).

______. "Não há ingênuos e sim órfãos": menores filhos de libertas no limiar da abolição em Belém do Grão-Pará. *História Unicap*, v.5, n.9, p.28-46, jan.-jun. 2018.

MORAES FILHO, Mello de. *Cantos do Equador*: sertões e florestas, nocturnos e fantasias, poemas da escravidão. Rio de Janeiro: Tipografia de G. Leuzinger & Filho, 1881.

NASCIMENTO, Sônia Viana do. *Igarapé-Mirim*: a passagem da escravidão ao trabalho livre, numa região de engenhos (1843-1888). Belém, 2017. Dissertação (Mestrado em História Social) – Programa de Pós-Graduação em História Social da Amazônia, Universidade Federal do Pará (UFPA).

NEVES, Pedro Monteiro. Aplicabilidade da lei e as estratégias de libertação: uma análise sobre o Fundo de Emancipação no Grão-Pará (1871-1888). In: BEZERRA NETO, José Maia; LAURINDO JUNIOR, Luiz Carlos (orgs.). *Escravidão urbana e abolicionismo no Grão-Pará (século XIX)*. Jundiaí, SP: Paco Editorial, 2020.

RONCADOR, Sônia. *A doméstica imaginária*: literatura, testemunhos e a invenção da empregada doméstica no Brasil (1889-1999). Brasília: Editora Universidade de Brasília (UnB), 2008.

SILVA, Claudia Marcia Dias. *A Sociedade Filantrópica de Emancipação de Escravos*: emancipações escravas e a concepções emancipacionistas em Belém. Belém, 1999. Trabalho Conclusão de Curso (História) – Centro de Filosofia e Ciências Humanas, Universidade Federal do Pará (UFPA).

Capítulo 18 – Disputas pelos significados da liberdade do ventre escravizado

ADICHE, Chimamanda Ngozi. *O perigo de uma história única*. Trad. Julia Romeu. 1.ed. São Paulo: Companhia das Letras, 2019.

ASSIS, Machado de. Pai contra mãe. In: *Relíquias de casa velha*. Rio de Janeiro: H. Garnier Livreiro Editor, 1906. Disponível em: <http://www.brasiliana.usp.br/bbd/handle/1918/00212100#page/1/mode/1up>.

BOUDON, Raymond. *A desigualdade das oportunidades*: mobilidade social nas sociedades industriais. Trad. Carlos Alberto Lamback. Brasília: Editora Universidade de Brasília (UnB), 1981.

CHALHOUB, Sidney. *Visões da liberdade*: uma história das últimas décadas da escravidão na Corte. São Paulo: Companhia das Letras, 1990.

DAVIS, Angela. *Mulheres, raça e classe*. Trad. Heci Regina Candiani. São Paulo: Boitempo, 2016.

FARIAS, Juliana B. Sob o governo das mulheres: casamento e divórcio entre africanos ocidentais no Rio de Janeiro do século XIX. In: XAVIER, Giovana; FARIAS, Juliana Barreto; GOMES, Flávio (orgs.). *Mulheres negras no Brasil escravista e do pós-emancipação*. São Paulo: Summus; Selo Negro, 2012.

FRIEDAN, Betty. *A mística feminina*. Trad. Áurea B. Weissenberg. Petrópolis, RJ: Vozes, 1971.

HOOKS, Bell. *E eu não sou uma mulher?* Mulheres negras e feminismo. Rio de Janeiro: Rosa dos Tempos, 2019.

______. Mulheres negras: moldando a teoria feminista. *Revista Brasileira de Ciência Política*, Brasília, n.16, p.193-210, jan.-abr. 2015.

KELLEY, Robin D. G. *Race Rebels*: Culture, Politics, and the Black Working Class. Nova York: The Free Press, 1996.

REIS, Isabel Cristina Ferreira dos. *A família negra no tempo da escravidão*: Bahia, 1850-1888. Salvador, 2007. Tese (Doutorado) – Universidade Estadual da Bahia.

SANTOS, Lucimar Felisberto do. *A negação da herança social*: africanos e crioulos no mundo da liberdade, do capital e do trabalho. Rio de Janeiro, 1872-1906. Salvador, 2013. Tese (Doutorado) – Universidade Federal da Bahia.

______. Entre condições e expectativas de liberdade: a relação liberdade-capital-trabalho pós-abolicionista. *Revista de História Comparada*, UFRJ, v.7, p.244-73, 2013.

SANTOS, Lucimar Felisberto dos. Os bastidores da lei: estratégias escravas e o Fundo de Emancipação. *Revista de História Universidade Federal da Bahia*, v.1, n.2, p.18-39, 2009.

SOARES, Carlos Eugenio Líbano. *Zungu, um rumor de muitas* vozes. Rio de Janeiro: Aperj, 1998.

______; GOMES, Flávio. Em busca de um "risonho futuro": seduções, identidades e comunidades em fugas no Rio de Janeiro escravista (séc. XIX). *Locus: Revista de História*, Juiz de Fora, v.7, n.2, p.9-28, 2001.

STEPAN. Nancy Leys. Raça e gênero: o papel da analogia na ciência. In: HOLLANDA, Heloisa Buarque de (org.). *Tendências e impasses*: o feminismo como crítica da cultura. Rio de Janeiro: Rocco, 1994.

STOLCKE, Verena. Sexo está para gênero assim como raça para etnicidade? *Estudos Afro-Asiáticos*, Rio de Janeiro, n.20, p.101-19, jun. 1991.

XAVIER, Giovana; FARIAS, Juliana Barreto; GOMES, Flávio (orgs.). *Mulheres negras no Brasil escravista e do pós-emancipação*. São Paulo: Summus; Selo Negro, 2012.

Capítulo 19 – Do tempo e da lei

BEZERRA NETO, José Maria. *Escravidão negra no Grão-Pará* (séculos XVII-XIX). 2.ed. rev. e ampl. Belém: PaKa-Tatu, 2012.

ESTRADA, Osório Duque. *A abolição*. Brasília: Senado Federal; Conselho Editorial, 2005. [Edições do Senado Federal, v.39.]

FERREIRA, Celeste Silva. *Entre escolhidos e classificadores*: apontamentos à aplicação da Lei de 1871 no Maranhão (1871-1888). Maranhão, 2017. Dissertação (Programa de Pós-Graduação) –Universidade Federal do Maranhão.

FRANCO DE SÁ, Felipe. Ao corpo eleitoral. *O Paiz*, Órgão Especial do Commercio, São Luís-Ma, 24 abr. 1881, ano XIX, n.92, Seção Publicações gerais.

GRAHAM, Richard. *Escravidão, reforma e imperialismo*. História. São Paulo: Perspectiva, 1979.

JACINTO, Cristiane Pinheiro Santos. *O tráfico interprovincial de escravos do Maranhão (1846-1885)*. São Luís, 2000. Monografia (Graduação em História) – Universidade Federal do Maranhão.

LEAL, A. Henriques. Apontamentos estatísticos da Província do Maranhão. In: VIVEIROS, Jerônimo de. *História do comércio do Maranhão (1612-1895)*. ed. *fac-similar*. São Luís: Associação Comercial do Maranhão; Lithograf, 1992.

LOPES, Daylana Cristina da Silva. Vivências escravas na cidade: a luta pela liberdade em São Luís (1870-1888). In: ABRANTES, Elizabeth Souza; BARROSO JR., Reinaldo dos Santos. *O Maranhão e a escravidão moderna*. São Luís: Editora Uema, 2016.

______. *Direito e escravidão*: embates acerca da liberdade jurídica de escravos na província do Maranhão (1860-1888). São Luís, 2013. Dissertação (Mestrado em História Social) – Universidade Federal do Maranhão (UFMA).

MACHADO, Maria Helena. *O plano e o pânico*. São Paulo: Edusp, 1994.

MIGNOLO, Walter D. La colonialidad a lo largo y a lo ancho: el horizonte colonial de la modernidad. In: *La colonialid del saber*: eurocentrismo y ciencias sociales. Perspectiva latino-americanas. Buenos Aires: Clacso, 2000.

MOURA, Clovis. *Rebeliões da senzala*: quilombos, insurreições guerrilhas. São Paulo: Livraria Editora Ciências Humanas, 1981.

PEREIRA, Josenildo de Jesus. Vida de escravo. In: ABRANTES, Elizabeth Souza; BARROSO JR., Reinaldo dos Santos. *O Maranhão e a escravidão moderna*. São Luís: Editora Uema, 2016.

______. *As representações da escravidão na imprensa jornalística do Maranhão oitocentista*. São Paulo, 2007. Tese (Doutorado) – Programa de Pós-Graduação, Universidade de São Paulo (USP).

______. Na fronteira do cárcere e do paraíso: escravidão, cotidiano e resistência escrava no Maranhão oitocentista. In: COELHO, Mauro C. et al. (orgs.). *Meandros da história*: trabalho e poder no Grão-Pará e Maranhão, séculos XVIII e XIX. Belém: Unamaz, 2005.

PUBLIO, Ennio. Caracteres políticos. *Pacotilha: Jornal da Tarde*, São Luís-MA, 26 abr. 1881, ano 1, n.14, p.3, Seção Colaboração: caracteres políticos.

REIS, João José; GOMES, Flávio dos Santos (orgs.). *Liberdade por um fio*: história dos quilombos no Brasil. São Paulo: Companhia das Letras, 1996.

RIBEIRO, Jalila A. *A desintegração do sistema escravista no Maranhão (1850-1888)*. Pernambuco, 1983. Dissertação (Mestrado) – Universidade Federal de Pernambuco.

RIBEIRO, Pedro Nicoláo. Os párocos e a Lei Geral n.2.040 de setembro, que declarou de condição livre os filhos de mulheres escravas, que nascerem livres desde a data da lei. *Publicador Maranhense*, São Luís-MA, 27 out. 1871, n.237, p.2, Seção Publicações gerais.

SAMPAIO, Patrícia M. (org.). *O fim do silêncio*: presença negra na Amazônia. Belém: Açaí; CNPq, 2011.

VIVEIROS, Jerônimo de. *História do comércio do Maranhão (1612-1895)*. ed. *fac-similar*. São Luís: Associação Comercial do Maranhão; Lithograf, 1992.

WAGNER, Alfredo Berno de Almeida. *A ideologia da decadência*: leitura antropológica a uma história da agricultura do Maranhão. 2.ed. rev. e ampl. Rio de Janeiro: Casa 8; Fundação Universidade do Amazonas, 2008.

Parte V – Arenas jurídicas de direitos do cativeiro e gozo da liberdade
Capítulo 20 – Para além do ventre livre

BARBOSA, Samuel. Complexidade e meios textuais de difusão e seleção do direito civil brasileiro pré-codificação. In: FONSECA, Ricardo Marcelo; SEELAENDER, Airton (orgs.). *História do direito em perspectiva*: do antigo regime à modernidade. Curitiba: Juruá, 2009.

BOMBARDI, Fernanda; PRADO, Luma. Ações de liberdade de índias e índios escravizados no Estado do Maranhão e Grão-Pará, primeira metade do século XVIII. *Brasiliana: Journal for Brazilian Studies*, v.5, p.174-99, 2016.

BRASIL. *Anais do Parlamento Brasileiro*: Câmara dos srs. Deputados. t.I. Rio de Janeiro: Typographia Imperial e Constitucional de J. Villeneuve e Companhia, 1866.

______. *Elemento servil*: parecer da comissão especial apresentado à Câmara dos srs. Deputados. Rio de Janeiro: Typographia Nacional, 1871.

______. *Elemento servil*: parecer e projeto de lei apresentados à Câmara dos srs. Deputados na sessão de 16 de agosto de 1870, pela comissão especial nomeada pela mesma Câmara em 24 de maio de 1870. Rio de Janeiro: Typographia Nacional, 1870.

______. *Pareceres do Conselho de Estado no anno de 1868 relativos ao elemento servil*. Rio de Janeiro: Typographia Nacional, 1871.

______. *Trabalho sobre a extinção da escravatura no Brasil*. Rio de Janeiro: Typographia Nacional, 1868.

CANDIDO, Mariana. African Freedom Suits and Portuguese Vassal Status: Legal Mechanisms for Fighting Enslavement in Benguela, Angola (1800-1830). *Slavery & Abolition*, v.32, p.447-59, 2011.

CHALHOUB, Sidney. *Visões da liberdade*: uma história das últimas décadas da escravidão na Corte. São Paulo: Companhia das Letras, 1990.

COWLING, Camillia. *Conceiving Freedom*: Women of Color, Gender and the Abolition of Slavery in Havana and Rio de Janeiro. Chapel Hill: University North Carolina Press, 2013. [Ed. bras.: *Concebendo a liberdade*: mulheres de cor, gênero e a abolição da escravidão nas cidades de Havana e Rio de Janeiro. São Paulo: Editora da Unicamp, 2018.]

CURTO, José. Struggling against Enslavement: The Case of José Manuel in Benguela, 1816-1820. *Canadian Journal of African Studies*, v.39, p.96-122, 2005.

DANWERTH, Otto; DUVE, Thomas (orgs.). *Knowledge of the* Pragmatici: Legal and Moral Theological Literature and the Formation of Early Modern Ibero-America. Leiden: Brill, 2020.

ESPÍNDOLA, Ariana. *Papéis da escravidão*: a matrícula especial de escravos (1871). Florianópolis, 2016. Tese (Doutorado) – Universidade Federal de Santa Catarina.

FARIAS, Juliana. "Diz a preta mina...": cores e categorias sociais nos processos de divórcio abertos por africanas ocidentais, Rio de Janeiro, século XIX. *Estudos Ibero-Americanos*, v.44, n.3, p.470-83, 2018.

FERREIRA, Roquinaldo. *Cross-Cultural Exchange in the Atlantic World*: Angola and Brazil during the Era of the Slave Trade. Cambridge: Cambridge University Press, 2012.

FONSECA, Ricardo Marcelo; SEELAENDER, Airton (orgs.). *História do direito em perspectiva*: do Antigo Regime à modernidade. Curitiba: Juruá, 2009.

GRINBERG, Keila. Re-Enslavement, Rights and Justice in Nineteenth Century Brazil. *Translating the Americas*, v.1, p.141-59, 2013.

______. *O fiador dos brasileiros*: cidadania, escravidão e direito civil no tempo de Antonio Pereira Rebouças. Rio de Janeiro: Civilização Brasileira, 2002.

______. *Liberata, a lei da ambiguidade*: as ações de liberdade na Corte de Apelação do Rio de Janeiro no século XIX. Rio de Janeiro: Relume-Dumará, 1994.

HESPANHA, António. *Como os juristas viam o mundo, 1550-1750*: direitos, estados, pessoas, coisas, contratos, ações e crimes. Lisboa: António Manuel Hespanha, 2015.

MADEIRA-SANTOS, Catarina. Esclavage africain et traite atlantique confrontés: transactions langagières et juridiques: à propos du Tribunal de Mucanos dans l'Angola des XVIIe et XVIIIe siècles. *Brésil(s): Sciences Humaines et Sociales, on-line*, v.1, 2012.

MAFRA, Manoel da Silva. *Promptuario das leis de manumissão*. Rio de Janeiro: Typographia Nacional, 1877.

MENDONÇA, Joseli. *Entre a mão e os anéis*: a Lei dos Sexagenários e os caminhos da abolição no Brasil. Campinas, SP: Editora da Unicamp, 2008.

PAES, Mariana Dias. *Esclavos e tierras entre posesión y títulos*: la construcción social del derecho de propiedad en Brasil (siglo XIX). Frankfurt am Main: Max Planck Institute for Legal History and Legal Theory, 2021 [no prelo].

______. Shared Atlantic Legal Culture: The Case of a Freedom Suit in Benguela. *Atlantic Studies, Global Currents*, v.17, p.419-40, 2020.

______. Terras em contenda: circulação e produção de normatividades em conflitos agrários no Brasil Império. *Revista da Faculdade de Direito da UFMG*, n.74, p.379-406, 2019.

______. *Escravidão e direito*: o estatuto jurídico dos escravos no Brasil oitocentista (1860-1888). São Paulo: Alameda, 2019.

______. O procedimento de manutenção de liberdade no Brasil oitocentista. *Estudos Históricos*, v.29, n.58, p.339-60, 2016.

PENA, Eduardo. *Pajens da casa imperial*: jurisconsultos, escravidão e a Lei de 1871. Campinas, SP: Editora da Unicamp, 2001.

PESSOA, V. A. Paula. *Elemento servil*. Rio de Janeiro: Instituto Typographico do Direito, 1875.

PINHEIRO, Fernanda. *Em defesa da liberdade*: libertos, coartados e livres de cor nos tribunais do Antigo Regime português (Mariana e Lisboa, 1720-1819). Belo Horizonte: Fino Traço Editora, 2018.

PIROLA, Ricardo. Escravos e rebeldes na justiça imperial: dois casos de assassinatos senhoriais em Campos dos Goytacazes (RJ), 1873. *Afro-Ásia*, n.51, p.41-80, 2015.

PORTUGAL. *Boletim Official do Governo Geral da Provincia d'Angola*, n.517, 25 ago. 1855.

SEIXAS, Romualdo Antonio de. *Promptuario para mais facil comprehensão e execução da Lei de 28 de setembro de 1871 e mais disposições sobre a emancipação do elemento servil*. Bahia: Typographia Constitucional, 1872.

SILVEIRA, Luiz de Souza da. *Annotaçoes à Lei n.2.040, de 28 de setembro de 1871*. Maranhão: Typographia do Frias, 1876.

TELLES, José Homem Corrêa. *Doutrina das acções*. Coimbra: Casa de J. Augusto Orcel, 1869.

VEIGA, Luiz Francisco da. *Livro do estado servil e respectiva libertação*. Rio de Janeiro: Typographia Nacional, 1876.

Capítulo 21 – Estratégias de mulheres escravizada para obter alforrias

ABRAÃO, Fernando A. *As ações de liberdade de escravos em Campinas*. Campinas, SP: CMU, 1992.

CARVALHO, José M. *A construção da ordem*: teatro de sombras. 2.ed. Rio de Janeiro: Relume-Dumará, 1996.

CHALHOUB, Sidney. *Visões da liberdade*: uma história das últimas décadas da escravidão na Corte. São Paulo: Companhia de Letras, 1998.

CONRAD, Robert. *Os últimos anos da escravatura no Brasil, 1850-1888*. Rio de Janeiro: Civilização Brasileira, 1978.

COSTA, Emilia Viotti da. *Da Monarquia à República*: momentos decisivos. 2.ed. São Paulo: Ciências Humanas, 1985.

CUNHA, Manuela Carneiro. *Antropologia do Brasil*: mito, história, etnicidade. 2.ed. São Paulo: Brasiliense, 1987.

EISENBERG, Peter. *Homens esquecidos*: escravos e trabalhadores livres no Brasil (séculos XIX e XX). Campinas, SP: Editora da Unicamp, 1989.

FERRAZ, Lizandra Meyer. *Entradas para a liberdade*: formas e frequência da alforria em Campinas no século XIX. Campinas-SP, 2010. 211p. Dissertação (Mestrado) – Instituto de Filosofia e Ciências Humanas, Universidade Estadual de Campinas (Unicamp).

GEBARA, Ademir. *O mercado de trabalho livre no Brasil (1871-1888)*. São Paulo: Brasiliense, 1986.

LAIDLER, Christiane. A Lei do Ventre Livre: interesses e disputas em torno do projeto de "abolição gradual". *Revista Escritos*, v.5, n.5, p.169-205, 2011.

OLIVEIRA, Ana G. R. *Pena, papel e grilhões*: o sinuoso caminho até a aprovação da Lei do Ventre Livre. Belo Horizonte, 2016. Dissertação (Mestrado) – Faculdade de Direito, Universidade Federal de Minas Gerais (UFMG).

PENA, Eduardo S. *O jogo da face*: a astúcia frente aos senhores e à lei na Curitiba provincial. Curitiba: Aos Quatro Ventos, 1999.

ROCHA, Solange P. *Gente negra na Paraíba oitocentista*: população, família e parentesco espiritual. São Paulo: Editora Unesp, 2009.

SANTOS, Joceneide C. *Entre farinhadas, procissões e famílias*: a vida de homens e mulheres escravos em Lagarto, Província de Sergipe (1850-1888). Salvador, 2004. Dissertação (Mestrado em História Social) – Faculdade de Filosofia e Ciências Humanas, Universidade Federal da Bahia.

SONEGO, Marcio J. F. A Lei do Ventre Livre e os possíveis caminhos para a liberdade dos escravizados em Alegrete (RS) 1871-1888. *Escritas*, v.11, n.1, 2019.

Capítulo 22 – Luiz Gama e a Lei do Ventre Livre

ALONSO, Angela. *Flores, votos e balas*: o movimento abolicionista brasileiro (1868-1888). São Paulo: Companhia das Letras, 2015.

AZEVEDO, Elciene. *O direito dos escravos*: lutas jurídicas e abolicionismo na província de São Paulo. Campinas, SP: Editora da Unicamp, 2010.

______. *Orfeu de carapinha*: a trajetória de Luiz Gama na imperial cidade de São Paulo. Campinas, SP: Editora da Unicamp, 1999.

CAMPOS, Américo de et al. Loja América. *Correio Paulistano*, 10 nov. 1871.

CHALHOUB, Sidney. *Visões da liberdade*: uma história das últimas décadas da escravidão na Corte. São Paulo: Companhia das Letras, 1990.

COWLING, Camillia. *Conceiving Freedom*: Women of Color, Gender and the Abolition of Slavery in Havana and Rio de Janeiro. Chapel Hill: University North Carolina Press, 2013. [Ed. bras.: *Concebendo a liberdade*: mulheres de cor, gênero e a abolição da escravidão nas cidades de Havana e Rio de Janeiro. São Paulo: Editora da Unicamp, 2018.]

DIAS, Maria Odila L. da S. *Quotidiano e poder em São Paulo no século XIX*. 2.ed. rev. São Paulo: Brasiliense, 1995.

FAUSTO, Boris. *História do Brasil*. São Paulo: Edusp, 1994.

FERREIRA, Ligia. *Com a palavra, Luiz Gama*: poemas, artigos, cartas, máximas. São Paulo: Imprensa Oficial do Estado de São Paulo, 2011.

______. *Luiz Gama (1830-1882)*: etude sur la vie et l'œuvre d'un noir citoyen, poète et militant de la cause antiesclavagiste au Brésil. Paris, 2001. 331p. Tese (Doutorado em Estudos Portugueses e Brasileiros) – Université Paris 3, Sorbonne.

FRANCISCO, Renata Ribeiro. *A maçonaria e o processo de abolição em São Paulo*. São Paulo, 2018. Tese (Doutorado em História Social) – Faculdade de Filosofia, Letras e Ciências Humanas, Universidade de São Paulo (USP).

GAMA, Luiz. Fôro da Capital. Juizo Municipal (coisas do sapientíssimo sr. dr. Felício). *Correio Paulistano*, 31 jul. 1872, Secção Particular.

______. Fôro da Capital. Juizo Municipal (coisas do sapientíssimo sr. dr. Felício). *Correio Paulistano*, 28 jul. 1872, Secção Particular.

______. Fôro de Jacarehy. *Correio Paulistano*, 30 maio 1872, p.2, Secção Particular.

______. Foro de Jundiahy. *Correio Paulistano*, São Paulo, 1o out. 1871, p.2, Secção A Pedido.

______. Fóro de Jundiahy (delegacia de polícia). *Correio Paulistano*, São Paulo, 7 jul. 1870, p.2, Secção A Pedido.

GOMES Flávio; MACHADO, Maria Helena. Da abolição ao pós-emancipação: ensaiando alguns caminhos para outros percursos. In: MACHADO, Maria Helena P. T.; CASTILHO, Celso (orgs.). *Tornando-se livre*: agentes históricos e lutas sociais no processo de abolição. São Paulo: Edusp, 2015.

GRINBERG, Keila. *Liberata, a lei da ambiguidade*: as ações de liberdade da Corte de Apelação do Rio de Janeiro no século XIX. Rio de Janeiro: Relume-Dumará, 1994.

MACHADO, Maria Helena P. T. "Mulher, corpo e maternidade. In: SCHWARCZ, Lilia M.; GOMES, Flávio. *Dicionário da escravidão e liberdade: 50 textos críticos*. São Paulo: Companhia das Letras, 2018.

______. *O plano e o pânico*: os movimentos sociais na década da Abolição. 1.ed. Rio de Janeiro; São Paulo: Editora da UFRJ; Edusp, 1994.

MENDONÇA, Joseli M. N. *Entre a mão e os anéis*: a Lei dos Sexagenários e os caminhos da abolição no Brasil. 2.ed. Campinas, SP: Editora da Unicamp, 2008.

MIRAGAIA, José Antonio. Atibaia. *Diario de S. Paulo*, 16 set. 1869, p.2, Seção Publicações Pedidas.

SCOTT, Rebecca. *Emancipação escrava em Cuba*: a transição para o trabalho livre, 1860-1899. Campinas, SP; Rio de Janeiro: Editora da Unicamp; Paz e Terra, 1991.

SILVA, Patrícia Garcia Ernando da. *Últimos desejos e promessas de liberdade*: os processos de alforria em São Paulo (1850-1888). São Paulo, 2010. Dissertação (Mestrado em História Econômica) – Faculdade de Filosofia, Letras e Ciências Humanas, Universidade de São Paulo (USP).

TEIXEIRA, Kátia Leiróz. *O grito da cor*: a liberdade e o pensamento abolicionista de Luiz Gama. Rio de Janeiro, 2000. Dissertação (Mestrado em História) – Universidade do Estado do Rio de Janeiro (Uerj).

Capítulo 23 – Leva lo em seo poder, para não perderem eles o seo amor, e estima [...]

ALANIZ, Anna Gicelli García. *Ingênuos e libertos*: estratégias de sobrevivência familiar em épocas de transição, 1871-1895. Campinas, SP: CMU; Editora da Unicamp, 1997.

ALONSO, Angela. *Flores, votos e balas*: o movimento abolicionista brasileiro (1868-1888). São Paulo: Companhia das Letras, 2015.

ANDRADE, Urano de Cerqueira. *Entre a rebeldia e o medo*: conversas oficiais e práticas antiquilombos e Camamu, 1831-1839. Salvador, 2008. Monografia (Conclusão de Curso de Bacharelado em História) – Universidade Católica do Salvador (UCsal).

ARIZA, Marilia. Mães libertas, filhos escravos: desafios femininos nas últimas décadas da escravidão em São Paulo. *Revista Brasileira de História*, São Paulo, v.38, n.79, p.151-71, set.-dez. 2018.

______. *Mães infames, rebentos venturosos*: mulheres e crianças, trabalho e emancipação em São Paulo (século XIX). São Paulo, 2017. Tese (Doutorado em História Social) – Faculdade de Filosofia, Letras e Ciências Humanas (FFLCH), Universidade de São Paulo (USP).

AZEVEDO, Celia M. M. de. *Onda negra, medo branco*: o negro no imaginário das elites do século XIX. Rio de Janeiro: Paz e Terra, 1987.

AZEVEDO, Gislane Campos. *De Sebastianas e Geovannis*: o universo do menor nos processos dos Juízes de Órfãos da cidade de São Paulo (1871-1917). São Paulo, 1995. Dissertação (Mestrado em História) – Faculdade de Ciências Sociais, Pontifícia Universidade Católica (PUC-SP).

BERLIN, Ira. *Gerações de cativeiro*. Rio de Janeiro: Record, 2006.

BRITO, Luciana da Cruz. *Temores da África*: segurança, legislação e população africana na Bahia oitocentista. Salvador: Edufba, 2016.

CARVALHO, Maria Cristina Machado de. *Crianças e escravidão*: cotidiano e trabalho – São Gonçalo-BA-1835-1871. Rio de Janeiro, 2020. Tese (Doutorado em História) – Universidade Federal Rural do Rio de Janeiro (UFRRJ).

CASTILHO, Lisa. Vida e viagens de Bamboxê Obitikô. In: JESUS, Air José Souza de; SOUZA JR., Vilson C. de. *Minha vida é Orixá*. São Paulo: Editora Ifá, 2011.

______; PARÉS, Nicolau. Marcelina da Silva e seu mundo: novos dados para uma historiografia do candomblé Ketu. *Afro-Ásia*, n.36, p.111-51, 2007.

CERTEAU, Michel de. *A invenção do cotidiano*: artes de fazer. Petropólis: Vozes, 1998.

CHALOUB, Sidney. *A força da escravidão*. São Paulo: Companhia das Letras, 2012.

______. *Visões da liberdade*: uma história das últimas décadas da escravidão na Corte. São Paulo: Companhia das Letras, 1990.

CONCEIÇÃO, Miguel. *O aprendizado da liberdade*: educação de escravos, libertos e ingênuos na Bahia oitocentista. Salvador, 2007. Dissertação (Doutorado em História Social) – Universidade Federal da Bahia (UFBA).

COSTA, Alex Andrade. *Tramas e contendas*: escravos, forros e livres constituindo economias e forjando liberdades na Baía de Camamú, 1800-1850. Salvador, 2016. Tese (Doutorado em História) – Faculdade de Filosofia e Ciências Humanas (FFCH), Universidade Federal da Bahia (UFBA).

COWLING, Camilia. *Concebendo a liberdade*: mulheres de cor, gênero e abolição da escravidão nas cidades de Havana e Rio de Janeiro. Campinas, SP: Editora da Unicamp, 2018.

FRAGA FILHO, Walter. O 13 de Maio e os embates da memória da Abolição. *Revista Nordestina de História do Brasil*, UFRB, v.2, n.4, 2020.

______. Pós-abolição: o dia seguinte. In: SCHWARCZ, Lilia Moritz; GOMES, Flávio dos Santos (orgs.). *Dicionário da escravidão e liberdade*: 50 textos críticos. São Paulo: Companhia das Letras, 2018.

______. *Encruzilhadas da liberdade*. Campinas, SP: Editora da Unicamp, 2006.

______. *Meninos, moleques e vadios*. São Paulo: Hucitec, 1996.

FUNDAÇÃO CULTURAL DO ESTADO DA BAHIA. *Almanach Civil, Politico e Comercial da Cidade da Bahia para o anno de 1845*. ed. *fac-similar*. Salvador: Typographia de Manuel A. da S. Serva, 1998.

GEREMIAS, Patricia Ramos. *Ser "ingênuo" em Desterro-SC*: a Lei de 1871, o vínculo tutelar e a luta pela manutenção dos laços familiares das populações de origem africana (1871-1889. Niterói, 2005. Dissertação (Mestrado em História) – Instituto de Ciências Humanas e Filosofia, Universidade Federal Fluminense (UFF).

GINZBURG, Carlo. *O queijo e os vermes*. São Paulo: Companhia das Letras, 1986.

GOMES, Flávio S.; CUNHA, Olivia G. (orgs.). *Quase cidadão*: histórias e antropologias da pós-emancipação no Brasil. Rio de Janeiro: Fundação Getúlio Vargas, 2007.

GRINBERG, Keila; LIMA, Ivana Stolze; REIS, Daniel Aarão. *Instituições nefandas*: o fim da escravidão e da servidão no Brasil, nos Estados Unidos e na Rússia. Rio de Janeiro: Fundação Casa de Rui Barbosa, 2018. [e-book em formato pdf.]

______; MAMIGONIAN, Beatriz. Lei de 1831. In: SCHWARCZ, Lília Moritz; GOMES, Flávio dos Santos (orgs.). *Dicionário da escravidão e liberdade*: 50 textos críticos. São Paulo: Companhia das Letras, 2018.

______; PEABODY, Sue. *Escravidão e liberdades nas Américas*. Rio de Janeiro: Fundação Getúlio Vargas, 2013.

GUSMÃO, Giovanna F. N. *Histórias de ingênuos e órfãos tutelados na Bahia, 1871-1890*. Salvador, 2016. Dissertação (Mestrado em História Regional) – Universidade do Estado da Bahia, câmpus Santo Antonio de Jesus (Uneb-SAJ).

LUZ, Maria Cristina Pinheiro. *Das cambalhotas ao trabalho*: a criança escrava em Salvador, 1850-1888. Salvador, 2003. Dissertação (Mestrado em História Social) – Universidade Federal da Bahia (UFBA).

MACHADO, Maria Helena P. T. Mulher, corpo e maternidade. In: SCHWARCZ, Lilia Moritz; GOMES, Flávio dos Santos (orgs.). *Dicionário da escravidão e liberdade*: 50 textos críticos. São Paulo: Companhia das Letras, 2018.

______; CASTILHO, Celso (orgs.). *Tornando-se livre*: agentes históricos e lutas sociais no processo da Abolição. São Paulo: Edusp; Universidade de Vanderbilt, 2015.

______; SCHWARCZ, Lilia (orgs.). *Emancipação, inclusão e exclusão*: desafios do passado e do presente. São Paulo: Edusp, 2018.

MATOS, Hebe; RIOS, Ana. O pós-abolição como problema histórico: balanço e perspectiva. *Topoi*, Rio de Janeiro, v.5, n.8, 2004.

MATTA, Iacy. Libertos na mira da polícia: disputas em torno do trabalho na pós-abolição. *História Social*, Campinas, n.14-15, p.35-59, 2008.

MATTOSO, Kátia. O filho da escrava (em torno da Lei do Ventre Livre). *Revista Brasileira de História*, São Paulo, v.8, n.16, p.37-55, mar. 1988-ago. 1988

MENDONÇA, Joseli Nunes. Legislação emancipacionista, 1871-1885. In: SCHWARCZ, Lília Moritz; GOMES, Flávio dos Santos (orgs.). *Dicionário da escravidão e liberdade*: 50 textos críticos. São Paulo: Companhia das Letras, 2018.

______; LARA, Silvia Hunold (orgs.). *Direitos e justiças no Brasil*. Campinas, SP: Editora da Unicamp, 2006.

NASCIMENTO, Anna Amelia Vieira. *Dez freguesias da cidade de Salvador*: aspectos sociais e urbanos do século XIX. Salvador: Edufba, 2007.

OLIVEIRA, Maria Inês Cortes. Viver e morrer no meio dos seus: nações e comunidades africanas na Bahia do século XIX. *Revista da USP*, São Paulo, Dossiê "Povo Negro: 300 anos", n.28, p.173-93, 1996.

PAPALI, Maria Aparecida C. R. *Escravos, libertos e órfãos*: a construção da liberdade em Taubaté (1871-1895). São Paulo: Annablume; Fapesp, 2003.

PENA, Eduardo Spiller. *Pajens da casa imperial*: jurisconsultos, escravidão e a Lei de 1871. Campinas, SP: Editora da Unicamp, 2001.

PERUSSATTO, Melina Kleinert. *Como se de ventre livre nascesse*: experiências de cativeiro, parentesco, emancipação e liberdade nos derradeiros anos da escravidão – Rio Pardo-RS, c.1860-c.1888. São Leopoldo, 2010. Dissertação (Mestrado) – Universidade do Vale do Rio dos Sinos.

REIS, Isabel Cristina F. dos. Família escrava. In: SCHWARCZ, Lília Moritz; GOMES, Flávio dos Santos (orgs.). *Dicionário da escravidão e liberdade*: 50 textos críticos. São Paulo: Companhia das Letras, 2018.

______. *Histórias de vida familiar e afetiva de escravos na Bahia do século XIX*. Salvador: Centro de Estudos Baianos, 2001.

______. "Uma negra que fugio, e consta que já tem dous filhos": fuga e família entre escravos na Bahia. *Afro-Ásia*, Salvador: UFBA, n.23, p.27-46, 1999.

REIS, João Jose. A hora e a vez do governo provincial. In: *Ganhadores*: a greve negra de 1857 na Bahia. São Paulo: Companhia das Letras, 2019.

______. Revoltas escravas. In: SCHWARCZ, Lília Moritz; GOMES, Flávio dos Santos (orgs.). *Dicionário da escravidão e liberdade*: 50 textos críticos. São Paulo: Companhia das Letras, 2018.

______. *A rebelião escrava na Bahia*. São Paulo: Companhia das Letras, 2003.

______. *Rebelião escrava no Brasil*: a história do levante dos malês em 1835. São Paulo: Companhia das Letras, 2003.

RIBEIRO, G. S. et al. *Escravidão e cultura afro-brasileira*: temas e problemas em torno da obra de Robert Slenes. Campinas, SP: Editora da Unicamp, 2016.

SANTOS, Cristiane Batista. Africanas, libertas e seus filhos em narrativas de violências e outros dramas entre a escravidão e o pós-abolição no Sul da Bahia. *Transversos, Revista de História*, Rio de Janeiro, n.10, 2017.

SCHWARCZ, Lília Moritz; GOMES, Flávio dos Santos (orgs.). *Dicionário da escravidão e liberdade*: 50 textos críticos. São Paulo: Companhia das Letras, 2018.

SILVA, Bruna Santana da. *Eram escravas, digo ingênuas*: processo de reescravização de crianças ingênuas em Feira de Santana, 1871-1888. Salvador, 2018. Monografia (Graduação em História) – Universidade Estadual de Feira de Santana (UEFS).

SIQUEIRA, Ana Paula Pruner de. As relações familiares estabelecidas no cativeiro e no pós-abolição em Palmas-PR. *Revista Tempos Históricos*, v.16, n.1, p.151-71, 1o sem. 2012.

SLENES, Robert. O oficio de historiador: uma conversa com Robert Slenes (entrevista). In: RIBEIRO, Gladys Sabina et al. (orgs.). *Escravidão e cultura afro-brasileira*: temas e problemas em torno da obra de Robert Slenes. Campinas, SP: Editora da Unicamp, 2016.

______. O que Rui Barbosa não queimou: novas fontes para o estudo da escravidão no século XIX. *Revista Estudos Econômicos*, v.1, n.3, p.117-49, jan.-abr. 1983.

SOARES, Carlos E. L.; DOMINGUES, Candido; SILVA JR., Carlos. *Africanos na cidade da Bahia*: tráfico, escravidão e identidade africana, século XVIII. Cruz das Almas, BA: Editora da UFRB, 2016.

SOARES, Cecilia Moreira. *A mulher negra na Bahia do século XIX*. Salvador: EdufBa, 2007.

SOUSA, Ione Celeste J. de. Porque a ociosidade é a mãe de todos os vícios: tutelas e soldadas de ingênuos na Bahia, 1871-1899. In: MACHADO, Maria Helena Pereira Toledo; CASTILHO, Celso (orgs.). *Tornando-se livre*: agentes históricos e lutas sociais no processo da Abolição. São Paulo: Edusp; Universidade de Vanderbilt, 2015.

______. Para os educar e bem criar: tutelas, soldadas e trabalho compulsório de ingênuos na Bahia, 1878-1897. In: SIMPÓSIO NACIONAL DE HISTÓRIA DA ANPUH, 25, 2009, Fortaleza. *Anais*... Natal: Anpuh, 2009.

______. Criadas para servir: instrução e educação feminina de pobres na Bahia, 1870-1890. In: *Condição feminina no império colonial português*. Porto: Editorial do Politécnico do Porto, 2008.

______. *Escolas ao povo*: ingênuos, presos e trabalhadores na Bahia oitocentista, 1870-1890. São Paulo, 2006. Tese (Doutorado em História Social) – Pontifícia Universidade Católica (PUC-SP).

SOUSA, Paulo Cesar. *A Sabinada*: a Revolta Separatista da Bahia, 1837. São Paulo: Círculo do Livro, 1987.

Capítulo 24 – "Ingênuas(os) e libertas(os) nas escolas noturnas da Bahia no final do século XIX"

ALANIZ, Anna Gicele García. *Ingênuos e libertos*: estratégias de sobrevivência familiar em época de transição 1871-1895. Campinas, SP: Editora da Unicamp, 1997.

ARAÚJO, Nilton de Almeida. *Pioneirismo e hegemonia*: a construção da agronomia como campo científico na Bahia (1832-1911). Niterói, 2010. Tese (Doutorado em História Social) – Universidade Federal Fluminense (UFF).

______. *A Escola Agrícola de São Bento das Lajes e a institucionalização da agronomia no Brasil (1877-1930)*. Salvador, 2006. Dissertação (Mestrado em Filosofia e História das Ciências) – Universidade Estadual de Feira de Santana.

BRASIL. Código Criminal do Império do Brazil. Lei de 16 de dezembro de 1830. Disponível em: <http://www.planalto.gov.br/ccivil_03/leis/lim/lim-16-12-1830.htm>. Acesso em: 7 jan. 2021.

______. Código Penal Brasileiro de 1890. Disponível em: <http://www.planalto.gov.br/ccivil_03/decreto/1851-1899/d847.htm>. Acesso em: 16 nov. 2019.

______. Decreto Educacional de 1878. Disponível em: <https://www2.camara.leg.br/legin/fed/decret/1824-1899/decreto-7031-a-6-setembro-1878-548011-publicacaooriginal-62957-pe.html>. Acesso em: 2 dez. 2020.

______. Lei n.2.040, de 28 de setembro de 1871. Disponível em: <https://legislacao.presidencia.gov.br/atos/?tipo=LIM&numero=2040&ano=1871&ato=2ce0TPn50MNRVT71a>. Acesso em: 9 jan. 2021.

CHALHOUB, Sidney. *Visões da liberdade*: uma história das últimas décadas da escravidão na Corte. São Paulo: Companhia das Letras, 1990.

FERREIRA FILHO, Alberto Heráclito. Desafricanizar as ruas: elites letradas, mulheres pobres e cultura popular em Salvador (1890-1937). *Afro-Ásia*, n.21-22, p.239-56, 1998-1999.

FONSECA, Marcus Vinícius. *A educação dos negros*: uma nova face do processo de Abolição da Escravidão no Brasil. Bragança Paulista, SP: Edusf, 2002.

FONSECA, T. N. de L e. Ver para compreender: arte, livro didático e história da nação. In: KÖPKE, J. *Quarto livro de leituras*: para uso das escolas primárias e secundárias. 20a.ed. Rio de Janeiro: Francisco Alves, 1926.

FRAGA FILHO, Walter. *Encruzilhadas da liberdade*: história de escravos e libertos na Bahia (1870-1910). Campinas, SP: Editora da Unicamp, 2006.

FRANKLIN, Benjamin. *A ciência do bom homem Ricardo ou meios de fazer fortuna (1706-1790)*. Lisboa: Typ. Soc. Propagadora dos Conhecimentos Úteis, 1825.

FREITAS, Idalina Maria Almeida. Escola Agrícola da Bahia de São Bento das Lages: experiências na implementação de instrução agrícola na Vila de São Francisco do Conde (1850-1890). *Revista Maracanan*, Rio de Janeiro, n.21, p.29-49, maio-ago. 2019.

GEBARA, Ademir. *O mercado de trabalho livre no Brasil (1871-1888)*. São Paulo: Brasiliense, 1986.

GONDRA, José; SCHUELER, Alessandra. *Educação, poder e sociedade no império brasileiro*. São Paulo: Cortez, 2008.

JULIA, Dominique. A cultura escolar como objeto histórico. Trad. Gizele de Souza. *Revista Brasileira de História da Educação*, n.1, jan.-jun. 2001. Disponível em: <http://periodicos.uem.br/ojs/index.php/rbhe/article/view/38749>. Acesso em: 9 jan. 2021.

MACHADO, Maria Helena P. T.; CASTILHO, Celso Thomas (orgs.). *Tornando-se livre*: agentes históricos e lutas sociais no processo de abolição. São Paulo: Edusp, 2015.

MARIANI, Daniel et al. Censo de 1872: o retrato do Brasil da escravidão. *Nexo Jornal, on-line*, 27 jun. 2017. Disponível em: <https://cdn.nexojornal.com.br/content/escenic/esp/86293.html>. Acesso em: 9 ago. 2020.

MATA, Iacy Maia. *Os treze de maio*: ex-senhores, polícia e libertos na Bahia (1888-1889). Salvador, 2002. Dissertação (Mestrado) – Faculdade Filosofia e Ciências Humanas, Universidade Federal da Bahia.

MATTOSO, Kátia de Queirós. O filho da escrava: em torno da Lei do Ventre Livre. *Revista Brasileira de História*, São Paulo, v.8, n.16, p.37-55, mar.-ago. 1988.

NUNES, Antonieta D'Aguiar. A formação dos sistemas públicos de educação no século XIX e sua efetivação na província da Bahia. *Revista do Instituto Geográfico e Histórico da Bahia*, n.99, p.75-113, 2004.

REIS, João José. *Ganhadores*: a greve negra de 1857 na Bahia. São Paulo: Companhia das Letras, 2019.

SANCHES, Maria Aparecida Prazeres. *Fogões, pratos e panelas*: poderes, práticas e relações de trabalho doméstico em Salvador (1900-1950). Salvador, 1998. Dissertação (Mestrado) – Faculdade de Filosofia e Ciências Humanas, Universidade Federal da Bahia.

SANTOS, Jucimar Cerqueira dos. *Escolas noturnas para trabalhadores na Bahia (1870-1889)*. Salvador, 2017. Dissertação (Mestrado em História Social) – Universidade Federal da Bahia.

______; SILVA, Fabiano Moreira da; SANTOS, Sivaldo dos Reis. Mulheres e homens além da sala de aula: sociabilidades de docentes na Bahia entre a escravidão e o pós-abolição. *Revista Ágora*, v.31, n.2, p.e-2020310209, 2020. Disponível em: <https://periodicos.ufes.br/agora/article/view/30970>. Acesso em: 29 nov. 2020.

SCHUELER, Alessandra Frota de. Crianças e escolas na passagem do Império. *Revista Brasileira de História*, São Paulo, v.19, n.37, 1999.

______. *A instrução popular na Corte imperial*: 1870 a 1889. Niterói, 1997. 241f. Dissertação (Mestrado em História) – Universidade Federal Fluminense (UFF).

SENA, Fabiana. Tesouro de meninas e tesouro de meninos: leitura de civilidade na América Portuguesa. *Educação Unisinos*, v.18, n.3, p.312-9, set.-dez. 2014. Disponível em: <http://revistas.unisinos.br/index.php/educacao/article/view/edu.2014.183.10/4466>. Acesso em: 20 jun. 2017.

SILVA, Maciel Henrique Carneiro. *Domésticas criadas entre textos e práticas sociais*: Recife e Salvador (1870-1910). Salvador, 2011. Tese (Doutorado em História Social) – Universidade Federal da Bahia.

SILVA, Noemi Santos da. *O batismo na instrução pública*: projetos e práticas de instrução formal de escravos, libertos e ingênuos no Paraná provincial. Curitiba, 2014. Dissertação (Mestrado em História) – Universidade Federal do Paraná.

SOUSA, Ione Celeste de Jesus. *Escolas ao povo*: ingênuos, presos e trabalhadores na escolarização baiana (1870-1890). Feira de Santana, BA: Editora das UEFS, 2019.

______. Porque um menor não deve ficar exposto à ociosidade, origem de todos os vícios: tutelas e soldadas e o trabalho de ingênuos na Bahia, 1870 a 1900. In: MACHADO, Maria Helena P. T.; CASTILHO, Celso Thomas (orgs.). *Tornando-se livre*: agentes históricos e lutas sociais no processo de abolição. São Paulo: Edusp, 2015.

SOUZA, Carlos Eduardo Dias. *A educação como prática política*: formação e renovação de repertórios pedagógicos no Segundo Reinado (o Colégio Pedro II, o Ginásio Baiano e o culto à ciência). São Paulo, 2015. Tese (Doutorado) – Departamento de Sociologia da Faculdade de Filosofia, Letras e Ciências Humanas, Universidade de São Paulo (USP).

TOURINHO, Maria Antonieta de Campos. *O Imperial Instituto Bahiano de Agricultura*: a instrução agrícola e a crise açucareira. Salvador, 1982. Dissertação (Mestrado) – Universidade Federal da Bahia (UFBA).

Sobre os autores

Antonio Alexandre Isidio Cardoso
Professor do Colegiado de Ciências Humanas/História da Universidade Federal do Maranhão (UFMA) – Câmpus Codó. Coordena o Projeto de Pesquisa "História Social dos Sertões: fronteiras da escravidão e da liberdade no Maranhão oitocentista". Entre outras publicações, participou da organização do livro *Trabalhadores, migrações e natureza no Brasil equatorial* (Unifap, 2018).

Camillia Cowling
Professora associada de História na Universidade de Warwick, Reino Unido. É autora de *Concebendo a liberdade: mulheres de cor, gênero e a abolição da escravidão nas cidades de Havana e Rio de Janeiro* (Editora da Unicamp, 2018), originalmente publicado em inglês pela University of North Carolina Press (2013). Tem publicado importantes artigos em revistas acadêmicas como *Afro-Ásia, Slavery & Abolition, Luso-Brazilian Review* e *Gender & History*.

Caroline Passarini Sousa
Mestre em História Social e doutoranda do Departamento de História da Universidade de São Paulo (USP). É autora da dissertação Partus sequitur ventrem*: reprodução e maternidade no estabelecimento da escravidão e abolição nas Américas até a primeira metade do século XIX*.

Cassia Roth
Possui graduação em espanhol pelo Bowdoin College (2008), mestrado em História do Brasil pela University of California, Los Angeles (2011) e doutorado em História da América Latina pela mesma universidade (2016). Tem experiência na área de História, com ênfase em História do Brasil, atuando principalmente nos seguintes temas: Rio de Janeiro, infanticídio, reprodução, escravidão e aborto.

Celeste Silva Ferreira
Graduada em História pela Universidade Federal do Maranhão (UFMA), mestre em História Social pela mesma universidade e doutoranda em História do Programa em História Social da Amazônia da Universidade Federal do Pará (UFPA). Servidora pública do Instituto Federal do Maranhão (IFMA) – Câmpus Alcântara.

Daiane Silva Oliveira
Professora do Instituto Federal da Bahia (IFBA) – Feira de Santana. Mestre em História pela Universidade Estadual de Feira de Santana (UEFS), realiza pesquisas sobre instrução de negros no pós-abolição.

Enidelce Bertin
Doutora em História Social pela Universidade de São Paulo (2006), tem publicado e desenvolvido pesquisas sobre resistência escrava, africanos livres, alforrias, movimentos sociais, estudos de gênero e educação antirracista. Entre as suas publicações, destacam-se os livros *Os meias-caras: africanos livres em São Paulo no século XIX* (Schoba, 2013) e *Alforrias na São Paulo do século XIX: liberdade e dominação* (Humanitas, 2004).

Flávio Gomes
Professor associado do setor de História do Brasil, no Instituto de História da Universidade Federal do Rio de Janeiro (UFRJ). Doutor em História Social pela Universidade Estadual de Campinas (Unicamp, 1997). Foi professor da Universidade Federal do Pará (UFPA) de 1994 a 1998. Em 2009 obteve a John Simon Guggenheim Foundation Fellowship. Realizou estágio de pós-doutorado na Universidade de São Paulo (USP) (2006); Centro de Pesquisa e Documentação de História Contemporânea do Brasil (CPDOC, 2012-2013); e foi pesquisador visitante na New York University (2014) e professor visitante na USP (2019). Recebeu os prêmios Arquivo Nacional de Pesquisa (1993 e 2003), Brasil-Descobrimentos (1999) e Casa de Las Américas, Cuba (2006). Obteve menção honrosa ao livro *A hidra e os pântanos* (publicado pela Editora Unesp em 2005) e em 2012 pelo livro *Alufá Rufino* (coautoria com João Reis e Marcus de Carvalho). Suas pesquisas se desenvolvem no âmbito da história atlântica, escravidão e pós-emancipação. Foi pesquisador Cientista do Nosso Estado na Fundação de Amparo à Pesquisa do Estado do Rio de Janeiro (Faperj, 2013-2017). É atualmente pesquisador, na categoria Produtividade em Pesquisa do Conselho Nacional de Desenvolvimento Científico e Tecnológico (CNPq).

Iamara Viana
Professora do Departamento de História da Pontíficia Universidade Católica do Rio de Janeiro (PUC-Rio). Professora adjunta do Departamento de Estudos Aplicados ao Ensino da Universidade do Estado do Rio de Janeiro (Deae-Uerj). Professora do Programa de Pós-Graduação em História Comparada da Universidade Federal do Rio de Janeiro (PPGHC-UFRJ). Tem bacharelado e licenciatura em História pela UFRJ

(2004), mestrado em História Social pela Uerj (2009) e doutorado em História Política pela Uerj – com estágio na École des Hautes Études em Sciences Sociales (Ehess), Paris (2016). Realizou estágio de pós-doutorado em História Comparada pela UFRJ (2018-2019). Tem publicado artigos sobre escravidão, educação, pós-emancipação e ensino da história. Suas pesquisas estão concentradas nas temáticas da história do corpo dos escravizados, sistema de saúde, mulheres negras, morte e rituais entre escravizados, enfermarias, doenças e pensamento médico. Tem coordenado grupos de pesquisa sobre história, patrimônio, ensino e memória da cultura afro-brasileira, atuando ainda como coordenadora da Pós-Graduação em História e Cultura Afrodescendente e coordenadora da Residência Pedagógica – História, ambas da PUC-Rio.

Ione Celeste Jesus de Sousa
Professora da Universidade Estadual de Feira de Santana (UEFS). Doutora em História Social pela Pontíficia Universidade Católica (PUC-SP, 2006). É autora de *Escolas ao povo! Ingênuos, presos e trabalhadores na escolarização baiana, 1870-1890* (Editora da UEFS, 2019).

Jéssyka Sâmya Ladislau Pereira Costa
Professora de História na rede pública de ensino no estado do Amazonas. Doutoranda em História Social na Universidade Estadual de Campinas (Unicamp) e mestre em História Social na Universidade Federal Fluminense (UFF). Atua pesquisando sobre as diversas formas de exploração de trabalho (escravo, forçado e livre) das populações indígenas e negras na província do Amazonas durante o século XIX.

Jonis Freire
Professor da Universidade Federal Fluminense (UFF). Mestre em História pela Universidade Estadual Paulista "Júlio de Mesquita Filho" (Unesp, 2004), doutor em História pela Unicamp (2009) e possui pós-doutorado pela Universidade Federal de Minas Gerais (UFMG, 2014). É pesquisador da Rede de Grupos de Pesquisa Escravidão e Mestiçagens. Tem publicado artigos, coletâneas e capítulos sobre as temáticas: demografia e economia das sociedades escravistas (séculos XVIII e XIX). Entre as suas publicações, destaca-se o livro *Escravidão e família escrava na Zona da Mata mineira oitocentista* (Alameda, 2014).

José Maia Bezerra Neto
Professor da Universidade Federal do Pará (UFPA). Doutor em História pela PUC-SP (2009). Autor de artigos, capítulos e do livro *Escravidão negra no Grão-Pará (séculos XVII-XIX)*.

Josenildo de Jesus Pereira
Professor da Universidade Federal do Maranhão (UFMA). Possui mestrado pela PUC-SP (2001), doutorado pela USP (2006) e pós-doutorado no Instituto de Ciências

Sociais (ICS) da Universidade de Lisboa (2017). Tem experiência de ensino e pesquisa na área de História com ênfase em História do Brasil Império e da África, atuando sobretudo nos temas: História da África Centro Ocidental, com destaque para o colonialismo português e a História de Angola; a escravidão moderna; a cultura afro-brasileira; educação, racismo e as relações étnico-raciais no Brasil. Tem publicado artigos e capítulos de livros relativos a esses temas. Entre as suas publicações, destaca-se a coletânea *Escravos, libertos e livres: histórias de luta e resistência no Brasil e na Argentina* (Mentes Abertas, 2020).

Jucimar Cerqueira dos Santos
Professor de ensino fundamental e de ensino médio na Bahia. Doutorando em História pelo Programa de Pós-Graduação em História Social da Universidade Federal da Bahia (UFBA).

Juliana Barreto Farias
Professora em História da Universidade de Integração Internacional da Lusofonia Afro-Brasileira (Unilab), do Programa de Mestrado em Estudos Africanos, Povos Indígenas e Culturas Negras da Universidade do Estado da Bahia (Uneb-Salvador) e do Programme de Doctorat Unique em Lettres da Université Cheikh Anta Diop, em Dacar, no Senegal. Doutora em História pela USP, realizou pós-doutorado em História da África na Universidade de Lisboa. É autora, entre outros livros, de *Mercados minas: africanos ocidentais na Praça do Mercado do Rio de Janeiro*. Coorganizou com Giovana Xavier e Flávio Gomes a coletânea *Mulheres negras no Brasil escravista e da pós-emancipação*.

Letícia Gregório Canelas
Doutora em História pela Unicamp (2017) e pós-doutoranda e docente PART do Departamento de História da Faculdade de Filosofia, Letras e Ciências Humanas (FFLCH) da USP, onde desenvolve pesquisa sobre escravidão, maternidade e políticas pró-natalistas, sob uma perspectiva de gênero e uma abordagem de história transnacional, através do projeto "Mulheres, maternidade e políticas pró-natalistas nas colônias francesas e britânicas do Caribe e no Brasil: uma história transnacional da escravidão sob uma perspectiva de gênero (séculos XVIII e XIX)". Suas pesquisas se concentram em escravidão, alforria, Caribe francês, história das mulheres africanas e afrodescendentes na América e no Caribe, cultura afro-americana e afro-caribenha. Integra o Grupo de Pesquisa Histórias das Afro-Américas e de Afro-Americanos, sediado na Unilab (Câmpus Malês-BA), formado a partir das conexões estabelecidas entre pesquisadores de diferentes instituições do Brasil e das Américas.

Lorena Ferres Telles
Doutora em História Social pela USP. Desenvolve pesquisas nas áreas de História Social da escravidão, relações de gênero e maternidade durante o século XIX. É autora dos

livros *Libertas entre sobrados: mulheres negras e trabalho doméstico em São Paulo 1880-1910* (Alameda, 2013) e *Teresa Benguela e Felipa Crioula estavam grávidas: maternidade, escravidão e cotidiano no Rio de Janeiro (1830-1888)* (Editora da Unifesp, no prelo).

Luciana da Cruz Brito
Professora do curso de História da Universidade Federal do Recôncavo da Bahia (UFRB) e do mestrado em História da África, da Diáspora e dos Povos Indígenas na mesma universidade. Doutora em História Social pela USP, foi pesquisadora visitante no Instituto Du Bois da Harvard University e bolsista Fulbright na New York University, onde completou seu doutorado sanduíche. Sua tese de doutorado *Impressões norte-americanas sobre escravidão, abolição e relações raciais no Brasil escravista* recebeu menção honrosa do Prêmio Capes de Teses em 2015. Entre os anos de 2015 e 2016 foi Andrew W. Mellon Postdoctoral Fellow na City University of New York (Cuny) e professora visitante no Trinity College, nos Estados Unidos. É autora do livro *Temores da África: segurança, legislação e população africana na Bahia oitocentista*, que recebeu o Prêmio Thomas Skidmore em 2019.

Lucimar Felisberto dos Santos
Mestra em História pela Universidade Federal Fluminense (UFF, 2006), doutora em História Social do Brasil pela UFBA (2013) e possui pós-doutorado pela UFRJ (2015). Pesquisadora do Laboratório de História das Experiências Religiosas do Instituto de História da UFRJ e coordenadora do Curso de Extensão e/ou Especialização em Produção de Ferramentas para Educação das Relações Etnicorraciais (PPFERER) do Instituto Horus. Desenvolve pesquisas e estudos sobre história, historiografia e relações raciais no Brasil colonial, imperial e republicano, com ênfase nas especificidades da história do Rio de Janeiro, escravista e urbano, sobretudo nas mudanças conjunturais ocorridas na virada dos séculos XIX ao XX.

Lúcia Helena Oliveira Silva
Professora da Universidade Estadual Paulista "Júlio de Mesquita Filho" (Unesp, Câmpus Assis) e pesquisadora Produtividade de Pesquisa do CNPq. Doutora em História pela Unicamp, realizou pós-doutorado na New York University. Atua no Núcleo Negro de Pesquisa e Extensão (Nupe) da Unesp, sendo coordenadora local. Foi participante do Conselho da Comunidade Negra do Estado de São Paulo entre 2013 e 2016. Tem publicado inúmeras coletâneas, artigos e capítulos sobre História da África, escravidão e pós-emancipação, diáspora atlântica, ensino de História e gênero. Entre outros livros, é autora de *Paulistas afrodescendentes no Rio de Janeiro pós-abolição (1888-1926)* (2016).

Luiz Gustavo Ramaglia Mota
Professor de História da rede municipal de São Paulo (SME-SP). Faz pós-graduação em História Social na Universidade de São Paulo (USP).

Maíra Chinelatto Alves
Professora da Universidade Federal do Amazonas (Ufam). Doutora em História pela USP. É autora do livro *Quando falha o controle: crimes de escravos contra senhores. Campinas, 1840-1870* (Alameda, 2014).

Marcelo Ferreira Lobo
Doutor em História Social da Amazônia no Programa de Pós-Graduação em História Social da Amazônia da UFPA (2019). Desenvolve pesquisas no campo da história da escravidão, liberdade e cidadania no Brasil século XIX e início do XX.

Maria Clara Sales Carneiro Sampaio
Professora da Universidade Federal do Sul e Sudeste do Pará (Unifesspa). Com formação em Direito pela PUC-SP. Doutora em História Social pela USP, com estágio no exterior na Yale University (Estados Unidos, 2010-2011).

Maria Helena Pereira Toledo Machado
Professora titular no Departamento de História da Universidade de São Paulo (USP) e pesquisadora produtividade 1B do CNPq. Graduada em História pela USP (1979), mestre (1985) e doutora (1991) em História Social, também pela USP. Foi professora visitante na Univerity of Michigan (Ann Arbor) e Visiting Fellow na Harvard University. É autora de dezenas de livros, capítulos e artigos no Brasil e no exterior sobre história social da escravidão, abolição e pós-emancipação. Foi pesquisadora (bolsista de Ano Sabático) no Instituto de Estudos Avançados (IEA) da USP. Tem vasta experiência de pesquisa em arquivos no Brasil e nos Estados Unidos, com destaque para os seguintes temas: criminalidade e resistência escrava, movimentos abolicionistas, viagens científicas e debates sobre raça. Atualmente, desenvolve projetos sobre escravidão e gênero, revoltas de escravos e práticas religiosas de escravos, libertos e setores populares de meados do século XIX aos dias atuais.

Maria Verónica Secreto
Professora de História da América na Universidade Federal Fluminense (UFF). Doutora em História pela Unicamp. É autora de *Negros de Buenos Aires* (Mauad, 2013), entre outros livros e coletâneas. Organizou, em coautoria com Jonis Freire, *Formas de liberdade: gratidão, condicionalidade e incertezas no mundo escravista nas Américas* e, com Flávio Gomes, *Territórios ao Sul: escravidão, escritas e fronteiras coloniais e pós-coloniais na América*.

Mariana Dias Paes
Doutora pela Universidade de São Paulo (USP) (2018). Entre as suas publicações mais recentes estão: *Shared Atlantic Legal Culture: The Case of a Freedom Suit in Benguela* (Atlantic Studies: Global Currents, 2020) e *Escravidão e direito: o estatuto jurídico dos escravos no Brasil oitocentista, 1860-1888* (Alameda, 2019).

Marília B. A. Ariza

Possui graduação (2006), mestrado (2012) e doutorado (2017) em História Social pela Faculdade de Filosofia, Letras e Ciências Humanas na Universidade de São Paulo (FFLCH-USP). Seu mestrado, realizado com o apoio de bolsa da Fapesp, investiga a prática de alforrias onerosas do agenciamento de trabalho de libertandos nas referidas cidades por meio dos contratos de locação de serviços. O trabalho foi publicado sob o título *O ofício da liberdade: libertandos trabalhadores em São Paulo e Campinas, 1830-1888* (Alameda/Fapesp, 2014). Também na USP, obteve o título de doutora com pesquisa intitulada *Mães infames, rebentos venturosos: mulheres e crianças, trabalho e emancipação em São Paulo (século XIX)*, financiada pela Fapesp. No segundo semestre de 2019, foi professora substituta na Universidade de Brasília (UnB). Atualmente, dedica-se ao pós-doutorado, realizado no âmbito do Programa de Pós-Graduação em Antropologia Social da Universidade de São Paulo e financiada pela Fapesp, com pesquisa acerca das representações da infância negra na cultura visual do Império e início da República.

Solange P. Rocha

Professora do Departamento e do Programa de Pós-Graduação na Universidade Federal da Paraíba (UFPB). Doutora pela Universidade Federal de Pernambuco (UFPE, 2007) e com pós-doutorado pela Universidade de Coimbra (2020). Sua tese de doutorado foi premiada em 2009 pela Associação Nacional de História (Anpuh-Brasil). Uma das fundadoras da Bamidelê: Organização de Mulheres Negras na Paraíba, participando ainda da criação e coordenação do Núcleo de Estudos e Pesquisas Afro-Brasileiros e Indígenas (Neabi-CCHLA/UFPB). Tem publicado dezenas de coletâneas, artigos e capítulos sobre escravidão, pós-abolição e feminismo negro. Entre os seus livros, destaca-se *Gente negra na Paraíba oitocentista: população, família e parentesco espiritual* (Editora Unesp, 2009).

Sueann Caulfield

Professora associada de História da University of Michigan. Foi diretora do Center for Latin American and Caribbean Studies. Atualmente, preside o Brazil Initiative Social Sciences Cluster. É especialista em História do Brasil moderno, com ênfase em gênero e sexualidade. Recebeu títulos e bolsas da Fulbright Commission e da National Endowment for the Humanities, and American Council of Learned Societies. Entre suas publicações, ressaltam-se: *In Defense of Honor: Morality, Modernity, and Nation in Early Twentieth-Century Brazil* e o co-organizado volume *Honor, Status, and Law in Modern Latin American History,* além de diversos artigos em gênero e historiografia, legislação sobre família, raça e sexualidade no Brasil.

SOBRE O LIVRO

Formato: 16 x 23 cm
Mancha: 27,5 x 49 paicas
Tipologia: Horley Old Style 11/15
Papel: Off-set 75 g/m^2 (miolo)
Cartão Supremo 250 g/m^2 (capa)
1ª edição Editora Unesp: 2021
1ª reimpressão: 2023

EQUIPE DE REALIZAÇÃO

Capa
Marcelo Girard

Imagem na primeira capa
Le Diner, (litografia), de Jean-Baptiste Debret, 1839

Edição de texto
Tulio Kawata (Copidesque)
Jennifer Rangel de França (Revisão)

Editoração eletrônica
Sergio Gzeschnik

Assistência editorial
Alberto Bononi
Gabriel Joppert

Rettec artes gráficas e editora

Rua Xavier Curado, 388 • Ipiranga - SP • 04210 100
Tel.: (11) 2063 7000 • Fax: (11) 2061 8709
rettec@rettec.com.br • www.rettec.com.br